新型贿赂犯罪疑难问题研究与司法适用

XINXING HUILU FANZUI YINAN WENTI YANJIU YU SIFA SHIYONG

孙应征／主编
李健／副主编

中国检察出版社

图书在版编目（CIP）数据

新型贿赂犯罪疑难问题研究与司法适用/孙应征主编．—北京：
中国检察出版社，2013.4
ISBN 978-7-5102-0860-7

Ⅰ.①新… Ⅱ.①孙… Ⅲ.①贿赂罪-中国-文集
Ⅳ.①D924.392.4-53

中国版本图书馆 CIP 数据核字（2013）第 061368 号

新型贿赂犯罪疑难问题研究与司法适用

主编 孙应征 副主编 李 健

出版发行： 中国检察出版社
社　　址： 北京市石景山区鲁谷东街 5 号（100040）
网　　址： 中国检察出版社（www.zgjccbs.com）
电　　话： (010)68658769（编辑） 68650015（发行） 68636518（门市）
经　　销： 新华书店
印　　刷： 三河市西华印务有限公司
开　　本： 710 mm×1020 mm 16 开
印　　张： 37 印张 插页 4
字　　数： 746 千字
版　　次： 2013 年 4 月第一版 2013 年 4 月第一次印刷
书　　号： ISBN 978-7-5102-0860-7
定　　价： 88.00 元

前　言

2012年11月29日至30日，由武汉市人民检察院、武汉市法学会、武汉大学法学院、中南财经政法大学刑事司法学院联合举办的“新型贿赂犯罪疑难问题的理论与实务研讨会”在武汉市江岸区召开。来自最高人民检察院渎职侵权检察厅、检察理论研究所、国家检察官学院、检察日报社、《人民检察》杂志社的领导，全国各地的专家、学者，湖北省、武汉市司法实务界人士、律师代表等共计100余人参加了研讨会，汇集论文93篇。与会专家学者立足司法实践，总结理论研究成果，围绕新型贿赂犯罪司法认定、疑难问题、案件侦查、犯罪控制与立法完善四个专题进行深入探讨交流，达到了认识明确、理论提升、指导实践的预期效果。

一、新型贿赂犯罪疑难问题的司法认定

近年来，贿赂犯罪突破直接受财的传统形式呈现出一些新手段、新特点，给案件查办带来了一些困难，实践中仍然存在认识不明确、不统一等问题，有必要对相关争议问题作进一步的分析探讨。

关于交易型受贿犯罪数额认定，与会者普遍认为，认定“交易时”应区分动产与不动产。对于汽车等动产，应该以双方交付之日为交易时；对于房屋等不动产，应当以双方签订合同生效之日为交易时。认定“市场价格”应区分交易物品的种类。新房、新车的市场价格从销售方的销售价格记录中予以确定，二手房、二手车市场价格要依据权威机构的评估。认定交易型受贿犯罪数额关键在于确定“交易时不针对特定人的最低优惠价格”。“交易时不针对特定人的最低优惠价格”必须经过销售方集体决策，或者销售方主要负责人均知晓，这个优惠价格在交易时就已经存在有效，并且是距离“交易时”最近的一次优惠价格。

交易型受贿中，增设中间环节型受贿在现实生活中大量存在，但由于介入中间环节，行受贿双方犯罪行为更加隐蔽，导致司法实践中查处并不多见。武汉市人民检察院检察长孙应征认为，作为中间环节第三人，应当是国家工作人员特定关系人，即近亲属、情妇（夫）以及其他共同利益关系人，行贿人只有与国家工作人员特定关系人进行明显偏离正常市场优惠价格的交易，才能被整体评价为国家工作人员收受行贿人财物。从明显偏离正常市场优惠价格交易出发，以获得明显利益一方为中心，考察其是否为国家工作人员特定关系人，该国家工作人员与不对等交易

利益提供方是否具有职权联系，是否利用职权为利益提供方谋取利益，沿着这样的路径，可以查证增设中间环节型受贿。

对于干股型受贿犯罪数额，与会者普遍认为，应当区分公司不同性质确定干股已转让或者实际转让时股份的价值。有限责任公司其股份价值应当以转让行为时该干股占公司总股份的比例乘以公司净资产额。上市公司的股份，能够确定转让行为时该股票成交价的，以该成交价格计算；不能确定的，以转让行为当天股票在证券市场上的平均价格计算。对于购买股份的权利，即股份期权，武汉大学皮勇教授认为，由于行为人要获得股份还必须支付对价，股份期权不能通过交易直接转换为财物，收受股份期权不能像收受股份一样成为受贿行为。

假借合作开办公司或者进行其他合作投资名义收受请托人出资或者所谓的利润是近年来受贿犯罪经常出现的形式。与会者普遍认为，对于实践中出现的请托人垫付资金的情形，必须分清垫资及还款的具体情况来分析是否构成受贿。国家工作人员与请托人有着真实借贷关系，愿意承担对请托人的还款义务，愿意承担合作投资产生的风险（收益或亏损），与请托人有着明确投资意向并且垫资用于该项投资业务的，不能认定为受贿。对于国家工作人员是否参与合作投资经营管理，与会者普遍认为，可从国家工作人员是否了解掌握合作投资项目经营状况，与请托人及其他投资人联系程度如何，是否参与投资项目商议及提出相关发展建议和意见，在投资项目中是否承担相应职能分工，是否参与公司管理和经营运作，是否完成分工范围内事项等方面综合予以考虑。

“出资应得收益”是认定委托理财型受贿的关键。与会专家普遍认为，“出资应得收益”为请托人收取国家工作人员实际投资后进行理财操作的实际收益，在请托人将国家工作人员的资金挪作他用时，以请托人在该阶段的理财投资收益率计算国家工作人员的应得收益。实践中，一些国家工作人员委托请托人理财时约定由其收取固定保底收益，这种保底条款违背了投资经济活动中收益结局具有不确定性的基本原则，同时也于法无据，“出资应得收益”应以请托人理财的实际收益情况计算。

关于特定关系人“挂名”领薪型受贿，实务部门有学者认为，特定关系人实际工作但领取明显高于其劳务报酬的行为，与行为人虽支付一定费用或者投入，但明显获利的交易型受贿和委托理财型受贿有相似之处，建议该行为应由司法解释明文规定。武汉大学皮勇教授认为，由于我国经济生活中虚职位高职级高报酬情况比较严重，如果特定关系人参与工作但所领薪酬与该职位正常薪酬不相称，明显高于其正常薪酬的，或者仅象征性参与工作并领取高薪的，虽然其权钱交易性质明显，但要认定为“挂名”领薪受贿存在困难。

对于“两高”《关于办理受贿刑事案件适用法律若干问题的意见》中“明显”的理解，与会者普遍认为，“明显”是作为价格、收益的“差额”之修饰词而使用的，其目的在于控制打击面，从数额上将民事领域中的一般不当获利行为与受贿犯罪区分开来，对于区分罪与非罪具有重要的作用。然而，“明显”缺乏具体判断标准，违背对客观构成要件要素仅需要进行事实认定的基本规律，还可能导致司法自由裁量权不当扩大。因此，司法解释应当对其作出相对确定的解释，以利于执法的严肃和统一。

此次研讨会，实务部门专家对贿赂犯罪出现的一些其他新形式也予以关注和探讨。湖北省人民检察院刑事审判监督处副处长赵慧认为，实践中，国家工作人员利用职务便利为请托人谋取利益，以自己或者特定关系人名义向请托人发放贷款收取高额利息，这种放贷生利型行为体现了权钱交易的本质特征，也应当作为受贿罪处理。其犯罪数额为行为人实际获取数额与国家工作人员所出具借款可得预期收益即银行同期贷款利息的差额。对于借款不满1年（含1年）的以国家1年定期存款利率为扣除标准，超出1年的以3年定期存款利率为扣除标准，最大限度地实现惩罚犯罪与保障人权的有机统一。武汉市人民检察院检察长孙应征认为，一些国家工作人员为请托人谋取利益，长期无偿“借用”请托人大额资金，由于资金的使用权是有价值的，国家工作人员长期无偿使用请托人大额资金，也符合权钱交易的本质。“大额”可比照汽车的价格，至少要在10万元以上。同时，按国家规定的贷款基准利率标准，如果行为人占用大额资金利息达到5000元以上的，可以成立受贿。

在新型贿赂犯罪认定中，有一些行为由于没有法律明确规定，或者实际操作难度大，导致司法实务部门困惑。例如，国家工作人员利用职务之便为请托人谋取利益，由请托人安排其特定关系人工作的情况，由于工作机会很难用经济标准衡量，并且用人单位是否需要或者特定关系人的能力和条件是否适合所安排的工作等问题难以判定，囿于我国刑法将受贿犯罪的对象限定为财物，此类行为目前还难以用受贿罪来评价。还有，国家工作人员离职后受贿的认定，国家工作人员离职前与请托人“约定”或者离职前后连续收受请托人财物的方能成立受贿罪。实务部门专家和学者普遍认为，由于约定内容明显违法，行受贿方多半不会留下文字，只能心照不宣地形成，司法机关取得“约定”的充分证据非常困难。对此，可借鉴日本刑法设立“事后受贿罪”，对公务员在职期间接受请托而实施不正当的职务行为，退职后收受贿赂的行为予以处罚。

《中华人民共和国刑法修正案（七）》（以下简称《刑法修正案（七）》）扩大了我国受贿犯罪主体范围，将国家工作人员“关系人”纳入刑法规制视野。我国各部门法中对近亲属范围规定不尽一致，会议普遍认为，在当前立法没有对近亲属范围作出统一规定的情况下，可适用刑事诉讼法规定的近亲属范围。对“其他与该国家工作人员关系密切的人”的认定，最高人民检察院检察理论研究所副所长单民认为，“密切关系人”是质与量相统一的概念，“关系人”表明这一概念的性质，必须具有因自然或者社会交往原因而形成的特定关系。“关系”必须是“人情性”或者“需求性”的。“密切”界定了其程度，即双方交往所建立的情感或者利益的程度，是否足以对对方产生心理上的影响。最后，以“行为人是否对相关国家工作人员产生了影响”作为判断其是否属于“密切关系人”的一个反向证明。

随着农村经济快速发展和我国加大“三农”投入，农村基层干部从事带有政府行政管理性质的事务日益增多，农村基层组织人员身份认定成为司法实践中普遍存在的问题。同济大学金泽刚教授强调，对农村基层组织人员身份的界定应该侧重于协助人民政府从事行政管理工作的本质属性，对协助人民政府从事行政管理工作需要进行严格解释，不是他们实施的所有“为公”行为都属于基层组织人员的公务行为。

利用影响力受贿是《刑法修正案（七）》新增设的罪名，此次会议对其理解和适用进行了广泛的探讨。与会者普遍认为，与受贿犯罪打击权钱交易不同，本罪打击的是“权力的影响力”与钱的交易。利用影响力受贿罪中的“影响力”限于非权力性影响力，即基于情感、资历、地位、威望、经济利益等非权力性因素对他人的思想或行动起作用的能力。对实现请托事项的，影响力可以采取事后判断，即推定行为人是“密切关系人”并利用了“影响力”。对未完成或者因故不能完成请托事项的，则应当作事前判断，即根据事实证据分析行为人是否近亲属或者密切关系人，分析双方平时的关系是否密切，行为人能否利用对该国家工作人员的影响进行受贿。实践中，查处利用影响力受贿的案件数量并不多，对此，武汉市人民检察院纪检组组长、法学博士陈晓华指出，发现难、取证难、认定难、成案难是制约惩处利用影响力受贿犯罪的桎梏。为此，检察机关要主动拓展案源渠道，更新办案理念、正确理解规范、推动一体化机制，加大利用影响力受贿罪的查处力度。

利用影响力受贿罪与受贿罪共犯认定是新型贿赂犯罪的难点问题。为此，最高人民检察院研究室主任陈国庆指出：一是要明确“密切关系人”与国家工作人员通谋，由国家工作人员利用职务便利为请托人谋取利益，不论是否共同占有贿赂，谋取利益是否正当，都以共同受贿论处。二是要明确国家工作人员明知“密切关系人”为请托人谋取不正当利益，仍提供帮助的，可以成立利用影响力受贿罪的帮助犯。三是要明确“密切关系人”以外的其他人与国家工作人员通谋，由国家工作人员利用职务上便利为请托人谋取利益，收受请托人财物后共同占有的，应当以受贿罪的共犯论处。

关于受贿罪构成要件中“利用职务上的便利”、“为他人谋取利益”要素理解，南京大学法学院孙国祥教授认为，职务范围宜采“实际职权说”。因为在我国现实政治生活和权力架构中，长期以来缺乏明确授权而导致职责不清，行为人拥有职权比所谓法定职权常常要广得多，非法定而实际拥有权力也是公权力。“利用职务上的便利”的具体形式涵盖利用本人直接主管、经办、管理和参与某种具体公共事务的职权，利用本人的一般职务权限，利用滥用职权所产生的便利条件，利用自己分管、主管的下属国家工作人员的职权等情况。“为他人谋取利益”属于客观要件而非主观要件。“为他人谋取利益”只是实施非法收受他人财物的一个条件行为，该行为的实施并不一定是在受贿犯罪故意支配下实施，不一定表征受贿故意。因此，“为他人谋取利益”并非为受贿犯罪的实行行为，更不是受贿罪的罪质行为，单纯“为他人谋取利益”的行为也非受贿行为的“着手”。为契合严密贿赂犯罪法网的刑事政策需要，应将承诺作为受贿罪中为他人谋取利益的行为起始，以淡化和削弱“为他人谋取利益”对受贿罪成立的限缩功能。对承诺的司法认定，不能过于机械。应高度重视国家工作人员收受他人财物行为本身对谋取利益承诺的推定作用。国家工作人员职务只要与行贿人行求的利益客观上存在制约关系，客观上收受了行贿人财物，则国家工作人员对行贿人的利益请求无论是明示还是默示，都应认定为具备了谋取利益的承诺，从而也就充足了受贿罪“为他人谋取利益”的构成要素。

中南财经政法大学童德华教授认为，目前办案采取传统的方式，总是要追求非常明确的东西，但是现实中实际存在很多不确定因素，明确性不等于具体性，如何从明确到具体需要我们不断地去挖掘。法律解释应当从封闭性向开放性转变，对法律的解释要遵循立法的目的和原意，以法律受众的广泛接受为标准。

二、贿赂犯罪案件的侦查

2012 年 3 月修改后的刑事诉讼法给查办职务犯罪工作带来机遇的同时，对检察机关强化人权保障、更新执法理念、规范执法行为、提高执法能力、强化自身监督制约提出了一系列新的更高的要求。如何建立一个符合人权保障与规范执法要求的贿赂犯罪侦查机制，以适应新的历史时期开展反腐败斗争的需要，是检察机关必须积极应对并予以解决的问题。实务部门专家就贿赂犯罪侦查模式的转换、技术侦查措施的运用、侦查信息化体系的构建以及贿赂犯罪非法证据排除等问题进行了热议。

复旦大学谢佑平教授从两个方面解读和分析了刑事诉讼法修改给检察机关查办贿赂犯罪案件的影响。一方面，侦查手段的完善、特殊情况下拘传时间的延长、证据种类的增加，既有利于检察机关固定证据，也有利于追赃。另一方面，全程同步录音录像的要求、律师的提前介入和作用的加强、证人出庭作证等，对打击贿赂犯罪质量和水平的提出更高的要求，检察机关要转变侦查模式，适应修改后刑事诉讼法的要求。

与会者普遍认为，职务犯罪“由供到证”的传统侦查模式口供指向性较强，效率较高，在特定的历史条件下，这一优势使之成为检察机关查办贿赂犯罪案件占主导地位的侦查模式。但这种侦查模式过分依赖犯罪嫌疑人真实而稳定的供述，天然地对辩护权行使，尤其是对律师介入存在严重抵触，同时在某些情况下会带来诸如超期羁押、刑讯逼供等严重侵害公民人权的违法侦查措施的滥用，与修改后的刑事诉讼法确立的人权保障原则、不得强迫自证其罪、非法证据排除规则、完善辩护制度等不相适应。“由供到证”侦查模式转换为“由证到供”、“供证结合”侦查模式，是贿赂犯罪侦查发展的必然要求，也是我国刑事诉讼发展的内在要求。

强化初查工作，提高初查水平，是实现职务犯罪侦查“由供到证”向“由证到供”、“供证结合”转换的必由之路。武汉市人民检察院反贪局局长王为民认为，要厘清初查与侦查的关系，坚持依法初查的观念，严禁违法违规地搞侦查前移的初查。从性质上看，初查是立案前的审查；从范围看，初查属于材料审查，也包含必要调查；从目的看，初查核心就是要解决有无涉嫌犯罪事实，是否需要立案。要正确认识和实施真正意义的侦查，不能人为地提高立案的法定条件。大胆尝试风险决策机制，改变绝对的“不破不立”的立案观念，转变立案就必定罪的绝对化观念。

修改后刑事诉讼法赋予检察机关办理重大职务犯罪案件采取技术侦查的权力，对于巩固初查成果、深挖犯罪、扩大战果等具有十分重要的作用。但技术侦查措施是一把“双刃剑”，如果使用不当，会造成对人权的不当侵犯。与会者普遍认为，应当严格、依法、规范、安全使用技术侦查措施，理性看待技术侦查措施在贪污贿赂犯罪侦查中的作用。技术侦查措施的适用范围与审批程序需要严格控制。立法上确认了由技术侦查措施获取的证据材料的法律地位，但从刑事诉讼程序对证据合法性的要求来看，并不意味着所有搜集的材料都可以作为证据使用。必要时，应当经过适当方式的转换，才能作为证据使用。

近年来，职务犯罪呈现高智能化、隐蔽性等特点，有必要借助现代科学技术，实施信息化引导，增强侦查能力，提高侦查效率。与会者普遍认为，当前侦查信息化体系构建应当重点围绕“四个系统”、“五个平台”建设进行。“四个系统”，即线索情报管理系统、刑事执行与行政执法“两法衔接系统”、信息查询系统、电子证据采集系统。“五个平台”，即涉案人员主体身份信息查询平台、涉案单位信息查询平台、涉案资产信息查询平台、通信记录查询平台、涉案人员行踪信息查询平台。职务犯罪侦查信息化体系建设是一项涉及面广、内容复杂、专业性强、技术要求高、工作量大的系统工程，建议在检察机关建立专门的职务犯罪信息情报部门，推动职务犯罪侦查工作的创新发展。

应对贿赂犯罪不断出现的新形式，打造强有力的侦查工作机制显得尤为重要。与会者普遍认为，根据修改后刑事诉讼法的规定，检察机关侦查部门要努力提高在积极适应保障犯罪嫌疑人辩护权利要求基础上的侦查能力、努力提高在相对透明情况下的规范化讯问能力、努力提高在证人出庭作证要求下的侦查取证能力、努力提高运用科技手段收集电子数据的能力。实施“上下统一、横向协作、内部整合、总体统筹”的检察工作一体化机制，形成纵向指挥有力，横向协作紧密，运作高效的侦查工作格局。不断加强思想教育和业务培训，优化职务犯罪侦查队伍的专业结构，全面提高侦查人员的侦查能力和整体素质。

武汉大学蔡杰教授认为，修改后刑事诉讼法对检察机关查办贿赂犯罪的办案方式影响很大，法律赋予检察机关更多的职责，检察机关不折不扣地履行这些职责，需要更多增加办案力量。

修改后刑事诉讼法确立非法证据排除制度。在刑事诉讼活动中排除非法证据，是检察机关履行客观义务的体现。由于言词证据在贿赂犯罪证据形式中所占比例大，并且言词证据常常呈现矛盾性、不稳定性、虚假性等特征，贿赂犯罪案件排除非法言词证据就独具重要意义。湖北省律师协会刑事辩护委员会主任、湖北省立丰律师事务所主任汪少鹏提出，将贿赂犯罪的非法证据排除程序置于审查起诉阶段最为恰当。一方面，侦查机关通常是产生非法证据的主因、非法取证的主体，由侦查机关排除非法证据具有天然的缺陷性。另一方面，如果等待由审判机关来进行非法证据排除，不但会影响法官合理心证、降低审判效率，还会产生非法取证危害状态延长、侦查监督职能流于形式、犯罪嫌疑人人权得不到及时保障等诸多弊端。审查起诉阶段排除贿赂犯罪案件的非法言词证据，能使控辩双方对庭审产生合理预期，更好地确定诉讼策略，极大地提高审判效率。在修改后的刑事诉讼法实施后，检察机关有必要在审查起诉阶段设置刑事诉讼证据开示程序。

对于检察机关如何排除贿赂犯罪非法证据，与会者普遍认为，检察机关肩负贿赂犯罪侦查和审查起诉的双重职责，要牢固树立全面、客观、规范取证的侦查观念，全面落实讯问职务犯罪嫌疑人犯罪全程同步录音录像制度。树立问题意识，培养发现问题的能力，提高证据审查能力。通过启动法律监督调查机制，发现和认定非法取证行为，及时提出纠正意见。非法取证构成犯罪的，依法追究相关人员的刑事责任。引入排除非法言词证据的听证程序，检察机关作为主持人，听取侦查部门和辩护方对于证据材料的意见，允许犯罪嫌疑人及其聘请的律师对证据合法性进行质证并与侦查人员辩论，并依据双方意见和法律规定对证据的合法性与否作出审查与认定。

三、贿赂犯罪的控制与立法完善

贿赂犯罪治理是一项系统工程，贯彻“惩防并举、标本兼治、综合治理、注重预防”的反腐败方针体系，必须将预防贿赂犯罪放在更加突出重要的位置。与会专家、学者、检察实务工作者围绕贿赂犯罪刑事政策的把握以及预防措施的实施展开了深入探讨。

中南财经政法大学齐文远教授强调，作为我国基本刑事政策，宽严相济的核心精神亦应在贿赂犯罪领域得到有效贯彻。一方面，基于贿赂犯罪的严重态势和抗制贿赂犯罪的强烈诉求，应当依法从严惩治贿赂犯罪；另一方面，亦需结合社会现实，从轻缓的维度审慎考虑是否存在采取策略性从宽对处措施之余地。当前贿赂犯罪刑事政策的适用存在宽严失衡且失据的缺陷，立法层面上表现为刑事法网粗疏、刑罚配置失衡，司法层面上表现为追诉标准宽松、量刑过于轻缓，刑事执行层面则表现为刑罚执行失当、滥用减刑假释。宽严相济刑事政策在惩治贿赂犯罪过程中的落实，需要特别重视宽严的平衡、适度及有据。中南财经政法大学杨宗辉教授强调，对贿赂犯罪的治理，应当秉承依法治国的理念，疏密并济，当宽则宽，当严则严，把握好刑事诉讼内在价值与外在价值的动态平衡。

天津市高级人民法院刑事审判庭第二庭法官助理于耀辉从犯罪预防目的实现的角度，认为当前刑事司法存在行贿犯罪打击不足、贿赂犯罪刑罚适用总体较为宽缓的微失衡，偏离了刑罚的预防目的。刑法分则对受贿罪与行贿罪构成要件与量刑设计上存在差异，是刑事司法实践中重受贿、轻行贿现象普遍出现的立法根源。司法工作人员要全面、深刻理解宽严相济刑事政策要求，树立打击行贿犯罪与受贿犯罪并重的观念，严格把握贿赂犯罪从宽处罚的标准与幅度。武汉市东西湖区人民检察院检察长胡俊指出，检察机关职务犯罪预防手段较为单一，预防缺乏针对性，检察建议等预防措施不具有法律强制性，执行效果不理想。公众对职务犯罪的惩防工作缺乏积极参与的意识，预防工作没能形成整体合力。检察机关开展贿赂犯罪等职务犯罪预防工作尽管有宪法、法律的原则性的规定，但是缺乏具体的可操作性。建议在总结各地立法经验的基础上，制定一部专门的《职务犯罪预防法》，使预防职务犯罪工作规范化、制度化。

贿赂犯罪作为常见的职务犯罪，其行为形态随着经济社会发展而不断变化。惩治贿赂犯罪，立法还存在进一步完善的地方。与会专家普遍认为，我国刑法将贿赂犯罪的对象规定为财物过于狭窄，与我国已加入的《联合国反腐败公约》所规定的“任何不正当利益”不相符合，建议将贿赂犯罪的对象范围界定为能满足人类物质或精神生活需要的一切不正当利益，包括财产性利益和非财产性利益。对于理论界和实践界广泛讨论的“性贿赂”是否入罪问题，武汉大学法学院康均心教授认为，与传统权钱交易不同，性贿赂是权色交易。性贿赂有亲为式性贿赂和雇佣式性贿赂两种形式。性贿赂以交换受贿者可以提供的权力或者其他利益为目的，具有交易性，这是性贿赂被呼吁入罪的理由之一。从世界范围来看，贿赂犯罪惩治内容并不囿于权钱交易，还包括非财产利益在内的权色交易、权伞（保护伞）交易等。我国刑法规定的贿赂内容应在实质上作出扩大规定。在目前刑事法律框架下，对性贿赂没有必要设立一个独立罪名，可考虑将性贿赂作为贿赂罪量刑情节，归入现有贿赂罪中，通过司法解释调整行贿罪和受贿罪的量刑起点和刑度，对性贿赂适用行贿罪和受贿罪的基本量刑档次。

商业贿赂并不是一个规范性刑法学术语，理论界普遍认为，发生在商业活动领域的贿赂行为均为商业贿赂。我国转型期市场机制不健全以及行政权力对资源配置、经济行为的干预，使得权力寻租现象时有发生。武汉大学莫洪宪教授指出，我国有关商业贿赂犯罪立法简单、粗疏，重视公务型贿赂立法，而业务型贿赂立法相对薄弱。立法层面，建议借鉴日本等国附属刑法与刑法典相结合的立法模式，构建我国反商业贿赂犯罪科学体系，调整商业贿赂犯罪法定刑设置，增加财产刑和资格刑。司法层面，建立切实有效的预防、打击商业贿赂犯罪的制度体系，完善公司、企业会计账册记录制度、审计制度、信息资源共享制度；推行行贿人犯罪记录查询机制，严格市场准入，净化市场环境。

中南财经政法大学夏勇教授立足于贿赂犯罪的对向关系，指出我国刑法中受贿罪与行贿罪在罪状表述上体现了对向关系，但是二罪处罚条款却呈现分裂状态，没有表现出应有的对应性。应当为受贿罪设置专门法定刑，把对国家权力侵害的事实情节作为首先考虑的因素，将数额置于其次的地位。行贿罪法定刑设置，可在受贿罪相应情况下降低一个格次。在司法实践中，应当尽量做出符合对向关系的理解和适用。以受贿罪法定刑格次为基准，将各格次中数额规定同时视为没有明文规定数额的行贿罪法定刑相应格次中的数额。既体现刑事政策打击重点——受贿重于行贿，又避免实践中对行贿罪放纵。

编　者

2013 年 3 月

目　录

第一部分　新型贿赂犯罪的司法认定

第二部分 贿赂犯罪的疑难问题

第三部分　贿赂犯罪案件的侦查

第四部分　贿赂犯罪的控制与立法完善

第一部分

新型贿赂犯罪的司法认定

利用影响力受贿罪法律适用问题探讨

陈国庆[*]　卢宇蓉[**]

《刑法修正案（七）》新增罪名“利用影响力受贿罪”，作为刑法第 388 条之一，将离职的国家工作人员、离职或者在职的国家工作人员的近亲属以及其他与该国家工作人员关系密切的人都纳入受贿罪的主体。这一规定突破了在非共同犯罪的情况下受贿罪的主体只能是国家工作人员的传统观点，对于遏制和打击领导干部身边的人利用其影响力进行交易犯罪，促使反腐败斗争不断深入具有重要意义。本文结合实践，对利用影响力受贿罪的相关问题进行了探讨，期冀有益于司法实务和立法完善。

一、主体认定问题

根据《刑法》第 388 条之一第 1 款、第 2 款之规定，本罪的犯罪主体为三类：国家工作人员的近亲属或者其他与国家工作人员关系密切的人；离职的国家工作人员；离职的国家工作人员的近亲属或者其他与离职的国家工作人员关系密切的人。其中，“离职的国家工作人员”是指曾经是国家工作人员，但由于离休、退休、辞职等原因目前已离开了国家工作人员岗位的人。① 实践中，对此认识基本一致，但对于“近亲属”和“关系密切的人”如何认定存在较大分歧。

（一）“近亲属”的认定

对本罪中“近亲属”范围的理解，主要有三种观点②：第一种观点认为，利用影响力受贿罪中的“近亲属”应采用《刑事诉讼法》第 106 条的规定，即夫、妻、父、母、子、女、同胞兄弟姊妹。第二种观点认为，考虑到传统的亲属伦理观念、现实合理性以及利用影响力受贿罪的立法目的在于惩治特定人员利用影响力受贿的

---

* 最高人民检察院法律政策研究室主任，法学博士。

** 最高人民检察院法律政策研究室法律应用研究处处长。

① 参见黄太云：《刑法修正案解读全编》，人民法院出版社 2011 年版，第 165 页。

② 参见李立峰、盛宏文、李震：《论利用影响力受贿罪的犯罪主体》，载《湖南科技学院学报》2012 年第 1 期。

行为等因素，对于利用影响力受贿罪中的近亲属而言，刑事诉讼法规定的近亲属的范围明显过窄，目前应以最高人民法院《关于贯彻执行〈中华人民共和国民法通则〉若干问题的意见（试行）》规定的近亲属的范围为宜。第三种观点认为，从我国社会的家庭、亲缘结构以及实际交往情况出发，利用影响力受贿罪中的“近亲属”应当包括与国家工作人员具有三代以内直系血亲和旁系血亲的人。

笔者认为，以上第二、第三种观点虽然有利于打击腐败犯罪，但是扩大了利用影响力受贿罪中“近亲属”的范围。本罪中的“近亲属”应当严格按照刑事诉讼法进行解释，即夫、妻、父、母、子、女、同胞兄弟姊妹。理由：一是从罪刑法定原则和刑法谦抑性出发，刑法中的“近亲属”应与刑事诉讼法有关规定保持一致；二是本罪主体还包括“其他与该国家工作人员关系密切的人”，严格限定“近亲属”并不会导致打击不力的后果。

（二）“关系密切的人”的认定

根据有关司法解释性质文件和立法规定，“关系密切的人”的表述经历了一个由“近亲属”到“特定关系人”再到“近亲属和其他与该国家工作人员关系密切的人”，同时由司法解释性质文件规定上升为立法的演变过程。2003年11月，最高人民法院在《全国法院审理经济犯罪案件工作座谈会纪要》中规定了对国家工作人员近亲属共同受贿的处理。2007年5月，中共中央纪委《关于严格禁止利用职务上的便利谋取不正当利益的若干规定》首次出现“特定关系人”的概念。2007年7月，“两高”《关于办理受贿刑事案件适用法律若干问题的意见》明确规定，特定关系人是指“与国家工作人员有近亲属、情妇（夫）以及其他共同利益关系的人”。2009年2月，《刑法修正案（七）》在利用影响力受贿罪规定了“近亲属和其他与该国家工作人员关系密切的人”。由于“关系密切”缺乏客观标准，实践中对于如何理解和认定“其他关系密切的人”存在不同表述。例如，有观点认为关系密切的人包括基于血缘产生的关系（如近亲属以外的亲属）、基于学习和工作产生的关系（如同学、师生、同事等）、基于感情产生的关系（如朋友、恋人、情人等）、基于利益产生的关系（如共同投资人、客户）等。[①] 有观点提出事后推定原则，即如果行为人可以利用国家工作人员的职务便利，通过其他国家工作人员职务上的行为，为请托人谋取不正当利益，索取请托人财物或者收受请托人财物，则可以推定行为人和国家工作人员关系密切。[②] 笔者认为，对本罪中的“关系

① 参见袁剑波：《如何界定“利用影响力受贿罪”中“关系密切的人”》，载《中国检察官》2010年第11期；姚爱华、杨书文：《试论影响力交易罪》，载《人民司法》2009年第9期等。

② 参见罗猛：《利用影响力受贿，仍有三点需明确》，载《检察日报》2010年4月9日。

密切的人”的司法认定要结合刑事立法发展历程和案件情况来具体分析。从“关系密切的人”、“近亲属”和“特定关系人”三者的关系来说，“关系密切的人”包含“近亲属”和“特定关系人”。换言之，只要是国家工作人员的近亲属或者特定关系人，就能成为利用影响力受贿罪的主体。实践中，对“其他与该国家工作人员关系密切的人”的司法认定需要结合两个方面的内容进行综合判断：一是对“关系”作形式上的分析判断，即这种关系是血缘关系、亲属关系、感情关系、同事关系，还是共同利益关系等；二是对“密切”程度作实质上的分析判断，也是“影响力”的认定，即行为人与国家工作人员（含离职的国家工作人员）之间关系，是否能影响国家工作人员，并利用这种影响力去为请托人谋取不正当利益。

（三）“国家工作人员”能否成为利用影响力受贿罪的主体

对此，学界有不同观点。有观点认为本罪的主体是非国家工作人员，如果国家工作人员有本罪行为的，则构成斡旋型受贿罪。① 也有观点认为，判断国家工作人员构成职务犯罪还是普通犯罪，关键在于判断行为人利用的是权力性影响力还是非权力性影响力，如果是后者，国家工作人员也可以构成利用影响力受贿罪。② 笔者认为，从立法原意看，本罪主体是特殊主体，即与国家工作人员有着某种特定关系的非国家工作人员，包括近亲属或者其他与该国家工作人员关系密切的人。③ 但是，这里的“非国家工作人员”应当从实质意义上去理解，即其本人的职权及地位都不具有能够为请托人谋取不正当利益的便利条件。在此意义上，形式上具有国家工作人员身份的人在特定条件下，可以成为本罪的主体。例如，李某本人是基层法院书记员，收取胡某50万元，请其姐夫（某市委书记）帮助胡某晋升该市地税局副局长。

二、影响力的认定问题

利用影响力受贿罪中的“影响力”是一个关键词，对于认定该罪具有重要意义。由于“影响力”的概念比较抽象，生活中的“影响力”内涵丰富多彩，因此，正确把握“影响力”的内涵具有十分重要的意义。

---

① 参见王荣利：《详解刑法修正案（七）反腐败新罪名》，载《法制日报》2009年4月3日。

② 参见高铭暄、陈冉：《论利用影响力受贿罪司法认定中的几个问题》，载《法学杂志》2012年第3期。

③ 参见王尚新主编：《中华人民共和国刑法解读》（第3版），中国法制出版社2011年版，第747页。

（一）影响力的内涵

根据《现代汉语词典》的解释，“影响力”是指对别人的思想或行动起作用的能力。首先，从影响力作用的方向来说，利用影响力受贿罪的“影响力”是指与某国家工作人员关系密切的“非国家工作人员”对“该国家工作人员”的影响力。其次，从影响力的权力属性来说，利用影响力受贿罪中的“影响力”限于非权力性影响力。权力性影响力是指基于国家工作人员本人职权或者地位而产生的，能够对别人的思想或行动起作用的影响力。非权力性影响力是指除了权力性影响力之外，基于情感、资历、地位、威望、经济利益等非权力性因素对别人的思想或行动起作用的能力。因此，如果行为人利用权力性影响力，即国家工作人员利用本人职权或者地位形成的便利条件，通过其他国家工作人员职务上的行为，为请托人谋取不正当利益，索取请托人财物或收受请托人财物的，则不构成利用影响力受贿罪，而应当直接以受贿罪论处。

（二）影响力的形式

利用影响力的形式主要有三种：第一种是国家工作人员的近亲属或者其他与该国家工作人员关系密切的人，利用他们对该国家工作人员的影响力，通过该国家工作人员职务上的行为，直接为请托人谋取不正当利益，或者利用国家工作人员职权或者地位形成的便利条件，通过其他国家工作人员职务上的行为，为请托人谋取不正当利益。第二种是离职的国家工作人员利用其原职权或者地位形成的对其他国家工作人员的影响力，通过其他国家工作人员职务上的行为，为请托人谋取不正当利益。这里要注意，离职的国家工作人员利用的必须是其原职权或者地位形成便利条件。第三种是离职国家工作人员的近亲属以及与其关系密切的人利用该离职的国家工作人员原职权或者地位形成便利条件，实施上述第一种形式的行为。

（三）影响力的司法认定

首先，应当结合行为主体予以认定。“密切关系人”范围应当适中，既不能放纵犯罪，也不能打击面过宽。如果行为人与国家工作人员之间没有近亲属关系，或者并非关系密切的人，也不是离职国家工作人员、离职国家工作人员近亲属以及其他与其关系密切的人，则这些主体所具有的影响力也就不能视为我国刑法意义上的“影响力”。其次，对实现请托事项的，影响力可以采取事后判断，即行为人与国家工作人员关系密切，利用该国家工作人员实现了请托事项，则可以推定行为人是“密切关系人”并利用了“影响力”。最后，对索取或者收受请托人财物但尚未完成或者因故不能完成请托事项的，则应当作事前判断，即根据事实证据分析行为人是否属于近亲属或者密切关系人，分析双方平时的关系是否密切，行为人能否利用对该国家工作人员的影响进行受贿。例如，行为人系国家工作人员的妻子，她收受请托人财物，但该国家工作人员拒绝为请托人谋取不正当利益时，行为人同样可以构成利用影响力受贿罪。因此，对于行为人具有对国家工作人员影响力的，无论其是否实现请托事项，都可以构成利用影响力受贿罪；对于行为人并非国家工作人员近亲属或关系密切的人，而是打着与国家工作人员有某种特殊关系的幌子，骗人钱财或者通过实施行贿行为完成请托事项的，无论是否完成请托事项，都不可能构成利用影响力受贿罪，视其不同情况可能构成诈骗罪或者行贿罪。

三、"不正当利益"的认定问题

《刑法》第388条斡旋受贿犯罪和第388条之一利用影响力受贿罪都规定了"为请托人谋取不正当利益"，但究竟何为不正当利益、谋取不正当利益与犯罪构成的关系以及谋取不正当利益如何认定在理论和在实务中都存在不同认识。

(一)"不正当利益"的界定

理论上对"不正当利益"是指利益本身的不合法，还是指获取利益的程序不合法存在分歧认识，例如，请托人对为谋求原本不确定的经济利益，进而请关系人利用影响力排挤他人市场竞争的行为。对此，笔者认为，刑法第388条之一规定的"谋取不正当利益"，是指谋取违反法律、法规、规章或者政策规定的利益，或者违反法律、法规、规章、政策、行业规范的规定提供帮助或者方便条件。在招标投标、政府采购等商业活动以及选拔、任用、招录等组织人事管理活动中，违背公平原则而给予请托人帮助的，都属于"谋取不正当利益"。

(二)"为请托人谋取不正当利益"与本罪构成的关系

这里，至少要解决两个问题：(1)"谋取不正当利益"是否是利用影响力受贿罪的必备要件；(2)"谋取不正当利益"是主观要件，还是客观要件。究其理由：一是无论索取或者收受请托人财物，谋取不正当利益都是利用影响力受贿罪的必要构成要件。我国刑法明确规定"为请托人谋取不正当利益"不仅反映了利用影响力受贿罪与受贿罪的区别，也反映了刑法打击的重点。二是明确"谋取不正当利益"究竟是利用影响力受贿罪的主观要件还是客观要件，关系到犯罪未遂与既遂、罪与非罪的界定。对此，笔者认为"谋取不正当利益"是利用影响力受贿罪的主观要件。无论是主动向请托人索取财物，还是收受财物，构成利用影响力受贿犯罪都必须具备"谋取不正当利益"的主观要件。至于"谋取不正当利益"是主观目的、动机，还是既是目的又是动机。在刑法中，虽然特定犯罪的目的和动机是确定的，不存在互相转化的问题，因为刑法对各种犯罪都有具体规定，这种规定本身就使其犯罪目的确定化，不可能与犯罪动机发生转化。① 但是从心理学角度说，犯罪目的和犯罪动机与一般的行为目的和动机并无二致，两者在一定条件下可以转化。因此，根据《刑法》第 388 条之一规定，“为请托人谋取不正当利益”是刑法明确规定的行为人的主观目的，亦构成利用影响力受贿罪的必要构成要件；实践中，“为请托人谋取不正当利益”在行为人的心理上则可能表现为既是动机也是目的，不过区分它们的意义不大。

（三）为请托人谋取不正当利益的认定

笔者认为，行为人明知请托人给予他财物的目的，是要求他利用与其关系密切的国家工作人员手中掌握的权力或者地位形成的便利条件，谋取不正当的利益，而行为人索取或者收受请托人财物，便是允诺为其谋取利益，即构成利用影响力受贿。至于行为人由于客观原因，最终没有帮请托人实现不正当利益，不影响本罪的成立。

四、本罪和受贿罪共犯的认定

利用影响力受贿罪对受贿犯罪体系最大的影响，也是最复杂的问题，就是受贿罪的共犯问题。《刑法修正案（七）》实施之前，关系人与国家工作人员的受贿行为，只存在无罪、国家工作人员单独构成受贿罪和构成受贿罪共犯三种情形。2007 年 7 月，“两高”《关于办理受贿刑事案件适用法律若干问题的意见》针对新形式受贿及有关政策界限问题作出原则规范。该意见对特定关系人收受贿赂问题作出规定：“国家工作人员利用职务上的便利为请托人谋取利益，授意请托人以本意见所列形式，将有关财物给予特定关系人的，以受贿论处。”“特定关系人与国家工作人员通谋，共同实施前款行为的，对特定关系人以受贿罪的共犯论处。特定关系人以外的其他人与国家工作人员通谋，由国家工作人员利用职务上的便利为请托人谋取利益，收受请托人财物后双方共同占有的，以受贿罪的共犯论处。”

《刑法修正案（七）》实施之前，检察机关办理一起有争议案件：某学院副院长郭某受其中学同学黄某和肖某的请托，利用职务便利未经招投标就将学校有关工程交给某公司承建，黄某、肖某两人收受该公司经理邵某所送 60 万元，事后两人告知郭某他们收了些感谢费。办案人员对本案存在分歧意见：第一种观点认为，郭某与黄某、肖某构成受贿罪的共同犯罪。理由是郭某事后知道并未反对，可以视为具有受贿的共同故意。第二种观点认为，三人行为都不构成犯罪。理由是黄某和肖某并非国家工作人员，其行为不构罪；郭某与黄某、肖某两人只是同学关系，不是特定关系人，郭某既未占有请托人财物，也未授意请托人将财物给特定的人，其行

---

① 参见陈兴良：《刑法哲学》，中国政法大学出版社 1997 年版，第 267 页。

为也不构罪。笔者认为，办理这起案件的关键在于有无证据证明郭某与黄某、肖某两人是否具有共同受贿的故意。如果证据情况只能证明郭某事后知道也没有共同占有请托人的财物，那么本案证据不足以认定三人具有受贿的共同故意；如果能够进一步查明三人具有受贿的共同故意，那么应当采纳第一种观点；如果不能查明或者查明三人没有受贿共同故意，那么应当采纳第二种观点，即虽然这类行为有一定的社会危害性，但根据罪刑法定原则，其行为不构成犯罪。应当说，2009 年 2 月《刑法修正案（七）》增设利用影响力受贿罪在一定程度上可以弥补和解决此案中的法律适用问题。下面，我们就借用这一案例的基本事实，对利用影响力受贿罪的共犯问题进行探讨。

（一）利用影响力受贿罪的共同犯罪

第一种情况：如果证据不能证明郭某事前与黄某、肖某两人有共谋，事中对于收受 60 万元知情，或者事后分得了贿赂款，那么，郭某的行为不构成受贿罪，可能成立利用影响力受贿罪的片面共犯。由于我国刑法规定的共同犯罪，必须要有共同故意和共同行为，因此，在这种情况下，只有黄某、肖某两人构成利用影响力受贿罪的共犯。如果案件中郭某滥用职权为他人谋取不正当利益，造成公共利益、国家和人民利益重大损失的，可能构成相关渎职犯罪。第二种情况：如果证据证明郭某知道黄某、肖某两人收受或者会收受请托人的好处费，仍利用职权或者地位形成的便利条件，帮助他们为请托人谋取不正当利益但未占有贿赂款物，那么郭某的行为构成利用影响力受贿罪的帮助犯，郭某、黄某、肖某三人的成立利用影响力受贿罪的共犯。

（二）受贿罪的共同犯罪

第一种情况：如果证据证明郭某知道黄某、肖某两人收受了好处费，且事后分得了贿赂款，那么，不论郭某是事前、事中，还是事后知道，也不论分得贿赂款多少，郭某的行为都构成受贿罪。黄某、肖某两人的行为同时构成利用影响力受贿罪的共同犯罪和受贿罪的帮助犯，可以从一重罪论处。第二种情况：如果证据证明郭某、黄某、肖某三人共谋实施上述行为，并且事后分取或者共同占有贿赂款的，那么不论帮请托人谋取的利益是否正当，三人的行为都构成受贿罪的共同犯罪。

（三）相关共同犯罪认定的原则

笔者认为，下一步有必要在司法解释中明确利用影响力受贿罪和受贿罪的区别，并就相关共同犯罪认定作出规定。一是明确“密切关系人”与国家工作人员通谋，由国家工作人员利用职务上的便利为请托人谋取利益，不论是否共同占有贿赂，谋取利益是否正当，都以共同受贿论处。二是明确国家工作人员明知“密切关系人”为请托人谋取不正当利益，仍提供帮助的，可以成立利用影响力受贿罪的帮助犯。三是明确“密切关系人”以外的其他人与国家工作人员通谋，由国家工作人员利用职务上便利为请托人谋取利益，收受请托人财物后共同占有的，应当以受贿罪的共犯论处。

五、关于利用影响力受贿罪对应行贿行为的处理

《刑法修正案（七）》新增规定了“利用影响力受贿罪”，将“国家工作人员的近亲属或者与该国家工作人员关系密切的人”规定为该罪的犯罪主体，但是，没有明确规定对于为谋取不正当利益而给予这些人以财物的请托人是否构成犯罪。实践中，对于利用影响力受贿罪的对应行为如何适用法律，存在不同认识：第一种观点认为，利用影响力受贿罪所对应的行贿行为在主观目的上是寻求权钱交易，在客观行为上也与行贿罪的行为无本质区别，都具有同样的社会危害性，因此，利用影响力受贿罪所对应的行贿行为应当认定构成行贿罪。第二种观点认为，应当严格遵循罪刑法定原则，利用影响力受贿罪所对应的行贿行为既然在刑法中没有符合的相应罪名，则不应认定为犯罪。我们赞成第二种观点，但认为对此问题有必要作进一步的探讨。总体来说，根据现行刑法的规定，利用影响力受贿罪所对应的行贿行为不构成犯罪；但是，这种行为具有较大的社会危害性，有必要通过立法途径，将实施该种行为情节严重的规定为犯罪。

（一）从实然的角度分析，根据我国现行刑法规定，利用影响力受贿罪所对应的行贿行为不构成犯罪

一是根据我国刑法规定，具有对合关系的行贿与受贿行为并非都构成犯罪。例如，《刑法》第164条第2款规定了对外国公职人员、国际公共组织官员行贿罪，但没有规定外国公职人员、国际公共组织官员受贿罪。又如，因被勒索给予国家工作人员以财物，没有获得不正当利益的（行为人主观上可能也是为谋取不正当利益，只是实际没有获得），不是行贿；但该国家工作人员构成受贿。二是根据我国刑法规定，行贿犯罪的表现为一种直接的权钱交易关系。《刑法》第164条规定了对非国家工作人员行贿罪、对外国公职人员、国际公共组织官员行贿罪，第389条规定了行贿罪，但这三种行贿罪的犯罪对象都是“本身具有职权的人”，即公司、企业或者其他单位的工作人员、外国公职人员、国际公共组织官员，或者国家工作人员。这些人员构成受贿犯罪是因为他们利用职务上的便利为请托人谋取利益，他们与请托人之间存在直接的“权钱交易关系”。三是利用影响力受贿罪所对应的行贿行为不符合我国刑法规定的行贿犯罪的构成条件。根据我国《刑法》第388条之一规定，利用影响力受贿罪的犯罪主体一般是非国家工作人员或者离职的国家工作人员，即使在特殊情况下国家工作人员可以构成该罪，也必须是该国家工作人员

的有关行为与其职权或者地位形成的便利条件没有任何关系，否则就构成受贿罪。换言之，“利用影响力受贿罪的行为人”利用的是其对“有职权可以为请托人谋取利益的国家工作人员”的影响力，而不是利用本人职务上的便利条件。请托人与行为人之间不存在直接的“权钱交易”关系。可见，利用影响力受贿罪所对应的请托人的行贿行为，不符合《刑法》第164条、第389条规定的有关行贿犯罪的构成要件，根据我国刑法罪刑法定原则的要求，该种行为依法不构成犯罪。

（二）从应然层面分析，有必要通过刑事立法，将与利用影响力受贿罪相对应的行贿行为规定为犯罪

一是将该类行为规定为犯罪是司法实践的需要。实践中，一些利用影响力受贿罪所对应的请托人行贿行为，行贿数额大，谋取不正当利益性质特别恶劣，对这类行为有必要划入犯罪圈，予以刑事制裁，否则有失刑法公正性，也有不利于惩治腐败犯罪。二是对该类行为规定为犯罪是我国全面履行《联合国反腐败公约》关于利用影响力交易犯罪规定的需要。2005年10月，我国第十届全国人民代表大会常务委员会第十八次会议批准了2003年10月联合国大会上通过的《联合国反腐败公约》。根据该《联合国反腐败公约》第18条规定①，不管行贿人是给谁以财物，只要行贿人给予了财物，并试图通过国家工作人员的职务或者非国家工作人员的影响力来谋取不正当利益，都应当认为是侵犯了国家工作人员职务行为的不可收买性、信赖性和公正性，都应当认定为犯罪。对此，有学者建议在将来刑法修改时应该借鉴《联合国反腐败公约》的规定，制定与利用影响力受贿罪相对应的利用影响力行贿罪。② 笔者认为，可以向立法机关提出以下建议：在刑法第388条之一（利用影响力受贿罪）第一款、第二款之后增加一款作为该条第三款，即“为谋取不正当利益，给予前二款规定的人员以财物，情节严重的，处3年以下有期徒刑或者拘役，并处罚金；情节特别严重的，处3年以上10年以下有期徒刑，并处罚金”。

---

① 《联合国反腐败公约》第18条：影响力交易。各缔约国均应当考虑采取必要的立法和其他措施，将下列故意实施的行为规定为犯罪：（一）直接或间接向公职人员或者其他任何人员许诺给予、提议给予或者实际给予任何不正当好处，以使其滥用本人的实际影响力或者被认为具有的影响力，为该行为的造意人或者其他任何人从缔约国的行政部门或者公共机关获得不正当好处；（二）公职人员或者其他任何人员为其本人或者他人直接或间接索取或者收受任何不正当好处，以作为该公职人员或者该其他人员滥用本人的实际影响力或者被认为具有的影响力，从缔约国的行政部门或者公共机关获得任何不正当好处的条件。

② 参见储槐植、闫雨：《利用影响力受贿罪适用中的几个疑难问题》，载《江苏警官学院学报》2012年第1期。

六、利用影响力受贿的定罪量刑标准问题

《刑法》第388条之一对利用影响力受贿罪规定了三个法定刑幅度。实践中，对利用影响力受贿罪的定罪量刑标准问题集中反映在两点：一是该罪入罪门槛的"数额较大"中数额标准如何掌握；二是关于"数额较大或者有其他较重情节"、"数额巨大或者有其他严重情节"、"数额特别巨大或者有其他特别严重情节"如何把握。比如说，对该罪入罪门槛的"数额较大"的标准问题，实务中有观点认为，应与受贿罪的数额标准保持一致，以免不同的受贿有不同的标准，不便于司法办案掌握，不利于有力惩治贿赂犯罪。也有观点认为，应当区别于受贿罪，并且要较大幅度地提高该罪的数额标准，更好体现罪刑相适应原则和宽严相济刑事政策。

笔者认为，一是从犯罪构成的特点分析，利用影响力受贿罪总体上可以归类为情节犯，同时与刑法规定的三个法定刑幅度相对应的是利用影响力受贿罪的基本犯、情节加重犯和情节特别加重犯。这里需说明，"犯罪数额"是本罪犯罪情节中必须考虑的首要因素。刑法将犯罪数额作出本罪构成要件，且作出了专门规定，刑法理论上也称为"数额犯"。二是关于利用影响力受贿罪的"数额标准"，可以参考受贿罪的数额标准，但鉴于两者的犯罪主体、行为性质有本质区别，利用影响力受贿罪的社会危害性程度大小明显不如受贿罪，因此利用影响力受贿罪的数额标准相对受贿罪而言，既要有所区别，也要适当有所提高。1999年9月最高人民检察院出台的《关于人民检察院直接受理立案侦查案件立案标准的规定（试行）》（以下简称《立案标准》）规定，个人受贿立案的数额掌握在5000元以上。据此，利用影响力受贿罪的数额标准相对受贿罪掌握在5—10倍之间为宜。三是犯罪情节是一个综合因素，有必要结合实际情况对本罪的情节作出类型化规定。"情节"一词中"情"为情状；"节"为细节。笔者之所以将利用影响力受贿罪归类为情节犯，就是因为刑法将"数额较大或者有其他较重情节"作为该罪的必要构成要件，犯罪数额也是一种情节。除了犯罪数额以外的"其他较重情节"，应当是指犯罪时的情节。但是，犯罪时不应当理解为实施该犯罪构成要件行为时，而应将其与犯罪过程统一起来把握，即犯罪时始于犯意形成，终于取谋不正当利益、索取或者收受请托人财物的非法行为实施完毕。本罪的"其他情节"，应当综合考虑行为人索取或者收受财物的次数、不正当利益的性质、谋取不正当利益给国家和社会造成损害大小、通过有关国家工作人员职务行为谋取不正当利益造成的社会影响等因素。为统一规范执法，对以上这些问题，"两高"有必要尽快出台相关司法解释予以明确。

综上所述，利用影响力受贿罪相对传统的贪污贿赂犯罪而言，还是一种新型犯罪，除了上面讨论的问题之外，在办案中还可能不断出现新情况、新问题，需要我们继续关注和加强研究，并通过总结司法经验和规律，进一步推动刑事立法完善。

利用影响力受贿罪若干疑难问题解析

单　民[*]　陈　磊[**]

《刑法修正案（七）》增设的利用影响力受贿罪，为严密腐败犯罪防控法网，有力打击国家工作人员“身边人”犯罪起到了重要的作用。但是该罪立法设置和事实类型本身的特殊性，造成该罪存在诸多理论争议和司法适用难题。本文从中选取若干疑难问题加以探讨，以期厘清相关争议，为实践提供一定的参考。

一、“关系密切人”的界定

在《刑法修正案（七）（草案）》面向社会征求意见之际，就有论者对“关系密切人”的表述提出了批评，认为“其含义模糊，掌握困难，难具司法实践的可操作性”。① 我们认为这一批评不无道理。利用影响力受贿罪的犯罪主体“与国家工作人员关系密切的人”，其内涵和外延确实都比较模糊，严格来讲，它甚至不是一个法律术语。按照刑法的规定，“关系密切人”包括“近亲属”和“其他关系密切人”，这两类人的界定都存在一定的困难和争议，需要从理论层面予以明确。

（一）利用影响力受贿罪“近亲属”的范围

关于近亲属的范围，因我国法律规定的不一致，主要有以下几种不同的观点：

1. 适用刑事诉讼法“近亲属”的范围。《刑事诉讼法》第 106 条第 6 项，“近亲属”包括夫、妻、父、母、子、女、同胞兄弟姊妹。论者认为，近亲属范围的界定应受一个国家的历史文化传统、人伦理念、经济发展状况以及社会生产生活方式等因素的影响，结合我国传统的家庭观念、社会生活现状以及亲属法基本理论，近亲属的范围确定应以“直系血亲和二代以内旁系血亲”为宜。并且，从遵循罪刑法定原则的角度来看，解释近亲属的范围应持谨慎的态度，不宜将非刑事法律中

---

* 最高人民检察院检察理论研究所副所长，教授。

** 最高人民检察院检察理论研究所助理研究员。

① 参见赵秉志：《对〈刑法修正案（七）（草案）〉的几点看法》，载《法制日报》2008 年 9 月 21 日。

的概念套用于刑事法律中的概念之上，在刑事诉讼法已有规定的情况下，与之关系最近的刑法在定罪量刑时予以参照适用是无可厚非的。①

2. 适用民法“近亲属”的范围。民法上规定的近亲属，包括第一序位的配偶、父母、子女以及第二序位的兄弟姐妹、祖父母、外祖父母、孙子女、外孙子女。论者认为，《刑事诉讼法》第106条第6项将祖父母、外祖父母、孙子女、外孙子女以及同父异母或者同母异父的兄弟姐妹、养兄弟姐妹、继兄弟姐妹等非同胞兄弟姐妹等亲属排除出近亲属之列，不仅与我国民事、行政方面的法律规定及司法解释相矛盾，与我国的传统的亲属观念不相符合，也缺乏现实合理性。因此，考虑到传统的亲属伦理观念、现实合理性以及利用影响力受贿罪的立法目的在于惩治特定人员利用影响力受贿的行为等因素……目前应以最高人民法院《关于贯彻执行〈中华人民共和国民法通则〉若干问题的意见（试行）》所确定的近亲属的范围为宜。②

3. 适用行政诉讼法“近亲属”的范围。③ 行政诉讼法中关于近亲属范围的规定既符合扩大受贿罪范围的立法本意，又对近亲属的范围有一定的限制。考虑到传统的亲属伦理观念、现实合理性以及利用影响力受贿罪的立法目的，近亲属应包括“配偶、父母、子女、兄弟姐妹、祖父母、外祖父母、孙子女、外孙子女和其他具有抚养、赡养关系的亲属”。

4. 适用公务员法“近亲属”的范围。亲属是指因婚姻、血缘和收养而产生的一种社会关系，可划分为血亲、姻亲和拟制血亲三种。近亲属就是指这三种关系中特别靠近的人。据此，特定关系人中的近亲属应采用公务员法有关近亲属的表述，即近亲属是指与国家工作人员有夫妻关系、直系血亲关系、三代以内旁系血亲关系以及近姻亲关系的人。④ 具体而言，近亲属的范围为配偶，父母，子女（包括婚生子女和非婚生子女）及其配偶，祖父母，孙子女、外孙子女及其配偶，兄弟姐妹及其配偶，伯叔、姑母及其配偶，堂兄弟姊妹及其配偶，舅父、姨母及其配偶、表兄弟姊妹及其配偶、甥侄（女）及其配偶。

我们认为，近亲属关系不仅是伦理关系，同时也是法律关系，因此近亲属的概念应采取法定的标准。至于“近亲属”的范围，要从本罪主体的本质特征上理解。本罪的主体“关系密切人”实质上强调的是行为人对国家工作人员的“影响力”，那么从经验事实上理解，作为与“其他关系密切人”相区别的“近亲属”的界定，就应当采取符合我国传统家庭观念和社会生活现状的标准，由于“民法作为调整

① 参见杨俊：《利用影响力受贿罪若干问题解读》，载《法学论坛》2012年第4期。

② 赵秉志：《反腐新罪名不会成为贪官的“免罪符”》，载《法制日报》2009年4月2日。

③ 王玉杰：《利用影响力受贿罪若干问题探究》，载《河南政法管理干部学院学报》2010年第1期。

④ 王明星：《斡旋受贿罪中“关系密切人”探讨》，载《中国检察官》2009年第8期。

平等主体之间关系的法律，所规定的社会关系最接近于社会生活本身”，[①] 因此，采用民法“近亲属”的范围比较适宜。

（二）“其他关系密切人”的范围

“其他关系密切人”范围的界定，是理论和实务中聚讼纷纭的问题。有论者以列举的方式做了总结，认为“其他关系密切人”主要存在于以下几种常见的关系：亲戚关系（非近亲属）、情人关系、情感关系、经济利益关系、朋友关系、同事关系、同学关系、老乡关系等。[②] 有论者将理论上关于这一问题的解释做了总结，认为存在以下几种观点：形式与实质二元说；身份特征说；以影响力决定关系密切程度说；关系类型说；心理强制说；行为影响力证明说。[③]

我们认为，除近亲属外的其他“密切关系人”是质与量相统一的概念，“关系人”表明了这一概念的性质，“密切”界定了其程度。

1. 必须具有因自然或者社会交往原因而形成的特定关系。关系是“个体间的一种特殊连带”[④]，是基于“血缘、地缘、学缘、业缘”[⑤] 等原因形成的特殊关系。关系发生在自然或者社会交往过程中的人之间，前者比如因血缘和他人具有的亲属关系，后者比如婚姻、求学、工作等社会交往过程中建立起来的私人关系。两个陌生人之间肯定不会具有“关系”。关系必须具有一定的依赖性，既包括情感上的，也包括利益上的。所谓“关系”必须是“人情性”或者“需求性”的。无私人关联的公共关系，比如公交司机和乘客、店员和顾客、医生和病人的关系，均不能构成我们这个概念中的“关系”。

2. “关系”必须达到“密切”的程度。这种密切的程度其实最难判断。同样是亲属关系也有亲有疏，即使血缘相近，也可能因生活交集很少较之一般朋友还为疏远。所以，判断“密切”的程度要采取综合的标准：既要看是何种关系（关系类型说[⑥]），是表亲还是远房表亲；还要看双方交往的程度，是密友、普通朋友还是点头之交，即双方交往所建立的情感或者利益的程度，是否足以对对方产生心理

---

① 高铭暄、陈冉：《论利用影响力受贿罪司法认定的几个问题》，载《法学杂志》2012年第3期。

② 孙建民：《如何理解〈刑法修正案（七）〉中“关系密切的人”》，载《检察日报》2009年5月5日。

③ 参见翁凯一：《身份与关系：利用影响力受贿罪研究》，中国人民大学2011年博士学位论文，第126—128页。

④ 金耀基：《人际关系中的人情分析》，载杨国枢主编：《中国人民的心理》，江苏教育出版社2006年版，第60—81页。

⑤ 参见宝贡敏：《论适合我国管理文化特点的企业管理模式》，载《浙江大学学报》2000年第6期。

⑥ 参见吴华清：《斡旋受贿的主体扩张与限定》，载《中国检察官》2009年第4期。

上的影响（心理强制说①）。至于有论者以相关司法解释用“共同利益关系”界定“特定关系人”为由，认为“密切关系人”也应当具有“共同利益关系”。② 我们认为，如果将利益扩大解释包括“情感利益”，那么该论者的主张也能成立，否则按照通常的“经济利益”来理解，论者的观点实际上不当缩小了“密切关系人”的成立范围。

3. 以“行为人是否对相关国家工作人员产生了影响”作为判断其是否属于“密切关系人”的一个反向证明。如果行为人与某国家工作人员的“关系”对该国家工作人员产生了影响，对其所托之事作出了允诺，或者这种关系（真实存在的关系）能够使其利用该国家工作人员职权或者地位形成的便利条件，影响其他国家工作人员对其所托之事作出允诺，那么就能反向地证明行为人确实是该国家工作人员的“密切关系人”。但是，不能同时认为，如果“行为人未对相关国家工作人员产生影响”，即相关国家工作人员拒绝了其请求，行为人就不属于“关系密切人”，因为即使是近亲属的请求也可能被拒绝。

二、本罪与斡旋受贿罪的区别

如果行为人兼具国家工作人员的身份，同时还是其他国家工作人员的关系密切人，那么行为人通过该国家工作人员职务上的行为，或者利用该国家工作人员职权或者地位形成的便利条件，通过其他国家工作人员职务上的行为，为请托人谋取不正当利益，索取或者收受请托人财物的，是构成《刑法》第 388 条的斡旋受贿罪，还是构成《刑法》第 388 条之一的利用影响力受贿罪；换言之，“具有国家工作人员身份的人”能否成为本罪的主体。

理论上存在两种不同的观点。否定说认为，本罪的主体只能限于非国家工作人员，如果是国家工作人员有本罪行为的，则应构成《刑法》第 388 条的斡旋型受贿罪。③ 肯定说认为，不论是国家工作人员的近亲属，还是其他关系密切的人，在概念的外延上都与国家工作人员存在交叉。在司法实践中，国家工作人员的近亲属或者关系密切的人具备国家工作人员身份的情况比较常见。公职人员在利用其非权力性影响力进行交易时，他就应当被作为普通人犯罪来看待。判断国家工作人员构成职务犯罪还是普通犯罪，关键在于判断行为人利用的是权力性影响力还是非权力

---

① 罗明华：《“关系人”受贿犯罪研究》，载《贵州警官职业学院学报》2009 年第 4 期。

② 参见翁凯一：《身份与关系：利用影响力受贿罪研究》，中国人民大学 2011 年博士学位论文，第 125 页。

③ 王荣利：《详解〈刑法修正案（七）〉反腐新罪名》，载《法制日报》2009 年 4 月 3 日。

性影响力。①

我们认为，本罪打击的是“权力的影响力”与钱的交易，而不是“权力”直接与钱的交易。受贿罪保护的法益是国家工作人员职务行为的不可收买性，也可以说是国家工作人员职务行为与财物的不可交换性。② 而本罪保护的法益是国家工作人员“人情”或者关系与财物的不可交换性。也有论者认为是“影响力的不可收买性和不可滥用性”③。因此，如果行为人（具有国家工作人员身份）只是利用“私人关系”对其他国家工作人员的影响，而不是本人“职权或地位形成的便利条件”，即行为人利用与身为国家工作人员的职权无关的“人情”，通过这种“人情”与其他国家工作人员的职权相交换，并从请托人处获取利益，那么就同样可能构成利用影响力受贿罪，而非（斡旋型）受贿罪。

三、本罪与诈骗罪的区别

实践中，许多人冒充国家机关领导干部或高级领导干部亲属进行诈骗；或者谎称与某某领导关系密切以取得他人信任，索取或者收受他人财物；或者关系密切人索取或者收受他人财物，但是并不打算向国家工作人员请托办事。这些行为如何认定，是定诈骗罪还是利用影响力受贿罪，存在一定的难度。

我们认为，区别本罪与诈骗罪，要从两个方面着手：一是行为人是否具备“密切关系人”身份，是否具有办理请托事项的影响力；二是行为人是否利用了该影响力。如果不具备“密切关系人”身份而谎称具有，比如行为人谎称是市委书记的表弟，向他人允诺为其所托事项“活动”，索取或者收受他人财物，其行为不构成利用影响力受贿罪，符合诈骗罪构成的成立诈骗罪。如果具有“密切关系人”身份，比如行为人是某国家工作人员的近亲属，向他人允诺为其所托事项“活动”，但是并不打算兑现其允诺，这种情况下也不成立利用影响力受贿罪，符合诈骗罪构成的成立诈骗罪。

四、本罪的未遂问题

理论上鲜有对这一问题的论述。但是在既有的观点中，存在两种截然不同的认识。一种观点认为，由于本罪属于贿赂罪，而贿赂罪的法益是职务行为的不可收买性，所以，只有当国家工作人员至少许诺了为请托人谋取不正当利益时，才存在职

① 高铭暄、陈冉：《论利用影响力受贿罪司法认定的几个问题》，载《法学杂志》2012年第3期。

② 张明楷：《刑法学》，法律出版社2011年版，第1063页。

③ 陈海鹰、黄金钟：《利用影响力受贿罪的理论困境及破解》，载《西南政法大学学报》2010年第6期。

务行为与财产的交换性，才能认定为贿赂罪。换言之，如果国家工作人员的近亲属或者其他与国家工作人员关系密切的人，索取或者收受了请托人的财物，但没有要求国家工作人员为请托人谋取不正当利益，或者虽然要求国家工作人员为请托人谋取不正当利益，但国家工作人员并不许诺，由于不存在职务行为与财物的交换性，不能认定为贿赂罪。如果行为符合诈骗罪、敲诈勒索罪、侵占等财产罪的犯罪构成，可以认定为侵犯财产罪。① 另一种观点认为，只要“关系人”在主观上意图为请托人谋取不正当利益，在客观上已经将请托事项告知了有主管权限的国家工作人员，并且索取或者收受了请托人的财物，即构成利用影响力受贿罪。②

按照第一种观点，利用影响力受贿罪或者包含了两个分别由不同主体实施的实行行为，一个是关系密切人的允诺“去活动”和实际去请托（兑现允诺）的行为，另一个是相关国家工作人员的允诺“帮忙”和实际帮助（兑现允诺）的行为。或者相关国家工作人员的允诺“帮忙”和实际帮助（兑现允诺）是作为结果要件，缺少后一行为要件或者说是结果要件，本罪就不能成立。即如果只有关系密切人的允诺和请托行为，国家工作人员没有实施允诺行为，就不构成本罪。那么，依据这一认识，本罪要么根本不存在未遂形态，要么未遂的标准在于行为人事后没有得到财物，或者国家工作人员尽管允诺但没有去兑现允诺，请托人没有谋得不正当利益。

我们认为，这种观点的出发点是将利用影响力受贿罪与受贿罪等同看待，认为两罪的法益相同、立法目的一致。然而，这种认识会不当限缩利用影响力受贿罪处罚的范围，实践中许多近亲属收受了巨额财物为他人请托，因为事项难办或者违法程度较重，都会被国家工作人员拒绝。这种情况如果以侵占罪处理，一是不符合该行为通常的刑法类型评价和社会评价；二是侵占罪的法定刑较之利用影响力受贿罪为轻，以侵占罪处罚罚不当罪，不足以规制该行为；三是不符合本罪打击国家工作人员“身边人”犯罪的立法原意，不利于从这个角度预防和控制腐败犯罪。本罪尽管作为《刑法》第 388 条斡旋受贿罪之一，但是与受贿罪还是存在一定的区别，不仅主体不同、行为特征不同，保护的法益与受贿罪也有区别。如前所述，本罪保护的法益不是国家工作人员职务行为的不可收买性，而是“影响力的不可收买性”。因此，只要行为人索取或者收受他人财物，并且实施了允诺为他人“去活动”和实际去请托（兑现允诺）的行为，就已经成立本罪的既遂；行为人事后没有获取作为“对价”的财物，成立本罪的未遂。至于相关国家工作人员没有允诺“帮忙”（拒绝了请求），或者允诺之后没有“帮得上忙”（没有为请托人谋取不正当利益），只是作为量刑情节来评价，不影响本罪既遂的认定。

---

① 张明楷：《刑法学》，法律出版社 2011 年版，第 1080 页。

② 李金明：《论利用影响力受贿罪》，载《法商研究》2010 年第 1 期。

五、本罪与受贿罪的共犯认定问题

如果国家工作人员知道行为人为请托人谋取不正当利益，但是对行为人索取或者收受请托人财物不知情的，国家工作人员只能构成滥用职权罪等渎职犯罪。如果国家工作人员明知行为人索取或者收受他人财物为请托人谋取不正当利益的，并且事前商定分赃或者仅事后接受分赃或者与行为人属于利益共同体（比如家庭成员的），国家工作人员成立受贿罪。这两种情形几乎都不存在争议。问题是，如果国家工作人员明知行为人索取或者收受他人财物为请托人谋取不正当利益的，但是并没有占有该贿赂，也就是说，该笔贿赂与该国家工作人员没有任何关系，应当如何认定，理论上认识不一。一种观点认为，这种情形国家工作人员构成利用影响力受贿罪的帮助犯。[①] 另一种观点认为，这种情况下，国家工作人员成立受贿罪，其近亲属或者其他关系密切人，同时触犯受贿罪与利用影响力受贿罪，从一重罪论处。[②] 我们认为，受贿罪的本质是权与钱的交易。如果国家工作人员本人仅仅知情，但是没有参与到利益分配的话，就只能构成相关的渎职犯罪以及利用影响力受贿罪的帮助犯，而不能构成受贿罪。因此第二种观点是妥适的。

---

① 参见陈国庆、卢宇蓉：《利用影响力受贿罪法律适用问题探讨》，载《中国刑事法杂志》2012 年第 8 期；储槐植、闫雨：《利用影响力受贿罪适用中的几个疑难问题》，载《江苏警官学院学报》2012 年第 1 期。

② 张明楷：《刑法学》，法律出版社 2011 年版，第 1080 页。

利用影响力受贿罪几个问题探讨

黄海龙[*]　高锋志[**]

根据反腐败斗争的形势需要与落实《联合国反腐败公约》的要求，2009 年 2 月 28 日第十一届全国人大常委会第七次会议通过的《刑法修正案（七）》，在第13 条规定了利用影响力受贿罪。这一罪名的规定，将反腐败的利剑，从锋指国家工作人员扩大到国家工作人员的“身边人”，进一步完善了我国惩治腐败犯罪的刑法体系，“无疑为我国反腐败工作注入一支强心剂”。① 此后，刑法理论界和司法实务工作者对本罪构成及司法认定诸多问题，进行了广泛深入的研究探讨，取得丰硕成果，为依法认定和处理此类犯罪发挥了积极指导作用。但从准确把握立法精神和正确适用立法规定的层面看，一些问题仍有进一步深入研究的必要。在此，笔者略就以下几个问题进行探讨。

一、关于利用影响力受贿罪主体认定问题

（一）国家工作人员近亲属的认定

关于本罪中国家工作人员的“近亲属”如何界定，目前理论上有以下几种不同意见：

1. 主张按照刑事诉讼法的规定，将“近亲属”界定为：夫、妻、父、母、子、女、同胞兄弟姊妹。②认为由于刑法没有明文规定“近亲属”的范围，刑法和刑事诉讼法同属于刑事法律，为了保证刑事法律适用的统一，在刑法作出明确规定前应该以刑事诉讼法的规定为准。③

---

*　最高人民检察院侦查监督厅副厅长，法学硕士。

**　最高人民检察院公诉厅办公室副主任，法学博士。

①　刘宪权：《聚焦〈刑法〉修订之受贿罪——逐步向国际公约中的“影响力交易罪”靠拢》，载《法制日报》2008 年 9 月 22 日。

②　参见李翔：《论影响力受贿犯罪的司法认定》，载《刑法论丛》2009 年第 4 卷。

③　张智辉：《论〈刑法修正案（七）〉第 13 条的法律适用》，载《法学杂志》2009 年第 7 期。

2. 主张按照以最高人民法院《关于贯彻执行〈中华人民共和国民法通则〉若干问题的意见（试行）》规定，将“近亲属”界定为：配偶、父母、子女、兄弟姐妹、祖父母、外祖父母、孙子女、外孙子女。认为《刑事诉讼法》第82条第6项将非同胞兄弟姐妹及祖父母、外祖父母等亲属排除在近亲属之外，与我国传统的亲属伦理观念是不相符合的，也不符合社会发展的现实状况。[①]

3. 主张以最高人民法院《关于执行〈中华人民共和国行政诉讼法〉若干问题的解释》的规定，将“近亲属”界定为：丈夫、妻子、子女、父母、祖父母、外祖父母、孙子、孙女、外孙子女、兄弟姐妹和其他具有抚养、赡养关系的亲属。[②]认为刑事法律和民事法律中规定的近亲属范围过于狭窄，不符合现实生活实际，应将“其他具有扶养、赡养关系的亲属”也纳入“近亲属”的范畴。

对此，我们认为，准确界定本罪中的“近亲属”范围，除了参照相关法律、司法解释之外，还应结合本罪的立法目的、惩治重点和本质属性来理解和把握。本罪属于贪污贿赂犯罪范畴，实质在于惩治官员腐败犯罪，属于公职人员职务犯罪的外围犯罪。立法上之所以增加规定本罪，除了出于落实《联合国反腐败公约》的考虑，还在于将领导干部“身边人”纳入反腐败法律规制范围，并对司法实践中领导干部与身边人共同受贿犯罪后共同犯罪故意难以证实的情况，对“身边人”单独予以定罪处罚，避免发生对此类腐败行为难以惩治的不良社会效果。因此，立法目的在于完善贿赂犯罪惩防体系，补阙法律体系不完善造成的漏洞。并且，腐败犯罪从另一个角度看，也可以说是国家对公职人员的行政管理无效而产生的后果。刑法关于公职人员犯罪的规定，在本质上应当属于（内部）行政法规的保障法。因此公职人员犯罪，也可以认为是行政犯。从这个角度而言，这里的本罪“近亲属”范围的界定，应站在国家关于廉政建设的视角，依据国家对公职人员管理的（内部）行政法律法规的有关规定进行考量。对此，《公务员法》关于公务员交流与回避的规定中，将近亲属限定为与国家工作人员有夫妻关系、直系血亲关系、三代以内旁系血亲关系以及近姻亲关系的人。中共中央组织部2010年3月发布的《党政领导干部选拔任用工作有关事项报告办法（试行）》也规定：“领导干部的近亲属，是指与领导干部有夫妻关系、直系血亲关系、三代以内旁系血亲以及近姻亲关系的人员。”我们认为，上述这两个法规是专门约束公职人员、意在加强反腐倡廉建设的法律规章，其规定的近亲属范围，应当作为界定利用影响力受贿罪中近亲属范围的参考。由于后一个属于党内规章，因此，在司法工作中可单独参照《公

---

① 参见赵秉志：《详解〈刑法修正案（七）〉反腐新罪名》，载《法制日报》2009年4月3日；吴情树、李捷：《影响力交易罪之探讨》，载《法治论丛》2009年第4期。

② 雷安军：《利用影响力受贿罪若干问题研究——兼谈刑事判例制度》，载《湖北社会科学》2010年第2期。

务员法》。据此，我们主张，本罪中的近亲属，是指与国家工作人员有夫妻关系、直系血亲关系、三代以内旁系血亲以及近姻亲关系的人员。具体而言，近亲属的范围为配偶、父母、子女（包括婚生子和非婚生子）及其配偶、祖父母、孙子女、外孙子女及其配偶、兄弟姐妹及其配偶、伯叔、姑母及其配偶、堂兄弟姊妹及其配偶、舅父、姨母及其配偶、表兄弟姊妹及其配偶、甥侄（女）及其配偶。这样界定是符合实际和立法原意的，因为这些人员都有可能利用与其有亲属关系的国家工作人员的影响力进行受贿犯罪，因而理应成为《刑法修正案（七）》第13条确定的惩治对象。

（二）与国家工作人员关系密切人的界定

1. 关系密切人的内涵与外延。对此，有的认为，所谓“其他与该国家工作人员关系密切的人”是指与该国家工作人员以亲情、友谊、利益等因素为纽带之间形成的较为亲近的特殊关系人。① 有的认为，对“关系密切的人”的理解应将自然意义和法律特征相结合来看待，这样更符合立法精神。形成“关系密切”的原因主要有三个方面：一是基于血缘关系而形成的“关系密切”；二是基于地域关系而形成的“关系密切”，三是基于职业关系而形成的“密切关系”。② 还有观点认为，对于“关系密切人”的理解，不能仅限于自然意义上限定“关系密切人”的范围，国家工作人员身边还有很多出于利益关系、工作关系而与国家工作人员关系密切，甚至超出亲属感情，这些人同样可是利用国家工作人员职务上的影响力，实施收受他人财物的行为。因此，对“关系密切人”的范围理解应从影响力、能力性和综合性三个方面入手，综合考察才比较合理。③ 有人总结“关系密切人”主要存在于以下几种常见的关系：亲戚关系（非近亲属）、情人关系、情感关系、经济利益关系、朋友关系、同事关系、同学关系、老乡关系等。④

对此，我们认为，刑法本罪中其他关系密切人，其本质在于能够对国家工作人员的职权行为产生一定的影响力，因此应当具备以下几个特征：首先，应当与国家工作人员有一定的关系，相互认识或者熟悉。按照历史唯物主义的观点，社会中的任何人之间都存在一定的关系。但本罪中的关系并非就此种泛化意义而言。这种关系应当具有一定的社会相当性，即为一定历史阶段的社会公众所认同，这种关系具

---

① 孙建民：《如何理解刑法修正案（七）中“关系密切的人”》，载《检察日报》2009年4月20日第3版。

② 朱华：《利用影响力受贿罪司法适用研究》，载彭东主编：《刑事司法指南》（第3集）（总第42集），法律出版社2010年版，第110页。

③ 参见栾锐：《利用影响力受贿罪主体问题研究》，吉林大学2012年硕士学位论文，第8页。

④ 黄杰：《利用影响力受贿罪的司法认定》，载《人民检察》2010年第10期。

有使国家工作人员产生积极、良好的情绪，或者能够获得或维持某种正向的利益。因此，战友、同事、同学、同乡、情人、恋人、合作伙伴等，都可以成为关系密切人，但是国家工作人员的仇人或曾经侵害国家工作人员利益的人，显然不属于关系密切人。其次，应当与国家工作人员关系密切，即达到一定程度。这种程度的把握，从本质上看，一般情况下应当能够对国家工作人员履行职务或行使职权产生一定的影响力。最后，判断与该国家工作人员的关系是否密切，其标准具有一定的客观性，即应从客观方面判断，而非以国家工作人员或利用影响力的行为人的主观上来判断。即使国家工作人员与行为人之间存在紧张的关系，主观上认为相互之间关系不再密切，如夫妻关系紧张、已经分居；或者国家工作人员已经与行为人断绝父子关系，多年不来往的同学、战友关系等；或者国家工作人员刚正不阿、廉洁清正，实际履行职务时不受关系密切人的影响，也可以判定其与国家工作人员具有密切关系。

实践中，本罪中的关系密切人一般包括：一是有血缘关系的人。这是刑法重点防范的对象。二是有共同地缘关系的人。同乡观念甚为国人看重，社会流动性的加剧也使得同乡关系更加成为一种稀缺的资源，易被利用。三是存在一定事务关系的人。主要表现为同学关系、师生关系、同事关系以及其他基于业务产生的联系。四是有一定感情关系的人。友情、恋情、情人关系等，均无不可。五是有一定利益关系的人。如客户、共同投资人、合同、债权债务关系。

此外，考虑到本罪在立法上共同受贿犯罪补漏性的特征，对实践中难以认定为（共同）受贿情形的，也应在本罪中予以包容。如下级利用上级的职权行为或者上级职权地位形成的便利，为他人谋取不正当利益，单独索取或者收受他人财物的，对下级也可以按本罪论处。对此，不能认为下级对上级的职务行为不产生影响力，而不属于关系密切人。

2. 关系密切人与特定关系人的关系①。“特定关系人”这一概念，在最高人民法院、最高人民检察院 2007 年 7 月印发的《关于办理受贿刑事案件适用法律若干问题的意见》（以下简称《意见》）中首次提出：该《意见》规定“特定关系人”指“与国家工作人员有近亲属、情妇（夫）以及其他共同利益关系的人”。对此，有人认为，由于《刑法修正案（七）》并没有对“关系密切人”的含义作出规定，因此主张对“关系密切人”的界定可参照“特定关系人”的规定。也有人认为，“关系密切人”与“特定关系人”从本质上不外乎是一种交叉关系，“特定关系人”作为过渡概念应该废除。② 而有的则认为“关系密切人”这一概念大于且包

① 这里的特定关系人应当包括近亲属和其他特定关系人，但是为了与文中其他“关系密切人”比较的方便，本文的“特定关系人”仅指近亲属以外的其他特定关系人。

② 刘宪权：《剑指利用影响力受贿犯罪》，载《检察风云》2009 年第 23 期。

含了“特定关系人”。①

我们同意最后一种观点，即“关系密切人”包括“特定关系人”。或者说，利用影响力受贿罪中的“关系密切人”在外延上应大于受贿罪中的“特定关系人”。理由在于：其一，司法解释是对立法本身具有的含义的进一步阐明，“因而不能脱离立法者制定的法律文本的约束，不能成为独立的具有创造性的规范性文件”。②而修正案是立法行为，是创制新的刑法规范的活动，它所作出的规定中的“关系密切人”不应受原来刑法法规具体犯罪构成要件的限制。因此，修正案中的“关系密切人”外延大于司法解释中的“特定关系人”具有一定的权力基础和法律根据。其二，从立法或制定司法解释的本意看，司法解释的目的意在如何认定特定关系人共同受贿犯罪，涉及公民罪与非罪等基本权利，只能采取限缩解释的方法，将有争议或界限模糊的边缘行为排除在外，否则有越权解释之嫌。而修正案是新设立罪刑规范，因而不受原来立法条文及其含义的限制，在确定时应以立法条文含义结合社会危害性程度进行判断，只要为文本通常的含义所包容，就可在社会危害性程度的限定下，尽可能地把同类行为予以包容。其三，制定上述司法解释的指导思想是贯彻宽严相济刑事政策，所要体现的主要是依法从宽的一面。修正案体现的是从严治理腐败的指导思想，体现的主要是从严的一面，并且，利用影响力受贿罪的法定刑最高为15年有期徒刑，因此，在外延范围上可以大于司法解释确定的内容。

由于“特定关系人”也是“关系密切人”，由此，“特定关系人”与国家工作人员共同受贿的，按照共同受贿论处。“特定关系人”利用国家工作人员职务行为或职权地位形成的便利，为他人谋取不正当利益，单独受贿或难以证实共同受贿的，应按照利用影响力受贿罪论处。

（三）离职的国家工作人员

这里需要研究的问题有两个：

1. 因临时性公务而视为国家工作人员的，如何处理？如村委会、居委会人员因协助人民政府从事优抚、征地的公务活动，按国家工作人员论的情况。如何理解离职，是特定公务工作完结即为离职，还是不属于国家工作人员身份的村委会职务解除后视为离职？对此，我们认为，由于这种国家工作人员身份仅具有临时性的特征，因此不存在离职的问题，即使其从事的具有公务性质的行政管理行为结束，或

---

① 参见栾锐：《利用影响力受贿罪主体问题研究》，吉林大学2012年硕士学位论文，第8页。

② 参见莫开勤：《论刑法解释的文本主义——兼评我国的司法解释》，载赵秉志、张军主编：《刑法解释问题研究》，中国人民公安大学出版社2003年版，第237页。

者其担任的村委会职务解除，都不宜视为离职的国家工作人员。理由在于：其一，从立法规定看，该类国家工作人员在从事特定行政管理工作时，以国家工作人员论处，在不从事特定行政管理活动时，就不再具有国家工作人员身份，因此这类主体一般情况下不是国家工作人员。其二，从立法目的看，本罪惩治的重点在于国家机关工作人员“身边人”的腐败行为，对国家工作人员职务廉洁性的侵犯，上述因特定公务而临时具有国家工作人员身份的人员，一般情况下职位较低，即使其廉洁性受到侵犯，其对国家工作人员的职务廉洁性的侵害也程度有限。其三，从司法实务角度看，要认定该类身份的身边人利用影响力受贿，需要证实和区别其利用的是自己担任一般职务的影响力还是协助从事公务时的影响力，而这在证据收集和证明上是很困难的。

2. 国家工作人员因职位或职务发生变动离开原来职务的，是否属于离职？我国《公务员法》第63条规定：“公务员可以在公务员队伍内部交流，也可以与国有企业事业单位、人民团体和群众团体中从事公务的人员交流。交流的方式包括调任、转任和挂职锻炼。”对此，我们认为，在确定离职的内涵和外延时，应当以是否在法律上离开了含有一定职权和地位内容的职务为标准进行判断，而不限于《公务员法》中所指的辞职和退休两种方式。暂时离开职务的如挂职、离职学习、停职反省等，由于正常情况下，仍然会回到原来职务，因此在此期间，利用原职权或地位影响实施斡旋受贿行为的，仍以受贿罪论处。辞职、退休和被辞退、被开除等情况，由于根本不可能再回到原来职务或者需要经过一定程序才能回到原来职务，并且从实践情况看回到原来职务的发生概率很小，因此这些人员应当属于利用影响力受贿罪中的离职人员。比较特殊情况的是退居二线和转任的国家工作人员，如从农业局长调任教育局长，或从甲地调任乙地，两种情况中相关人员在法律上仍然具有国家工作人员身份，按照《公务员法》的规定不属于离职范围，但由于离开现职，因此又失去了包含有一定权力和地位的职权，并且从实践情况看，这些人员回到原来职务的概率同样极小，但这些人员如果利用原职权或地位形成的便利，通过其他国家工作人员的职务行为，为请托人谋取不正当利益，因而索取或收受请托人财物的，应当如何处理，现有法条规定尚不明确。对此，我们认为，这种情况同样应该属于离职人员的范畴，按照利用影响力受贿罪予以定罪处罚。理由是：这些人员实施的行为，按照现有刑法关于（斡旋）受贿罪的规定，此类行为由于该国家工作人员没有利用现有职权（或已经没有职权），或者现有职权对其所请托的国家工作人员的职务行为不具有控制、制约和影响力，因此不符合该罪的构成要件，不能以此罪名进行定罪处罚。如果是退休、辞职、被辞退等人员如果实施上述行为，按照利用影响力受贿罪的构成要求，则可以构成利用影响力受贿罪并以利用影响力受贿罪罪名进行处罚。而从法律上对两种行为人的义务要求看，对前者应当具有更高的要求；从两种行为的社会危害性看，前者也具有更严重的社会危害性。

按照法律解释的最基本原则——当然解释原则，实施同样行为的人，义务性要求低、危害小的如果构成犯罪，那么义务性要求高、危害大的更应该定罪处罚。例如，某公安局长甲退居二线或转任另一地区劳动局长，接受请托人乙的请求，利用其原公安局长职权或地位形成的便利，通过其原下属的刑警队长丙的行为，违法为乙的儿子办理取保候审手续，因此收受乙 5 万元。如果甲已经退休，实施上述行为，则符合利用影响力受贿罪的构成要件，构成利用影响力受贿罪。而在第一种情况中甲的义务性应该更高、危害性应该更大，就像禁止钓鱼的规定当然包括禁止捕鱼的内容一样，对于退居二线或转任的国家工作人员及其近亲属以及其他与其关系密切的人，利用其原职权或者地位形成的便利条件实施前款行为的，同样应当依照利用影响力受贿罪定罪处罚。

二、关于利用影响力受贿罪相关共犯问题

这里涉及两个方面的问题：一是本罪内部的共犯问题，即两人以上共同故意实施利用影响力受贿罪的行为，按照刑法关于共犯的规定，当然成立共同犯罪，自无争议。二是与共同受贿共犯的界限问题，即何种情况下应当认定为共同受贿，对国家工作人员与关系密切人共同处罚，何种情况下仅能认定关系密切人利用影响力受贿，对国家工作人员不作为犯罪处理或仅作其他渎职犯罪处理。

这里的关键在于国家工作人员对“关系密切人”受贿是否存在主观上的认识，以及是否属于“关系密切人”中的“特定关系人”。具体情况分别分析如下：

1. 国家工作人员对关系密切人收受贿赂无认识的情况。对于国家工作人员虽然按照近亲属或者其他关系密切的人的要求，利用职权为他人谋取利益，但对近亲属或者其他关系密切的人收受请托人财物毫不知情的，对其近亲属或者其他关系密切的人应当以利用影响力受贿罪论处，该国家工作人员既不构成受贿罪，也不构成利用影响力受贿罪的共犯，情节严重的，可以按照行为性质追究渎职等相应的法律责任。对于国家工作人员的近亲属之间，或者其他与国家工作人员关系密切的人之间相互通谋，利用该国家工作人员职权或者地位形成的便利条件，通过该国家工作人员职务上的行为，或者通过其他国家工作人员职务上的行为，为请托人谋取不正当利益，索取请托人财物或者收受请托人财物的，其近亲属和关系密切的人可以构成利用影响力受贿罪的共犯。

2. 国家工作人员对近亲属或“关系密切人”收受贿赂有认识的情况。按照“两高”《意见》，如果国家工作人员对于“关系密切人”中的“特定关系人”收受贿赂有认识，则可能构成共同受贿，但是如果“特定关系人”对于国家工作人员利用职务上便利为他人谋利不知情，则仅对国家工作人员按照受贿罪论处。如果国家工作人员对“关系密切人”中“特定关系人”以外的人收受贿赂有认识，则只有双方共同占有贿赂的，才可能成立共同受贿。而如果国家工作人员没有与其他

关系密切人共同占有贿赂，则仅应对关系密切人按照利用影响力受贿定罪处罚。

这里存在疑问的是，国家工作人员明知其近亲属或关系密切人利用其影响力，通过自己职务上的行为或自己职权或地位形成的便利，通过其他国家工作人员的职务行为，为他人谋取不正当利益，索取或收受他人财物，但其近亲属或关系密切人对于“国家工作人员明知”的事实不知情时，即双方不存在共同受贿的故意，如何处理？

对此有人认为，上述情况属于片面共犯的问题，行为人成立利用影响力受贿罪的单独犯；国家工作人员成立利用影响力受贿罪（片面共犯）和受贿罪的想象竞合，对此按照其中的处罚较重的犯罪论处。①

我们认为，上述情况仍应以按照“关系密切人”与“特定关系人”的情况区别对待。如果“关系密切人”属于“特定关系人”，根据“两高”有关司法解释的规定，此时，“特定关系人”受贿的法律后果等同于国家工作人员自己受贿，对该国家工作人员成立受贿罪，因为缺乏相互之间的共同受贿故意，对“特定关系人”则仅成立利用影响力受贿罪。并且，由于国家工作人员的行为同时也是利用影响力受贿罪的帮助行为，因此也可以认为是利用影响力受贿罪的帮助犯。此时可能存在利用影响力受贿罪与受贿罪的竞合问题。但是如果是“特定关系人”之外的一般“关系密切人”，则如果国家工作人员与该“关系密切人”没有共同占有贿赂，对该国家工作人员不能成立受贿罪共犯，但由于“关系密切人”成立利用影响力受贿罪没有疑问，该国家工作人员可以成立利用影响力受贿罪的（片面）帮助犯。此时不存在利用影响力受贿罪与受贿罪的竞合问题。

此外，实践中还存在近亲属或关系密切人在实施本罪行为收受贿赂时，将部分贿赂转送国家工作人员情况。如关系密切人甲利用其近亲属国家工作人员乙的职权为请托人丙谋取不正当利益，收受丙 20 万元，行为人将其中 4 万元转送乙，此时如何认定各行为人行为的性质。我们认为，行为人甲成立共同受贿罪与利用影响力受贿罪的想象竞合。理由在于：首先，甲与乙共同利用乙职务行为，为丙谋取不正当利益，共同收受丙的贿赂，成立共同受贿罪；其次，甲利用其近亲属国家工作人员乙的职务行为，为丙谋取不正当利益，私自收受丙给予的贿赂，成立利用影响力受贿罪。但是由于两个犯罪的部分实行行为——利用国家工作人员乙的职务行为只有一个，因此不构成数罪，只成立两罪的想象竞合，应按其中的处罚较重的犯罪论处。

---

① 参见王荣利：《反腐新罪名不会成为贪官的“免罪符”——刑法学家赵秉志详解〈刑法修正案（七）〉反腐新罪名》，载《法制日报·周末》2009 年 4 月 2 日；毛冠南：《影响力受贿罪解读》，载《中国检察官》2009 年第 4 期；曹世云：《利用影响力受贿罪若干疑难问题研究》，云南大学 2012 年硕士学位论文。

三、利用影响力受贿罪对合行为的定性问题

关于本罪的对合行为如何定性，即是否作为犯罪论处，理论上多数认为，应不作为犯罪论处。① 理由在于，行贿和受贿是必然共同存在的行为，对于成立这种犯罪所当然预想到的情形，或者说是必不可少的相关行为，既然立法者没有规定处罚该行为，就说明法律的意图是不处罚的，因而按照罪刑法定的原则，在司法中就不能对此进行定罪处罚。②

对此，我们原则上同意上述意见，但还应根据实践具体情况区别处理。实践中，行为人为谋取不正当利益，向国家工作人员近亲属或关系密切人行贿，主要有以下三种基本类型：

1. 典型的对合行为，即行贿对象明确为国家工作人员的近亲属或关系密切人，应按照罪刑法定原则，不作为犯罪论处。此时，即使该关系密切人因为属于特定关系人而与国家工作人员构成共同受贿，由于行为人对于国家工作人员收受贿赂具有否定性认识，因而其行为仅属于利用影响力交易罪的对合行为，应作为无罪论处。

2. 错误的对合行为。即行为人出于行贿国家工作人员的故意，但客观上该贿赂却被国家工作人员的近亲属或关系密切人私自截留。对此，由于其主观上具有行贿国家工作人员的故意，客观上实施了行贿行为，应当按照行贿罪论处。

3. 模糊的对合行为。即行为人对于是否贿赂国家工作人员存在概括故意，即交易时由于行为人主观表达不明确，行为人对国家工作人员是否得到贿赂存在主观放任心理，此时，如果国家工作人员与近亲属或关系密切人（特定关系人）成立受贿共犯，则行为人成立行贿罪；如果仅仅国家工作人员的近亲属或关系密切人成立利用影响力受贿，国家工作人员不成立受贿罪的，则行为人的行为属于利用影响力受贿罪的对合行为，应当不作为犯罪论处。

---

① 陈国庆、卢宇蓉：《利用影响力受贿罪法律适用问题探讨》，载《中国刑事法杂志》2012 年第 8 期。

② 参见王作富主编：《刑法分则实务研究》（下），中国方正出版社 2010 年版，第 1818 页。

新型受贿犯罪疑难问题的司法认定

孙应征[*]　罗永鑫[**]

随着我国经济社会的发展，政治经济体制改革的深入推进，利益格局的深刻变革，受贿犯罪呈现出一些新手段、新特点，突破了直接受财的传统形式，给查办受贿犯罪案件带来了一些困难。2007 年 7 月 8 日，最高人民法院、最高人民检察院继中央纪委印发《中共中央纪委关于严格禁止利用职务上的便利谋取不正当利益的若干规定》之后，发布了《关于办理受贿刑事案件适用法律若干问题的意见》（以下简称《意见》），规定了十种受贿行为的定性处理。由于贿赂犯罪的形式多样，手段不断翻新，隐蔽性强，《意见》颁布实施已经 5 年，实践中仍然存在对新型贿赂犯罪相关问题认识不明确、不统一等问题，在一定程度上影响和制约了对受贿犯罪的打击力度，有必要结合近年来的司法实践，对新型贿赂犯罪的相关争议问题作进一步的分析探讨。

一、交易型受贿

根据《意见》的规定，交易型受贿是指国家工作人员利用职务上的便利为请托人谋取利益，以交易形式收受请托人财物的行为。实际上，早在 20 世纪 80 年代初，就出现过与此类似的贿赂形式，称为“以购代贿”。① 交易型受贿的本质在于，它以一个貌似合法民事行为即双方进行民事交易的外表，掩盖了受贿犯罪权钱交易的实质，在所谓“优惠”市场交易的背后，是对国家公权力的亵渎与出卖。因此，交易型受贿行为符合受贿罪的实质要件。关于交易型受贿，有以下问题需要予以探讨。

（一）交易型受贿犯罪数额的认定

按照“两高”《意见》，交易型受贿犯罪数额按照交易时当地市场价格与实际

---

* 武汉市人民检察院检察长，华中科技大学兼职教授、博士生导师，武汉大学、中南财经政法大学硕士生导师。

** 武汉市人民检察院法律政策研究室副主任，法学博士。

① 孙国祥：《新类型受贿犯罪疑难问题解析》，中国检察出版社 2008 年版，第 83 页。

支付价格的差额计算。交易型受贿犯罪中的贿赂物，实际上并不是房屋、汽车等物品本身，而是一个“差额”，这个差额就是权力被交换的等价物。国家工作人员实际支付的数额加上被交换的权力才能与物品的市场价格画上等号。确定交易型受贿的犯罪数额，有两个数额要予以确定。一个是国家工作人员“实际支付价格”，这是一个确定的数额，易于查证；另一个数额是“交易时当地市场价格”，这个基准价格的认定是最关键的。这里面又包含几个要素：

1. 认定“交易时”应区分动产与不动产。房屋、汽车等物品的交易不同于一般物品的现实交付，有时需要很长一段时间才能完成，特别是房屋买卖中，从交定金、签订合同、交付房款、交付房屋、办理产权过户，需要一系列手续，时间跨度较大，具体以哪个时间作为“交易时”；而且这期间房屋价格可能会发生较大波动，直接影响了市场价格的认定，因此，确定“交易时”非常重要。现在学界基本上形成了一致的看法，即区分动产与不动产确立“交易时”。国家工作人员高卖低买房屋的不动产受贿案件，应当将交易时界定为合同成立时。因为《物权法》第15条规定：“当事人之间订立有关设立、变更、转让和消灭不动产物权的合同，除法律另有规定或者合同另有约定外，自合同成立时生效；未办理物权登记的，不影响合同的效力”，表明不动产物权合同自合同成立时生效。房屋买卖合同成立时，受贿人与行贿人已经具备贿赂犯罪意思表示。而国家工作人员高卖低买汽车等动产，应当将交易时界定为动产交付时。因为《物权法》第23条、第24条规定：“动产物权的设立和转让，自交付时发生效力，但法律另有规定的除外。”“机动车等物权的转让，未经登记，不得对抗善意第三人。”对于汽车等特殊动产而言，物权变更登记仅是对抗要件而非生效要件，物权是否发生变更仍然以是否交付为标准。① 笔者认为，上述区分物权的不同性质确定交易时的观点是可取的，符合我国《物权法》的规定。交易型受贿既然其形式上是一个民事交易行为，就必须受到民事法律规范《物权法》的规制。同时，对于动产以交付时、不动产以合同签订时作为“交易时”，实践中也比较容易确定和把握。

2. 认定“市场价格”应区分交易物品的种类。对于市场价格的确定，有必要予以区分交易的物品是新房、新车，还是二手房、二手车，因为两者市场价格的认定存在很大差别。以低买型交易受贿犯罪为例，国家工作人员低价向房地产开发商、汽车销售商购买新房、新车，由于国家工作人员购买的新房、新车属于销售方物品中的一个或几个，与销售方销售的其他房屋、车辆具有同批性、同质性和价格

---

① 参见薛进展、谢杰：《新型受贿犯罪若干问题研究》，载张仲芳主编：《刑事司法指南》（第2集）（总第34集），法律出版社2008年版，第7—8页。此外，相同观点参见孙国祥：《新类型受贿犯罪疑难问题解析》，中国检察出版社2008年版，第96页；郭竹梅：《受贿罪新型暨疑难问题研究》，中国检察出版社2009年版，第254—255页。

类比性，特别是汽车，具有完全的同一性，此时的房屋、车辆是种类物，而非特定物。因此，其市场价格应当从销售方的销售价格记录中予以确定。而二手房、二手车的买卖却不一样，以国家工作人员高价销售二手房、二手车为例，国家工作人员手中的二手房、二手车，由于使用程度有区别，保养状况有差异，导致即使建成时、出厂时是同类的房屋、车辆，也会出现其作为二手房、二手车销售时价格不一的情况，所以二手房、二手车不是种类物，而是特定物。更何况，国家工作人员手中的二手房、二手车也仅为有限的数量，或者房屋的地段不一，或者车辆的品牌相异，不像新房、新车那样呈批量买卖、有可供对比参照的价格，表现出较强的个性化特征。因此，其市场价格既无销售记录可循，也无最低优惠价格可言，只能依据权威机构的评估价格。

3. 认定交易型受贿数额的关键——“交易时不针对特定人的最低优惠价格”。如前所述，确定了“交易时”、确定了市场价格的认定方法，交易时的市场价格就应当能够确定，但事实情形并非如此。考虑到市场经济条件下优惠让利是一种正常而普遍的销售方式，法律不能在惩治受贿的同时剥夺国家工作人员正常的优惠购物权利。[①] 因此，《意见》又规定，“前款所列市场价格包括商品经营者事先设定的不针对特定人的最低优惠价格。根据商品经营者事先设定的各种优惠交易条件，以优惠价格购买商品的，不属于受贿”。

实际上，开发商、销售方所标明的市场销售价格往往不具有实际意义，为了推销商品，销售方常常通过打折这种营销策略，刺激消费者购买欲。而消费者，包括国家工作人员，都想在交易中尽可能地得到优惠，优惠价格在市场上普遍存在。《意见》将国家工作人员以不针对特定人的最低优惠价格购物行为排除在受贿之外，符合市场经济的一般规律。因此，优惠购物不属于受贿。优惠购物与交易型受贿的区别在于：第一，优惠条件或优惠交易价格具有预先设定性。交易型受贿犯罪中的优惠条件或优惠价格则往往具有较大的随机性和任意性。第二，优惠条件或优惠交易价格所针对的交易相对人具有不特定性或者相对特定性。[②] 第三，优惠条件或优惠交易价格往往表现出有因性，而交易型受贿犯罪行为不存在优惠的合法合理理由。[③]

由于有优惠价格的存在，作为交易型受贿犯罪的价格判断基准，就由原则性的

---

① 陈国庆主编：《新型受贿犯罪的认定与处罚》，法律出版社 2007 年版，第 3 页。

② 实践中存在的房地产开发商向主管部门所属的国家工作人员“定向优惠”销售房屋问题，虽然在形式上具备贿赂型交易价格相对特定化的属性，但仍应当结合具体情况判断是否构成受贿罪与单位受贿罪。参见刘志远主编：《新型受贿犯罪司法指南与案例评析》，中国方正出版社 2007 年版，第 12—13 页。

③ 参见刘宪权：《交易型受贿犯罪的司法认定》，载赵秉志主编：《贪污贿赂犯罪的惩治与防范》，中国人民公安大学出版社 2010 年版，第 46—47 页。

"交易时的市场价格"转变为不针对特定人的"最低优惠价格"。也就是说，存在优惠购物的情况下，认定交易型受贿犯罪的数额是以销售方不针对特定人的最低优惠价格为计算基准的，而不是以交易时的市场价格为计算基准。

所谓"不针对特定人的最低优惠价格"，从概念上理解，就是从销售开始直至销售结束，所有不针对特定人的优惠价格中最低的那个价格，其价值判断在于所有销售价格中最低之比较。然而，对于房屋这些不动产的销售，开发商从开盘到整个楼盘售罄（有的甚至在开盘之前就进行预售），时间跨度很大，有的甚至需要好几年，针对市场行情的风云变幻，开发商会不时地调整营销策略，可能在开盘之时设定一个不针对特定人的最低优惠价格，到销售期间又会进行调整，重新设置一个较之前优惠价格稍高或更低的优惠价格，到尾盘时又会制定一个优惠价。如果所有不针对特定人的优惠价格均以市场价的固定百分比，例如均为八五折固定，那也不存在问题，可实际情形并非如此，优惠的比例也可能会有变动。以从开盘到售罄这一较长时间过程中的不针对特定人的最低优惠价格作为基准价，判断行为人是否属于交易型受贿显然是不合适的。因此，"不针对特定人的最低优惠价格"也需要进行时段限制，这个时段就是"交易时"。以交易时的不针对特定人的最低优惠价格作为计算基准，无论是在刑法理论上，还是从市场一般规则考虑，都是合情合理的。

然而，如何判断"交易时不针对特定人的最低优惠价格"，并不是一件容易的事情。因为在不动产交易合同签订时或者动产交付时，并不一定就正好存在一个销售方明确的不针对特定人的最低优惠价格。这个优惠价格有可能早已存在，能否认定为交易时的最低优惠价格；还可能存在的情形是，优惠价格已经过多次调整，以哪个优惠价格作为最低优惠价格；还有，由于销售方层级的不同，掌握的优惠价格可能也会不一，以哪个层级的优惠价格作为最低优惠价格；这些都是值得探讨的问题。笔者认为，认定"交易时不针对特定人的最低优惠价格"必须符合以下几个条件：（1）这个优惠价格必须经过销售方集体决策，或者销售方主要负责人均知晓这个优惠价格的存在。优惠价格既然是市场竞争的产物，是营销策略的表现形式，必然需要销售方集体决策，或者虽未经集体讨论，但其主要负责人知晓优惠的价格及幅度，否则就是不公开不透明下的权钱交易。一些请托人以自己是企业负责人为由，低价对国家工作人员售出房屋汽车等物品，自己一面之词说是公司给予的市场优惠价格，而其他主要负责人员均不知情，这种所谓的优惠价格，是不能作为不针对特定人的最低优惠价格的。（2）这个优惠价格是在交易时就已经存在并且有效的。交易行为发生之后，无论市场如何变化、价格如何低落，都不能作为交易型受贿犯罪的基准价格。同时，这个优惠价格，无论距离行为人交易时时间长短如何，都是有效存在的，没有被废止。（3）这个优惠价格是距离"交易时"最近的一次优惠价格。如前所述，从销售初期到销售结束，销售方对优惠价格可能会作一些调整，不论有多少次调整，均应当以距交易时最近的一次优惠价格作为基准价。因为，只有这时候的优惠价格才最为接近“交易时”，符合主客观相统一的认定标准。(4) 在同时符合上述三个条件的基础上，以交易方可能拥有的最高权限所给予的最低优惠价格确定“交易时最低优惠价格”。在现实市场交易中，不同层级的销售人员可能会有着不同的优惠权限，最低优惠价格如何确定；例如房屋销售中，一般销售人员有九五折优惠权限，销售经理有九折优惠权限，公司副总经理有八五折优惠权限，公司总经理有八折优惠权限，以谁的优惠权限作为最低优惠价格；由于房屋、汽车价值较高，每一个折扣的差异可能都是几万元甚至几十万元，准确界定最低优惠价格对定罪和量刑都具有十分重要的作用。现在，学界对于最低优惠价格应该根据购房时权钱交易中请托人一方的权限来认定并无太多争议，争议在于该请托人出面请求比自己权限高的上级决定给予优惠价格时如何认定最低优惠价格；有观点认为，超过了权限的优惠部分，该销售人员或者销售经理或者是自己支付，或者是找上级特批，无论哪种情况都已不属于正常的优惠，都是出于回报该国家工作人员为其谋取利益的考虑。① 笔者认为这种观点有失妥当。请托人找上级或自己的朋友在其优惠权限范围内给出更低优惠价格，尽管已经超过了他本人可以给出的最低优惠价，但这也是销售方事先设定的优惠条件，只要符合优惠权限范围，都应当认定为最低优惠价格。当然，超出了请托人所找上级优惠权限范围的优惠价格，即使仍然在整个公司可能给出的最低优惠价格之上，也不能被认定为其享有合法的最低优惠价格。例如，请托人是房屋销售经理，享有九折的优惠权限，可以最低优惠到每平方米 9000 元，请托人找到其公司副总，本来最低可优惠到每平方米 8500 元，但请托人按照每平方米 8100 元与国家工作人员进行交易。即使公司总经理能够给出每平方米 8000 元的最低优惠价格，然而请托人只找到公司副总这一层级，最低优惠价格只能以每平方米 8500 元计算，而不能以公司的最低优惠价每平方米 8000 元作为基准价。

（二）增设中间环节型受贿的认定

《意见》采取列举加概括的模式，列出了行为人利用职务便利以低价买、高价卖及其他交易方式，与请托人进行房屋、汽车等大宗贵重物品交易从而非法获取请托人财物的三种行为方式。即低买型、高卖型及其他类型。“增设中间环节型受贿”即属于作为兜底条款的“其他型”交易受贿中的一种。由于这种类型的受贿犯罪较之低买型、高卖型更为隐蔽，行为方式更为特殊，增加了实践中的认定难度，需要进一步予以分析研究。

所谓增设中间环节型受贿，是指国家工作人员切断本人或者本单位与请托人的

① 陈国庆主编：《新型受贿犯罪的认定与处罚》，法律出版社 2007 年版，第 7 页。

直接联系，插入“第三者”——由交易双方或者第三人控制的市场主体，以其为周转财物的纽带，交易时请托人故意转移利润，意在支付贿赂。[①] 实践中，常出现国家工作人员利用职务之便为请托人谋利益，并不直接收受请托人财物，而是授意或默许请托人与第三人进行交易，从而获取贿赂的情形。例如：某市炼钢厂负责人丁某为了取得与市政建设公司长期的业务合作，有意通过给予市政公司经理王某一定好处进行感情联络。于是以明显高于市场的价格向王某儿子经营的公司采购钢材原材料，使王某儿子在交易中获得高达20万元的利润。王某明白丁某的用意，代表市政建设公司与丁某签订了业务合同。本案中，从形式上看，丁某向王某儿子所在公司采购原材料，是一种正常的业务往来；王某与丁某签订业务合同，也是基于正常的业务需要，两个采购行为都是市场交易行为。然而，丁某之所以向王某儿子公司采购原材料，是基于王某手中的职权考虑，意图通过部分利益的让与，争取更大的销售机会。只不过，这种利益的让与，不是直接给付王某，而是通过与王某儿子交易这一中间环节，使交易背后的行贿受贿“合法化”。

增设中间环节型受贿，在现实生活中大量存在，但司法实践中查处并不多见。原因在于，介入中间环节之后，行受贿双方没有直接的权钱交易，其犯罪意图被切断，导致主观犯罪故意认定出现障碍；加之掺入多个市场行为，需要区分合法买卖与权钱交易，犯罪因果关系认定复杂；特别是介入多个中间环节时，行受贿双方的犯罪行为更加隐蔽、难以查证。对于这种类型的受贿行为，要把握如下几点：

1. 行贿人与第三人之间的交易行为，明显偏离了正常的市场优惠价格且第三人受益。这是认定增设中间环节型受贿的前提。市场有其内在的供求机制、价格机制、竞争机制和风险机制，市场交易遵循自愿、平等、公平、诚实信用的原则，市场主体通过交易实现资源的重新配置，达到双方的互利互赢。如果交易明显违背市场经济规律，一方明显受益，另一方明显受损，双方在没有重大误解的情况下自愿接受显失公平的交易，其实质就是贿赂目的制约了当事人的意思自治。而判断交易是否显失公平，最直接、最主要的决定因素就是交易价格，因为价格是交易的核心，直接决定了交易双方的经济利益。正常的优惠价格是市场主体促进营销获取竞争机会的一种手段，只有那些明显偏离了正常市场优惠价格的交易行为，才可能被纳入受贿罪规制的对象。这也是增设中间环节型受贿作为交易型受贿与低买型、高卖型交易受贿的共通之处，即交易价格明显偏离正常优惠价格。只不过，后两者交易的主体双方是行贿人与国家工作人员，而前者则是行贿人与第三人。

2. 第三人与其背后的国家工作人员具有特定的关系。这是认定增设中间环节

---

① 谢杰：《通过增设中间环节获取利润是否成立受贿》，载《检察日报》2007年8月14日第3版。

型受贿的核心。行贿人与第三人进行明显偏离了正常市场优惠价格的交易，直接获得利益的是第三人，而并非国家工作人员本人。第三人与国家工作人员之间应当具有怎样的关系，才能使其获得的利益能够从法律意义上归属于国家工作人员，或者被整体评价为国家工作人员收受了行贿人的财物，是一个值得研究的问题。例如，国家工作人员授意请托人与自己同学所在的公司进行偏离正常市场优惠价格的交易，能否成为本文中的增设中间环节型受贿。笔者认为，受贿罪的本质在于国家工作人员与行贿人之间的权钱交易，国家工作人员收受请托人财物是受贿罪客观构成要件，要将第三人获取利益的行为评价为国家工作人员受贿，必须进行“第三人收受财物等同于国家工作人员收受财物”的实质判断。因此，第三人必须与国家工作人员具有特定的关系。这种特定关系，表现为对财产或者利益能够共同占有、使用和处分。近亲属由于与国家工作人员有着共同的生活和相互扶养的权利义务，能够对财产、利益共同占有、使用和处分。国家工作人员的情人，由于与国家工作人员有着特殊的感情和利益关系，事实上能形成对财产和利益的共同享有。除此之外，经济上的合作伙伴、共同投资人，也能基于相互间的投资份额、比例对财物进行分配，从而使其获得的财产、利益部分归属于国家工作人员。因此，笔者认为，第三人与国家工作人员的特定关系表现为近亲属、情妇（夫）以及其他共同利益关系，第三人即《意见》中所规定的“特定关系人”。实际上，《意见》第 7 条第 1 款将国家工作人员利用职务上的便利为请托人谋取利益，授意请托人将财物给付的对象限制在“特定关系人”的意义也正在于此。至于同学、同乡等，因为与国家工作人员主要是情感上的联络，不是共同的经济利益关系，即便其以明显偏离正常优惠价格获取了高额利润，如果不能证明该收益由国家工作人员与其共同占有，就不能认定国家工作人员受贿。

3. 第三人背后的国家工作人员利用职务便利为行贿人谋取利益。这是认定增设中间环节型受贿的关键。请托人之所以愿意与第三人进行显失公平有违市场交换原则的交易，就是基于第三人与国家工作人员的特定关系，请托人能够通过第三人背后的国家工作人员手中的公权力为自己谋取利益。市场价格与偏离正常市场优惠价格之间的差额，正是公权力被出卖的对价。尽管国家工作人员与请托人之间幕后的财物交易因第三人或更多人介入而被掩盖，但其与请托人的职务管理行为却是直接的、客观存在的，即国家工作人员是管理的一方，主管、负责或者承办某项公共事务，请托人是管理的相对方，双方有着直接的职权联系，国家工作人员利用职务及形成的便利条件，暗中承诺、实施和实现为请托人谋取利益，这是双方增设中间环节行受贿的原因所在。

在司法实践中，查证增设中间环节型受贿，侦查人员必须由表及里、由外到内，由事物的现象发现其本质。具体路径可以为：首先，从明显偏离正常的市场优惠价格的交易出发，查找交易的双方主体；其次，以获得明显利益的一方为中心，考察其与国家工作人员是否具有联系，是怎样的联系，是否属于《意见》中所规定的特定关系人；最后，分析与明显受益方有着特定关系的国家工作人员，与不对等交易的利益提供方是否具有职权联系，是否有利用职权为利益提供方谋取利益的行为。如果上述查证均能成立，就可以判断提供利益方与国家工作人员通过增设中间环节交易这一形式，行权钱交易之实。具体可见下图：

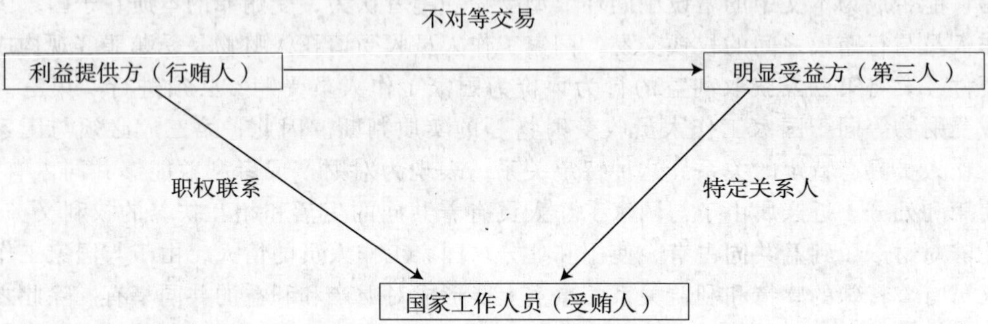

二、干股型受贿

干股，按照《意见》的解释，是指没有出资而获得的股份。刑法意义上的干股具有如下特点：（1）干股的接受主体是国家工作人员；（2）国家工作人员是根据赠与协议取得干股股份，而非出资取得；（3）国家工作人员所取得的干股不仅仅享受股份分红，而且享有其他权利，即国家工作人员接受的干股有他人的出资依托，与其他股东的权利相同；（4）国家工作人员取得干股的对价是利用职务之便为他人谋取利益，实际上也是以权换利。①《意见》实际上规定了两种形式的干股型受贿：第一种是行为人没有出资而获得股份，并进行了股权转让登记，或者相关证据证明股份发生了实际转让的受贿。这种干股型受贿的对象是股份本身。第二种是行为人没有出资，股份也没有实际转让，行为人收受股份分红的受贿。这种干股型受贿的对象不是股份本身，而是股份产生的红利。这两种干股型受贿的共同特点在于：行为人获得的股份或者红利都没有实际出资，行为人获取的利益都是以股份为依托，或是收受股份本身，或是收受按股份所产生的红利。由于经济活动的复杂性，实践中对于干股型受贿还存在一定模糊认识。

（一）干股型受贿犯罪数额的认定

如前所述，干股型受贿实际上有两种类型。对于第一种类型的干股型受贿，《意见》规定，受贿数额按转让行为时股份价值计算，所分红利按受贿孳息处理。对于第二种类型的干股型受贿，《意见》明确了受贿数额以实际获利数额

① 参见孙国祥：《新类型受贿犯罪疑难问题解析》，中国检察出版社2008年版，第104页。

认定。

1. 干股已转让或实际转让情况下受贿数额的认定。根据《公司法》的规定，有限责任公司转让股权后，应当注销原股东的出资证明书，向新股东签发出资证明书，并相应修改公司章程和股东名册中有关股东及其出资额的记载。记名股票，由股东以背书方式或者法律、行政法律法规规定的其他方式转让；转让后由公司将受让人的姓名或者名称及住所记载于股东名册。无记名股票的转让，由股东将该股票交付给受让人后即发生转让的效力。从《公司法》的相关规定看，转让股权并不是以股权登记为生效条件，登记仅为转让的对抗要件。国家工作人员接受的干股如果已经过股权重新登记，当然能够认定为干股已发生转让；即使没有登记，但事实上已发生转让的，只要相关证据确实充分，也可以认定为受贿。由于“实际转让”缺乏“登记”这样可供依据的直观标准，而且其认定与否直接关系到行为人受贿数额的确定，因此，对于“实际转让”应当严格把握。例如，双方应当签署股权转让协议或者履行背书等证明股权发生转让的相关手续，或者其他股东一致确认股权确实已发生转让，或者转让情况记录于股东会议记录等。对于口头达成股权转让的意思表示，除非双方的口供一致，有其他股东的相关证言，否则不能认定为股权发生了实际转让。

干股已转让或实际转让情况下受贿数额按转让行为时股份价值计算。由于有限责任公司、股份有限公司的性质不同，其股份价值的计算也有区别。

（1）有限责任公司具有闭合性，根据《公司法》的规定，其股权不能在产权市场进行交易，不存在市场价格。但是有限责任公司股权与公司相应资本对应，而且公司的资产在经营过程中也会发生变动，转让股份时间不同，其股份价值也会不一样。因此，有限责任公司的股份价值应当为转让股份占公司总股份的比例乘以转让行为时公司的净资产。

（2）在股份有限公司中，由于其股份能够在产权市场上进行交易，因此，行为人收受干股的价值应当以转让行为时股票的市场价格计算。能够确定转让行为时该股票成交价的，以该成交价格计算；不能确定转让行为时股票的成交价，以转让行为当天股票成交的平均价格计算。

（3）收受上市公司在调整原有股本结构、股权转让、增资扩股过程中形成的干股，能够在证券市场通过交易变现，应以贿赂双方转让行为时该股份在证券市场的价格计算受贿数额。①

2. 干股未转让，收取红利情况下受贿数额的认定。这种情形下受贿数额比较容易确定，即以行为人实际获利数额认定为受贿数额。

---

① 张铭训：《新型受贿案件法律适用若干问题研究》，载《中国刑事法杂志》2007 年第 6 期。

3. 股份价值、红利与犯罪数额的认定。红利是企业分给股东的利润，它是股票产生的孳息，必须依附于股票存在。在股权转让登记或实际转让之后，国家工作人员又根据所持的股份分得红利，该红利是否能够计入受贿数额，曾经也存在争议。有观点认为，从道理上讲，国家工作人员非法收受红利的行为，本质上是非法收受公司、企业股份或曰干股的继续，二者应当作一致的评价，均作为受贿数额认定。①《意见》考虑“将收受股份和收受红利割裂开来作独立理解，忽视了股份不同于其他物品的特殊性及红利对于股份的依附性，有重复评价之嫌”。②

因此，对于干股已发生转让的受贿，其犯罪数额以转让行为时股份价值计算，所分红利按受贿孳息处理，不计入受贿犯罪数额，只能作为量刑情节。对于实践中一些国家工作人员登记或实际受让的股份数量相对较小，而从请托人处获取的红利数额巨大的情况，要认真分析。红利只能是国家工作人员按其持有的股份数额所享有的公司的正常利润，如果国家工作人员超出公司正常利润收受所谓的“红利”，实际上是国家工作人员接受请托人额外的贿赂，如果国家工作人员对此是明知的，该超出正常红利之外的数额，应计入受贿犯罪数额。

（二）干股型受贿的既未遂问题

干股型受贿的既未遂问题根据具体情形不同，分述如下：

1. 国家工作人员收受请托人提供的干股，股份已经转让和登记；或者国家工作人员收受请托人提供的干股，股份已经实际转让。此时，国家工作人员取得了股份所有权，行为人构成受贿罪既遂。

2. 国家工作人员没有出资，股份未实际转让，国家工作人员以股份分红的名义获取收受红利。此时，国家工作人员意图并不在于收受股权本身，而是收受以股份分红形式支付的财物，行为人收受红利与收受普通财物没有区别，行为人构成受贿罪既遂。

3. 国家工作人员接受干股，与请托人约定进行股权转让登记，已经着手进行股份转让或者登记，由于意志以外的原因未完成。此时行为人意图收受的是股份，干股由于意志以外原因未转让，构成受贿罪未遂。

4. 国家工作人员收受空壳公司股份。实务中，国家工作人员接受请托人提供的干股，但该公司是通过虚报注册资本取得公司登记的，或者登记以后又抽逃了出资，形成“空壳公司”。这些公司名义上送给国家工作人员以股份，但这类干股由

① 黄祥青：《如何认定收受干股类受贿犯罪》，载《上海审判实践》2007年第9期。

② 刘为波：《关于办理受贿刑事案件适用法律若干问题的意见之解读》，载《人民法院报》2007年7月18日。

于没有相应的资本为依托，干股无法对应公司的资产。国家工作人员并不清楚是"空壳公司"的情况下接受请托人提供的干股，有接受他人贿赂的故意和行为，但没有相应的公司资产对应，应作为受贿罪未遂处理。[①]

5. 国家工作人员与请托人达成合意收受干股，但股份未转让。有观点认为，这种情况应当认定为受贿未遂。[②] 笔者认为，如果有证据证明国家工作人员与请托人达成合意收受干股，而股份却没有转让，这种情形实则是双方为了掩盖行受贿的犯罪事实，如果双方达成的合意符合"实际转让"条件的，可认定为实际发生了转让，行为人构成受贿罪既遂。

（三）干股型受贿认定中的几个问题

1. 先收红利后转移股权犯罪数额的认定。通常情况下，行为人要么先收受干股，然后按干股的份额享受红利；要么直接以股份的名义收受红利。但是也可能出现这样一种情形，即干股开始没有发生转让，行为人只收取红利，后来双方转让干股，其犯罪数额如何计算。例如有论者举这样一个案例：2002 年 5 月 23 日，甲收受乙公司 10 万股干股，价值 100 万元，但未实际转让。直到 2004 年 11 月 2 日，甲因害怕离休后失去这 10 万股便要求登记至自己名下，并于同日办理了登记手续(登记时 10 万股价值 120 万元)。在这期间，甲共获取红利 9 万元。后甲被检察机关立案侦查，在登记转让至案发前，甲另获取红利 5 万元。论者认为，开始未转让股权后来又登记转让的情况下，登记行为可以视为对未实际转让股权的一种事后追认，具有溯及力，即先前的收受干股虽未实际转让，但同样具有转让之效力。所以，本案中甲受贿干股应认定为 100 万元，而不能将正常的市场涨幅 20 万元作为受贿干股数额。综上分析，甲受贿数额应认定为 114 万元，包括全部的分红所得。[③] 笔者认为，该观点的立论存在问题。事后登记行为是否可以视为"对未实际转让股权的一种事后追认并具有溯及力"是有疑问的。在民事法律关系中，事后追认能够产生一定的法律后果，例如无权代理人进行的代理行为，如果被代理人事后追认，即发生代理的法律效力，追认是被代理人主观真实的意思表示。但是论者仅以"登记"这一客观行为作为事后追认的原因，没有认识到行为人主观故意在整个行为过程中所发生的变化。自 2002 年 5 月 23 日至 2004 年 11 月 2 日期间，行为人一直只收获股份的分红，并没有意图控制干股。即使行为人可能想获得干股的

---

① 参见孙国祥：《新类型受贿犯罪疑难问题解析》，中国检察出版社 2008 年版，第 117 页。

② 参见张志平：《认定干股受贿须注意三个要点》，载《检察日报》2007 年 7 月 20 日第 3 版。

③ 刑文生、郭小锋：《"干股"受贿，犯罪数额如何认定》，载《检察日报》2008 年 3 月 27 日第 3 版。

所有权，但从其当时的客观行为来看，只能认定其具有收受红利的犯罪故意。到2004年11月行为人因为要离休，于是产生了获得干股股权的犯罪故意，从而办理了登记手续。因此，本案中行为人的犯罪故意在发生变化，其犯罪行为根据犯罪故意的不同，实际上可以分为先收受红利，然后再收受股权两个行为。对于第一个行为，其受贿数额为收受的红利，即9万元。第二个行为，即收受干股股权，根据《意见》的规定，受贿数额按转让行为时股份价值计算。10万干股在2004年11月2日登记时价值120万元，受贿数额为120万元，其后所获得的红利5万元为股份孳息。因此甲受贿数额为129万元，5万元作为非法所得予以没收，不计入犯罪数额。

2. 支付股本金明显低于股份价值——交易型受贿与干股型受贿竞合之处理。干股是指未出资而获得的股份，如果行为人支付了股本金，只是支付的股本金明显低于股份价值，这种情况如何处理。例如，税务局工作人员李某负责税收征稽工作，利用职务之便为辖区内某企业非法办理免税、减税手续，使该企业逃避缴纳应缴税款。李某仅支付了6万元即享有该企业市价20万元的2万股股份。李某的行为也符合交易型受贿的特征，可以看成是以明显低于市场价格向请托人购买物品。按照交易型受贿的认定规则，行为人受贿的数额为交易时当地市场价格与实际支付价格的差额，即行为人受贿14万元。如果按照干股型受贿的认定规则，李某支付6万元，按该股份的市场价，只能享有6000股股份，其余的14000股为干股。转让行为时14000股的价值为14万元，因此，行为人受贿数额为14万元，14000股所产生的红利按受贿孳息处理。从上面的分析可以看出，本案无论将其认定为交易型受贿还是干股型受贿，受贿数额并无差别。那么，是否有必要将这种情形进行类型化区别？笔者认为，交易型受贿与干股型受贿确有竞合之处，当行为人以明显低于市场价格购买请托人提供的股份时，既符合交易型受贿的特征，也符合干股型受贿的特征。在这种情况下，笔者更倾向于将其认定为干股型受贿。因为物品的对象特定为干股，而不是其他的交易对象如房屋、汽车等。既然《意见》第2条已经将干股型受贿单独予以类型化规定，适用干股型受贿的相关规定要更为直接和明晰。另外，《意见》在干股型受贿中将干股所分红利如何处理作了明确的规定。就本案而言，根据《意见》第2条的规定，14000股所分红利按受贿孳息处理。如果适用交易型受贿，对于交易以后物品产生的孳息如何处理，《意见》并没有明确的规定。而股份又不同于一般物品，股份能够产生孳息，即红利。且红利具有天然的依附性，获取红利是持股人所享有的一项重要财产权利，红利的性质直接影响了干股型受贿犯罪数额的认定。直接适用干股型受贿的相关规定，就可以避免实践中对物品孳息如何处理所产生的一些不必要的争议。综上所述，对于支付股本金明显低于股份价值的行为，应认定为干股型受贿，按其出资额折算行为人应当享有的股份和应当享有的分红。行为人所获得的其余部分股份即为干股，按转让行为时的股份价值计算受贿数额，该部分股份所分红利按受贿孳息处理。

三、合作投资型受贿

《意见》第 3 条规定了以合作开办公司或者进行其他合作投资名义收受请托人出资或者所谓利润的两种情形。第一种情形即由请托人出资，双方“合作”开办公司或者进行其他“合作”投资。这种情形与直接收受贿赂财物没有什么区别，其受贿数额按照请托人为国家工作人员出资额计算。对于第二种情形，国家工作人员没有出资，也没有参与管理、经营而收取所谓的“利润”，实际上是双方打着合作开办公司或者其他合作投资的名义，行权钱交易之实，受贿数额按照请托人支付给国家工作人员的“利润”计算。

《意见》将实践中认识较为统一的以合作投资的名义收受贿赂的行为规定为犯罪。按照《公司法》的规定，出资可以是货币出资，也可以管理、技术投资。要么出资，要么参与经营管理，是区别合作投资与受贿的关键之处。正常的合作投资，必须具备这两项条件中的一个。两项条件均不具备的，则涉嫌构成受贿。《意见》规定的就是两项条件均不具备的两种情形。但现实生活中的情况比《意见》中所规定的两种情形远远复杂得多：在出资方面，大量存在由请托人垫付出资的情况；在参与实际经营管理的认定方面，缺乏客观的判断标准。以上问题都需要作进一步的研究。

（一）请托人垫付资金情况下受贿罪的认定

请托人垫付资金可以分为以下几种情况：一是请托人垫付资金，国家工作人员合作投资，事后并未归还请托人垫付资金，且不实际参与经营而获取利润。这种情况实际上就是《意见》第 3 条第 2 款所规定的情形，国家工作人员既无出资又不实际参与经营，获取的利润构成受贿罪。二是请托人垫付资金，国家工作人员合作投资，事后自己通过正当途径归还了请托人出资，但不实际参与经营而获取利润。这种情况下，国家工作人员虽没有参与经营管理，但实际上进行了出资，只要国家工作人员获得的收益属于投资的正常收益，不构成受贿。三是请托人垫付资金，国家工作人员实际参与经营管理而获取利润。这种情况属于国家工作人员以技术、管理投资，不论事后国家工作人员是否归还请托人垫资，国家工作人员按公司收益收取其劳动报酬的，也不能构成受贿。四是请托人垫付资金，国家工作人员合作投资，不实际参与经营而获取利润，并以利润归还请托人垫资。对于这种情况，有观点认为，这实际上就是俗称的“空手套白狼”，在要求请托人垫付资金，事后以利润冲抵的情况下，实际上国家工作人员既没有参与经营管理，又没有资金投入，利润本来就属于不应得利益，又怎么能拿利润来冲抵所谓的投资，这些做法不过是为了掩盖权钱交易的实质而使用的障眼法，应属于受贿行为。①

笔者认为，这种观点有失偏颇，必须分清垫资及还款的具体情况进行分析。国家工作人员要求请托人垫付合作投资的资金，自己不实际参与经营而获取利润，并以利润归还请托人垫资，如果同时符合以下几个条件，可以排除受贿罪的认定：

1. 国家工作人员与请托人有着真实的借贷关系。真实的借贷关系，表明国家工作人员愿意承担对请托人的还款义务，愿意承担合作投资产生的风险（收益或亏损）。这种借款，虽然是由他人垫资，但是在法律上等同于国家工作人员自己的出资。在实践中，除了审查双方交代或者书面借款协议之外，还应当查明借款、垫资有无合理、正当理由，有无归还的能力等。

2. 国家工作人员与请托人有着明确的投资意向并且垫资用于该项投资业务。无论是合作开办公司，还是共同投资一个项目，国家工作人员对与他人合作投资的具体项目内容是清楚明晰的，这是合作投资与委托理财的一个根本区别点。在国家工作人员委托他人理财的情况下，国家工作人员对于受托方使用资金的具体情况也许并不明知，但是国家工作人员与他人合作投资，必须清楚具体的投资内容，而且投资和经营是确确实实存在的，垫付的资金真实运用于合作项目的经营业务，否则就是虚假合作。

3. 国家工作人员确实以合作投资的利润偿还垫资且该收益为合作投资的正常利润。如果双方的合作投资确有利润，而且按请托人为国家工作人员的垫资数额，该利润为出资所应得，国家工作人员以此利润冲抵出资，即使还没有全部偿还出资，但只要行为人有利润就不断地予以冲抵，即表明其有履行还款义务的实际行动。国家工作人员如果同时符合以上三个条件，就可以认定国家工作人员没有受贿的故意，其与他人是正常的借贷和合作关系。其实，只要有合法的借款关系存在，双方有真实的合作，国家工作人员是以自己的存款、向亲朋的借款归还垫资，还是以合作的正常利润归还，只是国家工作人员还款方式不同，并不能改变国家工作人员行为的性质。在实践中，一些国家工作人员要求或接受请托人垫资，案发后为逃避追究或者防止案件查处，与请托人补签书面合同或者订立攻守同盟；或者事前虽签订了所谓借款合同，但至案发时，有条件有能力归还而没有归还；或者事前虽签订了所谓借款合同，先以利润冲抵少量借款，后又多次收受利润均不冲抵借款且无合理理由的，均不能排除行为人受贿的故意。

---

① 郭竹梅：《受贿罪新型暨疑难问题研究》，中国检察出版社 2009 年版，第 293 页。

（二）国家工作人员是否参与合作投资经营管理的认定

国家工作人员以技术出资，其所拥有的非专利技术或专利技术经专门的评估机构进行价值评估后，可作为资金对新公司注资或者对已成立公司增资，只要符合《公司法》规定的资金比例，与货币出资和实物出资具有相同的法律价值。货币出资、实物出资、技术出资比较容易确定。在国家工作人员既无出资，又无合法借款的情况下，是否参与合作投资的经营管理就成为认定国家工作人员是否涉嫌受贿的关键。实践中，可以从以下几个方面综合考虑：国家工作人员是否了解掌握合作投资项目的经营状况，与请托人及其他投资人的联系程度如何，是否参与投资项目的商议及提出相关的发展建议和意见，在投资项目中是否承担相应的职能分工，是否参与了公司的管理和经营运作，是否完成了分工范围内的事项等。这些可以通过调查请托人、其他投资人、合作项目的其他相关工作人员、公司或企业的内部文件、会议纪要等方式综合予以确定。如果国家工作人员提供的服务只在于利用其职务便利，为“合作”公司、企业谋取利益，从而获取所谓合作投资的利润，这种行为与国家工作人员利用职务便利为他人谋取利益、收受他人财物的普通受贿行为没有区别，行为人仅是借用了“合作投资”这一幌子而已，单纯地利用职务之便为“合作”公司谋利的行为不能认定为参与了公司的经营管理，行为人仍然构成受贿罪。如果国家工作人员既参与了公司的经营，又利用职务便利将自己所在国有公司、企业有利可图的商业机会提供给合作公司，或者将合作公司的商业风险转嫁给国有公司、企业，符合非法经营同类营业罪的主体身份条件的（即为国有公司、企业的董事、经理），行为人构成非法经营同类营业罪。

四、委托理财型受贿

《意见》第 4 条将国家工作人员利用职务上的便利为请托人谋取利益，以委托理财的名义，没有实际出资而获取“收益”，或者虽然实际出资，但获取“收益”明显高于出资应得收益的行为认定为受贿。第一种情形，与直接收受财物的普通受贿没有什么区别，只不过加上了“委托理财”的外衣，认定为受贿在实践中没有分歧。对于第二种情形，行为人虽然出资，但获取了明显高出其应得收益外的其他收益，与交易型受贿中虽然支付了一定钱物，但价格差额明显时，差额部分认定为受贿一样，行为人获取的“收益”额与出资应得收益额的差额认定为受贿，符合受贿罪的认定法理。把握这种情形的受贿，关键在于两点：一是明显高于出资应得收益的认定，这是成立受贿罪的客观要件。二是国家工作人员的主观认识因素，这是成立受贿罪的主观要件，两者缺一不可。

（一）“出资应得收益”的认定

在国家工作人员出资的情况下，受贿的数额按收益额与出资应得收益额的差额计算。国家工作人员获取的收益额相对确定，主要在于如何准确认定“出资应得收益”。

1. 请托人将国家工作人员的资金用于投资理财情况下“出资应得收益”的认定。正如有学者指出的，股票、期货等委托理财行为应得收益的确定属于证据问题，关键是要掌握请托人收取国家工作人员实际投资后进行理财操作的实际情况：(1) 请托人为国家工作人员的资金单独开立资金账户与证券账户的，可以通过查询相关账户中的交易记录计算委托理财的盈亏情况，据此直接根据资金记录确定应得收益。(2) 请托人将国家工作人员的资金与自有资金混同于一个资金账户内进行资本运作时，司法机关无法通过账面信息直接查实国家工作人员资金的应得收益。有效地替代性解决办法是在计算账户内所有收益的基础上，按照资金投入比例区分两项资金的对应收益，由此确定国家工作人员的应得收益。[①] 上述观点为请托人将国家工作人员的资金用于投资理财情况下“出资应得收益”的认定提供了较为可行的办法。

2. 请托人将国家工作人员的资金挪作他用时“出资应得收益”的认定。实践中，有的请托人并没有将国家工作人员的资金用于投资理财，而是用于其他事务，如用于个人偿还借款、家庭急用或者借给亲朋好友，如何判断出资应得收益。笔者认为，请托人将国家工作人员的资金挪作他用，如果请托人本来就在同期有投资理财业务，应以请托人在该阶段的理财投资收益率计算国家工作人员应得收益。因为货币属于种类物，国家工作人员将资金交付请托人之后，即与请托人的资金融合在一起，在请托人自身已经进行理财的情况下，是以国家工作人员的资金理财，还是以自己的资金理财，实际上都是接受了理财的委托，而且事实上进行了理财行为，以请托人在该阶段的理财投资收益率计算国家工作人员应得收益合情合理。

3. 国家工作人员委托投资理财与请托人约定保底条款时“出资应得收益”的认定。实践中，有的国家工作人员委托请托人理财时约定由其收取固定保底收益，这种情况下，“出资应得收益”如何认定；这个问题实际上涉及委托合同中保底条款的效力问题。有观点认为，委托理财中，有保底条款的约定不具有法律效力。保底条款违背最基本的经济规律和市场规则，只会助长非理性或者非法的

---

① 张铭训：《新型受贿案件法律适用若干问题研究》，载《中国刑事法杂志》2007 年第 6 期。

行为产生。① 也有观点认为，在当前相关民商事法律还没有进行有效规范的情况下，刑事法律不宜过度扩张介入私法领域的一些民商事行为，可参照最高人民法院《关于人民法院审理借贷案件的若干意见》规定，以银行同期贷款利率的四倍作为标尺，回报率没有明显超过该比率的，可以作为借贷行为看待。② 笔者认为，国家工作人员与请托人约定每年最低回报率，转嫁投资风险，违背了投资经济活动中收益结局具有不确定性的基本原则，同时也于法无据。首先，从民事法律关系看，国家工作人员委托请托人理财属于民事法律关系中的委托关系，而非借贷关系。委托理财是有风险的，而借贷不存在风险。将国家工作人员支付出资款给请托人看做对请托人的借款，本身就是对双方民事法律行为的错误定性。因此，不能以银行同期贷款利率的四倍作为标尺，因为两者分属于不同的法律关系。其次，我国《合同法》第 52 条规定，违反法律、行政法规的强制性规定的，合同无效。《证券法》第 144 条规定，证券公司不得以任何方式对客户证券买卖收益或者赔偿证券买卖的损失作出承诺。证监会《关于规范证券公司委托投资管理业务的通知》第 1 条、第 4 条分别规定，投资的收益和损失归于委托人，受托人有权收取受托投资管理佣金，但不得向委托人承诺收益或者分担损失。因此，国家工作人员与请托人之间约定的“保底条款”属于违法条款，该条款无效。认定行为在法律上是否有效，只能依据法律的相关规定，不能因为现实生活中约定收取固定收益的委托理财大量存在而认定其为合法化，否则法律的秩序将会被打破。对于约定保底条款时国家工作人员出资应得收益，以请托人理财的实际收益情况计算，既可能超出约定的保底收益，也可能低于保底收益甚至亏损的情况。

（二）“明显”要素的认定——兼论《意见》中“明显”要素

《意见》第 4 条规定，虽然实际出资，但获取收益“明显”高于出资应得收益的，以受贿论处。同样地，《意见》第 1 条中也规定了以“明显”偏离市场价格与请托人交易的，以受贿论。由于房屋、汽车买卖、投资证券、期货等活动，标的额大，动辄几万元、几十万元，如果达到受贿犯罪的定罪数额起点都构成犯罪，则有可能混淆正常民事行为与权钱交易的界限，“明显”的设置是为了限制受贿罪的打击范围，符合宽严相济的刑事政策。对于“明显”的认定，有相对比例标准、绝

① 参见上海市高级人民法院民二庭：《上海法院审理委托理财诉讼案件的情况分析》，载《人民司法》2003 年第 12 期。

② 参见郭竹梅：《受贿罪新型暨疑难问题研究》，中国检察出版社 2009 年版，第 322 页。

对数额①、数额比例结合说②、内部优惠价格加权平均法③等观点。还有观点认为，对“明显”不做具体规定是考虑到司法实践中的复杂情况，只能留给司法实践中具体情况具体分析。④

《意见》中“明显”要素都是作为价格、收益的“差额”之修饰词而使用的，其目的在于控制打击面，从数额上将民事领域中的一般不当获利行为与受贿犯罪区分开来，对于区分罪与非罪具有重要的作用。然而，何为“明显”，如何进行判断；司法解释没有予以明确。况且，数额是一个客观的构成要件要素，只需要进行事实判断即可，在数额前加上“明显”这一模糊的概念，使数额的认定这一事实要件加入司法者的价值判断，违背了对事实认定的基本规律。

笔者认为，正因为“明显”具有出罪与入罪临界点的功能，司法解释必须对其作出相对确定的解释，以利于执法的严肃和统一，避免司法自由裁量权的不当扩大。基于受贿罪数额标准的统一以及《意见》条文系统性、协调性的要求，司法解释对于“明显”的认定，可考虑“数额加比例”的认定标准，即国家工作人员获利达到一定数额，且达到一定比例的，为“明显”获利，可认定构成受贿罪。因为无论是单纯的数额标准，还是单纯的比例标准，都会导致实质正义的缺失。数额可考虑定在5万元。当前受贿罪大案的标准为5万元，国家工作人员即使参与市场经济行为，支付了一定的对价或者投入一定资金，但其从中获利达5万元以上，也为一般民众所不能容忍。比例可设定在10%，主要考虑一般商品的盈利幅度也就是10%左右，商人基于趋利本能，正常情况下一般人无法得到如此幅度优惠。⑤也就是说，国家工作人员高于或低于市场价格10%交易，且实际获利达5万元以上；或者国家工作人员委托理财实际获取的收益高于出资应得收益的10%且达到5万元，即可认定达到受贿的数额标准。例如，国家工作人员将90万元委托请托人理财，一年之后，应得收益100万元，国家工作人员实际收取利润115万元，获利15万元，高于应得收益100万元的15%，可认定为受贿。

---

① 张玉娟：《交易型受贿“明显偏离市场价格”的司法认定》，载《检察日报》2007年8月26日第3版。

② 刘志远：《新型受贿犯罪司法指南与案例评析》，中国方正出版社2007年版，第10—11页。

③ 薛进展、张铭训：《以交易形式受贿司法认定疑难问题研究》，载《江西公安专科学校学报》2008年第3期。

④ 参见郭竹梅：《受贿罪新型暨疑难问题研究》，中国检察出版社2009年版，第260页。

⑤ 孙国祥：《新类型受贿犯罪疑难问题解析》，中国检察出版社2008年版，第99页。

（三）国家工作人员主观认识因素——兼论《意见》中国家工作人员的主观认识因素

受贿是一种故意犯罪，成立受贿罪，国家工作人员必须具备受贿的故意，即认识到自己索取、收受的财物是贿赂，并决意利用职务上的便利为他人谋利益。明知财物的贿赂性是受贿罪中国家工作人员必须具备的认识因素。由于贿赂犯罪行为形态的不同，对贿赂的“明知”所要求的具体内容也尽不同。在大多数类型的受贿犯罪中，行为人的主观认识因素较为容易确定。例如，干股型和合作投资型受贿中，只要行为人认识到自己没有实际出资和参与经营管理，而获得股份、收取红利、合作开办公司或者获取利润即可。然而，交易型受贿和委托理财型受贿，由于涉及价格、收益与正常市场价格、出资合法收益之间的对比，行为人认识到什么程度才表明其明知财物的贿赂性，还需要作进一步的分析。

在交易型受贿中，尽管“交易价格明显偏离市场价格”是其构成要件要素，但是行为人对销售方的优惠方案、优惠价格并不一定详细了解，即行为人不一定明知其交易价格“明显”偏离市场价格的具体数额和幅度，但国家工作人员毕竟参与房屋、汽车等的买卖，其对于物品的市场价格仍然有一个大致的认识。因此，只要行为人认识到交易价格与市场价格（包括正常的优惠价格）不相符合，自己从中得到了好处，即具有了收受财物的概括故意。在“增设中间环节交易型受贿”中，国家工作人员必须认识到请托人与其特定关系人（第三人）进行交易且第三人明显获利。否则，由于第三人交易行为的介入，切断了国家工作人员与请托人的直接联系，国家工作人员的受贿故意就无从认定。在委托理财型受贿中，对于国家工作人员未出资而获取收益的主观故意认定没有疑问；在国家工作人员实际出资的情况下，情形就不尽相同。由于期货、证券价格时时处于变动状态，不易把握，许多人并不具有理财方面的专业知识。同时基于民事委托关系，国家工作人员将资金交付给请托人理财，请托人即具有独立使用资金的权利，国家工作人员对于受托人资金运作情况并不一定了解。要成立受贿罪，还必须要求国家工作人员确切知道其获取的收益明显高于出资应得收益，否则行为人主观上就没有收受财物的故意，不能认定为受贿。

五、借用型受贿

实践中，一些国家工作人员常常以“借”为名，有意不办理或因种种原因未办理权属变更手续，掩盖行贿罪实质，有的甚至还签订了书面的借用协议，这类“名借实贿”的案件，在认定中存在一定困难，有必要予以探讨。

（一）借用型受贿的法理分析

所谓借用型受贿，是指国家工作人员利用职务上的便利为请托人谋取利益，并以“借”的名义，长期占用请托人房屋、汽车等物品，到案发时尚未办理权属变更手续的行为。司法实践中对于国家工作人员收受请托人房屋、汽车却不办理权属变更，一旦被查处，以借用作辩解，能否认定为受贿争议很大。《意见》第8条规定：“国家工作人员利用职务上的便利为请托人谋取利益，收受请托人房屋、汽车等物品，未变更权属登记或借用他人名义办理可能性变更登记的，不影响受贿的认定”，明确了这类行为的可以认定为受贿。

《意见》第8条实际规定了行为人收受请托人房屋、汽车后未将权属变更为自己名下的两种情形。“借用他人名义办理权属变更登记”的情形中，认定行为人收受房屋、汽车并不存在问题。因为即使借用他人名义办理权属变更登记，实际上也是已经办理了权属变更登记，只不过行为人为了避人耳目，不是以自己的名义，而是以其亲属甚至其他第三人的名义办理权属变更登记，但物品仍然由国家工作人员占有、使用，侦查人员通过调查房屋、汽车的原权属登记人、现有权属登记人，可以较为清楚地查明权属变更的原因及事由，从而揭露国家工作人员收受请托人房屋、汽车等物品的犯罪事实。此时，即使物品的权属登记不在国家工作人员名下，也与将权属变更为其名下具有相同的法律意义，行为人享有物品的所有权。然而，在行为人事实上占有房屋、汽车，“未变更权属登记”情况下，能否认定为受贿，就存在很大争议。据介绍，在《意见》起草过程中，也有观点认为，房屋、汽车等物品只有办理了权属变更手续的，才能视为所有权转移。换言之，没有进行权属变更登记，不能认定转移所有权，进而不能认定有非法收受、占有房屋、车辆的故意。因此，对于房屋、车辆没有进行权属变更登记的，不符合受贿罪的构成要件。①

要厘清上述问题，必须深入解析《意见》第8条中“不影响受贿的认定”的具体内涵。从文义理解，“不影响受贿认定”，即该种行为可以认定为受贿，从司法解释上对此类行为入罪予以了肯定，是从“定性”上作出的规定。然而，该种情况下国家工作人员受贿的对象是什么，即国家工作人员收受的到底是什么，并不是十分明确。加上《意见》将“未变更权属登记”和“借用他人名义办理权属登记”并列在一起规定，更加导致此类问题的模糊化。笔者认为，应当区分不同情况对受贿的具体对象进行分析。如前所述，“借用他人名义办理权属登记”与“未变更权属登记”实际上是两类完全性质不同的行为，在前种情形下，权属实际上已经发生了变更，认定

① 参见刘志远：《新型受贿犯罪司法指南与案例评析》，中国方正出版社2007年版，第293—294页。

国家工作人员收受房屋、汽车并无疑问。而在后种情形下，权属在法律上并未发生转移。如果有证据证明双方具有赠送、收受房屋、汽车的故意，只是因意志以外的原因未办理权属变更手续，也可认定国家工作人员收受房屋、汽车。但是实践中大量存在行为人收受请托人房屋、汽车，没有也不打算办理权属变更手续，一旦受到查处，即以“借”为名进行辩解，即本文所探讨的“借用型受贿”。此时，需要分析行为人收受贿赂的具体内容。

对于一般物品，交付即为取得，行为人收受财物即表明其已取得了贿赂财物，认定受贿并没有问题。然而，房屋、汽车属于国家依法实行管理的财物，不同于一般商品。房屋等不动产物权的变动，必须以登记为必要条件；对于车辆等特殊动产，登记则是物权变动的对抗要件。因此，登记在房屋、汽车这些国家实行管理的财物中具有十分重要的意义。一般情况下，人们往往通过房产证、汽车行车证等登记手续判断特权的归属。在借用型受贿中，国家工作人员尽管接受了请托人提供的房屋、汽车等物品，能够占有和使用房屋、汽车，甚至能够基于房屋、汽车的占有取得收益，但是并不能完全享有房屋、汽车的物权。因为权属登记不在其名下，于房屋而言，物权并没有发生变动，行为人没有取得对房屋的支配权；于汽车等特殊动产而言，行为人无法在交易中对抗善意第三人，其取得的物权实际上是不完全的。此时，让行为人承担收受房屋、汽车的刑事责任，无论是从法律角度还是从情理角度，都是站不住脚的。国家工作人员实际上收受的并不是房屋、汽车本身，而是房屋、汽车的使用权。

我国现行刑法虽没有将使用权作为贿赂的对象，当使用权能够成为一种现实的财产利益时，它仍然属于一种财物，并没有突破我国现行刑法受贿罪的犯罪对象为财物的范围规定。在市场经济迅速发展和民事交易日益丰富的今天，房屋出租、汽车出租、资金拆借普遍存在，使用权能够迅速转化为经济利益，转化为金钱和财物，收受房屋、汽车的使用权，与收受房屋、汽车的出租金无异。在行为人没有办理也不打算办理权属变更手续的“借用型受贿”情况下，其收受的是房屋、汽车的使用权，即房屋、汽车的租金。

厘清借用型受贿的犯罪对象，有关收受房屋、汽车等物品未办理权属变更受贿行为的犯罪形态及犯罪数额问题也就迎刃而解。国家工作人员与请托人达到合意收受房屋、汽车，由于意志以外的原因未办理权属登记，此时，国家工作人员意图收受房屋、汽车本身，行为人构成受贿未遂。其犯罪数额为办理权属登记时房屋、汽车的市场价格。国家工作人员以“借”为名占有请托人提供的房屋、汽车，没有办理也不打算办理权属变更手续，此时，国家工作人员享有房屋、汽车的使用权，其收受的是房屋、汽车的租金，行为人构成受贿既遂。其犯罪数额为自交付之日起至案发时房屋、汽车的租金。租金可以房屋、汽车的市场租用价格计算。

除了“借用”房屋、汽车外，实践中，一些国家工作人员为请托人谋取利益，长期无偿“借用”请托人大额资金，其情形与“借用”房屋、汽车存在类似之处。资金的使用权也是有价值的，而且对于大额资金而言，其使用价值数额也较大。国家工作人员长期无偿使用请托人资金，也符合权钱交易的本质。

（二）认定借用型受贿应注意的问题

借用型受贿与民间借用在形式上有着很多的相似之处，正确界定借用型受贿，有利于区分罪与非罪，准确适用刑事法律。《意见》第 8 条第 2 款的规定意义也在于此。在实践中，认定借用型受贿，除了审查国家工作人员是否利用职务便利为请托人（出借人）谋取利益外，还应当注意以下几个方面的问题：

1. 借用的对象。借用型受贿中，行为人借用的对象必须为房屋、汽车、大额资金等物品。这类物品的特点为，物品本身价值大，其使用权能够进入市场领域进行交换，并为物品所有人带来经济利益。对于借用一般物品，不宜成立借用型受贿。

2. 借用型受贿的成立条件。一般来说，短时间的占有和使用房屋、汽车、大额资金难以构成受贿。那么，借用多长时间可以认定为受贿？对于占有和使用房屋、汽车而言，如果以租金达到普通受贿罪立案标准 5000 元所需的时间计算，占有使用房屋几个月甚至一个月都可以达到此数额，不仅不合情理，而且实际上也难以将借用型受贿与民间借用区分开来。笔者认为，如果行为人不存在借用的合理事由，或者合理事由解除之后，超过一年即可认定为借用型受贿。因为行为人无任何合理事由，借用房屋、汽车达一年不还，其无偿使用房屋、汽车的意图已经十分明显，可以构成借用型受贿。而对于占用大额资金而言，如果资金数额太小，难以将借用型受贿与民间借用区分开来。据此，笔者认为，“大额”可比照汽车的价格，至少要在 10 万元以上。同时，按国家规定的贷款基准利率标准，如果行为人占用大额资金利息达到 5000 元以上的，可以成立借用型受贿。

3. 借用的合理事由。借用合理事由是排除行为人受贿主观故意的一个重要因素。这种合理事由表现为某种特殊情形或者紧急情况的存在，行为人需要占有和使用该物品，而不是基于日常的、一般的生活需求。

新型受贿犯罪认定中的法律问题

皮　勇*

随着社会的发展，受贿犯罪发展出新的犯罪形式，带来了新的法律问题，法律理论界与实务界对新型受贿犯罪的法律适用存在不同看法。2007 年 7 月“两高”颁布了《关于办理受贿刑事案件适用法律若干问题的意见》（以下简称《意见》），列举了受贿犯罪的 10 种新情况，并就其法律适用进行了解释。不过，《意见》并没有解决新型受贿犯罪认定中的全部法律问题，有必要予以深入分析。

一、交易型受贿的认定

根据《意见》第 1 条的规定，交易型受贿主要有三种表现：一是低买，即国家工作人员以明显低于市场价格向请托人购买物品；二是高卖，即国家工作人员以明显高于市场价格向请托人出售物品；三是其他形式，该款为兜底规定，以涵盖现实社会中各种隐蔽的交易形式的受贿，如以物易物，国家工作人员以低价值的商品置换高价值的商品等。交易型受贿犯罪认定的关键问题是如何认定受贿的数额。《意见》第 1 条第 2 款规定，受贿数额按照交易时当地市场价格与实际支付价格的差额计算。不管是“低买”型、“高卖”型，还是其他交易型受贿，在实践中都存在两个交易，以低买型受贿为例，第一次是请托人购买，第二次是受贿人购买，而两次交易之间由于时间差，受价值规律的影响，商品在购买之后一般会出现价格波动。应当以哪一次交易时当地的市场价格作为认定的基础呢？一种观点认为，应以请托人购买商品时认定市场价格，① 另一种观点认为，应以受贿人购买商品时认定市场价格。② 我们认为，第二种观点是合理的，只有受贿人与请托人实际发生交易时，其交易价格与交易时商品的市场价格的差额，才可作为贿赂进行评价。

---

* 新疆大学法学院院长，武汉大学法学院副院长，教授，博士生导师。

① 参见黄祥青：《如何认定低价购房类受贿犯罪》，载《上海审判实践》2007 年第 12 期。

② 参见郭竹梅：《受贿罪新型暨疑难问题研究》，中国检察出版社 2009 年版，第 252 页。

有不同意见认为，在涉案商品如商品房的价格大幅上涨后，请托人以其购入价卖给行为人的情况下，请托人并未损失财物，也就是没有给付贿赂，以行为人购入时的市场价格与实际交易价格差额计算受贿数额不妥。也就是说，由于房产价格的虚高，如果行为人不购买，请托人也不会有实际的增值收入，而只是有增值的可能，将这种可能的增值作为贿赂认定，违背了财物的客观实在属性。只有请托人低于其购买价与行为人交易时，请托人的购买价与实际交易价之间的差额才可以认定为贿赂。我们认为，在前述情况中，请托人放弃商品的增值部分，虽然对其没有财物损失，但对行为人而言，则是取得了实际交易发生时从市场上不能得到的价格上的"好处"，正是这个"好处"使得行为人愿意为请托人谋取利益，也正是得到了这个"好处"亵渎了行为人职务廉洁性。因此，受贿数额的认定，应该以请托人与受贿人交易时的市场价格而不是请托人购入商品时的价格为基础，受贿人实际支付的价格与该市场价格之差即为受贿数额。从理论上分析，某种财物，对请托人而言是可能的财物，同时对行为人而言是实际的财物，可以成为受贿罪的犯罪对象，原因是：认定受贿罪的财物的标准，应从行为人的立场上观察其实际利得，而且，也正是行为人的实际交易，使得请托人本来只是可能的增值收入变成了现实，不过，同时又被他以贿赂的形式给行为人了。

关于市场价格的认定，一般以交易地价格鉴定机构以交易日的价格评估为基准。对于交易日的确定，有观点认为，应当以受贿人实际取得和控制房屋、汽车等物品时的市场价格来认定受贿数额。① 我们认为，由于《物权法》第9条、第23条分别对于动产和不动产交易规定了不同的要件，即对于动产，物权变动以交付为生效要件，以登记作为对抗要件；对于不动产，物权变动以登记为生效要件。因此，对于汽车等动产，应该以双方交付之日为交易日；对于房屋等不动产，应当以双方签订的合同生效之日为交易日，因为，我国《物权法》第15条规定，物权变更的合同，自合同成立之日生效，未办理物权登记的，不影响合同的效力。

二、收受干股型受贿的认定

随着我国市场经济的发展，出现了各种股份制公司，收受公司股份也成为受贿犯罪的一种新形式，被称为"收受干股型"受贿，这种新型受贿行为涉及公司法相关专业知识，使得在犯罪行为和贿赂数额的认定中遇到一些新问题。

所谓干股，根据《意见》第2条的规定，是指未出资而获得的股份。《现代汉语辞海》将干股解释为"公司无偿赠送的、不出股金、赚了分红，赔了不受损失

① 参见陈国庆：《新型受贿犯罪的认定与处罚》，法律出版社2007年版，第25页。

的股份”。[1] 我国《公司法》第27条规定，股东可以用货币出资，也可以用实物、知识产权、土地使用权等可以用货币估价并可以依法转让的非货币财产作价出资。有学者认为，“刑法意义上的干股，是指国家工作人员利用职务上的便利，接受请托人无偿提供的享有股权并享受分红的股份”。[2] 该定义实质上把干股混同于普通股份，只要受贿人没有实际出资而占有股份，就属于干股，并且认为干股和普通股份承载着相同的权利义务，这种理解有悖于干股在现实中存在的状况和本来含义。我们认为，干股有别于《公司法》中规定的股权，其不参与公司管理，不享有公司普通股东的表决权，是不缴纳出资而享有分红权或者从转让股份收益，但不承担公司经营损失风险的股份。干股的占有者没有交纳货币或者其他非货币财产，只是由于请托人看中了受贿人手中的权力，有求于或者回报受贿人，才提供干股给受贿人，其本质上还是一种权钱交易的受贿行为，《意见》将其定性为受贿行为是恰当的。

干股是一种特别的记名制的股权，权利能否成为受贿罪的犯罪对象，理论上是存在争议的。我国刑法通说认为，受贿罪的犯罪对象限于财物，财产性利益不属于贿赂，[3] 否定包括股权在内的财产性利益成为贿赂的可能。我们认为，收受股权的行为之所以属于受贿，不是将贿赂的范围扩大到股权，而是因为收受股权是一种非直接的收受财物的方式，取得了股权就取得了一定价值的财物。《意见》也正是循着这一法律逻辑进行解释的，即“进行股份转让登记，或者相关证据证明股份发生了实际转让的，受贿数额按转让行为时股份价值计算，所分红利按受贿孳息处理。股份未实际转让，以股份分红名义获取利益的，实际获利数额应当认定为受贿数额”。关于干股金额的计算，根据我国《公司法》第74条、第139条、第140条、第141条关于有限责任公司和股份有限公司转让股权的程序及效力的规定，不同性质的公司的干股在转让时其金额确定的方法为：(1) 对于有限责任公司，由于该公司股份不能在产权市场上交易，其股份价值应当以转让行为时该干股占总股份的比例乘以公司净资产额后得出的价格计算受贿数额；(2) 对于股份有限责任公司，又分为上市公司和未上市公司。对于上市公司，其价格是变动不居的，应该以该干股转让当日该股票在证券市场上的平均价格计算。对于未上市公司，应该以转让当日该股票在证券交易所的交易价格计算；场外交易的，按行受贿双方约定的价格进行认定。[4] 对于未实际转让的股

① 参见现代汉语辞海委员会编：《现代汉语辞海》，山西教育出版社2002年版，第498页。

② 参见孙国祥：《新类型受贿犯罪疑难问题解析》，中国检察出版社2008年版，第104页。

③ 参见王作富主编：《刑法分则实务研究》（下），中国方正出版社2007年版，第1793—1795页。

④ 参见郭竹梅：《受贿罪新型暨疑难问题研究》，中国检察出版社2009年版，第277页。

份，以股份名义分红的，该分红和普通受贿无异，《意见》规定实际获利数额应认定为受贿数额是妥当的。需要说明的是，如果行为人收受的是股份期权，即购买股份的权利，由于它只是一种财产性权利，行为人要获得股份还必须支付对价，这种不能通过交易直接转换为财物的股份期权不是贿赂，收受股份期权不能像收受股份一样成为受贿行为。

如何认定收受干股型受贿的犯罪既遂，理论上也存在不同观点。实践中收受干股及分红主要有四种情况：一是收受干股并已进行股权转让登记的；二是虽未进行股权转让登记，但有证据证明股份发生实际转让的；三是未进行股权转让登记，但取得了分红，而且证据表明是双方并不准备转让股权，纯以股份名义获取利益的；四是未进行股权转让登记，但有证据证明已经着手进行股份转移或登记的。[①] 根据《意见》的规定，国家工作人员接受干股，通过工商登记部门过户和转让登记的，显然属于犯罪既遂，或者虽然没有过户和登记，但是有相关证据证明股份发生了实际转让的，国家工作人员实际控制股份的，也构成犯罪既遂。但是，如果干股没有进行登记或者过户，国家工作人员也没有实际控制该干股的，是犯罪既遂还是未遂，则存在争议。一种观点认为，该种行为是犯罪未遂，因为《意见》规定股份未实际转让，以股份分红名义获取利益的，实际获利数额应当认定为受贿数额。[②] 另一种观点认为，《意见》的规定并没有排除该种行为构成既遂。[③] 我们认为，收受干股型受贿犯罪既遂的标准仍然是财物是否实际取得或者控制，即根据是否实际取得财物或者可直接取得财物的股份是否由行为人实际控制为标准，来判断收受干股型受贿犯罪是否既遂。刑事审判注重事实的实际状况，而民事审判注重法律行为的形式，未经登记的股权转让，在公司法上只是对抗要件，并非生效要件，因此，只要有证据证明行为人实际控制股权，包括有证据证明股权已经实际转让和符合《意见》第 2 条后半段规定的已经以股份分红名义获取利益，都应以受贿罪既遂认定。如果国家工作人员接受干股，并约定进行股权转让，由于意外原因没有完成股份转让或者登记的，也没有获取分红的，无证据证明其实际控制股权，应当以未遂论处。

三、合作投资型受贿与委托理财型受贿的认定

在目前市场经济条件下，部分国家工作人员假借投资、委托理财活动进行敛财，借此来掩盖其受贿的实质，《意见》第 3 条、第 4 条对此进行了规定，该两条

---

① 参见陈国庆：《新型受贿犯罪的认定与处罚》，法律出版社 2007 年版，第 33 页。

② 参见张志平：《认定“干股”受贿须注意三个要点》，载《检察日报》2007 年 7 月 20 日。

③ 参见孙国祥：《新类型受贿犯罪疑难问题解析》，中国检察出版社 2008 年版，第 109 页。

涉及对法律的理解和适用。

《意见》第 3 条规定了两种合作投资型受贿犯罪的类型。第一种是国家工作人员利用职务上的便利为请托人谋取利益，受贿人不实际出资，而请托人出资，双方“合作”开办公司或进行其他“合作”投资的。这种情况与前述收受干股略有不同，干股只是参与分红，而没有所有权。而该种合作型受贿，由请托人直接出资参与开办公司，受贿人享有公司股东的地位与权益，并承担风险。这种情形与普通收受贿赂财物没有根本区别，只是以合作开办公司或者投资为名义，非直接地收受请托人代付的出资款，并用于开办公司或者进行其他投资。《意见》将请托人代付的出资款规定为受贿数额，符合受贿罪的法律规定。第二种是国家工作人员利用职务上的便利为请托人谋取利益，并没有实际出资和参与管理、经营，而以合作开办公司或者其他合作投资的名义获取“利润”。《意见》要求“没有实际出资和参与管理、经营”，只有两者同时具备，才构成该种情形的受贿罪。我们认为，在当前经济组织形式下，管理、经营者也可以依约定与出资者一样享受利润分配，行为人既无出资又未参与经营、管理的，依法不应享受利润分配，行为人获取“利润”实际是收受贿赂。需要指出的是，现实情况远比《意见》中的规定要复杂，国家工作人员与请托人合作开办公司或者投资，或者实际出资而不参与管理、经营，或者仅参与管理、经营而不出资，都分得利润的，能否认定为受贿？我们认为，依照《公司法》第 35 条的规定，股东一般按照实缴的出资比例分取红利，但全体股东可以约定不按照出资比例分红。合作开办公司、投资的，股东出资可以是资本，也可以是管理、技术等，只要符合公司法规定的要求，可以折算成为公司的股份。但是，管理、经营所折算的股份或者利润分配权应在合法、合理的范围之内，如果明显不合理，同时涉及权钱交易、为请托人谋取利益的情况，高出部分就应该认定为受贿数额。

根据《意见》第 4 条的规定，委托理财型的受贿犯罪也分为两种情况。第一种情况是未实际出资、以“委托理财”名义获取收益，这种受贿其实和普通受贿没有不同，只是披了一层“委托理财”的合法外衣，为行贿找个合法的理由而已。在这种情况下，国家工作人员收受的收益额直接认定为受贿犯罪数额即可，司法实践中不存在异议。第二种情况是国家工作人员委托请托人理财，并有实际出资，但委托理财获取“收益”明显高于出资应得收益。如何判断“出资应得收益”和“明显高于”就成为判断行为人收益是否构成贿赂的关键。我们认为，各种委托理财都是将募集的资金用于投资，理财收益直接与出资的规模和投资活动的风险关联，代为理财的单位或者个人都会为不同规模档次的资金和投资对象的风险度设置不同的收益率。如果行为人的收益超出了其出资规模和投资对象的收益率，或者在发生投资风险损失情况下，仍然获得了无投资损失情况下的收益，就不能认为其获得的是正常商业投资活动中“出资应得收益”，而必然与其权力寻租活动有直接关系，扣除合理的投资收益波动因素，多出的收益应当认定为贿赂。

四、赌博型受贿的认定

赌博型受贿是一种存在时间较长的传统受贿形式，只是因为它与民间娱乐、赌博犯罪相混杂，司法实践中的认定有较大差别。2005 年 5 月“两高”发布《关于办理赌博刑事案件具体应用法律若干问题的解释》（以下简称《解释》）第 7 条规定，通过赌博或为国家工作人员赌博提供资金的形式实施行贿、受贿行为，构成犯罪的，依照刑法关于贿赂犯罪的规定定罪处罚，《意见》第 5 条重申了这一规定，并规定了区分贿赂与赌博、娱乐活动的四类考虑因素，其关键是输赢金额的大小，输赢的偶然性或受控制性、参与者的心态，输赢与权力寻租的关系。具体而言，赌博以营利为目的、输赢金额较大、输赢结果具有偶然性，涉赌的娱乐活动输赢数额较小，赌钱只是为了增加一点刺激，而赌博型受贿则是以赌博为幌子，“赌博”的参与方心照不宣地将款物转移给国家工作人员，实际是“掩耳盗铃”式的权钱交易活动。以下对司法实践中主要赌博型受贿进行分析：①

1. 收受赌资型。这种情况和普通受贿一样，受贿数额以接受的赌资认定，其参与赌博的输赢情况，不影响受贿罪的成立。同时，赌博赢得的财物应作为非法所得予以没收。

2. 只赢不输型。在这种情况下，国家工作人员和请托人一起参与赌博，但是，国家工作人员只赢不输，请托人只输不赢。本来，赌博是一种偶然性很大的活动，输赢具有很大的不确定性，请托人通过作弊手段，把这种不确定性转化为确定性，故意输钱给国家工作人员，其本质特征还是一种权钱交易，名义上是赌博，实际上是受贿。其所赢的款物为受贿的数额，如果请托人同时提供赌资的，则合并计算两者的数额作为受贿的数额。

3. 代偿赌债型。在这种情况下，请托人向国家工作人员承诺，赢钱归国家工作人员，输钱由请托人清偿。请托人的行为对国家工作人员的赌博起到了一种暗示、鼓励的作用。对于这类案件，当国家工作人员参与赌博，并按照赌博规则赌赢的时候，其并没有实际接受请托人的财物，也不构成受贿。如果赌输，请托人帮助国家工作人员清偿赌债，则该清偿数额即为受贿数额，如果同时提供赌资的，则一并计算受贿数额。

4. 输钱返还型。在国家工作人员和请托人共同参与的赌博中，国家工作人员输了，事后请托人将赢的钱如数返还给国家工作人员，该返还的款物能否作为受贿

---

① 参见孙国祥：《新类型受贿犯罪疑难问题解析》，中国检察出版社 2008 年版，第 145—149 页。

数额认定？有观点认为，该种情况下一般不宜作为受贿处理。① 我们认为，应当根据情况判断：第一，如果请托人赢钱后担心行为人在职务活动中故意刁难而返还款物，不应认定请托人有行贿的意图；第二，如果行为人认为返还的款物本来系自己所有，要认定行为人有受贿的意图缺乏充分的证据，但是，如果行为人赢了钱就收下，输了钱就不给或者接受请托人的不收或者收了后退还，则说明行为人存在受贿的意图，这些退还的款物应作为贿赂认定。

另外，如果国家工作人员聚众赌博，或者在聚众赌博中，组织、召集他人参与赌博，并且利用其权力的制约关系，输少赢多，接受他人提供赌资的，则属于国家工作人员在实施赌博犯罪行为的同时，又实施了受贿的犯罪行为，符合该两罪的犯罪构成，应以赌博罪和受贿罪进行并罚。

五、特定关系人受贿与“挂名”领薪型受贿的认定

近年来，越来越多的在国家工作人员身边的人参与国家工作人员的权钱交易，形式多种多样，受益人不限于国家工作人员，出现了新的犯罪认定问题。《意见》第 6 条、第 7 条、第 11 条对国家工作人员有关特定关系人收受贿赂的情形进行规定，涉及以下几个方面的问题。

1. 特定关系人的范围问题。《意见》第 11 条对特定关系人界定为：与国家工作人员有近亲属、情妇（夫）以及其他共同利益关系的人。（1）关于近亲属的范围，我国《刑事诉讼法》第 106 条规定：近亲属是指夫、妻、父、母、子、女、同胞兄弟姊妹，与民法和行政法对近亲属的规定相比，刑事诉讼法的规定范围最狭窄。虽然本罪主体涉及经济利益关系，但是，刑法与民法、行政法处理的社会关系不同，刑法规定的是犯罪和刑罚，刑法的规定具有谦抑性，因此，即使同一名称的概念，其外延未必与民商事法律一致。这里对“近亲属”的规定是用于刑事诉讼，在刑事诉讼法已经有明确规定的情况下，刑法解释应与刑事诉讼法的规定保持一致。作上述限制解释不会导致放纵犯罪，其他不具有近亲属关系但具有共同利益关系的人，可以按照第三类特定关系人对待。（2）何为情妇（夫）。目前没有有权解释，通常认为，情妇（夫）是和国家工作人员有一定的恋情并保持有不正当性关系的人。至于情妇（夫）的主要或者部分经济来源受益于国家工作人员，在实际生活中情况很复杂，不能排除情妇（夫）主要或部分经济收入不来源于国家工作人员的情形。（3）关于“其他共同利益关系的人”，一种观点认为，主要指非近亲属但有具有一定亲属关系的人。② 另一种观点认为，主要是指近亲属、情妇（夫）以外的有共同经济利益或个人利害关系的人。共同利益关系主要是指经济利益关

① 参见孙国祥：《新类型受贿犯罪疑难问题解析》，中国检察出版社 2008 年版，第 150 页。
② 参见孙国祥：《新类型受贿犯罪疑难问题解析》，中国检察出版社 2008 年版，第 155 页。

系，纯粹的同学、同事、朋友关系不属于共同利益关系，共同利益关系也不限于共同财产关系。[①] 我们赞同第二种观点，第一种观点缩小了其他共同利益关系的人的范围，将特定关系人的范围解释为特定亲属关系和情欲关系人的范围，会导致放纵非亲属关系的利害关系人犯罪，第二种观点则符合实际情况，则涵盖了近亲属、情妇（夫）以外各种有共同利益关系的人。

2. “挂名”领薪问题。国家工作人员利用职务上的便利，为请托人谋取利益，要求或接受请托人以给特定关系人安排工作为名，使特定关系人不实际工作，却“挂名”领取薪酬的，属于典型的受贿，其受贿数额为该特定关系人实际领取的薪酬。但是，如果特定关系人也参与工作，但所领薪酬与该职位的正常薪酬不相称，明显高于其正常薪酬的，或者仅是象征性地参与工作、偶尔露面，没有像单位其他人一样正常上班，并领取高薪的，虽然其权钱交易的性质明显，但要认定为“挂名”领薪受贿，却存在困难，原因是：一方面，《意见》将“挂名”领薪规定为“特定关系人不实际工作”却领薪，没有涵盖“低位高薪”、“少做多拿”的情形；另一方面，我国经济生活中虚职位高职级高报酬的情况比较严重，将前述情形都按“挂名”领薪处理，会有区别和处理上的实际困难。

3. 特定关系人及其以外的人收受贿赂的问题。《意见》第7条第1款规定了国家工作人员为请托人谋取利益，授意请托人将有关财物给予特定关系人的，以受贿论处。由于国家工作人员的授意，特定关系人接受贿赂实质上是国家工作人员接受和处分贿赂，是国家工作人员受贿的一种行为形式，应以受贿论处。有疑问的是，《意见》规定只有国家工作人员“授意”请托人将财物给予特定关系人的，才以受贿论处。授意即向请托人明示财产的处分方式，一般是一种作为的方式，如果请托人把财物给予特定关系人，国家工作人员事后知道了，但予以默认并为请托人谋取利益的，是否构成受贿？我们认为，该种情况下虽然不适用《意见》第7条的“授意”情况下特定关系人受贿情形，但齐备受贿罪的基本构成条件，国家工作人员构成受贿罪。国家工作人员事先与特定关系人有通谋的，则构成受贿罪共同犯罪，若未通谋，只有国家工作人员构成受贿，特定关系人收受的贿赂实质是国家工作人员处分贿赂的行为。如果特定关系人私下收受或索要贿赂，国家工作人员不知情，则因二者缺少共谋的要件，对于特定关系人和国家工作人员不能以受贿罪论处，但特定关系人有可能构成特定关系人受贿罪。《意见》第7条第2款后半段规定，国家工作人员与特定关系人以外的人通谋，由国家工作人员利用职务的便利为请托人谋取利益，收受请托人财物后双方共同占有的，以受贿罪的共犯论处。这种情形与《意见》第7条第2款前段规定的特定关系人与国家工作人员共谋受贿情形相比，前者要求双方共同占有财产。我们对该款规定的理解是，特定关系人与国

---

① 参见赵秉志：《刑法分则要论》，中国法制出版社2010年版，第112页。

家工作人员本来是利益共同体，因此，不需要他们共同占有财产这一条件。但是，该款规定可能被理解为，特定关系人以外人员与国家工作人员共谋受贿但不参与分配贿赂的人不构成受贿罪共犯，如果作这种理解，则违背了共同犯罪的规定，犯罪人只要具有共同犯罪故意和共同犯罪行为即构成共同犯罪，是否分赃不影响共同犯罪的成立，只影响不分赃者的量刑。

六、假借用型受贿

《意见》第8条规定，收受贿赂物品未办理权属变更的，不影响受贿的认定，以打击假借用型受贿犯罪。该条规定反映了刑事案件和民事、行政案件在判断事实的标准上的差别。对于汽车、房产等需要进行权属登记的物品，在民事、行政法律关系的确认上，是以完成权属关系的法律登记为标准，而在刑事审判中对法律关系的判断则注重法律事件的实质，因此，即使涉案物品未进行权属转移登记，如果实质上属于贿赂的，仍然要按受贿论处。《意见》第8条明确否定了将物品权属登记当做判断贿赂的标准，提出主要以有无借用的合理理由、是否实际使用、借用时间的长短、有无归还的条件、有无归还的意思表示和行为五项因素为标准，从实质上判断涉案物品是否为贿赂。当然，判断涉案物品属于真假借用并不容易，不应把真借用按照受贿处理，对于没有充分证据认定为实质性受贿的，也不应认定为受贿，只有这样才符合罪刑法定主义原则的要求，避免刑法成为权力滥用的工具。对于有充分证据证明涉案物品实际上是贿赂的，应依法认定构成受贿，例如，行为人以借为名取得请托人房屋后，不用于居住而进行改建、出租、抵押等影响所有权关系的处分的，以借为名取得他人车辆后使用数年未归还、请托人表示不要求归还且行为人未准备归还等情形，综合主客观两个方面的证据判断事实的实质。如有充分证据证实其属于受贿的，即使涉案物品事后退还请托人，也不影响对贿赂性质的认定。

前文只解决了是否构成受贿的问题，假借用型受贿还存在犯罪既遂未遂的认定标准问题，理论及实务界对此认识不一。第一种观点认为属于未遂。对于国家要求以权属登记确认所有权关系的物品，必须以是否履行法定转移手续作为衡量受贿罪的既遂与未遂的标准，未履行法定手续的，应认定为犯罪未遂。① 第二种观点认为这种行为属于既遂。对于以上物品，只要行贿人将其交由国家工作人员实际控制，就应当认定为既遂，是否办理权属登记不影响受贿罪既遂的成立，这是因为，刑法意义上的收受他人财物与民法意义上的所有权转移是两个不同的概念，不能完全以

① 参见肖介清：《受贿罪的定罪与量刑》，人民法院出版社2008年版，第255页。

民法意义上的所有权转移来界定刑法意义上收受他人财物的性质。① 第三种观点主张区别对待。收受汽车等动产未办理所有权过户登记的不影响受贿既遂的认定，收受房屋等不动产未登记过户的，应区别情形对待。对于请托人将自己或他人名下的房产提供给国家工作人员使用而未办理过户登记的情况下，应以未遂认定。但是，对于新购商品房而言，请托人以国家工作人的名义或其指定的人的名义，为其购房，已完成房屋买卖合同签订和付款等行为，国家工作人员也在事实上占有和居住该房屋，在没有办理房产证的情况下，应当认定为受贿既遂。② 第四种观点主张，对于动产以实际控制为标准来认定既遂。如果国家工作人员办理了权属变更手续，但是尚未实际控制汽车等动产的，应当认定属于犯罪未遂。③ 我们认为，以上观点之争仍然是假借用型受贿的认定标准之争的延续，我们赞同《意见》的实质性判断标准，未办理权属转移手续但有充分证据证明属于假借用型受贿的情况下，如果物品已经被行为人占有，应当认定为既遂；反之则为未遂。比较特殊的是，请托人已经为行为人办理权属变更手续，但行为人尚未占有的，是否构成犯罪未遂，要区别情况对待：如果请托人办理的权属变更手续有瑕疵，物品不可能为行为人占有的，例如，房产、汽车等物品已质押给第三人且无优先受偿权的，汽车办理权属变更后未及移交就已经报废或者损毁的，应认定为未遂。如果请托人已经办理好权属变更，且行为人可以凭相关手续形成实际控制的，即使没有实际占有，也构成受贿既遂。

七、收受财物后退还或者上交的问题

一般认为，从国家工作人员利用职务便利，索取他人财物或者非法收受他人财物为他人谋取利益的，已构成受贿犯罪既遂。按照我国刑法学通说，犯罪既遂后不可能再出现犯罪未完成的停止形态，④ 更不可能不构成犯罪。因此，国家工作人员事后退还或者上交收受的财物的，只能作为量刑情节考虑。而《意见》第 9 条第 1 款规定的“及时退还或上交的，不是受贿”，第 2 款限定“因自身或者与其受贿有关联的人、事被查处，为掩饰犯罪而退还或者上交的，不影响认定受贿罪”，从而在司法实务中促成了“案发前及时退还或上交”财物不入罪的处理规则。

该条的解释与前述我国刑法学通说是矛盾的，甚至可以说是对国家工作人员受

① 参见王明达、王飞、朱平：《当前处理商业贿赂犯罪案件应把握的若干问题》，载赵秉志主编：《和谐社会的刑事法治》，中国人民公安大学出版社 2006 年版，第 1128 页。

② 参见郭竹梅：《受贿罪新型暨疑难问题研究》，中国检察出版社 2009 年版，第 204—208 页。

③ 参见孙国祥：《新类型受贿犯罪疑难问题解析》，中国检察出版社 2008 年版，第 185 页。

④ 参见高铭暄：《刑法专论》，高等教育出版社 2006 年版，第 312 页。

贿犯罪的一种宽大处理。不过，从刑事政策角度考虑，并对比刑法分则中的其他犯罪立法规定，如第201条逃税罪第4款的出罪条款，① 在犯罪行为已经完成、基本构成要件已经齐备，即使是行为人在收受时有受贿的意图，但综合全案情节，特别考虑到行为人案发前退还或者上交财物、收受财物时的特殊情节，财物数额不大的，按“情节显著轻微危害不大”认定，不以受贿罪论处，也是符合我国刑法第13条“但书”的规定的。我们反对将“齐备刑法分则规定构成要件”作为认定犯罪成立唯一依据，根据刑法总则第13条规定，判断犯罪成立应考虑案件的全部情节进行整体评价，只有达到了犯罪的严重危害程度的，才以犯罪论处。而教条式地坚持“齐备四个要件”的犯罪既遂标准，不仅不能解释刑法中的正当防卫、紧急避险、逃税罪出罪条款等立法规定，而且解决不了司法实践中的实际问题。当然，《意见》将“及时退还或上交的”，认定为“不是受贿”，不分情况地完全否定该行为的违法性，也是不符合实际情况的，毕竟存在行为人在受贿的意图支配下收受财物并为请托人谋取利益的情形，我们认为，该条应规定为“不以受贿罪论处”为宜。

在目前情况下，我们要注意避免将《意见》第9条第1款的规定扩大适用，尤其是严格适用第2款的规定。第2款规定的核心，是行为人在案发的压力下，“为掩饰犯罪”而被迫退还或者上交财物，主观上并非出于自觉自愿，表明其主观恶性和社会危害性要大于自觉改错的情形，应按受贿罪处罚。因此，“案发”后这一时间条件和“为掩饰犯罪”的目的条件，是判断是否适用第2款规定的两个关键条件。有的司法机关还提出应以“及时”这一时间限制条件，甚至还提出要以一个月或者三个月为限，这些都是脱离实际情况、试图以“一刀切”的方式解决认定标准的观点，难以获得广泛赞同。有学者提出，认定是否“及时”时，应考虑：是否具备退还条件；退还时间是否合理；是否主动退还。② 我们认为，这种观点是符合实际情况的。

八、离职后受贿问题

司法实践中对国家工作人员离职后收受财物是否按受贿罪处罚，一直存有争议。《意见》第10条对两种离职后收受财物的情形进行了解释。

---

① 我国刑法第201条在前三款规定了逃税罪的罪状和处罚后，第4款规定：“有第一款行为，经税务机关依法下达追缴通知后，补缴应纳税款，缴纳滞纳金，已受行政处罚的，不予追究刑事责任；但是，五年内因逃避缴纳税款受过刑事处罚或者被税务机关给予二次以上行政处罚的除外。”该款被刑法理论界称为出罪条款。

② 参见罗猛、程乐：《如何认定受贿案件中的“及时退还或者上交”行为》，载《人民检察》2007年第19期。

该条第1款规定，国家工作人员离职前约定离职后收受财物，并在离职后收受财物的，以受贿论处。行为人为请托人谋取利益并约定收受贿赂，已经构成受贿罪的着手，亵渎了其职务的廉洁性，无论其离职后未收到贿赂或者拒收贿赂，都不影响其前行为的受贿性质。当然，这只是刑法学理论的分析，在实际生活中，如果行为人离职后没有收受贿赂，无论是在处罚的必要性还是在取证的可行性上都值得研究。该条第1款只是确认了离职前约定离职后受贿必须处罚而已，该款遗留的问题是：如果没有证据证明国家工作人员离职前与请托人有“约定”，但离职后收受了财物的，是否以受贿论处。“约定”是行贿、受贿双方的合意，由于约定的内容明显违法，因此，多半不会留下文字，而大多以口头方式约定，甚至是心照不宣地形成，司法机关要取得存在“约定”的充分证据是非常困难的，通常遇到只有行贿方单方的口供或者双方翻供的情形，使得法院难以判决。我们认为，以上情形属于证据不充分的情形，应按“疑罪从无”的原则不认定为受贿罪，避免违法判决和错判。要解决可能存在的放纵犯罪的问题，除了增强司法机关的取证方法和能力外，可以借鉴日本刑法第197条之3第3项“事后受贿罪”——公务员在职期间接受请托而实施了不正当的职务行为，退职后收受贿赂的行为，① 设立新的“事后受贿罪”，国家工作人员明知其离职后收受的财物是为请托人谋取不正当利益的对价，其行为实质上仍为故意的权钱交易，应受处罚。

该条第2款规定的是受贿数额的认定，国家工作人员离职前后连续收受财物的，数额应该累计，因为行为人是在一个概括的受贿故意支配下，离职前后连续实施的受贿行为，全部受贿活动应以一个受贿行为认定，受贿数额应当累计。

① 参见［日］西田典之：《日本刑法各论》，刘明祥、王昭武译，中国人民大学出版社2007年版，第393页。

论“按市场价格交易”型受贿

杨传军[*]　吕　昊[**]

问题：公职人员甲利用职务便利为乙谋取利益，乙因此而将一套颇具升值潜力的房屋以市场价格出卖给甲（如果甲不为乙谋取利益，乙作为理性的经济人是不可能出卖房屋的），旬月该套房屋升值10万元。问甲是否就此10万元构成受贿罪？

交易型受贿通常是指国家工作人员利用职务便利为请托人谋取利益，并以“低买、高卖”的交易形式买卖房屋、汽车等大宗商品从而获取请托人财物的一种新型受贿犯罪。其实，早在20世纪80年代初期，就出现过这种“以购代贿”的贿赂形式。“两高”曾在1985年出台的《关于当前办理经济犯罪案件中具体应用法律的若干法律问题的解答（试行）》中规定：“国家工作人员利用职务上的便利，为他人谋取利益，收受物品，只付少量现金，这往往是行贿、受贿双方为掩盖犯罪行为的一种手段，情节严重，数量较大的，应认定为受贿罪。”2007年7月8日“两高”又出台《关于办理受贿刑事案件适用法律若干问题的意见》对其再次作出了明确规定。这种“低买、高卖”的交易型受贿，虽然至今仍然被称为“新型受贿”，但是无论是作为一种腐败现象还是法律明文规定之禁止行为都早已存在，并非“新型”。倒是本文文首案例所涉及情形，是否应当以受贿罪论处，在现今房价飙升的社会经济背景下，这种情形应当成为一类名副其实的“新型受贿”犯罪。

一、入罪的原因

（一）市场经济体制的建立提供了构罪空间

贿赂类犯罪是一种法定犯，法定犯的特点是行为因时、因地、因势而出罪与入罪的变动性大。因而，考虑是否将一行为入罪，应当从该行为所处的社会经济背景以及社会危害性去考察。比如，在我国，长途贩运货物被视为投机倒把行为曾经构

* 湖北省襄阳市人民检察院反贪污贿赂局局长。

** 湖北省襄阳市人民检察院法律政策研究室副主任。

成犯罪，因为在计划经济体制下，长途贩运货物破坏了国家计划经济体制，具有社会危害性；然而如果放在市场经济体制下，这种行为因为促进了商品流通，不仅不构成犯罪，还是国家所鼓励的行为。本文文首案例中所涉及的行为是受托人与请托人之间平等民事主体按照市场价格的交易行为。这种行为如果以“两高”前后两个司法解释为衡量标准，均不构成交易型受贿罪。但是，我们应当看到，1985 年我们很大程度上实行的仍然是计划经济体制，是“有计划的商品经济”，商品流通并不发达，市场波动性小，商品保值增值空间小，大宗商品交易少。将“收受物品，只付少量现金”的行为规定为受贿罪是符合当时的经济社会发展背景的，然而如果是“按市场价格购买而收受物品”的行为，受制于当时的经济条件，受托人不可能从中获得巨大的增值利益，也就不能体现出权钱交易。因此，这种“按市场价格购买而收受物品”的行为不被规定为受贿罪也是符合当时的经济社会发展背景的。然而现今，我们建立了活跃的市场经济体制，商品流转迅速并且保值、增值空间巨大。尤其是房地产市场过度繁荣，房价飙升。在这种经济社会背景下，这种按照市场价格购买房屋的行为（文首案例中之公职人员甲之行为）若以一种朴素的法道德观念衡量显然体现出了强烈的权钱交易，具有相当的社会危害性，应当入罪。市场经济体制的建立为将“按市场价格交易”行为规定为受贿罪提供了空间。

（二）具有贿赂类犯罪的法益侵害性

在我国，关于贿赂类犯罪所侵犯的法益，比较有说服力和争论性的主要有两种学说：职务行为的廉洁性和职务行为的不可收买性。二者区别甚微，职务行为的廉洁性兼有职务行为的不可收买性和职务行为的公正性。不可收买性包括职务行为的不可收买性本身，也包括公众对职务行为不可收买性的信赖①；职务行为的公正性涉及执法公信力，是公务人员对社会的信用与社会公众对公务人员信任的统一。公务人员虽以市场价格与请托人进行民事交易，如以静止看，交易时职务行为并没有被收买；但如以动态看，在这个价格波动巨大的时代，如果公务人员与请托人之间交易的是价格波动大的商品并且交易风险微小，公务人员必然（或极高概率）于交易之后会获取巨大交易利益，交易时职务行为就可能是被收买的。此时，社会公众对职务行为不可收买性的信赖以及对公务人员的信任都受到了侵害。可见，这种以市场价格交易型行为也有可能侵犯贿赂类犯罪的法益。

（三）预期的财产性利益能够成为贿赂的内容

将一定的“按市场价格交易型”行为纳入贿赂类犯罪，涉及能否将预期的

① 张明楷：《法益初论》，中国政法大学出版社 2000 年版，第 612—630 页。

必然的（或极高概率的）财产性利益作为贿赂的内容。贿赂的内容就是能够作为贿赂而存在的具体形式。目前存在三种学说：财物说、财产性利益说和利益说。从世界范围看，三种学说均有立法例并反映了立法者的意图。立法者如果持严厉打击贿赂类犯罪态度，往往采用利益说，比如《联合国反腐败公约》；如果持谨慎态度，往往采用财物说。市场经济下，存在机会均等法则和风险利益共担法则。如果公务人员是因为职务行为而获得交易机会并通过市场价格交易行为必然（或极高概率）获取巨大交易利益，那么将这种行为入罪将不仅不会违背上述市场经济法则，反而维护了市场交易的平等性。既然使预期的财产性利益成为贿赂的内容，只涉及立法政策选择，而不会违背市场经济法则，并且无疑对贿赂类犯罪我们应当持严厉态度，那么预期的财产性利益就应当能够成为贿赂的内容。

（四）严密贿赂类犯罪刑事法网的需要

古今中外，贿赂类犯罪因时、因地、因势而各有不同又大同小异。总体的特点是立法缜密、涉及面广。比如，《唐律》规定了“受人财请求”（收受财物并为他人谋取利益）、“率敛监临财物”（向自己的属下凑份子向上司馈予）、“因使受送馈”（官员出差受财）等13项与贿赂有关的罪名。素有廉政美誉的新加坡《防止贿赂法》用35个条文规定了“公务员一般受贿罪”、“形式受贿罪”、“利用职务受贿罪”等15个罪名，但最高刑罚仅为7年有期徒刑。反观我国大陆现行刑法，因公务而贿赂的，仅以第385条至第393条等9个条文规定了6个罪名，而最高刑罚是死刑。比较而言，我国现行刑法对贿赂类犯罪规定的特点是法网疏漏而刑罚苛刻。贝卡里亚曾言，刑法的威慑性不在于刑罚的严厉性，而在于刑罚的不可避免性。可见，我们对贿赂行为的态度应当是严密刑事法网。有人主张，针对贿赂类犯罪，大量的犯罪化的结果可能就是更大的犯罪黑数和更多的“死的法律条款”，在犯罪圈的划定上持谨慎态度。而笔者认为，我国现阶段对于贿赂类行为入罪似不应当持过于谨慎态度，因为我国贿赂类犯罪的刑事法网本已十分粗疏。本文所论及的这种新型受贿情形不应当被“谨慎地”排除在犯罪圈之外。

（五）方便司法实践的需求

目前，适用“两高”关于交易型受贿司法解释存在诸多不便。针对明显偏离市场价格的问题，比如：如何确定交易时的市场价格，如何把握“明显”偏离市场价格的程度（是以绝对数，还是以一定比例），立法中模糊，学术界争鸣，实践中混乱，导致了同罪不同罚，刑法适用不平等。针对交易型受贿也都围绕着这一不容易解决的问题展开。笔者认为可转换思路，绕开迷茫丛林，确定“交易型受贿”不再认定是否明显偏离市场价格，而着重认定公务人员通过民事交易行为获取交易利益与其利用职务便利为请托人谋取利益是否具有关联。而这就需要将与利用职务便利谋取利益具有关联性质的以市场价格交易型行为入罪。如此一来，便可以避免对是否明显偏离市场价格的认定。

二、入罪之后产生的问题

（一）利益平衡问题

将上述“按市场价格交易”行为入受贿类犯罪，面临的首要问题是怎样平衡公职人员作为民事主体的交易自由与维护国家职务行为廉洁性之间的利益平衡。公职人员特别是重要岗位公职人员，作为自然人时的民事交易行为，特别是以优惠价格购买大宗商品，社会公众都可能会将优惠与其行使公职行为联系在一起。然而，不能因此而限制公职人员正当的民事交易自由，更不能将公职人员的一切“按市场价格交易”行为均入罪。这一利益的平衡点应当客观和容易掌握。笔者认为，解决这一利益平衡问题应当从“两个标准”把握平衡点：一是“不正当利益”标准。即“按市场价格交易”型受贿对于“违法性受贿”行为（索贿或谋取不正当利益的）成立，而对于不符合下述“关联行为”标准的“一般受贿”行为（谋取正当利益的）不成立。这是以社会危害性标准寻找利益平衡点，“违法性受贿”的社会危害性高于“一般受贿”，“一般受贿”由于具有较小的社会危害性而让位于对交易自由的保护。二是“关联行为”标准。对于谋取正当利益的情形，如果能够判断出请托人是因为公职人员职务行为而将交易机会提供给公职人员的，成立“按市场价格交易”型受贿。这是以公职人员的职业道德标准寻找利益平衡点。公职人员不得主动地、故意利用公职身份去获得比其他自然人更大的交易机会。

（二）与“明显偏离”交易型受贿的整合

将符合“两个标准”的“按市场价格”交易型行为入罪，是对“明显偏离”交易型受贿的有益补充。当“明显偏离市场价格”难以认定时，可以认为是以市场价格交易，继而再以“两个标准”判断是否构罪，从而对“明显偏离”交易型受贿因为“明显偏离”的难以认定性导致的放纵犯罪进行了弥补，严密了刑事法网。

（三）入罪的数额标准

从效率上考虑，法律只能禁止具有贿赂性质的大额商品交易行为，却无暇顾及小额交易行为。因此，这种“按市场价格”交易型受贿存在入罪的数额标准。而这一标准应当是一定的交易价格，即只有交易价格达到一定数量的交易行为才能入罪。较之“两高”解释中规定的不易确定的“明显偏离市场价格”标准，实际交易价格是容易确定的，能够避免放纵犯罪。当然，当事人可以约定一个价格以低于法定入罪价格标准，从而规避法律。此问题立法技术上可以解决，即规定一较低的入罪的市场价格标准，因为是大宗商品交易，当事人若约定低于此入罪价格标准，是非常容易认定“明显偏离市场价格”的，可以“明显偏离”交易型受贿入罪。

三、结语

综上所述，笔者认为“两高”司法解释中涉及的“明显偏离市场价格”交易型受贿实际上只是“交易型受贿”一种情形，是符合不发达的市场经济基础的。然而，随着市场经济体制的建立，商品流通的发达，“交易型受贿”情形应当得到进一步充实。即使是按照市场价格交易行为，只要符合一定条件也应当被确定为贿赂类犯罪。而这一条件是递进式的两个标准：首先判断是否是谋取不正当利益，谋取不正当利益的被认定为“按市场价格交易型”受贿罪；其次对于谋取正当利益的，则进一步判断请托人是否因为公职人员职务行为而为公职人员提供交易机会，具有关联性的则被认定“按市场价格交易型”受贿犯罪。而其入罪的数额标准是一定的商品交易价格。这种“按市场价格”交易型受贿是对“明显偏离”交易型受贿的有益补充。

交易型受贿犯罪理论与实证研究

高之立*

新型贿赂是指国家工作人员利用职权便利收受贿赂的10种犯罪手段。“新型贿赂”这一名词，最早源自2007年最高人民法院、最高人民检察院《关于办理受贿刑事案件适用法律若干问题的意见》（以下简称《意见》），具体将10种贿赂方式纳入法律的惩治范围，新型贿赂得名始源于此。交易型受贿犯罪属于新型贿赂中较为常见的一种犯罪形式，研究此类犯罪行为特点，分析行为本质，总结定罪规律，对于肃清腐败有着重大意义。下面通过对司法实践案例研习，采用实证分析法对交易型受贿犯罪进行探析。

一、手段种类

随着经济和社会的发展变化，交易型受贿犯罪跻身于正常民事交易行为之中，游走在市场交易的边缘，打着“形式合法”的旗号，旨在逃避法律打击。这类受贿行为通常具有隐蔽性、间接性、市场性等特点，并由市场交易的多样化衍生出多元化性态。较之传统上直接收受财物的受贿犯罪，此类受贿犯罪难以甄别，但本质上看依然属于权钱交易，具有受贿罪的本质特征。笔者归纳如下：

（一）常规型交易

1. 低价购买。特指排除正常折扣、商品处理等市场手段之外的以低价获取标的物的情形。规定交易型受贿的目的是严厉打击那些以偏离市场价格的低价，甚至是象征性支付极少对价从请托人那里取得高价值商品的行为。① 直接购买人不限于被请托人本人，也可以是他人。下面结合案例来予以阐述。

案例1　1997年9月，被告人李葳在担任济南市交通局下属的济南市汽车修制厂厂长期间，在与山东房地产集团公司合作开发房地产过程中，利用职务便利，要

---

* 武汉市人民检察院公诉处助理检察员，法学硕士。

① 参见韩耀元、邱利军：《适用“两高意见”须注意十二个问题》，载《检察日报》2007年7月17日第3版。

求山东房地产集团公司以5万元的低价出售该公司开发的住宅给其弟弟李莜。该公司为不影响合作只好同意。该房屋由于售价过低，济南市房管局不予办理房产证，于是双方签订了一份成交价为人民币40.15万元的虚假房屋买卖合同。经鉴定，该住宅价值人民币28.5万元。①

该案例中，被告人虽未直接占有受贿款物，但其利用与其他单位共同开发房地产的职务便利，要求合作单位为其亲属提供低价住房，属于利用职务上的便利为他人谋取利益的情形。本案实际利益归属符合《全国法院审理经济犯罪案件工作座谈会纪要》中“指定他人将财物送给他人”的规定。被告人虽支付了一定对价，却只是手段的变换，所付远远低于所得，本质仍体现为权钱交易。② 因此，被告人李葳支付部分房款的行为不能掩盖其索贿的犯罪实质。

根据民事法律的基本精神，商品买卖要遵行等价交换原则。如果国家工作人员利用职务上的便利，罔顾市场规律，私通暗洽，通过权力腐败来换取以明显偏离市场标准的非法价格购买或出售商品，即使从表面上看符合市场交易的表面形式，但究其本质却背离了市场交易规则，失去了交易的合法性基础。综上所述，交易型受贿就是假托民事法律行为的名义，隐瞒真实意思，以合法形式掩盖非法目的的犯罪行为。这种不平等交换的背后充斥着权钱交易的腐败气息，应当以受贿罪对其予以评价。

2. 高价出售。

案例2　金华市建设局建筑业管理处原副处长胡绰在任职期间，利用职务之便，介绍有求于己的承包商到指定画室以9万元的高价购买实际价值仅3500元的字画，胡绰获取非法利益86500元。

该案例在司法实践中被判构成受贿罪，理由是行为人利用职务便利，以高于市场的价格出售商品给请托人，获取高额不正当利益。请托人支付的价格明显偏离商品市场价格，受贿人得到超越一般市场交易的可期待利润，该交易实质上意味着行贿人以购买商品为形式载体，其实质则直接指向给付国家工作人员金钱利益。

笔者认为，此类商品的特殊属性导致司法实务中对价格是否合理的判断难度加大。字画、玉石、艺术品因其创作特点而决定了它们具有独一性和收藏性，价格不确定因素多，难以准确估算。同类商品在市场上也存在大幅度的价差。对此类商品的收藏性、增值预期、个人偏爱程度、价值个性解读等因素也往往会导致商品价格量化标准模糊。审理此类案件，不仅要注意收集买卖双方在发盘和接盘时对价格真

---

① 参见最高人民法院刑事审判第一庭、第二庭编：《刑事审判参考》（第2集）（总第43集），法律出版社2005年版，第45—51页。

② 参见于敏、么宁：《对“明显低于或者高于市场价格”的解读》，载《西北政法大学学报》2008年第4期。

实看法的主观方面证据，还要审核交易发生时是否存在对权利期许的事由，最后还要充分了解相关交易领域的行业规则和定价标准，这样才能做到不枉不纵。

案例3　原中共重庆市铜梁县委书记马平在任职期间，以27.5万元（单价：1万元/平方米）购得天龙公司开发的商铺。2002年年底，因商铺出现经营困难等原因，天龙公司有意按原价返购已售出商铺，后由于公司资金困难，取消了返购计划。2003年6月左右，刘栋华、叶显军为了争取马平对天龙公司在铜梁县投资的金江水泥项目的支持，于同年7月7日支付54.68万元（单价：2万元/平方米）单独返购马平所购商铺，马平以此方式非法收受天龙公司财物27.18万元。

该案例中，天龙公司"原价返购计划"的取消充分说明以1万元/平米的单价向公众返购的交易行为无法实现公司获利预期。1万元/平米的单价就是该商品的一个价格合理参考值。天龙公司与马平以2万元/平米的单价完成了返购交易。从交易价格来看，该价格严重偏离了上述参考值；从交易范围来看，该返购交易具有个别性，仅针对县委书记马平个人；从交易原因来看，该非正常交易所指向的正是马平利用职务上的便利能够为天龙公司带来的可期待性利益；从获利总额来看，马平因此而获利27.18万元，满足追究受贿罪的金额标准。综上所述，对于不符合商业惯例的经营活动和不具备合法性基础的所谓优惠交易，如果其发生是本着对权力的滥用且伴随着不正当利益的获取，就应认定为受贿。

司法实务中要注意区分此类交易和优惠型交易，防止出现打击面失之过宽的情形。① 毕竟，供求关系导致的价格波动在市场经济中确实存在。

第一，要看交易对象是否具备的绝对特定性。优惠型交易往往在市场上有一定数量的受众，交易相对人是不特定的，且没有权钱交易的目的。② 交易型贿赂的对象则是极个别的某几人甚至某一人，往往是行为人独享特殊价格，一般社会公众无法获得，属于"非正常交易"。

第二，要看优惠的发生是否具备市场有因性。如果优惠是正常购销活动中的让利，那么会体现出合法的市场经营目的，而交易型受贿中的优惠则指向的是以公权谋取私利，不具备合理、合法的市场营销手段等因素。③

（二）特殊型交易

要洞悉交易型受贿的实质，司法人员就不能机械、狭隘地理解交易一词。除了

---

① 参见刘为波：《关于办理受贿案适用法律若干问题的意见之解读》，载《人民法院报》2007年7月17日。

② 参见王作富主编：《刑法分则实务研究》（下），中国方正出版社2010年版，第1767页。

③ 参见孙奕军：《交易型受贿若干疑难问题的司法认定》，载《中国刑事法杂志》2008年第3期。

以上列举的几种以钱易货的一般交易形式外，司法实践中还存在以其他交易方式作为贿赂手段的大量案例。《意见》中称为“以其他交易形式”。常见的有物物交换、支付有价证券、“赊购”、高价出租、低价租赁等。举例说明。

案例4　2005年9月，被告人肖某在担任某区区委副书记期间，结识某房地产有限公司董事长吴某，吴某房地产公司在肖某辖区内购置了土地并计划进行房地产开发项目。被告人肖某向吴某提出让其关照自己同学陈某。吴某为取得肖某今后的关照，提出将自己朋友手中的一份30余吨的硅钢以赊销方式卖给陈某。硅钢当时在钢材市场的供给十分紧俏，钢材市场上见单即付款。陈某却凭借肖某的关系未支付对价就取得了30余吨的硅钢提单，几天后转手就获利人民币24万元，并按事先的约定将人民币18万元分给了被告人肖某。

该案中陈某通过被告人肖某以赊销方式获取了市场销路紧俏的硅钢提单，凭借的是肖某手中的权力。从当时的炙手可热的硅钢市场行情来看，有货等同于有利，让货就等同于让利，将如此紧俏的商品以赊销形式交付，这与直接交付金钱无异，是典型的以交易形式掩盖受贿目的，改变的只是交易方式，权钱交易的实质却丝毫没有改变。

日本刑法学家西原春夫认为：“刑法的背后潜伏着制定刑法的众多要素，而这些要素未必都潜伏在相同的深处。假如把刑法的制定比喻为在表层的一种现象，而其表层的下层则浅浅地隐藏原动力，那么远离表层的地壳深处也存在着要素。”①厘清以交易形式收受财物案件的罪与非罪的关键在于要准确区分行为人究竟是以交易形式掩盖贿赂形式还是确系正常交易。无论交易形式如何隐蔽，手段如何变化，只要交易本身明显偏离市场运行的轨道，交易的实质是以职务便利换取不正当利益，最终破坏了公务行为廉洁性，就应当界定为贿赂犯罪。

二、明显程度的界定

（一）众说纷纭的标准

《意见》虽然将“明显低于或者高于市场价格”作为认定标准之一用于评价交易的正常与否，但是法律却没有对究竟达到何种程度才构成“明显”有具体的规定，所以，对于“度”的把握是司法实务中认定的难点。价差的界定是客观数据的反映，是否达到“明显”的程度则属于主观层面的判断，学理上对于何种程度的价差属于“明显”也有着不同的看法。

一种是“比例说”，认为设定一个百分比为标准，超过的就归于“明显”的范畴。然而该标准忽略了价格基数和商品实际市场供求等因素。在市场上，商品总是

① ［日］西原春夫：《刑法的根据与哲学》，顾肖荣等译，法律出版社2004年版，第8页。

存在价格差异，商品价位不同，百分比对应的利益大小也不同，紧俏商品和稀缺商品让利产生的可期待性利益也必定高于滞销商品和普通商品。“比例说”因为其片面性和绝对性而缺乏实际操作的可能，不利于司法实务部门精准地处理此类案件。

另一种是“成本说”，将低于成本的价格出售替代“明显低于市场价格”，以“在成本价格的基础上附加高于该差额2倍利润”替代“明显高于市场价格”。[①]这种判断标准罔顾了市场价值规律。第一，成本价与市场价在经济学中本来就是两个完全不同的概念，商品的出售如果仅以成本价来进行，销售者的利润将无从产生，以低于成本价作为衡量是否“明显”的标准貌似简化，实则脱离了交易实际现状，也放纵了犯罪。第二，以“2倍”替代“明显高于”的规定也过于机械，决定利润幅度的是商品市场的供求关系，是否合理应当由市场检验而非人为地预设比例。

（二）如何进行客观判断

要认定犯罪，存在权钱交易是大前提。在此基础之上，再客观判断是否达到“明显”程度。判断中要兼顾差额比例和实际获利总额两方面的数据，同时也应充分考虑市场因素和交易本质。成本价格只能作为参考标准而非唯一依据。所谓“明显”，是指远低于市场可能存在的优惠价格，让一般社会公众都感受得到，[②]如未超过公众容忍程度和市场运行轨道的，不宜认定。只有实际交易价格过于偏离市场合理价格水平，且实质为权钱交易，才可以认定。

三、违法所得的认定

（一）价差的认定

确定该类贿赂犯罪涉罪金额，认定价差要客观、准确。如果行贿人已对行贿物品进行了实际支付，那么计算公式应当为：

犯罪金额＝行贿人已支付的金额－受贿人实际支付金额

如果行贿人未对行贿物品进行实际支付，或无法计算行贿人支付的金额，[③]那么计算公式应当为：

---

① 参见陈成：《交易型受贿中“交易”的属性分析及计算规则》，载《山东审判》第26卷总第197期。

② 参见段明学：《新型受贿犯罪法律适用研究》，载《中顾法律论文网》2010年1月22日。

③ 参见刘德权主编：《最高人民法院司法观点集成》（刑事卷），人民法院出版社2010年版，第1042页。

犯罪金额 = 合理市值 - 受贿人实际支付金额

合理市值估算也要结合商品本身的市场特性。对于价差不悬殊的商品，合理市值以同期市场交易中同类商品销售价格加权平均值作为依据为宜；对于价差较悬殊的商品，如不同楼层、朝向的房产等商品，合理市值则应该以公众通过当时市场正当交易流程所能获取的价格为标准。

（二）增值金额的性质认定

根据《中华人民共和国刑法》第 64 条规定：“犯罪分子违法所得的一切财物，应当予以收缴或者责令退赔。”由于交易型贿赂的市场性，商品在购入后会存在升值的可能，一旦产生孳息或者价格增值，这部分增值收益如何认定，在实务界和理论界都存在争议。

一种观点认为，一旦此类受贿行为最终被认定为受贿罪，就从法律上明确了该交易系非法交易，由此获取的商品本身及其将来产生的收益则源于前期违法行为，增值利益与犯罪行为之间存在因果关系，增值部分应纳入“违法所得的一切财物”范畴，应当依法予以追缴。

另一种观点认为，二者之间不存在直接的因果关系。违法所得仅限于收受时实际获取的差价。非法行为的获利完成于取得时。行受贿双方主观上对价差换取权力有共识，不再包括之后所产生的不确定增值收益，之后实现的孳息和增值并非基于前期违法行为的必然衍生。无限制地拓展因果关系的外延，只会导致打击面过大。

笔者认为应当结合具体案情来分析，对于只支付象征性对价，且在权钱交易时双方已然对商品的后期增值趋势达成共识，并将此也纳入可得利益范畴予以合意的，应当界定为违法所得予以收缴。对于支付相当比例的对价，且在交易时对于商品后期增值仅具有模糊预期，未将其作为交换权力的利益予以考虑的，则不宜将增值部分纳入追缴范畴。

交易型受贿犯罪理论与实证研究

陈传军*

近年来，随着市场经济的深入发展和检察机关查办职务犯罪力度的不断加大，贿赂犯罪的手段变得更加隐秘，它往往披着合法的外衣，与民事行为或正常的社会生活交织在一起，在实践中多表现为国家机关工作人员利用职务便利为请托人谋取利益，主动提出或者应允以低价买、高价卖等方式，与请托人进行房屋、汽车等商品交易，从中赚取请托人财物，且数额较大，对于这类形式的受贿，刑法理论中一般称为“交易型受贿”。由于交易型受贿的法规规定还不够完善，在交易的形式、犯罪数额的认定等方面还存在一定的模糊性，实践中对于此类犯罪的认定容易产生分歧，本文拟从理论和实践的角度进行分析和研讨。

一、交易型受贿犯罪的含义和特征

1985 年国家就出台了《关于当前办理经济犯罪案件中具体应用法律若干问题的解答（试行）》的司法解释，随着贿赂犯罪愈演愈烈，“两高”又于 2007 年 7 月 8 日联合颁布了《关于办理受贿刑事案件适用法律若干问题的意见》（以下简称《意见》）①。该《意见》是我国法律对交易型受贿犯罪最权威、最全面的解释，从中归纳出交易型受贿有以下几个特点：

（一）“交易行为”具有违法性

行贿人和受贿人之间为了掩盖犯罪目的与犯罪行为，在形式上采用与正常买卖交易行为相同的合法交易程序，比如收受房屋时，签订房屋购销买卖合同、约定分

---

* 武汉市江岸区人民检察院办公室干警。

① 《意见》第 1 条的具体内容为：“国家工作人员利用职务上的便利为请托人谋取利益，以下列交易形式收受请托人财物的，以受贿论处：（1）以明显低于市场的价格向请托人购买房屋、汽车等物品的；（2）以明显高于市场的价格向请托人出售房屋、汽车等物品的；（3）以其他交易形式非法收受请托人财物的。受贿数额按照交易时当地市场价格与实际支付价格的差额计算。前款所列市场价格包括商品经营者事先设定的不针对特定人的最低优惠价格。根据商品经营者事先设定的各种优惠交易条件，以优惠价格购买商品的，不属于受贿。”

期付款方式、到房产登记部门进行产权变更登记等。但是这种“交易”人在交易形式合法化的掩护下，暗中收受请托人给予的好处和利益，并为请托人谋取利益，实质上就是一种权钱交易行为，因而构成了刑法所规定的受贿犯罪。

（二）交易结果具有不对等性

在交易型受贿中，请托人的对价不仅包括了物品的价值还包括受贿人手中的公权力，在交易过程中受贿人在支付了一定的费用后，同时还利用了自己手中的公权力进行交易，因此，请托人提供的物品和受贿人支付的金钱之间存在价值上不对等性。同时，根据《意见》规定，这里的不对等性必须有程度上的限制，必须达到“明显”的要求，即明显高于或者明显低于，以便与市场波动中商品价格正常偏离商品价值相区别。

（三）“交易”形式主要以金钱和物品为对象进行交换

这也是交易型受贿区别于传统受贿方式的一个重要方面。传统的受贿方式一般都是请托人直接给予国家工作人员以金钱或者财物，而在交易型受贿中，取而代之的是以金钱和物品为媒介进行的间接交换。它不仅体现了“权”和“钱”进行交换的受贿犯罪的本质特征，还外在表现为“市场交易”这一交易型受贿特有的形式特征。

二、司法实践中对交易型受贿犯罪的认定问题

（一）关于交易形式的认定问题

《意见》将交易型受贿的交易形式采用列举的方式限于买卖房屋、汽车等贵重物品的买卖行为，同时对作出的兜底性条款也过于笼统，这样就无法全面概括现实中交易型受贿的所有形式。近年来，贿赂形式不断“推陈出新”，如通过聘请国家工作人员以开办讲座、提供技术指导等支付高额报酬方式进行贿赂犯罪（房地产老板为感谢税务局领导在税收上给予的帮助，请领导每季度为企业讲“税务知识”，每次给予2 万—3万元的“讲课费”，以一年四次课来计算就有 8 万—12 万元的“讲课费”），对于这种行为该如何认定；此外，实践中有的行受贿双方故意制造合同违约来支付高额的违约费进行贿赂（比如房地产开发商为感谢规划局领导在房屋规划过程中给予的帮助，与规划局领导签订了 100 万元的购房合同，约定订金 20 万元，后来房地产老板故意违约，多支付订金 20 万元），对于这种行为又该如何认定。因此，如果将交易型受贿中的“交易”仅限于买卖行为，势必无法应对司法实践中存在的以交易形式实施贿赂犯罪的全新形势，无法实现《意见》出台的使命，造成惩治受贿犯罪刑事立法以及配套的防治制度存在漏洞。所以，笔者

认为，交易型受贿中的“交易”不应当局限于买卖，还应当从以下两个方面进行明确：一是将行为和智力成果纳入交易的范围，因为从法律关系的客体上讲都可以成为交易的对象。这样就可以解决一个行为（如上面讲的“讲课行为”）本来值3000元，却给予了3万元的犯罪认定问题。二是必须将合同行为中的故意违约行为明确纳入交易的范围，并由请托人来证实违约合理性，以解决实践中认定困难问题。由此可见，《意见》关于“交易”的规定尚不足涵盖交易型受贿中交易的所有情形，必须加以扩大化解释。

（二）对市场价格的认定问题

司法解释中将市场价格界定为“包括商品经营者事先设定的不针对特定人的最低优惠价格”，但如何解释“最低优惠价格”，《意见》没有做出具体解释，理论和司法实践中也存在不同认识，笔者认为，在具体认定时需要把握两点。一是“最低优惠价格”不是同行业能给出的最低价格，而是商品经营者自己能给出的最低价格（以售卖房屋为例，同一套房子，行业内给出的最低价为60万元，市场价格为85万元，而实施行贿行为的开发商自己能给出的优惠价格包括从70万元到80万元，则应认定70万元为该商品经营者给出的“最低优惠价格”，而不应为60万元），因为同行业其他业者的最低价格对于认定特定受贿行为中的受贿数额没有实际意义，并不能反映出国家工作人员从特定商品经营者处实际获得的利益。二是“最低优惠价格”不是成本价，而是经营者实际能给出的最低价格。在房屋、汽车等大宗商品的买卖中，不同层级的销售人员往往具有不同的优惠权限（比如一辆汽车，一般销售人员有九五折、销售经理有八五折、总经理有七五折的打折优惠幅度），在这种情况下，一般应该根据权钱交易中请托人一方的权限加以认定，如果一般销售人员请托国家工作人员谋利，之后该国家工作人员向其优惠购车，那么九五折算是“最低优惠价格”；如果销售经理请托国家工作人员谋利，那么八五折算是“最低优惠条件”。

（三）对“明显低于”和“明显高于”的认定问题

根据《意见》的规定，交易型受贿犯罪的客观表现形式主要是“以明显低于或明显高于市场的价格购买或出卖房屋、汽车等物品”，但对于如何确定“明显低于”和“明显高于”，《意见》却没有明确规定。目前理论界和实务界存在主观判断标准、绝对数额标准、相对比例标准、绝对数额与相对比例相结合这四种观点。[①] 对于以上四种观点，笔者首先不赞成没有任何客观依据的主观主义标准，因

---

① 张玉娟：《交易型受贿“明显偏离市场价格”的司法认定》，载《检察日报》2007年8月26日第3版。

为用主观的判断来决定犯罪数额这个客观要件，本身不符合客观要件具有客观性的基本属性，在司法实践中也没有可操作性，一定程度上会造成专权擅断和司法腐败。

对于绝对数额标准与相对比例标准，虽然各有一定的合理性，但也存在缺陷。对于绝对数额标准，目前刑法规定的受贿犯罪的入罪数额为5000元，但是在《意见》所确定的房屋、汽车等大宗物品的交易型受贿中，“市场价格与实际支付差额”往往都大于5000元的入罪标准，如果以差额大于5000元来确定罪与非罪的界限，打击面未免太大。对于相对比例标准，将市场价格与实际支付价格的差额除以市场价格所得的比值作为认定“明显低于”或者“明显高于”的标准具有一定的科学性。但仍然存在不足，因为它没有充分考虑到我国各地区经济情况的差别。假设以交易价格高于市场价格20%作为明显高于市场价格的标准，如果国家工作人员以57万元的价格高卖一辆市场价格为50万元的汽车，通过计算所得的比值为14%，并未超出20%的范围，因此不应当认为是“明显高于”，但该国家工作人在这场权钱交易中7万元的收益金，我国东部发达城市和西部不发达省份的公众对它的理解是不尽相同的。在西部不发达省份，这受贿的7万元的社会危害程度及在公众心中造成的恶劣影响相对东部沿海发达城市要大得多，应认为是“明显高于”。因为，对于交易型受贿中明显偏离市场价格的理解，不能仅将眼光放在“低于”或者“高于”的差值上，而更应该结合受贿罪权钱交易的本质特征及其社会危害性来考虑，这也是罪刑法定原则本质上的要求。

对于比例加总额的方式进行评判的标准笔者认为比较科学，符合我国实际。因为它既考虑了相对比例，也考虑了绝对数额，把两者协调起来，互为补充，并在此基础上确定了一个客观标准。具体来说，只要在相对比例和绝对数额中，有一者达到较大的标准，就可以认定为“明显低于”或者“明显高于”。

（四）对交易型受贿中“交易时”的认定问题

《意见》中规定“受贿数额按照交易时当地市场价格与实际支付价格的差额计算”，在实践中，房屋、汽车等物品的正常交易买卖行为都需要办理一系列手续，由于价格随市场的波动性很大，房屋、汽车等物品的市场价格很有可能发生在签合同时、实际占有时、产权变更登记时几个时间点的价格有很大不同，因此，选择不同的交易时间点对于认定受贿数额至关重要。笔者认为应区分动产和不动产来具体确定。

对于国家工作人员高卖低买房屋的不动产受贿案件，应当将“交易时”界定为合同成立时。因为在房屋买卖合同成立时，受贿人与行贿人已经具备贿赂犯罪意思表示，犯罪数额也是根据签订合同时的价格来确定的，因此，从买卖合同出发揭露权钱交易行为符合罪刑法定的原则精神。对于理论界存在的以办理房屋权属登记或交付为“交易时”节点的观点，笔者认为不妥，因为有的受贿人始终不办理房屋产权登记，将其出租谋利或转手倒卖给第三方。对于国家工作人员高卖低买汽车等动产，应当将“交易时”界定为交付时。《物权法》第23条、第24条规定，动产物权的转让自交付时发生效力，但法律另有规定的除外；机动车等物权转让，未经登记不得对抗善意第三人。因此，只要国家工作人员实际接受普通动产贿赂，交付行为随即完成，国家工作人员就取得完整的财产权，犯罪行为才完成，以交付时间来计算当地市场价格与实际支付价格的差额才最能真实反映犯罪的数额。

三、以优惠价格购买商品与交易型受贿犯罪的界限

《意见》规定“根据商品经营者事先设定的各种优惠交易条件，以优惠价格购买商品的，不属于受贿”。但是否只要是根据商品经营者事先设定的优惠条件购买商品就不成立受贿呢？在实践中，普遍存在一种部门工作人员“集体”受贿的形式，比如房地产商为了方便手续的办理或者降低税费成本，很多时候会采取向主管机关和职能部门集体出售低价商品房的方式达到目的。对外售房每平方米8000元，而向房管部门等人员销售价可以是每平方米6000元，而且优先选房。这种表面上看是“经营者事先设定的优惠条件”，但却是针对特定人的，而且是不向社会公开的。按照《意见》的现行规定，此类“优惠交易”行为是不能以受贿犯罪论处的。然而，专门针对主管机关和职能部门工作人员的优惠交易，显然是以“职务上的便利”为前提，经营者与他们“优惠交易”的根本目的也是谋取利益，当然这个利益既可能是已经发生的，也可能是将来发生的。所以，按照现行刑法对受贿犯罪的规定，此类行为也应当给予处罚。

交易型贿赂若干问题的研究

尹　恒*

贿赂犯罪是一种复杂的社会现象，它涉及政治思想、法律、道德、教育、文化等诸多方面的问题。近年来，随着我国市场经济和社会形势的发展，贿赂犯罪的行为手段与表现形式也在悄然发生着变化，更具隐蔽性、智能化、反侦查活动更加猖獗化。针对实践中不断出现的新情况、新问题，最高人民法院、最高人民检察院于2007年联合发布了《关于办理受贿刑事案件适用法律若干问题的意见》（以下简称《意见》），对各种新型的贿赂犯罪进行了总结和归纳，以期为相关部门办理此类案件提供指导和依据。其中，新型贿赂中以交易型贿赂具有更强的高发性、隐蔽性和迷惑性。而这种假借交易之名，实为贿赂的行为，不仅严重损害了国家工作人员的职务廉洁性，而且加大了司法机关打击的难度。因此，从理论和实践两方面对该类犯罪进行研究和探讨具有十分重要的现实意义。

一、交易型贿赂的解析

在司法实践中，一些国家工作人员利用职务便利为请托人谋利，主动提出或者应允以低价买入、高价卖出等方式，与请托人进行房屋、汽车，甚至包括企业、股权等大宗商品进行交易，严重违反市场规律、价值规律，通过差价交易形式从中赚取请托人财物，且数额较大，可以称为交易型受贿。交易型贿赂与一般性交易相比具有以下特点：一是形式上交易的类似性，交易必须包含双方当事人财产和（或）利益的交换或交互，如果当事人之间不存在交换或交互，他们之间就不是交易关系。尽管交易型贿赂中的交易有别于真实的交易，但由于其具有形式上交易的类似性，也即以形式上存在双方当事人之间财产和（或）利益的交换或交互为必要，如果不存在形式上交易的类似性，就不是交易型受贿。二是贿赂的目的制约当事人意思自治，一般性交易是指买卖双方在平等自愿的基础上，对某一样产品或商业信息进行磋商谈判的一单生意。这样，从主观方面看，民事交易是以意思自治为核心的，要求买卖双方平等、独立、自愿、充分、真实处分自己的财产和权益。而交易

* 武汉市东湖新技术开发区人民检察院副检察长。

型贿赂中的交易本非出于当事人双方真正的意思自治，而是为了实现贿赂目的或者为了刻意实现贿赂目的而作出的决定。因此，交易型贿赂中的交易双方当事人意志是受到制约的。三是交易的不等价性。从客观方面看，一般性的交易买卖双方通过协商、洽谈，在遵循价值规律基础上实现等价交换，以期最终达到互惠互利的目的，这样的交易双方是不可能获得巨大的差价利益的。而交易型贿赂实现的是权钱交易的目的，国家工作人员仅支付一定的对价，却可以得到与对价严重不相称的物品，请托人提供的物品在价值上的对价是由国家工作人员支付的一定数额的金钱和国家工作人员手中的公权力这一无形利益两个部分组成，① 这种不对等的对价势必会引起国家工作人员财物总量增加或开支减少。如果不具有影响国家工作人员财物总量的可能性的，则不属于交易型贿赂中的“交易”。总之，交易型贿赂是以市场交易的形式来掩盖权钱交易实质的交易，可以认为交易型受贿具有双重交易性质，但是，我们必须把握市场交易只不过是权钱交易的手段行为，是一种掩护，是一个幌子，权钱交易才是交易型贿赂犯罪双重交易性质的本质特征。②

二、交易型贿赂典型类型

鉴于形势的发展变化，为了更加明确此类行为的法律界限，《意见》对此作了进一步规定。该《意见》将交易型贿赂概括为三种：一是低价买入，即以明显低于市场价格向请托人购买房屋、汽车等物品的。这是交易型贿赂类犯罪最为常见的形式。二是高价卖出，即以明显高于市场价格向请托人出售房屋、汽车等物品的。高卖交易行为是近年受贿犯罪的新动向，虽然从形式上看起来是双方你情我愿的民事买卖行为，但是显然违反了人们追求物美价廉的正常逻辑和理性选择，探其本质仍是权钱交易。③ 三是其他交易形式，即以其他交易非法收受请托人财物的。目前通过其他交易形式进行的受贿主要包括以下两种形式：（1）增设中间交易环节获利型。实践中表现为，有的请托人在本人或者本单位外部另设控制公司或者关联企业，并邀请受托人加入，参与经营管理，收取利益分配。由贿赂方控制中间环节实施行贿的具体操作——请托人低价将货物转让关联企业，经国家工作人员的批准或同意，关联企业高价转让给国家工作人员所在单位，差价利益由关联企业赚取，由其按照受托人在关联企业中的出资比例或实际地位进行利润分配；④ 或由请托人从

① 周光富、赖善明、许茂栀：《交易型受贿犯罪诸问题辨析》，载《西南石油大学学报》2010 年第 5 期。

② 刘宪权：《交易型受贿犯罪的刑法界定》，载《法学杂志》2008 年第 6 期。

③ 郭竹梅：《受贿罪新型暨疑难问题研究》，中国检察出版社 2009 年版，第 243 页。

④ 谢杰：《通过增设中间环节获取利润是否成立受贿》，http：//www. 110. com/ziliao/article－153982. html。

受托人控制的公司高于市场价购买货物，从而变相地给国家工作人员行贿。(2) 以物易物型。即国家工作人员利用职务上的便利为请托人谋取利益，以低价值的房屋、汽车等物品置换请托人高价值的房屋、汽车等物品。

三、交易型贿赂判断标准

从世界上大陆法系和英美法系主要国家刑事立法对贿赂的界定来看，所规定的范围是十分宽泛的。例如《俄罗斯联邦刑法典》对贿赂的形式没有任何的限制；《日本刑法》虽规定为贿赂但对贿赂的内容未加限定；《美国联邦法》则将贿赂规定为“任何有价之物”；《德国刑法典》将贿赂规定为利益或报酬。这些规定体现出一个国家对贿赂犯罪的打击范围，既有历史、文化的因素，也有刑事政策的考虑。因此，我国贿赂范围的确定，既要借鉴国际公约及国外的立法经验，也要考虑我国特殊的国情；既要考虑我国送礼文化的传统和人情社会的国情，又要结合当下腐败形势和特点。因此，针对交易型贿赂这一新型贿赂的判断，要把握总的原则：紧紧抓住贿赂犯罪的本质，结合其表现形式等各种因素综合判断。即要把实质要件和表现形式两个方面结合起来，综合分析判断。

（一）要抓住交易型贿赂犯罪的本质要件——权钱交易——这一贿赂犯罪的实质

具体应从以下两个方面判断：

1. 交易双方的关系。交易型贿赂中双方当事人的关系是管理者和被管理者的关系，这是权钱交易存在的基础。没有这层特殊的身份关系，那么一方当事人收受不等价利益的行为，则不可能侵犯到职务行为的廉洁性。只有管理者与被管理者即请托人通过市场交易行为来让渡贿赂利益，以合法的形式掩盖非法的目的的行为，才能认定为交易型贿赂。如果没有管理与被管理这一特定关系，即使是明显违背市场规律、价值规律，而获得重大利益的，其行为也只应当受民事法律调整，可能承担欺诈、重大误解、显失公平、合同无效等法律责任。该行为不可能认定为受贿。

2. 利用职务之便的谋利行为。交易型贿赂的一方当事人在具有管理者身份的同时，还必须具备利用职务之便为对方当事人谋利的行为。如果管理者没有利用职务之便，为请托人谋取利益，其行为只是以普通消费者身份进行的，则不能形成权钱交易，也无损于其职务的廉洁性。贿赂行为简言之就是一个行贿人给受贿人以物质利益，以此换取受贿人手中的公权力为自己谋取利益的交易过程。交易型贿赂行为中，是存在“双重交易”的，既包括形式上的“市场交易”，即具有金钱和物品的对价支付这种手段，且这种交易形式中通常以“打折”、“让利”、“优惠”等表现方式；同时也包括实质上的“权钱交易”，即所谓的“打折”、“让利”、“优惠”

条件的直接目的就是直接指向国家工作人员手中的公权力。换言之，如果国家工作人员没有利用职务之便为请托人谋利，那么，他是无法享受到与请托人交易的所谓“打折”、“让利”、“优惠”的。

（二）表现形式上的要件——严重违背市场规律、价值规律的“交易”行为

其中最核心的判断标准是市场价格。交易型贿赂的形式要件，尽管是有貌似合法的交易成立的形式存在，但是其交易的价格严重违反市场经济规律、价值规律。如何判断是否严重违反市场规律呢？其一，要正确把握“明显”二字的含义；其二，要把握和正常市场促销、优惠的区别。

1. “明显”要素的解析。《意见》规定，国家工作人员利用职务上的便利为请托人谋取利益，以明显低于市场的价格向请托人购买房屋、汽车等物品，或以明显高于市场的价格向请托人出售房屋、汽车等物品的，以受贿论处。考虑到房屋、汽车等属于大宗贵重物品，降低几个百分点的价格，其数额就可能达到数万元甚至数十万元，如果简单地规定“以低于正常价格购买或者以高于正常价格出售房屋、汽车大宗贵重物品”势必会造成打击面积过宽的局面。从当前查处的一些案件来看，应该严厉打击的是那些以很低，甚至象征性价格收受请托人价值巨大的房屋或者汽车的国家工作人员。而一般以略低于正常价格购买，尽管其数额可能较大，则不宜作为犯罪追究其刑事责任。因此，《意见》在规定中，加上“明显”作为市场价格的限制性条件。但“明显低于（高于）”是一个不确定的主观感受，《意见》并没有明确的标准规定。因此“明显低于（高于）”与“低于（高于）”在数量上的界限相当模糊，这样，就难以区分罪与非罪。所以，有学者对“明显”提出批评，其观点认为“价格明显差别”标准内在逻辑混乱，例如标的数千万元的交易价格与市场价格即便仅相差1%，国家工作人员实际收取贿赂几十万元甚至上百万元，因为价格没有明显差别而不构成犯罪；而标的仅5万元的交易价格与市场价格即使相差50%，国家工作人员实际仅收取一两万元，反而构成犯罪，这样势必会导致司法适用不公平。另外按照“价格明显差别”标准，意味着不同的交易型贿赂构成犯罪的起刑点数额也各自不同，使司法解释不能产生预期的作用。同时，这将形成司法实践中各执己见的局面，无法保证司法的严肃和统一。① 笔者认为，“明显”的规定只是给我们提供了一个指导原则，在司法实践中，具体适用时必须结合个案的具体情况，以及各方面的因素，如收入等情况综合考虑，作出判断。判别方法应该是以数额、比例结合法来作为判断是否“明显”的基本标准。具体来说要把握以下几个方面：

---

① 王飞跃：《交易型受贿研究》，载《法学评论》2010年第4期。

（1）从总价额看，要求相差的数额要巨大。即按照交易时当地市场价格与实际支付价格的差额计算，相差数额巨大。以交易形式收受财物，行为人实际获取的好处是交易时当地市场价格与实际支付价格的差额，以此认定受贿数额符合刑法规定，也是判别是否“明显违反市场价值规律”这一特征的重要的基本依据之一。因为汽车、房屋等都属于大宗贵重物品，在交易过程中，销售者会针对不同的人群开展各不相同的打折、让利的活动，而随便降低几个甚至一个百分点的价格，其数额就可能达到数万元甚至数十万元。国家机关工作人员作为普通的消费者，应该享有购物优惠的权利，如果数额差额的门槛设定得太低，会导致打击面的扩大，增加司法成本。根据我国现有的国情，也不能肆意扩大打击面。所以，对于房屋、汽车等大宗贵重物品应以数额巨大为宜。

（2）“优惠价”要求相差的比例要大。“优惠价”相差比例的大小，是判别是否“明显”的重要标准。我们在司法实践中不能忽视优惠价格在商品总价上所占的比重。如果不看比例，很容易会将优惠购物和贿赂混淆，扩大打击面。在市场经济条件下，商品经营者之间的竞争日趋激烈，优惠、折扣是商家普遍存在的营销手段，法律不能在惩罚贿赂犯罪的同时剥夺国家工作人员正常的优惠购物的权利。[①]但是，如果商品经营者针对特定的国家机关工作人员给予的优惠折扣，远远优于普通消费者。例如，特定国家机关工作人员购买房产可享受6折优惠，而普通的消费者购买同样的房产最多只享受9折优惠，这种显著的差距，如果是建立在权钱交易的基础上实现的，就可以认定为交易型贿赂。同时，还应该结合当时、当地的物价水平和收入水平，全面、客观、综合地考量、判断。

2. 交易型贿赂与正常促销、价格优惠的界限。在实践中，作为房屋、汽车等大宗型商品，其优惠、打折的价格数额都比较大，是否凡是优惠差价大的商品交易都认定为交易型贿赂呢？一方面我们要看，交易双方中是否有一方利用权力为另一方谋利的实质；另一方面我们要结合《意见》规定，如果商品经营者是事先设定的不针对特定人的最低优惠价格，不认定为交易型贿赂。理解这句话，必须把握三层含义：第一，优惠必须是商品经营者事先设定的。经营者预先共同商定的，然后再按照企业内部事先确定的优惠方案进行操作，而行受贿中交易价格的确定则往往是随机的，对不同的受贿方和请托事项具有较大的随机性、偶然性。第二，优惠必须不是针对特定的人，不是针对某个国家工作人员而设定的。该优惠价格是可以在整个群体中普遍适用，只要交易相对人符合交易设定的条件，均可以参与商品买卖。第三，这样的优惠价格可以是最低的。符合以上三个层次含义，不认为是贿赂。对于以上规定，实践中还存在争议，如果交易型贿赂规定必须针对特定的国家工作人员，那么商品经营者对政府职能部门和主管机关所属的全体工作人员实行

---

① 刘志远：《新型受贿犯罪司法指南与案例评析》，中国方正出版社2007年版，第11页。

“定向优惠交易”问题，照此规定，是否就不认为是犯罪呢？笔者认为，这个问题必须具体问题具体分析，不能一概而论。首先，要看该政府职能部门有没有利用职权为商品经营者谋利，如果可以证实，那么就有可能构成单位受贿，如果不能证实，就不能认定为受贿。其次，要看定向优惠的原因，实践中存在一些单位为给本单位的职工谋福利，与房地产商联合建房，这种情况下，就有可能涉及违纪违规建房。还有些优惠的提供，是经营者在商品购销中所采取的一种营销手段，经营者通过让利可以达到促销的目的，从而处理积压商品争取市场份额打造商品知名度等，从而给予政府职能部门的特别优惠，这是不能认定为贿赂的。

四、结语

随着社会经济的进一步发展，贿赂的方式不断翻新，其手段也更加隐蔽，但是其贿赂的实质永远不会有任何改变。交易的不等价性折射出的社会危害性和刑事违法性是毋庸置疑的，将这类行为作为受贿犯罪打击完全符合刑法实质主义的立场。因此，对于交易型贿赂犯罪，我们应当从刑法理论和司法实践角度，准确理解和把握立法原意，紧紧抓住贿赂——这一犯罪的本质，结合其严重违背市场经济规律的“交易”行为所表现出来的不等价性——这一表现形式，根据具体案情、收入情况、地区发展、物价水平等因素，全面综合考量，作出准确判断。

浅议干股型受贿犯罪的金额认定

王德胜*　邹　蔚**

2007年7月，最高人民法院、最高人民检察院出台《关于办理受贿刑事案件适用法律若干问题的意见》（以下简称《意见》），列举10种新出现的受贿犯罪形式并作出了相应解释，其中包括近年出现的一种典型的受贿犯罪形式——干股型受贿，“干股是指未出资而获得的股份。国家工作人员利用职务上的便利为请托人谋取利益，收受请托人提供的干股的，以受贿论处”。干股型受贿有别于传统的受贿，由于贿赂双方没有金钱来往，受贿犯罪的性质和犯罪数额认定存在一定的困难，在实务中的适用也存在一定的争议。本文就干股型受贿犯罪数额认定问题展开分析，以求厘清各种情况下犯罪数额认定方式，并通过分析、比较各种情况提出一些见解。为了便于分析，我们将干股型受贿案件以行为人是否有出资为标准，分为无资本依托干股型受贿案件和有资本依托干股型受贿案件两大类。

一、无资本依托的干股型受贿

（一）干股实际转让时受贿数额认定

干股实际转让可分为登记转让与事实转让。《意见》规定“进行了股权转让登记，或者相关证据证明股份发生了实际转让的，受贿数额按转让行为时股份价值计算”。可见《意见》已经明确规定登记转让和事实转让都应视为干股实际转让，成立干股型受贿犯罪。从《公司法》第74条和第140条的规定可知，登记原则上并不是股份转让的生效要件，而只是股份转让对外抗辩的要件，登记起到的是公示确认的作用。因为股份转让根本原因在于当事人的意思表示，转让行为效力不能由转让登记来决定。也就是说，股份转让确认登记的与尚未登记但已签订股份转让协议的都应视为股份的实际转让，贿赂双方股份转让行为的效力不能由登记来决定，即使收受干股没有经过登记，只要有转让协议之类的证据证实发生实际转让的，都应

* 武汉市汉阳区人民检察院副检察长。

** 武汉市汉阳区人民检察院控告申诉检察科助理检察员。

认定发生了实际上的股份转让。

干股实际转让型受贿犯罪金额。按照《意见》规定“受贿数额按转让行为时股份价值计算，所分红利按受贿孳息处理”。也就是说在实际转让的情况下，一般应按照转让时股份的市场价值来计算受贿金额，而转让后按照股份所得的分红则按照受贿孳息处理，不计入受贿金额。但在相关法律及司法解释中没有对如何计算股份价值进行具体规定，但我们认为应根据民商法的相关规定，区分不同公司的性质来确定股份价值：

（1）有限责任公司股份价值的认定。国家工作人员没有实际投资，接受请托人送“干股”成为有限责任公司股东的情形，根据《公司法》，有限责任公司股份不同于股份有限公司的股份，无公开交易市场价格作为参考，只能以公司净资产作为基数来计算，应当以干股所占总股份比例乘以受贿人收受干股时公司的净资产计算受贿数额。

（2）股份有限公司股份价值的认定。股份有限公司的股份能够在产权市场进行交易，收受股份有限公司的干股应当以股份实际转让时股份的实际价格来计算犯罪数额。已经发行但未挂牌交易的股票，按照该股票的发行价认定；已经挂牌交易的股票按当日的收盘价认定；转让时未上市而日后上市的，以上市价格为准。

（3）红利是否计入受贿犯罪金额。股份有其独特性，不同于其他财物，红利依附于股份而存在，是股份的派生物，若将红利计入受贿数额，则有重复评价之嫌。《意见》规定“股份所得的分红则按照受贿孳息处理，不计入受贿金额”。但有一种例外，即实际分红利数额大于公司应分红利数额时，如果仍机械适用《意见》，不将多分的红利计入受贿数额，则会导致行为人犯罪行为与其所受刑罚严重不对等，有悖于罪刑相适应原则。我们认为应当在红利中辨识出具有孳息性质的部分与具有独立贿赂性质的部分，属于受贿孳息不计入犯罪数额，超出比例收取的红利实际上是以红利之名再行贿赂之举，属于双重贿赂。

（二）干股未实际转让时受贿数额的认定

《意见》规定“股份未实际转让，以股份分红名义获取利益的，实际获利数额应当认定为受贿数额”。可见《意见》已经明确规定干股未实际转让情况下，应以收取的红利作为受贿数额。这种股份未实际转让的情形，受贿人是通过“分红”获得利益，股份此时只是行贿行为的合法外衣，对于此种假股份转让之名，行受贿之实的情况，应以实际获利数额确定受贿数额。

二、有资本依托的干股型受贿

“有资本依托”的干股型受贿是为了获得股份而支付部分资金，但却未足额支付；或者虽足额出资，但所分取的红利却高于其应得红利。此类干股型受贿更具隐蔽性、欺骗性，定罪和犯罪数额认定亦比较复杂。辨别出资情况下是否构成干股型受贿，关键是看行为人出资额与所得股份、红利三者之间是否具有对价关系，如果具有对价关系就可以排除干股受贿，如果没有对价关系，则不成立干股受贿。对于资本依托干股型受贿又有几种常见的情形：

（一）出资额与所得股份不具有对价关系的干股型受贿

《公司法》第43条规定“股东会会议由股东按照出资比例行使表决权”，可见公司股权以股东出资为基本依托，股东依其出资额获得相应的股份。现实中，为规避法律，腐败分子往往采取有资本依托的方式企图掩盖受贿的犯罪事实，这种情况下判断是否构成干股型受贿，关键在于行为人出资额与其所得股份之间是否具有对价关系。

（二）出资额与所得红利不具有对价关系的干股型受贿

《公司法》第35条规定“股东按照实缴的出资比例分取红利”，可见一般情况下公司股东分取红利也是以股东出资为基本依托的，股东出资额与股份、红利之间应该具备对价关系，如果行为人所分配红利明显高于其所具有股份应分取的红利，且行为人有利用职务之便为请托人谋取利益的，则构成干股型受贿，受贿金额应该以“溢出”红利金额来计算。

（三）增资扩股过程中干股型受贿

此类干股型受贿也属于出资型干股受贿。国家工作人员作为已出资合法股东，在公司增资扩股过程中，应根据其股权比例增加出资，以保持原有股份不被稀释，国家工作人员如果没有增资却实际获取增加部分股份价值，也属于干股受贿，受贿金额应以增加股份价值计算。

三、结语

随着社会的发展，反腐败斗争的不断深入，受贿行为人的犯罪手段也越来越高明，花样不断翻新，但万变不离其宗，其本质都是权力与金钱或利益的对价交易，只要把握住其本质，不管受贿犯罪的形式多隐蔽、多高明都难逃法律的制裁。本文在此通过对干股型受贿犯罪的各种形式进行了初步的探讨，并就受贿犯罪数额的认定提出了我们的观点，希望对司法实践的改进和完善有所帮助。当然，随着司法实践的继续深入，司法经验的逐步积累，对于干股型受贿犯罪的相关规定一定会更加公平、科学、翔实，这也将有助于我们司法机关更好地打击与预防职务犯罪。

干股型受贿相关问题探讨

王从涓[*]　程桂林[**]

一、干股价值的计算方式

（一）干股受贿数额计算的时间点

最高人民法院、最高人民检察院《关于办理受贿刑事案件适用法律若干问题的意见》（以下简称《意见》）第2条将干股股份价值计算基准时间规定为“转让行为时”。股份转让包括登记转让和事实转让两种情形，而《意见》并未明确说明“转让行为时”以哪种情形为准。笔者认为，“转让行为时”的认定应作如下区分：已经进行股权转让登记的，转让时间即登记时间；未进行转让登记而实际转让的，转让时间应参照双方关于股权转让的时间约定、双方转让协议上的时间、背书等手续的时间等证据来确定实际的股权转让时间等。

（二）转让行为时股份价值的认定

转让行为时股份价值属于动态、即时的价格反映，因股份价值受公司业绩、经营状态等因素影响而不断变化，在认定中尤其注意区分有限责任公司与股份有限公司的差异。

有限责任公司股份转让价值认定。有限责任公司股权并不能在产权市场交易，不存在市场价格。实践中，有限责任公司股权转让价格通常根据出资额、公司净资产额、审计或评估价、拍卖或变卖等方式确定。① 笔者认为将出资额作为股权价格计价依据最为合理，认定中要注意区分股份是否登记转让。第一，股份登记的，以登记证明出资额为受贿金额。按照《公司法》第3条规定，股东以其出资额对公司负责，也按出资额分红，股东股份被登记机关认可的是其出资额。同时，《意

---

* 武汉市江夏区人民检察院办公室主任。

** 武汉市江夏区人民检察院办公室副主任。

① 参见邢文生、郭小锋：《干股受贿，犯罪数额如何认定》，载《检察日报》2008年3月27日。

见》规定，收受干股所取得分红按“孳息”处理。出资额既为登记机关所认可，也与分红款能够一一对应，以出资额来计算干股数额更符合公司法规定。第二，已经实际转让但未完成登记的有限责任公司股份金额，以可以证明转让股份的证据上的金额来认定。

股份有限公司股份转让价值认定。根据公司法有关规定，股份有限公司股份转让一般采取股票形式在证券交易场所或者按照国务院规定的其他方式进行。刑法中，关于股票价值认定主要有实际价格、交易价格、平均价格、区分价格这四种方法。① 笔者认为对此应注意区分股票是否上市。第一，上市的股票以股票转让时实际价格计算较为适宜，因为按转让行为时的价格来认定比较符合行受贿双方对股票的价格的认识，更接近双方对行受贿金额的认识。第二，未上市的股票以股票日后上市时的价格认定为宜。行受贿双方虽在赠送股票时无法预测股票未来价格的变化，但其明知股票可能上市或可能的上市价格，故按上市价格认定受贿金额比较符合行受贿双方的主观认识。第三，场外交易股票以双方约定价格予以认定为宜。场外交易的股票未经股票交易市场，所以股票价格并不一定受交易市场价影响。

二、收受干股后的受贿数额认定

《意见》规定，股份未实际转让，以股份分红名义获取利益的，实际获利数额应当认定为受贿数额。股份已实际转让的，受贿数额按转让行为时股份价值计算。此外，还要注意以下几种情况：

（一）亏损干股受贿数额计算

资产价值在公司运营过程中是个变量，干股股份价值与公司资产相对应，国家工作人员所收受的干股价值可能因公司资产升值或者缩水而发生变化。干股受贿数额如何计算？笔者认为，无论公司盈亏，国家工作人员干股受贿数额均应按股权转让登记时公司资产的基数来计算。

（二）瑕疵干股受贿数额计算

国家工作人员收受有瑕疵的干股比如“空壳”公司干股②，此类干股数额如何

① 邢文生、郭小锋：《干股受贿，犯罪数额如何认定》，载《检察日报》2008 年 3 月 27 日。

② 实践中，对于这种情况有两种观点：第一种观点认为虽然干股股份价值没有资产相对应，若国家工作人员收受干股后没有分得红利，则认定为受贿未遂，若国家工作人员收受干股后分得红利，则应以分得红利数额作为干股受贿数额认定。第二种观点则认为，此类干股没有相对应的资产，也未获得财产性利益，不构成受贿。

计算？笔者认为，干股受贿是国家工作人员利用职务上的便利为他人谋取利益，其目的就是收受他人的干股，并以此获取利益，即使国家工作人员日后没有获得利益，但其主观上也有受贿的故意，应按受贿未遂处理。若其日后获得“红利”名义的利益，则应当以其所分红利计入犯罪数额，认定犯罪既遂。

（三）红利受贿数额认定

根据《意见》第2条，国家工作人员受贿的干股所分得的红利不能认定为受贿数额，应计为受贿孳息。因为“收受干股，其实质与收受股票和银行存单一样，股票和存款本身已被认定为受贿数额，而股票将来的分红、存款将来的存单都是依附于股票、存款而存在的。因此，无论是股票将来的升值或者分红，还是存款将来的利息都不应作为受贿数额，而应作为受贿孳息，予以没收”。[①] 但是，如果国家工作人员登记或者实际受让的股份数量相对较小，而从请托人处获取的红利数额却远远超出应得红利数额，或获取的并不是公司企业正常利润，那么这种干股受贿“分红”则不能认定为孳息，而是假借分红名义另外实施贿赂行为，应将“分红”计为受贿数额。

三、干股型受贿罪既遂与未遂的认定

干股型受贿，是以收受干股为受贿罪既遂成立的标志，还是以干股日后转让兑现为货币、物品或者分得红利为既遂成立的标志，实践中还有争议。一种观点认为干股股份本身没有价值，它体现的是一种复合性的法律关系，是股东享有的兼具财产性、人身性的权利与义务的综合体，是独立于所有权与债权以外的新型权利的体现。而行为人收受自身没有价值的股份，还不能认定其收受行为已完成，应该以其日后将干股股份转让后兑现财物或分得红利时为受贿罪既遂成立的标志。另一种观点则认为，干股股份是一种可以用金钱来衡量的财产权利，虽然自身没有价值，但它应当以行为人收受干股股权作为该类受贿犯罪的既遂点。

笔者认为，行为人收受干股的目的，就是获取财产利益。行为人以后是否转让股份，是否实际占有财产利益，转让后取得多少现金等，是行为人收受干股股份后对股份的处置，属于受贿行为后的行为，并不影响受贿罪的构成。干股股份在被行为人实际取得后，即构成受贿罪的既遂。在司法实践中，认定干股受贿既遂与未遂，是以行为人是否实际占有、控制股份为标准的，干股受贿既遂与未遂情况可以分为以下几种：

---

① 刘为波：《关于办理受贿刑事案件适用法律若干问题的意见解读》，载《人民法院报》2007年7月18日。

（一）股权已转让登记的，应认定为受贿既遂

股权作为一种财产性的权利，登记是实现股份权利的必要程序。股权转让登记已经成为一种公开的且必须履行的法定程序。一般而言，出资证明书、工商登记文件、股东名册都是合法的股权凭证。选择其中之一，都能产生股权登记的证明效力。

（二）股权已发生事实转让的，应认定为受贿既遂

此种情形是指股权尚未转让登记，但有相关证据证明已发生了股权转让，即可认定为受贿既遂。由于《意见》第2条并未对"相关证据"作出进一步说明，综合各方面情况，比如双方就股权转让达成了反映真实意思表示的书面或者口头协议；或者行为人双方私下签订股权转让协议，或者没有任何书面凭证，但公司股东一致认可"干股"的存在并且已告知行为人等具体情况来判断。

（三）股权未转让登记，但实际分红的，应认定为受贿既遂

司法实务中，有种纯粹的分红干股，行为人双方没打算进行股权转让登记，有不少情况是借干股之名实为获取分红，是否实际获取红利则成为判断既遂与未遂的唯一标准，如实际已获取红利，则以实际分红数额为受贿数额。如未实际获取红利，则为受贿未遂。

（四）股权未转让登记，但有证据证明已经着手进行股权转让登记的，由于意志以外的原因未实际转让，应认定为受贿未遂

在司法实践中，存在国家工作人员收受请托人提供的干股，虽然因意志外的原因无法完成股权转让登记，但国家工作人员已经从请托人处实际获得分红，对此能否以该国家工作人员实际获得的红利来计算受贿数额。刑法理论界有观点认为，此种情况下红利数额应作为受贿既遂认定，受贿既遂的危害重于未遂，通常由既遂数额吸收未遂数额。[①] 笔者认为《意见》中所规定的"股份未实际转让的，以股份分红名义获得利益的"情况，应该是指国家工作人员收受只享有分红的股份，说明国家工作人员收受股份只是一个形式，分红才是其真正的目的所在。如果国家工作人员为了取得请托人提供的股份，已经着手在进行股份转让的，则说明国家工作人员意在获得股份本身，红利只是该股份转让前实际获得的"孳息"，司法机关对此应统一作为非法所得予以没收。

① 张志平：《认定"干股"受贿须注意三个要点》，载《检察日报》2007年7月20日。

合作投资型受贿犯罪刍议

顾玉梅[*] 刘 勇[**] 谢 彪[***]

改革开放以来，我国的经济建设取得了举世瞩目的成就，社会经济体制和利益格局发生着深刻的变革。与此同时，腐败现象的诱因也不断增多，花样不断变化，已大大超出传统受贿罪所规定的外延，呈现出明显的隐蔽性、复杂性、法律规避性等特征。为了更好地打击犯罪，为经济建设创造更好的环境，最高人民法院和最高人民检察院于2007年7月联合出台了《关于办理受贿刑事案件适用法律若干问题的意见》（以下简称《意见》），为有效打击诸如合作投资型受贿犯罪等各种新型受贿犯罪提供了法律依据。本文就《意见》中所涉及的合作投资型受贿①这一新型受贿犯罪形式，从该类型犯罪的基本理论、司法实践中的具体类型以及司法认定中面临问题和对策等方面作一些粗浅探讨，以求对该类型受贿犯罪司法适用有所帮助。

一、合作投资型受贿犯罪的基本理论

（一）合作投资型受贿的概念

概念是一种认识过程中的工具，是认识之网上的纽结。法律概念是一种具有法律意义的概念，它是指表达法律和认识法律的认识之网上的纽结，即对与法律相关的事物、状态、行为进行概括而形成的法律术语。② 那么在刑法意义上，合作投资型受贿犯罪的概念应作何理解呢？笔者认为“合作投资型受贿犯罪”是受贿犯罪

---

* 武汉市青山区人民检察院副检察长。

** 武汉市青山区人民检察院公诉科科长。

*** 武汉市青山区人民检察院公诉科助理检察员。

① 最高人民法院、最高人民检察院《关于办理受贿刑事案件适用法律若干问题的意见》对合作投资型受贿予以了明确规定，其中第3条“关于以开办公司等合作投资名义收受贿赂问题”第1款规定，国家工作人员利用职务上的便利为请托人谋取利益，由请托人出资，“合作”开办公司或者进行其他“合作”投资的，以受贿论处。受贿数额为请托人给国家工作人员的出资额。第2款规定，国家工作人员利用职务上的便利为请托人谋取利益，以合作开办公司或者其他合作投资的名义获取利润，没有实际出资和参与管理、经营的，以受贿论处。

② 详见 http：//baike. baidu. com/view/18884. htm。

的一种新形式，它不是一个独立罪名，因此我们对其概念进行界定，其实只是对受贿罪概念外延的一种理解，对这种新类型犯罪的客观界定。综合《意见》第3条的规定，笔者认为，所谓合作投资型受贿是指国家工作人员利用职务上的便利为请托人谋取利益，以合作开办公司或者以其他合作投资的名义，收受请托人的“出资”或者所谓“利润”的行为。

（二）合作投资型受贿的特征

合作投资型受贿作为一种新型受贿犯罪，与传统受贿在本质上是一致的。从哲学角度来看，它与传统的受贿之间是特殊与一般、个别与整体的关系。换言之，这种新型受贿仍是包含在传统受贿的外延之中，并非对原有内涵的突破。只是相对于传统受贿而言具有形式合法、方法隐蔽、手段狡猾等特点，它披着合法的外衣，与民事行为或者正常的社会活动交织在一起，更具复杂性与间接性。[①] 其实受贿方是借“合作投资”这种“合法”民商事活动之名来行收受贿赂之实，即国家工作人员投资公司但并不实际出资或者以自己、他人名义开办公司，利用公司合作经营的形式，再以利润分成的名义收受请托人钱财。对该类型犯罪的理解，关键在于把握权钱交易这一受贿犯罪的本质特征，也就是说，不论受贿的手段如何翻新，方式如何隐蔽，情形如何复杂，只要利用了职务便利，为请托人谋取利益并从请托人处谋取私利，就是受贿，都是权力在运行中的滥用与扭曲。另外，这种以合作投资为名的受贿大多表现为国家工作人员的直接索取贿赂。在谈及“合作”开办公司或者进行其他“合作”投资时，行受贿双方一般会对后期的“利润”分配进行明确约定。在合作的语境下，双方的利益是捆绑的，为获取“利润”，国家工作人员表现得更为积极主动，获取财物的动机更彰显，社会危害性也更大。

（三）合作投资型受贿犯罪的既遂与未遂问题

对于受贿罪是否存在未遂问题，学界曾经有过激烈争论，目前普遍赞同的观点是受贿是存在未遂状态的，合作投资型受贿犯罪作为受贿罪的一种形式，当然亦存在既未遂的问题，那么认定的标准是什么呢？关于受贿罪既遂未遂的认定问题也是争议不断。主要有以下几种观点：（1）承诺说，即在受贿的过程中，只要受贿人明示和默许利用职务上的便利，为他人谋取利益，而不必实际取得贿赂财物，就构成受贿罪既遂。索取财物的，则以实施索取贿赂的行为为既遂标识。（2）利益谋取说，以受贿人是否为请托人实际谋取了所求利益作为区分既遂与未遂的标准，即为请托人实际谋取了利益则构成既遂；反之即为未遂。（3）实际受贿说，只要受贿人实际收到行贿人的财物，不管行为是否为行贿人谋取了利益，均应当认定为既

---

① 闫锐：《对新型受贿犯罪认定的案例分析》，兰州大学2011年硕士学位论文，第1页。

遂。没有收到他人财物的，则应当认定为受贿未遂。（4）谋取利益与收受贿赂结合说，此观点认为只有行为人既利用职务便利为行贿人谋取了利益，又实际收取了贿赂，才构成受贿罪的既遂，受贿人因意志意外的原因而缺乏任何一方面条件的都是受贿罪的未遂。[①] 笔者认为新形式的受贿犯罪，相对于传统受贿而言形式更隐蔽、手段更狡猾，收取贿赂行为和利用职务之便为他人谋取利益之间不再具有直接清晰的对价，可谓是不再泾渭分明。利益谋取说、实际受贿说以及谋取利益与收受贿赂结合说均不利于打击合作投资型受贿这一新形式犯罪。笔者同意第一种观点，理由如下：受贿罪侵犯的客体是国家工作人员职务行为的廉洁性，那么职务行为廉洁性是否受到侵犯就应是既遂与未遂的标志，只要达成职务和财物的交换约定，国家工作人员职务行为的廉洁性就已经受到了侵犯。[②] 受贿人承诺受贿，那么受贿罪就是既遂的。在合作投资型受贿中，国家工作人员与请托人之间在进行“合作”开办公司或其他投资之时，一般都会对“利润”的分配比例进行约定，而后获取相应的“利润”。行受贿双方达成合意后，因为利益的捆绑，国家工作人员往往会积极谋划，利用职务上的各种便利促成“利益”的既得。虽然一时没有收取相应的贿赂，但其职务行为的廉洁性已经被严重侵犯，其行为已经构成受贿罪既遂。也有学者提出，合作投资型受贿中，国家工作人员利用职务之便为他人谋取利益与收受贿赂之间就会出现一个间隔期，因为经营状况的不确定，会出现无“利润”可得的风险。笔者认为，如前所述这并不影响既遂的成立，同时这种担心情况一般不会出现。因为行受贿双方在进行此类“合作”时，选择的合作领域一般是其他人不易进入的或难以取得机会，利润空间大；同时因为国家工作人员的职务、地位的影响，即使请托人经营失败，出于以后的可期待利益以及其他经营机会，也会将约定“利润”给付受贿人。

（四）与相关类型受贿犯罪及相关罪名的关系

1. 与干股型受贿的联系。综观《意见》，与合作投资型受贿最为密切和相似的莫过于干股型受贿。所谓干股型受贿，是指国家工作人员利用职务上的便利为请托人谋取利益，收受请托人提供的干股的，以受贿论处。笔者认为，投资合作型受贿的“合作投资”载体包括有限责任公司和股份公司但不仅限于此，而在干股型受贿中，请托人无偿赠送的必须是具备市场主体资格的有限责任公司、股份有限公司的股份。如果不将赠送的“股份”限制为有限责任公司或股份有限公司的股份，任意扩大其范围，将导致合作投资型受贿与干股型受贿的重合。“合作投资”是一

① 刘佑生主编：《职务犯罪研究综述》，法律出版社1996年版，第96页。

② 夏强、任继鸿：《也谈受贿罪的既遂与未遂标准》，载《杭州商学院学报》2003年第1期。

个较为广泛的概念，干股股东与真实股东之间当然是一种合作投资关系；而不具备股东身份的自然人之间也可以进行合作投资。只有认定“干股受贿”是指未出资而收受具有市场主体资格的有限责任公司或股份有限公司股份的行为，才能避免合作投资型受贿与干股型受贿的重合及适用的混乱，才能在明确区分两者之间区别的同时，又可以对不同特点、不同形式的受贿行为作出有针对性的规定。① 虽然两者之间存在一定的区别，但两者的本质是一致的，毕竟最终均构成受贿罪，而且都是没有投入资金却获得投资人的权利，只是在受贿的具体方式上有所不同而已。具体符合哪一种类型应当视行为而定，同一个行为如果属于合作投资型受贿，那么就不属于干股型受贿；反之亦然，这是由各自的行为特征决定的。当然也不排除行为人同时采取两种方式，这时虽属不同类型受贿，但仍应定受贿罪一罪。

2. 与非法经营同类营业罪的界限。非法经营同类营业罪是指国有公司、企业的董事、经理利用职务便利，自己经营或者为他人经营与其所任职公司、企业同类的营业，获取非法利益，数额较大的行为。一般情况下，其与受贿罪之间的差别还是比较明显的：（1）主体的范围不同。本罪的主体为国有公司、企业的董事、经理，后罪的主体为一切国家工作人员，范围要比前者大得多。（2）行为方式不同，本罪是指国有公司、企业的董事、经理的非法竞业行为，后罪是行为人利用职务便利，索取或者非法收受他人财物，为他人谋取利益的行为。（3）定罪的数额标准不同。本罪以数额巨大为定罪依据，后罪数额达到5000元就可以构罪。有学者认为非法经营同类营业罪与受贿罪之间是交叉关系的法规竞合，理由主要是为他人经营与其所任职的公司、企业同类的营业是为他人谋取利益的一种方式。② 这点笔者并不赞同，因为合作投资型受贿是受贿罪的一种行为方式，是索取、收受财物的具体表现，与传统型受贿的不同在于客观行为方式，而非为他人谋取利益。无论是代为出资型，还是坐收“利润”型的合作投资型受贿，其行为均是借合作投资的名义，利用职务便利，索取或者收受财物，而非经营同类营业。详言之，在代为出资型受贿情形下，不论犯罪人是否准备真实开办公司或进行其他投资，只要请托人代为出资，即可构成受贿罪，受贿罪评价的是犯罪人利用职务便利，索取或收受请托人出资的行为，开办公司或进行其他投资即使是真实的，也只是作为另一行为而由其他规范予以评价。在坐收“利润”型受贿情形下，犯罪人没有出资，没有参与管理、经营，只是借合作的名义收受财物罢了，也不存在经营同类营业的情况。所以不能受“合作投资”字面所迷惑，而应仔细分析其客观行为。综上所述，对于

① 龚静：《收受违章建筑“股份”行为应如何定性》，载《法制与经济》2010年7月第245期。

② 刘志远：《新型受贿犯罪司法指南与案例评析》，中国方正出版社2007年版，第87页。

合作投资型受贿，如果又为自己或他人经营同类营业但并非为他人谋取利益的，应当数罪并罚；如果没有为自己或他人经营同类营业的，只定受贿罪；如果以经营同类营业来为他人谋取利益的，按照从一重处原则，以受贿罪定罪从重处罚。

二、合作投资型受贿犯罪的基本表现形式

在司法实践中，根据《意见》的规定，以合作的相对方为视角，笔者认为，合作投资型受贿行为主要有两种表现形式，即代为出资型和坐收“利润”型，而且这两类行为之间是并列关系，不存在交叉。

（一）代为出资型

代为出资型的受贿是指国家工作人员利用职务上的便利为请托人谋取利益，由请托人出资，“合作”开办公司或者进行其他“合作”投资。之所以称其为“代为出资”主要是因为该出资是以国家工作人员或者其指定的第三人的名义进行的投资，而非请托人本人。例如，某矿山对外承包。李某作为主管部门领导，与承包人张某约定，以自己亲属的名义与张某共同经营该煤矿，但承包费用50万元由承包人张某一人支付，获利后两人平均分配，此案中，李某就是以合作投资为名收受25万元贿赂。李某利用自己主管矿山承包的职务上的便利，为张某谋取到了承包煤矿的利益，虽然李某假借自己亲属的名义，但所得为自己。因而，其所收的贿赂为请托人给国家工作人员的出资额。该类型受贿与直接对国家工作人员行贿、国家工作人员收受贿赂财物没有本质上的区别，就是受贿行为。这种情况下国家工作人员既没有实际参与管理也未实际投资，所谓的垫资实际上是个幌子，是假合作真受贿，应认定为受贿罪。

（二）坐收“利润”型

坐收“利润”，是指国家工作人员利用职务上的便利为请托人谋取利益，国家工作人员或者其指定的第三人参与合作投资，但没有实际出资且不参与管理经营而获取经营“利润”。具体有两种情形：

1. 由请托人垫付资金，国家工作人员与其“合作投资”，事后国家工作人员并未归还请托人的垫资，且不实际参与管理经营而获取经营“利润”。如王某曾担任某市职业学院院长，2003年上半年，该职院决定采取社会融资的方式建设10栋学生公寓（即由中标企业出资建设，建成后公寓的所有权归学校，但学校将学生公寓的租金每年返还给该企业，返还时间为10年，从2004年起至2014年止），王某认为该项目有巨大利润空间，遂与其兄王甲、其子王乙商量，由王甲、王乙以虚假出资通过中介机构注册成立了远山公寓投资公司（以下简称远山公司），王某暗中操作使该公司中标该学生公寓融资建设项目。由于王甲、王乙根本没有资金和能力

进行建设，二人找到外地嘉鸣实业集团总经理贾某并与其协商，将远山公司55%的股份转让给贾某，由贾某控制远山公司并将学生公寓融资建设项目转由贾某承接。王甲和王乙占有远山公司45%的股份，并占有学生公寓建设项目利润的45%，贾某表示同意。王甲和王乙将此情况告知了王某，随后王某授意王甲、王乙与贾某签订了转让协议，将远山公寓投资有限公司55%的股份转让给贾某（未实际出资）。2003年6月，王某代表职院与贾某签订了学生公寓项目合同。王甲、王乙又通过与贾某签订股东协议书的形式确定占有远山公寓投资有限公司开发学生公寓项目45%的利润。该公寓建设项目于2004年建设完成并投入使用。王甲于2004年5月以缺钱为由向贾某借款人民币50万元，并出具了借条，贾某认为该50万元等到结算分配利润时再从分给王甲的利润中扣除，此后再未向王甲要求退还上述50万元。截至2011年案发时，根据会计事务所审计，远山公司在职业学院公寓项目净利润1561万元，王某、王甲、王乙占净利润的45%，为702万元。2006年，贾某以王乙结婚的名义给王某送了1万美元。本案犯罪嫌疑人的行为属于合作投资受贿，远山公司是由王某授意，王甲、王乙注册成立的空壳公司，王某利用其职务上的便利使这家空壳公司获得了学生公寓的建设项目，随后王甲、王乙就将该公司55%的股份转让给了贾某，并由贾某实际投资和建设。在这个过程中，王甲、王乙在名义上是与贾某在合作投资经营远山公寓开发建设项目，实际上其在工程中既没有任何投资也没有参与管理，属于以合作投资名义的受贿行为。合作投资以约定分得利润为受贿数额，因此犯罪嫌疑人的已收受贿金额为人民币50万元，美元1万元，约定暂未给付数额为652万元。

2. 国家工作人员与请托人以其他合作投资的名义，既没有实际出资也不参与经营、管理而获取“利润”。如被告人曹某，原系湖南省株洲车辆厂总工程师。1997年，株洲车辆厂为设计高速转向架，需对原转向架上的铸铁摩擦板进行改进。海马公司董事长赵某闻讯后，主动与负责此项设计工作的曹某联系，要求为株洲车辆厂研制非金属斜楔主摩擦板（以下简称摩擦板）。曹某答应支持其研制该产品，但要求赵某研制出摩擦板后，与株洲车辆厂下属的铁达公司合作生产该配件，赵某表示同意。其后，海马公司与铁达公司达成了初步合作协议，由海马公司负责研制摩擦板，铁达公司负责协调海马公司与株洲车辆厂技术部门的关系。产品研制成功后，由海马公司与铁达公司共同投资成立海天公司生产该配件。海天公司成立后，曹某先后签署报告及相关技术审查文件，帮助海天公司通过铁道部运输局组织对生产高分子复合材料摩擦板的技术审查，并同意海天公司生产的高分子复合材料摩擦板作为K3、K4转向架的关键配件装车使用。2006年8月，为感谢曹某一直以来对海天公司的关照，海天公司总经理仇某及公司董事长赵某商量，由海天公司和与曹某有特殊关系的名扬公司签订一份“技术服务费”协议（即曹某的技术服务投资），约定海天公司向名扬公司支付年销售额10%的“技术服务费”。依据该约定，

2006年8月至2008年12月，海天公司以技术服务费的名义向名扬公司支付款项共计人民币114万元，曹某可以随时支取和使用该笔款项，曹某对此始终没有异议。检察院公诉部门审查案件后认为，本案中，名扬公司并未向海天提供技术服务性投资，赵某与仇某的行为造成一种假象就是曹某与海天公司有技术合作，曹某以技术服务投资的方式与海天公司共同经营高分子复合材料摩擦板的相关业务。曹某对此种做法不持异议且先后收受海天的“技术服务费”人民币达114万元，这种以合作投资的名义，既没有实际出资也不参与管理、经营的而获取利润的行为完全符合《意见》关于合作投资型受贿的规定。

三、合作投资型受贿犯罪司法认定中的问题与对策

（一）如何理解和判断及处理“垫资”问题

衡量犯罪的真正标尺，即犯罪对社会的危害性。[①] 在具体法律实务中，如何准确界定合作投资型受贿犯罪中国家工作人员要求请托人为其垫付的资金的属性，对认定是否构成犯罪具有至关重要的意义，其关键在于界定该垫付行为是正常的借贷行为还是以借贷为名而利用职权侵犯国家工作人员职务廉洁性的行为，因为不同的界定，结论迥异，具体分析如下：第一，国家工作人员确有出资意思表示并参与公司经营。在此种情况下，虽然由请托人垫付资金，但是国家工作人员合作投资并实际参与了公司的经营，事后即用其他款项归还了请托人的垫资的，其行为已经说明国家工作人员有真实归还垫资款的意思表示，并且实际参与了公司的经营，其该属于具有实际出资的情形，对该行为不应以受贿论处。第二，国家工作人员没有出资意思表示并未参与公司经营的。由请托人垫付资金，国家工作人员合作投资，且不参与经营而获取经营利润的，事后一直未归还请托人垫资。这种情况下，就是《意见》中第3条第2款的规定“没有实际出资和参与管理、经营的，以受贿论处”。第三，国家工作人员未参与公司经营，事后用利润归还出资。在这种情况下，往往是请托人和国家工作人员事先约定用利润款冲抵垫款。如果有利润就冲抵垫资款，当没有利润或者亏损就不需要国家工作人员再自己掏钱归还。因此，虽然所获利润被其全部或部分用于冲抵垫资款，似乎是归还投资，但实质上属于《意见》中规定的“没有实际出资和参与管理、经营”，却实际获得了“利润”的情形，应当以受贿论。可见，正确判断合作投资型受贿案件中的“垫资”属性，关系到犯罪嫌疑人行为的具体性质及其切身利益。

对于垫付资金的问题，我们除了从归还垫资款的手段上进行审查真实性外，还应从以下几个方面进行判断。一是审查国家工作人员和请托人的真实关系，是否在

---

① ［意］贝卡里亚：《论犯罪与刑罚》，黄风译，中国大百科全书出版社1993年版。

职务上有内在的特殊联系。如果国家工作人员利用职务便利与请托人谋取的利益存在交易，其垫资的真实性还待考量。二是审查垫资关系产生的时间、原因是否自然。一般情况下，真正的垫资关系的形成完全取决于当事人之间的合作契机，没有时间上的特殊限制，原因则是一方资金不足或紧张而又迫切需要投资。而垫资形式的受贿，它产生的时间是以行贿人为实现某种目的为中心，原因上则往往会出现反常现象，即它具有时间上的限制性和原因上的虚假性。三是在两公司合作投资中，需要审查与国家工作人员一方有关的公司、企业是否具备经营该项业务的合法资质。一般来讲，如果与国家工作人员一方有关的公司、企业并不具备经营该项业务的合法资质，但却超越资质与请托人的公司合作，则很有可能属于假合作、真受贿。[①] 四是审查国家工作人员和请托人的真实意思表示。民法上的垫资关系是当事人愿将自己所有的金钱帮助出资，对方当事人约定经过一定时间归还本金并支付一定数额利息的民事法律行为。这种民事关系是完全出于双方当事人的自愿，是双方真实的意思表示，双方当事人是在一种平等的民事关系上达成的一致，是正常经营的行为。而在合作投资型受贿中，国家工作人员和请托人不是平等的关系，请托人垫资是为了谋求国家工作人员利用职权为其谋利。五是审查借贷关系的产生是否给第三人带来损失。合法的垫资关系是一种民事法律行为，它不以损害他人利益为前提条件。而垫资形式的行贿受贿是通过垫资来实现不可告人的目的，这种行为势必给第三人带来损害，或使其丧失本应属于其的商业机会。同时，我们还应从垫资款项的去向、有无归还能力和条件、有无归还的意思表示及行为、如何归还以及未归还的原因等因素对是否真正垫资进行综合考量作出判断。

（二）如何理解“经营、管理”问题

同垫资问题一样，在合作投资型受贿案件中，正确界定国家工作人员是否参与了经营管理对其行为的定性至关重要。实践中，如何认定“有没有参与管理经营”在刑法理论界和司法实践部门存在较大的争议。那么何为经营管理呢？在经济管理学中所谓经营管理是指对企业整个生产经营活动进行决策、计划、组织、控制、协调，并对企业成员进行激励，以实现其任务和目标一系列工作的总称。按照企业管理工作的性质，将营销、生产称为“经营”，之外的管理内容称为“管理”。经营和管理是经营企业的两个重要环节，经营是指企业进行市场活动的行为，而管理是指企业理顺工作流程、发现问题的行为。通过对这些概念的分析，我们不难看出，不论是经营或是管理，或是经营管理，都是建立在对公司企业各项业务、制度熟悉的基础上进行的，都有一个积极参与的过程。《意见》第 3 条第 2 款规定：“国家工作人员利用职务上的便利为请托人谋取利益，以合作开办公司或者其他合作投资

① 闫锐：《对新型受贿犯罪认定的案例分析》，兰州大学 2011 年硕士学位论文，第 18 页。

的名义获取‘利润’，没有实际出资和参与管理、经营的，以受贿论。”这其中的“管理、经营”其实就是经济管理学中的概念，那么我们就可以根据该概念的内涵、外延及特征对《意见》中的国家工作人员是否参与管理经营进行审查判断。笔者认为，应从以下几个方面进行审查：一是审查国家工作人员是否知道公司的具体情况，如公司的经营范围是什么、公司的股东是谁等。一般来说，国家工作人员如果是打着合作投资的幌子达到受贿的真正目的，其对公司的内部情况是没有兴趣了解的，更不会参与公司的正常的管理经营，更有甚者连公司的营业场所、经营范围都不清楚，因此我们可以从这一方面判断其是否有参与公司的管理经营。二是参与进行的公司管理情况，如参与过哪些公司的决策、哪些公司的生产、销售情况、哪些公司人事情况的任免等，以此证明国家工作人员是否参与实际的工作。① 三是审查公司企业的内部文件及股东会议纪要。在公司的内部文件和会议纪要中，我们可以看出在内部决策和参加股东会议的人员中是否有国家工作人员。如果有国家工作人员的签名等内容，还需要考量其真实性。在实践中，到底参与到什么程度算是参与经营管理，如果参与经营管理，到底应获得多少利润，对于虽然参与了一定的经营管理，但所获取的利润明显过高的情况是否认定为受贿的问题，还需要进一步的探讨解决。

① 邢宪瑶：《新型受贿行为犯罪化研究》，山东大学2010年硕士学位论文，第20页。

委托理财型受贿犯罪理论与实证研究

陈明晖*

经济和科技的发展，无疑改变了人们的各种生活、生产方式，涵括于社会行为方式之中的犯罪行为无疑也发生了“与时俱进”的变化。委托理财型受贿①是新时期出现的新型受贿犯罪方式之一，较之传统的受贿行为其具有新颖性、复杂性、隐蔽性等特点。为了更好地对这类犯罪加以预防和惩治，最高人民法院、最高人民检察院于2007年7月8日联合发布了《关于办理受贿刑事案件适用法律若干问题的意见》（以下简称《意见》），其中第4条对委托理财型受贿的司法认定作出了专门规定。本文即以“两高”的上述规定为立足点和背景，通过理论推演与实践举例相结合的方式，试图对委托理财型受贿相关疑难问题作深入细致的探究。

一、委托理财型受贿犯罪的两种行为方式

最高人民法院、最高人民检察院的《意见》规定了委托理财型受贿客观方面的两种行为方式，即“国家工作人员利用职务上的便利为请托人谋取利益，以委托请托人投资证券、期货或者其他委托理财的名义，未实际出资而获取‘收益’，

* 武汉市人民检察院反贪污贿赂局干警。

① 目前委托理财还不是我国严格意义上的法律概念，只是金融行业对这种新形式的金融服务的直白称呼，业已约定俗成。理论上委托理财的概念有广义和狭义两种理解。“广义上的委托理财是指委托人将个人财产或者财产性权利委托给他人管理、处分以获取收益的行为；而狭义上的委托理财仅仅是指金融市场上的理财行为，即委托人将自有资金委托给金融、非金融机构或者专业投资人员，由后者受托投资于证券、期货市场，所获收益按双方约定进行分配的经营行为”（参见周骏如、崔晓丽：《非法委托理财行为认定疑难问题研究》，载《上海政法学院学报：法制论丛》2008年第1期）。一般意义上所指委托理财业务是属于狭义的委托理财行为。鉴于委托理财型受贿犯罪的争议问题一般也发生在金融领域，本文对委托理财的含义亦采狭义理解。委托理财型受贿与传统受贿罪的本质特征都是“权钱交易”，这是判断该行为是否构成受贿罪的核心标准，无论其行为方式如何翻新花样，只要其“所得收益”以“公权力的出让”为对价，就有受贿的可能性。与传统受贿罪的行为方式所不同的是，委托理财型受贿是喊着“委托理财”的口号，行权钱交易的勾当，以合法的民事法律关系外衣为掩护，暗地里进行刑事犯罪活动。

或者虽然实际出资，但获取‘收益’明显高于出资应得收益”。简言之，即一种是“未实际出资而获得收益”，另一种是“获取收益明显高于出资应得收益”。

对于第一种行为方式，实际属于传统意义上的受贿，只是多了一个“委托理财”的外壳而已，这和国家工作人员生病、孩子出国留学或者其他各种形式的红白喜事等理由一样，均是其受贿的借口。司法实践中对此认定应该不会有刑法适用上的障碍。

对于第二种行为方式，“两高”有关同志解释“虽然存在真实委托理财的成分，但其性质与以交易形式受贿相同，属于变相受贿”。[①] 在合法正常的委托理财民事法律关系中，国家机关工作人员出资委托他人进行投资理财，获取由投资而产生的收益，合法合情合理，无可厚非。但是，一旦国家工作人员将“公权力”与“获取收益”连接起来，甚至作为获取收益的对价，则这种投资并取得收益的行为就发生了质的变化，就是变相的行贿受贿行为，是刑法应予以严厉打击的犯罪行为。《意见》规定该种行为作为受贿行为，无疑对严密法网起到很好的补充作用，但该规定是否科学完善，司法实践在认定时应该注意哪些问题，笔者将在下文中予以具体阐述。

二、罪与非罪的界限

（一）关于“明显”要素的理解

按照《意见》第4条的规定，国家工作人员出资理财，所获取收益额要“明显”超过应得收益才是受贿行为，即超出应该“明显”。

在受贿犯罪中，受贿数额通常被认为是区分受贿犯罪与一般受贿行为的重要参考指标，在受贿犯罪的定性定量过程中起着举足轻重的作用。作为受贿犯罪成立的量化标准，对犯罪数额的规定及认定规则首先应当明确化和具体化，尽可能地做到形式化和非价值化，从而使人们在司法认定中通过简单的事实判断就能准确地得出结论。但是《意见》第4条关于“明显”的规定，并非形式判断，而是实质判断。高于应得收益是根据理财行为的客观情况进行的事实确认，但“明显”高于却是根据社会观念、主观识别、政策立场做出的价值选择。对此，最高人民检察院有关同志给出的解释为“现实生活中投资收益及其比例均具有不确定性，尤其是在具有高风险、高回报特点的证券、期货领域，如果将所有的所获‘收益’额高于应得收益额的情况都认定为受贿，打击面过宽，也有违情理。只有在所获‘收益’额明显高于应得收益额的情况下认定为受贿，才既合法又合理”。[②]

---

① 刘为波：《〈最高人民法院、最高人民检察院关于办理受贿刑事案件适用法律若干问题的意见〉的理解与适用》，载《人民司法》2007年第15期。

② 陈国庆主编：《新型受贿犯罪的认定与处罚》，法律出版社2007年版，第42页。

在证券价格波动较大的整体市场环境下，判断“明显”高于应得收益是相对困难的问题。对于权证、期货以及股指期货等证券衍生产品的资本投资而言，其保证金交易的杠杆效应导致投资收益与风险呈倍数放大，进一步加深了从价格技术角度认定“明显”高于实质判断的实践难度。另外，在证券市场环境下，委托理财型受贿“明显高于应得收益”的判断有别于交易型受贿“明显偏离市场价格”的判断；对于后者在司法实践中提出的相对比例说[①]、绝对数额说[②]、数额比例结合说[③]、交易成本说等观点不能简单参照。有学者就认为：指望对“明显”有一个明确的数额判断标准，是不可能也不现实的，只能留由办案人员综合考虑具体数额、比例、情节等因素判断。[④]

虽然“明显高于应得收益”的判断这一金融技术问题合理转换为可供司法机关切实把握的问题困难重重，但是也可以通过对“应得收益”进行基础定位以及例外情况排除受贿故意来降低司法认定的难度。

1. 对“应得收益”进行基础定位。判断国家工作人员从请托人处获取“收益”是否明显高于委托理财应得收益，其前提在于准确认定出资应得收益。委托理财型受贿中应得收益的确定并不如交易型受贿中市场价格那样容易确定。市场价格的确定属于技术测算问题，司法机关可以委托价格事务所对房屋、汽车等贿赂商品进行估价。股票、期货等委托理财应得收益的确定属于证据问题，关键是要掌握请托人收取国家工作人员实际投资后进行理财操作的实际情况：（1）请托人为国家工作人员的资金单独开立资金账户与证券账户的，可以通过查询相关账户中的交易记录计算委托理财的盈亏情况，直接根据资金记录确定应得收益。（2）请托人将国家工作人员资金与自有资金混同于一个资金账户进行资本运作，司法机关无法通过账面信息直接查实国家工作人员资金的应得收益。笔者认为，有效的替代性解决办法是——在计算资金账户内所有收益的基础上，按照资金投入比例区分两项资金的对应性收益，由此确定国家工作人员的应得收益。

2. 重视否定高额收益受贿性质的例外情况。委托理财利润明显高于出资应得收益的基础事实并不是构成受贿犯罪的终局性证明，应当允许被告人对明显高于出资应得收益的初步推断进行反证与抗辩。国家工作人员若提出证据表明其是在认识委托理财存在合理利润的前提下收取理财利益的，可以排除其犯罪故意，否定其收取投资“利润”行为的受贿性质。

---

① 夏思扬：《对交易型受贿有必要规定价格比》，载《检察日报》2007 年 8 月 10 日。

② 吴卫江、陈超：《低价购房、收受干股：严惩》，载《检察日报》2007 年 8 月 1 日。

③ 刘志远：《新型受贿犯罪司法指南与案例评析》，中国方正出版社 2007 年版，第 10—11 页。

④ 郭竹梅：《受贿罪新型暨疑难问题研究》，中国检察出版社 2009 年版，第 316 页。

（二）关于国家工作人员主观上的认识因素

受贿犯罪是故意犯罪，如果行为人缺乏主观上的认识因素，根本不知道自己收受了他人贿赂财物，则阻却了受贿犯罪的构成，所以，即使是国家工作人员委托理财所得收益与应得收益差异明显的情况下，如果行为人主观上确实不知道有此差异，认为是正当、合法收益而收受的，则可以排除其受贿犯罪的故意。在这种情况下，可能存在请托人片面行贿的情况。实践中出现如下案例：请托人欺骗国家工作人员，谎称委托投资理财已经取得丰厚收益。请托人甚至提供了伪造交易记录瞒骗国家工作人员，致使收受者并不明知该财产并非派生于其实际出资。在这种情况下，司法机关不能认定明显高于出资应得收益的“利润”具有犯罪性。因为上述客观情况能够反驳国家工作人员对明显高于出资应得收益的理财利益在主观上具有明知。

三、委托理财受贿案件认定中的疑难问题

案例1　被告人于某，原乌鲁木齐市政协副主席兼市计委党组书记。1995年11月，于某以其叔叔委托投资为名，向新疆德隆公司负责人唐某提出投资德隆公司，并拿出50万元交给唐某。于某自己起草投资入股证明，向唐某提出无期限索要每年30%的回报。唐某为感谢于某利用职务之便给予公司的帮助，同意于某的要求。该款实际上并未直接投入新疆德隆公司运营，而是由唐某个人使用了。1997年年初，唐某从个人掌握款中支付于某第一笔回报时，于某以这50万元的投资是借其台湾叔叔的及儿子上学需要花钱为由，要求每年多支付5万元。唐某无奈，答应了于某每年支付40%回报的要求。从1997年元月至2003年4月，于某每年从新疆德隆公司收取投资回报20万元，7年共计140万元。1999年9月在上海，于某向上海德隆国际战略投资有限公司负责人提出投资50万元给德隆公司使用。该负责人为感谢于某利用职务之便给予新疆德隆公司的帮助及考虑到其地位，同意了于某的要求，答应给予20%的回报率，并告知新疆德隆公司责任人唐某。于某回到新疆后，将前期收到的德隆公司的回报50万元以其妻子的名义交给了新疆德隆公司。该款并未直接投入新疆德隆公司运营，而是被带往上海由唐某使用了。2000年至2002年，于某每年从新疆德隆公司收取投资回报10万元，3年共计30万元。

在案例1中，涉及委托理财型受贿犯罪中的疑难问题，笔者尝试对这些问题做一个系统的梳理，并提出拙见。

（一）保底条款对委托理财型受贿犯罪认定的影响

委托理财合同中的保底条款，是指在委托理财合同中，受托人向委托人作出的保证本金不受损失，超额分成；保证本息最低回报，超额分成；保证本息固定回

报，超额归受托人所有这类条款的统称。我国相关法律法规明确禁止特定金融机构向委托人作出获利保证，因此，当特定金融机构作为受托人签订包含保底条款的委托理财合同时，保底条款因违法而无效。而当受托人为非特定金融机构时，对委托理财合同中保底条款的效力如何认定，长期以来在理论与实务界都存在很大分歧。民商法领域在此问题上的争论，直接影响了司法实践中对国家工作人员与请托人约定保底条款进行委托理财是否构成受贿的认定。有学者认为：证券投资属于一种高风险的经营活动，保底条款通过保证固定投资本金及收益，免除了委托人应承担的投资风险，违背了委托代理法律关系的基本原则，违背了金融市场的基本规律及交易规则，因此保底条款应确认为无效条款。[①] 所以，在案例 1 中，国家工作人员与请托人约定固定的收益率，不具有委托理财合同的法律效力，属于掩饰权钱交易关系的表面形式。[②] 还有学者认为，鉴于实践中委托理财约定保底条款的现象非常普遍，此种现象又游走在合法与非法的边缘，在当前相关民商事法律还没有进行有效规范的情况下，刑事法律不宜过度扩张介入私法领域，即只要该保底条款不至于明显违法，从刑法谦抑性考虑，不宜轻易作为受贿犯罪来处理。[③] 笔者认为，保底条款的效力问题并不是本处受贿罪成立与否要考虑的必要条件。与民法考量的公平性、经济安全等因素不同，刑法主要考察的是国家工作人员是否利用委托理财之际进行了权钱交易。认定是否存在受贿行为，关键是看国家工作人员的获利行为与利用职权为他人谋取利益之间是否存在对价关系。只要事实上符合“权钱交易”，同时符合受贿罪其他构成要件时，就应认定为受贿行为。以笔者的观点，在案例 1 中，于某客观上具有利用职务之便为德隆公司谋取利益的行为，所谓的 30%（后 40%）的投资回报并不是平等主体间意思表示一致的结果，而是于某个人主动提出有关投资回报的具体内容，德隆公司被迫服从，德隆公司的实质是感谢于的帮助支付酬谢款，双方“权钱交易”性质明显。

（二）请托人未将出资实际用于投资，国家工作人员收取“赢利”财物是否构成受贿犯罪

国家工作人员虽然实际出资，但是请托人未将出资实际用于投资活动的情况下，收受请托人以“赢利”名义给付财物的，国家工作人员能否认定为受贿？据介绍，在《意见》制定过程中，这成为一个争议较大的问题。多数意见认为对于

① 韩天岚：《委托理财合同中保底条款的法律效力分析》，载《人民司法·案例》2009 年第 16 期。

② 朱兴旺、章晓秋：《以理财形式受贿司法认定疑难问题》，载《湖南公安高等专科学校学报》2009 年第 3 期。

③ 郭竹梅：《受贿罪新型暨疑难问题研究》，中国检察出版社 2009 年版，第 322 页。

这种情形的处理需持谨慎态度。理由是：第一，委托理财操作上较为复杂，做法不尽一致，在有实际投资的情况下，不易判断也不易区分钱款的出资者归属。第二，受益回报无须以实际用于投资为条件，约定高回报额虽然不受法律保护，但这种违规做法实践中的确存在。考虑到实际情况的复杂性，为避免客观归罪，《意见》对此情况未作专门规定。①

笔者认为，此种情形，能否构成犯罪，还是应从受贿犯罪的实质分析。国家工作人员将投资款交于请托人后，该资金就被请托人所掌控和使用，作为出资方，不一定能够了解请托人是否将出资用于投资理财，或者用于何种形式的投资理财。关键是国家工作人员是否有受贿的故意，国家工作人员基于合理的事由，认为其索要或者获取的收益没有高于正常的投资收益，即使请托人没有将国家工作人员的投资用于理财，或者请托人没有理财资质，国家工作人员也不应构成受贿犯罪；反之，国家工作人员明知其索要或其获取的收益明显高于正常的投资收益，且明知之所以能够获得这一收益，是由于利用职务之便为他人谋取利益的结果，不管请托人是否将国家工作人员的出资用于投资理财，都应作为受贿罪认定。所以，在案例 1 中，于某的款项是否实际用于投资理财并不重要，关键是德隆公司本身并不从事代客理财业务，于某明知这一点，却硬要将 100 万元“投资”到德隆公司，完全是因为其曾向德隆公司提供过很多“帮助”，德隆公司不敢拒绝其“投资”并支付报酬的要求。于某的行为构成受贿罪。

（三）按照他人提供的信息亲自理财是否构成受贿犯罪

案例 2　某教育局副局长郭某利用分管中学招生职务便利，接受某家长请托，帮助其孩子在考试过程中选定考区、修改成绩、向中学校长进行推荐等。学生家长为了感谢郭某，建议郭某妻子投资期货，并提出了相关的投资指示。郭某妻子投资 30 万元，在 2 个月内获利 20 余万元。

案例 3　A 股份公司董事会决议收购 B 上市公司 35% 的股权，在收购信息尚未披露前，国家工作人员从 A 股份公司董事甲处获悉该内幕信息，接受董事甲建议提前大量购入 B 上市公司股票。收购计划披露后 B 上市公司股票当日涨停，国家工作人员抛售获利。

司法实践中，有国家工作人员接受请托人提供的收益机会，亲自进行资本运作，赚取高额投资回报。由于接受收益机会后亲自理财区别于通过委托理财等手段获取直接收益，贿赂双方并没有经济利益往来的直接关系，司法机关难以直观地确认受贿性质与数额，学界对此亦有争论。有学者认为，国家工作人员接受请托人投

① 刘为波：《关于办理受贿刑事案件适用法律若干问题的意见之解读》，载《人民法院报》2007 年 7 月 18 日。

资理财指点，根据其提供的机会或信息，进行投资理财并获利，一般不宜作为受贿犯罪处理。① 其理由是：投资理财行为是一种高风险、高收益的行业，即便请托人是专业人士，也未见得一定能把握变幻莫测的证券、期货等投资市场，也就是说，虽然国家工作人员按照其指点投资收益可能性较大，但不能排除亏损的可能，赢利和亏损都具有盖然性，这与他人直接财产利益的情况截然不同，不应该被纳入贿赂犯罪的范畴。另有学者认为，国家工作人员根据请托人提供的信息亲自理财，实际上取得了财产性利益的期待权，获得了本不应也无力获取的财产性利益，正是这种“不义之财”的客观表征，决定了接受收益机会应当按照受贿定性。②

笔者认为，国家工作人员根据请托人提供的信息亲自理财的情况比较复杂，不能一概而论，需要分情况而论。

第一，国家工作人员接受有商业运作风险的收益机会不能认定为受贿。在案例2中，由于请托人提供的收益机会存在较大的不确定性，期货市场交易存在较大的市场风险，即使国家工作人员谋取了较大的利润，也不宜作为受贿犯罪处理。

第二，国家工作人员接受没有市场风险的收益机会，应当认定为受贿。在案例3中，此类收益机会市场风险为请托人直接控制，无须任何风险注意或者投资管理，贿赂性质明确；此时请托人可能涉嫌内幕交易、泄露内幕信息的犯罪，加之同时构成行贿罪，则此时可能面临想象竞合犯问题，鉴于该问题不在本文探讨范围之内，故此不论述。

随着近几年新型受贿犯罪的不断出现，规制新型犯罪的法律法规不断涌现，这当然使刑事法网进一步严密，不过笔者认为这也使法律变得越来越复杂，有学者指出，刑法未必越细越好，所谓“界限越多，则难以界定的情况愈多；难以界定的情况愈多，则争论的问题愈多；争论的问题愈多，则法的不安全性愈多”。③ 众所周知，严密刑事法网还有一个途径，就是降低入罪门槛，简化犯罪构成，将更多的行为纳入罪状中来。例如《联合国反腐败公约》对贪贿犯罪规定就非常简单，如只要收受贿赂，背离职务的廉洁性就构成受贿罪，看似很简单、很粗放的规定却严密了法网，有着很强的可操作性。笔者认为我国立法也应该考虑借鉴《联合国反腐败公约》的做法。

---

① 郭竹梅：《受贿罪新型暨疑难问题研究》，中国检察出版社2009年版，第323页。

② 谢杰、谷晓丽：《理财型受贿犯罪若干疑难问题的司法认定》，载《中国检察官》2011年第4期。

③ ［德］古斯塔夫·拉德布鲁赫：《法律智慧警句》，舒国滢译，中国法制出版社2001年版，第17页。

委托理财型受贿司法认定问题探析

李　苗*

一、委托理财型受贿的界定

严格来说，“委托理财”并不是一个确定的法律概念，它只是金融行业对于多种形式金融服务的一个统称，狭义上是指证券市场内的委托理财，即投资银行作为管理人，以独立账户募集和管理委托资金，投资于证券市场的股票、基金、债券、期货等金融工具的组合，实现委托资金增值或其他特定目的的中介业务。广义上人们把个人与个人之间、个人与公司之间的委托财产投资均称为委托理财，其内容广泛，投资领域涉及所有行业、阶层，相关主体也不特限于证券机构和专业金融人士。鉴于本文探讨的是委托理财型受贿犯罪的模式，究其本质仍然是国家工作人员实施的“权钱交易”的行为，因此只要是发生在国家工作人员与其他个体之间的委托理财行为，不论该个体是不是专业的金融机构或证券从业人士，也不论理财行为是不是发生于特定的证券、期货、股票或基金等专业理财领域内，均属于委托理财型受贿犯罪的表现方式。

二、关于“未实际出资而获取收益”的规定

2007 年 7 月 8 日“两高”联合发布的《关于办理受贿刑事案件适用法律若干问题的意见》（以下简称《意见》）第 4 条规定，“国家工作人员利用职务上的便利为请托人谋取利益，以委托请托人投资证券、期货或者其他委托理财的名义，未实际出资而获取‘收益’，以受贿论处”。因此，国家工作人员没有实际出资，与请托人之间根本就不存在委托理财关系里面的委托代理关系或者信托关系，请托人为换取国家工作人员职务行为为自己谋取的利益，而直接给予“经济收益”，这是很明确简单的一种行贿受贿行为，“委托理财”不过是犯罪嫌疑人为开脱罪行编造的一个理由，和生病、乔迁、红白喜事的理由一样，并不影响该行为的定性问题。

* 武汉市江汉区人民检察院反贪污贿赂局助理检察员。

三、关于“实际出资，但获取‘收益’明显高于出资应得收益”的规定

《意见》中规定，“国家工作人员利用职务上的便利为请托人谋取利益，以委托请托人投资证券、期货或者其他委托理财的名义，虽然实际出资，但获取‘收益’明显高于出资应得收益的，以受贿论处”。在正常的民事关系中，国家工作人员将自己合法的资产交与他人进行投资理财，收取投资应得收益，这是国家工作人员的合法权利。但若国家工作人员利用职务之便为请托人谋取利益，以此作为收受请托人委托理财的收益的对价，此时是否构成受贿罪，根据《意见》规定，关键在于获取“收益”是否明显高于“应得收益”。此时应得收益的计算、明显高于标准的确定，对于落实《意见》内容、指导司法实践有着重要的意义。

（一）“应得收益”该如何确定

《意见》规定：“获取‘收益’明显高于出资应得收益的，以受贿论处。”要确定国家工作人员的行为是否属于受贿犯罪，首先要确定的就是国家工作人员实际投资应当获取的收益。实践中，国家工作人员委托请托人投资理财并交付一定资金，请托人可能将该资金实际投入到金融市场进行理财，也可能原封不动地予以返还并附带“虚假收益”，更有可能请托人理财亏损但返还“不菲的收益”等，“应得收益”该如何计算不能一概而论，而应当根据具体情况具体分析。具体来说，国家工作人员委托请托人进行理财，而理财的种类多样，具体确定投资应得收益应该根据国家工作人员与请托人之间订立的理财类型来计算。如果是请托人将国家工作人员的资金单独开户予以理财，这应得收益就可以根据该账户的资金流转情况清晰地计算出来。如果请托人将国家工作人员的资金与自己的资金混同一起进行投资理财，此时该如何计算国家工作人员的“投资应得收益”呢？资本市场瞬息万变，资金投资上浮下跌情况不定，很多请托人为了博得国家工作人员的好感，换取其职务便利谋取利益，会将混同资金里面亏损部分的投资计算为自己的投资，而将盈利部分的投资计算为国家工作人员的理财投资，用以规避法律制度。但是这是一种无效的辩解，从物的分类来说，金钱属于种类物，混同一起即无法明确其各自权属，只能以数量、比例来确定各主体的所有权。在国家工作人员与请托人的自有资金混同一起进行理财的时候，我们认为请托人用混同的资金进行的理财行为的结果效力是共同作用于两人混同的资金。在资金混同的情况下，国家工作人员的“应得收益”应当以是其投资的资金在混同资金里面所占的比例为基础计算出的收益数额。

（二）对“明显高于”标准的确定

根据刑法规定，国家工作人员利用职务之便为他人谋取利益，收受贿赂达5000元即可定罪处罚。而根据《意见》的规定，国家工作人员委托他人理财，只有获取的收益“明显高于”应得收益的，才以受贿论处。以此推断，若国家工作人员收受的收益“没有明显高于”应得收益的，就不以受贿论处。一个罪名，两个判断标准，显然不符合罪刑法定的基本原则。虽然有学者认为该规定是考虑到投资理财的数额往往比较大，一个百分点的上下就可以轻易突破5000元的起刑点，若仍然以原有标准定罪处罚，会造成打击面过宽的局面，且有违情理，规定“明显高于”则方便司法人员灵活掌握，既合法理，又合情理。但“明显高于”是个主观判断词语，不同的人员、不同的环境、不同的案件甚至不同的利益代表会解读出不同的意义和不同的标准，如国家工作人员投资200万元委托请托人予以理财，在应得收益是20万元的情况下，2万元的非应得收益就显得微不足道，这是不是属于《意见》中的“没有明显高于”，是不是就不以受贿论处？而在普通的行受贿形式中，嫌疑人直接收受2万元，根据刑法的规定就完全可以定罪处罚。同样的数额，同样的行为，只是因为一个有参照物，一个没有参照物，就衍生出完全两种不同的结果。显然，《意见》中规定“明显高于”的要求，看似为了体现我国宽严相济的刑事政策，其实背离了刑法的基本原则，同时也没有给司法实践带来实际的意义。因此，不少学者对于“明显高于”这一规定争论不断，认为该规定无形之中提高了入罪门槛。但是既然《意见》已经颁布并实施，为了维护现有司法权威，笔者认为恰当的做法是在保持“明显高于”的判断标准的前提下，司法解释权威机构结合各个地方的经济水平和各地的行受贿等实际情况，通过执行规则等法律文件设定不同经济区域相对应的定罪数额，以此弥补“明显高于”的模糊性，既便于司法实际工作的操作，也遵守了刑法的罪刑法定等基本原则，同时保证了司法判决的权威性。

赌博型受贿犯罪理论与实证研究

殷善武*

当前，赌博歪风在一些地方蔓延，且赌博花样越来越多，涉赌金额越来越大，地点由国内向境外延伸，某些官员也卷入其中。实际上，某些官员乐此不疲的奥秘在于，赌博已成为其变相受贿的重要渠道。赌博型受贿犯罪具有一定的特殊性和较强的隐蔽性，给司法认定带来难度。本文拟就相关法律问题进行探讨。

一、赌博与赌博型受贿

作为人类的一种娱乐方式，赌博分为赌场中的赌戏和非赌场中的赌博两种，前者如赌廿一点、百家乐、角子老虎机、骰子、轮盘等，后者如打麻将、斗地主、扎金花、推牌九、赛马等。通常情况下，赌博是对一个事件与不确定的结果下注，主要目的是赢得更多的金钱和物质价值，而输赢取决于偶然因素，其结果是“胜者取得财物、败者交付财物”。

但在一些特殊环境和条件下，赌博并不是按照约定俗成的游戏规则来进行的，而是在“打业务牌”。如被媒体称为“重庆第一贪”的重庆科技产业开发区管委会原主任刘信勇，自认为赌技非常，并称自己打麻将“一是为了好耍，二是为了赢钱”。但事实却正如一老板所说：“我们无非就是借打牌名义给他送钱，毕竟他是当官的，很多事儿都要求到他。”① 在这种“赌博”中，请托人以娱乐消遣为名，邀请国家工作人员（如政府官员、事业单位领导、国企高管等）参与赌博，或代出赌资，或故意输钱，或代付赌债，从而暗中、隐秘开展行贿受贿活动。请托人通过赌博的方式，“名正言顺”地将钱财送给有求的国家工作人员；国家工作人员以娱乐为幌子，“心安理得”地收受钱财。对于国家工作人员利用职务上的便利，为请托人谋取利益，通过赌博方式收受请托人财物的行为，我们称为“赌博型受贿”。

---

* 武汉市洪山区人民检察院办公室副主任、法律政策研究室主任。

① 郑齐：《“重庆第一贪”刘信勇嗜赌涉黑，1次受贿2221万元》，载《检察日报》2011年1月20日。

二、赌博型受贿犯罪的类型

从司法实践看，赌博型受贿犯罪的表现形态多种多样，笔者归纳为以下八种类型：(1) 收受赌资型。指请托人为国家工作人员赌博提供赌资，国家工作人员不论输赢，都不再归还赌资。(2) 只赢不输型。指多名请托人之间串通，或者请托人与其他参赌人员串通，在赌博过程中故意大把"输钱"；受邀的国家工作人员应当察觉却来者不拒，或装聋作哑，轻松地大把"赢钱"。(3) 代付赌债型。指请托人主动承担国家工作人员赌债的清偿责任（代为支付赌债）。(4) 收受赢资型。指国家工作人员收受请托人赌博所赢钱财。(5) 输钱返还型。指在正常赌局结束后，请托人主动将国家工作人员所输钱财予以返还。(6) 免除赌债型。指在正常赌局结束后，请托人主动免除国家工作人员所欠赌债。(7) 收受赌资 + 只赢不输型。指请托人不仅给国家工作人员提供一定的赌资，而且还在赌博过程中故意设法让国家工作人员"赢"钱。(8) 收受赌资 + 代付赌债型。指请托人不仅为国家工作人员提供赌资，而且在其赌输后负责清偿赌债。事实上，赌博型受贿的情形很复杂，不可能只是上述某一种或某两种模式，有时甚至是多种手法并用。

三、赌博型受贿犯罪的司法认定

在赌博型受贿犯罪中，受贿人试图以赌场的牌友输赢关系，掩盖事实上的行贿受贿权钱交易。因此，判断一个行为是一般的赌博娱乐行为，还是以赌博为名的行贿受贿行为，需要根据法律和司法解释规定，结合常识、常理和常情，综合进行分析、判断。

（一）赌博型受贿犯罪与普通受贿犯罪的异同

一方面，赌博型受贿犯罪具备普通受贿犯罪的共同特征：行为人（国家工作人员）主观上具有接受（包括索取）贿赂的意图，认识到自己的行为会侵犯职务行为的不可收买性，并对上述危害结果持希望或者放任发生的态度；[①] 客观方面表现为利用职务上的便利，索取他人财物，或者非法收受他人财物为他人谋取利益的行为。另一方面，赌博型受贿犯罪与其他普通受贿犯罪的差异，主要是其独特的贿赂方式，即"通过赌博方式收受请托人财物"。2005 年 5 月 11 日"两高"联合发布的《关于办理赌博型刑事案件具体应用法律若干问题的解释》（以下简称《解释》）第 7 条规定："通过赌博或者为国家工作人员赌博提供资金的形式实施行贿、受贿行为，构成犯罪的，依照刑法关于贿赂犯罪的规定定罪处罚。"2007 年 7 月 8

① 张明楷：《刑法学》（第 2 版），法律出版社 2005 年版，第 926 页。

日“两高”出台的《关于办理受贿刑事案件适用法律若干问题的意见》（以下简称《意见》）第5条第1款提出：“国家工作人员利用职务上的便利为请托人谋取利益，通过赌博方式收受请托人财物的，构成受贿。”

（二）关于“索取财物”是否属于赌博型受贿

“两高”《意见》第5条第1款关于“通过赌博方式收受请托人财物的，构成受贿”的规定，只涉及“收受财物”形态定性问题，却未提及“索取财物”形态定性问题。而受贿明显是包含“索取”和“收受”两种情形在内的，且实践中借赌博名义索取财物的也不在少数。比如：在提供赌资方面，一般情况下是请托人私底下塞给有求的国家工作人员一笔赌资，有的时候则是国家工作人员明示或暗示请托人为其提供赌资；在支付赌债方面，有的是主动承担国家工作人员赌债的清偿责任，有的则是请托人应国家工作人员的要求代为支付赌债；在赌博赢钱后，有的是国家工作人员收受请托人的赢资，有的则是国家工作人员向请托人索要赌博所赢钱财；在赌博输钱后，有时是请托人主动将国家工作人员所输钱财予以返还，有时则是国家工作人员找请托人索回所输钱财。上述“索取财物”的情形，基本上都是构成受贿犯罪的。我们认为，“两高”《意见》第5条第1款之所以这样规定，可能存在两种情况：其一，“两高”《意见》是针对受贿案件中“特殊情形”或“疑难问题”提出的适用法律意见，“索取”具有公然性、明显性，容易认定，“收受”具有隐秘性、复杂性，不好把握，所以只提及“收受”情形即可；其二，“两高”在出台《意见》时，没有掌握到赌博型受贿中还有“索取”情形，也没有注意与2005年“两高”《解释》相衔接——该第7条规定明显是包含“索取”情形的，考虑不周密，产生了疏漏。笔者认为，应当将“通过赌博方式索取他人财物”的情形纳入赌博型受贿犯罪范畴。

（三）一般赌博娱乐行为与赌博型受贿犯罪的区别

正如“两高”《意见》所指出的，司法实践中，区分一般赌博娱乐行为与赌博型受贿，应当结合赌博的背景、场合、时间、次数，赌资来源，其他赌博参与者有无事先通谋，以及输赢钱物的具体情况和金额大小等因素，来进行综合判断和具体认定。

1. 关于“赌博的背景、场合、时间、次数”。（1）赌博的背景和场合，主要看国家工作人员的职务与参赌人的利益之间有无制约或者影响关系，国家工作人员是否为参赌人谋取了利益；邀约赌博者有无一定的利益诉求。如果国家工作人员与参赌人员有着利益上的制约关系，则可能存在以赌博为名的贿赂交易。（2）赌博的时间和次数。其一，如果国家工作人员与请托人之间，平时并不经常进行赌博娱乐活动，只是在请托人有求于国家工作人员时，特意挑选时间邀约国家工作人员实施赌博行为，则可能存在以赌博为名的贿赂交易。其二，即使国家工作人员与请托人经常进行赌博娱乐活动，也不能排除在某一次具体行为中，请托人因有求于国家工作人员，而通过赌博的形式给国家工作人员送去财物。其三，国家工作人员已为他人谋取了利益，或者认为他人有求于自己，特意邀约对方来赌博，也可能存在以赌博为名的贿赂交易。

2. 关于“赌资来源”。主要看国家工作人员参与赌博的赌资是自己出的，还是由请托人出的。如果国家工作人员参与赌博的资金直接来源于请托人，则很难说是正常的赌博娱乐行为。国家工作人员接受他人提供的赌资，参与赌博后也不归还赌资，很明显就是在利用赌博的形式掩盖受贿的实质。

3. 关于“其他赌博参与者有无事先通谋”。其他赌博参与者有无事先通谋，主要看输赢结果是否被控制，因为正常的赌博输赢往往具有一定的偶然性。如果是参与赌博者事先串通，在与国家工作人员赌博的过程中掌控输赢，故意输钱给国家工作人员，那么赌博的输赢就失去了偶然性而变成了确定性，就不能再称之为一般的赌博了，行贿受贿的性质也就很明显了。

4. 关于“输赢钱物的具体情况和金额大小”。（1）输赢钱物的具体情况。从赌资来源看，正常赌博都是参与者自己掏钱，而由请托人提供赌资的，则多半是赌博型受贿；从赌博过程看，正常赌博是严格按约定俗成的游戏规则来进行的，输赢取决于偶然因素，即“真赌”，而人为操纵、玩弄游戏规则、故意让他人赢钱的“假赌”，则可能掩藏着赌博型受贿；从赌债支付方面看，正常赌博都是参与者自己承担赌债，而由他人负责清偿赌债的，则十有八九属于赌博型受贿。（2）输赢钱物的金额大小。根据我国刑法关于受贿数额的规定，笔者认为，国家工作人员参与上述类型赌博，一次赢得钱财金额达5000元以上的，应认定为赌博型受贿犯罪。（3）对于国家工作人员既有赌博行为，又有受贿行为的，属于刑法理论上常说的想象竞合犯形态，即行为人出于受贿的故意，触犯了数个犯罪条款。对于这种形态，应当依照处罚较重的条款即受贿犯罪处理。①

四、赌博型受贿犯罪实证分析

国家工作人员以赌博形式索取或收受贿赂，与直接索取或收受财物，没有本质上的差别。但因贿赂出现在赌博场合，借助于赌博的输赢规避了直接受贿的嫌

① 黄冠英、王明星：《赌博型受贿犯罪的司法认定》，载《中国检察官》（司法实务版）2010年第3期，第57—59页。

疑，因而在定性上也存在较多争议。限于篇幅，此处仅举一例来作分析。如某省会城市一副区长马某某，通过拼赌分红等途径赚得300多万。其赌博“招数”有四：其一，马某某自己不用动手，在赌场上跟着某一老板，而这一老板将赢得的筹码当成礼品送给马某某，由他自己直接将筹码换成现金；其二，由某一老板出赌资，马某某自己当“操手”，输了了事，赢了全归马某某所有，包括由老板提供的赌资；其三，在赌场与几个老板“拼赌”，赌资照样由拼赌的老板出，马某某坐收其成：输了由老板承担，赢了按股分红；其四，马某某在得知某老板要去境外赌博后要求“拼赌”，而马某某并不亲自去，方式同上。[①] 本案中，马某某的“第一招”，即“在赌场上跟着某老板，该老板赌赢后，将赢得的筹码当成礼品送给马某某，马某某自己直接将筹码换成现金”，就是典型的“收受赢资型”。笔者认为，“收受（或索取）赢资”与“收受（或索取）赌资”类似，虽表现形式不同，但性质是一样的。如果偶尔为之，数量不大，倒也情有可原；如果乐此不疲，数额惊人，那就应该另当别论。对于像马某某这样，利用职务上的便利，为他人谋取利益，收受他人赌博所赢钱财，数额超过刑法关于受贿罪定罪标准的，应当以受贿罪论处。

---

① 钱塘：《浙江一官员借赌博受贿 参赌只赢不输赚300多万》，载《第一财经日报》2006年1月6日。

赌博型受贿罪的行为方式解读

张晋荣*

赌博型受贿罪行为方式是在受贿人的要求、暗示、默许下，通过赌博方式“赢”取请托人财物，为受贿披上赌博的外衣，属新型“权力期权化”受贿犯罪方式之一。笔者试就赌博型受贿罪行为方式、方法的不同，区别情况进行分析，以有益于突破赌博型受贿罪的查证困境。

一、虚假赌博型行为方式

虚假赌博型就是指请托人及其他参赌人事先达成意思联络，在赌博过程中故意输钱给受贿人的行为方式。这种行为方式从形式上看，包括两个有不可分割的内在联系的行为，即赌博行为和受贿行为，但这种赌博不具备真正意义上的偶然性和不确定性。参赌人经通谋人为控制输赢结果，确保受贿人“只赢不输”，以取悦其利用职务上的便利为请托人谋取利益。赌博的本质特征是靠赌技和运气等赢取其他参赌人钱财，具有明显的竞争性和博弈性，为国家法律所禁止。虚假赌博型行为方式从本质上看，是以赌博或娱乐为幌子，不遵循赌博的游戏规则，行直接收受贿赂之实，属钱权交易性质，侵犯了国家工作人员职务的廉洁性。

虚假赌博型行为方式中赌博与受贿行为貌似存在手段与目的的牵连关系，但是国家工作人员的主观目的并不是通过赌博获取钱财，而是利用手中的权力换取钱财，其主观上是出于受贿的故意。① 依据主客观相一致的原则，两行为之间不是牵连或想象竞合关系，应视为单一的受贿行为，能成立受贿罪而不触犯赌博罪。

二、竞争博弈型行为方式

竞争博弈型行为方式的表现形式可谓林林总总，不一而足。这种行为方式即与赌博过程无直接关系，但以赌博为手段或条件，利用国家工作人员职务上的便利，

* 武汉市蔡甸区人民检察院职务犯罪预防科副科长。

① 参见于志刚主编：《新型受贿犯罪争议问题研究》，中国方正出版社 2011 年版，第 166 页。

为请托人谋取利益，向请托人收受钱财或好处的行为方式，在实践中主要表现为收受赌资、返还赌款、免除赌债、协议分红等。竞争博弈型与虚假赌博型的明显区别是完全具备赌博的行为特征，可以划分为赌博和受贿两个独立行为，可能触犯赌博罪和受贿罪两罪名，并导致数罪并罚。与之对应，竞争博弈型行为方式侵犯的是复杂客体，即良好的社会风尚及社会管理秩序和国家工作人员的职务廉洁性。竞争博弈型与虚假赌博型相比，收受钱财与职务行为的关联性更松散，时空界限更模糊，查证认定更困难。

提供赌资是最常见的一种方式。请托人为达到私人目的而在事先向受贿人提供赌资，或为表示感谢事后在赌博前向受贿人提供赌资，其实质均为通过向国家工作人员交付贿赂，收买其职务行为为请托人谋取利益。① 此外，认定赌博型受贿罪还要排除请托人与国家工作人员之间的其他法律关系，如双方存在借贷关系、债务关系、劳动报酬等。只有请托人主观上有收买国家工作人员职务行为的意图，仅基于贿赂关系向国家工作人员提供赌资，才能构成赌博型受贿罪。返还赌款是指请托人自己或指使其他参赌人将赢取的赌款返还给国家工作人员，如果国家工作人员接受返还赌款与利用职务之便为请托人谋取利益有刑法上的因果关系，其行为即完全符合受贿罪的构成要件。免除赌债的行为方式也较为常见，一旦国家工作人员因技术、手气等因素导致输钱，请托人为达到收买国家工作人员职务行为的目的，必然会亲自或指使其他参赌人免除赌债以达成贿赂链条。协议分红是指国家工作人员与请托人达成默契，赌博中输了由请托人承担赌债，赢了则利益分红。这种行为方式显得更隐蔽、更有迷惑性，也更难取证。

竞争博弈型行为方式表现为赌博行为与贿赂行为交织。这种行为方式存在明显的阶段性，通常有一个联络、期约、交付的动态过程。联络是指请托人向国家工作人员提出通过赌博行贿的意思表示；期约则是请托人与国家工作人员达成以赌博收买或酬谢其利用职务之便为请托人谋利的协议；交付是指请托人向国家工作人员给付钱财或好处。按照交付贿赂时间不同，竞争博弈型行为方式可分为事前受贿和事后受贿，其实质分别表现为收买性和酬谢性。事后受贿较之事前受贿更具有隐蔽性，两者均存在于赌博型受贿罪的阶段性之中。

三、混合交织型行为方式

混合交织型行为方式是指请托人为谋取利益或长线经营，赌博前向国家工作人员提供赌资，在赌博过程中故意输给国家工作人员钱财，或返还国家工作人员赌款等交织受贿行为方式。这种行为方式表现为虚假赌博型与竞争博弈型混同，真假赌

① 参见郭明军、余俊：《质疑受贿罪中“为他人谋取利益”》，载《中国刑事法杂志》2002 年增刊。

博行为与受贿行为交织，是否构罪及数额认定难度增大，必须综合各种法定因素进行客观分析判断。在混合交织型语境下，国家工作人员自认为打着赌博娱乐的幌子，可以“手气好”、“法不责众”等理由搪塞，从而堂而皇之地受贿，这种侥幸心理直接导致赌博型受贿罪呈愈演愈烈之势。

混合交织型则囊括了虚假赌博型和竞争博弈型的全部行为方式。混合交织型行为方式下，国家工作人员受贿分两种情形：一是赌博输赢与犯罪认定没有关系，因为国家工作人员遵循了赌博游戏规则，并没有以赌博为幌子收受请托人钱财；二是赌博输赢数额直接决定是否构罪，参赌人均不遵守赌博游戏规则，以故意输钱的方式向国家工作人员行贿。实践中认定这类赌博型受贿罪标准主要有以下方面：一是国家工作人员与请托人之间有无意思联络，一方面国家工作人员要有权力寻租的动机，另一方面请托人要有行贿的意愿，并在赌博过程中达成契合；二是国家工作人员索贿或为请托人谋利是否利用职务之便，国家工作人员权力寻租与赌博有刑法上的因果关系，才能构成赌博型受贿罪；三是国家工作人员获取钱财数额大小，只有通过赌博收取钱财或好处达到受贿罪的立案标准，才能构成赌博型受贿罪。混合交织型行为方式多见于时间跨度较长、次数较多的赌博型受贿罪中。

依据《关于办理商业贿赂刑事案件适用法律若干问题的意见》第7条规定，商业贿赂中的财物既包括金钱、实物，也包括财产性利益。笔者认为，这一规定应广泛适用于各类贿赂刑事案件，既符合贿赂罪的立法原则和精神，也适应对贿赂犯罪保持高压态势的现实需要。为更好地发挥《关于办理受贿刑事案件适用法律若干问题的意见》第5条在查证方向和认定思路上的引领指导作用，突破赌博型受贿罪的查证困境，建议将其受贿罪条款修改为：国家工作人员利用职务上的便利，以故意输钱、收受赌资、返还赌款、免除赌债等赌博方式索取他人财物，或者收受请托人财物，为请托人谋取利益的，构成受贿。国家工作人员以营利为目的，聚众赌博而未以职务上的便利从中渔利的，不构成受贿。

新型贿赂犯罪中“关系人”之认定

罗永鑫[*]

近年来，贿赂犯罪呈现出隐蔽化、多样化的特点，为了有效应对实践中出现的一些贿赂犯罪新形式，加大对贿赂犯罪的打击力度，立法机关、司法机关先后出台关于新类型贿赂犯罪的刑法修正案和司法解释。《中华人民共和国刑法修正案（七）》（以下简称《刑法修正案（七）》）第13条增设了利用影响力受贿罪，将国家工作人员的近亲属或者其他与该国家工作人员关系密切的人、离职的国家工作人员或者其近亲属以及其他与其关系密切的人规定为利用影响力受贿罪的主体，扩大了我国受贿犯罪的主体范围。2007年7月，最高人民法院、最高人民检察院发布了《关于办理受贿刑事案件适用法律若干问题的意见》（以下简称《意见》），规定了十种受贿行为的定性处理，其中对“特定关系人”挂名领取薪酬及“特定关系人”收受贿赂问题作了进一步规定。国家工作人员的“关系人”纳入刑法规制的视野。从我国关于新型贿赂犯罪的立法及司法解释来看，“关系人”主要包括三类：一是国家工作人员以及离职国家工作人员的“近亲属”；二是“与国家工作人员关系密切的人”、“与离职国家工作人员关系密切的人”（以下简称“密切关系人”）；三是“特定关系人”。对三者如何认定和把握，一直是理论上和实践中争议较大、难以把握的问题。

一、“密切关系人”界定

什么是“与国家工作人员关系密切的人”、“与离职国家工作人员关系密切的人”，这并不是一个容易确定的概念，因为涉及对“密切关系”的价值判断。笔者试图从密切关系的结构形态和形成基础的分析中，对受贿犯罪中的“密切关系人”作一个界定。

（一）“密切关系”的结构剖析

密切关系，是人际关系的一种，表明了双方之间关系的程度。密切，就词义而

---

[*] 武汉市人民检察院法律政策研究室副主任，法学博士。

言，是指紧密、亲密。澳大利亚家庭、社会学学者唐·埃德加、海伦·格莱泽认为，密切包含相互理解、共同享有的特殊信息史以及情感的交流。这一密切性和共同享有特殊信息的历史显然含着信任，即不会在公众场合将相互袒露的信息和情感用来损害家庭生活。[①] 在这种解释之中，可以归纳出他们所理解“密切关系”的要素包括：理解、情感的交流和信任，而双方交流和信任的基础及结果就是共同享有特殊的信息史。还有学者认为，“亲密关也称为‘伴侣关系’（partnership），是建立在信任基础上的两个个体（通常是一男一女）之间合作的社会原则（social Principle），或是具有不同目标的个体通过妥协，共同实现他们的目标而建立起来的关系”。[②] 这种理解下的亲密关系更多地表现为利益关系，而组成亲密关系的核心是两者之间的信任。

上述学者对亲密关系的分析，为我们剖析密切关系的结构提供了重要的线索。密切关系是情感的一种体验，密切关系的双方因为血缘、亲情或共同的爱好、兴趣而产生彼此愿意交往和相互认同的情感，进而在情感的不断交流过程中逐步形成相互之间的理解和信任，这种情感和信任满足了当事人双方精神上或物质上的需求，使双方所追求的利益最终得以实现。情感是密切关系的核心，信任是密切关系的事实基础，而利益则是密切关系追求的目标。因此，密切关系表现为情感—信任—利益的三要素关系。具体如下：（1）情感是密切关系的心理要素。人是具有情感的高级动物，没有情感，也就没有密切关系的存在。正如有学者指出的，“中国人的生活圈子，以家族的血缘关系为核心，逐步外延，形成由老乡关系组成的乡缘，校友关系组成的学缘和旧同事关系组成的业缘。无论是血缘、乡缘、业缘，都无一例外地建立在情感的基础之上”。[③]（2）信任是密切关系的事实基础。互为情感的双方，通过相互不断地沟通与交流，产生了“特殊的信息史”，形成了对事物的共同看法和观点，拥有为双方所共有、共享而不为他人所知或不愿意为他人所知的事实，这就形成了信任关系。情感是信任产生的基础，信任是情感的升华和表现。（3）利益是密切关系的最终追求。这里所说的利益，不单是经济学意义上的利益，而是指人的各种需求的满足。有的表现为生理的满足，有的表现为安全的满足，而有的则表现为自我实现的满足。利益的实现或者说需要的满足，是密切关系产生的最初动因，也是密切关系追求的最终目标，它推动着密切关系向前发展并使密切关系达到一个稳定的状态。

---

① 参见［澳］唐·埃德加、海伦·格莱泽：《家庭与亲密关系：家庭生活历程与私生活的再建》，仕琦译，载《国际社会科学杂志》（中文版）1995年第1期。

② 参见苏彦捷、高鹏：《亲密关系中的日常冲突及其解决》，载《应用心理学》2004年第2期。

③ 李锡海：《文化与犯罪研究》，中国人民公安大学出版社2006年版，第266页。

总之，密切关系的双方通过情感的联结，信任的获取，从而使关系双方当事人实现各自的利益，达到其各类各层次需要的满足。情感、信任、利益共同构成了密切关系的结构要素，三者缺一不可。

（二）“密切关系”的形成基础

密切关系不会无缘无故地产生，它是建立在一定的基础之上的，这个基础是密切关系形成的原因和得以发展、巩固的“土壤”。有了这个基础，人们才得以相遇且相互交往，最后发展为密切关系；没有这个基础，双方联系交往的可能性就会被切断，自然不可能建立起密切关系。判断密切关系的形成基础，是界定密切关系的前提和客观条件，对于认定是否存在密切关系及存在怎样的密切关系具有十分重要的作用。将人们的各种交往联系进行分类，可以看出，密切关系的形成基础可以归纳为“血缘、姻缘、地缘、业缘、情缘”五种。

“血缘和姻缘”，是指由婚姻和生育而形成的人际关系。血缘来自于出生，具有不可选择性；姻缘来自于两性的结合，是与血缘不同的关系基础。“地缘”，是指生活在同一空间而产生联系。“业缘”，是指在从事工作或进行某项事业中形成的联系。这里的“业”，不仅仅指人们狭义中理解的事业，而且包括学业、棋业、球业、兴趣等其他一切共同从事的事情。“情缘”，指单纯基于情感而产生的联系。前文论述过，密切关系的核心是情感，血缘、姻缘、地缘、业缘无一不是以情感为中心而联系起来的，情缘似不应单独作为密切关系的基础条件，并且密切关系的形成基础是一个客观要件，是密切关系产生发展的土壤，而情感是一个主观的东西，似乎无法成为密切关系形成的客观基础。笔者认为，情缘也是密切关系产生和发展的基础之一。因为除了上述的血缘、姻缘、地缘、业缘外，确实存在一些单纯依靠情感而产生的密切关系。例如网上偶然结识的朋友，火车上遇到的知己，人海之中邂逅的恋人等。它的产生，仅仅是出于个人内心单纯的情感，在某一个特殊的时间、特殊的地点引起了双方相互的认同和思想的共鸣。这时的“情”，就不再单纯是一个主观的情感，而是有其客观基础的，即在特定条件下，主观的情与特定的时空相结合，形成为客观的基础，这就是“情缘”。

根据以上对密切关系结构及形成基础的分析，可以给密切关系下一个基本的定义，即密切关系是指人们基于血缘、姻缘、地缘、业缘、情缘，在与他人的交往过程中为满足需求、追求利益而形成的以情感为中心，以信任为基础的一种联系。探讨我国刑法中的“密切关系人”，当然不能脱离密切关系的基本属性。刑法中的密切关系人，与一般意义上的密切关系人不同，密切关系的一方必须是国家工作人员或者离职的国家工作人员，是国家工作人员或离职国家工作人员的密切关系人。据此，我国刑法中的“密切关系人”，是指基于血缘、姻缘、地缘、业缘、情缘等条件，为满足一定需求、追求一定利益而与国家工作人员或离职的国家工作人员建立了情感上的联系，并形成了信任关系的人。

在实践中，常见的密切关系人包括以下几类：（1）非近亲属关系的其他亲属。近亲属当然属于普遍意义上的密切关系人，但由于我国刑法将近亲属与密切关系人并列作为利用影响力受贿罪的主体，因此，这里的密切关系人就再不包括近亲属。在一些家庭中，有的非近亲属关系的亲属间实际上共同生活在一起，其相互之间的情感及信任程度并不亚于近亲属；还有一些人由于家庭中的特殊原因，与某个非近亲属的亲属具有特殊的联系与情感，例如由该亲属扶助抚育长大，或者受该亲属教育帮助较多，或者与某个非近亲属的其他亲属一同生活长大等，这些特殊的生活经历造就了双方密切关系的形成。（2）基于地缘而产生情感形成信任关系的老乡、邻居。地域将人们之间的关系拉近，形成了对特定环境中的人和事物的共同的认识和记忆，满足了人类对乡土的本能情感和需要，可能产生相互之间的密切关系。（3）基于“业缘”而形成相互理解和沟通的同事、同学、师生、战友。现代社会经济迅速发展，组织结构日渐复杂，在共同的职业环境中，人们的经济来源、事业追求、价值实现甚至个人爱好紧紧地联系在一起，也可能产生相互之间的密切关系。（4）基于“情缘”而产生吸引、认知、认同等精神的需要知己、恋人、情人等。

（三）“密切关系”的时间认定问题

关系是人与人之间相互联系的一种状态，它是一个动态的过程。对于密切关系而言，有现在的密切关系，有过去的、曾经的密切关系。既然密切关系是一个动态的过程，那么密切关系人中“关系”的“密切”，应以什么时间为判断标准；有学者指出，“关系”是否“密切”，主要是看双方平时的关系如何。① 笔者认为，以双方平时的关系来确定是否密切，是将“关系”和“密切关系”置于一个静止的状态中，立足于现在，考察从过去以来一直到现在双方关系存在的状况。这就存在两个问题：一是密切关系并非一个静态过程。二是如果关系人 A 与国家工作人员 B 在以前交往甚密，在此期间利用国家工作人员 B 为他人谋取了不正当利益并索取、收受他人财物，之后 A 与 B 关系发生变化，不再往来且经历很长时间之后，某一日案发。如果在案发后分析 B 与 A“平时”的关系，因为两人已经很久没有往来，平时关系肯定是淡薄稀疏，但仅以此为据，排除 A 是国家工作人员 B 的密切关系人，恐怕是不妥的。因此，不能以平时双方的关系来认定关系是否密切。笔者认为，认定“密切关系”的时点应为“行为时”，即实施影响力并索取、收受他人财物时，与国家工作人员的关系是否密切来进行判断。无论之后其与国家工作人员是

---

① 参见王荣利：《反腐新罪名不会成为贪官的“免罪符”》，载《法制日报》2009 年 4 月 3 日。

否仍然关系密切，均可认定为密切关系人。但是还有一种情形，即行为人实施利用国家工作人员的职权行为时，双方并没有达到关系密切的程度，而后双方交往进一步深入，发展成为密切关系人，即行为时双方并不是密切关系人，行为后成为密切关系人的如何处理？笔者认为，这种情况下，行为人仍然可以成为刑法受贿犯罪规制的主体。这是因为，行为人事实上实施了对国家工作人员的影响力，至于其与国家工作人员先有密切关系而后实施利用影响力的行为，还是先实施利用影响力行为，再成为密切关系人，两者并没有实质上的区别。根据以上分析，笔者认为，认定密切关系应以“行为时”的关系是否密切为原则，以“行为后曾经具有密切关系”为补充。具体而言，就是行为人实施对国家工作人员的影响力，通过国家工作人员的职权行为为他人谋利益并索取、收受他人财物时，如果与国家工作人员具有密切关系，无论之后双方的关系如何，均能认定为密切关系人。如果行为时与国家工作人员没有密切关系，行为后双方形成了密切关系，无论现在是否还仍然保持密切关系，也都能认定为密切关系人。

（四）认定“密切关系人”应把握的原则

我国刑法中利用影响力受贿罪主体与《联合国反腐败公约》（以下简称《公约》）中影响力交易罪的主体存在一定差别。根据《公约》的规定，影响力交易罪的主体为一般主体，即“公职人员和其他任何人员”都能构成犯罪，这里的任何人员并没有作任何限制。我国利用影响力受贿罪的主体规定，呈现出自身的特色，一方面向《公约》靠近，将主体扩大到非国家工作人员，另一方面又没有全部予以接收，而是采取了折中的办法，将国家工作人员和离职国家工作人员的近亲属、密切关系人以及离职国家工作人员规定为其主体。

因此，密切关系人作为利用影响力受贿罪的主体，是以特殊主体身份的形式加以规定的。既然是特殊主体，就不能将密切关系人无条件地泛化，否则，密切关系人就失去了其特殊主体的地位，沦为事实上的一般主体，这显然不是立法者的初衷。也就是说，在认定密切关系人时要严格把握，有所限制，不能将所有有来往的关系人都认定为密切关系人，这是认定密切关系人首先必须把握的原则。

同时，从利用影响力受贿罪的产生上，可以看出该罪是立法者打击国家工作人员受贿罪时出于功利性考量的结果。由于反腐败斗争的深入开展，遇到了许多新情况、新问题，不仅出现了特定关系人收受财物这一较为普遍的现象，而且一些人利用与国家工作人员的特殊关系，打着国家工作人员的旗号为请托人谋取不正当利益，从中索取或者收受请托人财物的现象也时有发生。由于密切关系人、近亲属与国家工作人员有着特殊的关系，使得他们在被查处的关键时候相互兜揽责任，给犯罪分子以可乘之机。设定利用影响力受贿罪，不仅封堵了关系人借权敛财之路，而且还有利于查清关系人背后的国家工作人员受贿罪。正是立法上这样的功利性考虑，利用影响力受贿罪的主体就应该主要是国家工作人员的“身边人”。无怪乎一些媒体在解释和报道利用影响力受贿罪时，有了“剑指身边人”这样的话语。① 笔者认为，在认定密切关系人时，也应将是否为“国家工作人员身边人”、“离职国家工作人员身边人”作为密切关系人的重要判断标准。

综上所述，笔者认为，认定我国刑法中的密切关系人，首先要从密切关系的形成基础出发，看有无密切关系形成的可能性和源于何种密切关系；其次结合密切关系的三要素即情感、信任、利益，判断是否存在实质上的密切关系；最后综合判断其是否为国家工作人员、离职国家工作人员的“身边人”。只有这样，才能做到遵循立法原意，不枉不纵。

二、“密切关系人”与“近亲属”

《刑法修正案（七）》将“近亲属”和“密切关系人”并列作为利用影响力受贿罪的主体，有必要厘清两者之间的关系。

（一）“近亲属”的范围认定

考察我国现行法律及司法解释，可以看到，近亲属范围的规定是不尽一致的。《刑事诉讼法》第106条第6项规定：近亲属是指夫、妻、父、母、子、女、同胞兄弟姊妹。1988年最高人民法院《关于贯彻执行〈中华人民共和国民法通则〉若干问题的意见（试行）》规定：“民法通则中规定的近亲属，包括配偶、父母、子女、兄弟姐妹、祖父母、外祖父母、孙子女、外孙子女。”其范围除了刑事诉讼法中规定的“夫、妻、父、母、子、女、同胞兄弟姊妹”外，还包括“祖父母、外祖父母、孙子女、外孙子女”，明显宽了很多。2000年最高人民法院《关于执行〈中华人民共和国行政诉讼法〉若干问题的解释》第11条中对近亲属的解释为：“行政诉讼法第二十四条规定的‘近亲属’，包括配偶、父母、子女、兄弟姐妹、祖父母、外祖父母、孙子女、外孙子女和其他具有扶养、赡养关系的亲属”，除了民法中所列的近亲属外，还包括“其他具有扶养、赡养关系的亲属”，范围最为广泛。那么，认定我国受贿犯罪中的“近亲属”，应当以哪个规定为准？

我国目前对亲属关系采取的是单行立法模式，近亲属范围在不同法律间存在不同规定，这破坏了法律体系的统一性和协调性，造成了实践中争议不休、不同诉讼对近亲属认定不一的尴尬状况。因此，从立法上统一近亲属的范围十分必要。在当前立法没有对近亲属范围作出统一规定的情况下，笔者认为，可以刑事诉讼法规定

---

① 参见徐伟、林燕：《反腐新罪名剑指国家工作人员“身边人”》，载《法制日报》2009年10月19日第5版；徐伟：《利用影响力受贿罪剑指身边人》，载《法制日报》2009年12月25日第5版。

的近亲属范围来确定。

（二）“密切关系人”和“近亲属”的基本特征

近亲属和密切关系人作为刑法中利用影响力受贿罪的主体，有着共同的基本特征，主要表现在：

1. 身份判断上的依附性。作为我国刑法中的一类特殊主体，近亲属和密切关系人是以国家工作人员或离职的国家工作人员的近亲属或密切关系人的身份出现的。近亲属和密切关系人身份的认定必须依附于国家工作人员或者离职的国家工作人员，以他们为基点，结合近亲属和密切关系人的构成要素具体判定。

2. 犯罪主体上的独立性。《刑法修正案（七）》将近亲属与密切关系人规定为利用影响力受贿罪的主体，表明近亲属与密切关系人作为受贿犯罪主体的独立性，即在其与国家工作人员没有共同的受贿故意、共同的受贿行为的情况下，可以单独构成利用影响力受贿罪。

3. 实施行为的中介性。近亲属、密切关系人本身并没有职权，其收受他人财物，为他人谋取不正当利益需要与其具有近亲属或密切关系的国家工作人员职务上的行为，或者利用该国家工作人员职权、地位上的影响，通过其他国家工作人员职务上的行为完成。近亲属、密切关系人在行贿人（请托人）与国家工作人员（包括与其具有近亲属或密切关系的国家工作人员和受该国家工作人员职权或地位影响的其他国家工作人员）之间起着“桥梁纽带”的中介作用。正是因为密切关系人从中牵线搭桥，才使相关国家工作人员利用职务上的便利为他人谋取不正当利益这一行为得以实现。

（三）“密切关系人”和“近亲属”的本质属性

我国刑法为什么要将近亲属与密切关系人并列规定为利用影响力受贿罪的主体？它们之间有何相通？这里就涉及密切关系人与近亲属本质属性的问题。

笔者认为，刑法将密切关系人与近亲属并列规定为利用影响力受贿罪的主体，不仅在于其身份上的特殊性，更重要的是，由于这种特殊的身份，使其能够让与之具有特殊关系的国家工作人员利用职务上的便利为请托人谋取不正当利益，或者能够利用与之具有特殊关系的国家工作人员的职权、地位形成的便利条件，通过其他国家工作人员的职权行为为请托人谋取不正当利益，从而索取或收受请托人的财物。近亲属和密切关系人正是因为这种特殊身份，才能够产生对国家工作人员的影响力。因为人们往往对于越是与自己亲近的人越有帮助的义务，这是人情之所在。近亲属也好，密切关系人也罢，实际上都是基于特殊的身份而产生了对国家工作人员职务行为的影响力，这便是近亲属和密切关系人的本质属性。这种影响力不仅发生在与之具有特殊关系的国家工作人员之间，而且还由此辐射到受该国家工作人员职权、地位影响的其他国家工作人员。因此，具有对国家工作人员或其他国家工作人员的影响力，是近亲属和密切关系人的本质属性。

所谓影响力，是指一个人在与他人交往的过程中影响或改变他人心理、行为的一种能力。从性质上看，影响力可分为权力性影响力和非权力性影响力。权力性影响力也称强制性影响力，它是指权力者在组织中担任了一定的职务，所具有的与职务相关的影响力。非权力性影响力也称为自然性影响力。非权力性影响力来自于行为者自身的因素，包括知识、品格、才能、情感、资历等个人因素，即个人威望所产生的影响力。① 权力性影响力具有职权性、强制性和服从性等特点。非权力性影响力不是来自于职权，而是基于影响者和被影响者内在的因素，这种影响力不具有强制性和服从性，被影响者有选择自己行为的自由。

密切关系人与近亲属对国家工作人员的影响力，显然不是权力性影响力。即近亲属或密切关系人均不具有左右国家工作人员或其他国家工作人员职务行为的职权，国家工作人员或者其他国家工作人员在利用职权为请托人谋取利益方面均具有选择的自由，可以“为”，也可以“不为”，不存在必须进行某项职务行为的强制性和服从性。因此，近亲属和密切关系人对国家工作人员或者其他国家工作人员是一种非权力性的影响力。并且，这种非权力性影响力表现在“直接利用国家工作人员”与“利用其他国家工作人员”中的影响因素是不相同的。在“直接利用国家工作人员”时，国家工作人员之所以为请托人谋取不正当利益，是因为其近亲属、密切关系人从中斡旋，而自己与该近亲属、密切关系人有着情感的存在。此时，“情感”就是非权力性影响力的影响因素。而“利用其他国家工作人员”时，被利用的其他国家工作人员之所以通过自己的职权行为为请托人谋取不正当利益，不是基于其与斡旋人本身有着某种情感，而是因为他认识到斡旋人是国家工作人员或离职国家工作人员的近亲属、密切关系人，而自己受该国家工作人员职权、地位或该离职国家工作人员原职权、地位的制约、影响，考虑到该国家工作人员或离职国家工作人员的“人情”或“面子”，才为请托人谋取不正当利益的。此时，“国家工作人员或离职国家工作人员的人情或面子”就是这种非权力性影响力的影响因素。

通过以上分析可以得出，近亲属和密切关系人的本质属性是具有对实施职权行为的国家工作人员或其他国家工作人员的影响力。而这种影响力的影响因素表现为国家工作人员的“情感”或者国家工作人员、离职国家工作人员的“人情”、“面子”。

---

① 参见陈正云、李翔、陈鹏展：《联合国反腐败公约——全球反腐败的法律基石》，中国民主法制出版社2006年版，第80页。

（四）“密切关系人”与“近亲属”的关系

如前所述，密切关系人与近亲属具有许多相同的基本特征，其本质属性也一样。同时，从法条的规定和近亲属的特点来看，近亲属当然也是“与国家工作人员或离职国家工作人员关系密切的人”。这是两者的相通之处，也是我国刑法将两者都作为利用影响力受贿罪主体的原因之一。

但是，也应该看到，我国刑法将“近亲属”与“密切关系人”并列规定为利用影响力受贿罪的主体，近亲属与密切关系人在范围上就是相互排斥的。《刑法》第 388 条之一第 1 款规定：“国家工作人员的近亲属或者其他与该国家工作人员关系密切的人”；其第 2 款规定，“离职的国家工作人员或者其近亲属以及其他与其关系密切的人”。由此可见，近亲属并不属于密切关系人范围，而密切关系人也不是近亲属，两者范围相互独立，互不包含。如果属于近亲属，则不属于密切关系人。同样地，如果属于密切关系人，也必定不是近亲属。《刑法修正案（七）》中“或者”、“其他”等词语清楚地表明了近亲属与密切关系人之间逻辑上的排斥性。

笔者认为，理顺密切关系人与近亲属之间的关系，不仅从刑法主体地位上将两者予以厘清，而且对实践中犯罪主体的认定也具有积极的作用。作为利用影响力受贿罪的主体，必须是与国家工作人员或者离职的国家工作人员具有近亲属关系或密切关系的人。然而何为关系密切，是一个价值判断的过程，需要侦查人员或法官在基本事实的基础上进行理性的综合评判分析，这就为该罪主体的认定增添了许多难度。《刑法修正案（七）》将近亲属单独列出来，其作用主要有二：一是示范提示作用，表明近亲属即是“与国家工作人员或离职的国家工作人员关系密切的人”的一种。其他非近亲属的主体必须与近亲属具有质的同一性，即像近亲属一样，与国家工作人员或离职的国家工作人员具有某种特殊的关系，否则不能成为利用影响力受贿罪的主体。这就为密切关系人的认定提供了一个基本线索。二是证明简化的作用。即一般情况下，只要证明行为人是国家工作人员或者离职国家工作人员的近亲属，即可认定其与该国家工作人员或离职的国家工作人员关系密切，除非有否定性的证据存在，否则无须再进行其他的价值判断。这与认定密切关系人在程序上有着根本的不同。如前所述，认定密切关系人必须首先从密切关系的形成基础出发，看有无密切关系形成的可能性和源于何种密切关系；其次结合密切关系的三要素即情感、信任、利益，判断是否存在实质上的密切关系；最后综合判断其是否为国家工作人员、离职国家工作人员的“身边人”。近亲属的认定则省去了这些复杂的程序，它是从亲属法的角度，对行为人的身份关系进行的事实判断，这种判断与前述密切关系人的价值判断不同，能够基于单纯对事实的认识而确定，相对简单和固定。这就简化了利用影响力受贿罪主体在司法实践中的证明程序，不仅大大减轻了司法机关的证明负担，而且使执法更为准确划一。

三、"密切关系人"与"特定关系人"

在密切关系人规定于《刑法修正案（七）》之前，最高人民法院、最高人民检察院在2007年联合发布的《意见》中出现了与密切关系人内涵十分相近的一个概念——"特定关系人"。该《意见》第11条对特定关系人作出了解释：本意见中"特定关系人"，是指与国家工作人员有近亲属、情妇（夫）以及其他共同利益关系的人。正确把握"密切关系人"与"特定关系人"两者之间的联系与区别有助于准确运用刑事法律和司法解释打击受贿犯罪。

（一）"特定关系人"的范围

根据"两高"《意见》，特定关系人包括三类：一是近亲属，二是情妇或情夫，三是其他共同利益关系人。"近亲属"的范围前文已有论述，这里就不再重复。第二类是情妇或情夫。"情妇（夫）"并不是一个法律用语。有观点认为，"情妇（夫）"是指除行为人配偶以外，与行为人长期保持不正当两性关系的人。[①] 有的则认为，这里的长期一般理解为3个月以上，偶尔发生不正当性关系的不能认定为情妇（夫）。认定情妇（夫）不必以同居为必要条件，在特殊情况下发生不正当关系时间较短，即使在3个月以内，亦可以成为收受贿赂的特定关系人。[②] 有的认为，以发生不正当关系3个月以上时间来界定是否属情妇（夫）既不合理，也不能完全体现立法原意。"情妇（夫）"应是对婚姻以外，但与当事人具有超出一般男女关系的特殊异性关系人的归纳，他们之间的特殊感情应主要从心理特征、感情程度以及双方利益关系等方面把握，并不以非法同居和同居时间长短为必要要件。即使有过一两次不正当关系，但此后保持不断联系或交往的，也不能排除属情妇（夫）。[③] 对于"其他共同利益关系的人"，有观点认为，对于共同利益关系的理解，应注意把握两点：一是共同利益关系主要是指经济利益关系，纯粹的同学、同事、朋友关系不属于共同利益关系；二是共同利益关系不限于共同财产关系。[④] 还有观点认为，"其他共同利益关系"是指除"近亲属"和"情妇（夫）"之外，基于某种特殊利益，在当事人之间产生的一种"可靠的"关系。这种特殊利益关系不仅包括财产关系，还包括政治利益关系和亲情利益关系等，如特殊的上下级关

---

① 参见陈正兵：《如何认定特定关系人受贿》，载《检察日报》2007年8月17日第3版。

② 参见顾若瑜：《试论"特定关系人"界定的重要性》，载《云南警官学院学报》2008年第4期。

③ 参见孟庆华：《"特定关系人"构成受贿共犯的界定问题探讨》，载《山东警察学院学报》2009年第4期。

④ 参见刘为波：《关于办理受贿刑事案件适用法律若干问题的意见之解读》，载《人民法院报》2007年7月17日第6版。

系、非近亲属的亲情关系。① 可见，对于特定关系人中近亲属、情妇（夫）、其他共同利益关系人的界定众说纷纭，没有形成较为统一的定论。

笔者认为，“两高”《意见》将收受财物的第三人限定为一定关系的人，是基于一定合理的考虑的。特定关系人的存在是贯彻宽严相济的刑事政策、限定刑事处罚的体现。只有具备这种特定关系的人收受财物，才能在人们的意识形态中或者在获取利益的实质上与国家工作人员本人收受财物一样。因为，即使刑法理论和刑事立法没有将“本人实际拿到好处”作为受贿罪的构成要件，在中国这样一个传统的人情大国里，国家工作人员利用职务便利为请托人谋取了利益，指示请托人将财物给予无关的第三人，但本人并没有从中得到任何好处，在一般人的观念中，是难以与受贿罪建立起必然的联系的。因此，收受财物的第三人必定会有所限制，这就是“特定关系人”。正是由于这种特定关系的存在，使他们收受财物与国家工作人员本人收受财物具有同等的价值。这种价值同等性表现在，能够为国家工作人员带来现实的经济上的利益，从而使国家工作人员通过运用权力获取财物的权钱交易得以实现。

基于“特定关系人收受财物具有与国家工作人员本人收受财物价值的同等性”出发，才可能正确把握“两高”《意见》中的特定关系人。近亲属，因为与国家工作人员具有血亲、姻亲关系，相互处于经济共同体的地位，因此，他们收受财物能视为国家工作人员本人收受财物。对情妇（夫）与其他共同利益关系人的把握也应以此为原则。

受贿犯罪规制下的“情妇（夫）”，并不要求与现实生活或人们观念中的情妇（夫）概念完全一致，当然它一定是根植于人们观念中对事物的基本认识而不能脱离此种认识，但更主要的是要考虑法律的现实需要和立法者设置此规定的本意和初衷，否则，情妇（夫）这一概念的外延和形式多种多样，永远不能穷尽其内容。本着“特定关系人收受财物具有与同国家工作人员本人收受财物价值的同等性”和实践中的可操作性原则，笔者认为，情妇（夫）包括两种情况：一种是单纯的情感上联系的情人关系。如果双方均承认或者有足够的证据证实两人确实存在两性关系，且两人在情感上保持较为稳定的关系，即可以认定为情妇（夫）。此时，不论行为人一方或者双方是否存在婚姻关系，即使两人均为未婚，也可认定为情妇（夫）。这种情妇（夫）在实践中认定难度较大，必须以双方共同的认可或者有足够的证据证明才可以认定。另一种就是指婚姻以外，以两性关系为基础，具有经济上支撑或扶助关系的人，双方互为情妇和情夫。形成了包养关系的当然能认定为情妇（夫），除此之外，经常性地给予经济上的扶助，当然，这里所说的“经济上的

---

① 韩黎：《对“特定关系人”挂名领取薪酬和收受贿赂的理解》，载正义网，2008 年 9 月 3 日，http：//www. jcrb. com/xueshu/zxsd/200809/t20080903_ 69261. html。

扶助”不是偶尔赠送礼物之类，而是这种扶助成为对方经济生活中的一部分，即可成为认定情妇（夫）的依据。

同样地，“其他共同利益关系人”也需依照“与国家工作人员本人收受财物具有价值的同等性”及宽严相济的原则来认定。笔者认为，共同利益关系主要是指经济利益关系。“共同经济利益关系人”，是指事实上存在一定的经济利益关系，如财产的共同所有、占有，相互间借贷、租赁、雇佣关系等，双方互为经济上的权利主体或义务主体。由于经济关系的存在，一方负有向对方给付金钱或财产的义务。国家工作人员授意请托人将财产给予其经济利益关系人，要么用以补偿或冲抵其以前所负经济上的债务，要么使经济利益的相对方承担对自己的经济义务，实质上都表现为其本人财产的增加，所以能视为国家工作人员本人收受财物。

（二）“密切关系人”与“特定关系人”的相通之处

密切关系人与特定关系人具有许多类似的地方，主要表现在：首先，两者均属于国家工作人员关系人的范畴，都与国家工作人员有着这样或那样的联系。其次，两者都是针对受贿犯罪而由立法或司法解释予以规定，在一定条件下均可以成为受贿犯罪的主体。从构成要件要素的分类来看，两者均属于规范的构成要件要素，都需要进行价值判断。最后，两者在范围上也都与国家工作人员的近亲属存在一定的逻辑关系。

（三）“密切关系人”与“特定关系人”的区别

虽然密切关系人与特定关系人有许多相似之处，但是两者仍然存在重要的区别，主要表现在：

1. 密切关系人是受贿犯罪的主体，而特定关系人不能单独构成受贿犯罪。我国《刑法修正案（七）》利用影响力受贿罪分别规定了五类犯罪主体，分别是国家工作人员的近亲属、国家工作人员的密切关系人、离职的国家工作人员、离职的国家工作人员的近亲属、离职国家工作人员的密切关系人。密切关系人与国家工作人员在有共同的受贿故意和共同的受贿行为的情况下可与国家工作人员一同成立受贿罪的共同犯罪。但密切关系人利用其与国家工作人员的特殊关系，通过国家工作人员的职权行为为他人谋取不正当利益，或者利用该国家工作人员职权或者地位形成的便利条件，通过其他国家工作人员的职权行为为请托人谋取不正当利益，自己从中索取请托人财物或者收受请托人财物的，如果被利用的国家工作人员并不知情，国家工作人员并不构成受贿罪，但是，此时密切关系人仍然可以单独构成利用影响力受贿罪。而特定关系人构成受贿罪不能脱离国家工作人员，其与国家工作人员通谋，通过国家工作人员的职务行为，为请托人谋取利益，自己从中收受财物的，只能与国家工作人员一同以受贿罪共犯的形式出现。在特定关系人与国家工作人员没有通谋，只是单纯收受财物的情况下，只有国家工作人员构成受贿罪，特定关系人并不构成犯罪。因此，密切关系人是以单独的犯罪主体的形式规定的，而特定关系人则是以表明国家工作人员的行为是否构成受贿罪以及是否与国家工作人员一同构成受贿罪共犯的形式出现的。

2. 两者的判断方式不一样。对特定关系人主要从关系的性质上认定，属于侧重形式的判断。只要行为人与国家工作人员有近亲属、情妇（夫）或者其他共同利益关系，就可以归入特定关系人的范畴。对关系密切人则主要从关系的程度上认定，属于实质性的认定，需要按照笔者前文所述的密切关系人认定的原则进行分析判断。情感是密切关系的心理要素，无论什么样的密切关系人，皆与国家工作人员建立了情感上的联系。而特定关系人则不必如此，例如“共同利益关系”中与国家工作人员有着共同经济利益关系的特定关系人，其成为国家工作人员的特定关系人只需要与国家工作人员有着诸如共同的财产、共同的投资、共同的经营等经济利益关系存在，而并不需要其与国家工作人员必须具有情感上的关联。

3. 在与“国家工作人员的近亲属”的逻辑关系上，特定关系人明确规定包括了近亲属，近亲属是特定关系人的表现形式之一。而密切关系人在利用影响力受贿罪中是作为与“近亲属”并列的主体而规定的。因此，密切关系人不包含近亲属。

4. 密切关系人不仅指国家工作人员的密切关系人，而且也包括离职的国家工作人员的密切关系人。而特定关系人仅针对国家工作人员而言，是国家工作人员的特定关系人，离职的国家工作人员的特定关系人不是法律所规制的对象。

5. 密切关系人与特定关系人的范围不一样，表现为有重合的交叉关系。由于两者是关系的不同类型，其外延也不尽相同。如前所述，“近亲属”是特定关系人的一种，而密切关系人则不包括近亲属，这是两者完全不相同的部分。情妇（夫）属于特定关系人，一般情况下也属于密切关系人，这是两者可能重合的部分。还有大量朋友关系、师生关系、战友关系、同事关系、老乡关系等，他们与国家工作人员没有共同的利益关系，不是特定关系人，但与国家工作人员有着情感上、地域上、职业上的信任关系，从而可能属于密切关系人。总的来说，密切关系人与特定关系人范围互为交叉，既有相互重合的部分，也有各自相异的部分。而“近亲属”加上“密切关系人”所组成的利用影响力受贿罪的主体，其范围则肯定要比特定关系人的范围要宽。如果将影响力交易主体仅限于“特定关系人”，则其内涵及外延明显过窄，不利于惩治腐败犯罪。

6. 为请托人谋取利益的种类不尽一致。密切关系人利用其影响力通过国家工作人员的职权行为为请托人谋取的利益必须是不正当利益才能构成犯罪。而国家工作人员授意请托人将财物给予特定关系人或者与特定关系人通谋受贿时，仅有“为请托人谋取利益”这一条件即可，不需要此种利益必须是不正当利益，即使为请托人谋取的是正当利益，也可构成受贿罪。

7. 刑罚的适用不一样。《刑法修正案（七）》对利用影响力受贿罪规定了单独的法定刑，密切关系人构成犯罪的，直接适用该罪的量刑条款，不必援引刑法总则中的量刑规定。而特定关系人构成犯罪的，必须同时适用受贿罪的法定刑条款以及刑法总则中有关共同犯罪的量刑规定。

（四）“密切关系人”与“特定关系人”的竞合

如前所述，密切关系人与特定关系人的范围不尽一致，但是两者确有诸多交叉重合的地方。例如国家工作人员的情人，是特定关系人的种类之一，属于国家工作人员的特定关系人。同时其与国家工作人员有着情感上的联结，并形成了相互之间的信任，与国家工作人员有着紧密的联系，当然属于国家工作人员的密切关系人。还有近亲属以外的其他亲属，例如堂兄弟姐妹、表兄弟姐妹、公公婆婆、丈人、丈母娘等，与国家工作人员可能存在共同的利益关系，可以成为国家工作人员的特定关系人。同时，如果他们与国家工作人员建立了情感、信任上的联系，就可能是国家工作人员的密切关系人。在上述两种情况中都产生了“密切关系人”与“特定关系人”身份竞合的问题。在发生竞合的情况下，行为人的身份如何认定？是认定为密切关系人，还是认定为特定关系人？

笔者认为，我国刑法中的“密切关系人”与“特定关系人”是不同时期我国对受贿犯罪进行规制的刑事政策和指导思想在立法和司法解释上的体现，“密切关系人”与“特定关系人”分别适用于我国受贿犯罪的不同情况。在目前的立法和司法解释的现状下，对“密切关系人”与“特定关系人”身份竞合的处理需要根据关系人实施行为的性质来分析确定，具体可以分为以下几种情况：

1. 国家工作人员利用职务上的便利为他人谋利益，授意请托人将财物给予关系人，而关系人并不知情。此时，涉及国家工作人员受贿罪是否成立的判断，对于关系人应认定为“特定关系人”。例如，某建筑承包公司在修建本市立交桥的过程中，私自降低建筑成本。为了通过工程质量检测，该公司经理甲找到负责审核该项工程的某建设局项目负责人乙，请求其予以关照。由于乙的关照，甲公司顺利通过检测。甲提出以本公司新增股份1万股感谢乙，乙让甲将该股份送给其情人丙，丙予以收受，丙对乙与甲之间的关系并不知情。本案中，乙利用职权为甲谋取利益并收受甲的财物，只是财物不是由乙占有，而由其情人丙占有，乙的行为是否构成受贿罪？此时，丙的身份是本案认定的关键：如果丙为乙的特定关系人，根据“两高”《意见》，则乙构成受贿罪；反之，则可能不成立受贿罪。因此，本案中丙作为乙的情人这一身份，应认定为国家工作人员的特定关系人。

2. 国家工作人员与关系人通谋，由国家工作人员利用职务上的便利为他人谋利益，而关系人收受他人所送财物。此时，涉及关系人与国家工作人员是否成立受贿罪的共同犯罪。根据“两高”《意见》第7条第2款的规定，特定关系人与国家工作人员通谋，实施第1款行为的，对特定关系人以受贿罪的共犯论处。尽管在该种情况下，关系人同时也构成利用影响力受贿罪，但涉及国家工作人员是否成立受贿罪判断，对关系人的身份仍然应认定为“特定关系人”，而不宜认定为“密切关系人”。

3. 关系人利用与国家工作人员的特殊关系，通过国家工作人员的职权行为为请托人谋取不正当利益；或者利用该国家工作人员职权、地位的影响，通过其他国家工作人员的职权行为为请托人谋取不正当利益，自己从中索取或收受请托人财物，而实施职权行为的国家工作人员对关系人敛财并不知情。这种情况下，关系人实施的是我国刑法规定的利用影响力受贿的行为，对关系人的身份就应认定为“密切关系人”，而不是“特定关系人”。

4. 关系人利用与国家工作人员的特殊关系，直接通过与之具有特殊关系的国家工作人员的职权行为，为请托人谋取不正当利益并从中敛财，实施职权行为的国家工作人员知道关系人从中敛财。按照国家工作人员与关系人是否存在通谋，可以分为两种情况：

（1）国家工作人员与关系人通谋，由国家工作人员利用职务上的便利为他人谋取利益，而关系人占有他人所送财物，这就回到了前述2的方面。由于国家工作人员这时本身构成受贿罪，关系人与之构成受贿罪的共犯，此时，对关系人应认定为特定关系人。

（2）国家工作人员与关系人没有通谋，国家工作人员单方面知道自己利用职权为他人谋取利益，关系人会从中获取财物，但关系人以为国家工作人员并不知情。由于关系人与国家工作人员并没有通谋，关系人的故意在于利用与之具有特殊关系的国家工作人员的职务行为为请托人谋取不正当利益，自己从中占有请托人的财物，其主观意图是背着国家工作人员自己单独敛财，而不是与国家工作人员一同索取或者收受贿赂。此时关系人实施的是利用其对国家工作人员的影响力从中受贿的行为，关系人构成利用影响力受贿罪，对关系人的身份应认定为国家工作人员的密切关系人，而不是特定关系人。

5. 关系人利用与之具有特殊关系的国家工作人员的职权、地位形成的便利条件，通过其他国家工作人员的职权行为为请托人谋取不正当利益并索取、收受请托人财物，实施职权的其他国家工作人员也知道关系人从中敛财。例如，某经济管理部门负责人甲男在一次工作会议上认识了某公司乙女，两人逐渐发展成为情人关系。乙女的朋友丙想承接某国有公司一招标项目，为了拿到该项目，丙找到乙女，请求其从中帮忙。乙女于是利用自己与甲男的这一特殊关系，找到该国有公司总裁丁，要求其将项目给丙做，并表明事成之后，丙会给予20万元好处费，届时自己会将其中的10万元分给丁。丁顾及甲男的职权和地位，也知道乙女与甲男关系非同一般，于是在招投标过程中给丙关照，使丙最后承接了该项目。事后，丙将20

万元好处费送给乙女，乙女将其中10万元给丁，遭到丁的谢绝。本案中，乙女是国家工作人员甲男的密切关系人，也是其特定关系人，但为请托人丙谋取不正当利益是通过“其他国家工作人员”丁的职务行为实施的。斡旋人乙女既不是实施职权行为的国家工作人员丁的密切关系人，也不是其特定关系人。即使丁知道乙从中敛财，但由于乙女不是其特定关系人，乙女收受财物的行为并不能说明国家工作人员丁本身具有受贿的犯罪故意，因此丁不能成立受贿罪。此时乙女单独构成利用影响力受贿罪。对乙女的身份就应当认定为国家工作人员甲男的密切关系人，而不是特定关系人。

综上所述，从目前的立法和司法解释来看，“特定关系人”与“密切关系人”是并行不悖的两个概念，各自在公务受贿犯罪的不同领域和不同情形中发挥着不同的作用，其身份的竞合应根据具体情况进行分析处理。总的来说，特定关系人适用于国家工作人员是否成立受贿罪以及是否与该国家工作人员构成受贿罪的共同犯罪的判断上；而密切关系人适用于行为人是否单独构成利用影响力受贿罪的判断上，这是在实然层面必须予以厘清的问题。同时，也应当看到，两者作为国家工作人员的关系人类型，其内涵相似；在外延上，两者的重合之处很多，在实践中要将两者完全区分开来确实存在难度。并且“特定关系人”与“密切关系人”身份出现竞合时，要根据行为的性质，国家工作人员是否明知，以及适用《刑法》第388条之一还是适用“两高”《意见》进行具体分析，判断过程复杂，这也为实践中的认定增添了许多困难。为此，笔者建议，在《刑法修正案（七）》颁布之后，取消“两高”《意见》中“特定关系人”这一概念，将其变更为“国家工作人员的近亲属或者其他与该国家工作人员关系密切的人”，使受贿犯罪领域中这两个关系人概念合一，从而在根本上消除两个概念适用上可能引发的混乱。

特定关系人受贿犯罪的法律定位及类型研究

尹　萍*

本文研究的特定关系人受贿犯罪，主要依据是最高人民法院、最高人民检察院2007年《关于办理受贿刑事案件适用法律若干问题的意见》（以下简称《意见》），以及2009年2月十一届全国人大常务委员会颁布的《中华人民共和国刑法修正案（七）》（以下简称《刑法修正案（七）》）涉及的特定主体受贿刑事案件。新出台的法律及司法解释解决了认识上存在的分歧，为惩治新型贿赂犯罪提供了依据，具有重要意义。

一、特定关系人受贿犯罪的法律定位

（一）犯罪主体扩大化背景下的定位

近年来，非国家工作人员与国家工作人员共同受贿犯罪问题开始显露，如何针对领导干部"身边人"受贿犯罪定罪处罚成为学界和实务部门关注的焦点。2007年"两高"《意见》明确以司法解释的形式规定特定关系人受贿问题，继承发展非国家工作人员受贿罪的立法形式，将主体范围扩大到非国家工作人员，《刑法修正案（七）》进一步以刑法的形式明确非国家工作人员单独构成受贿罪的立法例，犯罪主体从"国家工作人员"延伸至"国家工作人员的近亲属或者其他与该国家工作人员关系密切的人"，以及"离职的国家工作人员或者其近亲属以及其他与其关系密切的人"。

（二）犯罪对象多样化背景下的定位

贿赂犯罪侵犯的法益是国家工作人员行为的不可收买性，收买职务行为的手段并不限于财物，还可以是其他财产性利益。随着人们消费方式和收入途径呈多元化态势，可供人们支配的利益在载体与表现形式上越来越丰富、越来越复杂，许多非物质利益都可以转化为财物，如债权的设立、债务的免除、免费旅游、提供出国机会、晋职晋级等都可以增加财产，应当做受贿认定。为了逃避打击，行贿人变换方

---

* 武汉市人民检察院反渎职侵权局助理检察员。

法手段，以各种财产性利益贿赂国家工作人员的现象大量存在，其危害性与以财物为贿赂并无本质区别，如果将贿赂范围仅限于“财物”，已经不能适应治理腐败的需要，限制了打击面，不利于惩治违法犯罪。“两高”《意见》对于实践中反映出的不直接体现为财物的受贿方式作出了规定，在特定关系人受贿问题上，特别以第6条特定关系人挂名领取薪酬作出了明确规定，将贿赂的范围扩大，将“挂名领薪”作为受贿对象之一。笔者认为凡是能够满足人的需要或欲望的利益，都可以成为受贿罪的犯罪对象。作为受贿罪犯罪对象的贿赂而言，具备两个条件即可：一是与职务行为的关系性，即贿赂必须是作为职务行为以及与职务行为有密切关系；二是与职务行为之间的对价性，但这种对价关系只要具有针对一定职务行为所实施的抽象的、概括的回报性质就足够判定了，而不要求各个职务行为和该利益之间具有对价关系。给予特定关系人财物的形式也逐渐全面和多样化，如交易、干股、投资、理财、赌博、挂名领薪等。

二、特定关系人受贿犯罪的类型研究

根据“两高”《意见》和《刑法修正案（七）》，将特定关系人收受贿赂的犯罪划分为两大类型：一是国家工作人员或特定关系人单独构成犯罪；二是特定关系人与国家工作人员通谋，收受贿赂，构成共同犯罪。

（一）单独构成犯罪的情形

需要指明的一点是，单独构成犯罪这一表述出于区分共同犯罪情形的目的，事实上单独构成犯罪的主体并不仅指特定关系人，在《意见》第7条第1款中为国家工作人员，在《刑法修正案（七）》第13条第1款中为“关系密切的人”。

国家工作人员单独构成受贿罪。“两高”《意见》第7条第1款规定：“国家工作人员利用职务上的便利为请托人谋取利益，授意请托人以本意见所列形式，将有关财物给予特定关系人的，以受贿论处。”这里的“授意”，既包括国家工作人员主动要求或者指使请托人，也包括经请托人提议，国家工作人员明确认可、同意采取意见所列形式，将有关财物交给特定关系人。国家工作人员要求或暗示请托人向第三者特定关系人提供贿赂的现象在现实生活中并非少见。相关案例如下：

案例1　被告人林某，在担任某集团公司总经理期间，利用职务之便，先后多次向与集团有业务往来的某制衣厂报销由其儿子和朋友提供的发票若干份，共计人民币5万余元，钱款由其儿子和朋友拿走；并且，曾授意与集团公司有业务往来的某有限公司总经理王某用其公司的款项25万元，购买了一套房屋，房屋产权登记的是与林某有两性关系的情人李某。①

① 毕志强等：《受贿罪定罪量刑案例评析》，中国民主法制出版社2003年版，第174页。

对于此案有不同的处理意见，有论者认为因为钱款并非被告人林某所得，其主观上也无收受贿赂或者索取贿赂的故意，客观上也没有实施现行《刑法》第385条规定的犯罪行为，因此林某不构成受贿罪。[①] 对于此案中林某行为如何认定，根据《意见》不难得出，应以受贿罪论处。笔者分析如下：

1. 从受贿罪的立法形式看，我国刑法学界大多认为受贿罪侵犯的是国家工作人员的职务行为的廉洁性。[②] 保障权力公正行使最起码、最基本的措施，就是防止权力与其他利益相互交换。国家工作人员要求或暗示请托人向特定关系人提供财物，该特定关系人必定与国家工作人员具有某种密切关系，请托人必然认识到特定关系人和国家工作人员的密切关系，否则绝不会向特定关系人提供财物。因此，国家工作人员指使他人向特定关系人行贿，已经侵犯了职务行为的廉洁性与不可收买性，应以受贿罪论处。

2. 有论者认为“作为受贿行为，其本质是权钱交易、以权易钱，对于国家工作人员为他人谋利但将利益归于第三人，其本人没有实际拿到好处的，一概作为受贿处理，有违情理”。[③] 对此可以从以下角度加以反驳：国家工作人员利用职务之便为请托人谋取利益，收受请托人财物，并不一定将财物占为己有，授意请托人将财物给予特定关系人，相当于收受贿赂后的财物处理，国家工作人员具有接受行贿人财物的意图行为，只是在具体处置财物时，出于某种原因，将自己权力换得的财物转让给第三人，由第三人即特定关系人占有。

特定关系人单独构成受贿罪。我国刑法主要是以犯罪主体的身份差异为依据来建立受贿犯罪的罪名体系的，犯罪主体不同，受贿成立的要件也不同。因此，其中一类主体绝对不可能单独构成只有另一种身份主体才能构成的犯罪，例如非国家工作人员无法单独构成受贿罪。《刑法修正案（七）》在贿赂犯罪立法方面做出了一个重大修改，明确了国家工作人员的近亲属和其他与其关系密切的人在非共同犯罪的情况下可以单独构成受贿犯罪。

案例2　贾某系建筑材料供应商，经同乡介绍认识时任某国有房地产公司总经理的林某之妻秦某，林某所在的公司正在对建筑材料供应商进行框架招标，贾某的公司参与投标。贾某与秦某接触之后，提出请秦某在林某面前“美言”，林某随即命其秘书告知评标委员会成员照顾贾某的公司，后贾某公司中标。贾某单独邀请秦某吃饭时将五十万元感谢费给秦某，秦某将该五十万元存入自己账户。[④]

---

① 毕志强等：《受贿罪定罪量刑案例评析》，中国民主法制出版社2003年版，第178页。

② 高铭暄、马克昌：《刑法学》，北京大学出版社、高等教育出版社2000年版，第635页。

③ 陈国庆主编：《新型受贿犯罪的认定与处罚》，法律出版社2007年版，第53页。

④ 刘敬新：《“特定关系人”受贿问题探讨》，载《中国纪检监察报》2011年10月14日第7版。

对此案的分歧意见主要是：本案中是特定关系人单独构成受贿罪，还是国家工作人员与特定关系人构成受贿罪共犯。笔者认为，按照《刑法修正案（七）》规定，关系人必须“通过国家工作人员职务上的行为”。所谓“通过”，是利用、借助的意思，但是这种利用或者借助是以国家工作人员不明知为条件，具体有以下几种情况：一种是国家工作人员接受关系人的说情或者暗示，为请托人谋取不正当利益，但并不知道关系人索取或者收受请托人财物。另一种是关系人没有做出任何请求，但关系人凭借与国家工作人员的特殊关系，私自接受请托人的请托，收受请托人财物或者主动索取请托人财物，越过国家工作人员，在国家工作人员不知情的情况下，通过国家工作人员职务上的行为为请托人谋取不正当利益。

借此分析，此案中要根据侦查机关调查的结果，如果证据显示林某知晓妻子秦某收受他人财物，则林某构成受贿罪，秦某作为特定关系人构成受贿罪的共犯；如果无法证明林某知晓秦某收受财物的事实，而实际秦某也并未告知林某此事，国家工作人员对收受财物既无授意也无行为，则不宜认定国家工作人员构成受贿罪，只能认定特定关系人单独构成受贿罪。

法律规定特定关系人受贿罪的立法本意，一方面，通过打击国家工作人员身边人的受贿行为，堵塞国家工作人员利用家属、情妇（夫）、共同利益关系人规避法律，保持对惩治腐败的高压态势；另一方面，规定特定关系人单独构成受贿罪，而对不知情的国家工作人员不予定罪，也体现了刑法的谦抑性原则。在保护公务行为的廉洁性和国家机关正常工作秩序的前提下，尽量减少刑罚成本，以最小的支出获取最大的社会效应。在准确打击国家工作人员身边人犯罪的同时，对非罪的国家工作人员即使不做犯罪处理，也能起到震慑、警示作用，同时也避免了一些优秀领导干部政治生命因身边人的过错而完结，他们因为对身边人疏于管制导致身陷囹圄，时常让人扼腕叹息。刑法学专家陈兴良认为，刑法的谦抑性，是指立法者应当力求以最小的支出——少用甚至不用刑罚（而用其他替代措施），获取最大的社会效益——有效地预防和控制犯罪。① 特定关系人单独构成受贿罪，而对不知情的国家工作人员不予定罪，一定程度上也是宽严相济刑事政策的适用。

（二）成立共同犯罪的情形

“两高”《意见》第7条第2款规定：“特定关系人与国家工作人员通谋，共同实施前款行为的，对特定关系人以受贿罪的共犯论处。”这里明确特定关系人与国家工作人员构成受贿罪共犯的情形。

“通谋”是成立共同犯罪的必要条件。我们认为对于《意见》中所使用的“通谋”一词，应该理解为具有共同的主观故意即可，否则会不当缩小打击面，不利

① 陈兴良：《刑法的价值构造》，中国政法大学出版社1998年版，第353页。

于从严治吏。“通谋”具体可分为如下两种情况：

1. 国家工作人员先利用或者承诺利用职务上的便利为请托人谋取利益，然后由特定关系人代为收受或者索取贿赂。如果国家工作人员事先与特定关系人进行沟通与谋划，二者之间构成受贿罪的共同犯罪是毫无疑问的；如果二者之间并无事先谋划，而是国家工作人员利用或者承诺利用职务上的便利为请托人谋取利益后，让特定关系人代为收受或者索取贿赂的，有观点认为这种情况下考虑到特定关系人与国家工作人员之间的特殊关系，虽然二者之间形成了共同的犯罪故意，对特定关系人的行为可以认为是情节显著轻微、危害不大，不认为是犯罪。一般认为，如果特定关系人事后代为收受或者索取财物时认识到或者应该认识到该财物是国家工作人员职务行为的对价，其和国家工作人员之间就具有共同的犯罪故意，而收受财物的行为是受贿罪的一个组成部分，因此特定关系人和国家工作人员之间形成了共同犯罪关系。①

2. 特定关系人独自索取或者收受他人财物，然后告知国家工作人员或者要求其为请托人谋取利益。由于受贿罪的“收受他人财物”和“利用职务上的便利为他人谋取利益”之间是可以独立进行的，因此特定关系人收受、索取请托人财物便可能成为受贿罪整体犯罪行为的一个组成部分。如果国家工作人员在知悉特定关系人利用自己职务上的便利收受、索取请托人财物后，采取不制止、纵容，甚至进而利用职务上的便利为请托人谋取利益，那就意味着国家工作人员和特定关系人之间形成了共同的犯罪故意和犯罪行为，对此应该按照共同犯罪处理。

案例3　南阳市原政协主席朱广平情妇张小华受贿99万元被判处11年：其中两笔受贿事实为，2007年张小华向朱广平提出想在洛阳“东方今典”小区购买房，朱广平安排河南东方置业有限公司董事长张某为张小华优惠购房；朱广平在担任洛阳市委副书记期间，张某安排司机袁某送给张小华30万元人民币，张小华将该款据为己有，并于事后将该情况告诉朱广平。法院认为，张小华作为国家工作人员的特定关系人，与国家工作人员通谋，利用国家工作人员的职务便利，索取或收受他人钱财，其行为已构成受贿罪。在共同犯罪过程中，张小华积极地实施犯罪，起主要作用，系主犯，应按其参与的全部犯罪处罚。②

不成立共同犯罪的情形。根据《意见》，特定关系人要成为受贿的共犯，必须与国家工作人员有“通谋”，排除共同犯罪的两种情形均可见“通谋”这一要件的作用：

1. 特定关系人事前不知情，事后被动接受财物的，不能认定为通谋，不能将其与国家工作人员一道认定为受贿罪的共犯。特定关系人仅仅是应国家工作人员的

---

① 孙国祥：《新类型受贿犯罪疑难问题解析》，中国检察出版社2008年版，第173页。

② 邓红阳：《南阳市原政协主席朱广平情妇受贿99万被判11年 法院终审认定“特定关系人”受贿罪名成立》，载《法制日报》2011年8月5日第8版。

要求接受贿赂，事先并没有形成共同受贿的故意，也没有具体参与受贿行为的实施，仅是事后单纯被动地接收财物，其接受贿赂的行为不作为受贿罪的共犯论处，有论者将其称为“吃赃”，不具有受贿的性质。① 但如果在查处职务犯罪过程中特定关系人隐瞒、包庇国家工作人员的受贿行为，可以将其行为认定为其他犯罪。

2. 特定关系人与国家工作人员之间没有进行沟通与谋划，特定关系人主动收受或者索取财物，但向国家工作人员隐瞒其收受或索取财物的情况，而与其具有特殊关系的国家工作人员通谋利用国家工作人员的职务行为为他人谋取利益的情形，这种情况下对于国家工作人员显然不应该以受贿罪论处。

案例 4 “慕绥新”案中关于被告人慕绥新收受周某贿赂的指控：1997 年慕绥新利用职权，将原鞍山市烟草专卖局副局长周某调到沈阳市烟草专卖局任副局长，后任局长、党组书记，1998 年国庆和 1999 年春节期间在慕绥新家中，由慕绥新前妻贾某收受周某所送人民币共计 3 万元，法院审理认为，因这两次收受周某款项的情况贾某并未告诉被告人，被告人并不知情，因此将这 3 万元从慕绥新的受贿数额中减除。②

（三）特定关系人以外的其他人与国家工作人员构成受贿罪共犯的情形

《意见》对特定关系人以外的主体与国家工作人员构成共同受贿的情形也作了规定，“特定关系人以外的其他人与国家工作人员共同通谋，由国家工作人员利用职务上的便利为请托人谋取利益，收受请托人财物后双方共同占有的，以受贿罪的共犯论处”。《意见》对无特殊关系的第三人共同受贿所具备的条件，主要有两个：一是与国家工作人员通谋，形成了共同受贿的故意；二是共同占有财产。所谓“双方共同占有”，是共同受贿行为的“利益共同性”反映，特定关系人以外的人有两种情况不构成受贿罪的共犯：一是第三人不是以非法占有为目的，而是以代国家工作人员保管的意思接收请托人提供的财物。二是第三人单独占有，国家工作人员要求请托人将财务提供给第三人单独占有，形式上没有“共同占有”关系，第三人不构成共犯。不过无论何种情况，国家工作人员都应构成受贿罪。总的来说，该款规定有待缩略，因为特定关系人之外的人与国家工作人员之间构成共同受贿行为，只要二者之间具有共同犯罪故意和共同的犯罪行为即可，因为收受财物之后如何分赃已经属于犯罪后行为。

---

① 赵秉志等：《贿赂罪共同犯罪研究》，载姜伟主编：《刑事司法指南》（第 2 集）（总第 10 集），法律出版社 2002 年版，第 98 页。

② 参见辽宁省大连市中级人民法院（2001）大刑初字第 153 号刑事判决书，载最高人民法院刑事审判庭第一庭、第二庭编：《刑事审判参考》（第 2 集）（总第 25 集），法律出版社 2002 年版，第 178—234 页。

关系人受贿犯罪研究

周 青*

最高人民法院、最高人民检察院于2007年7月8日联合发布了《关于办理受贿刑事案件适用法律若干问题的意见》（以下简称《意见》），第7条第1款、第2款规定："国家工作人员利用职务上的便利为请托人谋取利益，授意请托人以本意见所列形式，将有关财物给予特定关系人的，以受贿论处。""特定关系人与国家工作人员通谋，共同实施前款行为的，对特定关系人以受贿罪的共犯论处。"2009年2月28日公布了《中华人民共和国刑法修正案（七）》（以下简称《刑法修正案（七）》），在《刑法》第388条后增加一条作为第388条之一，对关系人受贿犯罪的规定进行了进一步扩充。要判断关系人与国家工作人员是否构成受贿共犯，需要从主体、客观要件和主观要件三个方面来界定。

一、关系人构成受贿共犯的主体界定问题

《意见》第11条规定：本意见所称"特定关系人"，是指与国家工作人员有近亲属、情妇（夫）以及其他共同利益关系的人。

《刑法修正案（七）》第13条规定："国家工作人员的近亲属或者其他与该国家工作人员关系密切的人……""离职的国家工作人员或者其近亲属以及其他与其关系密切的人……"

（一）近亲属

根据《刑事诉讼法》规定："近亲属"是指夫、妻、父、母、子、女、同胞兄弟姊妹。根据《关于贯彻执行〈中华人民共和国民法通则〉若干问题的意见（试行）》规定：近亲属包括配偶、父母、子女、兄弟姐妹、祖父母、外祖父母、孙子女、外孙子女。"关系人受贿犯罪"中近亲属应该采纳哪一种呢？从逻辑上来说，此犯罪属于刑法范畴，采纳刑事诉讼法中的概念较为适宜。但是，若采纳这个概念，（外）祖父母、（外）孙子女、叔叔、伯父、姑姑等亲属就被排除在外，而现

* 武汉市东西湖区人民检察院民事行政检察科干警。

实生活中这些亲属对国家工作人员的影响力还是相当大的，因此，对这一概念应当作出司法解释，以避免司法实践中产生争端。

（二）情妇（夫）

该词并非一个法律概念，一般来说，它是指行为人的配偶以外，与行为人长期保持有不正当两性关系的人。有学者认为，“长期”一般理解为3个月以上，偶尔发生不正当性关系的不能认定为情妇（夫）。笔者认为，以发生不正当两性关系3个月以上的时间来界定是否属于情妇（夫）并不合理，应从心理特征、感情程度和双方利益关系等方面把握，并不以非法同居和同居时间长短为必要要件。即使有过一两次不正当关系，但此后保持不断联系或交往的，也不能排除属情妇（夫）。①

（三）其他共同利益关系人

“共同利益”主要是指经济利益。实践中，合伙人、共同投资人以及已经形成默契的介绍贿赂人等均可认定为具有共同利益关系。笔者认为，“其他共同利益关系”是指基于某种特殊利益，在当事人之间产生的一种可靠的关系，这种关系不仅包括财产关系，还包括政治利益关系和亲情利益关系等，如特殊的上下级关系、非近亲属的亲情关系。②

（四）关系密切的人

笔者认为，它包括国家工作人员的司机、秘书、老上下级等，而对于同学、同乡、朋友、师生关系等则需要一定的限定条件，关系的影响力应达到能使国家工作人员自愿作出滥用职权的行为。

综上所述，“关系密切的人”的范围比“特定关系人”范围广泛，但后者范围较明确，在司法实践中也较好把握，因此，下文主要以“特定关系人”来指代“关系人”这一概念。

二、关系人构成受贿共犯的客观要件界定问题

受贿罪的客观方面包括“利用职务上的便利”、“为他人谋取利益”和“收受他人财物”三个行为。笔者认为，无论是国家工作人员单独受贿，还是国家工作人员与关系人共同受贿，均应当在客观方面具备这三项内容。

---

① 孟庆华：《“特定关系人”构成受贿共犯的界定问题探讨》，载《山东警察学院学报》2009年7月第4期。

② 韩黎：《对“特定关系人”挂名领取薪酬和收受贿赂的理解》，载正义网，2008年9月3日。

《意见》第7条第1款规定："国家工作人员利用职务上的便利为请托人谋取利益，授意请托人以本意见所列形式，将有关财物给予特定关系人的，以受贿论处。"共同受贿的客观方面表现为：国家工作人员与特定关系人约定，由国家工作人员利用职务之便为他人谋取利益，由特定关系人来索取或者收受财物。因此，"授意"是国家工作人员通过特定关系人受贿的重要要件，授意的主体是国家工作人员；对象是请托人；方式既可以是口头，也可以是书面；既可以是直截了当的明示，也可以是半推半就的暗示；授意的内容，即《意见》所列的收受干股、合作投资、委托理财等形式。如果特定关系人背着国家工作人员索取、收受他人财物，然后又让国家工作人员利用职务之便为他人谋取利益，或借助国家工作人员的权势为他人谋取利益，这种情况下，由于国家工作人员并不知情，对国家工作人员不宜以受贿罪处理，但可以予以纪律处分。而特定关系人由于不具有国家工作人员的身份，因而不能定受贿罪，也不构成受贿罪的共犯。①

三、关系人构成受贿共犯的主观要件界定问题

认定特定关系人构成受贿共犯的主观要件是特定关系人与国家工作人员通谋。通谋，是指共同谋划，是在国家工作人员和特定关系人之间形成了"利用职务上的便利，非法收受他人财物的故意，并具有为他人谋取利益的犯罪意图"的意思联络。

从刑法理论上讲"通谋"可分为三种情形：事前通谋、事中通谋、事后通谋。学术界对受贿共犯"通谋"的理解有以下三种观点：（1）一种形式说。认为受贿共犯的通谋属于事前通谋。基于双方存在的特定关系，容易在着手实施受贿犯罪前进行商议与策划，形成共同的犯罪故意。在共同的犯罪故意支配下，进行分工，相互配合实施收受贿赂的犯罪行为。（2）二种形式说。认为受贿共犯的通谋有事前通谋和事中通谋两种。事中通谋是指在实施受贿犯罪的过程中，承继的共犯内心认同、支持已有的犯罪故意。②（3）三种形式说。认为受贿共犯的通谋包括事前通谋、事中通谋和事后通谋三种。事后通谋是指国家工作人员为他人谋利行为已实施终了，但在如何接受财物问题上与特定关系人谋划，亦构成"通谋"。③

绝大多数学者基本上都赞同受贿共犯的通谋包括事前通谋和事中通谋两种，否认事后通谋。但笔者并不赞同此观点。意思联络是产生共同故意的途径，行为人若

① 段明学：《新型受贿犯罪法律适用研究》，载北大法律信息网，2008年6月13日。

② 黄光荣：《"特定关系人"构成受贿共犯的认定条件》，载《浙江检察》2008年第10期。

③ 陈正兵：《"特定关系人"受贿共犯范围须严格限定》，载《检察日报》2007年9月28日。

想与他人共同犯罪，必须采取一定方式将主观心理表达出来，使其他行为人知晓，并且其他行为人也应当有所表示，否则不可能形成共同故意。在特定关系人与国家工作人员的受贿共犯中，国家工作人员利用职务之便为他人谋利的故意与特定关系人收取请托人财物的故意，两种故意之间可以通过“事前意思联络”连接起来，也可以通过“事后意思联络”连接起来，即由特定关系人事后告知且得到国家工作人员的认可，两者间并无实质上的差别。因此，“事后通谋”也应认定为受贿共犯主观要件的一种形式。

四、对关系人受贿犯罪问题的完善建议

（一）清楚界定“关系人”的含义

无论是《意见》所称的“特定关系人”，还是《刑法修正案（七）》所称的“关系密切的人”，均是模糊的概念。应当通过司法解释等方式对“关系人”的含义予以明确，以避免司法实践中对其认识的混乱。

（二）增加向“关系人”行贿这一罪名

受贿罪是“对合性犯罪”，通常有受贿就应当有行贿。根据刑法罪刑法定原则，法无明文规定不为罪，如果为了谋取不正当利益而向“关系人”行贿的行为不为罪，这显然是立法的纰漏。因此，应当追究这种行为的刑事责任，增加向“关系人”行贿这一罪名。由于立法上要增加新罪名难度较大，笔者建议，可通过司法解释的形式对行贿罪的客观方面进行适当的扩充，以尽快满足司法实践的需要。

将关系人受贿单独规定为犯罪，对于警示国家工作人员及其家属，维护公职的廉洁性，惩治家庭腐败等方面起到了巨大的推动作用。通过法条的不断修改与完善，必将使受贿犯罪与行贿犯罪受到严厉的打击，更好地维护国家工作人员的公职廉洁性。

挂名领薪型受贿犯罪理论与实证研究

涂　岚[*]　赵　倩[**]

一、受贿犯罪发展的新趋势

近年来，随着经济和社会发展，受贿犯罪出现了一些新情况、新问题，受贿手段不断翻新，表现出了不同于传统受贿行为的一些特征：

（一）单独犯罪向共同犯罪转化，犯罪主体呈现多元化

由于司法机关对受贿行为严厉打击，有些贿赂转由国家工作人员配偶、亲戚、情人等代为收受，国家工作人员则利用职务之便为他人谋取利益，不少腐败分子便以这种隐蔽的方式进行着“权力寻租”的交易。同时，由于受贿罪是复行为犯，利用职务便利行为和收受财物的行为共同构成该罪的实行行为，行为复合性导致部分实行行为完全具有可转让的特征，① 因而非公务员与公务员共同实行受贿，非公务员也负受贿罪的罪责。②

（二）犯罪对象由单纯的财物扩展至财产性利益

能满足人的欲望或者需要的一切利益都是贿赂，③ 随着我国社会经济飞速发展，人们需求也在不断社会化，“嗅觉”灵敏的请托人便投其所好地迎合受贿人心理，贿赂的内容和方式不断推陈出新。“挂名领薪”型受贿中，受贿人收受的并非传统财物，而是一种用金钱衡量的财产性利益。由此，“两高”《关于办理受贿刑事案件适用法律若干问题的意见》（以下简称《意见》）将受贿罪的犯罪对象扩大至财

* 武汉市汉阳区人民检察院副检察长、反贪污贿赂局局长。

** 武汉市汉阳区人民检察院反贪污贿赂局助理检察员。

① 顾晓敏、刘华敏：《“特定关系人”受贿共犯范围须严格限定》，载《检察日报》2007年9月28日第3版。

② 马克昌：《比较刑法原理》，武汉大学出版社2002年版，第663页。

③ 张明楷：《外国刑法纲要》（第2版），清华大学出版社2007年版，第737页。

产性利益，不仅适应了社会发展，还使得将财产性利益归于贿赂范围有了法律依据①。

（三）谋利行为与收受贿赂相分离，犯罪主观方面认定复杂化

实践中，一些手中握有重要实权的国家工作人员，利用职务便利为请托人谋取利益，往往不是本人亲自收受请托人财物，如授意或接受请托人与特定关系人联系，在无付出劳动的前提下向其发放薪酬。这类行为，表面上国家工作人员本人没有获得财物，但实质上请托人的指向是很明确的。应当说，这类受贿更具隐蔽性、间接性，受贿人的主观恶性更深，社会危害也更大。

（四）商业管理行为与受贿犯罪相关联，犯罪客观方面形式合法化

新型受贿区别于传统受贿的独立性特征在于其与合法民事行为或正当社会生活紧密交织。②“挂名领薪”这一行为貌似请托人自行决定其人事任用工作，合法、合情、合理，且从表面上看也并不是直接地、直观地表现为财物本身，但从实质意义上讲，这貌似合法的形式掩盖着受贿的非法目的，进行着公权与私利的肮脏交易。

为加大权钱交易腐败犯罪行为的惩治力度，教育、警示国家工作人员严格自律，“两高”《意见》第6条对特定关系人“挂名”领取薪酬问题作出规定，既为国家工作人员经济生活和社会交往划定边界，以便其自律；又为司法机关查处特定关系人“挂名”领薪案件提供法律依据。

二、挂名领薪型受贿犯罪的法理分析

正如张明楷教授所言，目前大多数国家刑法与刑法理论均认为，能满足人的欲望或者需要的一切利益都是贿赂。③ 贿赂利益的界定，对于惩治和控制受贿犯罪具有重要作用。对于挂名领薪型受贿犯罪，有的认为，“安排工作”本身就是满足国家工作人员需要的一种利益的受贿罪。也有人认为，“安排工作”不属于刑法中的“财物”，接受“安排工作”不能认定为受贿，只有劳动与薪酬不对等时，超出薪酬的部分才能认定为受贿犯罪。④ 这种争议正是对贿赂利益界定上的争议，下文具体论述与挂名领薪型受贿有关的几种具体情形：

---

① 邱莲莲：《受贿罪若干问题研究》，中国政法大学2009年硕士学位论文。

② 薛进展等：《新型受贿犯罪司法认定若干疑难问题探讨》，载《甘肃警察职业学院学报》2010年第4期。

③ 张明楷：《外国刑法纲要》（第2版），清华大学出版社2007年版，第737页。

④ 韩耀元、王文利：《〈关于办理商业贿赂刑事案件适用法律若干问题的意见〉问答（七）》，载《中国监察》2009年第8期。

（一）特定关系人不实际工作，却领取薪酬

所谓工作仅是个“幌子”，其实质是受贿人以此为借口收受请托人给付的薪酬，[①] 这种情况下国家工作人员获取的利益直接表现为不实际工作而获取的薪酬。2011 年，重庆检察机关查办的中国移动重庆分公司总经理沈长富与其子沈俊共同受贿案便是此种典型。沈俊于 2003 年海外留学回国即被国内某知名通信设备供应商安排到该公司上班。沈俊于 2004 年年初离开该公司后，该供应商却将其工作关系转到沈阳代表处并继续为其发放工资、奖金等共计 131 万余元。在沈长富的支持下，该供应商在重庆移动市场的销售份额也得到较高占有率。这种情况下将国家工作人员和特定关系人以受贿罪论处，基本上是无争议的。但需注意，此时应以国家工作人员的授意或者明知为条件，不能将特定关系人违背国家工作人员意志的行为归之于国家工作人员，即要求国家工作人员有“要求”或“接受”的意思表示。

司法实践中还存在国家工作人员与请托人达成共识，由请托人为国家工作人员提供人员信息办理手续，由国家工作人员实际领取薪酬。2011 年汉阳区院办理的武汉市电影发行放映公司总经理甘宜庆受贿案中，请托人徐某某为与甘宜庆搞好关系，提出由甘宜庆提供一个身份证，其为甘宜庆以此身份信息“发放薪酬”共计人民币 20 万元。由于“挂名”的人并非甘宜庆的特定关系人，故在认定过程剥开该笔犯罪事实的伪“挂名领薪”外衣，将此笔犯罪事实认定为传统型的受贿犯罪。

（二）特定关系人参加工作但薪酬明显畸高

特定关系人虽参加工作但实际领取的薪酬明显高于岗位正常薪酬，即劳动与薪酬不能按市场法则形成对价时，国家工作人员获取的利益表现为薪酬超出劳务的部分。汉阳区院在查办武汉公共交通集团副总经理王尔义受贿案中发现其利用分管基建的职务便利，将其女安排到某具有合作关系的装饰公司工作，尽管其女只是不定期为该公司做一些财务统计工作，但该公司为与王尔义处理好关系，给予其女明显高于劳务报酬的奖金、分红等财产性利益。王尔义之女明显高于其劳务报酬的奖金、分红等财产性利益正是王尔义从请托人处获得的利益，但这种利益能否界定为贿赂利益？《意见》（征求稿）中曾规定：“特定关系人虽参与实际工作，但获取的薪酬明显高于该职位正常薪酬的，差额部分应该认为是受贿数额。”[②] 但正式稿却删去了这一条，这种情况是否构成犯罪、如何认定等均没有作出规定，理由是目前我国一些企业，尤其是私营企业薪酬发放不规范、不透明，实践中对认定薪酬是否

① 韩黎：《对“特定关系人”挂名领取薪酬和收受贿赂的理解》，http：//www.jcrb.com/xueshu/zxsd/200809/t20080903_ 69261.html。

② 李涛：《受贿新类型探析》，山东大学 2009 年硕士学位论文。

明显不成比例存在一定难度。

（三）特定关系人实际工作并正常领取薪酬

请托人为特定关系人安排的工作并不是因为其单位需要或者特定关系人的能力和条件适合所安排的工作，而是出于谋求或报答国家工作人员为其谋取利益的目的。汉阳区院在查办武汉公共交通集团董事长迟旭东受贿案中发现，迟旭东之女通过迟旭东授意在与公交集团合作的广告经营商处参加工作，但其女正常上班，且薪资与同级别人员一致。迟旭东之女的工作岗位正是迟旭东从请托人处获得的利益。这种情况下特定关系人获取岗位虽然利用国家工作人员职务便利，但其薪酬是在其付出相对等的劳动后才获得，因而其获取的劳动薪酬是正当的。即使特定关系人的工作机会是基于国家工作人员的职务之便或者职务优势地位取得，但是工作机会很难用经济标准来衡量，且单位是否需要或者特定关系人的能力和条件是否适合所安排的工作等问题难以评价，所以囿于我国刑法将受贿犯罪的利益界定为财物等财产性利益，此类行为难以以受贿犯罪认定。

鉴于《意见》第6条仅将第一种典型意义的“挂名领薪”的情况界定为受贿犯罪，我们在实际处理上对于王尔义和迟旭东的上述行为并未认定为受贿犯罪。但本文认为，即使在现有的刑法体系之下，仍应将第二种情况认定为受贿，《意见》第6条之规定有需完善之处。

三、挂名领薪型受贿犯罪的实证分析

（一）如何认定“特定关系人”

《意见》第11条将特定关系人界定为与国家工作人员有近亲属、情妇（夫）以及其他共同利益关系的人。

我国不同部门和位阶的法律规范对“近亲属”的范围界定有着不同规定，有论者认为民法界定的“近亲属”范围符合我国传统亲属伦理观念，具有现实合理性，[①] 并且本罪列举近亲属是为了揭示关系人与国家工作人员的密切关系之一的财产关系，性质上属于民事实体法调整范围，[②] 应取之。但本文认为在对“近亲属”理解过程中理应坚持我国刑事部门法的价值和原则，采用刑事诉讼法中“近亲属”的概念，即“近亲属”是指夫、妻、父、母、子、女、同胞兄弟姊妹，不仅与我

---

① 参见王荣利：《反腐新罪名不会成为贪官的“免罪符”》，载《法制日报》2009年4月2日。

② 张开骏：《利用影响力受贿罪的本质与构成特征》，载《重庆科技学院学报》（社会科学版）2010年第13期。

国刑法这一部门法的相关规定相衔接，而且兼顾刑法的谦抑性原则，避免了盲目打击犯罪和打击面过大等问题。

《意见》之所以把“情妇（夫）”纳入特定关系人范畴，是因为这种现象比较普遍，社会危害性较大，需要在司法实践中予以惩治和预防。本文认为“情妇（夫）”应是对存在于婚姻以外，但与当事人具有超出一般男女关系的特殊异性关系的归纳，他们之间的特殊感情应主要从心理特征、感情程度和双方利益关系等方面把握。

一般理解“共同利益关系人”需要把握两点：一是共同利益关系主要是指经济利益关系，纯粹的同学、同事、战友、朋友关系应排除在外；二是共同利益关系不限于共同财产关系，利益关系不能跟财产关系画等号。

（二）如何认定“不实际工作”

查办案件中，特定关系人是否实际从事工作的判定比较容易，途径亦较多，主要可以从以下几个方面入手：一是看特定关系人与其挂名的公司、企业或者机关事业单位是否签订劳动合同或者形成事实上的劳动关系；二是看特定关系人是否有特定的工作职位，这种工作职位既包括行政管理职位，也包括劳动岗位；三是看特定关系人是否服从单位的人事管理规定、遵守劳动纪律；四是看该单位向特定关系人发放薪酬的名目。如果特定关系人在单位既没有办理入职手续，在面对单位组织纪律、人事管理方面还明显享有其他人不具有的“特权”，上下班时间不受限制，岗位无实质工作内容，又或者特定关系人所领取的薪酬在该单位账目上不归入“工资”的明细科目，而是将该笔支出归入“人员经费”以外的科目，则可判定该特定关系人符合“不实际工作”的要件。

（三）如何认定“薪酬畸高”

“薪酬畸高”则指特定关系人虽实际参加工作，但领取的薪酬高于正常薪酬的比例超出正常范围。在实践中，认定“薪酬畸高”的关键就在于核实以下几点：一是与该工作岗位相同或者相类似岗位的薪酬水平，即横向比较；二是调查该工作岗位下级以及上级岗位的薪酬水平，即纵向比较；三是进一步核实该岗位在特定关系人任职前一段时期内的薪酬水平，即历史比较。由于各单位工资福利待遇标准不同，行业、社会建立统一标准亦不现实，因此，在司法实践中不采取行业或者社会比较法。若特定关系人在参加工作过程中，领取的薪酬不仅高于同岗位的其他人、任职前该岗位薪酬，甚至明显高于其上级岗位的薪酬，那么不得不判定为该特定关系人领取的薪酬畸高。当然，实践中还存在请托人为特定关系人设定“特殊岗位”，即薪酬水平看似正常，但岗位工作内容过于轻松。这种情况下，有可能会涉及上述对“不实际工作”的判断，若符合“不实际工作”，则即使特定关系人领取的薪酬水平正常，也难逃法律对新型受贿打击的“天网”。

四、对挂名领薪型受贿犯罪立法的几点反思

（一）应区分行为人的主动索取与被动收受

根据《刑法》第385条、第386条的规定可以看出，不同的受贿行为方式具有不同的构罪标准和处罚标准：国家工作人员“非法收受他人财物”的，需要以“为他人谋取利益”为必需的构罪要件，而国家工作人员“索取他人财物的”则不需要有为他人谋取利益的行为条件为前提即可构成受贿犯罪，同时“索贿的从重处罚”。再从我国现行有效的司法解释层面来看，同样对此予以了肯定，如“索取他人财物的，不论是否‘为他人谋取利益’，均可构成受贿罪。非法收受他人财物的，必须同时具备‘为他人谋取利益’的条件，才能构成受贿罪”。综上所述，在我国刑法体系中，国家工作人员索取他人财物的，均不以为他人谋取利益为受贿罪的构成要件。

从法理上来分析，所谓索取贿赂，是指行为人利用自己的职权或者与职务有关的便利条件，在当事人有求于自己时，主动向对方索要财物的行为。[①] 因国家工作人员主动向对方索取贿赂的行为具有主动性和勒索性，[②] 即国家工作人员以掌握的职权为条件，通过明示或暗示的方式向对方传递要求贿赂的意思表示，以促使对方交付贿赂。正因为“索取”贿赂与“非法收受他人财物”相比，前者的犯罪情节更加恶劣，其主观恶性和社会危害性也更大，法律才规定对索贿的行为人不要求为他人谋取利益，并且还要从重处罚，对因被勒索给予国家工作人员财物，没有获得不正当利益的行贿人不认定为行贿罪，此处便体现了立法上对这种行为从严处罚的精神。

但是，《意见》第6条在特定关系人“挂名领薪”问题中并没有区分国家工作人员是主动“要求”还是被动“接受”贿赂，而是将“为请托人谋取利益”统一作为“要求”或者“接受”请托人以给特定关系人安排工作为名，使特定关系人不实际工作却获取所谓薪酬的前提。如此一来，国家工作人员主动索取贿赂和被动收受贿赂的社会危害性大小和入罪标准的差异均未能在该《意见》第6条中得以充分体现。这不免难以解释在同一刑法体系中，同为索取贿赂，为何有的国家工作人员必须“为他人谋取利益”了才构成受贿罪，而有的行为人即使未“为他人谋

① 陈正云、文盛堂主编：《贪污贿赂犯罪认定与侦查实务》，中国检察出版社2002年版，第65页。

② 何秉松主编：《刑法教科书》（2000年修订）（下卷），中国法制出版社2000年版，第1133页。

取利益”也要被追究受贿的刑事责任。

上述矛盾局面既有悖于犯罪构成理论，又违背司法解释应当与法律相一致的立法原理；不仅在学理上难以圆满地解释和阐明，也不利于司法实践中具体案件的侦查和审理。因此，从刑法的基本原则和立法上的一致性、协调性来看，对挂名领薪型受贿犯罪区分索贿和被动受贿，既是现实的需要也有利于司法实践的具体操作。

（二）对特定关系人实际工作但领取薪酬明显高于其劳务报酬的行为应明文规定

《意见》第1条、第4条在交易型和投资型受贿中均规定“获取‘收益’明显高于出资应得收益的”以受贿论处，受贿数额“以‘收益’额与出资应得收益额的差额计算”。行为人虽支付了一定的费用或者投入，但其支出与收入的巨大差额明显违反了市场等价交换原则或者正常的市场投资收益率，无论交易或者委托理财均是一种象征性行为，即以交易、委托理财为名，行受贿之实，实则与一般的权钱交易并无不同。由上不难分析，在挂名领薪型受贿中特定关系人虽实际工作但领取薪酬明显高于其劳务报酬的行为方式与交易型和委托理财型受贿存在相似之处。

从受贿罪犯罪构成四个要件来看，挂名领薪型受贿中特定关系人虽实际工作但领取明显高于其劳务报酬的行为满足受贿罪的主体、主观方面两个要件。从客体和客观方面来讲，受贿罪的客观方面是国家工作人员利用职务便利与收受他人财物相结合。那么请托人支付给特定关系人高于实际工作量的工资必然是以国家工作人员的特定职务便利为前提。如上文提及的王尔义受贿案中，某装饰公司实际负责人余某某称：“给王尔义的女儿高额的报酬就是想和王尔义处理好关系，在公交集团接工程。但直接给钱不妥，就安排他女儿来我这里工作。但不上班也不妥，所以安排他女儿不定期地来公司做一点小事情。”余某某的供述很直接地表明了支付给特定关系人高于实际工作量的工资与国家工作人员的特定职务便利之间的交易性。从客体来讲，基于国家工作人员的职务便利导致的特定关系人明显高于其劳务报酬的行为显然侵害了国家工作人员职务行为的廉洁性。

当然我们也应该考虑到特定关系人在获得工作机会后参与了工作，付出了劳动，其所获得的高薪究竟有无正常的理由和合法依据，高薪中有多少比例是不正常的，这些问题都是需要具体案情具体分析，且需结合当地同类工作岗位的一般薪酬水平来综合评价的，即使在法律有规定的前提下，亦不能随意归罪。

浅论离职国家工作人员的受贿问题

代桂霞*

《刑法修正案（七）》第 13 条第一次以立法的形式扩大了受贿犯罪的主体范围，增加了两种受贿的类型：一是与国家工作人员具有特殊关系的人的受贿行为，二是离职的国家工作人员或与离职国家工作人员具有特殊关系的人的受贿行为。但由于实践中离职国家工作人员受贿形式的多样性、复杂性，给实务部门认定该类受贿行为带来困难。本文拟就实践中遇到的离职国家工作人员受贿问题做出一些思考，以期能够引起对这一问题的更多关注。

一、离职国家工作人员的范围

离职国家工作人员，是指曾经是国家工作人员，因退休、辞职、停职等原因，脱离其所担任的职位，已经不具有国家工作人员身份，不从事相应公权力行为。"离职"可以分为绝对的离职和相对的离职。绝对的离职，如辞退、开除、死亡等原因的离职，是一种永久性的离开岗位，不再具有国家工作人员的身份，也不再有相应的公权力。而相对的离职，从实质意义上讲不属于离职，如停职，只是暂时性的停止职权，仍享有国家工作人员的身份和待遇。如果退休后"返聘"的人员、"调职"人员，事实上由于其仍然享有相应的公权力，且有相应的职务，仍然属于国家工作人员的性质，这类人员的受贿行为应直接认定为受贿罪。离职国家工作人员主要包括以下几类：

（一）退休或者离休的国家工作人员

国家工作人员达到国家规定的退休年龄或者完全丧失工作能力的，符合一定条件应当退休。离休是我国针对业已退出工作岗位的老干部设立的一种特殊的退休保障措施，离休的人不再具有国家工作人员身份。

* 武汉市东西湖区人民检察院侦查监督科助理检察员。

（二）辞职或者被辞退的国家工作人员

辞职是指国家工作人员自行辞去所担任的职务，不再具有国家工作人员身份。

（三）受到开除处分的国家工作人员

开除处分是对违反有关法律法规的国家工作人员给予的一种最严厉的否定性法律评价。一旦开除生效，他就不再具有国家工作人员身份。

（四）解除聘任合同的国家工作人员

对于聘任制的国家工作人员，当出现特定的事由时，合同一方解除合同，双方的身份关系也自行结束，属于离职的国家工作人员。

二、离职国家工作人员受贿行为的类型

（一）事先有约定的离职后受贿型

国家工作人员在职时利用职务上的便利为请托人谋取利益，双方约定，国家工作人员离职后收受财物的行为。包括两个行为：一是利用职权为他人谋取私利，二是收取或索取他人的贿赂。这两个行为之间相互承接，但并不要求在时间上具有先后，行为人可以在索要贿赂后利用职权，也可以在利用职权谋私后索要贿赂。如果双方在谋私行为发生时达成协议，将来获取好处，而不管其身份是否发生变迁，最终也获得了贿赂，其行为也定性为受贿行为。因此，事先有约定的职后受贿，实质上是普通受贿罪的简单变异。理论上普遍认为受贿罪中的利用职务之便针对的并不是收受财物的行为，收受贿赂时不需要职务起作用。离职国家工作人员离职前有相应的职位，其为请托人谋取利益，事先约定将来收取财物，不论其收受财物时是何种身份，同样侵犯了职前职务行为的廉洁型，符合受贿罪的犯罪构成，应以受贿罪论处。

（二）离职后斡旋受贿型

离职的国家工作人员利用自己原来职权或者地位形成的便利条件，通过其他国家工作人员职务的便利，为请托人谋取利益，索取或收受请托人财物的行为。《刑法修正案（七）》关于离职国家工作人员的规定明显弥补以前刑事法规的不足。离职后斡旋受贿型要构成犯罪，需要满足以下条件：

利用本人原有职权或地位所形成的便利条件。所谓的便利条件，是离职国家工作人员原有的职权或地位对其他在职国家工作人员形成了一定的影响关系，包括纵向影响关系和横向影响关系。纵向影响关系一般是指离职国家工作人员离职前曾与

其他在职国家工作人员之间存在上下级的领导隶属关系而产生的影响关系，仍然有可能影响原下属国家工作人员，为请托人谋取不正当利益而自己从中索取或收受财物。横向影响关系是指离职国家工作人员职前曾与其他在职的国家工作人员存在职务上的紧密联系，离职后也有可能成为其利用的条件。假若离职国家工作人员利用与其他部门或单位的在职国家工作人员的特殊关系，使在职国家工作人员利用职权为请托人办事，而其本人索取或收受财物的，即构成本罪。

通过其他国家工作人员的职务行为为请托人谋取利益。离职国家工作人员已无职权可用，只有通过利用在职国家工作人员的职权，才能为请托人谋取利益。因此，离职国家工作人员如果不通过其他国家工作人员的职务行为，不可能构成本罪。

为他人谋取不正当的利益。该类犯罪要求，必须是为请托人谋取的是不正当利益。如果离职国家工作人员为他人谋取正当的利益而收受财物的行为，其行为是不构成犯罪的。

离职国家工作人员索取或收受贿赂，达到一定标准。职后斡旋受贿行为要构成犯罪，要求离职国家人员必须有索取或收受贿赂的行为，且获取了贿赂。关于贿赂的范围，目前都是作扩大解释的，一般将非物质利益纳入贿赂范围之中。将非物质利益纳入贿赂的范围，是非常必要的。随着社会发展，个人的需求范围越来越大，不能仅限于物质方面。

三、离职国家工作人员斡旋受贿罪与相关贿赂犯罪的区别

（一）离职国家工作人员斡旋受贿罪与介绍贿赂罪的区别

1. 行为人主观故意内容不同。前者的行为人主观上不仅要有为他人谋取不正当利益的目的，而且要有收受财物的故意。后者的行为人在主观上仅是为了促使行、受贿双方权钱交易的实现。

2. 客观方面的行为表现不同。前者行为人在客观上必须是利用自己原有职权及其地位形成的便利条件，通过其他在职国家工作人员的职权为他人谋取不正当利益，从而索取或者收受请托人财物。后者的行为人客观上是在他人有了行贿或受贿的故意情况下从中牵线搭桥，为交易的实现起沟通、撮合的作用，至于是怎样牵线搭桥无关紧要。

3. 在为他人谋取利益方面，前者行为人必须是为他人谋取了不正当利益的情况下才构成犯罪，后者行为人则没有这种要求，不管是为他人谋取了正当利益还是不正当利益，都不影响犯罪的成立。

（二）离职国家工作人员斡旋受贿罪与一般离职国家工作人员共同受贿犯罪的区别

在非国家工作人员斡旋受贿犯罪中，判断离职国家工作人员与被利用的其他在职国家工作人员之间是否构成共同犯罪，从如下方面入手：

1. 主观方面，离职国家工作人员在实施斡旋受贿行为中与所利用的国家工作人员之间是否具有相互勾结的共同受贿故意。受贿罪共犯要求行为人与所利用的国家工作人员之间主观上必须具备为请托人谋取利益和收受财物的共同故意，而斡旋受贿犯罪中，一般仅是行为人具有为他人谋利益从中收取财物的故意。

2. 客观方面，离职国家工作人员通过其他国家工作人员所实施的受贿行为是否利用了原有职权及其地位所形成的便利条件。在共同受贿犯罪中，行为人一般是直接利用国家工作人员的职务便利实施受贿，是一种直接受贿行为，而在斡旋受贿犯罪中，行为人实施受贿行为通常要以其过去的职务影响力为中介，实质是间接受贿行为。

3. 行为人为请托人所谋取的利益正当性，斡旋受贿犯罪要求必须是为请托人谋取不正当利益，而一般共同受贿犯罪则没有这一限制。

关于离职国家工作人员受贿中“事先约定”问题的若干思考

郑　君[*]　李　洁[**]

一、离职国家工作人员受贿行为之限定

所谓离职国家工作人员是指原具有国家工作人员身份的人员因辞职、辞退、开除、退休、离休等原因脱离了原工作单位，不再具有国家工作人员身份的人员。这里的“离职”不包含“暂时离开职位”的含义，而是指“离开工作岗位，不再回来”。因此，离职国家工作人员不仅包括离休、退休国家工作人员，还应该包括因辞职、退职、开除等因素离开国有单位的国家工作人员，但不包括调任、转任、调职后在新单位或岗位仍具有国家工作人员身份的情形。结合刑事司法实践，应当将离职国家工作人员的范围限定为：达到了退休年龄而退休，或是因各种原因而辞去公职，或是由于相应的法定原因而被免去公职的国家工作人员。①

大体而言，离职国家工作人员受贿行为可分为两种类型：一是在职谋事，离职受财型受贿，即国家工作人员在职时为请托人谋取利益，在离职后索取或收受请托人财物的情形；二是离职谋事，离职受财型受贿，即国家工作人员在离职后利用其原职权或者地位形成的便利条件，通过其他国家工作人员的职务行为为请托人谋取不正当利益，并索取或收受财物的情形。本文主要针对第一种类型的离职国家工作人员受贿情形进行分析，并且主要针对实践中认定受贿是否需要“事先约定”要件的问题进行探讨。

二、离职受贿行为认定需“事先约定”要件的困扰

尽管理论界的争论如火如荼，但是司法解释的规定还是倾向于“肯定说”。

---

* 武汉市蔡甸区人民检察院办公室副主任。

** 武汉市蔡甸区人民检察院公诉科干警。

① 张阳：《离职国家工作人员的受贿问题》，载《河南公安高等专科学校学报》2009 年第 4 期。

2007年7月8日“两高”联合发布的《关于办理受贿刑事案件适用法律若干问题的意见》（以下简称《意见》）中旗帜鲜明地规定将有约定的离职后受财行为以受贿论处，“事先约定”的有无直接决定和影响着离职国家工作人员受贿罪是否成立。然而一项制度的好坏优劣是由实践来检验的，“事先约定”成为认定离职国家工作人员受贿的必要要件，给司法实践带来了较大困扰。

（一）侦查实践查证难度加大

行贿行为与受贿行为是一种对向性的行为，从字面来理解，“事先约定”需要行贿与受贿双方意思表示一致，这种意思表示可以是明示也可以是默示，可以是概括也可以是具体。但在实际取证过程中，要获取能够证明双方有约定的证据面临较大阻碍，行贿与受贿双方经常是“一对一行动”，行为通常比较隐蔽，当事人主观上不愿让他人知晓，他人客观上也很难知晓其中“内幕”，一旦双方订立攻守同盟，自侦人员常常是束手无策。

（二）法律规避现象增多

从近几年的实践来看，出于规避法律、逃避法律制裁的目的，行贿方式翻新，手段日益隐蔽，长线“经营”的模式越发凸显。请托人与国家工作人员之间鲜见通过“赤裸裸”的约定模式进行行贿与受贿，而是为了规避风险，采取一种大家“心照不宣”、“心知肚明”的方式，达到一种高度的默契和契合，在“权与利”、“权与钱”交换的基础上建立了一种双方“互信互赖”的关系。“权钱”交易的时间、空间出现“步差”，“事先约定”在此处根本就是多余的装饰品，看似“合法”的“权钱交易”、“权利互换”不断模糊了职务行为和收受财物的因果关系，也不断逃避了社会监督和法律制裁。

（三）法律效果与社会效果的背离

高检有关人员在对《意见》进行解读时曾经表示，如果没有“事先约定”的限制要件，很有可能造成客观归罪，将离职后不再具有国家工作人员身份的人收受他人财物的行为一概作为受贿罪追究，与受贿罪的构成要件不符，会不恰当扩大打击面。① 尽管司法解释规定的初衷是想避免客观归责，但却无意中从一个极端走向另一个极端——放纵犯罪。试想，同样是国家工作人员利用职务之便为他人谋利，同样是在其离职后收受他人的财物，仅仅因为“若有若无”的“事先约定”而导致罪与非罪的界限，这样的结果很难让法律工作者信服，也更难让社会公众信服。

---

① 韩耀元、邱利君：《适用“两高意见”须注意十二个问题》，http：//www.jcrb.com/n1/jcrb1358/ca619973.htm。

三、完善离职受贿行为规定的几点建议

（一）事先约定要件的取消

在行贿受贿中，先取得利后使用权，属权钱交易；先使用权后取得利，也是权钱交易。公权与私利，孰先孰后，均不影响交易的成立，这是常识。① 没有事先约定并不等于没有权钱交易的故意，受贿的主观犯意主要体现于利用职务之便非法收受他人财物这一决定犯罪性质的客观要件上，即受贿的主观故意认定的关键，不在于受托人为请托人谋取利益之时是否具有收受他人财物的主观意图，而在于受托人收取财物时是否明知或者应知所收财物与利用职务便利为请托人谋利之间有因果关系，即请托人认识到事后受托人给付财物和事前的谋利行为之间有联系并接受财物，就具备了受贿的认识因素和意志因素，如此就具备了受贿的主观故意，从而达到主客观要件统一。并且从实践来看，请托人与国家工作人员之间要么以十分隐蔽的方式进行约定，外人根本无从知晓；要么以非常模糊的方式约定，法律认定和证据采信都非常困难；要么双方心照不宣根本不存在任何约定。这些轻而易举规避法律的现象与“不恰当扩大打击面”的最初预估是背道而驰的，并且一旦此类现象在实践中得不到或者轻而易举逃脱法律制裁，必然导致此类规避法律的现象在现实生活中的大行其道，容易陷入自证其罪的“事先约定”的要件也本能地为深谙交易规则的当事人所规避。因此，无论是从犯罪构成的犯罪故意方面分析还是从实践的法律适用的困惑来看，“事先约定”的要件应该予以取消。

（二）贿赂推定证据制度的引入

贿赂推定，是适用于贿赂犯罪的一项特有证据制度，具有自身特点和适用价值。所谓贿赂推定，是指在被控涉嫌受贿、行贿罪的诉讼中，如果控方能够证明被告人收取、接受或者支付、给予了对方财物，除非被告人提供反证，否则就推定该被收受的财物为贿赂。② 在贿赂手段日益翻新的形势下，受贿的形式、形态与传统受贿模式中的直接接受、占有财物相比，手段日趋多样、隐蔽、智能的趋势下，贿赂推定的引入显得非常迫切。这种由“直接”变“间接”、由“现货”变“期权”、用时间换空间的新型受贿方式掩盖了权钱交易的本质，非常容易逃避法律的制裁，传统的证据采信模式在其面前显得非常软弱无力。而贿赂推定一旦引入，则在程序和证据上的意义显得非常突出，贿赂推定的适用，也可以较好地体现刑事诉

① 储槐植、杨健民：《“事后受贿”能否构成受贿罪——析陈晓受贿案和徐德臣受贿案》，载姜伟主编：《刑事司法指南》（第2集）（总第2集），法律出版社2000年版，第175页。

② 阮传胜：《论贿赂推定及其适用》，载《河北法学》第11期。

讼的两大价值理念：公正与效率。之所以在贿赂犯罪方面引入推定证据制度，其根本就在于国家权力的不可收买性，国家工作人员在维护权力合法合理运行方面具有天然的职责，一旦其具备此身份就相应地具有此义务，保持自身的廉洁，国家工作人员不允许有任何形式的因职务便利而非法收受他人财物的行为，即便这种谋利是在离职之后收取。

与传统的举证制度相比，贿赂推定实行举证责任倒置原则，通过举证责任的倒置、移转，由被指控的一方承担对特定问题（即其收受的财物是合法性）负举证责任，如未能履行这种责任，或者未能提出足以让人信服的发证或反驳，则推定非法收受他人财物的行为的成立，即构成贿赂。在这里我们还必须明确指出的是，这种推定不可任意扩大，必须对其进行严格限定，即仅局限于贿赂犯罪，与此同时还应赋予被指控方充分的辩解、辩护的权利，以防止推定的滥用。同时，我们还应该注意到，《意见》对离职后受贿有“事先约定”的要求也有所松动，《意见》第10条还同时指出：“离职前后连续收受请托人财物的，离职前后收受部分均应计入受贿数额。”在这里，我们可以看到离职后收受请托人财物也计入受贿数额，在这里并没有严格要求“事先约定”要件，在一定程度上也推定其具有一定的关联性，推定的影子若隐若现。因此，为了司法实践的需要，建议引入贿赂推定制度，在立法层面予以设计，运用于司法实践，这一点可借鉴《联合国反腐败公约》第28条之规定，明确规定推定在贿赂犯罪中的适用，这既是打击贿赂犯罪和保证国家机器正常运转的需求，也是我国刑事司法与国际接轨的必然趋势。

未办理权属变更型受贿两大疑难问题解析

黄建先 *

2007年7月，最高人民法院和最高人民检察院联合发布了《关于办理受贿刑事案件适用法律若干问题的意见》（以下简称《意见》），其中第8条第1款指出“国家工作人员利用职务上的便利为请托人谋取利益，收受请托人房屋、汽车等物品，未变更权属登记或借用他人名义办理权属变更登记的，不影响受贿的认定”。①虽然《意见》解决了此类受贿行为的定性问题，但对既遂与未遂的区分和受贿数额的认定等定量因素并未作出明确的规定，而这些直接关系到受贿行为的定罪量刑。

一、将收受未办理权属变更登记的物品认定为受贿的理论支撑

（一）此类物品属于贿赂的范围

目前，学术界关于贿赂的范围存在较大的分歧，主要有财物说、财产性利益说、利益说等观点。在很多情况下，非财产性利益足以诱使国家工作人员出卖权力，有时其对职务行为廉洁性的侵犯甚至不亚于财物。采取利益说，将财产性利益和非财产性利益都纳入贿赂的范围，才能有效地遏制国家工作人员出卖其权力。但基于我国的具体国情，同时出于司法实践可操作性的考量，现行司法实践将贿赂的范围限定为财物，其外延包括财产性利益。不管是按所有权益层面（财物），还是按使用权益层面（财产性利益）进行认定，未办理权属变更登记的房屋、汽车都属于贿赂的范围。

（二）此种行为在本质上无异于普通贿赂行为

此类受贿行为的特殊性在于贿赂物品有着特殊的物权变更规则。根据物权法的规定，不动产物权的变更以办理过户登记为生效要件；特殊动产则以办理过户登记

---

* 武汉市蔡甸区人民检察院反渎职侵权局干警。

① 《关于办理受贿刑事案件适用法律若干问题的意见》第8条第1款。

为对抗要件。从民法理论上讲，行为人并没有在法律上实现对物的占有，受贿方往往以未办理权属变更登记为由否认自己的犯罪目的。对这种行为，应当剥掉其遮掩犯罪行为的外衣，还其权钱交易的本质。一个行为不管采取什么样的形式，只要是侵犯了国家工作人员职务行为的廉洁性，就是一种为实现贿赂目的的犯罪手段。如果把办理权属变更登记作为用不动产或特殊动产进行贿赂成立受贿罪的必备要件，将人为地为打击受贿犯罪制造漏洞，请托人用房屋、汽车与国家工作人员进行权钱交易，受贿方事实上对物进行支配、使用、收益，甚至处分，只要不办理权属变更登记就可以规避法律制裁。

二、既遂与未遂的分析

（一）受贿罪既遂与未遂的区分标准

我国现行刑法及相关司法解释尚未对受贿罪的既遂与未遂作出明确的区分标准。在司法实践中，一般以行为人是否得到贿赂作为受贿既遂与否的标准。但在实践中，收到贿赂的形式是复杂多样的，如何具体认定行为人是否实际得到贿赂在刑法学界存在分歧，主要有转移说、藏匿说、控制说、失控说、失控加控制说等观点。控制说是符合受贿罪的立法精神和客观现实的，行为人实际控制和占有财物就已实施了索要或收受他人贿赂的危害行为，并造成了国家工作人员职位行为的廉洁性受到侵害的危害结果，其犯罪行为已经齐备了犯罪构成的全部要件，构成犯罪既遂。

（二）收受未办理权属变更登记的房屋、汽车是受贿既遂

有观点认为房屋作为不动产，其物权的设立、变更和转让必须经过依法登记，才能发生效力。收受未办理权属变更登记的房屋，并没有真正实现对财物的控制和占有，行贿方人可随时向收受人主张权利，收受人无法进行抗辩，收受未办理权属变更登记的房屋应视为受贿未遂。笔者认为这种观点机械地将民法上的占有适用于刑法领域，是不可取的。民法规范与刑法规范在性质和功能上存在差异，在理解和适用上不能简单求同。民法是调整平等主体之间民事权利义务关系的法律，功能是界定民事主体的权利义务，定分止争。刑法是规定犯罪、刑事责任和刑罚的法律，功能是制裁和预防犯罪、保护法益、保障国家刑罚权的准确正当行使。① 民法上的占有必须获得法律的确认和保护，占有人在法律上拥有物的权利人的地位。其功能在于明确占有人与其他人权利义务的界限，以维护市场经

① 胡石海：《刑法规范与民法规范在理解上不能简单求同》，载《法制与社会》2010 年第 9 期。

济的秩序。刑法上的占有是行为人在事实上对物的控制，是一种单纯的事实支配状态，以此评价占有人的行为性质。是否在法律上取得对房屋的物权并不能对事实上占有房屋的认定构成障碍。对于汽车而言，机动车辆这类特殊动产物权的设立和转让是以交付为标准的，登记只是对抗要件，未办理权属变更登记不影响行为人对汽车的控制和占有。

三、受贿数额的认定

（一）收受未办理权属变更登记的房屋的受贿数额的认定

如何认定此类受贿行为的犯罪数额在理论上存在很大的争议，大体可分为使用权价值说和所有权价值说。使用权价值说认为，在未办理房屋权属变更登记的情况下，受贿方并没有取得房屋的产权，相关权益受到很大的限制，不宜按房屋的市场价格计算受贿数额，而应当按同类房屋的租金结合占用房屋的时间，以房屋的使用价值计算受贿数额。所有权价值说认为，虽然未办理权属变更登记，但受贿方已实际取得了对房屋的占有，也可能对房屋进行处分，以使用价值计算受贿数额可能导致重罪轻罚，甚至因数额不够而不能定罪的现象，应按房屋的市场价格计算受贿数额。笔者认为此类受贿行为在现实中情况较为复杂，不宜单一地适用一种认定方式，而应视具体情况而定。如果请托人并没有明确的赠送的意思表达，受贿方占用房屋后只是自行居住，并没有处分行为，应当按房屋的使用权价值计算其受贿数额。如果有确凿、充实的证据证明请托人有明确的赠送的意思表达，受托人实际占有房屋且没有任何归还行为，或者受贿方已在事实上进行了处分行为，则应以房屋所有权价值计算犯罪数额。在这种情况下又涉及计算房屋所有权价值基准时间的问题。以房屋为贿赂物的贿赂行为可分为三个时间节点，即请托人购置房屋时、受贿方收受房屋时和案发时。房屋作为一种价格变化幅度较大的物品，以哪个时间节点的市场价格来认定受贿数额，对量刑有着很大的影响。笔者认为，应当以受贿方收受房屋的时间为基准来认定受贿数额。这个时间节点正是贿赂双方形成合意，进行权钱交易，致使刑法保护的法益遭受侵害的时间。

（二）收受未办理权属变更登记的汽车的受贿数额的认定

汽车等特殊动产物权的转让仍以交付为标准，但未经登记不得对抗善意第三人。对于此类特殊动产，权属变更登记只是对抗要件，而非生效要件。未办理权属变更登记并不妨碍受贿方对机动车辆物权的获取，因此，对此类受贿行为一般以受贿方收受贿赂时机动车辆的市场价格计算受贿数额。若受贿方在案发前归还了机动车辆，且排除了民事借用的可能，则应按使用权价值计算其受贿数额。

借用型受贿犯罪的司法认定

彭艳玲*

一、基本案情

犯罪嫌疑人熊某，男，大学文化程度，中共党员，先后任武汉市某局武昌分局局长、武汉市某局副局长。2008 年，犯罪嫌疑人熊某经其单位工作人员汪某某的介绍认识汪某。2009 年 4、5 月份，犯罪嫌疑人熊某利用其负责单位重建办公综合楼项目的职务便利，接受武汉某建设公司项目经理汪某的请托，为该建设公司承接办公综合楼项目提供帮助。期间，犯罪嫌疑人熊某以其女儿出嫁买房子缺钱为由，向汪某借款人民币 30 万元。2010 年 4 月，犯罪嫌疑人熊某在得知违建的办公综合楼项目被查封后，将该款归还汪某。案发后，经侦查查明，熊某所买的新房系全额付款，且熊某家庭存款有近百万元。

在本案中，就犯罪嫌疑人熊某向汪某借款 30 万元的行为性质的认定，存在争议。第一种观点认为，如果双方当事人意思表示一致，均承认该 30 万元为借款，该款项就应与贿赂款区别开来，且客观上犯罪嫌疑人熊某在案发前已将该款归还汪某。因此，犯罪嫌疑人熊某该行为属于自然人之间的普通借用行为，不应认定为受贿。第二种观点认为，犯罪嫌疑人熊某在向汪某借款时，具有国家工作人员身份及职务上的便利，且汪某对其有具体的请托事项，客观上其向汪某索取了 30 万元。虽然表面说是借用，但是并无借条、约定还款日期、还款方式等借款的形式要件，之后的归还行为也是在有关联的人、事被查处后，为免受牵连被迫还款。因此，犯罪嫌疑人熊某的行为应认定为受贿。

二、评析意见

笔者同意第二种观点。就本案而言，犯罪嫌疑人熊某的行为符合受贿罪的构成要件，已经构成受贿罪。

1. 受贿罪侵犯的客体是国家工作人员的职务廉洁性，钱权交易是这类犯罪的

---

* 武汉市武昌区人民检察院公诉科助理检察员。

本质特征和社会危害性所在。① 在本案中，犯罪嫌疑人熊某作为武汉市某局武昌分局局长，负责本单位重建办公综合楼项目，而汪某作为建设公司项目经理，向熊某有具体的请托事项。从行为发生的时间来看，该借款行为发生在汪某有求于熊某利用职务便利为其承接工程提供帮助之时；从客观事实来看，熊某帮助汪某承接了该工程，汪某也应要求给予了熊某 30 万元“借款”；而从双方的关系来看，两人并非亲友、结识时间不长，相互之间交情并不深厚，不存在大额借款的感情基础。可见，熊某与汪某之间借用关系的形成主要是基于双方之间权钱交易的对应关系。

2. 从主观上看，熊某具有利用其职务上的便利条件，索取他人财物的故意。一方面，熊某明知其索取他人贿赂是利用其职务上的便利条件实施的，倘若其不具有职务上的强势地位，没有负责本单位重建办公综合楼项目的职务便利，汪某不可能借予30 万元巨款。所以，该 30 万元名为借款，实质上与熊某的职务行为存在对价性，具有因果关系。另一方面，熊某在借款前后并没有归还的意思表示，进一步说明了他“以借为名、实为受贿”的主观心态。在借款前，熊某并未出具借条，也未就还款时间、还款方式等作出承诺。在借款后，熊某在家中有大额存款的情况下仍不归还借款。至于在有关联的人、事被查处之后被动归还的行为，根据“两高”《关于办理受贿刑事案件适用法律若干问题的意见》的规定，不影响对其受贿的认定。

3. 从客观方面看，熊某客观上实施了利用其职务上的便利条件，索取他人财物的行为。一方面，熊某应汪某的请托，利用其负责本单位重建办公综合楼项目的职务便利，为汪某所在公司承接该项目提供帮助，使汪某所在公司顺利承接了该项目。在此期间，熊某向汪某“借款”30 万元的期望也得以实现。另一方面，从熊某的借款理由、必要性、归还等客观情况看，其与正常借款有明显区别，进一步说明了该 30 万元是其索取而非借用，犯罪嫌疑人熊某的行为不是普通的民间借款而是典型的借用型受贿。

三、实践中关于借用型受贿的认定

借用型受贿是权钱交易的双方为了逃避法律制裁，假借借用财物等合法形式来掩盖行受贿本质的一种新型受贿犯罪。② 受贿方通过倚仗民事法律关系中的借用名义，为其受贿行为披上合法的外衣，表面上是从请托人处借用财物，实际上是“以借用之名，行受贿之实”。在司法实践中以借用为名的受贿具有较强的迷惑性。如何准确认定此类犯罪，笔者认为，可以从以下几个方面入手：

（一）从犯罪构成分析

借用型受贿虽是一种新型的受贿形式，但它并未突破受贿罪的犯罪构成要件。

① 郭竹梅：《受贿罪新型暨疑难问题研究》，中国检察出版社 2009 年版，第 81 页。

② 陈安杨：《以借为名的受贿行为若干问题的分析》，载《法制与社会》2011 年第 11 期。

我们在接触此类案件时，仍然可以在受贿罪原有的构成要件框架内对之加以分析判断，从而区分是借款行为还是受贿犯罪。

1. 分析双方之间的关系是否存在权钱交易的客观可能性。一般来说，一个国家工作人员的职务在一定时期内都是确定的，其职权也会限定在一个可预测的范围之内，如果出借人与国家工作人员的职权没有任何发生关联的机会，借贷双方纯属亲友、故交，则真实借贷关系可能成立。否则，很难认定国家工作人员与其他公民或者组织之间的正常借贷关系。

2. 考察双方之间客观上是否已经实施或者即将实施权钱交易行为。这一点主要从国家工作人员行使的职务行为来考察。在国家工作人员已发生的行为中，如果其已经为出借方谋取了利益，例如上述案例中，熊某利用职务便利帮助汪某承接了工程项目，或者从国家工作人员已有的行为中推断，他正准备为对方谋取利益，一旦有可查证的为他人谋利的行为，则通常能够排除正常借贷关系的存在。

3. 从客观行为捕捉双方之间真实的主观意思。主观故意作为犯罪构成的要件之一，是认定行为人罪与非罪必须考量的一个标准。在受贿案件中，行受贿双方各自的目的能够在钱与权的交易中共同实现。在案发后，双方会很自然地形成主动配合和相互保护的默契，并不约而同地将行受贿行为辩解为普通的借贷款行为。因而，我们必须通过客观行为捕捉双方的主观故意。例如，借款前，国家工作人员有没有写借条；若有书面或口头约定的，借款方在约定期限内有无明显的还款打算和行动，出借人有没有催要借款的表现等。如果借款人没有还款的意思或打算，出借人也没有催要的表现就基本可以证明双方借款关系的虚假性。在有很多案件中，到案发时双方之间的“借款合同”仍未履行并且毫无履行的迹象，联系其他条件则基本可以断定国家工作人员受贿而非借用的主观故意。

（二）运用刑事推定原则

刑事推定是一种证据规则，它是指根据刑事法律的相关规定，从基础事实推导出高度盖然性的推定事实，从而还原犯罪真实情况的一种证据规则。[①] 贿赂犯罪作为一种多发的职务犯罪类型，随着经济和社会的发展变化，贿赂犯罪的形式与手段不断翻新，越发显现出复杂化、隐蔽化的特点，使得此类犯罪的证据不同于其他犯罪证据。通常情况下，贿赂犯罪证据对口供的依赖性较强，以言词证据为主，且证据不稳定，容易被翻证翻供。鉴于贿赂案件证据的特殊性，在认定借用型受贿案件中，刑事推定原则的运用意义重大。《联合国反腐败公约》（以下简称《公约》）专门就腐败犯罪的推定制度作出规定，旨在减轻追诉机关的证明责任，有效地预防和打击腐败犯罪。该《公约》第28条规定：“根据本公约确立的犯罪所具备的明知、故意或目的等要素，可以根据客观实际情况予以推定。”这为追诉机关在办理

① 邓子滨：《刑事法中的推定》，中国人民公安大学出版社2003年版，第152页。

贿赂案件中面对的犯罪主观方面证明难的问题，提供了一种可行思路，即对于贿赂案件中难以证明的主观方面要素可以根据“客观实际”来进行推定，从而还原贿赂犯罪的真实情况。此外，2003 年最高人民法院颁布的《全国法院审理经济犯罪案件工作座谈会纪要》（以下简称《纪要》）也明确规定了在对以借为名收受贿赂的行为进行认定过程中，可以用刑事推定的方法进行认定。即在具体认定时，不能仅凭双方当事人的说辞，或是仅看有无书面借款手续，还要结合有无正当合理的借款事由、双方关系、有无归还的意思和行为等多个方面对行为的主客观要素进行综合考量。这实际上就是以司法解释的形式明确了在贿赂犯罪的认定中，运用刑事推定原则的正当性。因此，我们必须充分认识刑事推定在借用型受贿案件认定中的重要意义，在司法实践中，严格按照法律规定推定犯罪事实。

（三）考量多方因素，形成证据锁链

实践中，刑事推定的运用主要基于案件的基础事实。所谓基础事实，就是众所周知的事实、自然规律或者定理和已经被证明的事实等真实可靠的事实。在借用型受贿犯罪的认定中，基础事实需要结合多方因素，综合判断。2003 年最高人民法院出台的《纪要》已经对认定基础事实的“多方因素”作出规定，具体包括：（1）有无正当、合理的借款事由；（2）款项的去向；（3）双方平时关系如何、有无经济往来；（4）出借方是否要求国家工作人员利用职务上的便利为其谋取利益；（5）借款后是否有归还的意思表示及行为；（6）是否有归还的能力；（7）未归还的原因，等等。因而，在借用型受贿犯罪的认定中，我们可以结合上述多方因素以获取基本事实信息，进而在遵循基础事实与推定事实之间内在联系的基础上，推断出高度盖然性的推定事实。[①] 由于在借用型受贿犯罪的认定中，行受贿双方的口供是核心证据，一旦行受贿双方均以借用为由，强力辩解，案件事实将很难认定。因此，外围证据的收集至关重要。具体而言，笔者认为需要调取推定时所运用的基础事实的证据主要包括以下几点：（1）可以作为书证的借据；（2）双方之间关于借款理由的供述及辩解；（3）查明借款去向，印证借款事由；（4）查清双方日常关系和是否经常往来的相关情况，主要是相关证人证言、经济往来的书证材料等；（5）借款方的个人和家庭收入、存款、不动产等经济状况，确定借款方是否具备还款的经济实力；（6）查清借款方在借款后有无归还的意思表示或行为，贷款方有无催款的意思等。当然，由于每个案件具体情况不一，上述罗列的需要调取的证据并未穷尽。具体到个案，还要结合具体案情，注重细节证据的收集和查证，做到严丝合缝地生成证据锁链。此外，由于在借用型贿赂犯罪的认定中，无论是主观方面还是客观方面，在无法获取真实口供的情况下，只能通过获取的旁证进行推定。因此，在实际办案中必须保证调取的证据及基础事实的真实性，从而保证推定事实的客观性。

---

① 罗猛、章文巍：《以借为名新型受贿案件认定》，载《中国检察官》2010 年第 3 期。

借用型受贿犯罪的司法认定

刘　阳*

一、意思表示是确定借用型受贿是否成立的关键

现阶段司法实践中典型案例表现为，国家工作人员利用职务便利为请托人谋取利益后，以口头、出具借条或者签订借用合同的形式借用请托人财物，长期免费使用而无须支付任何费用，案发后便推说自己的行为属于借用而非受贿。如王某为某国有公司总经理，因该公司所属的某宾馆常年亏损，经集体研究准备转让。某物业管理公司总经理张某得知后，就与该国有公司洽谈收购事宜。王某在明知宾馆是国有资产，其转让必须经国有资产管理局评估的情况下，没有进行评估，也没有对收购方进行认真考察，就擅自与物业公司签订以 5300 万元转让宾馆的合同。该物业公司未支付完转让费就办理房产权、土地使用权的变更手续，与另一公司签订以 8500 万元转让宾馆的合同。张某为感谢王某在转让宾馆时给予的帮助，为王某购买了一套价值 130 万元的住房和一部价值 12 万元的汽车，住房及汽车的产权属于物业公司，王某以借用为名长期使用，并向物业公司出具借条。

认定以上情形是否属于以借为名的受贿行为，关键是确定行为双方是否形成真实借用关系，这需要对借用人及出借方意思表示的真实性进行判断，双方的意思表示是否真实，决定了他们之间民事法律关系的效力情况，也是判断是否存在行受贿犯罪问题的依据。如果双方的真实意思表示就是借用，则无论是否拥有书面协议等证据予以证明，双方相应的民事法律关系均成立；反之，双方的真实意思表示并非借用，而是请托人以借用为名将财物赠与国家工作人员，并希望因此获得相应的请托利益，则借用合同因为其虚伪表示行为而不能成立。

二、认定行为人受贿的主观故意必须合理运用刑事推定

实践中，受贿案中直接证据相对较少，认定受贿人主观故意往往通过言词证据，即犯罪嫌疑人口供。为了缓解司法证明的困难，体现国家的刑事政策，减轻检

* 武汉市蔡甸区人民检察院反渎职侵权局干警。

察机关的负担，设置刑事推定显得非常必要，推定的范围应该主要限于检察机关难以进行司法证明，同时又是国家刑事政策重点针对的特定犯罪。鉴于我国已经加入《联合国反腐败公约》（以下简称《公约》），根据《公约》第28条“根据本公约确立的犯罪所需具备的明知、故意或者目的等要素，可以根据客观实际情况予以推定”的规定，在我国刑事司法实践中对于受贿犯罪已经具备使用刑事推定的正当性。①

在相关证据查证属实、证据之间相互关联之后，关涉到刑事案件定性最关键的一步就是运用推定能得出唯一结论的问题。这就要求侦查人员必须重视间接证据的收集并把握它们之间的关联性。要达到对受贿事实的固定的目标，就必须依靠隐蔽散落、看似逻辑杂乱的间接证据，虽然间接证据的证明力不如直接证据强，但间接证据凭借数量优势和关联优势能够对某一受贿事实形成更加稳固的证明，尤其是在被告人口供更加难以收集的借用型受贿案件中，对被告人受贿定性关键取决于间接证据的收集和有机组合，只有间接证据相互印证并形成完成、严密的证据链，才能对案件事实作出准确认定。

三、哪些因素是认定受贿的主要依据

借用车辆、房屋等不动产是借用型受贿中最常出现的两种情况，本文所说的财物主要指向房屋、车辆。对于借用汽车、房屋等产权变更需登记的，公务人员借用时，通常采取不过户而长期“借用”使用的情况，2007年7月之前，该种“借用”名义长期使用的情况因为汽车的所有权没有变更，在处理时存在争议。有学者认为如果坚持以过户或实名上户为条件，将使刑法关于受贿罪的规定失之于宽，甚至形成相当大的漏洞。② 因此，“不以实名收受为必要条件”符合受贿犯罪的规律和司法实际，更有利于打击职务犯罪。2007年7月，最高人民法院和最高人民检察院发布的《关于办理受贿刑事案件适用法律若干问题的意见》则解决了这个问题。其中第8条指出，“国家工作人员利用职务上的便利为请托人谋取利益，收受请托人房屋、汽车等物品，未变更权属登记或者借用他人名义办理权属变更登记的，不影响受贿的认定”。相关司法解释对认定借用型受贿的因素做了概括，但在实践中司法解释归纳的因素显得过于笼统，笔者建议可作以下补充：

---

① 参见罗猛、章文巍：《“以借为名”新型受贿案件认定》，载《中国检察官》2010年第3期。

② 参见蒋敏：《收受房屋、汽车未过户或借用他人名义上户的，不影响受贿罪的认定》，载《人民法院报》2009年2月6日第5版。

（一）公务人员是否有正当理由长期“借用”他人财物

如公务人员自身家庭经济情况良好，本人有车有房，无正当理由却“借用”他人房屋、车辆，或者非因正常生产、生活需要“借用”他人的别墅、豪车，并达到相当长的一段时间连续占有使用，犯罪嫌疑人占有他人物品的时间越长，其借用的基础越不稳固。

（二）当事人双方有无正常信用基础

在资本市场上，要获取财物的使用权一般需要支付租金，对普通人而言，获取房屋、汽车等大额商品的使用权必须支付租金对价，公务人员利用职务上的便利为他人谋取利益，以此免费获得财物的使用权，因此，行受贿双方往往存在利益上的相互利用关系，而不具备稳固的信任关系。

（三）出借人是否因国家工作人员的职务行为获益

出借方之所以将价值较大的房屋、车辆借给公务人员使用，往往是因为有求于公务人员利用职务上的便利为其谋取利益。大量受贿罪表现为利用职权便利条件获取利益，公务人员是否利用职务上的便利为其谋取利益，也是判断借用行为是否属于变相受贿的重要因素。

四、借用型受贿数额的认定

虽然“两高”司法解释规定国家工作人员利用职务上的便利为请托人谋取利益，收受请托人房屋、汽车等物品，未变更权属登记或者借用他人名义办理权属变更登记的，不影响受贿的认定，但对受贿数额如何计算未作出明确规定。如果将并未过户的房屋、车辆的市场价值作为公务人员的受贿数额，则有悖于刑法主客观相统一的原则。虽然公务人员已对财物“实际控制”，享有占有、使用、收益，甚至部分处置的权利，但我国对房屋、汽车所有权实行登记制度，公务人员从法律上没有取得房屋、汽车的所有权，无法将房屋、车辆进行出售、赠与或者抵押。笔者认为，在借用型受贿犯罪中，受贿数额可以比照公务人员使用时间段内房屋、车辆的租金进行认定，因为房屋、汽车的使用权可以产生租金收益，租金实际上是房屋、汽车使用权的对价，而公务人员无偿取得的是该对价。如果行贿人事后将房屋、车辆过户给公务人员，则应当以房屋、车辆过户时的市场价值认定受贿数额。

放贷生利型受贿行为的司法认定

赵 慧*

近年来，随着中央反腐败斗争力度的加大以及刑事法网的严密，受贿行为人的反侦查能力日益提高，受贿的手段与方式越来越隐蔽，以往那种赤裸裸地收受或者索取财物的方式已不多见，更多地表现为通过间接方式收受贿赂或者将受贿行为掺杂在市场经济活动中，企图逃避法律的惩罚。其中，行为人以放贷方式收取高额利息进行受贿就是明显一例，对此行为能否作为受贿处理在理论和实务界存在争议，值得引起我们高度重视。

一、放贷生利型受贿界定

所谓放贷生利型受贿，是国家工作人员利用自身职务上的便利为他人谋取利益，以自己或者特定关系人的名义向他人发放贷款收取高额利息来进行受贿的行为。据《钱江晚报》报道，广东茂名市原常务副市长杨光亮受贿案中，放贷生利是杨光亮以赃敛财的重要手段，办案人员在起获的赃物中发现了几十张借条，涉案金额达6000万元，利息高出银行贷款数倍。

在放贷生利型受贿中，由于行为人之间的借贷关系真实存在，有别于国家工作人员单纯收受他人财物那种典型受贿行为，其行为具有一定的迷惑性，司法实践中对其法律评价存在一定的分歧。有观点认为，在该种行为中，行为人之间存在真实的借贷关系，只要双方当事人意思自治，不违反法律的强制性规定，就应该将这种行为纳入司法调整范围内。即使双方当事人约定的利息超出银行同类贷款利率的四倍，也不能就此肯定该行为的刑事违法性。也有观点认为，这种借贷关系不是民事法意义上的资金拆借关系，而是当事人双方以民间借贷为名进行贿赂，应当作为受贿罪处理。对此，我们认为，放贷生利型受贿中，由于该行为中融入了一定的民间借贷因素，使得该行为的性质容易与正常民事法律活动相混淆，因此需要从本质上确认该行为的性质，以便给予相当的法律处遇。

受贿罪的保护法益在于侵犯了国家工作人员职务的廉洁性。职务的廉洁性要求

---

* 湖北省人民检察院刑事审判监督处副处长，法学博士。

决定了国家工作人员在执法办案活动中必须秉公执法，一旦国家工作人员在职务关系上索取或者收受他人财物，就会对其职务行为的公正性产生影响，进而背离其工作职责作为或者不作为。在国外刑事立法上，为了保障国家工作人员执法的公正性，多数国家刑法明文规定，只要公务员在职务关系上收受他人贿赂，就构成受贿罪；对于收受贿赂后为他人谋取利益的，属于委托受贿，必须按照受贿罪加重处罚。[①] 在我国，根据《刑法》第385条规定，国家工作人员索取他人财物的，构成受贿罪。对于国家工作人员收受他人的财物，尽管刑法规定要以“为他人谋取利益”为构成要件，但刑法学界普遍认为，“为他人谋取利益”并不要求为他人谋取到实际利益，只要承诺为他人谋取利益的，就构成受贿罪。根据上述理解，在收受型受贿中，“为他人谋取利益”构成要件的功能在于，沟通行贿人提供的不正当报酬与国家工作人员职务行为的关联性，表明两者之间的“对价关系”，为准确认定国家工作人员职务行为的廉洁性是否遭受侵犯提供事实支撑。司法实践中，只要收受型受贿中国家工作人员职务行为与不正当报酬存在对价关系，将此行为作为受贿罪处理已形成普遍共识。因此，在收受型受贿罪中，其犯罪本质在于权钱交易，即不正当报酬与职务行为之间的对价性。只要能够证实国家工作人员收受贿赂与利用职务便利为他人谋取利益之间存在因果关系，就应当肯定受贿罪的成立。

从受贿罪的本质出发，可以认定放贷生利型受贿行为符合刑法规定的受贿罪犯罪构成，依法应当追究刑事责任。具体理由如下：（1）双方当事人关系特定。在放贷生利型受贿中，双方当事人不是单纯的民事法律主体，缺乏普通民事借贷关系赖以成立的信任基础，而是建立在国家工作人员利用职务便利为所谓借款人谋取利益的基础上，存在法律禁止的共同利益关系。司法实践中，放贷生利型受贿中的双方当事人往往并不相识，而是在谋求职务行为的交易性过程建立情感基础，其情感基础比较脆弱，依附于国家工作人员的职务行为。（2）利息约定特别。在放贷生利型受贿中，双方当事人约定的借款利息明显高于银行同期贷款利率甚至超出当地同期民间资金拆借利息，其收益回报明显不合情理。（3）职务行为与借贷行为的关系链条特殊。普通民间借贷关系中，双方当事人借贷关系的成立往往是自发、自愿的，相互之间不存在依附性。而在放贷生利型受贿中，双方当事人“借贷关系”建立在国家工作人员利用职务便利为借款人谋取利益的基础上。一方面，国家工作人员利用职务上的便利为他人谋取利益，确保行贿人在市场竞争中取得不当竞争优势，进而确保自身的借款安全和利息收益；另一方面，行贿人通过国家工作人员的职务行为谋求不正当利益，其支付的所谓利息实际上是对国家工作人员违法滥用职务行为的一种对价性给付。正是由于国家工作人员利用职务上的便利为借款人谋取利益，才为建立所谓的借贷关系打下了基础，从而在当事人之间形成利益共同体，

---

① 参见黎宏：《刑法学》，法律出版社2012年版，第951页。

体现了权钱交易的本质特征。

值得注意的是，国家工作人员作为社会一员，离不开参与社会经济活动，包括与其他社会成员发生正常的民间借贷关系，需要与放贷生利型受贿行为加以区别。对此，把握的关键在于，该借贷活动是否糅合了权钱交易的因素，体现了不正当报酬与职务行为的对价性关系。如果能够得出否定性结论，则应当将该行为排除在受贿罪之外。例如，（1）国家工作人员与亲戚、朋友基于亲情、友情等互助关系产生借贷行为的，没有利用职务便利为他们谋取利益，不论该利息是否高于银行同期贷款利率以及高于银行同期贷款利率比例多少，都应当确认该借贷行为的合法性。（2）国家工作人员没有利用职务便利为他人谋取利益，通过将钱借贷给他人获取高额利息的，不管该利息收入是否合法，不能将该行为作为受贿罪处理。（3）国家工作人员利用职务便利为他人谋取利益，并与行为人之间建立借贷关系，国家工作人员实际出资并且所约定利息没有超出银行同期贷款利率或者超过银行同期贷款利率比例不大的，不宜将该行为作为受贿罪处理。（4）国家工作人员利用职务便利为他人谋取利益，并与行为人之间建立借贷关系，所约定的利息高于银行同期贷款利率，但该利率是借款人事先设定的不针对特定人的借款条件，如果能查实其他与借款人没有共同利益关系的债权人也享受了该利率，也不宜将该行为作为犯罪处理。

二、放贷生利型受贿数额的认定

在明确放贷生利型行为的性质后，如何确定该种受贿罪中的数额在司法实践中争议较大，概述起来，主要有以下几种观点：（1）全部数额标准说。该说认为，在放贷生利型受贿罪中，所谓的借贷关系就是为了进行受贿非法目的而采取的一种合法掩盖手段，双方当事人既没有正当、合理的借款事由，又无真实、自愿的借款意愿，应当将全部利息款认定为受贿数额，没有必要扣除利息。[①]（2）同类行业同期民间拆借利率标准说。放贷生利型受贿中，双方当事人之间的借贷关系属于不正当的借贷关系，但考虑到借贷行为的客观存在，从有利于被告人原则出发，以当地同类行业同期民间资金拆借利息作为计算标准，超出部分利息认定为受贿数额。在江苏省海门市原副市长张永斌受贿案中，南通市中级人民法院采纳的就是同类行业同期民间拆借利率标准说。[②]（3）银行同期贷款利率四倍标准说。该说认为，应以同期银行贷款利率的四倍作为确定受贿数额的标准，超出同期银行贷款四倍以外的

---

① 参见马谨斌：《收取高额利息为他人谋取利益应认定受贿罪》，载《检察日报》2012年5月2日。

② 参见徐德高、徐瑾：《收取远高于正常借款的利息是受贿》，载《检察日报》2010年5月25日。

利息，认定为受贿数额。在湖北省仙桃市规划管理局原局长李选民受贿案中，法院采取了该说。[①]（4）借款人同期借款利息标准说。该说认为，在确定放贷生利型受贿数额中，应以借款人同期向其他债权人借款的利息作为确定受贿罪数额的标准，超出该标准的，认定为受贿数额。在湖北省武汉市东西湖区交通局原副局长丁昌池受贿案中，武汉市中级人民法院采纳的就是该说。[②]

分析上述观点，我们认为，放贷生利型受贿是一种以借贷等合法形式掩盖受贿非法目的的行为，体现了权钱交易的本质特征，应当作为受贿罪予以处理。在该行为中，行为人之间的借贷事实客观存在，尽管该事实并不能掩盖权钱交易的本质特征，但在处理上应当与普通受贿行为加以区别。全部数额标准说片面强调了放贷生利型受贿行为的违法性，主张将全部利息收入认定为受贿数额，忽视了行为人之间借贷事实的客观存在，故不可取。同类行业同期民间拆借利率标准说、银行同期贷款利率四倍标准说和借款人同期借款利息标准说都充分认识到放贷生利型受贿案中行为人之间借贷关系的客观事实，在肯定借贷关系存在的前提下寻求法律范围内最大限度保护借款人的合法权益，忽视了放贷生利型受贿行为属于以借贷为名进行权钱交易的本质属性，因此上述观点值得商榷。另外，同类行业同期民间拆借利率标准说本身就没有统一、权威性标准，易导致认定的随意性。银行同期贷款利率四倍标准说是认定民间融资利息是否合法的法律标准，将其作为放贷生利型受贿罪的数额认定标准有过于保护犯罪分子之嫌，也背离了法律预防和惩治腐败犯罪的目的。对于借款人同期借款利息标准说而言，一旦借款人存在多个借款利息，如何进行选择就成为难题，故标准过于随意，不具有可操作性。

综上所述，我们认为，在认定放贷生利型受贿数额时，既要深刻认识到以借贷为名谋取非法所得的实质，又要充分肯定国家工作人员实际出具借款这一客观事实，本着实事求是的原则，最大限度地实现惩罚犯罪与保障人权的有机统一。由此，我们主张银行同期贷款利率标准说，即在认定放贷生利型受贿案的犯罪数额时，依法扣除国家工作人员所出具借款可得预期收益即银行同期贷款利息后，其他部分为受贿数额。对于借款不满一年（含一年）的以国家一年定期存款利率为扣除标准，超出一年的以三年定期存款利率为扣除标准。这一标准，充分考虑了国家工作人员出具借款这一客观事实，依法保护其依照国家法定利率应当取得的预期利息收益，体现了保护犯罪人合法权益的执法理念。同时国家法定利率具有法定性和全国统一性，能够有效避免操作性的随意性和执法的不统一性，有利于法律的统一正确实施。

---

① 参见湖北省仙桃市人民法院（2010）仙刑初字第89号刑事判决书。

② 参见湖北省武汉市中级人民法院（2010）武刑初字第39号刑事判决书。

新型贿赂犯罪行为形态研究

江巧云* 崔盼盼**

为了有效惩治新型贿赂犯罪行为，推动反腐败斗争的深入，最高人民法院、最高人民检察院于2007年7月8日发布了《关于办理受贿刑事案件适用法律若干问题的意见》(以下简称《意见》)，明确了10种新型贿赂犯罪行为。《意见》的出台为我国惩治新型受贿犯罪提供了法律依据，将进一步有力打击市场经济条件下更为隐蔽的新类型权钱交易腐败行为。本文旨在通过对新型贿赂犯罪的行为形态分析，对新型贿赂犯罪的类型、司法实践中如何确定、现行法律和司法解释规定的不足及应对措施进行进一步的探讨，以彰显刑法惩罚、预防犯罪的立法目的。

一、新型贿赂犯罪的类型

当前，贿赂犯罪日渐增多，贿赂的手段、形式不断翻新，具有明显的规避性、边缘性（即罪与非罪界限模糊），出现了交易型贿赂、干股分红型贿赂、合作投资型贿赂、委托理财型贿赂以及赌博型贿赂等新型贿赂犯罪行为。“新型贿赂犯罪”案件由于更具隐蔽性、复杂性，给查办贿赂案件、适用法律带来了一定的困难，下面对这些新型贿赂犯罪进行分析：

（一）交易型贿赂

即行为人利用职务便利为请托人谋利，主动提出或者应允以低价买、高价卖等方式，与请托人进行房屋、汽车等物品交易，从中谋利的行为。例如，人称“上海第一秘”的原上海市市委书记陈良宇秘书、宝山区区长秦裕，被法院认定受贿680万元，主要包括位于上海市中心的三处房产，这三处房产都是秦裕以“以差换好”、“以小换大”等方式从行贿人处获得。

* 武汉市硚口区人民检察院党组书记、检察长。

** 武汉市硚口区人民检察院反贪污贿赂局干警。

（二）干股分红型贿赂

即未出资而获得股份，并因此获得“分红”的贿赂行为。例如，某镇党委原副书记甘某在帮助村民取得优先承包权，继续获得采砂权后，接受村民作为感谢赠予他的1股股份，年终分得红利15.5万元。

（三）合作投资型贿赂

即国家工作人员利用职务上的便利为请托人谋利，以合作开办公司或者以其他合作投资的名义，收受请托人的“出资”或者所谓“利润”的行为。例如，某市文化广电新闻出版局社会文化处原处长王某某，借自己代表市文化局与某公司洽谈业务、签订彩灯制作合同之机，向该公司负责人吴某某提出本地有公司要与其“合作经营”2005年元宵灯会。吴某某迫于无奈，答应了王某某的要求。随后，王某某个人出资，以其侄子王某、妻子傅某为挂名股东，注册成立了某市天然文化传播有限公司（下称天然公司），然后让王某出面以天然公司的名义与吴某某“合作”。事后，在王某某策划、安排下，天然公司以利润分成的名义，分得六成利润共计人民币12万余元，被王某某个人提走。

（四）委托理财型贿赂

即国家工作人员利用职务上的便利为请托人谋利，以委托请托人投资证券、期货或者其他委托理财的名义，未实际出资而获取“收益”，或者虽然实际出资，但获取“收益”明显高于出资应得收益的行为。例如，1995年11月6日和1999年9月，于纪豹利用担任乌鲁木齐市计划委员会主任的职务之便，先后共交给新疆德隆国际实业总公司100万元，作为其在德隆公司的投资款要求每年给以高额回报。自1997年1月至2003年4月期间，于纪豹领取所谓回报款共计170万元。

（五）娱乐型贿赂行为

即行贿者为受贿者提供某种娱乐，满足受贿者的某种需要或欲望，使受贿者身心愉悦，达到收买的目的。包括：（1）赌博型贿赂，即国家工作人员利用职务上的便利为请托人谋取利益，通过赌博方式收受请托人财物的行为。例如，自1998年10月至2000年8月，某国有学校校长孙某某利用职务之便，多次让本单位采购人员从个体户匡某某处购买价值数百万元的商品。其间，孙某某与匡某某相约参加以打麻将的方式赌博三次，赢了由孙某某拿走，输了由匡某某支付给赢家。孙某某通过此种方式获利3万元。（2）性贿赂，表现为行贿者借用、雇用美色为受贿者提供性服务。

（六）消费型贿赂行为

即国家工作人员利用职务上的便利为他人谋取利益，要求他人提供或非法接受他人提供能满足人某种需要的利益的行为。主要表现为：（1）旅游贿赂，即提供旅游的机会并承担路费、餐饮以及住宿等一切旅游开支。（2）报销费用，如报销手机话费、餐饮费等。（3）购物消费，即提供购物券或者为受贿者购物免单等。（4）休闲健身，即以休闲健身为名义，安排休闲健身的场所，并付高额费用，如资助其打高尔夫球、打保龄球、洗桑拿、做按摩等。（5）免费装修住房。

（七）提供便利型贿赂

它表现为受贿者接受行贿者为其提供的安排子女出国留学，或为家眷提供就业机会，受贿者以"借用"的名义接受行贿者为其提供的住房、汽车等。还包括国家工作人员之间，利用本人的职务便利为对方谋取其他不正当利益。此类行为并不表现为受贿者接受财物甚至不表现为接受物质性利益，看似帮忙性质的行为，实质上是以非物质性利益达到收买的目的。

（八）挂名领薪型贿赂

即国家工作人员利用职务上的便利为请托人谋取利益，要求或者接受请托人以给特定关系人安排工作为名，使特定关系人不实际工作却获取所谓薪酬的行为。例如，1996 年至 2006 年间，中共中央政治局原委员、上海市委原书记，上海社保案主要人物陈良宇的妻子黄毅玲，在邱长清任总经理的上海 MWB 互感器厂挂名，并不实际工作却获取薪酬共计 43 万余元人民币。

（九）特定关系人收受型贿赂

即国家工作人员利用职务上的便利为请托人谋取利益，授意请托人以交易、合作投资、委托理财、赌博、挂名领薪等形式，将有关财物给予特定关系人的行为。例如，2007 年 7 月 10 日，浙江省湖州市中级人民法院一审宣判了浙江省交通厅原厅长赵詹奇受贿案，明确认定其情妇汪某收受的 55 万元业务提成应计入赵詹奇的受贿额。

（十）离职后收受型贿赂

即指国家工作人员利用职务上的便利为请托人谋取利益之前或者之后，约定其在离职后收受请托人财物，并在离职后收受的行为。例如，吴某某于 1993 年

1 月任国有 1101 厂厂长，1998 年 6 月被免去厂长职务。1994 年金大地房地产发展公司与 1101 厂开始合作开发黄埔花园工程。1997 年 4 月，吴某某在与金大地公司负责人朱某某商谈合作项目时谈及其子吴小某结婚一事。朱某某得知吴某某需为吴小某结婚购房后，提出由其出钱资助购房。1998 年 10 月，在吴某某的联系下，朱某某安排其弟朱小某开出一张金额为 354699 元人民币的转账支票给吴小某购买房屋。

（十一）收受贿赂后用于公务、公益活动

例如，湖南省新田县教育局局长文建茂在任职期间非法收受贿赂 109300 元，其中 31000 元用于捐赠或公务开支，3000 元上交教育局财务室，实得贿赂 75300 元。对于文建茂为自己辩解的“私贿公用”问题，永州市中级人民法院认为，用于公务开支和捐赠的 31000 元的来源和性质并未公开，局财务室无收支记录，违反财务制度，不能冲减其受贿金额，但可作为从轻情节予以考虑。在司法机关查处前已上交局财务室的 3000 元贿赂款，可不以受贿论处。

上述 11 种新型贿赂犯罪，在主观方面，行为双方都是明知对方行为的动机与目的，但都刻意追求行为结果的发生。在客观方面，都表现出有一个与国家权力交换的过程，只不过用于交换的标的和对价存在差异。贿赂的手段和方式只是贿赂行为的表现形式，贿赂方式的区别并不能说明贿赂行为存在本质的区别；贿赂的本质蕴含在贿赂的犯罪对象之中，并被贿赂的目的所体现，贿赂的具体形式并不影响贿赂的本质属性。

二、新型贿赂犯罪的危害性

衡量贿赂犯罪社会危害性的大小，不仅要看到有形的物质危害，更要看到行为对政治、经济、家庭、社会以及人们心理等带来的无形危害。新型贿赂行为中的行为人处心积虑，手段隐蔽，不留痕迹。新型贿赂的蔓延对经济发展、社会进步和政治文明都构成极大的阻碍。其危害性比一般的贿赂行为更为严重：一是新型贿赂行为更容易侵犯国家工作人员职务行为的廉洁性。与传统的贿赂方式相比，它更能轻易地把国家政府官员拉下水，使他们的廉洁性荡然无存。二是表现形式复杂多样的新型贿赂行为，更加严重地败坏了社会风气和家庭关系。严重损害了国家工作人员在群众心中的形象，不仅导致国家机关权威性降低，使群众对国家、政府及其领导人失去信任，动摇整个国家的法律和道德信念的基础，还在深层次上严重地败坏了社会风气。三是新型贿赂行为还总是与贪污、挪用等其他犯罪行为相伴相生，互为因果，恶性互促。四是新型贿赂行为在社会上已经具有相当的普遍性和多发性。新型贿赂犯罪在司法实践中占据了很大的比例，在一些有重要影响力的案件中时常看

到新型贿赂行为的踪影。

三、现行法律在新型贿赂犯罪的规定方面存在的不足

（一）对贿赂犯罪对象的规定过于狭窄

我国刑法规定贿赂犯罪的对象均为“财物”，将其他非物质性利益或好处排除在外。随着社会的发展、人们物质生活水平的提高以及价值的多元化，人们的需求和欲望也日益多样化，精神上的、政治上的、物质上的利益都可以成为人们相互利用的筹码。如果这些非直接物质性的贿赂行为不能按照贿赂犯罪处理，将无法适应遏止贿赂犯罪的需要，也会使一些本应受到惩处的行为打了法律的“擦边球”。

（二）为贿赂犯罪设定硬性数额标准不妥

在我国，受贿罪是数额犯，即只有达到刑法所规定的一定数额，才定罪量刑。以受贿罪为例，根据法律规定，数额5000元以下但情节严重的才定罪处罚。新型贿赂犯罪已经不仅仅局限于有价的财物，非财产性利益和无法用价值来衡量的财产性利益也可以构成贿赂犯罪，而如果将贿赂犯罪规定为数额犯，则无法用金钱价值来衡量的财产性利益和非财产性利益的贿赂会因其价值无法认定而被剔除出犯罪的行列。

（三）行贿罪主观要件亟须完善

根据我国现行刑法的规定，“为谋取不正当利益”是构成行贿罪的要件之一，这一规定是不科学的。社会生活日新月异，利益日趋多元化，“正当”与“不正当”之间的界限越来越难以分清，很难用一个明确或固定的标准将两者截然分开。在近几年司法机关查办的案件中以“为谋取不正当利益”而为行贿犯罪者在贿赂犯罪中所占的比重日益缩小，类似“感情投资”等犯罪者日益增多，而且这种趋势日趋明显。

四、完善新型贿赂犯罪法律规定的对策探讨

通过对我国刑法及司法解释中新型贿赂犯罪的上述分析可以看出，我国刑法中关于贿赂犯罪的规定已经明显不能适应形势的发展，不足以惩治各种形式的贿赂犯罪。在这种情况下，对刑法条文进行修改和完善就成了解决问题的根本途径：

（一）扩大贿赂犯罪的标的范围

可以将刑法关于贿赂犯罪规定中的“财物”改为“利益”，即贿赂既包括财产，也应包括非财产性的利益。当代社会，人的需要和欲望是多方面的，无论是精神的、政治的、物质的利益，都可以成为利用的“筹码”。

（二）取消贿赂犯罪的数额标准，制定合理的定罪标准

可以取消将贿赂犯罪作为数额犯的规定，进而完善贿赂犯罪的具体认定标准。可以将数额较大或者有其他较重情节作为定罪门槛，但不就具体数额作出规定。在量刑上，可以将为他人谋取的利益是否正当作为处罚考量因素。

（三）取消行贿罪“谋取不正当利益”要件

是否为谋取不正当利益与贿赂行为的本质无关，即贿赂行为的危害不在于行贿人是否谋取不正当利益，而在于其破坏了竞争的公正性、平等性和公职的廉洁性。谋取利益的正当与否不能减轻或消除行贿行为本身所具有的社会危害性。以“为谋取不正当利益”作为行贿罪的构成要件在司法实践中难以认定，造成了对犯罪行为的放纵。

新型贿赂犯罪典型案例研究

张 薇*

一、典型案例展示

案例1 资产置换型受贿案。陈某系武汉市供电公司武昌分公司供电管理员，在负责武昌辖区内电力报装工程管理的职务活动中，与武汉华锐电力工程有限公司经理张某有业务往来。张某在得知陈某有“换新车”的意向后，将陈某的富康轿车借予其公司使用。2006年5月，张某以人民币18万元的价格购买了一部东风凯旋轿车，并以“换车”为名交与陈某使用，陈某欣然接受。2010年4月，陈某将其个人原有的富康轿车折价人民币5万元，过户至武汉华锐电力工程有限公司名下，并交与该公司使用，两车差价人民币13万元未予支付。

案例2 房产交易型受贿案。浙江省台州市国土资源局原局长刘某某于2002年5月，以其父的名义购得某房地产公司开发的商品房一套，公司负责人替他支付房款共计37万余元。2002年6月，刘某某以其子名义以每平方米低于市场价525.5元的价格向某公司购买商品房一套，共计差价6.4万余元。2006年上半年，刘某某由妹夫张某出面，以94.4万余元的价格向某公司购买一套商品房。经鉴定，该房交易时市场价格为111.6万元，差价为17.1万余元。

案例3 合伙投资型受贿案。原江苏省江阴市行政事业中心建设指挥部设备采购组副组长王某于2003年年初与某工程建设承包商约定“合作投资”：分别利用关系、资金和技术共同承接工程，获利后按比例分红。同年下半年，该承包商在王某的帮助下承接王某任负责人之一的江阴市天华文化中心消防工程。王某从中分得利润40万元。法院认定王某以“合作投资”名义“分红”40万元为受贿所得。

* 武汉市武昌区人民检察院公诉科副科长、检察员。

二、新型贿赂犯罪的特点

（一）作案隐蔽化

贿赂犯罪分子采取合伙开办公司、收受车辆、房产暂不办理过户手续等新手段收受贿赂，以“合法”外衣掩饰背后的犯罪行为，具有很强的隐蔽性和迷惑性。如供电员陈某采取“先换车，推后办理过户手续”的方式，试图掩盖受贿的目的。另外，受贿人改变了以往直接收受财物的做法，让其子女、配偶等特定关系人以领取“咨询费”、“薪酬”等形式收受请托人贿赂，作案手段日显隐蔽化。

（二）贿赂过程“期权化”

受贿人为请托人谋利后并不立即收受贿赂，而是等多年以后，甚至是退休以后，再收取好处；行贿者也并非为一时一事而行贿，而是为了谋求长期稳定的利益，采取入股、合伙经商、委托理财等手法，与国家工作人员形成稳定、持续的权钱交易关系。

（三）犯罪行为“市场化”

随着市场经济的发展，一些国家工作人员及其亲属开始经商办企业，或投资房产，或购买股票、理财产品等。一些企业主便投其所好，采取让价优惠、提供股本金或投资款、利润分红等方式行贿，给贿赂犯罪披上“合法”的市场行为外衣。

（四）犯罪手段多样化

为了对抗侦查，犯罪分子往往采取多种手法，有的是普通受贿手法与新型受贿手法交织在一起，往往是查处普通受贿案件挖出隐藏更深的新型受贿犯罪。

三、查办新型贿赂犯罪中存在的问题

（一）罪与非罪难以把握

行为是否具有社会危害性是犯罪的本质特征，是区分罪与非罪的关键和根本。因为不具有社会危害性或没有达到触犯刑律应受刑罚处罚的行为，不构成犯罪。但从目前的法律规定以及司法解释看，不少新型贿赂犯罪的性质游走于法律边缘，罪与非罪界限不明，应定罪处罚还是违纪处理，如果应定罪处罚属于普通受贿还是新型受贿均存在法律上的障碍。

（二）情节认定标准不明

由于新型贿赂犯罪的隐蔽性和多样性，加之犯罪嫌疑人反侦查能力的增强，在司法实践中犯罪情节认定存在障碍。如特定关系人共同受贿案、合作投资受贿案、挂名领薪受贿案、收受财物后及时退还案中，如何认定“未实际出资”、“共同利益关系”、“未实际工作”、“及时退还”，均存在争议；交易型受贿案件“明显低于、高于市场价格”，委托理财型受贿“明显高于出资应得收益”的具体认定标准也难以把握；低价买房案中，对买房人获得的“优惠”是否正常、交易价格是否“明显”低于市场价、差价的计算方法等问题，检、法两家也往往存在分歧。

（三）贿赂类型界限不清

合作投资型受贿和干股受贿的界限难以把握，导致检、法两家存在分歧。在一些投资、入股型案件中，行、受贿双方对行贿人提供的出资款究竟是投资款还是干股股本金往往难以说清，证据难以固定，对此是认定合作投资型受贿还是干股分红型受贿，也存在争议。

四、新型贿赂犯罪认定标准的相关思考

2007年7月8日，“两高”联合发布《关于办理受贿刑事案件适用法律若干问题的意见》（以下简称《意见》），对包括干股受贿、特定关系人受贿、以交易形式和以合作投资名义受贿等新型受贿犯罪进行了明确。尽管“两高”《意见》的出台为新型受贿犯罪的查处提供了有力的法律武器，但在司法实践中，仍有诸多法律问题需要进一步厘清。笔者仅就交易型受贿案、合作投资型受贿案的相关问题进行论述，以求抛砖引玉。

（一）关于“交易型”受贿案件“明显低于、高于市场价格”的具体认定标准问题

国家工作人员以低于市场的价格购买或者以高于市场的价格出售房屋、汽车等大宗贵重物品，虽然行为人支付了一定的费用，但明显违反等价交换原则，支付的费用与该物品的正常价格明显不符，这属于一种象征性交易行为，即以交易为名，行贿赂之实。但在审查此类案件过程中，也有诸多分歧意见。因此，有必要对房产交易受贿案件市场价格的认定、“明显”标准的确定、优惠购买与交易型受贿的界限、受贿人违法所得的追缴等交易型受贿司法认定的疑难问题，作出符合罪刑法定原则的刑法解释。

对于“明显低于市场的价格”标准，笔者认为，查办低价买房受贿案件，必须重点查证房地产开发商内部的优惠销售记录，通过计算内部优惠价格，国家工作人员在此价格以下购买房屋，属于“明显低于市场的价格”，应以受贿论处。“明显低于”与“低于”在数量上的界限相当模糊，在审查中，应当着重查询房地产开发商售房价格记录，分离出所有超越房地产销售备案价格偏离幅度的“内部优惠价格”。“明显低于市场的价格”应当低于同期、同质、同类型、同地段的房产实际销售价格，还应当低于该房地产销售商内部确定的最低优惠价格或者各种优惠价格的加权平均价格。

（二）关于“实际出资”和“参与经营、管理”的认定标准问题

“两高”《意见》第3条是对合作投资型受贿的规定。然而，《意见》只是对由请托人出资的情况进行了较为详细的规定，对于如何正确判定“实际出资”，以及如何甄别“参与管理、经营”，均存在诸多争议。

1. 关于“实际出资”的问题。虚假的出资行为，往往打着垫资的幌子。要揭开这层面纱，看清其违法的本质，就应该认清垫资的行为，是否属于实际出资的范畴。要弄清这个问题，必须审查垫资款是如何归还的，而归还的垫资款的情况还得分为两种情况区别对待，第一种情况是垫资款用利润款进行归还的；第二种情况是垫资款用其他款项归还的。

对于用利润款进行归还的情况，笔者认为该种投资行为，属于没有实际出资的情况，应以受贿论处。用利润款归还垫资款的情况往往就是公司企业有利润就冲抵垫资款，没有利润或者亏损也不需要国家工作人员再自己掏钱归还。因此，国家工作人员始终并未实际投资，虽然所获利润被其全部或部分用于冲抵垫资款，似乎是归还投资，但实质上属于《意见》中规定的“没有实际出资和参与管理、经营”，却实际获得了“利润”的情形，应当以受贿论。如果是用其他款项归还的，即表明国家工作人员有真实归还垫资款的意思表示，应属于具有实际出资的情形，对该行为则不应以受贿论处。

对于垫付资金的问题，除了从归还垫资款的手段上进行审查真实性外，我们还可从有无正当合理垫款事由、款项的去向、有无归还能力和条件、有无归还的意思表示及行为、如何归还等方面进行审查垫资行为的真实性。如正常的垫资行为没有职务上的内在联系，双方主体之间除了情感上的依托关系外并不存在某种依赖关系。而垫资形式的行贿受贿则是围绕着行贿人谋取的利益与受贿人利用职务便利而进行的权钱交易。因此，正常的垫资关系在成立时间上没有限制，完全取决于当事人之间的投资合作契机，契机是以真实、合理、可信的事由产生的，没有时间上的特定性。而垫资形式的行贿则不同，它具有时间上的限制性和原因上的虚假性。利

用垫资关系行贿所产生的时间是以行贿人为实现某种目的为中心。

2. 关于“参与管理、经营”的问题。《意见》第3条第2款规定的“没有参与管理、经营”存在较大的争议。首先，可审查犯罪嫌疑人是否知道公司企业具体情况，如公司企业的经营范围、经营期限以及公司股东情况。在合作投资型受贿法律关系中，国家工作人员是以“合作投资”的幌子达到受贿的目的，其并不理会公司的具体经营情况，更不会参与公司的管理经营，更有甚者连公司的营业场所、经营范围都不清楚。因此，我们可以判断国家工作人员有否参与公司的管理经营。其次，通过审查公司企业的股东会议纪要。从会议纪要中，可以直截了当地看出参加会议的人员中是否有国家工作人员的名单，从而进行判断。还可以通过调查取证，调查参加会议的相关人员，了解平时会议情况。

五、结语

总之，“两高”《意见》对新型贿赂案件查办中存在的分歧指明了方向，有利于及时、有效地查处新型贿赂案件，依法惩治腐败。然而，面对不断出现的新问题和检察机关侦查手段等方面的限制，检察机关在查办新型贿赂犯罪中仍遇到不少困难。鉴于此，一方面，我们要对新型犯罪中存在的争议问题，通过建立典型案例库等方式，结合法律、相关司法解释统一认识；另一方面，还要通过加强侦查技术装备建设、提升侦查能力等进行完善，为有效查处新型贿赂犯罪提供有力保障。

查处利用影响力受贿罪难点及对策研究

陈晓华*

为适应坚决打击不断涌现的新型腐败行为的客观需要①，充分体现我国信守《联合国反腐败公约》义务的要求，针对近年来刑事立法与世界反腐趋势以及我国反腐实践不相适应的矛盾越发凸显的现状，十一届全国人大通过《中华人民共和国刑法修正案（七）》（以下简称《刑法修正案（七）》）正式确立了利用影响力受贿罪的条款②，从而为打击腐败授予新的法律利器。然而，徒法不足以自行，立法需通过严格公正的司法手段才能发挥作用。笔者试根据办案情况对司法分析实践层面面临的困难和问题，提出相应对策。

* 武汉市人民检察院纪检组组长，法学博士。

① 回顾近年来的贪腐大案报道，越来越多的国家工作人员，特别是高级领导干部落马的背后，打着亲属、老领导、同学、战友，甚至秘书、司机、情人等招牌，利用影响力为请托人谋取不正当利益，索取或收受请托人财物的现象已十分突出，并且在特定情况下，这些“身边人”利用影响力谋取经济利益的数额甚至可能远大于贪官个人的实际贪腐所得。原中纪委副书记刘锡荣曾经在2007年的一次报告中谈道，“70%的案件所涉及的贿赂，是由官员的老婆、孩子，甚至情妇收受”。利用影响力受贿罪的确立，是完善惩处贪污贿赂犯罪法律体系、严密刑事法网、打击新型贿赂犯罪形态的有力举措，也反映了我国政府力求在刑事立法上解决长期以来社会反映强烈的国家工作人员“身边人”受贿问题的决心。

② 2009年2月28日，十一届全国人大常委会第七次会议通过了《中华人民共和国刑法修正案（七）》，该修正案在《刑法》第388条后增加一条作为第388条之一，将国家工作人员的近亲属或者其他与该国家工作人员关系密切的人，通过该国家工作人员职务上的行为，或者利用该国家工作人员职权或者地位形成的便利条件，通过其他国家工作人员职务上的行为，为请托人谋取不正当利益，索取或者收受贿赂数额较大或者有其他较重情节的行为，以及离职的国家工作人员或者其近亲属以及其他与其关系密切的人，利用该离职的国家工作人员原职权或者地位形成的便利条件，通过其他国家工作人员职务上的行为，为请托人谋取不正当利益的索贿受贿行为，规定为犯罪。2009年10月14日颁布的《最高人民法院、最高人民检察院关于执行〈中华人民共和国刑法〉确定罪名的补充规定（四）》正式将这一罪名确定为“利用影响力受贿罪”。

一、查办利用影响力受贿犯罪面临的困难和问题

《刑法修正案（七）》施行后各地查处的利用影响力受贿案件数量极少，不少省份甚至尚未破零。笔者所在省会城市武汉检察机关每年查处贿赂案件上百起，但至今以利用影响力受贿罪查处的案件记录依然为零。与之相对，学术界在用论文的数量宣示对该方面研究极大兴趣的同时，衬托出该罪名司法现状与立法状况研究状况之间存在的巨大反差。这与当前反腐倡廉的严峻现状不相适应，与普通民众严惩腐败的呼声差距较远，也与《联合国反腐败公约》的要求不相适应。究其原因，现实中的各种不利因素，成为制约惩处利用影响力受贿犯罪的桎梏。具体而言，查办利用影响力受贿犯罪过程中遇到的困难主要体现在：

（一）发现难

导致利用影响力受贿犯罪案件查办不力的突出原因之一是发现难。从司法实践来看，目前查办利用影响力受贿罪主要线索来源是社会举报。在包括利用影响力受贿罪在内的所有贿赂犯罪中，行、受贿行为往往手段多样，方式隐蔽，大多是以“一对一”模式完成的。而且行受贿双方都各自从中获取了好处，可谓“两相情愿，彼此双赢”，如果不是受贿人未兑现“承诺”，行贿人一般不会揭发真相，使自己陷入难堪境地，更不会轻易把为自己办事的人拉下水。在利用影响力受贿案件中，收受好处的人不是直接利用职权办事的人，行贿人甚至不知道或者不关心是谁最后运用职权促成达到自己的目的，这就更加缺乏主动举报的动机。此外，在现实生活中，“不花钱办不成事”、“有事找能人”的思维仍有相当的市场，那些以关系人、中间人、介绍人等身份出面，利用影响力去为他人谋取利益的做法，在某些场合与环境甚至会被认为是有能力的体现而非违反法律的行为。兼之利用影响力受贿罪属于新设罪名，一般民众对其并不了解，即使在特定情况下了解某些背景和传闻，也难以认定和判断是否构成犯罪并主动向有关部门反映。种种原因造成利用影响力受贿案件举报意识不强，发现犯罪线索难。

（二）取证难

从犯罪主体上看，本罪犯罪嫌疑人要么是国家工作人员近亲属或者其他关系密切的人，要么是离职国家机关工作人员及其近亲属和其他关系密切的人，通常具备较高的文化水平、情商智商以及社会阅历，对检察机关具有较强的警惕和防备心理，反侦查、反审讯能力较强，且本罪一般没有直接明确的被害人，突破口供的难度较大。从案发时间来看，利用影响力受贿犯罪一般会经过一定的预谋、策划、交涉过程，从谋划到实施犯罪需要一定的时间，并且发现犯罪和实施犯罪的时间跨度也较大，检察机关介入调查时往往因为时过境迁，导致相关证据难以

收集和固定。从受贿方式看，本罪犯罪嫌疑人以开办公司、从事咨询服务行业等身份作幌子的情况较为普遍，收取的贿赂也通常会以中介费、业务费等貌似合法的形式进行掩饰，且收取的赃物绝大多数属于钱财，容易隐藏、使用或转移。种种不利因素给利用影响力受贿罪的侦查取证工作带来不便，成为困扰办案人员办案的棘手问题之一。

（三）认定难

现有刑事立法及配套司法解释等规则不够完善，给查办利用影响力受贿罪带来了种种司法认定上的难题。其一是定罪标准认定难。《刑法》第388条中明确规定，本罪以索取请托人财物或者收受请托人财物，“数额较大或者有其他较重情节”为量刑起点，除此之外，还规定了“数额巨大或者有其他严重情节的”、“数额特别巨大或者有其他特别严重情节的”另外两个既考虑数额又考虑情节的量刑档次。但所有三个量刑档次均对数额标准未像普通贪污罪、受贿罪那样作具体规定。导致对于收受贿赂数额达到多少才是“数额较大”，什么情况属于“较重情节”，办案部门感到无所适从。其二是主体范围认定难。现有法律对犯罪主体范围的界定并不清晰明确，对于“近亲属”概念，我国《刑事诉讼法》以及最高人民法院发布的《关于贯彻执行〈中华人民共和国民法通则〉若干问题的意见（试行）》和《关于执行〈中华人民共和国行政诉讼法〉若干问题的解释》就有三种不同的规定。利用影响力受贿罪中“近亲属”应适用何种规定，各种观点众说纷纭、莫衷一是。对于何为“关系密切人”，其概念更为概括和抽象。其三是客观行为要件认定难，如“谋取不正当利益”等概念存在一定的分歧，导致司法实践中难以认定。

（四）成案难

如前所述，本罪主体基本上属于离职的国家工作人员或者在职、离职国家工作人员（甚至是高级领导干部）的“身边人”，往往与相关国家工作人员存在“一荣俱荣、一损俱损”的关系，甚至形成利益链条，在一定地域范围内具有相当规模的人脉关系和社会资源。犯罪嫌疑人案发之后，那些手握职权的国家工作人员，基于亲密关系的存在或自身荣誉形象等种种顾虑，以各种直接或间接形式干扰办案的情况较为常见。当前查办利用影响力受贿犯罪遇到的干预和阻力较大，案件往往在侦查初期就陷入重重障碍，难以深入开展。从外地的情况来看，即使克服重重阻力立案并移送审查起诉，得到法院认同被判处有罪，罚不当罪，缓刑与免刑比例过高的情况也屡见不鲜，达不到严厉打击的预期效果，办案社会效果不理想。

二、突破查办利用影响力受贿犯罪“瓶颈”的对策建议

鉴于查办此类案件的困难和严峻形势，检察机关应该充分发挥主观能动性，排除畏难情绪和各种阻力，在现有的法律框架内主动出击，严厉查处包括利用影响力受贿在内的贿赂犯罪。具体而言，可在以下方面进一步加强工作：

（一）主动收集线索，拓展案源渠道，克服发现难

加大利用影响力受贿犯罪案件的查办力度，就必须克服过去过分依赖举报、等案上门的旧思想，增强责任意识，主动出击，围绕利用影响力受贿案件的特点，多渠道、全方位收集线索。具体而言，可考虑通过以下方式拓展案源渠道，不断提高自行发现案件线索的能力。一是有针对性地利用媒体、网络、现场等各种平台和媒介，结合检务公开等活动，深入持久向广大群众宣传利用影响力受贿犯罪这一新型贿赂犯罪的严重危害，引导人民群众与领导“身边人”的腐败行为作坚决斗争，为查办该类型犯罪营造有利的舆论环境和监督氛围。二是提升在日常信息中分析发现案件线索的本领，要特别注意从街谈巷议、报纸、杂志、电视、互联网等信息渠道中获得案件线索。三是与公安、工商、质监等参与打击商业贿赂的职能部门多交流沟通，勤来往走动，强化线索交流和两法衔接制度，建立多渠道、多层次的案源收集平台和信息网络。四是尝试建立线人制度和有偿举报奖励制度，完善信息情报来源。五是注重对“案中案”的深入挖掘，从现有职务犯罪案件中发现案源线索，特别是对于领导干部涉嫌贪污贿赂和渎职犯罪的窝案、串案，要注意对其关系网和“身边人”察微析疑，深挖细究，不放过任何涉嫌利用影响力收受贿赂的蛛丝马迹。

（二）更新办案理念，注重侦查谋略，缓解取证难

针对利用影响力受贿犯罪的特点，以及刑事诉讼法修改后对侦查取证工作要求进一步从严的现实，在取证过程中要彻底摒弃“由供到证”的旧办案理念、办案模式，牢固树立证据理念和谋略意识，着重在侦查工作的合法性、规范性和技巧性上下功夫，充分发挥办案人员的主观能动性，提高办案的科技含量，缓解取证难。具体而言，在取证过程中应将以下工作列为重点：一是侦查重心前移，缜密初查。在调查前制定周密可行的初查方案，力争在与当事人正面接触前掌握主要问题，抓住关键性线索，确定案件侦查的主攻方向、范围和应采取的方法步骤。二是注重办案效率，以快取胜。立案后注意掌握时机，集中人力物力资源，在最短时间内全面高效收集证据，不给犯罪嫌疑人毁灭证据、串供，或者有关组织和个人说情的机会。三是讲求办案策略，以智取胜。在犯罪嫌疑人到案后选准突破口，结合分析掌

握的证据和犯罪嫌疑人的情况等案件具体特点，灵活运用审讯手段和强制措施，使其放弃幻想，各个击破，迅速锁定案件主要证据和事实，并重视深挖细查，扩大战果。同时注重收集犯罪分子利用影响力受贿行为完成后，为逃避侦查和法律追究，掩盖犯罪行为所产生的再生证据，摧垮犯罪嫌疑人心理防线，分化瓦解攻守同盟，印证主要证据的真实性、合法性、关联性，推动案件顺利侦破。四是重视技术侦查，科学取证。新刑事诉讼法已授予检察机关对于重大贪污、贿赂案件的技术侦查权。技术侦查完全适应“由证到供”侦查模式的要求，能够实现侦查精确化和方向多元化。对于案情重大的利用影响力受贿案件，应充分利用好技术侦查手段，使证、供互为指引、相互印证，还原案件真相，完善证据体系。

（三）把握刑事政策，正确理解规范，解决认定难

在对犯罪构成的认定上，应当正确处理规则的客观性与司法人员主观能动性的关系，摒弃以往照搬法律条文，机械办案，过于依赖现行规定，寻求精确解释的做法。对法律条文的理解，从我国反腐斗争的严峻形势，社会大众对腐败不能遏制的不满，中央对腐败犯罪的坚定决心，以及刑法修正案和“两高”相关文件解释中表现出来的“严打”商业贿赂犯罪的刑事政策来看，对本罪部分规定不明确的内容，应从有利于打击犯罪的角度来理解立法原意及相关条文规定，在严格执法的基础上进行合理解释。

在对本立案标准的适用上，有观点认为，利用影响力受贿罪相对受贿罪具有明显的间接性，应当根据受贿罪的起刑点进行一定幅度的提升。笔者认为，无论从犯罪手段、犯罪客体、犯罪后果上看，不能说利用影响力受贿罪社会危害性较受贿罪为小，在中国这种人情社会环境下，量刑尺度唯有从严方能达到预防和震慑犯罪之目的。另外，目前我国普通受贿罪和非国家工作人员受贿罪的立案数额标准都是5000元，参照受贿罪的立案标准无疑是合乎司法解释精神和打击犯罪需要的，当然，对于存在因受贿行为造成国家或者社会利益遭受重大损失，故意刁难、要挟有关单位、个人造成恶劣影响；强行索取财物等情形的，可认定为“较重情节”，不受上述数额限制。

在对犯罪主体的把握上，笔者认为，对于“近亲属”的理解，应依照新刑事诉讼法的规定予以认定，其余的亲属部分，在认定时可列入“关系密切人”范畴。而对“关系密切人”的认定，在实际操作中应将范围适度放宽，认定适度从严，结合关系的性质和程度两方面综合评判。除了因血缘关系、姻亲关系的“沾亲带故”而形成的“关系密切人”之外，常见的“关系密切人”还应当有基于种种感情而形成的“密切关系”，如好友、情人、前恋人等；基于地域关系及乡土观念而形成的“关系密切”，如老乡、邻居等；基于职业关系中“支援协作”而形成的

"密切关系"，如同事、合伙人等；基于共同经历而形成的"密切关系"，如战友、同学等。当然，以上仅仅是认定是否存在密切关系的线索和初步依据，在具体认定时，还需收集当事人与国家工作人员的联系是否紧密，走动是否频繁，有无共同利益关联等方面来具体分析。在对"不正当利益"这一概念的把握上，应依照2008年最高人民法院、最高人民检察院颁行的《关于办理商业贿赂刑事案件适用法律若干问题的意见》精神，将违反法律和政策规定的利益以及谋取手段不正当的利益均归入不正当利益之列。在实践中，还应充分发挥案例指导作用，将充分发挥司法能动性，法律效果好的典型案例予以宣传推广，为相关解释及标准的出台提供参考素材。

（四）加强上下联动，推动一体化机制，化解成案难

针对当前办理利用影响力受贿犯罪案件说情风盛行，阻力大、成案难的现状，在案件查办过程中，必须改变过去各自为战的旧模式、旧格局，进一步加强上下级院的联动作用，强力推进案件侦破工作。明确基层院为办案主战场的同时，强化上级检察院带头办案和指挥督办，统一调度的责任，变被动指导为主动指挥，对大要案加大交办、提办、参办和指定异地管辖案件力度，整合资源，提高办案水平和效率，帮助基层院排除地方干扰和阻力，并对案件办理进展全程追踪，加大对利用影响力受贿犯罪的审判监督力度，化解成案难和轻刑化问题。

浅析利用影响力受贿罪的适用及入罪路径

左大文*

利用影响力受贿是2009年《刑法修正案（七）》的一大亮点，这一罪名的确定从立法上堵塞了传统贿赂犯罪规定在主体方面的漏洞，也是我国批准加入《联合国反腐败公约》后对履行该公约的正面回应，具有深远的司法实务意义。① 但是该罪名确定近三年来，检察机关以该罪名查办的案件量与公众的期待相去甚远，② 若不破解执行上的难题，设立新罪名反腐的初衷就无法达到，反会有损法律的公信力。③ 这是因为修正案在对该罪的规定中使用了一些较为概括、抽象的文字表述，对于追诉标准的判断也较为复杂，笔者拟从本罪的法律适用以及侦查实务作粗浅的探讨。

一、设立利用影响力受贿罪的立法背景

把“利用影响力受贿”行为规定为犯罪，追究行为人的刑事责任，源于我国

* 武汉市人民检察院法律政策研究室副主任。

① 《刑法修正案（七）》规定在《中华人民共和国刑法》（以下简称《刑法》）第388条之后增设一个条文，作为第388条之一，即“国家工作人员的近亲属或者其他与该国家工作人员关系密切的人，通过该国家工作人员职务上的行为，或者利用该国家工作人员职权或者地位形成的便利条件，通过其他国家工作人员职务上的行为，为请托人谋取不正当利益，索取请托人财物或者收受请托人财物，数额较大或者有其他较重情节的，处三年以下有期徒刑或者拘役，并处罚金；数额巨大或者有其他严重情节的，处三年以上七年以下有期徒刑，并处罚金；数额特别巨大或者有其他特别严重情节的，处七年以上有期徒刑，并处罚金或者没收财产。离职的国家工作人员或者其近亲属以及其他与其关系密切的人，利用该离职的国家工作人员原职权或者地位形成的便利条件实施前款行为的，依照前款的规定定罪处罚”。

② 潘宁：《认定利用影响力受贿罪的两个思路》，载《检察日报》2012年1月8日第3版。

③ 王玉初：《查处利用影响力受贿罪当中的难点何在》，载《中国商报》2009年10月27日。

加入的《联合国反腐败公约》第18条的规定“影响力交易”犯罪。[①] 在《刑法修正案（七）》出台之前，根据我国刑法原规定，非国家工作人员不能单独构成受贿罪，有身份犯的限制。只有具有国家工作人员身份的人犯罪时，才能成立受贿罪。对于不具有国家工作人员身份之人通过该国家工作人员职务上的行为，或者利用该国家工作人员职权或者地位形成的便利条件，通过其他国家工作人员职务上的行为，为请托人谋取不正当利益，索取或者收受请托人财物且数额较大，但该国家工作人员对此不知情或是否知情无法查明的情形，由于缺乏相关法律依据，司法机关一般是无能为力的，从而使“贪腐官员周围的熟人、故旧、情人等关系密切人，却钻了法律的空子，成了漏网之鱼”，[②] 形成了反腐败立法上的一大空白[③]。为此，“两高”在1989年《关于执行〈关于惩治贪污罪贿赂罪的补充规定〉若干问题的解答》将已离、退休的国家工作人员，利用本人原职权或地位形成的便利受贿的情形规定为受贿罪[④]。然而出台后受刑法学者和社会舆论的诟病。1997年，我国修订刑法时，将离、退休国家工作人员从受贿罪的主体中排除，成为我国刑法之缺憾。随着我国经济社会发展，利用影响力受贿罪行为在社会中日益呈现。立法机关做了及时回应，将“利用影响力受贿行为”纳入了《刑法修正案（七）（草案）》并获通过。

---

① 《联合国反腐败公约》第18条“影响力交易”规定：“各缔约国应当考虑采取必要的立法和其他措施，将下列故意实施的行为规定为犯罪：（一）直接或间接向公职人员或者其他任何人员许诺给予、提议或者实际给予任何不正当好处，以使用滥用本人的实际影响力或者被认为具有的影响力，为该行为的造意人或者其他任何人从缔约国的行政部门或者公共机关获得不正当好处；（二）公职人员或者其他任何人员为其本人或者他人直接或间接索取或者收受任何不正当好处，以作为该公职人员或者该其他人员滥用本人的实际影响力或者被认为具有的影响力，从缔约国的行政部门或者公共机关获得任何不正当好处的条件。”

② 徐伟：《利用影响力受贿罪剑指“身边人”》，载《法制日报》2009年12月25日第5版。

③ 据有关数据统计，仅仅2006年的贪污受贿等腐败案件中，就有70%的案件所涉及的贿赂都是官员家眷甚至情妇收受的。

④ “两高”在1989年《关于执行〈关于惩治贪污罪贿赂罪的补充规定〉若干问题的解答》将此种情形规定为受贿罪，第3条第3项规定：“已离、退休的国家工作人员，利用本人原职权或地位形成的便利条件，通过在职的国家工作人员职务上的行为，为请托人谋取利益，而本人从中间向请托人索取或者非法收受财物的，以受贿罪论处。”

二、利用影响力受贿罪的适用探析

（一）关于犯罪客体的认定

犯罪客体是我国刑法所保护的、为犯罪行为所侵犯的社会关系。① 虽然刑法学界对犯罪客体是否应当作为犯罪构成的构成要素，存在尖锐的分歧。但目前通常认为，犯罪客体是犯罪构成的基本要件之一。对利用影响力受贿罪的客体有三种不同的理解：一种观点认为，利用影响力受贿罪侵害的是国家工作人员职务行为的正当性。如有的认为，利用影响力受贿行为之所以有刑法上的非难性，是因为行为人通过其影响力，使国家工作人员利用职权为他人谋取不正当利益，而任何正当的职权行为都是为他人谋取正当利益，故为他人谋取不正当利益的职权行为一定是超越职权、滥用职权的不正当行为，因而本罪的行为侵害了国家工作人员职务行为的正当性。② 另一种观点认为，利用影响力受贿罪侵害的是国家工作人员职务的公正性。如有的认为，贿赂犯罪的本质在于"权"与"钱"的联系。我国刑事立法将贿赂犯罪接受财物的行为主体从国家工作人员扩大到利用影响力受贿的主体，但是通过职务行为为请托人谋取不正当利益的行为主体始终是国家工作人员，非国家工作人员未纳入刑法规制的视野。因此，利用影响力受贿罪在"通过国家工作人员职务上的行为为请托人谋取不正当利益"这一点上与受贿罪具有共同的犯罪客体——国家工作人员职务行为的公正性。③ 还有一种观点认为，利用影响力受贿罪的客体是国家工作人员职务行为的廉洁性。如有的认为，利用影响力受贿罪的犯罪客体同样是公职的廉洁性和不可收买性，对于索取他人财物的受贿罪而言，犯罪的客体还包括被迫交付财物的人的财产权利④。上述观点认为利用影响力受贿罪的客体是国家工作人员职务行为的廉洁性，或正当性，或公正性，基本上都是认同利用影响力受贿罪的客体与受贿罪的客体相同。之所以会出现表述上的差异，原因在于对受贿罪的客体的理解的不同。关于受贿罪的犯罪客体（或称保护法益），历来一直存在两种立场。起源于罗马法的立场认为受贿罪的保护法益是职务行为的不可收买性。根据这一立场，不管公务员所实施的职务行为是否正当合法，只要他要求、约定或者收受与职务行为有关的不正当报酬，就构成受贿罪。起源于日耳曼法的立场认为受贿罪的保护法益是职务行为的纯洁性或公正性。根据这一立场，只有当公

---

① 高铭暄、马克昌：《刑法学》（第3版），北京大学出版社、高等教育出版社2007年版，第56页。

② 莴磊：《刑法修正案（七）深度解读与实务》，中国法制出版社2009年版，第245页。

③ 董秀红：《论我国刑法中的关系犯及其特征》，载《三明学院学报》2010年第2期。

④ 雷安军：《利用影响力受贿罪若干问题研究——兼谈刑事判例制度》，载《湖北社会科学》2010年第2期。

务员实施违法或者不正当的职务行为，从而要求、约定或者收受不正当报酬时，才构成贿赂罪。[①] 认为利用影响力受贿罪的客体与受贿罪的客体相同，在体系上比较合理。刑法分则将犯罪分成十大类犯罪的依据是同类客体，因此，《刑法修正案（七）》将利用影响力受贿罪规定在第388条之一，也就意味着，立法者认为，利用影响力受贿罪犯罪客体与贪污贿赂犯罪的犯罪客体属于同类客体。

（二）关于犯罪主体的认定

利用影响力受贿罪的犯罪主体是特殊主体，包括国家工作人员的近亲属以及其他与该国家工作人员关系密切的人，离职的国家工作人员或者其近亲属以及其他与其关系密切的人，其核心要义在于"近亲属"和"与该国家工作人员关系密切的人"的理解。

1. 关于"近亲属"的认定问题。《刑法修正案（七）》中对"近亲属"没有具体确定范围，由于"近亲属"的范围在我国刑事、民事、行政法律中的规定不统一，引起了司法实务界、学术界的激烈争论。有学者认为，该罪主体中的"近亲属"应以最高人民法院《关于贯彻执行〈中华人民共和国民法通则〉若干问题的意见（试行）》第12条所确定的近亲属的范围为准，包括"配偶、父母、子女、兄弟姐妹、祖父母、外祖父母、孙子女、外孙子女"。还有学者认为，这里的"近亲属"应该适用我国刑事诉讼法的规定，包括"夫、妻、父、母、子、女、同胞兄弟姊妹"。[②] 亲属关系是以血缘联系、婚姻关系等形成和发展起来的，根据其自然属性首先应表现为伦理关系，然后才能成为社会关系和法律关系。近亲属的范围设定受一个国家的历史文化传统、人伦理念、经济发展状况及社会生产生活方式等因素的直接影响，结合目前我国家庭观念和社会生活现状以及民事亲属法基本理论，笔者认为，利用影响力受贿罪犯罪主体中的"近亲属"的范围设定以"有夫妻关系、直系血亲关系、三代以内旁系血亲以及近姻亲关系的人员"为宜。[③] 而我

---

① 张明楷：《法益初论》，中国政法大学出版社2000年版，第612页。

② 王远伟：《利用影响力受贿罪"近亲属"的认定》，载《检察日报》2010年9月3日第3版。

③ 2010年3月，中共中央组织部制定了3个试行办法（中组发〔2010〕8号），其中之一的《党政领导干部选拔任用工作有关事项报告办法（试行）》第4条明确规定：领导干部的近亲属，是指与领导干部有夫妻关系、直系血亲关系、三代以内旁系血亲以及近姻亲关系的人员。刑法确立利用影响力受贿罪的立法意图是监督、打击国家工作人员的近亲属利用国家工作人员的职权形成的便利条件，收受贿赂等，维护廉洁形象；上述试行办法也是监督、打击国家工作人员（领导干部）的近亲属利用国家工作人员（领导干部）的职权形成的便利条件，借机提拔等，实现公平正义。刑法确立利用影响力受贿罪的立法意图和中共中央组织部制定上述试行办法的目的是一致的。利用影响力受贿罪犯罪主体中的"近亲属"的范围也应与此相一致。

国刑事诉讼法规定的“近亲属”的范围是刑事程序法的规定，而利用影响力受贿罪犯罪主体中的“近亲属”是刑事实体法的规定，两者不能混为一谈。

2. 关于“关系密切的人”的认定问题。有学者认为，“关系密切的人”有三种类型：第一种是男女双方存在不正常或者正常的情感关系，表现亲密，超出一般朋友、同事关系的人；第二种是近亲属之外的亲戚朋友，因为双方存在共同利益关系从而形成了密切关系的人；第三种是因为情趣相投而形成密切关系的人，如酒友、棋友、牌友、票友、旅友等。也有学者认为，“关系密切的人”主要存在于以下几种常见的关系：亲戚关系（非近亲属）、情人关系、情感关系、经济利益关系、朋友关系、同事关系、同学关系、老乡关系等。但即使具备上述关系，也不能轻易将非国家工作人员视为与国家工作人员“关系密切的人”。“关系密切的人”意味着非国家工作人员与国家工作人员之间有着亲近的联系，或者保持经常的交往，非国家工作人员与国家工作人员具有一定的黏合力和影响力。由此可见，对于“关系密切的人”的认定，前者采取了客观身份判断的标准，后者采取了实质审查的标准，二者都属于事前判断。从司法实务的角度出发，前者易于把握判断，后者没有统一标准不易认定。笔者认为，对此采取事后判断为宜，即如果行为人可以利用国家工作人员的职务便利，通过其他国家工作人员职务上的行为，为请托人谋取不正当利益，索取请托人财物或者收受请托人财物，则可以推定行为人和国家工作人员关系密切。如果国家工作人员依据该关系密切人的指示从事该罪名所构成的犯罪行为，为该请托人谋取了不正当利益，应当认定该关系密切人符合利用影响力受贿罪的主体构成。反之，若国家工作人员拒绝关系密切人的请求或说服等行为，则该关系密切人不构成利用影响力受贿罪。综合因素指影响力的作用是综合因素相互影响的结果，而这些影响往往是共同作用的结果，从而使得影响力具有综合性，这要求我们在司法实践中考量每个因素的影响力后作出是否构成利用影响力受贿罪的认定。① 同时，可以引入法治成熟国家的“合理怀疑”与“自证其无”制度：公众或职权机关具有一定证据，合理怀疑某人或者某事与该公职人员的职务行为存在不正当关联时，该公职人员应当承担自证其无不当关联的义务。由国家工作人员就反驳“关系密切”提供证明。②

3. 关于国家工作人员能否成为本罪主体的问题。对于本罪的主体，有不同的观点。一种观点认为：“本罪的主体为非国家工作人员。”另一种观点认为：“国家工作人员可以成为本罪的主体。”笔者赞同后一种观点，前一种观点忽视了身份犯当然可以构成非身份犯的犯罪主体的这样一个基本事实。正如国家工作人员并不必然构成贪污罪而也可以构成盗窃罪一样，判断国家工作人员是构成职务犯罪还是普

① 黄锡春：《浅析利用影响力受贿罪》，载《法制与社会》2009 年第 8 期。

② 潘宁：《认定利用影响力受贿罪的两个思路》，载《检察日报》2012 年 1 月 8 日第 3 版。

通犯罪，核心的标准仍在于其是否利用了本身的职权。同样的道理，当国家工作人员的近亲属、关系密切人也具有国家工作人员身份时，只要行为人利用的并非其自身的职权性影响力进行交易，则应当认定其在交易过程中的“公职”作用已再不发挥，其与其他普通人无异，因而可以构成本罪。

（三）利用影响力受贿罪必须为请托人谋取不正当利益

只有请托人得到的利益是不正当利益，对该国家工作人员关系密切的人以及与离职的国家工作人员关系密切的人才能以本罪追究。如果请托人获取的利益是法律、法规允许的，是正当的利益，这个“关系密切的人”，无论收到多少钱，无论在多少个国家工作人员中穿针引线，都不构成本罪。立法上限定为“为请托人谋取不正当利益”，那么在司法实务中就需要解释什么是不正当的利益。笔者认为，这里的“不正当利益”应该与其他贿赂犯罪中的“不正当利益”的解释相一致。根据最高人民检察院《关于人民检察院直接受理立案侦查案件立案标准的规定（试行）》（以下简称《规定》）的规定，贿赂犯罪中的谋取“不正当利益”，是指谋取违反法律、法规、国家政策和国务院各部门规章规定的利益，以及谋取违反法律、法规、国家政策和国务院各部门规章规定的帮助或者方便条件。这也与“两高”《关于办理受贿犯罪大要案的同时要严肃查处严重行贿犯罪分子的通知》相一致。[①] 该《规定》的规定虽然仅仅是对行贿罪中“不正当利益”的理解，但是同一法典中的法律概念应当是统一的，《规定》涉及“不正当利益”的解释，同样可作为斡旋型受贿犯罪和利用影响力受贿犯罪中“不正当利益”认定的依据。根据这一《规定》，“不正当利益”应包括两方面：一是非法利益，即利益本身不正当；二是要求他人或单位提供违法帮助或方便条件所取得的利益。此种情况，从获得利益的最终性质看，并无什么违法性，但这一利益却是要求他人或单位提供违法帮助或方便条件取得的，即获取利益的手段不正当。“非法利益”与“通过不正当手段获取的正当利益”均应该属于“不正当利益”。如果将“谋取手段不正当，利益正当”的这种情况排除在利用影响力受贿罪中“不正当利益”的范围之外，不仅放纵了受贿犯罪，使我国对腐败犯罪的惩治大打折扣，而且会损害党和政府在人民心目中的公正形象，危害社会主义

---

① 1999 年 3 月 4 日“两高”《关于办理受贿犯罪大要案的同时要严肃查处严重行贿犯罪分子的通知》第 2 条规定：“‘谋取不正当利益’指谋取违反法律、法规、国家政策和国务院各部门规章规定的利益，及要求国家工作人员或有关单位提供违反法律、法规、国家政策和国务院各部门规章规定的帮助或方便条件。”

经济的发展和国家的长治久安。①

(四) 利用影响力受贿罪客观方面的认定

构成本罪的客观要件，有两种情况：一是数额；二是情节。即索取或者收受贿赂数额较大或者有其他严重情节的行为，对于收受数额较大的财物的行为，可以认定为本罪，对于收受数额虽未达到较大，但是具有其他严重情节的，也可以定罪。包容了一些虽未达到数额较大，但是造成其他严重危害结果的行为。修正案并未对数额采取立法定量，有的认为利用影响力受贿罪的“数额较大”应该以5000元为标准。② 也有学者认为利用影响力受贿罪的“数额较大”应该略高于5000元。理由是因为本罪的主体并非是国家工作人员，不具有管理公共事务的职权，其犯罪不过是通过自身对于国家工作人员的影响力，间接谋利，其社会危害性小于受贿罪。③ 笔者认为，参照受贿罪构成犯罪的一般起点数额标准，以5000元作为利用影响力受贿罪“数额较大”的标准是可取的。④ 将受贿类犯罪的起点数额标准原则上统一为5000元，其最大优点在于，可以保证受贿类犯罪成立标准的统一性，有利于司法机关高效、顺利地开展反贿赂犯罪的追诉工作。⑤

三、利用影响力受贿罪的入罪路径

将利用影响力受贿单独入罪，扩大了受贿犯罪的主体，从立法上进一步完善了检察机关打击贿赂犯罪的深入，但也可能带来新的法律漏洞，利用影响力受贿罪在

---

① 闫雨：《利用影响力受贿罪客观要件的理解与适用》，载《西部法学评论》2011年第1期。

② 根据《刑法》第386条的规定：“对犯受贿罪的，根据受贿所得数额及情节，依照本法第三百八十三条的规定处罚。索贿的从重处罚。”也就是说，参照刑法第383条的规定以及1999年《最高人民检察院关于人民检察院直接受理立案侦查案件立案标准的规定（试行）》，受贿罪一般以5000元作为构成犯罪的起点数额标准。

③ 李冠煜：《论利用影响力受贿罪的客观方面》，载《福建警察学院学报》2010年第1期。

④ 根据司法解释，非国家工作人员受贿罪也是以5000元作为立案标准。2010年5月7日最高人民检察院、公安部《关于公安机关管辖的刑事案件立案追诉标准的规定（二）》第10条规定：“公司、企业或者其他单位的工作人员利用职务上的便利，索取他人财物或者非法收受他人财物，为他人谋取利益，或者在经济往来中，利用职务上的便利，违反国家规定，收受各种名义的回扣、手续费，归个人所有，数额在五千元以上的，应予立案追诉。”

⑤ 在司法机关反贿赂犯罪的实践中，很多受贿案件的罪名性质一开始难以准确认定究竟是受贿罪、单位人员受贿罪还是利用影响力受贿罪。比如，某司法机关掌握到了一个收受贿赂7000元的案件线索，但是不能确定该案的性质属于何种具体的受贿犯罪罪名。如果各种具体受贿犯罪罪名的起点数额标准各异，就会给侦查机关增添工作上的困难，可能延误对犯罪的查处。

立法本意上原是要打击那些利用不知情的国家工作人员的职务便利而受贿的“特定关系人”，却很可能在事实上形成国家工作人员规避法律的借口。因此，应当充分注意，利用影响力受贿的人本人没有职权为请托人谋取不正当利益，犯罪行为的实施必须通过国家工作人员职务上的行为，或者利用该国家工作人员的职权或者地位形成的便利，通过其他国家工作人员的职务行为为请托人谋取不正当利益。利用影响力受贿的人和国家工作人员一定是没有共犯关系的，才能构成利用影响力受贿罪。构成利用影响力交易罪的前提，是行为人在国家工作人员不知情的情况下实施的犯罪行为。在查办案件的时候，应当本着以下入罪路径。

（一）近亲属以及关系密切的人与国家工作人员勾结共同受贿的处理

下列两种情形应该认定为受贿罪共犯：（1）近亲属或关系密切的人向国家工作人员代为转达请托事项，收受请托人财物并告知该国家工作人员的，此时，近亲属或关系密切的人实属共犯中的帮助犯；（2）国家工作人员明知其近亲属或关系密切的人收受了他人财物（未加以制止），仍按照近亲属或关系密切的人的要求利用职权为他人谋取利益的。此时，近亲属或关系密切的人实属共犯中的教唆犯。

（二）国家工作人员对近亲属以及关系密切的人受贿行为事前知情的处理

国家工作人员事先知道其关系密切的人利用自己的职权或地位形成的便利条件，索取请托人财物或者收受请托人财物，仍默许或者不反对其关系密切的人通过其他国家工作人员职务上的行为为请托人谋取不正当利益，该国家工作人员和关系密切的人构成利用影响力受贿罪的共犯。虽然国家工作人员对其近亲属或者其他关系密切的人的行为只是持默许或者不反对的态度，事后又不共同占有财物，但该国家工作人员构成利用影响力受贿罪的片面共犯，应以利用影响力受贿罪处理。

（三）国家工作人员对近亲属以及关系密切的人受贿行为事后知情的处理

国家工作人员如果事先不知道其关系密切的人利用自己的职权或地位形成的便利条件，通过其他国家工作人员职务上的行为为请托人谋取不正当利益，事后知道但并不参与分享贿赂的，国家工作人员不构成犯罪，其关系密切的人应认定为利用影响力受贿罪；如果国家工作人员事后参与分享贿赂的，对该国家工作人员仍以受贿罪论处，对其关系密切的人以利用影响力受贿罪论处。

（四）国家工作人员对近亲属以及关系密切的人受贿行为不知情的处理

国家工作人员虽然按照关系密切的人的要求，利用职权为请托人谋取利益，但对关系密切的人收受请托人财物毫不知情的，对关系密切的人以利用影响力受贿罪论处，对该国家工作人员既不构成利用影响力受贿罪的共犯，也不单独构成受贿罪。

（五）离职的国家工作人员受贿行为的处理

离职的国家工作人员受贿行为构成利用影响力受贿罪还是受贿罪，要区分时间段，同时兼顾有无事先约定。行为人所利用的便利条件是原职权或者地位形成的，或者行为人索取、收受请托人财物并通过其他国家工作人员为请托人谋取不正当利益的行为均发生在离职以后，且行为人索取或者收受请托人财物不是基于任职时的约定或者是作为其任职时权钱交易行为的“对价”，而是一个新的行为，该行为人以利用影响力受贿罪论处。行为人在任职时利用职务上的便利为请托人谋取利益，或者在任职时与请托人事先约定，在其离职后收受请托人财物，对行为人以受贿罪论处。

浅析“利用影响力受贿罪”的理解与适用

涂小平*

一、利用影响力受贿罪的概念

利用影响力受贿罪是《刑法修正案（七）》中新增罪名。对于这一罪名，《刑法修正案（七）》第13条规定，在刑法第三百八十八条后增加一条作为第三百八十八条之一：“国家工作人员的近亲属或者其他与该国家工作人员关系密切的人，通过该国家工作人员职务上的行为，或者利用该国家工作人员职权或者地位形成的便利条件，通过其他国家工作人员职务上的行为，为请托人谋取不正当利益，索取请托人财物或者收受请托人财物，数额较大或者有其他较重情节的，处三年以下有期徒刑或者拘役，并处罚金；数额巨大或者有其他严重情节的，处三年以上七年以下有期徒刑，并处罚金；数额特别巨大或者有其他特别严重情节的，处七年以上有期徒刑，并处罚金或者没收财产。离职的国家工作人员或者其近亲属以及其他与其关系密切的人，利用该离职的国家工作人员原职权或者地位形成的便利条件实施前款行为的，依照前款的规定定罪处罚。”

利用影响力受贿罪源于中国已经加入的《联合国反腐败公约》（以下简称《公约》）中规定的“影响力交易”犯罪，即非国家工作人员利用国家工作人员的职权、地位或者其他影响，通过其他国家工作人员之职权行为，收取或者索取财物，为他人谋取不正当利益的行为。《刑法修正案（七）》第13条所规定的犯罪行为与《公约》中的“影响力交易罪”有很多相似之处，因而在罪名上也应该与《公约》基本上保持一致。

二、利用影响力受贿罪与其他贿赂犯罪的辨析

根据《刑法》第385条、第388条和第389条的规定，可以将贿赂犯罪归纳为四个层次：一般贿赂、在经济往来中的贿赂、斡旋受贿、利用影响力受贿罪。

一般贿赂（《刑法》第385条第1款和第389条第1款）属于典型贿赂行为，

* 武汉市人民检察院侦查监督处检察员。

是利用职务上的便利为他人谋取利益与贿赂财物之间的腐败交易。

在经济往来中的贿赂（《刑法》第385条第2款和第389条第2款）属于商业贿赂行为，是利用经济上的优势与控制力为他人谋取利益与贿赂财物之间的腐败交易。

斡旋受贿（《刑法》第388条）属于间接受贿行为，是国家工作人员利用本人职权或者地位形成的便利条件，影响其他国家工作人员的职务行为，从而实现为他人谋取利益与贿赂财物之间的腐败交易。

利用影响力受贿罪（《刑法》第388条之一）属于影响力交易行为，是离职国家工作人员或者与国家工作人员具有密切关系的人员利用个人影响力推动职务行为，进而以此为对价换取个人利益。

根据实践中的常见情形，影响力范围主要包括以下几项：（1）因职务制约关系、隶属关系而直接对其他国家工作人员的职务行为产生影响；（2）因现实掌握职权或者处于优势形成抽象的权力地位对其他国家工作人员产生影响；（3）因过去掌握职权或者处于优势形成抽象的权力资源对国家工作人员产生影响；（4）因具有亲属关系或者特定关系（情侣、情妇、情夫等）而对国家工作人员产生影响；（5）因形成利害关系（共同违纪违法犯罪关系等）或者利益共同体（合作投资关系、借贷关系等）而对国家工作人员产生影响；（6）因朋友、师生、同事关系等对国家工作人员产生影响。

根据贿赂犯罪刑法条文的规范关系与利用影响力受贿罪的规制范围分析，可以得出如下结论：（1）基于第（1）项影响力内容而生成的贿赂犯罪，已被刑法第385条第1款一般受贿和与之形成对合关系的刑法第389条第1款一般行贿全部涵盖。（2）基于第（2）项影响力内容而生成的贿赂犯罪，被刑法第388条斡旋受贿与刑法第389条第1款内含的间接行贿全部涵盖。（3）基于第（3）项至第（6）项影响力内容而生成的贿赂犯罪在原有的刑法中均没有可资适用的条款，属于利用影响力受贿罪刑法规范规制的范围，应当通过适用利用影响力受贿罪予以涵盖。

利用影响力受贿罪增加了五个主体：国家工作人员的近亲属、与国家工作人员关系密切的人、离职的国家工作人员、离职的国家工作人员的近亲属、与离职的国家工作人员关系密切的人。可见，利用影响力受贿罪极大地拓展了主体范围，有利于有效惩治当前实践中多发的家属受贿、情人受贿、离职受贿等腐败行为。

三、"其他与该国家工作人员关系密切的人"的界定

"关系密切的人"较之"特定关系人"范围更广。中共中央纪委《关于严格禁止利用职务上的便利谋取不正当利益的若干规定》（以下简称《规定》）首次提出"特定关系人"的概念，其后，"两高"联合发布的《关于办理受贿刑事案件适用法律若干问题的意见》（以下简称《意见》）中以司法解释的形式明确对"特定关

系人”作出界定：“本意见所称‘特定关系人’，是指与国家工作人员有近亲属、情妇（夫）以及其他共同利益关系的人。”

实际上特定关系人包含了两种情况：一种是特定身份关系人，另一种是共同利益关系人。而“关系密切人”包括以下几种：一是基于一定的血缘关系所产生，如家人和亲戚关系等，这里需要和近亲属有所区分；二是基于一定的感情所产生的关系，如爱情和友情，朋友和恋人等；三是基于一定的地缘关系所产生的关系，如同乡关系等；四是基于一定的交往事实关系所产生的关系，如同事、同学、校友、战友、朋友或者以前的同事和上下级关系等。

因此，可以肯定，“关系密切人”包括了“特定关系人”中近亲属以外的所有人。鉴于现实生活中社会关系纷繁复杂，贿赂犯罪又往往较为隐蔽，在司法实践中很难证明特定关系的存在，用关系密切来取代特定关系更有利于双方关系的确定，在收集证据上也更利于操作，即只要能证明有过密切的关系和交往即可。

四、“利用国家工作人员职权或地位形成的便利条件”的理解

“利用国家工作人员职权或地位形成的便利条件”，可从以下几个方面去理解：

（一）利用上级对下级具有的非制约性影响关系

一般来说，上级对下级具有制约性影响，但并非所有情形均具有制约性影响。具体体现在以下三个方面：（1）在同一单位的不同职能部门中，职务高的工作人员要求职务低的工作人员实施或不实施某种行为。（2）上级单位的普通工作人员要求下级单位的工作人员实施或不实施某种行为。（3）上级单位的某一职能部门的负责人要求下级单位非对应部门的负责人实施或不实施某种行为。

（二）利用下级对上级职务上的影响关系

下级国家工作人员对上级国家工作人员虽然不具有职务上的制约关系，但可以影响上级国家工作人员的职务行为。从司法实践中看，主要有以下三种情况：(1) 领导身边的工作人员游说、说服领导为请托人谋取不正当利益。如秘书说服领导破格提拔其关系人，从而收受关系人的贿赂。(2) 同一系统的下级国家工作人员，利用职务和地位，说服、影响上级国家工作人员，为请托人谋取不正当利益。(3) 不同系统的但有一定业务联系的下级国家工作人员，利用职务和地位，说服、影响上级国家工作人员，为请托人谋取不正当利益。

（三）利用职务上横向协作的影响关系

从司法实践来看，可大体划分为三种情况：（1）利用同一单位平级的同事关系产生的非制约性的影响关系。（2）利用同一行政区域内的不同职能部门之间的

非制约性的影响关系。(3) 利用不同行政区域各职能部门之间的影响关系。

五、利用影响力受贿罪中“谋取不正当利益”要件的界定

“为请托人谋取不当利益”中的不正当利益在司法实践中主要表现为以下两种情形：

1. 违反法律、法规、国家政策和国务院各部门规章规定的利益，即非法利益。这种非法利益又可细分为以下三种类型：(1) 通过违法犯罪行为取得的利益。(2) 特定主体不享有某种权利而被赋予某种权利。(3) 特定主体应当履行的义务被非法减免。

2. 要求国家工作人员或有关单位提供违反法律、法规、国家政策和国务院各部门规章规定的帮助和便利条件，即非法程序利益。也就是说，特定主体本来可以通过合法途径获得某种利益但却采用了非法的手段，这种情况下取得的利益也属于不正当利益。

六、利用影响力受贿罪量刑标准的设定

利用影响力受贿罪分为三个量刑档次：(1) 数额较大或者有其他较重情节；(2) 数额巨大或者有其他严重情节；(3) 数额特别巨大或者有其他特别严重情节。实践中对于如何合理地确定利用影响力受贿罪数额标准以及情节严重标准存在较大争议。

就利用影响力受贿罪的数额标准而言，数额较大这一起刑点有必要根据受贿罪的起刑点进行一定幅度的提升。根据现阶段贿赂犯罪立案标准，受贿罪的起刑点是5000元。笔者认为，由于利用影响力受贿罪是关系密切人利用国家工作人员的职务便利行为、离职国家工作人员利用及其关系密切人利用原职权便利条件，相对受贿罪而言，具有明显的间接性，因此，数额较大的起刑点可以设定为受贿罪起刑点的10倍，即5万元。数额巨大、数额特别巨大，可以分别设定为数额较大标准的5倍与20倍，即数额巨大的标准为25万元，数额特别巨大的标准为100万元，形成强度渐进的量刑阶梯。

利用影响力受贿罪“有其他较重情节”，即使没有达到数额标准，也应当认定为犯罪。刑法条文中规定有大量的“情节严重”，只有贪污罪和利用影响力受贿罪的量刑规范中使用了“情节较重”的表述。笔者认为，“情节较重”的标准应当低于“情节严重”。下列情况可以认定为“有其他较重情节”：(1) 利用影响力受贿3次以上；(2) 利用影响力为3名以上请托人谋取不正当利益；(3) 谋取不正当利益数额在100万元以上；(4) 利用县级以上国家工作人员职务行为及其职权或者地位形成的便利条件为请托人谋取不正当利益；(5) 使国家或者集体利益遭受重大损失；(6) 造成恶劣的社会影响。

利用影响力犯罪的司法认定

宁红玲*

2009年2月28日全国人大常委会颁布了《刑法修正案（七）》，新设了利用影响力受贿罪，是法制完善的表现，但是新罪名在它出现的同时也伴随着诸多缺陷，如出现了“近亲属”、“关系密切人”、“利用职权或地位形成的便利条件”等难以界定的词语，同时本罪与相近罪名如斡旋受贿罪、介绍贿赂罪等罪名存在重叠交织的关系，导致在司法实践过程中难以区分，因此理解该罪的立法背景、犯罪构成，厘清其与相近罪名的区别对于把握新型贿赂犯罪的适用具有重要的意义。

一、利用影响力受贿罪概述

贪污贿赂犯罪是我国刑法乃至世界各国刑法重点打击的犯罪。为了进行有效的打击，我国出台了多种法律、法规，如1952年我国颁布的《中华人民共和国惩治贪污条例》、1979年刑法的第185条、1982年3月8日全国人大常委会做出的《关于严惩严重破坏经济的罪犯的决定》、1988年1月21日全国人大常委会做出的《关于惩治贪污罪贿赂罪的补充规定》。但是随着社会经济的迅速发展，贪污贿赂犯罪可谓“日新月异”，特别是领导“身边人”参与作案现象普遍存在，如“一些领导干部的秘书等身边人及妻子、子女等家里人收受贿赂后，插手工程招投标、物资采购，打着领导的旗号，到处说情”。[①] 而现行的法律法规难以对此展开有效的打击，在这种情势下亟须出台相应的法律法规弥以补现行刑法中的漏洞。

2005年10月27日，我国全国人大会议常委会批准参加《联合国反腐败公约》（以下简称《公约》），2006年2月12日起该《公约》在我国生效[②]，在这样的国际背景下，十一届全国人大常委会第七次会议于2009年2月28日通过了《中华人

* 武汉市人民检察院公诉处干警。

① 孙国祥：《新类型受贿犯罪疑难问题解析》，中国检察出版社2008年版，第5页。

② 蒋正云、李翔：《〈联合国反腐败公约〉——全球反腐败的法律基石》，中国民主法制出版社2006年版，第15页。

民共和国刑法修正案（七）》，在第338条中增加一条，随后在“两高”出台的《关于执行〈中华人民共和国刑法〉确定罪名的补充规定（四）》将本罪确定为利用影响力受贿罪，该罪名的出现既是我国履行《公约》义务的需要，也填补了我国刑法关于国家工作人员“身边人”利用自身影响力进行受贿的法律空白，有利于完善我国惩治贿赂犯罪刑罚体系。

二、利用影响力受贿罪的构成要件

（一）利用影响力受贿的犯罪客体

利用影响力受贿罪是受贿罪的一种，理解利用影响力受贿罪的犯罪客体可以从了解受贿罪的犯罪客体入手，受贿罪的犯罪客体目前存在以下几种说法：一是国家工作人员职务行为的不可收买性①；二是国家工作人员职务行为的廉洁性②；三是法益说③。笔者认为自刑法理论界引入法益学说后，得到了广泛的认可，理解该罪的犯罪客体可以在法益的框架内进行解决，本罪的客体即国家的法益，因此，该罪的法益可以概括为“国家工作人员职务行为的廉洁性”、“党和国家的威信”或“国家工作人员职务行为的不可收买性”。

（二）利用影响力受贿的客观方面

本罪的客观方面重点是理解“影响力”和“不正当利益”。

对“影响力”的理解。在该罪中“影响力”指在社会生活中作为一个人与其他个体或群体交往过程中，对国家工作人员的思想或行为能够加以影响甚至控制的能力。“影响力”的分类有以下几种：一是权力性影响力和非权力性影响力，二是直接的影响力和间接的影响力，三是形式的影响力和实质的影响力。④ 在该罪中影响力理解为直接的、非权力性的、实质的影响力，即行为人自身不具有职务上的便

---

① 张明楷：《刑法学》（第3版），法律出版社2007年版，第873页。

② 高铭暄：《刑法专论》（第2版），高等教育出版社2006年版，第776页。

③ 法益概念的产生对大陆法系国家刑法理论的发展有重大的意义。法益理论在不同的历史时期被赋予不同的内容。“法益理论的产生通常追溯到1834年，即以比恩保姆的论文《论犯罪概念的权利侵害的必要性》发表为标志”。比恩保姆用“益”（Gut）取代传统理论上的“权利”（Recht），但对于“益”并未做出进一步界定。罗克辛在其2006年版的《德国刑法总论》中，将法益界定为“所有的事实或目的都应理解为法益，即作为所有为个体自由发展，实现个体基本权利以及为这些目的而建立的国家体制，都可理解为法益”，“法益包含已经被法律发现的情形或状态，以及为法律所设定的遵循规范的义务，而不是必须从二者选一”。

④ 杨咏：《论利用影响力受贿罪》，郑州大学2011年硕士学位论文，第11—12页。

利，不具有制约作用的力量，但可以直接对国家工作人员施加影响使得国家工作人员作为或者不作为，为请托人谋取不正当利益。如儿子对具有血缘关系的作为国家工作人员的父亲施加影响，让其为自己的朋友办事。

对“不正当利益”的理解。本罪的交易条件是“为请托人谋取不正当利益”，关于“不正当利益”的内涵，最高人民检察院《关于在办理受贿犯罪大要案的同时要严肃查处严重行贿犯罪分子的通知》第2条规定：“‘谋取不正当利益’是指谋取违反法律、法规、国家政策和国务院各部门规章规定的利益，以及要求国家工作人员或者有关单位提供违反法律、法规、国家政策和国务院各部门规章规定的帮助或者方便条件。”在司法实践中对于“不正当利益”的理解以规定为准，即理解为两种情况：一种是利益本身不正当，另一种是即使利益本身可能正当，但国家工作人员谋取利益的手段不正当，也以该罪论处。

（三）利用影响力受贿罪主体的界定

本罪的犯罪主体为特殊主体，即“国家工作人员的近亲属或者其他与该国家工作人员关系密切的人”及“离职的国家工作人员或者其近亲属以及其他与其关系密切的人”。实践中对该罪的主体讨论主要围绕三个方面进行展开：一是“近亲属”的范围；二是“关系密切的人”的范围；三是“国家工作人员是否可以成为犯罪主体”。

“近亲属”的界定。关于“近亲属”的范围界定主要存在三种意见：一是认为“近亲属”应当适用民事法上的近亲属范围①；二是主张采用刑事诉讼法划定的“近亲属”的范围②；三是考虑到利用影响力受贿罪的立法目的在于惩治特定人员利用影响力受贿的行为等因素，认为行政法领域划定的“近亲属”范围比较妥当③。笔者同意第二种意见，一方面从部门法归属上看，刑事诉讼法与刑法同属刑事法领域，刑法对于“近亲属”虽然没有规定，但是刑事诉讼法却对此有明确的规定，所以利用影响力受贿罪中的“近亲属”的范围应按照刑事诉讼法的规定来执行；另一方面从打击犯罪力度方面考虑，即使刑事诉讼法中的“近亲属”的范围相对较小，但在该罪名中同时出现“关系密切的人”一词，若其通过国家工作人员职务上的行为或者利用国家工作人员职权或者地位形成的便利条件通过其他国家工作人员职务上的行为，为请托人谋取不正当利益，索取请托人财物或者收受请

---

① 徐伟：《利用影响力受贿罪剑指“身边人”》，载《法制日报》2009年12月25日第5版。

② 黄杰：《利用影响力受贿罪的司法认定》，载《人民检察》2010年第10期。

③ 林木、卜建伟：《利用影响力受贿罪主体之探讨》，载《法制与经济》2011年第1期。

托人财物，即使超出“近亲属”的范围，同样可以构成利用影响力受贿罪，并不会逃脱法律的追究。

“关系密切的人”的界定。对于“关系密切”的理解，著名刑法学家王作富教授在中国人民大学刑事法律科学研究中心进行的“《刑法修正案（七）》座谈会”上概括出三种类型：第一种是男女双方存在不正常或者正常的情感关系，表现亲密，超出一般同志关系的人；第二种是近亲属之外的亲戚朋友，因为双方存在共同利益关系从而形成了密切关系；第三种是因为情趣相投而形成密切关系的人，如酒友、棋友、牌友等。这是基于客观身份的判断，并不能在司法实践中明确界定出来，笔者认为在司法实践活动中，为检察机关指控该犯罪的需要，在指控该罪名时可以通过相应的证据来入手，将该主体与“影响力”联系起来，进行“事后推断”，即行为人基于与国家工作人员的这种关系能够或者足以影响该国家工作人员职务上的行为，为请托人谋取不正当利益，则进行大胆的推断。

国家工作人员是否可以作为该罪主体。由于我国刑法将国家工作人员和非国家工作人员利用影响力受贿规定为不同的犯罪，因此对于国家工作人员是否可以作为该罪的主体引起了争议，一种认为该罪主体只限于非国家工作人员，① 另一种认为国家工作人员也可以成为该罪主体。② 笔者赞成后一种意见，根据上文中对于该罪客观方面的阐述，当国家工作人员没有利用自身职务的影响力，而是以其国家工作人员的近亲属或其他关系密切的人的身份出现，也就相当于一般人通过国家工作人员职务上的行为为请托人谋取不正当利益而索取或者收受财物，此时可以构成利用影响力受贿罪。

（四）利用影响力受贿的主观方面

犯罪的主观方面指刑法规定的犯罪主体对自己的行为及其危害结果所持有的心理态度，包括犯罪故意、犯罪过失、犯罪目的、犯罪动机等主观要素。③ 笔者认为利用影响力受贿罪的主体索取或者收受了请托人的财物，为请托人谋取不正当利益，犯罪主体具有很强的主观故意。本罪的犯罪目的应是“索取或收受请托人的财物”。在利用影响力受贿罪中，虽然行为人本身不具有国家公职权力，但通过自己的影响力去影响国家工作人员行使权力，达到请托人的要求，归根结底还是请托

---

① 王荣利：《专家：利用影响力受贿罪只适用非国家工作人员》，载《法制日报》2009年10月16日第8版。

② 单民、杨建军：《利用影响力受贿罪若干疑难问题研究》，载《当代法学》2011年第5期。

③ 阮齐林：《刑法学》，中国政法大学出版社2008年版，第129页。

人和行为人之间的"钱权交易"，他通过这一行为结果来达成自己对请托人财物不法占有的目的。

三、利用影响力受贿罪与其他相近罪名的比较

（一）利用影响力受贿罪与介绍贿赂罪的比较

介绍贿赂罪与利用影响力受贿罪共同点是有一个"中间人"存在，通过该"中间人"最终达成"权钱交易"的实现，但两罪的主要区别是介绍贿赂罪一定有一个受贿的国家工作人员，而影响力受贿罪根本就没有受贿的国家工作人员。

案例：王某利用影响力受贿案

被告人王某利用其老丈人方立华系南京一知名高校领导之便，帮助他人中标工程设计项目，从中收取好处费15万元，被以犯利用影响力受贿罪判处有期徒刑2年，缓刑2年，罚金人民币1万元，没收违法所得人民币15万元。①

在该案例中王某最终以利用影响力受贿罪被定罪量刑，但是如果该案中王某作为国家工作人员，通过其牵线效劳，引荐他人与其丈人认识，并积极在他人和其丈人之间进行联系、沟通、撮合，促使行贿与受贿得以实现，最终帮助他人中标工程设计项目，在这过程中自己收受好处，王某丈人也收取他人的贿赂，那该案就应另当别论，应定为介绍贿赂罪。

（二）利用影响力受贿罪与受贿罪共犯的比较

受贿罪共同犯罪与利用影响力受贿罪犯罪主体、犯罪手段以及行为方式存在一些交集，要区分两罪最重要的一点就是利用影响力受贿罪中的国家工作人员与主体之间不能证实或者根本不存在通谋和共同受贿的故意和行为，而共同受贿罪的最基本的要求是犯罪一方主体与国家工作人员存在通谋或者共同受贿的故意和行为。

案例：田某利用影响力受贿案

2009年1月12日，林恒和陈锐森两人共同出资成立浙一水东莞分公司。为顺利、快速领取到信用管理手册，两人商量后找到朋友田某，请求田某给予帮助，并承诺事后会给予田某"好处"，田某表示同意，最终田某对其妻子余某施加影响成

---

① 《利用老丈人的职务和便利条件收取好处：南京一被告人利用影响力受贿被判刑并处罚》，载《人民法院报》2012年2月16日第3版。

功帮两人办成手续，事后田某拿到好处费 23 万元。①

在该案例中，将田某定性为受贿罪共犯还是利用影响力犯罪，就需要抓住田某与其妻余某是否存在共同的受贿故意和共同的受贿犯罪行为，即是否存在事先“通谋”，如果存在，那么二人构成受贿罪的共同犯罪；如果不存在，则余某因缺乏犯罪故意和犯罪行为而不构成犯罪，田某则单独构成利用影响力受贿罪。

（三）利用影响力受贿罪与斡旋受贿罪的比较

《中华人民共和国刑法》第 388 条规定：“国家工作人员利用本人职权或者地位形成的便利条件，通过其他国家工作人员职务上的行为，为请托人谋取不正当利益，索取请托人财物或者收受请托人财物的，以受贿罪论处。”此条被学界称为斡旋受贿罪，该条与同为第 388 条之一的利用影响力受贿罪存在很多相似之处，但也存在略微的区别：一是犯罪主体略有区别。斡旋受贿罪主体只能是国家工作人员，而利用影响力受贿罪的主体是国家工作人员的近亲属或关系密切的人，或者是离职的国家工作人员或者其近亲属以及其他关系密切的人。二是影响力不同。虽然两者都是通过影响其他国家工作人员职务上的便利，但是它们的影响力来源不同，斡旋受贿的影响力来源于国家工作人员的职务，为权力性影响力，而利用影响力受贿罪中的影响力如前文所述，应为非权力性影响力。

① 《老婆在住建局当科长他利用“影响力”受贿 23 万》，载《广州日报》2012 年 7 月 6 日第 AⅡ7 版。

利用影响力受贿罪的适用困境及完善

黄定海[*] 熊 莹[**]

我国于2006年1月正式加入了《联合国反腐败公约》（以下简称《公约》），之后于2009年在《刑法修正案（七）》中增设“利用影响力受贿罪”这一新罪名，标志着我国反腐败力度的进一步加强，也是我国履行国际义务，将国际公约内化为国内法的具体体现，具有十分重要的意义。然而该罪名由于法条用语的模糊性以及我国治理腐败犯罪的司法实际，在实践中遇到了种种困境。如何解决这些困境，真正发挥此罪在打击利用影响力受贿行为的作用成为摆在我们面前的一道难题。

一、利用影响力受贿罪的适用困境

利用影响力受贿罪作为一个新罪名，自2009年10月17日“两高”出台司法解释确定之日起至今已经3年有余，而从目前的司法实践来看，鲜有检察机关利用该罪名对犯罪嫌疑人进行起诉并以该罪名定罪量刑，可谓颁布之初红红火火，颁布之后一片冷清，这足以说明该罪名在适用上存在很大的难度。究竟是哪些环节出现了问题？笔者拟从以下两个方面进行论述。

（一）法条本身具有用语的模糊性

对《刑法修正案（七）》第13条利用影响力受贿罪条款的构成要件进行分析，我们不难发现，该罪名在制定之初，也许是为了保证日后稳定性等原因，很多地方都使用了模糊的语言和弹性的规定，这就造成了我们的司法机关在理解和适用上的难题。首先，比如“近亲属”的认定标准问题，是基于本罪的犯罪属性及维护刑事法统一执行的目的直接适用刑事诉讼法的规定，还是基于风俗习惯及本罪的立法目的适用最高人民法院于1988年发布的《关于贯彻执行〈中华人民共和国民法通则〉若干问题的意见》第12条之规定，又或者是基于新法优于旧法的原则主张采纳2000年3月10日起施行的《关于执行〈中华人民共和国行政诉讼法〉若干问

* 武汉市江岸区人民检察院党组书记、检察长。

** 武汉市江岸区人民检察院干警。

题的解释》第11条的规定?[①] 另外，对“关系密切的人”的界定，对于“影响力”的认定，对于贿赂物的范围问题以及是否包括单位犯罪等问题都有待商榷。在一个法条中包含如此之多的不明确概念，也难怪我们的司法机关在适用时要慎之又慎。其次，从量刑上来看，该条款中规定有“数额较大或者有其他较重情节的”、“数额巨大或者有其他严重情节的”和“数额特别巨大或者有其他特别严重情节的”三个量刑标准，追诉标准的不明确也带来了司法实践部门在适用上的困难。

（二）治理腐败犯罪的实际导致了查处此罪难度加大

此次立法剑指领导干部身边人，诸如国家工作人员的近亲属及与其关系密切的人、离职的国家工作人员及其近亲属以及与其关系密切的人都被列为犯罪主体。在实践中，受到“一人得道，鸡犬升天”的传统思想的影响，这些主体往往利用国家工作人员的权势，并与其形成紧密的共同体，订立攻守同盟，采取伪证、串供、转移赃款赃物的方式共同抵抗司法机关的查处。此外，这些当事人大都具有较高的文化素质和社会地位，涉案过程经过深思熟虑，具有很大的隐蔽性。我国刑法对于利用影响力受贿罪并没有设置单位犯罪，也没有对行贿犯罪作出相关规定，且法条的用语具有一定的模糊性，当事人为了规避法律规定，费尽心机地为自己的罪行披上合法的外衣，这些都平添了查处的难度。结合上述两种情况导致的种种困境，我们在司法实践中该如何适用该法条？这些模糊、不明确的规定该怎样被很好地应用到具体案件中，仍需要继续研究和探讨。

二、从与《公约》接轨的视角谈对利用影响力受贿罪的完善

我国于2006年正式成为《公约》的缔约国，《公约》第18条设置了“影响力交易”，该条规定：“各缔约国均应当考虑采取必要的立法和其他措施，将下列故意实施的行为规定为犯罪：（1）直接或间接向公职人员或者其他任何人员许诺给予、提议给予或者实际给予任何不正当好处，以使其滥用本人的实际影响力或者被认为具有的影响力，为该行为的造意人或者其他任何人从缔约国的行政部门或者公共机关获得不正当好处；（2）公职人员或者其他任何人员为其本人或者他人直接或间接索取或者收受任何不正当好处，以作为该公职人员或者该其他人员滥用本人的实际影响力或者被认为具有的影响力，从缔约国的行政部门或者公共机关获得任

---

① 王玉杰：《利用影响力受贿罪若干问题探究》，载《河南省政法管理干部学院学报》2010年第1期。

何不正当好处的条件。”①

通过对比我国《刑法修正案（七）》第 13 条我们可以看出，我国与《公约》的规定尚存在些许差别，而从理论的角度分析，《公约》对于一些问题较我国更为宽泛的规定对于解决现实问题似乎更具合理性，那么如何做到既能在罪刑法定原则的限制下使《公约》的规定在我国得到有效的贯彻，以达到国内法与国际公约的有效接轨，又能保证在我国最大限度地实现预防和控制犯罪的目的就成为时下亟待解决的问题。

（一）增设关于单位犯罪的规定

笔者认为，本罪应该包括单位犯罪。首先，在我国实践中存在大量单位为请托人谋取不正当利益，并以咨询费、服务费等名义收取财物的行为，现行法律在这方面规定的缺失无疑放纵了此种犯罪；其次，从我国贿赂犯罪的体系来看，我国刑法第 387 条规定了单位受贿罪，可见我国刑法是具备规定单位构成利用影响力受贿罪的实然条件的；最后，域外的一些立法规定也可以成为我国规定单位利用影响力受贿罪的很好借鉴。比如欧洲理事会《反腐败刑法公约》第 18 条“法人责任”中就明确规定了法人要为《公约》中规定的主动贿赂、影响力交易或者洗钱行为等犯罪行为承担法律责任。因此，笔者认为，我国有必要将单位利用影响力受贿的情况规定为犯罪，这样不仅可以从源头上打击单位受贿的犯罪，而且对于单位受贿之后给予国家工作人员贿赂的情况也是一种遏制。

（二）增加关于行贿犯罪的规定

笔者认为，对合性犯罪的双方都要为其行为承担必要的刑事责任，这样才有可能从根本上契合从严打击贿赂犯罪的刑事立法和执法精神，真正达到惩治贿赂犯罪的目的。我国当前的法律规定因为受到“腐败亚文化”的影响，有厚此（受贿）薄彼（行贿）之嫌，需要在借鉴《公约》的基础上，做出相应的修订和完善。从时空发展的顺序来看，行贿在前，受贿在后，行贿的社会危害性并不亚于受贿犯罪。我们可以借鉴《公约》中对行贿犯罪的打击提前至“许诺、提议”阶段的规定，将行贿犯罪的规制提前到预备行为。由于索取和收受贿赂的行为都被我国刑法所规制，那么与之对应的行贿行为也不应该被排除在刑法规定之外，应当与受贿犯罪一起被规定为犯罪。

---

① 赵秉志、王志祥、郭理蓉编：《〈联合国反腐败公约〉暨相关重要文献资料》，中国人民公安大学出版社 2004 年版，第 12 页。

（三）扩大贿赂物的范围

笔者倾向于支持利益说作为界定贿赂的范围，理由如下：第一，受贿犯罪中罪与非罪的根本界限并不在于收受了何种形式的贿赂，而在于行为的社会危害性是否达到了应受刑罚处罚的程度；第二，利益说对于解决当前出现较多的安排子女就业、装修房子、调换工作、提升晋级、性贿赂等以非财产性利益行贿的犯罪案件而言，是相当有利的；第三，我国现行贿赂犯罪属于数额犯，非财产性利益无法用数额来衡量，但是用司法实践的具体操作来决定我们的立法则属于本末倒置，笔者建议采用折中方法，将能用金钱换取的比如装修房屋、外出旅游以及付费的性服务等纳入贿赂物的范围；第四，从域外的一些公约及立法中，我们也能找到一些借鉴，比如日本刑法将贿赂表述为能够满足人的需要或者欲望的一切利益等，① 还有德国刑法典、台湾地区的"刑法典"都将贿赂明确地界定为"利益"。由此可知，以上这些立法所指称的贿赂，都是包含财物、物质性利益及非物质性利益在内的。

（四）取消"为他人谋取（不正当）利益"要件

就本罪而言，本罪侵犯的客体是国家工作人员职务行为的公正性和市场的公平竞争秩序。也就是说，只要行为人利用与其有近亲属或者其他密切关系的国家工作人员的职务行为或者职权、地位形成的便利条件，向实际握有职权的国家工作人员施加影响力，无论该国家工作人员是否真正完成请托事项，行为人的行为都已经对国家工作人员职务行为的公正性和市场的公平竞争秩序造成了潜在的影响，因为对请托事项的知晓已经对其意志力或者判断力造成了一定影响，而且该国家工作人员在行事时还要考虑不作为产生的后果，因此无须实际为请托人谋取到利益，也成立本罪。此外，有些学者认为应当在不将"为他人谋取（不正当）利益"作为贿赂犯罪构成要件的前提下，提出仅作为量刑情节予以考量，也是值得考虑的。将其作为定量因素而不是定罪因素来解释，不仅能够充分发挥惩治受贿犯罪的作用，而且能避免理论界对该要件理解上的分歧。同时，这样的解释对于认定司法实践中受贿犯罪的既遂和未遂状态也有着十分积极的意义。②

三、从合理解释的视角谈对利用影响力受贿罪的准确认定

从目前来看，完全与《公约》一致，并企图通过立法措施解决当前司法实践中遇到的问题绝非易事，这需要更全面的研究和论证工作，但是可以期待我们的立法终将跟得上时代的发展而做出相应的改进。回到实然层面，目前要做的事情就是

---

① 黎宏：《日本刑法精义》，中国检察出版社2004年版，第507页。

② 孟庆华：《受贿罪研究新动向》，中国方正出版社2005年版，第215页。

对当前立法进行合理的解释，为我国现行的规定寻找合适的依据，使其能够解决实践中的难题，正如有些学者所言，"法律在解释中实现，法律的生命在于解释"。①关于本条的理解和适用，笔者认为主要涉及对以下几个问题的把握：

（一）关于对本罪主体的把握

从我国的人情关系国情出发，能够产生影响力的主体是有限的，并不是所有人都能产生足以影响国家工作人员利用其职务行为为请托人谋取利益的能力，只要对"近亲属"、"关系密切的人"等内涵模糊的概念进行合理解释，应该就可以涵盖所有能产生影响力的主体了。一味扩大主体范围的做法不仅不能从根本上遏制贿赂犯罪的增长，也给司法实务部门带来了巨大的挑战，也不符合我国司法资源紧张的现状以及刑法的谦抑精神。

1. 对近亲属的界定。对于"近亲属"的界定不能太过狭窄，应当做扩大解释，在当前没有司法解释明确规定该罪中的"近亲属"该如何认定时，笔者认为应当采纳《关于执行〈中华人民共和国行政诉讼法〉若干问题的解释》的规定，即采取范围最广、包含对象最多的解释。通过比较可以看出这种规定中增加了"其他具有抚养、赡养关系的亲属"这一兜底性的说法，这样的说法虽然比较模糊，但是对于中国这样的人情社会而言，却是非常实用的，随着社会的发展，一旦"其他具有抚养、赡养关系的亲属"出现类似的行为时，就不会因为无法可依而放纵犯罪了。

2. 对"关系密切的人"的界定。2007年"两高"联合发布的《关于办理受贿刑事案件适用法律若干问题的意见》（以下简称《意见》）中对"特定关系人"的范围作出了相应的规定："特定关系人，是指与国家工作人员有近亲属、情妇（夫）以及其他共同利益关系的人。"立法者没有简单地以《意见》中对"特定关系人"的解释应用于本法条，取而代之采用"关系密切的人"这一概念，显然是想用这种弹性很大的表达方式将所有与国家工作人员具有某种关系且利用这种关系进行违法犯罪的人员均囊括其中，但是这样带来的难题就是外延过于宽泛，导致司法上很难适用。而且对于"特定关系人"和"关系密切的人"的关系问题也存在不同的看法。②

笔者认为对于"关系密切的人"的理解和把握，最重要的还是要抓住两点：第一是"利用影响力受贿罪"的本质，即是否能够产生影响力，这种影响力是否能够对国家工作人员起作用，是否能够对自己的请托事项产生积极的推进作用；第二是要采取事后判断的标准，即主要的犯罪事实发生之后的情形，它指的是一个时间概念，结合到本罪，即司法机关在了解案件的基本情况之后，再来考虑当事人与国家工作人员的关系，这样从结果反推行为人与国家工作人员是否属于"关系密

---

① 王凯石：《刑法适用解释》，中国检察出版社2008年版，第19页。

② 刘宪权：《剑指利用影响力受贿罪》，载《检察风云》2009年第23期。

切”的做法可以避免先入为主地对二者的关系进行传统概念上的判断，从而可以有效地防范一些犯罪分子利用与国家工作人员不属于“关系密切”等情况进行长期投资，为今后办事方便做铺垫等犯罪情况的发生。之前司法机关在该问题上进行的事前判断，由于没有准确界定“关系密切”的标准，在很大程度上会放纵犯罪，使一部分犯罪分子钻了空子。

（二）对本罪主体与国家工作人员共同犯罪问题的理解

在本罪出台之初，就有一些学者担心，本罪是否会成为贪官们的出罪条款，因为在司法实践中国家工作人员与其近亲属及关系密切的人共同受贿情况极为普遍，但是查明双方是否具有共同受贿的故意和行为实属不易。一旦不能认定双方有共同犯罪的故意，国家工作人员就有可能不成立犯罪，对于其近亲属及关系密切的人也只能成立比受贿罪轻缓的本罪。

2003 年 11 月 13 日最高人民法院下发的《全国法院审理经济犯罪案件工作座谈会纪要》（以下简称《纪要》）中规定了对共同受贿犯罪的认定，即非国家工作人员与国家工作人员勾结伙同受贿的，按照受贿罪的共犯处理。国家工作人员的近亲属收受贿赂，向国家工作人员转告请托事项和受财的情况，或者国家工作人员明知其近亲属收受财物，依然为请托人办事的，对国家工作人员以受贿罪处理，其近亲属构成受贿罪的共犯。对于近亲属以外的其他人与国家工作人员成立受贿罪共犯时，要求双方对于收受的财物必须共同占有。

此后于 2007 年“两高”《意见》也出台相关的规定指出，特定关系人与国家工作人员通谋实施受贿行为的，对特定关系人以受贿罪的共犯处理；对于特定关系人以外的其他人与国家工作人员通谋实施上述行为的，成立共犯的条件是要求双方共同占有财物。

从以上两个文件中我们可以找到一个共同点，就是国家工作人员的近亲属或“特定关系人”与国家工作人员成立共同犯罪不要求共同占有财物，而这之外的主体与国家工作人员成立共同犯罪必须要求共同占有财物。这样的区别对待很显然是取决于主体与国家工作人员的关系。但是由于《意见》中指出“特定关系人”与国家工作人员在实施受贿行为时要“通谋”，所谓“通谋”就是共同谋划。也就是说特定关系人对于受贿的情况仅仅是告知国家工作人员或者国家工作人员对受贿行为是明知的，都不能成立共同犯罪，因为双方没有“通谋”的过程，这显然是不妥的。此外，“特定关系人”与“关系密切的人”在内容上属于交叉关系，而且“利用影响力受贿罪”也将二者交叉的“近亲属”的概念包含其中，那么“特定关系人”这一概念就不存在任何意义了，进而可以得出《意见》中“特定关系人以外的其他人”也不具有任何实际意义的结论。这样，对于研究成立共犯问题时，就可以仅以《纪要》的规定为标准进行处理。

（三）对本罪中量刑问题的理解

关于我国受贿犯罪以犯罪数额作为标准来制定量刑规范这一问题在我国理论界也是存在分歧的。这样的标准有其自身的优越性，它不仅便于操作，而且数额也能从一定程度上反映犯罪恶性的大小。然而，无论是从刑法总则规定的量刑的一般原则，还是就本罪而言，定罪量刑问题的绝非一个数额标准就能完全涵盖。况且我国现行的量刑标准本身就存在一些弊端，首先，这样的标准会造成一些犯罪分子刻意规避法律，在明确的心理预期之下逍遥法外；其次，由于我国各地经济发展不平衡，统一的标准也造成了实质上的不平等；再次，从长远来看，由于腐败犯罪是经济改革进程中的必然副产品，那么数额标准也将随着经济的发展不断呈现出滞后性，这将影响到法律的稳定性和权威性；最后，数额标准是与之前贿赂的范围被界定为财物时的受贿犯罪相称的，而今贿赂的范围呈现出不断扩大的倾向，因此单纯的数额标准就已经不合时宜了。

在历数完数额标准的种种弊端之后，笔者很欣喜地看到利用影响力受贿罪中增加了对犯罪情节的规定，也就是说今后对于本罪的适用不仅仅要考虑数额的大小，诸如根据贿赂的性质、行为的社会危害性、对国家工作人员的声誉及正常的工作秩序破坏的情况等情节也将被考虑进去，这样的量刑标准将更加具有科学性。但是高兴之余也要看到，尽管立法者将决定权交由各级法院，由他们根据各地的不同情况作出具体规定，但是这样不确定的、开放的规定也必然会引发一些问题，比如司法擅断、裁判不公等。

此外本条的两款规定都涉及财产刑，这对于受贿犯罪这种贪利型的犯罪而言具有很大的打击力度。这与我国此前法律中只有犯罪数额巨大、情节严重的以及单位犯罪被规定了财产刑的情况相比，足见本罪的规定体现出了很大的立法进步，值得称道。① 因为自由刑并不能让犯罪人彻底放弃犯罪的贪念，难保其在刑期结束之后不会卷土重来，而在规定自由刑之余考虑剥夺犯罪人的财产，能够直接导致犯罪人失去犯罪成本，而不得不考虑改邪归正。但由于规定仍然相对模糊，导致适用上存在一定的难度，因此笔者建议在实践中应该采取倍比罚金制，以受贿的金额作为基数，受贿数额越大，罚金数额就越高。这样的规定会让受贿者在犯罪前考虑其犯罪的成本，有利于其彻底放弃犯罪念头。

总之，无论我们进行了多少研究，终究都是“纸上谈兵”，正所谓“实践出真知”，最关键的还是需要透过具体的案例来审查我们的立法究竟存在哪些不足与缺陷，这样才能引导人们向更深层次去思考，我们的立法才能因为更加切合实际而达到制定的初衷。

---

① 比如，《刑法》第163条关于非国家工作人员受贿罪的规定中，对于数额较大的，仅处5年有期徒刑或者拘役；第383条第1款第3、4项的规定，也未涉及财产性的规定。

利用影响力受贿罪主体的司法认定

——从影响力的角度进行把握

余　婧[*]　李　芳[**]

一、利用影响力受贿罪主体概述

利用影响力受贿罪是根据《中华人民共和国刑法修正案（七）》（以下简称《刑法修正案（七）》）第13条增设的新罪名。在传统职务犯罪理论中，受贿罪的主体只能是国家工作人员，非国家工作人员只有在与国家工作人员存在通谋的情形下，才能作为受贿罪的共犯。随着经济社会的发展，受贿罪也出现新的变化趋势，再加之我国民间历来讲究“人情味”的特殊传统，致使“人情关系”引发的腐败案件频发。此外，某些领导干部将权力逐渐向时间寻租和扩张，用权力和将来的利益做交易的现象屡见不鲜，“腐败期权化”现象极为突出。① 为了适应贪污贿赂犯罪变化的新特点，利用影响力受贿罪应运而生。该罪在犯罪主体要件的规定上突破了传统受贿罪的限制，其主体包括“国家工作人员的近亲属或者其他与该国家工作人员关系密切的人”、“离职的国家工作人员或者其近亲属以及其他与其关系密切的人”。

二、利用影响力受贿罪中的“影响力”

在对利用影响力受贿罪主体进行认定时，最重要的在于准确把握该罪中的“影响力”。

（一）“影响力”的概念和分类

随着《刑法修正案（七）》的出台，“影响力”一词被首次正式写入我国刑

---

*　武汉市洪山区人民检察院副检察长。

**　武汉市洪山区人民检察院助理检察员。

①　《媒体称腐败官员“权力期权化”成反腐新课题》，载人民网，2010年10月26日。

法。影响力本是一个抽象概念，一般来讲，是指“一个人在与他人交往的过程中，影响或者改变他人心理或行为的能力”①。理论上可以对影响力进行以下分类：②（1）形式上的影响力与实质上的影响力；（2）职权性影响力与非职权性影响力；（3）直接影响力与间接影响力。

（二）利用影响力受贿罪中的“影响力”

利用影响力受贿罪中的“影响力”，其外延比前述“影响力”范围要窄得多。它界定的是行为人在与国家工作人员交往过程中，对国家工作人员行为产生影响或控制的力量。就属性而言，它属于上述分类中的实质上的影响力、非职权性影响力、直接影响力。尤其要正确理解利用影响力受贿罪中影响力的非职权性。行为人是通过亲情关系、感情关系、地缘关系、事务关系、从前的职权关系等非职权性途径，与国家工作人员交往并对其行为产生影响力。在对利用影响力受贿罪主体进行司法认定时，要牢牢把握“影响力”这一核心因素，准确界定“近亲属”、“关系密切的人”、“离职的国家工作人员”等主体的概念及范围，确保不纵不枉。

三、“近亲属”的认定

我国现行刑法及相关司法解释中对于“近亲属”没有明确的界定。综观整个法律体系，“近亲属”在不同法律部门中的表述不尽相同。《刑事诉讼法》规定近亲属是指夫、妻、父、母、子、女、同胞兄弟姊妹；《关于贯彻执行〈中华人民共和国民法通则〉若干问题的意见（试行）》第12条指出，民法通则中规定的近亲属包括配偶、父母、子女、兄弟姐妹、祖父母、外祖父母、孙子女、外孙子女；《关于执行〈中华人民共和国行政诉讼法〉若干问题的解释》第11条指出，行政诉讼法中的近亲属包括配偶、父母、子女、兄弟姐妹、祖父母、外祖父母、孙子女、外孙子女和其他具有抚养、赡养关系的亲属。对于利用影响力受贿罪中的“近亲属”如何界定，理论研究及司法实践中观点不一。笔者认为，尽管刑事诉讼法对近亲属界定的范围最窄，但将其适用于利用影响力受贿罪比较适宜。理由在于：③（1）从位阶上看，刑事诉讼法是法律，其效力高于另外两个司法解释；（2）从部门法归属上看，刑事诉讼法与刑法同属刑事法领域；（3）从范围大小上

① 李德明：《非正式组织和非权力性影响力》，载《中国行政管理》1997年第9期。

② 龙腾云、贾晓蕾：《论利用影响力受贿罪中的“影响力”》，载《人民检察》2010年第15期。

③ 高志玲：《利用影响力受贿罪主体的界定》，载《法制与社会》2011年第6期（下）。

看，本罪主体有一个重要的“兜底”概念即“其他关系密切的人”，因此，夫、妻、父、母、子、女、同胞兄弟姊妹以外的“近亲属”都可以纳入这一范围进行规制，并不会导致遗漏犯罪主体放纵犯罪。

四、离职的国家工作人员的认定

“离职的国家工作人员”，是指曾经是国家工作人员，但由于离休、退休、辞职、辞退等原因，目前已经离开了国家机关和企事业单位工作岗位的人。[①] 在对这一主体进行认定时，需要全面考量其与国家工作人员之间的关系，确定其对国家工作人员是否具有影响力：（1）离职的国家工作人员在离职前是否具有一定的职务；（2）原来的职权和地位是否足以影响“其他国家工作人员”；（3）“其他国家工作人员”在利用自己的职务行为为他人谋取不正当利益时是否基于离职国家工作人员的原职权或地位的影响；（4）离职的时间在一定的期限内。这个期限应该从离开工作岗位开始计算，期限在3年之内，法律有特别规定的除外。这样便于司法实践操作，也体现出法律面前人人平等的理念和原则。[②]

五、“关系密切的人”的认定

《刑法修正案（七）》出台后，在对利用影响力受贿罪进行解读时，围绕“关系密切的人”这一新概念引发了激烈的讨论。对于这个在刑法中首次出现的新概念，如何明确其内涵及外延成为亟待解决的问题。

（一）“关系密切的人”与“特定关系人”

在《刑法修正案（七）》公布之前，与“关系密切的人”较为接近的是“特定关系人”这一概念。中纪委《关于严格禁止利用职务上的便利谋取不正当利益的若干规定》首次提出“特定关系人”，该规定将特定关系人界定为“与国家工作人员有近亲属、情妇（夫）以及其他共同利益关系的人”，该界定随后被“两高”在《关于办理受贿刑事案件适用法律若干问题的意见》中予以沿用。“特定关系人”与“关系密切的人”虽然有相似之处，但二者不能等同。“关系密切的人”是一个包括范围更广的概念，它涵盖了全部特定关系人但不限于此，“特定关系人”只是“关系密切的人”中的一部分。分析认定具体案件中的行为

---

① 黄太云：《〈中华人民共和国刑法修正案（七）〉的理解与适用》，载《公检法办案指南》2009年第3期。

② 黄杰：《利用影响力受贿罪的司法认定》，载《人民检察》2010年第10期。

人是否属于“关系密切的人”，主要是看双方平时的关系如何。[①] 判断上要依据行为人与国家工作人员或离职的国家工作人员之间关系密切的事实，能够证实双方存在公务以外的交往活动的事实，而且这些交往活动足以能够表明双方之间超出普通社会群体之间的关系。[②] 判断的标准，便是“影响力”的有无。

（二）“关系密切的人”的认定及分类

一般而言，“关系密切的人”与国家工作人员建立的“密切关系”不外乎这几种：近亲属以外的亲属关系，情妇、情夫等情感关系，邻里、同乡等地缘关系，战友、同学等特殊经历关系，上下级、同事等工作关系，合作投资、借贷等经济利益关系。这些关系在每一个人的日常生活中普遍存在，相互交织成最常见的人际关系网络。如果不加限制地进行打击，难免失之过宽。在认定“关系密切的人”时，可以从关系形成的时间、形成的途径及关系的稳定程度进行全面考量，着重查清反映行为人与国家工作人员之间真实关系的客观事实，在把握双方亲疏程度和行为人对国家工作人员影响力大小的程度上进行判断。根据影响力产生的途径不同，“关系密切的人”大致包括以下几种：（1）近亲属。即前述夫、妻、父、母、子、女、同胞兄弟姊妹。（2）近亲属以外的其他亲属。包括具有三代以内直系血亲和旁系血亲以外的亲属，如一定范围内的姻亲关系，儿媳、女婿等的近亲属。（3）特定关系人。即与国家工作人员有情妇（夫）以及其他共同利益关系的人。共同利益关系主要是指经济利益关系，如共同投资或存在其他经济往来等。（4）与国家工作人员有一定的社会关系，能够对其产生足够的影响力的人员。这种社会关系往往是不具有经济往来的情感关系，而是基于工作学习、传道授业、地缘联系、社会交往等所形成的同事、同学、战友、师生、同乡、邻居、朋友等关系。[③]

六、国家工作人员能否成为本罪主体

如前所述，利用影响力受贿罪在犯罪主体上突破了传统刑法中职务犯罪身份犯的限制，将非国家工作人员纳入了规制范围，这是否意味着，国家工作人员就被完

---

① 王荣利：《反腐新罪名不会成为贪官的“免罪符”》，载《法制日报》2009年4月22日。

② 方海明、蒋奇：《利用影响力受贿罪的法律适用问题研究》，载《中国检察官》2011年第4期。

③ 李淑娟：《利用影响力受贿罪之行为主体解析》，载《湖北社会科学》2010年第12期。

全排除在本罪主体范围之外呢？对于这个问题的回答，学界有完全不同的认识。一种观点认为利用影响力受贿罪的主体只限于非国家工作人员，如果国家工作人员有类似犯罪行为的，则应构成《刑法》第388条的斡旋受贿罪；另一种观点则认为利用影响力受贿罪的主体并未将国家工作人员排除在外。笔者认为，从影响力的角度进行分析，这个问题便可迎刃而解。

国家工作人员在刑法中被规制为一种身份犯，但从身份犯的立法理由来看，刑法之所以规定身份犯，无非是因为只有具有身份者才能不履行特别义务、才能侵害特别法益、才能违背法的特定期待或信赖，等等，[①] 因此对于没有利用其身份实施犯罪的有身份者，不能以身份犯论处。影响力可以分为职权性影响力与非职权性影响力，国家工作人员作为利用影响力受贿罪的行为人时，因其特殊身份同时具备这两种影响力：如果行为人利用的是依据其国家工员身份对其他国家工作人员所产生的职权性影响力，则构成斡旋受贿罪；如果行为人利用的是基于亲情、感情、利益等私人密切关系对其他国家工作人员所产生的非职权性影响力，则构成利用影响力受贿罪。

① 马克昌：《比较刑法原理》，武汉大学出版社2002年版，第149—151页。

利用影响力受贿罪犯罪主体的认定

廖　咏*

2009年2月28日,《中华人民共和国刑法修正案（七）》（以下简称修正案）获得通过并施行。该修正案在《刑法》第388条后增加一条作为第388条之一。2009年9月,“两高”《关于执行〈中华人民共和国刑法〉确定罪名的补充规定（四）》将该条所涉罪名确定为利用影响力受贿罪。根据该条文规定，利用影响力受贿罪的主体可以确定为五类人员：（1）国家工作人员的近亲属；（2）国家工作人员近亲属以外的其他与国家工作人员关系密切的人；（3）离职的国家工作人员；（4）离职的国家工作人员的近亲属；（5）离职的国家工作人员近亲属以外的其他与其关系密切的人。由于现行立法对“近亲属”的规定不一致，对“关系密切的人”、“离职的国家工作人员”未作规定，导致刑法理论界对此认识不一，因此有必要对利用影响力受贿罪的主体范围重新界定。

一、“国家工作人员的近亲属”之认定

就“近亲属”之界定,《刑事诉讼法》（以下简称刑诉法）规定为夫、妻、父、母、子、女、同胞兄弟姊妹。最高人民法院（以下简称最高法）《关于贯彻执行〈中华人民共和国民法通则〉若干问题的意见（试行）》规定为配偶、父母、子女、兄弟姐妹、祖父母、外祖父母、孙子女、外孙子女。最高法《关于执行〈中华人民共和国行政诉讼法〉若干问题的解释》规定为配偶、父母、子女、兄弟姐妹、祖父母、外祖父母、孙子女、外孙子女和其他具有扶养、赡养关系的亲属。有观点认为本罪的目的在于惩治利用影响力交易行为，而刑诉法将祖父母、外祖父母、孙子女、外孙子女排除在近亲属之外，界定范围过窄，应予适当扩大，适用民法之规定①。但笔者认为，刑诉法所规定之“近亲属”的含义更

* 武汉市东西湖区人民检察院助理检察员。

① 赵秉志:《详解〈刑法修正案（七）〉反腐新罪名》，载《法制日报》2009年4月3日。

为妥当，其理由如下：

1. 从法律原则上看，刑诉法关于“近亲属”的规定符合刑法的谦抑性原则要求。“刑法并不适用于所有的违法行为，而只能慎重、谦虚地适用于必要的范围内，这就是刑法的谦抑性。”① 刑诉法关于“近亲属”的规定，既对其范围有一定的限制，又符合扩大受贿罪主体范围的立法本意，体现其谦抑性。

2. 从法律位阶上看，刑诉法作为基本法律，其法律效力仅次于宪法。司法解释不属于正式的法律范畴，其关于“近亲属”的规定，效力不及刑诉法之规定。

3. 从法律一致性上看，刑诉法关于“近亲属”的规定保持了实体法和程序法内在的一致性要求。刑法和刑诉法是一对“孪生兄弟”，有相同的立法价值和司法追求。利用影响力受贿罪是刑事犯罪，必须通过刑事诉讼程序才能在司法上得到最终确认。当刑诉法对“近亲属”的范围有规定时，刑事司法实践就理应与其规定保持一致，不宜选择民事或者行政司法解释的规定。

此外，刑诉法关于“近亲属”的规定不会造成界定过窄，放纵犯罪。修正案规定的利用影响力受贿罪的主体除了国家工作人员的近亲属外，还有“与国家工作人员关系密切的人”，因此，虽然国家工作人员的祖父母、外祖父母、孙子女、外孙子女、同母异父、同父异母的兄弟姐妹等不在“近亲属”范围之内，但在证明了该类人与国家工作人员关系密切之后，仍然符合本罪的主体要件。

二、“与国家工作人员关系密切的人”之认定

界定“关系密切的人”的范围须以明确“关系密切”的释义为前提。《汉语大词典》中对“关系”一词的解释是“事物之间相互作用、相互影响的状态；人和人之间的联系”，对“密切”的解释是“关系近”。因此，从字典释义上来看，“关系密切的人”是指能够相互作用、相互影响的关系亲近的人。作为一个刑法上的概念，其刑法意义上的解释，笔者认为至少应当满足以下两项要求：

1. 其与国家工作人员之间存在一定之基础关系。此基础关系系纽带联系而非认识关系。纽带联系可以是建立在政治上、经济上，抑或建立在感情上乃至特定利益上的关系，如亲属、情人、同学、战友、师生、恋人、同事、上下级、合伙、朋友等。有纽带联系，方有形成更为密切关系之可能。而一般之认识关系，宜排除在“关系密切的人”范围之外。

---

① 张明楷：《外国刑法纲要》（第2版），清华大学出版社2007年版，第225页。

2. 须在基础关系上更进一步形成密切关系，这种密切关系能够对国家工作人员形成一定影响。关系密切与具备一定的影响力是两个概念，前者为后者的必要条件而非充分条件。就亲属关系而言，除近亲属外，与国家工作人员的关系较为亲密的姻亲、较常联系之亲属，一般能够在一定程度上影响国家工作人员，属于“关系密切的人”之范畴，而一些不常联系和走动的远亲就很难形成亲密关系，则应排除在外。

综上所述，笔者认为具有下列情形之一的，应当认定具有“密切关系”：（1）基于血缘产生的关系，即除了近亲属以外的其他亲属，包括祖父母、外祖父母、非同胞兄弟姐妹、孙子女、外孙子女以及其他具有抚养、赡养关系的亲属；（2）基于姻亲产生的关系，即除了近亲属以外的其他亲属，包括岳父母、婿、媳以及其他具有抚养、赡养关系的亲属；（3）基于合法事务产生的关系，包括邻居、同乡、同学、同事、师生、战友、校友以及领导干部的司机、秘书、客户、合伙人、共同投资人、合同、债权债务等关系；（4）基于感情产生的关系，包括朋友、恋人、情妇（夫）；（5）基于相识并基于共同利益而生相互信任关系之人。由于本罪的主体为一般主体，对于国家工作人员能否构成本罪并未作出明确限定，因此，在符合本罪犯罪构成要件的前提下，国家工作人员当然也属于“关系密切的人”的范畴。

界定“与国家工作人员关系密切的人”的范围，须厘清与“特定关系人”概念之间的关系。“特定关系人”的概念是在2007年“两高”颁布的《关于办理受贿刑事案件适用法律若干问题的意见》中正式以法律概念的形式出现的，是指与国家工作人员有近亲属、情妇（夫）以及其他共同利益关系的人。学界对近亲属及情妇（夫）的认定争议不大，但在其他共同利益关系人的理解上存在诸多不同的意见，通说认为其他共同利益关系主要是指经济利益，如合伙人、共同投资人等，纯粹的同学、同事、战友、同乡、朋友关系应排除在外。[①] 由此可见，“关系密切的人”的范畴与“特定关系人”的范畴存有交集，前者包括了同学、老乡等“特定关系人”涵盖不了的对象，却未包含后者中的近亲属。因此，不能简单定论谁外延更大、谁包容或者被包容。

三、“离职的国家工作人员”之认定

根据《刑法》第93条的规定：国家工作人员包括国家机关中从事公务的人员；国有公司、企业、事业单位、人民团体中从事公务的人员；国家机关、国有公司、企业、事业单位委派到非国有公司、企业、事业单位、社会团体从事公务的人

① 陈正兵：《如何认定“特定关系人”受贿》，载《检察日报》2007年8月17日。

员；其他依照法律从事公务的人员。而离职的国家工作人员则是指曾经是国家工作人员，但由于离休、退休、辞职、辞退等原因，现在已经不再行使国家管理职能，从事与职权相联系的公共事务以及监督、管理国有财产的职务活动的人。① 此概念争议不大，笔者不再赘述。需要指出的是，由于修正案并未将利用影响力受贿罪的犯罪主体限定为非国家工作人员，该罪的犯罪主体是一般主体，未限定其非国家工作人员的身份。因此笔者认为，“离职的国家工作人员”应包括三类人：（1）离休、退休的国家工作人员；（2）现在仍具有国家工作人员身份，但因工作调动等原因不再具有原国家工作人员身份的人；（3）原来具有国家工作人员身份，但因被辞退等原因不具有国家工作人员身份的人。需要注意的是，已离退休的国家工作人员经单位返聘到原单位工作的，属于《刑法》第 93 条规定的“其他依照法律从事公务的人员”，应视为在职的国家工作人员，而非本罪中的“离职的国家工作人员”。

① 葛磊：《〈刑法修正案（七）〉深度解读与实务》，中国法制出版社 2009 年版，第 158 页。

利用影响力受贿罪的法律适用问题研究

李小平*

2009年，《刑法修正案（七）》新增了利用影响力受贿罪，首次将“影响力”犯罪纳入到刑事范畴中，这是我国加大反腐败力度，把预防和惩治腐败斗争推向纵深发展的现实需要，也是针对现阶段受贿犯罪形式多样化作出的积极回应。然而，在刑法学界与司法实务部门对其法律问题均产生了较大的分歧，为正确适用法律、准确惩治利用影响力受贿犯罪，现就实践中反映较为突出的几个问题进行探讨。

一、相关概念的理解

（一）近亲属的范围

我国现行法律对近亲属的规定并不一致，《刑事诉讼法》规定的近亲属是指夫、妻、父、母、子、女、同胞兄弟姊妹；最高人民法院《关于贯彻执行〈中华人民共和国民法通则〉若干问题的意见（试行）》把近亲属规定为包括配偶、父母、子女、兄弟姐妹、祖父母、外祖父母、孙子女、外孙子女；而最高人民法院《关于执行〈中华人民共和国行政诉讼法〉若干问题的解释》则把近亲属规定为包括配偶、父母、子女、兄弟姐妹、祖父母、外祖父母、孙子女、外孙子女和其他具有扶养、赡养关系的亲属。可见，刑事诉讼法规定的近亲属范围较窄，民事诉讼法规定的近亲属的范围较宽，行政诉讼法规定的范围更宽，且后二者兄弟姐妹的范围也未限定于同胞兄弟姐妹。由此，有的学者认为“利用影响力受贿罪中的近亲属的范围应当与《刑事诉讼法》的规定保持一致”。① 也有学者认为：民事法律当中的近亲属范围要大于刑事法，从修正案规定的立法意图来看，似乎有扩大该罪主体之意，以民事法律规定的近亲属范围来认定似乎更符合立法本意。② 还有学者认为“在没有新的司法解释出台之前，行政诉讼法中关于近亲属范围的规定既符合扩大受贿罪范围的立法本意，又对近亲属的范围有一定的限制，应当作为利用影响力受

* 武汉市江夏区人民检察院党组书记、检察长。

① 韩耀元、王文利：《如何理解利用影响力受贿罪》，载《中国监察》2009年第23期。

② 秦刚、裴杰：《认定利用影响力受贿罪的三个问题》，载《检察日报》2010年5月10日第3版。

贿罪中所规定的近亲属来理解和认定”。[①] 更有学者认为“从我国社会的家庭、亲缘结构以及实际交往情况出发，这里的近亲属还应当包括与国家工作人员具有三代以内直系血亲和旁系血亲的人，如祖父母、外祖父母、岳父岳母、女婿、儿媳、孙子女、外孙子女等”。[②] 笔者赞同第一种观点，即应当适用我国刑事诉讼法中对近亲属的规定来认定利用影响力受贿罪中近亲属的范围。理由是：（1）刑事责任比民事责任更为严厉，理应从严把握，这是刑罚谦抑精神的要求。（2）从法律的效力上来说，刑事诉讼法的效力要高于最高人民法院的司法解释，应当得到优先适用。（3）从适用的实质来看，也不会不利于打击腐败。因为没有被界定在刑事诉讼法近亲属概念之中的那些人，如果实施利用影响力受贿的，可以被界定在“关系密切的人”范围之中，照样可以予以打击。

（二）“关系密切的人”的界定

《刑法修正案（七）》关于利用影响力受贿主体的规定，第一次使用了“关系密切的人”这个术语，这是在2003年11月13日最高人民法院《全国法院审理经济犯罪案件工作座谈会纪要》和2007年7月8日“两高”《关于办理受贿刑事案件适用法律若干问题的意见》基础上对国家工作人员“特定关系人”界定的进一步发展，如何理解也值得探讨。有学者认为，“关系密切的人”主要存在于亲戚关系（非近亲属）、情人关系、情感关系、经济利益关系、朋友关系、同事关系、同学关系、老乡关系等。也有学者提出，如何确定“与其关系密切的人”，不能从自然意义上理解，而应考察设定该罪的法律特征，即从影响力的能力性、影响性和综合性这三个特征入手来考察。[③] 还有学者认为关系密切的人是指与国家工作人员有密切或者亲密关系，其关系达到足以影响国家工作人员职务行为的程度的人员，如情人关系、同学、同事、老乡、战友、师生师徒、朋友、校友、领导秘书与司机、邻居、恋人、前夫前妻、文友、网友、牌友、赌友等。[④] 笔者认为，对“关系密切的人”可以从形式和实质两个方面进行把握。从形式上看，必须存在某种联系，并且这种联系不是疏松的。对于具体的这种联系因何而起无须关注，只考虑其联系的密切程度。从实质上看，存在共同的政治利益、经济利益、情感利益或需要，并

---

① 王玉杰：《利用影响力受贿罪若干问题探究》，载《河南省政法管理干部学院学报》2010年第1期。

② 姚爱华、杨书文：《试论影响力交易罪》，载《人民司法》2009年9月，第75页。

③ 舒洪水、贾宇：《〈刑法修正案（七）〉第13条的理解与适用》，载《华东政法大学学报》2009年第3期。

④ 郭小兰、罗博：《2010年中国环保产业总产值将达到8800亿元》，载《中国企业报》2006年12月11日。

因此能够或者足以对对方产生一定的作用、影响或者制约。[①] 在实践中，是否属于“关系密切的人”，不同的具体案件中的情况不同，切忌仅根据办案人员的个人价值观进行主观推断，应从人与人之间联系中的主客观相结合的实际出发，注重证据收集，进行综合判断。考察“关系”是否“密切”的核心就是考察行为人是否具有影响力，对足以影响且在事实上已影响了国家工作人员不正当行使公权力者就可将其视为关系密切的人。即认定是否是关系密切的人时，一方面要求行为人确实与国家工作人员、离职的国家工作人员有密切或者亲密关系，另一方面要求行为人能够利用这种关系且能或足以影响他们通过国家工作人员的职务行为，为请托人谋利实现与请托人之间的权钱交易。在具体案件中，当有证据证明行贿人认为受贿人与国家工作人员关系密切以及受贿人与国家工作人员对相互之间的密切关系基本认可即可。

（三）不当利益的认定

根据《刑法修正案（七）》第 13 条的规定，为请托人谋取不正当利益是利用影响力受贿罪成立的必备要件。由于不正当利益在行贿罪中已有规定和司法解释，因此，对不正当利益的界定应与之前的刑事立法和司法解释保持统一。根据 1999 年 3 月 4 日最高人民法院、最高人民检察院颁布的《关于在办理受贿犯罪大要案的同时要严肃查处严重受贿犯罪分子的通知》第 2 条的规定，“谋取不正当利益”是指谋取违反法律、法规、国家政策和国务院各部门规章规定的利益，以及要求国家工作人员或者有关单位提供违反法律、法规、国家政策和国务院各部门规章规定的帮助或者方便条件。根据上述规定，刑法上的“不正当利益”应包括以下两种情况：（1）利益本身不符合国家法律、法规、政策、规章的规定，即利益本身不正当；（2）提供不符合国家法律、法规、政策、规章规定的帮助或者方便条件，也就是说国家工作人员为请托人谋取利益的手段不正当，也可能利益本身是正当的。在实践中，“不当利益”主要有以下几种表现形式：（1）违反法律、法规、规章或者政策规定的利益，即非法利益。这种非法利益又可细分为以下两种类型：①通过违法犯罪行为取得的利益。如通过走私、贩毒、抢劫、盗窃、赌博等犯罪行为取得的利益。②特定主体应当履行的义务被非法减免。如纳税人应当履行纳税义务但被非法免除。（2）要求国家工作人员或者有关单位违反法律、法规、规章、政策、行业规范的规定提供帮助或方便条件，即非法程序利益。即请托人本来可以通过合法途径获得某种利益，但国家工作人员却采用了违反法律、法规、规章、政策、行业规范规定的相关程序、步骤、条件、资格等，为请托人提供帮助或方便条件，使

① 周召、李红锦：《对〈刑法修正案（七）〉第 13 条中“关系密切的人”之探讨》，载《法制与社会》2010 年 6 月，第 68 页。

请托人简化了程序、跨越了步骤、降低了条件、超越了资格等而获取了不确定的利益，这种情况下取得的利益也属于不正当利益。（3）在招标、政府采购等商业活动中，违背公平原则，给予相关人员财物以谋取竞争优势的，属于“谋取不正当利益”。如请托人符合招标的所有条件，也有可能竞标成功，招标程序、过程、结果等也是合法的，但请托人在招标工程中向负责招投标的国家工作人员行贿，以谋取竞争优势，对这种竞标成功的也应该认定为不正当利益。

（四）“影响力”的界定

从理论上讲，影响力是指一个人在与他人交往过程中，能够影响他人的心理和行为的能力。① 影响力可分为权力性影响力和非权力性影响力。权力性影响力指权力者所具有的与职务相关的影响力。按其对其影响的对象是否具有命令、支配作用可以进一步分为职务制约性权力影响力和职务非制约性权力影响力。职务制约性权力影响力是指基于职权所形成的对公职人员、公共机关利益造成直接的立即影响，其除了服从之外别无选择的权力影响力。职务非制约性权力影响力是指基于职权所形成的对公职人员、公共机关的利益足以产生一定影响但是不足以产生直接的制约关系的权力性影响力，具有影响力的人的职权对其并不具有直接的强制力，影响力享有者仅仅通过行使其本身职权并不能有效地完成请托事项。② 非权力性影响力是指来自行为者自身的因素，其中包括品格、知识、才能、情感、资历等个人因素，③ 这种影响力并非以强制性为特征，但它又能自然而然地起到影响人们思想与行为的作用。④ 从现实生活情况看，非权力性影响力的表现形式常见的有以下几类：（1）建立在血缘及家庭之上的影响力。血缘与家庭关系表现为父子、兄弟姐妹、夫妻、姻亲等关系。这是最普遍、最直接的一种社会关系，这类影响的力度也最强。（2）建立在情感基础之上的影响力。生活中，情感的内容是很丰富的，有爱情、友情，并因此形成了恋人、情人、朋友等关系。这些是在人类社会交流中形成的重要社会关系，具有一定的影响力。（3）建立在事务基础之上的影响力。这种关系是人与人因地域环境、社会安排或拥有共同的愿望或能力而共同生活在同一个状态、环境中而形成的。⑤ 比如说邻居关系、同乡关系、同学关系、师生关系、同事关系等。（4）基于利益关系产生的影响力。比如客户、共同投资人、合同、债权债务关系等。

---

① 李德民：《非正式组织和非权力影响力》，载《中国行政管理》1997 年 9 月，第 27 页。

② 于志刚：《刑法问题与争鸣》，中国方正出版社 2006 年版，第 336 页。

③ 谢钟：《浅谈领导者的影响力》，载《江苏教育学院学报》2000 年第 4 期。

④ 袁彬：《论影响力交易罪》，载《法学论坛》2004 年 5 月，第 81 页。

⑤ 易利娜：《论影响力交易罪》，湘潭大学 2006 年硕士学位论文。

对于本罪中“影响力”的性质，有的学者认为，本罪中的“影响力”仅指非权力性影响力，而不包括权力性影响力，利用权力性影响力受贿的，构成我国刑法中的受贿罪而非本罪。笔者认为，此看法对本罪中“影响力”缺乏全面的认识，根据司法实践情况及立法的规定，本罪中的影响力既存在非权力性影响力，又有权力性影响力的情形。如国家工作人员的近亲属或者关系密切的人直接利用对该国家人员的影响力，使该国家工作人员为或不为一定行为。这种影响力主要是出于爱情、亲情、乡情、友情等感情因素，并不是出于金钱和权力隶属关系等因素，此时的“影响力”就是非权力性影响力。又如国家工作人员的近亲属或者关系密切的人，凭借自己与该国家工作人员的关系，利用了该国家工作人员因职务或地位而形成的对其他国家工作人员的影响力，使其他国家工作人员通过自己的职务行为，来为请托人谋取不正当的利益。在这种情况下，行为人实际上利用了双重的影响力，而后一种影响力不同于前面一种。后一种影响力是由于该国家工作人员的职权或地位而对其他国家工作人员形成的影响力。这种影响力不再是由于情感方面的因素，而是由于公职关系形成的，此时的“影响力”就是权力性影响力。例如，某市长的妻子，通过该市长秘书的职务行为，为请托人谋取不正当利益。此时，该市长对市长秘书是直接的领导关系，并因此而产生公职性的影响力。

实践中，是否利用对国家工作人员的“影响力”谋取利益事前难于把握判断。笔者认为，对此宜采取事后判断，即如果行为人可以利用对国家工作人员的影响力，在这之前曾利用过影响力，或在本次行为中能判明影响力的存在，行为人通过国家工作人员的职务便利，通过其他国家工作人员职务上的行为，为请托人谋取不正当利益，索取请托人财物或者收受请托人财物，则可以推定行为人对国家工作人员施加了“影响力”。

二、利用影响力受贿罪与相近罪名的区分

（一）与受贿罪共犯的区别

两罪最本质的区别在于是否存在犯意的联络，如果司法机关能够查明“关系人”与国家工作人员存在受贿的共同故意并实施了共同的犯罪行为，那么就可以认定“关系人”构成受贿罪的共犯。例如，“关系人”与国家工作人员共谋受贿且分工明确：国家工作人员利用职权为他人谋取不正当利益但不出面收钱；“关系人”出面收钱并转达了请托事项。在此类案件中，国家工作人员与“关系人”双方对于对方的行为在主观上均为明知，在客观上又分工合作并完成了受贿的行为，这完全符合共同犯罪的成立条件，二者均构成受贿罪。利用影响力受贿罪的行为人没有职权为请托人谋取不正当利益，犯罪行为的实施必须通过国家工作人员职务上的行为，或者利用该国家工作人员的职权或者地位形成的便利，通过其他国家工作

人员的职务行为为请托人谋取不正当利益。利用影响力受贿罪的行为人和国家工作人员一定是没有共犯关系的，才能构成利用影响力受贿罪。

（二）与介绍贿赂罪的界限

介绍贿赂罪是指在行为人与受贿人之间沟通关系，撮合条件，使贿赂得以实现的行为。根据通说，介绍贿赂行为主要有两种形式：（1）按照受贿人的意思，为其寻找贿赂对象，转告索贿人的要求，实现行贿人谋取私利的行为；（2）受行贿人之托，为其物色行为对象，疏通行贿渠道，引荐受贿人，转达行贿的信息，为行贿人转交贿赂物，向受贿人传达行贿人的要求等。[①] 由此可见，介绍贿赂罪表现在行为人明知行贿人具有行贿的意图或者明知国家工作人员具有受贿的意图，而故意充当“掮客”，穿针引线、牵线搭桥，客观上表现为积极的作为形式，具体表现为在行贿、受贿双方之间进行引荐、沟通、撮合的行为。介绍贿赂罪不以本人获取财物为要件，可能是出于同学、同事或亲戚的人情关系，即碍于情面为他人作中间联络，也可能是考虑通过这一行为同时为自己建立关系网，结交权贵，以备他日之需，甚至是为了在亲友面前显示自己的能力等，这些因素不影响其行为的性质。在介绍贿赂罪中，收取贿赂的是被介绍的国家工作人员，行为人起联络作用；而利用影响力受贿罪的行为人是受贿一方，其本人为了收取财物，滥用其对国家工作人员的“影响力”干涉国家公务的正常进行，为受托人谋取了不正当好处。在利用影响力受贿罪中，收取贿赂的是利用影响力的人，被影响的国家工作人员与受托人不一定有交往联系，其没有收受贿赂的意图，也不一定会获得利益。

（三）与斡旋受贿罪的区别

斡旋受贿罪是指国家工作人员利用本人职权或者地位形成的便利条件，通过其他国家工作人员职务上的行为，为请托人谋取不正当利益，索取请托人财物或者收受请托人财物。两罪的区别主要表现在：（1）两罪的主体不同。斡旋受贿罪的主体只能是国家工作人员；而本罪可以由国家工作人员构成，也可以由非国家工作人员构成，其判断依据是行为人能否对国家工作人员产生“影响力”。（2）两罪的行为方式不同。斡旋受贿罪是行为人利用“本人职权或地位形成的便利条件”所产生的影响力；本罪行为人主要利用其因与国家工作人员“关系密切”而产生的影响力。前种影响力的产生基于国家赋予的公权力，后种影响力的产生基于亲情、感情、利益等私人密切关系。

---

① 赵秉志主编：《刑法新教程》，中国人民大学出版社2001年版，第845页。

三、利用影响力受贿罪共犯的认定

在司法实践中，认定利用影响力受贿罪共犯，要注意与受贿罪共犯相区分，结合具体个案区别对待。学者们对此也多有讨论，归纳起来，主要有以下五种情形：

（一）关系密切的人与国家工作人员勾结共同受贿的处理

根据2003年最高人民法院的《全国法院审理经济犯罪案件座谈会纪要》和2007年最高人民法院、最高人民检察院《关于办理受贿刑事案件适用法律若干问题的意见》（以下简称《意见》）的规定，关系密切的人向国家工作人员代为转达请托事项，索取或者收受请托人财物并告知该国家工作人员的，或者国家工作人员明知其关系密切的人收受了请托人财物，仍按照关系密切的人的要求利用自身职权为请托人谋取利益的，该国家工作人员构成受贿罪，其关系密切的人以受贿罪的共犯论处。

（二）国家工作人员对关系密切的人受贿行为事前知情的处理

国家工作人员事先知道其关系密切的人利用自己的职权或地位形成的便利条件，索取请托人财物或者收受请托人财物，仍默许或者不反对其关系密切的人通过其他国家工作人员职务上的行为为请托人谋取不正当利益，参照《意见》的规定，该国家工作人员和关系密切的人构成利用影响力受贿罪的共犯。虽然国家工作人员对其近亲属或者其他关系密切的人的行为只是持默许或者不反对的态度，事后又不共同占有财物，但该国家工作人员构成利用影响力受贿罪的片面共犯，应以利用影响力受贿罪处理。

（三）国家工作人员对关系密切的人受贿行为事后知情的处理

国家工作人员如果事先不知道其关系密切的人利用自己的职权或地位形成的便利条件，通过其他国家工作人员职务上的行为为请托人谋取不正当利益，事后知道但并不参与分享贿赂的，国家工作人员不构成受贿罪，其关系密切的人应认定为利用影响力受贿罪；如果国家工作人员事后参与分享贿赂的，对该国家工作人员仍以受贿罪论处，对其关系密切的人以利用影响力受贿罪论处。

（四）国家工作人员对关系密切的人受贿行为不知情的处理

国家工作人员虽然按照关系密切的人的要求，利用职权为请托人谋取利益，但对关系密切的人收受请托人财物毫不知情的，对关系密切的人以利用影响力受贿罪论处，对该国家工作人员既不构成利用影响力受贿罪的共犯，也不单独构成受贿罪。

（五）离职的国家工作人员受贿行为的处理

离职的国家工作人员受贿行为构成利用影响力受贿罪还是受贿罪，要区分时间段，同时兼顾有无事先约定。行为人所利用的便利条件是原职权或者地位形成的，或者行为人索取、收受请托人财物并通过其他国家工作人员为请托人谋取不正当利益的行为均发生在离职以后，且行为人索取或者收受请托人财物不是基于任职时的约定或者是作为其任职时权钱交易行为的“对价”，而是一个新的行为，该行为人以利用影响力受贿罪论处。行为人在任职时利用职务上的便利为请托人谋取利益，或者在任职时与请托人事先约定，在其离职后收受请托人财物，对行为人以受贿罪论处。

本文对利用影响力受贿罪共犯情形的归纳还不够全面，司法实践中的犯罪形式必定更加复杂多样，对本罪是否构成共同犯罪也不宜以固定不变的标准来进行衡量。笔者建议，在具体的个案中，应着重分析构成共同犯罪的双方是否存在以“影响力”进行交易的共同受贿故意，双方在犯罪过程中是否存在犯罪联络，是否存在互相配合的行为等，以此确定双方是否成立共同犯罪。

第二部分

贿赂犯罪的疑难问题

惩治贿赂犯罪的刑事政策分析

何亮亮* 齐文远**

一、宽严相济：惩治贿赂犯罪刑事政策的基本立场

（一）刑事政策的概念及其定位

"刑事政策"这一概念自其产生之初即与政治策略存在密切联系，① 在最广泛的意义上可谓国家或社会据以组织应对犯罪的一切手段、方法或措施之总和，其外延并不仅限于刑罚及其他犯罪人处遇之制度；德国刑法学家李斯特所谓"最好的社会政策就是最好的刑事政策"，即是在社会公共政策层面上使用"刑事政策"的概念。而基于法律层面的刑事政策，系指为针对特定阶段的社会形势和犯罪态势而确立、以预防和控制犯罪为目标、自宏观上指导与制约刑事立法、司法和执行活动的中长期方针和策略，其重点并非对犯罪行为的确认而在于其功能取向层面，其制定受所处政治经济条件的制约及社会环境和犯罪态势的影响。②

由于我国正处于较为激剧的社会变革过程之中，刑事政策往往更易呈现出强烈的政治性、应时性与实用性等特质。"作为官方意志的系统表达，刑事政策往往与时下的公共需求与政治需要存在密切的关联。既有的刑法条文如果要适应社会发展或者说与时俱进，便不得不在解释中考虑刑事政策的要求及走向问题。"③ 因为我国在较长的历史时期里立法技术及内容偏于粗疏简单，社会变迁剧烈亦会导致立法经常滞后于时代之发展，刑事实体法规范往往难以有效或及时承载抗制新型犯罪和消弭社会风险之重任，而在事实上具有非正式法律渊源效力的刑事政策不仅会对刑

---

* 中南财经政法大学刑事司法学院博士研究生，南京信息工程大学讲师。

** 中南财经政法大学刑事司法学院教授，博士生导师。

① "刑事政策"一词起源于德国，在德文中是由"刑事"（Kriminal）和"政治"（Politik）组成，称为"Kriminal Politik"，其本义是指如何用政治策略来处理犯罪问题。参见［法］米海伊尔·戴尔马斯·马蒂：《刑事政策的重要体系》，卢建平译，法律出版社2000年版。

② 陈晓明：《施行宽严相济刑事政策之隐忧》，载《法学研究》2007年第5期。

③ 劳东燕：《罪刑规范的刑事政策分析》，载《中国法学》2011年第1期。

事立法产生积极的导向作用，而且可以相对更为直接有效地作用于刑事司法与执行过程，达致遏制犯罪之效果。

（二）宽严相济刑事政策在贿赂犯罪领域的导向作用

所谓宽严相济刑事政策，系指针对刑事犯罪的具体情况采取区别对待的策略，该宽则宽，当严则严，宽严相济，罚当其罪。宽严相济刑事政策与20世纪80年代以后世界各国刑事政策朝宽松或严厉方向发展之趋势基本契合；依日本学者森下忠与加藤久雄之见解，宽松的刑事政策以刑事立法上的“除罪化”、司法上的“除刑罚化”及执行上的“除机构化”为表征；严厉的刑事政策则以刑事立法上的“入罪化”、司法上的“从重量刑”及执行上的“隔离与长期监禁”为特点。[①] 相较而言，前者以有效抗制犯罪、保护民众利益与维持法秩序为主要目的，后者则以限制刑罚权发动、减轻执法者负担与节约刑事资源为主要目的。

在宽严相济刑事政策的基本定位上，目前学界多认为系全面指导刑事立法、司法与执行的基本刑事政策，既是惩办与宽大相结合刑事政策的继承和发展，[②] 亦被视为对片面追求重刑化的“严打”刑事政策反思与调整。[③] 作为贯穿于刑事立法、司法和执行全过程的基本刑事政策，宽严相济的刑事政策亦应在贿赂犯罪领域得到贯彻。2007年7月8日最高人民法院、最高人民检察院联合发布的《关于办理受贿刑事案件适用法律若干问题的意见》第12条就正确贯彻宽严相济刑事政策的问题予以了明确，“依照本意见办理受贿刑事案件，要根据刑法关于受贿罪的有关规定和受贿罪权钱交易的本质特征，准确区分罪与非罪、此罪与彼罪的界限，惩处少数，教育多数。在从严惩处受贿犯罪的同时，对于具有自首、立功等情节的，依法从轻、减轻或者免除处罚”。对于司法机关而言，宽严相济刑事政策的核心精神在于根据犯罪的具体情况实行区别对待，一方面要宽严并用且互济，既要防止基于重刑主义思想的片面从严，也要避免基于轻刑化思想的一味从宽；另一方面则是宽严有据且有度，从宽或从严均应依照法律规定进行，不可任意突破罪刑法定原则。尽管近年来学术界和实务界更多的是从包括起诉、审判、执行等司法适用层面对宽严相济刑事政策的内容展开解读，但其对于刑事立法的指导与约束功能亦应得到重视。就贿赂犯罪而言，刑事法网的编制、罪名体系的确立、犯罪边界的调整、规制重点的选择、刑罚强度的设定等方面，在理论上或实践中均会不同程度地受到刑事政策的影响与制约。

---

① 郑善印：《两极化的刑事政策》，载《罪与刑》，五南图书出版公司1998年版。

② 马克昌：《论宽严相济刑事政策的定位》，载《中国法学》2007年第4期。

③ 吴宗宪：《解读宽严相济的刑事政策》，载《中国人民公安大学学报》（社会科学版）2007年第1期。

二、当严则严：严厉惩治贿赂犯罪的客观情势

刑事政策追求国家和社会在宏观及整体层面上对犯罪作出有效且合理的反应，故决策者在组织与选择相应的刑事政策时，必须全面考量相关的约束条件与影响因素。在贿赂犯罪领域，需要考虑的至少应当包括但不限于：贿赂犯罪的发展态势与社会危害、针对贿赂犯罪的公众反应与国民情感、贿赂犯罪与经济政治体制的交互影响、与贿赂犯罪相关的文化与亚文化、抗制贿赂犯罪的刑事法资源及容量，等等。依法从严惩治贿赂犯罪、保持惩治腐败的高压态势，是现阶段应对贿赂犯罪刑事政策的一个重要面向。

（一）贿赂犯罪发展的严重态势

尽管致力于建设民主法治社会的我国政府一贯重视反腐败工作并坚持打击贪贿和渎职犯罪的立场，但处于转型期的我国社会腐败现象仍较为严重，贿赂犯罪形势仍较为严峻，近年来更是呈现出犯罪数量增加、涉案金额重大、涉及领域广泛、犯罪手段复杂的趋势。2008 年至 2010 年全国法院共审结国家工作人员职务犯罪案件 79560 件，生效判决人数 80883 人，其中，贪污贿赂案件 67494 件，生效判决人数 69038 人。2011 年全国法院审结贪污贿赂、渎职犯罪案件 2.7 万件，其中一审审结贪污贿赂案件 22868 件；全国检察机关共立案侦查各类职务犯罪案件 32567 件、44506 人，人数同比增加 1%，其中贪污贿赂大案 18464 件，涉嫌犯罪的县处级以上国家工作人员 2524 人（含厅局级 198 人、省部级 7 人）。① 由于贿赂犯罪具有较强的隐蔽性，大量的犯罪事实难以被及时揭露与证实，犯罪黑数极高，亦因此现实生活中普通民众对于贿赂犯罪的严重性可能会存在更为强烈的认知与感受。

（二）抗制贿赂犯罪的强烈需求

与其他腐败现象一样，贿赂犯罪“对社会稳定与安全造成问题和构成严重威胁，破坏民主体制和价值观、道德观和正义并危害着可持续发展和法治”②，招致民众普遍的不满。在中国的具体语境中，贿赂犯罪不仅会损害职务行为的廉洁性以及国民对于职务行为公正性的信赖，而权力寻租的泛滥更是会影响市场经济体制的

---

① 以上数据分别来源于：2011 年 7 月 19 日《关于人民法院惩治国家工作人员职务犯罪有关情况的新闻发布稿》，http：//www.court.gov.cn/xwzx/xwfbh/twzb/201107/t20110718_140658.htm；2012 年 3 月 12 日《最高人民法院工作报告》，http：//www.court.gov.cn/qwfb/gzbg/201204/t20120413_175925.htm；《2011 年全国法院审理刑事一审案件情况统计表》，http：//www.court.gov.cn/qwfb/sfsj/；2012 年 3 月 11 日《最高人民检察院工作报告》，http：//www.spp.gov.cn/site2006/2012-03-20/0001838388.html。访问时间均为 2012 年 8 月 5 日。

② 2003 年《联合国大会 58/422 号决议·联合国反腐败公约》。

健康发展，破坏党和国家的威信甚至动摇政权的合法性基础；事实上，在政治话语的表达中，执政者已经将打击包括贿赂犯罪在内的腐败现象上升到“关系人心向背和党的生死存亡”的高度。

从近年来最高司法机关发布的一系列司法解释性文件的内容来看，整体上均体现出对包括贿赂犯罪在内的职务犯罪从严惩处的立场。2006 年 12 月 28 日，最高人民检察院《关于在检察工作中贯彻宽严相济刑事司法政策的若干意见》第 6 条规定，“依法严肃查处贪污贿赂、渎职侵权等国家工作人员职务犯罪，加大对职务犯罪的查处力度，提高侦破率，降低漏网率，有效遏制震慑职务犯罪”。2010 年 2 月 8 日，最高人民法院《关于贯彻宽严相济刑事政策的若干意见》第 8 条规定，“对于国家工作人员贪污贿赂、滥用职权、失职渎职的严重犯罪，黑恶势力犯罪、重大安全责任事故、制售伪劣食品药品所涉及的国家工作人员职务犯罪，发生在社会保障、征地拆迁、灾后重建、企业改制、医疗、教育、就业等领域严重损害群众利益、社会影响恶劣、群众反映强烈的国家工作人员职务犯罪，发生在经济社会建设重点领域、重点行业的严重商业贿赂犯罪等，要依法从严惩处”。

三、该宽则宽：适度轻缓化策略的现实依据

刑事政策亦需要结合贿赂犯罪产生的社会文化土壤、制度安排缺陷对贿赂犯罪的影响、抗制犯罪的司法资源容量、贿赂犯罪本身的特质及采取刑事打击的实际效果等其他因素，从轻缓的维度审慎考虑在刑事立法、司法和执行过程中是否存在对某些贿赂犯罪采取策略性的从宽对处措施之余地。

（一）传统文化的宽容：“礼尚往来”观念的合理化

刑事政策的背后有着深厚的文化底蕴与精神状态，[①] 就刑事政策的选择而言，“离开了所处的文化背景，便无法把握犯罪发生、发展与变化的规律性，对犯罪的界定与处罚也就失去了实际意义”。[②] 在社会学意义上，中国社会既非个体本位亦

---

① 李卫红：《对“严打”的反应》，载赵秉志、张军主编：《中国刑法学年会文集（2003 年度）第二卷：刑法实务问题研究（下册）》，中国人民公安大学出版社 2004 年版。

② 齐文远：《对商业贿赂及其控制对策的文化分析》，载赵秉志主编：《和谐社会的刑事法治（下卷：商业贿赂犯罪研究）》（中国刑法学年会文集·2006 年度），中国人民公安大学出版社 2006 年版。

非团体本位，而是关系本位，其重点并非集中于特殊的人而是交换中个人之间的关系；[①] 而在中国的传统文化中，“礼物可以被视为一种符号，或一种依靠关系这一社会基础传达人情的工具”，[②] “礼物不是物质的礼品，它承载着文化的规则（礼节）并牵涉到仪式”[③]。“太上贵德，其次务施报。礼尚往来，往而不来，非礼也；来而不往，亦非礼也”，[④] 礼物流动作为“个人身份的文化结构”的反映，在中国人的关系网络建构方面发挥着重要作用。

正是因为礼物往来在我国传统文化中的重要性，贿赂行为者双方习惯将贿赂行为礼物化以获取道德感上的自足。现代社会的贿赂行为相对于传统的礼物馈赠而言，前者可谓“礼的物化”即以物化的形态来表达礼的观念，其着眼点在于“礼”；而后者则是“物的礼化”即以礼的外表来包装物，其着眼点在于“物”。“礼物与贿赂之间的判然二分只存在于法律规范（legal norms）中，而不存在于社会实践（social practice）中”[⑤]；由于“送礼”这一行为在长期的社会发展与文化积淀中已经成为一种获得道德合法性的行为规范，将违犯法律规定的贿赂行为包装成为一种符合传统习俗的礼物赠与行为，可以使行动者产生一种自我道德化的错觉，亦得以将腐败活动嵌入我国的传统社会情境之中。正是因此，尽管现实中作为个体的民众对于具体的贿赂犯罪事实往往表现出“零容忍”的立场，但是作为群体的民众在文化心理上对于“送礼”行为却又存在较高的容忍度，以至于出现“尽管法律致力于消除实践中的腐败，文化却在不同程度上容忍腐败”[⑥] 这一极具矛盾性的现象。一项关于欧洲国家价值体系和国民价值观念的研究结果表明，在调查涉及的9国之中，对贪污贿赂行为社会宽容度较高的国家，其公职人员腐败现象亦较为严重；[⑦] 故宽容度指数最高的法国贪腐成风绝非偶然，1989年12月法国国民议会以多数票通过了对涉及政治资金的贿赂舞弊行为予以集体赦免的法案，民众

① 杨念群：《礼物交换的本土精神》，载《读书》1997年第2期，第81—87页。与之相类似的论述还有费孝通关于中国社会结构的分析，他认为西方社会结构为团体格局，个人通过团体成员资格及相应的权利义务而相互联系，而中国社会则被描述为一种差序格局模式，个人通过不同的角色关系而相互联系；故中国社会不是基于个别的组织而是基于重叠的私人网络亦即关系之上。参见费孝通：《乡土中国·生育制度》，北京大学出版社1998年版。

② 阎云翔：《礼物的流动——一个中国村庄中的互惠原则与社会网络》，上海人民出版社2000年版。

③ 阎云翔：《礼物的流动——一个中国村庄中的互惠原则与社会网络》，上海人民出版社2000年版。

④ 《礼记·曲礼上》。

⑤ 李辉：《贿赂中的自我道德化与嵌入性腐败》，载《社会》2009年第6期。

⑥ 韦尼·萨德霍尔茨克、Win·科特泽尔：《解释腐败：经济结构、民主制度和贸易》，载胡鞍钢主编：《中国：挑战腐败》，浙江人民出版社2001年版。

⑦ 宋振国、刘长敏等：《各国廉政建设比较研究》，知识产权出版社2006年版。

甚至亦能宽容接受。[①] 传统文化中对通过礼尚往来维系人情关系行为的宽容，必然导致一种在相当程度上对贿赂行为表示理解与同情的社会观念、接受甚至纵容的社会环境，助长贿赂行为的盛行。

（二）权力支配的合意：拓展权利手段的扭曲化

在传统社会中，礼物流动多表现为一种双向、互惠的表达性礼物馈赠，以履行个人的伦理义务和道德责任、维系社会生活的长期秩序为主要目的，而这种传统价值随着社会结构和经济体制的变迁而发生了重要的变化，以理性计算为前提的工具性礼物馈赠逐渐成为主流，仅是追求个人利益、获取社会资源、达致功利目的的必要手段，一般意味着短期关系。在计划经济时代，由于物质匮乏以及国家权威对社会资源和机会的垄断，导致公民为满足物质需要和社会流动而形成对官员的权力依附关系，礼物赠与行为往往会背离互惠原则，沿着社会地位阶梯向上非对称地单向流动；权力渗透进关系和实践之中，送礼成为“交换恩惠与保护”的手段，而这种非均衡的交换行为又进一步强化了社会等级关系的分化。[②]

这种工具性的关系网络在苏联、东欧社会主义国家的历史中也曾扮演类似的重要角色，有大量文献证实俄罗斯的腐败现象在苏联时期就已成为“灰色现实”，在俄罗斯时代则继续蔓延恶化。据一项2001年开展的问卷调查显示，超过半数的俄罗斯经济活动活跃的居民曾实施贿赂行为，75%以上的居民承认自己利用了以此获得的机会，10%的受访者经常有目的地与公职人员建立联系，通过贿赂为自己或熟人谋取私利。[③] 另一项2008年的调查数据显示，29%的俄罗斯人曾被迫行贿，从未行贿过的人中亦有44%的人准备向公职人员行贿。2009年5月20日司法部长科诺瓦洛夫在国家杜马汇报工作时坦言，25%的俄罗斯人愿意让腐败继续存在下去，而相较于现实这一数字显得过于保守，原因是“腐败比法律途径更能解决各种日常生活和生意上的问题，而且速度更快、成本更低”。[④] 当长期在权力结构支配下受贿者与行贿者之间无论积极授意或消极顺从、被动收受或主动给予，均已达致一种习惯性的合意甚至默契，贿赂行为甚至会在某种程度上成为民众认同的、借以拓展自我权利空间的独特社会规范。

---

① 王玥超：《腐败背后的文化因素——以法国为例》，载《法国研究》2012年第1期。

② 潘泽泉：《实践中流动的关系：一种分析视角——以〈礼物的流动：一个中国村庄中的互惠原则与社会网络〉为例》，载《社会学研究》2005年第3期。

③ ［俄］A. B. 科诺瓦洛娃：《俄罗斯公民日常生活中的贿赂与非正式支付》，张广翔、钟建平译，载《吉林大学社会科学学报》2011年第6期。

④ 陆南泉：《俄罗斯缘何难以遏制腐败》，载《同舟共进》2011年第1期。

（三）经济转型的激励：加强市场管制的负面性

如果说国家权力在制度安排上的缺陷能够说明贿赂行为产生的主要原因，而经济转型过程中的过度管制则可以解释为什么贿赂现象在市场化以后会高速蔓延。在经济市场化改革进程中，由于国家权力为了控制市场失灵而不断强化对市场的约束，大量的管制与垄断为权力寻租提供了丰厚的土壤；对于处于转型期中的国家而言，包括贿赂犯罪在内的腐败现象似乎更多地表现为一种经济发展与国家权力的平衡问题，继续加强市场干预必然为腐败创造更广泛的机会，而弱化经济管制则可能面临经济下滑的风险，对于决策者而言实难摆脱如此两难之境地。“在国家干预使经济过程复杂化的条件下，腐败是处于发展进程中的社会固有的丑恶现象，是一种社会交换形式”；[①] 有研究表明，亚洲许多国家和地区包括日本、韩国、香港、新加坡等，在经济高速发展阶段几乎均经历过一段时期的高度腐败情况，亦即美国社会学家魏德曼（Andrew Wedeman）所称的“东亚悖论”[②]。

近年来，我国贿赂犯罪的一个重要特点是多发于权力较为集中的部门和岗位、资金较为密集的领域和行业；权力相对集中且缺乏有效监督，资本高度密集且便于谋取利益，与此相关的贿赂犯罪现象尤为突出。如原杭州市副市长许迈永与原苏州市副市长姜人杰收受贿赂的行为均发生在经济较为发达的地区且与城市建设及土地审批等领域相关，索取或收受贿赂分别折合人民币 1.45 亿和 1.08 亿余元，涉案数额之大，令人触目惊心。将贿赂盛行归咎于经济转型中的过度市场化是有失偏颇的；相反，真正足以解释这一现象的原因是市场化程度不足：计划经济体制下所形成的惯性导致政府公共部门对经济管制的程度过高，大量的经济资源与获利机会被垄断与控制，自然会激励贿赂行为的发生。经济活动领域内的权钱交易已成为潜规则与亚文化，而商业精英选择潜规则、认同亚文化，很可能是一种被现实挤压出来的智慧，证明非市场性因素仍然是左右市场活动参与者尤其是民营企业发展的重要因素。[③] 因此，如果不能减少国家干预、放松经济管制，发挥市场机制本身的功能并创造更具平等性和开放性的市场环境，必然难以有效降低权力寻租的机会和消除贿赂滋生的土壤。

---

① ［俄］A. B. 科诺瓦洛娃：《俄罗斯公民日常生活中的贿赂与非正式支付》，张广翔、钟建平译，载《吉林大学社会科学学报》2011 年第 6 期。

② 李辉：《中国的腐败问题》，载《广州大学学报》（社会科学版）2011 年第 8 期。

③ 齐文远：《对商业贿赂及其控制对策的文化分析》，载赵秉志主编：《和谐社会的刑事法治（下卷：商业贿赂犯罪研究）》（中国刑法学年会文集·2006 年度），中国人民公安大学出版社 2006 年版。

（四）追诉效率的导向：节约司法资源的策略性

一般认为，刑事政策的价值取向既包括维护秩序与保障自由，亦包括实现公正与追求效率；在制定与实施刑事政策时，既应关注其在政策目标上的合理性，亦应重视其在司法实践中的有效性。贿赂犯罪的实施过程本身就极具隐秘性，往往是由受贿人与行贿人采取一对一的当面交易形式完成，近年来作案手段的复杂化、隐蔽化和智能化现象更为突出，犯罪嫌疑人反侦查的意识与能力日益加强，其身份职务、社会地位、人情网络等便利条件又足以为调查制造充分的障碍，证据现实存在和得以暴露的可能性较低，而在刑事诉讼法对犯罪嫌疑人的权利保障越来越完善的情势下，过于依赖突破犯罪嫌疑人获得口供等传统侦查方法和常规侦查手段的局限性越发明显，因此司法实践中查办和惩处贿赂犯罪的难度与日俱增。司法实务人员多建议应当鼓励作为犯罪相关信息和证据重要来源的贿赂犯罪参与者与刑事追诉机关合作，提供案件线索、配合收集证据、查明案件事实，为侦查、起诉提供实质性的配合，以提高揭露和证实犯罪的成功率，同时亦可能震慑或动摇其他尚未被追诉或证实犯罪的犯罪嫌疑人，发挥削弱犯罪者意志、分化犯罪共同体的作用。“相对于单纯依赖追诉机关自身能力揭露和证实犯罪并追回犯罪所得的措施来说，鼓励涉嫌犯罪者与追诉机关合作无疑是一项有助于保证和提升刑事司法效率的重要对策。”①

《联合国反腐败公约》第 37 条规定，各缔约国均应当采取适当措施，鼓励参与或者曾经参与实施根据本公约确立的犯罪的人提供有助于主管机关侦查和取证的信息，并为主管机关提供可能有助于剥夺罪犯的犯罪所得并追回这种所得的实际具体帮助；对于在根据本公约确立的任何犯罪的侦查或者起诉中提供实质性配合的被告人，各缔约国均应当考虑就适当情况下减轻处罚或允许不予起诉的可能性作出规定；公约所规定的对证人、鉴定人和被害人的保护规定，亦应当变通适用于上述人员。第 30 条第 10 项规定，缔约国应当努力促进被判定实施了根据公约确立的犯罪的人重新融入社会。② 由此可见，基于贿赂犯罪本身的特质以及打击贿赂犯罪的实效性等方面的考量，在严厉打击贿赂犯罪以实现公正价值的同时，适度策略性的轻缓化有助于兼顾司法效率、节省司法资源，这亦是世界各国在反腐败刑事法治过程中形成的重要经验和共识。

需要说明的是，基于传统文化、权力结构、经济体制、司法效率等角度分析其对贿赂犯罪及相关刑事政策的影响，目的并非说明贿赂现象完全源于客观诱因而非

---

① 李建明：《鼓励涉嫌犯罪者合作与提升刑事追诉效率》，载《南京社会科学》2007 年第 7 期。

② 2003 年《联合国大会 58/ 422 号决议·联合国反腐败公约》。

主观选择，或证成贿赂行为的合理性且从道义上开脱其罪责；事实上，客观诱因仅为贿赂的产生提供了可能性，而促其转化为现实的则是行为者本身的价值抉择。[①]上述分析试图从更广泛的视野探讨贿赂行为存在的多重原因，力求所确立的刑事政策契合现实和具体的语境，实现法律效果与社会效果的统一，避免落入“头痛医头、脚痛医脚”的片面化陷阱。犯罪行为与犯罪者本身是一定社会环境中的产物，如果“人们普遍的违法在相当程度上是环境和条件使然，而严格规制的刑事政策将社会原因归因于个人，实际上缺乏合理性而且难以使受罚者信服于法律”。[②] 反腐败斗争是一个长期而艰巨的过程，而惩治贿赂犯罪的刑事政策亦应坚持宽严相济、进退有度；刻意迎合民众诉求建立貌似完整严苛的刑事规范体系（在实践中难以有效实现），盲目超越社会现实追求全面疾厉的刑事司法效果（在现实中难以维持常态），恐怕只能获得一时的喝彩，难以实现长久的和谐，导致抗制贿赂犯罪的实际底线不断后退，损害刑法权威并摧毁民众信心。

四、宽严相济刑事政策在惩治贿赂犯罪过程中的实现

对当前贿赂犯罪刑事政策的实施现状进行检讨，学术界多认为其整体表现可谓宽严失衡且失据；具体而言，其中的不足之处主要体现为：立法层面上表现为刑事法网粗疏、刑罚配置失衡，司法层面上表现为追诉标准宽松、量刑过于轻缓，刑事执行层面则表现为刑罚执行失当、滥用减刑假释。宽严相济刑事政策在惩治贿赂犯罪过程中的落实，需要特别重视宽严的平衡、适度及有据。

（一）刑事立法层面之检讨及完善

1. 入罪标准：犯罪边界的调整。宽严相济刑事政策在贿赂行为犯罪化范围之确定上，主要指涉以现行立法为参照基准应当进一步扩张抑或限缩犯罪圈，即如何把握犯罪圈的收放问题。以受贿罪为例，在入罪标准上究竟应当采取单纯“定性”方式，还是“定性 + 定量”的模式，一直较具争议；而如若坚持后一模式，起刑点究竟应当严守当前标准，还是应当在社会经济发展和货币价值贬损的背景下予以适当上移，亦存有不同观点。

根据《刑法》第 386 条和第 383 条的规定，仅在符合数额及情节之要求时才能构成受贿罪并受刑罚处罚，其中数额标准为 5000 元，如若“情节较重”，即使个人受贿金额不满 5000 元亦应入罪。很多学者认为，尽管犯罪数额是据以判断作为犯罪行为本质特征的社会危害性之大小的重要指征，但将其设定为受贿罪的入罪标准是不适宜的。受贿罪并非纯粹的经济犯罪，主体身份意味着其受贿行为会严重

① 侯小丰：《我国反腐败的文化困境》，载《浙江学刊》2011 年第 6 期。

② 龙宗智：《论我国转型期规制经济犯罪的刑事政策》，载《法学》2005 年第 1 期。

损害职务行为的廉洁性以及国民对于国家机关公信力的预期，简单地唯数额论显然无法全面体现贿赂犯罪的社会危害性，甚至会遮蔽其危害实质；经济发展水平在时间和空间上的不均衡，导致同等数额的受贿所得在不同时期或地区的实际价值及其所反映出来的社会危害性程度亦应有所差异，适用统一标准可能会损害法律公平；而设定5000元的犯罪数额标准，亦会使人产生一定数额以内的受贿为法律所准许的错觉，在实际效果上可能会纵容贿赂行为的广泛蔓延。基于这些原因，一种较为普遍的观点是应当取消受贿罪的数额标准，体现对贿赂犯罪的“零容忍”态度。

尽管上述理由自有可取之处，取消数额标准的确可以最大限度地扩张针对贿赂犯罪的刑事法网，增强对贿赂犯罪的威慑力，但考虑到我国的文化传统和社会现实尚未形成“零容忍”的公众心理，而司法资源亦未必能够满足过度扩张受贿罪边界之需求与全面践行“零容忍”立法之期待，在实践中能否真正有效地预防和打击贿赂犯罪，仍存疑问。另外，我国刑法并未如有些西方国家将违警罪纳入规制范围且构建起相应的轻罪体系，社会危害性尚未达到应受刑罚处罚程度的行为一般均落入行政处罚的范围，故在立法技术上需要对犯罪概念予以量化并采用定性加定量的基本模式，“在我国目前的犯罪体系框架下，刑法处罚的犯罪实际上只是一些严重或较为严重的犯罪行为”。① 因此，针对数额较小的轻微受贿行为，完全可以通过纪律处分或行政处罚等形式来追究行为人的责任；在贿赂犯罪领域取消数额标准以突破我国刑法现行的犯罪立法模式，似乎只是出于对刑罚功能的过度迷信，并未全面考虑理论上的准备和实践中的应对能力是否充分，故有脱离实际之嫌。

在坚持数额标准的前提下，现行刑法规定的起刑点是否过低，受贿入罪数额是否应当适当提高，亦存在不同意见。有观点认为，鉴于现有犯罪数额标准系在1997年所确定，而当下社会情势已发生较大变化尤其是经济发展水平迅速提高、货币实际价值相对降低，接受5000元贿赂的行为对法益的侵害程度较十几年前已大为减轻，故应当提高数额标准以相适应。但是，考虑到我国的反腐败斗争形势依然严峻的现实，提高入罪数额标准可能会向公众及潜在受贿者释放出错误的信号，并进一步引发民众的质疑：我们到底是要进一步加大惩治腐败犯罪的力度还是相反；② 因此，调整数额标准并非是一个单纯的技术问题，在保持惩治腐败高压态势的具体语境中，提高数额标准并不符合当前打击贿赂犯罪刑事政策的要求。此外，现有司法判例中犯罪数额为几万元而被依法追究刑事责任的情形并不常见，即使将定罪数额提至万元以上，其作用亦极为有限，在实际效果上只是浪费立法资源。③

① 李晓明：《从中美IP/WTO第一诉谈我国的轻罪体系建构》，载《中国法学》2007年第6期。

② 游伟：《调整贪污贿赂罪标准怎可轻言》，载《检察风云》2009年第23期。

③ 于志刚：《贪污贿赂犯罪定罪数额的现实化思考》，载《人民检察》2011年第12期。

2. 构成要件：规制范围的设定。我国刑法在贿赂犯罪的构成要件上设置了较多的限制性条件，在客观上限缩了相关犯罪的规制范围，且加大了司法认定的弹性空间。仍以受贿罪为标本，在客观构成要件方面对于行为模式和贿赂形式的规定，受到较多的批评与质疑。

（1）行为模式：收受财物、违背职责。《刑法》第385条规定，国家工作人员“非法收受他人财物，为他人谋取利益的，是受贿罪”，亦即非法收受他人财物必须同时具备“为他人谋取利益”的条件，才能构成受贿罪。易言之，应谴责的并非收受财物行为本身，而是在收受财物与履行职务行为之间所存在的对价关系。学术界有意见主张应取消“为他人谋取利益”要件，主要理由在于，收受贿赂行为本身已经侵害了职务行为的不可收买性，以“为他人谋取利益”为构成要件模糊了受贿罪的本质，预留了规避法律的空间，且对承诺为他人谋利益存在一定的刑事诉讼证明难度；故应在刑事立法上借鉴国外立法例，以索取、约定或收受为基本犯行为，以违背职务为他人谋取利益为加重犯行为。① 英国《2010年反贿赂法》即采用了经修正的不当行为模式，认为贿赂罪的本质在于履行职务行为不当，故以行为违反职责性为一般原则，然而公职人员收受财物本身亦构成贿赂罪，因为即使形式上并未背离职务要求，但违背了一般公众对其“以善意公平或其他适当方式履行职务的合理期待”，亦构成不当行为；即违反职责性不仅包括违背职责本身，并且包括以善意公平等方式履行职责的合理信赖，故贿赂罪的构成不以权力与利益之间的对价关系为必要。这种思路在未来的刑事立法中似可借鉴，在客观构成要件上无须公职人员主观上或客观上为对方谋取利益，如此可以有效避免司法实践中受贿行为与违反纪律收受礼金等行为难以区分的困扰，降低司法证明难度。

（2）贿赂形式：财物、财产性利益、利益。关于贿赂的形式，理论上一直存有财物论、财产性利益论和利益论三种见解。《刑法》第385条将贿赂定位为“财物”，这一规定符合立法其时的客观情势，但随着经济社会的发展和贿赂犯罪打击力度的加强，贿赂犯罪的手段和方式日趋复杂化、隐蔽化和智能化，贿赂形式亦发生了新的变化。由于这些新型贿赂的外在表现形式不断发生变异，难以通过列举的方式予以穷尽，其性质、内容及是否应当纳入刑法规制范围亦值得审慎研究，通过频繁修改刑法加以扩展并不适宜，故在实践中主要以司法解释的形式对不断新呈的变相贿赂行为之司法认定问题予以厘清。2003年11月13日最高人民法院《全国法院审理经济犯罪案件工作座谈会纪要》就以借款名义实施贿赂行为、涉及股票受贿案件的法律适用问题进行明确；2007年7月8日最高人民法院、最高人民检察院《关于办理受贿刑事案件适用法律若干问题的意见》又对以交易和赌博形式收受贿赂、收受干股、合作投资、委托理财、特定关系人挂名领取薪酬等情形的认

---

① 金果：《我国受贿罪罪名体系的框架和完善》，载《政治与法律》2010年第5期。

定作出了规定。从上述司法解释的内容来看，对贿赂形式实际上已经采用了“财产性利益”的立场，通过扩张解释的方法将财产性利益纳入贿赂的范围之内。尽管司法解释对立法缺陷起到了一定的修补作用，但面对实践中层出不穷的新型贿赂形式，仍时常会陷入捉襟见肘的尴尬境地。《联合国反腐败公约》（以下简称《公约》）将贿赂界定为“不正当好处”，以作为公职人员“在执行公务时作为或者不作为的条件”；“不正当好处”是一个外延相当宽泛的概念，不仅包括财物，亦涵括一切有形或无形、财产性或非财产性的利益。《公约》的规定亦代表世界各国（或地区）严密贿赂犯罪刑事法网的立法趋向，如德国刑法典第331—335条将贿赂表述为“利益”；日本法院在司法判例中将“人们的需要、欲望的一切利益（大判明治43.12.19刑录16辑2239页）”、“艺妓的表演艺术（大判明治43.12.19刑录16辑2239页）”、“男女间的交情（大判大正4.7.9刑集21辑990页，最判昭和36.1.13刑集35卷113页）”① 视为贿赂，故贿赂既包括财物和财产性利益，亦包括性服务等非财产性利益；② 香港《防止贿赂条例》规定贿赂的对象是利益，并以列举方式对贿赂的内容和范围予以明确，职位、雇佣或契约以及“任何其他服务或优惠”均属贿赂；③ 台湾地区“刑法”第121条、第122条亦将贿赂形式扩展至“其他不正利益”。将贿赂界定为利益，可以在最宽泛的意义上涵盖一切足以损害职务行为廉洁性与公信力、在侵害法益后果上并无差异的贿赂形式。因此，从完善惩治贿赂犯罪的立法角度，应当将贿赂的范围由财物扩大到一切利益。④

3. 刑罚配置：打击强度的选择。

（1）刑种的设置，主要包括：

①保留死刑。关于贿赂犯罪死刑的设定是存有争议的问题，有学者主张为适应社会进步及融入国际环境，应当废除贿赂等腐败犯罪的死刑。⑤ 事实上，完善死刑法律规定，限制和减少乃至合理地逐步废止死刑，这正是我国近年来死刑制度改革的基本方向，2011年2月25日通过的《刑法修正案（八）》的一个重点内容即适当减少死刑罪名，取消近年来较少适用或基本未适用过的13个经济性非暴力犯罪的死刑。然而，这次大规模减少死刑罪名并未涉及贿赂犯罪。一方面，贿赂犯罪相较于普通经济犯罪而言更具特殊性，会损害职务行为的廉洁性与公正性及公众对国家工作人员的信赖，甚至会动摇执政根基；另一方面，保留贿赂犯罪的死刑亦是基

① ［日］木村龟二主编：《刑法学词典》，上海翻译出版公司1992年版，第93—96页。

② ［日］大塚仁：《刑法概说》（各论），冯军译，中国人民大学出版社2003年版，第596页。

③ 郭理蓉、卢建平：《权、利的双向寻租及其法律规制——兼议贿赂犯罪的整合与刑法完善》，载《华中科技大学学报·社会科学版》2008年第3期。

④ 齐文远主编：《刑法学》，北京大学出版社2007年版，第673页。

⑤ 张有强：《完善惩治腐败行为刑事法律的思考》，载《天津法学》2012年第1期。

于对民意的充分尊重。尽管在技术层面质疑死刑的威慑力及其对于贿赂犯罪的实际预防与遏制效果并无不妥，但亦需注意的是，政策制度接受大众民意的考量与某种道德的统辖，既是人类社会普遍存在的事实，也是涉及政策制度有效性及终极意义、具有充分必要性的问题，“中国特色的法治化价值决定了建立在社会伦理道德评价上的民意价值”。① 实证研究表明，大多数普通民众基于朴素的报应正义观及对目前腐败犯罪现象严重的担忧，主张应当保留对贪污贿赂犯罪的死刑。② 在当代中国的司法实践中所面临的、由于强制性的社会转型及制度变迁而引发的文明冲突与文化碰撞几乎比比皆是，历史与现实、传统文化模式与现代法治秩序、本土文化与西方文明之间经常呈现出矛盾和紧张；如果民众失却对于法律的尊重与信仰，技术上再完善的法律规范亦难以内化为一种行为习惯、法律文化与民族精神，法律只会沦为一纸具文。当然，随着经济社会的整体发展、法律文化的成长重塑及腐败犯罪态势的缓和，逐步限制、减少乃至废除贿赂犯罪的死刑亦是可以期待与努力的方向。

②增加罚金刑和资格刑。贿赂犯罪是公职人员利用职务便利获取非法利益、存在权力与利益交换过程的犯罪类型，具有非常明显的贪利性与职务性特点。因此，针对贿赂犯罪应当重视财产刑与资格刑的运用，有效压制行为人实施贿赂行为的获利动机，消除或限制其利用特定身份再次从事犯罪活动的可能。狭义的资格刑即褫夺公权，在职务犯罪中规定较为普遍；罚金刑则是通过给予犯罪人财产性痛苦以镇压其犯罪性和唤醒其规范意识，并限制或剥夺其再犯能力，尤其在经济犯罪中适用广泛。③ 我国现行刑法中仅在第 393 条对单位受贿罪规定了罚金刑，但其数额标准未予明确，亦未对受贿罪规定适用剥夺政治权利，因此仍存在完善之余地。

（2）刑度的确定，主要包括：

在自由刑的刑期设定上，对数额标准的崇拜导致贿赂犯罪存在刑罚供应过度（过严）与供应不足（过宽）并存的尴尬。④ 1997 年刑法在贿赂罪的有期徒刑刑期设置上，在 5000 元的一般起刑数额以上，根据犯罪数额设置了三个量刑幅度：个人受贿数额在 10 万元以上的，处 10 年以上有期徒刑；受贿数额在 5 万元以上不满 10 万元的，处 5 年以上有期徒刑；受贿数额在 5000 元以上不满 5 万元的，处 1 年以上 7 年以下有期徒刑。这一设定基本上按照犯罪数额增加 1 万元则刑期提高 1 年

① 解冰、康均心：《反腐败刑事政策中的民意考量》，载《管理世界》2010 年第 1 期。

② 马英红、王引、陈昌松、孙凯、朱磊：《贪污贿赂犯罪应否适用死刑的民意调查报告——基于武汉市的社会调查》，载《中南财经政法大学研究生学报》2011 年第 6 期。

③ 张明楷：《外国刑法纲要》（第 2 版），清华大学出版社 2007 年版，第 391 页。

④ 孙国祥：《宽严皆失：贪污贿赂犯罪的量刑失衡之乱象及纾解》，载《甘肃政法学院学报》2009 年第 9 期。

的思路进行，将司法裁量预设成较为绝对化和简单化地按照数额对照确定刑期的过程。随着社会经济的急速发展、收入水平的大幅提高及货币价值的贬损，立法者所预设的弹性空间已不复存在；在犯罪数额较低的情形下，刑罚供应明显过度，如受贿10万元即可判处10年刑期，而犯罪数额越高则越难匹配量刑，司法自由裁量权的空间无度膨胀，大量案件中即使犯罪数额极高甚至到达几百万元，亦仅处以10年以上有期徒刑，与受贿10万元的实际刑期差别不大。这种刑度设定的缺陷必然导致出现“受贿数额越小、刑罚处罚越重，受贿数额越大、刑罚处罚较轻”①，可谓宽严皆失的荒谬结果；调整的基本思路是在刑法条文中将犯罪数额作抽象化处理，以因应立法者难以预期、经济社会发展中的重大变化，由最高司法机关在司法解释中加以具体确定。

（二）刑事司法与执行层面之检讨及完善

1. 追诉标准。最高人民检察院《关于人民检察院直接受理立案侦查案件标准的规定（试行）》明确规定了受贿案的立案标准，“涉嫌下列情形之一的，应予立案：1. 个人受贿数额在5千元以上的；2. 个人受贿数额不满5千元，但具有下列情形之一的：（1）因受赌行为而使国家或者社会利益遭受重大损失的；（2）故意刁难、要挟有关单位、个人，造成恶劣影响的；（3）强行索取财物的”。这一规定与《刑法》第383条对受贿罪的起刑数额相呼应，并就“情节较重”的含义进行了具体解释。从司法实践来看，这一追诉标准并未得到有效的执行。有司法实务工作者对1986年至2009年间的560份判决、裁定书进行仔细分析后发现，尽管新旧刑法都有所规定，但在所搜集的样本中迄今尚无一例样本因为达不到立案数额标准但情节严重而被追究刑事责任的。② 这一实证研究的结果表明，受贿数额超过5000元在事实上已成为受贿罪唯一的追诉标准。基于反腐败斗争的现实情况，最高人民检察院将查办社会影响更为恶劣、危害程度更为严重、威慑效果更为明显的大案（1998年以后为贿赂数额在5万元以上）与要案（县处级以上领导干部犯罪案件）作为职务犯罪侦查和预防的重点，尽管抓大放小突出了工作重点，但易造成对涉案金额较小的贿赂犯罪的姑息。由于司法资源有限，不少地方的检察机关根据本地的经济社会发展实际情况，在现行法定数额标准之外另行确定了仅供内部掌握的职务犯罪立案标准，并将其作为考核或评价各级职务犯罪侦查部门工作业绩的主要指标。据公开数据显示，2010年上海检察系统共侦破贪污贿赂等案件336件，其中大案（贪污受贿5万元、挪用公款10万元以上）307件，比例高达91.4%；2008—2010年，江苏省张家港市检察院共查办贪污贿赂等职务犯罪案件64件，大

① 赵长青：《受贿罪的刑罚结构亟待改革》，载《检察日报》2007年7月9日。

② 尹明灿、高成霞：《受贿罪实证研究》，载《中国刑事法杂志》2011年第4期。

案率达 100%。[①] 这可能表明，在部分区域尤其是经济发达地区，贿赂犯罪的刑事追诉标准被擅自提高，涉案数额 5 万元以下的贿赂案件已基本不予立案或不起诉。在贿赂犯罪的立案追诉标准未进行修订之前，为提高案件查办效率、节约刑事司法资源而自行放宽追诉标准，可谓是于法无据，可能导致执法底线不断后退，亦不利于对贪贿等腐败行为“低容忍”甚至“零容忍”社会环境与法律文化的建构。

2. 刑罚裁量与执行。包括贿赂犯罪在内的职务犯罪量刑轻缓化，在近年来一直广受学界与民众之关注甚或诟病。量刑过于轻缓主要表现于以下几个方面：（1）缓刑和免予刑事处罚适用率过高。据最高人民法院统计数据，2003—2006 年间因职务犯罪被判处 3 年以下有期徒刑或者拘役并宣告缓刑的有 43277 人，缓刑适用率为 50.56%，其中贪污贿赂案件的缓刑适用率为 51.55%，而同期其他刑事案件平均缓刑适用率仅为 20.91%；一些地方对职务犯罪适用缓刑的比例高达 60% 甚至 70%。[②] 另据最高人民检察院组织开展的全国检察机关刑事审判法律监督专项检查结果显示，2005—2009 年间被判决有罪的职务犯罪被告人中，缓刑和免刑比例共占 69.7%。[③] 2005—2009 年，某省法院共审结职务犯罪案件 8957 件，判决总人数 9731 人，其中判处缓刑（3769 人）和免予刑事处罚（3005 人）共占判决总人数的 69.61%；而同期其他普通刑事犯罪的缓刑适用率仅为 22% 左右，免予刑事处罚适用率为 8% 左右。[④]（2）偏好于接近量刑幅度下限确定宣告刑。前文提及的一项以 1986 年至 2009 年间的 560 份判决、裁定书为样本的实证研究结果显示，受贿数额在 5 万元以上不满 10 万元的，无一例因情节特别严重而被判处无期徒刑，而该类型样本的宣告刑平均刑期也仅 5.32 年，接近于法定最低刑 5 年有期徒刑；受贿数额在 10 万元以上的，宣告刑平均刑期也仅为 13.06 年。[⑤]（3）对从宽情节的认定标准过于宽松。在某省区基层人民法院 2005—2009 年所办理的 136 件 153 人的贪污贿赂案件中，有 112 件 129 人被认定为自首，分别占总案件数的 82.3% 和总犯罪人数的 84.3%。[⑥] 另有学者对 2000—2009 年间 36 个省（部）、厅（局）级官员的刑事判决样本进行分析后发现，在被判处死缓或改判死缓的 23 起案件中具有“如实坦白和供述，认罪悔罪，全部或大部分赃款被追缴”的有 16 起，所占比率

① 张兆松：《论职务犯罪刑事政策司法化的实现》，载《内蒙古社会科学》（汉文版）2012 年第 3 期。

② 熊选国：《全面加强刑事大案要案审判工作，为经济社会和谐稳定发展提供有力司法保障》，载最高人民法院刑事审判第一、二、三、四、五庭编：《刑事审判参考》（第 4 集）（总第 57 集），法律出版社 2007 年版。

③ 邢世伟：《减免刑需经法院审判委员会讨论》，载《新京报》2011 年 7 月 20 日。

④ 田立文：《职务犯罪量刑轻缓化分析探讨》，载《河南社会科学》2010 年第 3 期。

⑤ 尹明灿、高成霞：《受贿罪实证研究》，载《中国刑事法杂志》2011 年第 4 期。

⑥ 冯元奕：《贪污贿赂罪司法轻刑化现象之探讨》，河南大学 2011 年硕士学位论文。

达近70%。[①] 在司法裁量过程中，往往对从宽情节的认定过于宽松，如自首多为迫于检察机关启动调查或纪委采取“双规”措施后交代问题，未自动投案且交代内容系办案机关已掌握线索所针对的事实，亦被认定为自首。背离案件事实或法律规定，对贿赂犯罪的量刑过度轻缓化，势必会有违刑罚裁量的公正合理原则，弱化刑事司法的犯罪控制功能，在当下我国的具体语境中更是可能损害法律权威和公信力，引致民众对司法公正的质疑与怨愤。

针对司法实践中的此种情形，近年来最高司法机关通过司法解释的形式适当明确了宽严的尺度与标准。如2009年3月12日最高人民法院、最高人民检察院联合发布的《关于办理职务犯罪案件认定自首、立功等量刑情节若干问题的意见》，对自首、立功、如实交代犯罪事实、主动或积极配合退赃等法定和酌定从宽情节的认定和适用作出了规定；2010年2月8日最高人民法院《关于贯彻宽严相济刑事政策的若干意见》规定，“要严格掌握职务犯罪法定减轻处罚情节的认定标准与减轻处罚的幅度，严格控制依法减轻处罚后判处三年以下有期徒刑适用缓刑的范围，切实规范职务犯罪缓刑、免予刑事处罚的适用”。“对于职务犯罪案件，尤其是原为县处级以上领导干部罪犯的减刑、假释案件，要一律开庭审理。”严当有度，宽亦应有节，无论宽或严均须于法有据，这样才能在刑事司法层面上有效实现宽严相济刑事政策的价值。

① 韩哲：《受贿罪死刑裁量要素之实证分析——以36个省（部）、厅（局）级官员刑事判决为样本》，载《国家行政学院学报》2010年第4期。

新问题还是老问题：性贿赂的入罪与出罪

康均心 *

一、贿赂与性的关系

2007 年 7 月 8 日最高人民法院、最高人民检察院联合发布了《关于办理受贿刑事案件适用法律若干问题的意见》（以下简称《意见》），该《意见》规定了十种当下司法实践中常见的受贿罪的犯罪表现形式。2009 年 2 月 28 日施行的《中华人民共和国刑法修正案（七）》，在现行《刑法》第 388 条后增加了一个条文、规定了一个新罪名，即第 388 条之一的“利用影响力受贿罪”。这些特别规定的受贿罪的表现形式和新增罪名，在理论上统称为“新型受贿罪”。关于上述这些“新型受贿罪”，我们进行的讨论和开展的讲座已很多，当然还有进一步研究的必要。在这里，要着重讨论一下另一种新型的贿赂形式——性贿赂。

贿赂一词，原本是指用财物收买握有某种权力的人，也指这种财物。《现代汉语词典》解释“贿赂”就是用财物收买或者是用来收买的财物。商务印书馆 2001 年修订版的《新华词典》大字本解释即如此。《左传·昭公六年》：“乱狱滋丰，贿赂并行。”《北史·柳彧传》：“前在赵州，暗于职务，政由群小，贿赂公行。”追本溯源，可以探知“贿赂”一词出现的时代，其生产力极度低下，人们的首要需求是生存，按照马斯洛的需要理论，① 财物能帮助人们满足生存需求，行贿者要达到交换权力或利益的目的，只有投其所好，利用财物才能达到收买的效果。由此看来，贿赂是用财物买通别人。由于贿赂只能由财物才能达到收买的效果或者说只有财物才能成为收买的媒介，而性不是贿赂的媒介，因此，性原本是不可能与贿赂产

* 武汉大学法学院教授，博士生导师。

① 马斯洛需求层次理论（Maslow's hierarchy of needs），亦称“基本需求层次理论”，是行为科学的理论之一，由美国心理学家亚伯拉罕·马斯洛于 1943 年在《人类激励理论》论文中所提出。该理论将需求分为五种，像阶梯一样从低到高，按层次逐级递升，分别为：生理上的需求，安全上的需求，情感和归属的需求，尊重的需求，自我实现的需求。另外两种需要：求知需要和审美需要。这两种需要未被列入到他的需求层次排列中，他认为这二者应居于尊重需求与自我实现需求之间。

生瓜葛而搭配在一起。

那么，贿赂怎么和性扯上了关系？答案在于生产力的发展。随着人类社会的不断的发展，生产力日益发达，生存需要早已退居幕后，取而代之的是社会需要，精神需要，行贿者若想达到行贿的目的，手段、媒介可谓是应有尽有，如为行贿对象提供商业秘密、内幕交易信息，给行贿对象一定社会荣誉称号，为行贿对象提供性服务等，这些行贿手段都达到了和财物行贿一样的效果。所以“贿赂”一词也随时代发展变化而被理解为“用财物或者不当利益收买别人”。当性被用来收买别人时，性贿赂就出现了。

性贿赂顾名思义就是以性服务为交换而获得利益的行为。详言之，性贿赂是指以异性为他人提供性服务，他人利用职务上的便利为性服务的直接提供者或雇佣者谋取某种利益和实现某种目的的行为。与传统的权钱交易不同，性贿赂是权色交易。“性”在汉语里有多重含义：(1) 人或事物的本身所具有的能力、作用；(2) 性质，思想、感情等方面的表现；(3) 有关生物生殖的。性贿赂中的性，特指人类两性之间的性交行为。为什么两性之间的性交行为会成为贿赂呢？那是因为人们认为性贿赂中性交行为不是建立在自然属性之上包含情感的两情相悦，而是建立在利益交换基础之上的两性生物性行为。这种理解正好符合贿赂的本质，贿赂在本质上一直被理解为一种交易，只要符合交易性这一特征就是符合贿赂的本质特征的，因此，作为利益交换的性贿赂中的性，必须具有以下特征：

1. 交易性。性贿赂的性行为是以交换一定利益为目的的，具有一定功利性的，性是行贿者给出的交易砝码，为了得到受贿者可以提供的权力或者其他的利益，这种交易有可能是即时兑现的，也有可能是假以时日才能完成的，交易性是性贿赂被呼吁入罪的理由之一。因此，性贿赂中的性已经被行贿、受贿者外化了，使其有了社会色彩，如果性行为没有交易性特征就不可能构成性贿赂，比如单纯的情人关系，双方没有把性行为作为交换一定利益的筹码，就不能成立性贿赂。性贿赂所表现出来的交易性不存在等价性，因为在现有的社会制度和法律框架下单纯的性行为无法用金钱或者一定的量度来衡量标价，即使在允许红灯区存在的地区，其性交易价格也不具有参考意义。而且利用性贿赂交换的对象往往表现为非物质利益，所以这种交易无法确定其等价性。

2. 隐秘性。隐秘性是所有贿赂罪手段都具有的特征，而性贿赂较其他贿赂方式而言，其隐秘性更甚。一方面，性贿赂通常只有交易双方两个人在场，表现为一对一的外在特质。另一方面，性行为本身的私密性也使得当事人对此精心策划，审慎选择极其隐蔽的场所，性贿赂自始至终都只存在两个人。即使在性服务的提供者是雇佣他人进行性交易的情况下，虽然知情人不止发生性行为的两人，但在实施性行为时通常还是只有进行性行为的当事人双方，而且性行为在实施完毕以后很难从客观上加以证明，查证更是艰难，其隐秘性可见一斑。性贿赂的隐秘性是很多呼吁性贿赂入罪者面临的重大挑战。

3. 自愿性。自愿性是指性贿赂的双方都是心知肚明，或存在事前协议，行贿方的性服务是为了换取一定的利益，受贿方接受行贿方的性服务是以自己可以利用手中权力为行贿者提供一定利益为回报。如果利用手中职权强迫他人提供性服务则不属于性贿赂。性贿赂的自愿性特征决定了性贿赂不可能出现索贿的情形。

无论是亲为式性贿赂还是雇佣式性贿赂，都是以自愿为前提的。

在亲为式性贿赂的场合下，其自愿性表现为单一性和直接性。亲为式性贿赂指行贿者利用自身姿色，投怀送抱，自荐枕席，与受贿对象发生性行为，目的是谋求不法或不正当利益。亲为式性贿赂只涉及两方当事人，有时甚至知情人也仅有两人：（1）行贿方，自愿提供性服务以满足受贿对象心理欲望或感情需要，既是行贿者又是“行贿物”，并以性服务为交易砝码让受贿对象利用自身职务便利为其谋求不正当利益，目的性明确；（2）受贿对象，接受性服务并以提供一定利益作为回报。

在雇佣式性贿赂的场合下，其自愿性表现为双重性和间接性，即行贿人和性提供者都是基于自愿。雇佣式性贿赂是指行贿者出钱出资雇佣专门的卖淫人员为受贿对象提供性服务、为受贿对象包养固定的情人或者为其支付性服务的相关费用。显然雇佣式性贿赂涉及三方主体：（1）行贿者——性服务的间接提供方，为了达到行贿目的，投受贿对象之所好，出资雇佣第三者为行贿对象提供性服务，目的是获取一定的不法或不正当利益回报，或以受贿对象接受性服务的事实相要挟，从中获取利益。众所周知的福建厦门远华走私案的赖昌星专门设一座“红楼”为相关官员提供性贿赂。（2）性服务的直接提供者，只收取行贿方的一定物质利益，为受贿对象提供一定时间或一定次数的性服务，对于性服务的直接提供者来说，达到事前约定的物质回报，也如期付出性服务的时候就是交易结束的时候，性服务的直接提供者不是行贿、受贿双方的其他交易的相关人。（3）受贿方——接受性贿赂，给出一定利益回报，知晓接受性服务是要以一定利益作为回报的，或是事前约定或是事后商量。有人认为雇佣式性贿赂看似“权色交易”实质还是“权钱交易”，因为“色”是以行贿者付出一定财物为代价的，应认定为“权钱交易”。笔者认为，仅仅从行贿方只是付出财物就达到了行贿目的，不能必然推演出接受性服务就是接受财物的结论。雇佣式性贿赂的实质仍是“权色交易”。

二、性贿赂出罪的理由

（一）性贿赂提法不科学

科学与不科学是相对的。所谓科学，是指关于自然界、社会和思维发展规律的知识体系，是在人们社会实践的基础上产生和发展的，是实践经验的总结。科学分为自然科学和社会科学，哲学是二者的概括和总结。正是基于对科学的认知和理解，刑法学界一直以为性贿赂提法不科学，认为贿赂是财物的专利，只有财物或能以财物计量的实体才能充当贿赂的媒介，其依据从汉语的语义解释到法律规定，比如汉语词典的解释、1979年刑法的规定和1997年刑法的规定，都是将贿赂规定为财物。虽然学界对于“贿赂”的范围众说纷纭，比如“财物说”、“物质利益说”、“需要说”。[①] 但只有“需要说”将性贿赂解释在贿赂中。通说仍然是排斥性贿赂的。性贿赂要想入罪，必须说服通说或者推翻通说。

性贿赂提法被冠以不科学的另一理由是：性贿赂与两情相悦难以厘清界限。很多情况下性贿赂与男女之间有情感的性行为难以区分，人毕竟是有情感的，由于性贿赂常常只涉及行贿、受贿双方，是否有情感也只能从当事人的口供中加以自由心证，多次性行为就更难厘清感情因素，当事人若称有情感也难以用证据证明，况且对有情感的理解也因人而异，有情感的表现也不尽相同，不同的人有情感的表现也不相同，这造成了性贿赂认定的困难，因而被认为不科学。

（二）性贿赂入罪取证困难

性贿赂的隐秘性决定了性贿赂入罪取证存在困难，取证的着眼点、切入点较少，通常犯罪的证据搜集有以下几个方面：嫌疑人供述、证人证言、物证、书证、勘验检查笔录、鉴定意见、视听资料、电子数据等，一般的犯罪都可以从这些方面搜集证据，但是对于性贿赂犯罪来说，物证、书证、勘验检查笔录、鉴定意见、视听资料等都难以取得，甚至有的根本就不存在。性贿赂的当事双方进行性行为是自愿的，且都不想为外界所知，性行为的场所通常是精心挑选，极具隐蔽性，现场也会在性行为结束后处理干净，做到不留痕迹，所以，在性贿赂案件中就很少能得到犯罪现场的相关证据，除了当事人的供述就难以有其他证据支持，不能形成证据链，造成“孤证”难以证明的局面，倘若将性贿赂入罪只会导致大量的司法资源的付出而收效甚微。当性贿赂的性行为不能得到证实的时候，就不能按照性贿赂定罪。因此，性贿赂的取证困难会导致性贿赂入罪的意义不大。

---

① 财物说认为，贿赂的范围只包含财物，财物之外的一切行为或者利益都不能构成贿赂，这种学说支持的贿赂定义当然不包括“性”了。物质利益说认为，一切可以用物质来衡量的利益都可以构成贿赂的内容，例如设立债权、赠送购物券、免费提供旅游住宿等，只要是受贿者应该付出财物而没有付出的情况都是可以构成“贿赂”的，这一学说里性贿赂当然也无立足之地。需要说认为，只要是满足了行贿对象一定需要的都是可以构成贿赂的内容，包括财物、物质性利益还包括诸如性服务在内的其他非物质性利益。

（三）性贿赂入罪违反刑法的谦抑性

刑法的谦抑性是指刑法是最后的保护手段，刑法的目的是实现具有严重的社会危害性的行为获得刑罚的不可避免性，如果可以利用道德，民事的或者行政的手段加以规制的就不宜适用刑法，用最少的支出获取最大的社会效益，是刑法的最后性的体现。性贿赂中的贿赂行为虽然具有严重的社会危害性，但是作为贿赂的媒介"自愿性行为"应该由道德来规范，法律保护公民的性自由权，只对违反当事人意志的强奸、强制猥亵妇女等犯罪加以规制。性贿赂中的行为都是自愿发生的，且性是极具隐私的行为，将其与贿赂搭配公之于众有扩大刑法的打击范围、侵犯公民隐私权的嫌疑。就贿赂的本质而言，其实是一种交换，无论是等价还是不等价，"交换"都是"贿赂"的本质属性。而"交换"的双方都是以需要为前提的，如果行贿者相对于得到的利益而言小于其给出的利益，那么很明显行贿者不会给出。行贿者给出的利益一定是满足了受贿者的需要，交换才能进行，为此，行贿者必须要投受贿者之所好，让受贿者得到想得到、渴望得到的财物或者其他好处，如果行贿者没有送上让行贿对象觉得需要的东西，行贿对象极有可能拒行贿者于门外，因为对其可有可无的东西当然不值得其为之担当牢狱之灾的风险。所以，行贿成功的，都是满足了受贿者的需要的。人的需要有生存需要、生理需要、精神需要等，财物在一定程度上满足了受贿者的生存需要，而在生产力高度发展的今天，生存需要极容易得到满足，而通常让人们讳莫如深的性需要浮上水面成为行贿者的首选，在诸多行贿受贿的案例中就有不为财物贿赂所动，而最终拜倒在石榴裙之下甘愿受之驱使的案例。

三、性贿赂入罪的理由

（一）性贿赂具有严重的社会危害性

刑法古典学派创始人贝卡里亚认为："衡量犯罪的真正标尺，即犯罪对社会的危害。"① 即严重的社会危害性是犯罪的本质特征，如果没有严重的社会危害性，性贿赂入罪就无从谈起，性贿赂的社会危害性表现在方方面面。

性贿赂诱发职务犯罪，给国家、社会造成巨大经济损失，严重破坏了经济秩序。众所周知的江苏如东县的养鳗大王 4 年间贷款达 12 亿元之多，其凭借的就是利用美色贿赂相关人员，在财物贿赂情况下，常常会随着贿赂财物的增多，受贿者

---

① ［意］贝卡里亚：《论犯罪与刑罚》，黄风译，中国大百科全书出版社 1993 年版，第 37 页。

会产生东窗事发的担忧，还有可能适可而止，在收或不收之间权衡，而美色的腐蚀经常是潜移默化，作用于不知不觉之中，吹吹枕边风就能如偿所愿了，往往是财物贿赂达不到的，性贿赂轻而易举就能得逞。性贿赂不但作用巨大，持续时间也较财物贿赂更持久，财物贿赂通常是一次或多次贿赂才能得到一项非法利益，而性贿赂则是一次贿赂就能得到多项非法利益，危害性比财物贿赂更大。深圳市沙井信用社主任邓宝驹，当地人称“大情人”，先后包养五位情妇，其中五奶陪邓宝驹一晚就是1万元，两年时间，邓宝驹平均每天为五奶花费2.3万元，自1997年7月起邓宝驹伙同他人贪污公款2.37亿元，给国家和社会造成了巨大的损失。美色诱惑一旦深陷其中就难以摆脱，为了让美色心甘情愿更好地为自己服务就必须给美色好处，单凭自己的正当收入是无法满足多位美色的贪欲的，这就促使一些官员一次次为之铤而走险，最终给国家给社会都带来无法弥补的经济损失。

性贿赂导致官德沦丧，一些官员在美色的诱惑下早已将国家工作人员的身份和职责抛至九霄云外，导致政府形象毁损和公信力的下降。性贿赂的受贿者多是手中有一定权力和资金可供支配的政府官员、企事业单位领导等，政府官员的形象关乎政府的形象，且绝大多数的政府官员和企事业单位的领导都是党员，一旦权色交易为公众所知，必然会导致对政府和党的形象的毁损，一个不能自律的官员映象成一个不能自律的政府机构，公众很难信任一个不能自律、为所欲为的政府机构；党员也都是德才兼备的人，而一个个党员的落马势必会降低执政党的公信力，那些贪污腐败的党员做出不顾人民和国家利益、做出违背道德甚至为常人无法想象的事，常言道“窥一斑可见全豹”，容易让公众对整个党和政府失去信心，长此以往，社会的和谐稳定只能是一个美好的愿望。

目前社会上权色交易泛滥，已经俨然成为一种社会风气，商品化的快速发展和道德观的转变，让那些崇尚金钱和权力又不愿意独立奋斗的人看到了一条捷径，自愿将自己的肉体作为交换，甚至还流行“以前知识就是力量，现在姿色才是力量”的说法，只要能傍上高官就能在短期内财、权双收，颠覆传统的道德观、价值观，以献身于高官为荣，性贿赂所引发的消极社会效应较财物贿赂更广泛也更难以根治，如此不正之风不加以打击遏制必将给和谐社会的精神文明建设带来灾难。

有数据表明，在近年来的腐败犯罪案件中，几乎百分之九十的案件都交错着各式各样的色情交易。有关人员曾经透露，在男性官员的犯罪历程中，有九成以上都与女色有所牵扯。这一个个精确的数据，一桩桩案件一次又一次地触动社会和公众的神经，挑战社会和公众的忍耐极限，道德只能规范讲究道德的人，对于不讲道德的人期望道德的规范只能是一厢情愿，民事行政手段已经不足以遏制这快速蔓延的性贿赂风，必须利用刑法的手段加以严厉打击才能达到维护社会利益的效果。有调查结果显示性贿赂的入罪正是社会民众所期望的，性贿赂入罪具有迫切的现实需要。

（二）性贿赂入罪不违背刑法精神

性贿赂入罪不违反刑法的谦抑性精神。刑法的主要目的是预防犯罪，将性贿赂入罪能够达到遏制或者减少贿赂犯罪的效果。有学者认为，性是个人的隐私，法律不应该加以调整，我们知道隐私权的界定是公民自己的不会危及他人或社会利益的一些信息或行为，性贿赂中的性已经突破隐私权的保护网，成为可以和权力交易的砝码，是商品化了的性行为，已经不仅仅有自然属性，在某种程度上可以说性贿赂中的性已经变成了一种具有社会属性的交换物。

在性贿赂中，虽然贿赂的双方都没有受到伤害，行贿者自愿献身，受贿者欣然接受，你情我愿当中更多的是享受，这就让那些只看到当事人个体利益有没有受到伤害的学者坚持认为性贿赂不宜入罪，但是透过性贿赂的现象看其本质，性贿赂颠覆的是全社会人都遵守的党纪国法，一旦性贿赂成功就不仅仅是个体的某个人利益受到伤害，而是一群人、一类人的利益受到伤害，这样巨大的社会危害是道德规范鞭长莫及的，刑法可以维护个体的利益，为何却对群体利益视而不见呢？这是不合理的，如果依然让性贿赂在法律之外裸奔，那么给社会带来的危害将是不可估量的，不仅经济利益受损，党的形象歪曲，政府公信力下降，也许更严重的是颠覆人们的道德观念。性贿赂的严重社会危害性表现在许多方面，将其纳入刑法规制的视野，与刑法的谦抑性并不相悖。

（三）性贿赂入罪已有立法例

1. 我国古代就有关于性贿赂的立法记载。上古舜时就有关于性贿赂的相关律文记载，据《史记·周本纪》记载："帝封囚西伯于羑里，闳夭之徒患之，乃求有莘氏美女？因殷嬖臣而献之封，封大悦，曰：'此一物足以释西伯，况其多乎！'乃释西伯，赐之弓矢斧城，使西伯得征发。"这是最早的有关性贿赂的记载。而春秋晋国时的"叔鱼判案"，更是性贿赂的典型案例。鲁昭公十四年，晋国邢侯与雍子争田，主判官叔鱼先是裁决雍子有罪，雍子将女儿嫁给叔鱼，叔鱼又反过来判决邢侯有罪。① 这充分证明当时存在用美色贿赂判案官吏的行为，而且性贿赂亦作犯罪处理。古代有"十恶"说，"性贿赂"与"十恶"中的"不道"、"不义"、"内乱"等都有关联。到了唐朝，为预防"色贿"案件的发生，明确规定两条罪名：（1）监守内奸。监守内奸（主要指和奸）作为独立的罪名，异于凡奸。唐律中规

① 杨伯竣：《春秋左传注》，中华书局 1981 年版，第 1366—1367 页。

定："诸监临主守于所监守内奸者（谓犯良人），加奸罪一等……妇女以凡奸论。"疏议云："主守，谓行案典吏，专主掌其事及守当仓库、狱囚，杂物之类。虽职非统典者，谓非管摄之司，临时被遣监主者，亦是。"换言之，主守即亲自主掌其事之典吏。所谓"和奸"即指双方同意之奸事，也就是不违背妇女之意志的性行为，其实质就是权色交易。它不同于凡奸（强奸），易滋生腐败，因此唐律中对其处罚加凡奸罪一等，正相当于凡人相犯之强奸，"自'奸良人'以下，强者备加一等"。监守内奸加奸罪一等，而一般和奸，女无夫双方各徒一年半，女有夫双方各徒两年。加此一等，则奸无夫之女徒两年，奸有夫之妇徒两年半。对女方，以"凡奸论"，即女方无夫徒一年半，有夫徒两年。对监守内奸的重罚还表现在应减者不减、除名之规定上。除名是"官爵悉除"，从官籍上去名。此规定旨在防止地方官员利用职权收受或索取"性贿赂"，防止出现权色交易。（2）监临官吏娶部民女。《唐律疏议》卷十四《户婚律》，《监临娶所监临女》中第一条是官吏娶部民女为妾之罪，律曰："诸监临之官娶所监临女为妾者，杖一百；若为亲属娶者，亦如之……女家不坐。"其疏议曰："监临之官，谓职当临统、案验者，娶所部人女为妾者，杖一百。为妾属娶者，亦合杖一百。亲属，调本服缌麻以上亲，及大功以上婚姻之家。既是监临之官为娶，亲属不坐……女家，并不合坐。其职非统摄，临时监主而娶者亦同。仍各离之。"监临官本人娶或为亲属娶部民女为妾杖一百，女家不坐。以防止有事人通过用女色向监临官的亲属行贿，来达到同样之目的。此规定旨在防止他人向地方官进行"性贿赂"，出现权色交易。可见，律条不能说不严谨。唐朝的这条律疏为以后各代封建律典所吸收，《宋刑统》对此一字无改。明朝建立，朱元璋重典治吏，又恢复了唐律的相关相定："凡府州县亲民官，任内娶部民妇女为妻妾者，杖八十，若监临官娶为事人妻妾及女为妻妾者，杖一百。女家并同罪。妻妾仍两离之。女给亲，财礼入官。强娶者，各加二等，女家不坐。不追财礼。若为子孙弟侄家人娶者，罪亦如之。男女不坐。"明律与唐律相比，进一步补充了监临官娶"为事人"妻妾及女为妻妾不枉法如何处理。明律规定亲民官娶部民女为妻妾者杖八十；而监临官娶"为事人"妻妾或女者，杖一百，后者加前者二等。说明明律制定者已充分认识到有事之人以妻妾或女嫁与主管官吏，来达到违法目的的严重危害，故明确提出且重罚之来加以预防。同时，规定女家同罪，惩罚行贿者，从两方面堵塞官吏枉法行为的发生。有事人将妻妾或女嫁与监临官吏，主观上可能有要其枉法的故意，只是后果上官吏未枉法而已，故从轻发落。明律这条罪名，律意更加明朗，唐律只说监临内娶妾，对行贿者的针对性不强，范围也小；明律明确提出行为主体是有事人，官吏所娶的也可能是非监临女。均比唐律相关部分完善，标志着到了明代，"女色贿赂罪"预防方面的律文已成熟。《唐律疏议》卷十四《户婚律》，《监临娶所监临女》中的第二条"枉法娶人妻妾及女罪"，"即枉法娶人妻妾及女者，以奸论加二等（为亲属娶者，亦同）；行求者，各减二等。各离之”。何为“枉法娶人妻妾及女”？疏议曰：“有事之人，或妻若妾，而求监临官司曲法判事，娶其妻妾及女者。”“有事”的范围当极广，既可能是违法犯罪的求得减免处罚；也可能是获取政治利益，求官要权；还可能是为得到经济实惠，如与公交易贱买贵卖，私借官奴畜产。但不管怎样，都是要求管辖此事之官吏枉法断事。有事人使用的不是钱财，而是女色，二者殊途同归，要达到的目的是相同的，而且有时对官吏用钱财不灵，投其所好，用此法立竿见影。因女色贿赂罪危害性大，所以对枉法官吏严厉处罚，以奸论加二等。① 官吏是有事人的监临官，唐律规定，于被监临家人犯奸，按“监守内奸”治罪，所以是比“监主于监守内奸”加二等，“诸监临主守于所监守内奸者（谓犯良人），加奸罪一等”。而一般奸罪（奸无夫之女）是徒一年半，奸有夫之妇徒二年。监守内奸，一般奸罪徒两年，奸有夫之妇徒二年半。各加二等，则枉法娶人女者，徒三年，枉法娶人妻妾者，流二千里。前者比杖一百加五等，后者比杖一百加六等，可见对娶部女为妾和对“枉法娶人妻妾及女”二罪之处罚不可同日而语。对枉法娶人妻妾及女之官吏的重罚还表现在除名等规定上，“即监临主守，于所监守内犯奸、盗、略人，若受财而枉法者，亦除名（奸，谓犯良人）”。监守内犯奸者除名，监临之官：“即枉法娶人妻妾及女者，以奸论加二等。”枉法娶人妻妾及女罚同于真正的监守内犯奸，当然应除名无疑。同样，本应享受减一等特权的人亦不得减等。如当事人用女色向监临官亲属行贿，监临官为之枉法徇私，则监临官所受处置相同。亲属如果知实情而娶者，减监临官一等，疏议曰：“亲属知行求枉法，而娶人妻妾及女者，自依本法为从坐。”即娶人女，徒二年半，娶人妻妾徒三年。由此可以看出，唐律对“性贿赂”与强奸二者有明显的区分。使得本罪无论是在律文内容上，还是在实际执行上，均是严密周防，无懈可击。唐律制定者将以财和以色贿官作为一个事情的两个方面同等看待，所以对受贿和行贿者均予以惩罚。唐律对“女色贿赂罪”的规定及处罚对于防止官吏以权谋色，防止吏治的腐败有积极意义，对今天亦有重要借鉴意义。

2. 我国香港特区关于性贿赂的立法规定。香港《防止贿赂条例》第 2 条规定，公务员索取和接受任何其他服务等利益的构成受贿罪；其第 5 条规定，任何人士无合法权力或适当理由，向公共机构雇员提供利益，诱使其以任何方法滥用其职权的行为，构成行贿罪。这种利益包括：（1）礼物贷款、费用、报酬或佣金，形式包括金钱和其他任何财产之权益；（2）任何职位、雇佣或契约；（3）责任的免除；（4）其他任何服务或优惠等。台湾地区“刑法”第 121 条规定：“公务员或者仲裁

① 转引自黄会奇：《唐、明、清律法中的“女色贿赂罪”》，载《喀什师范学院学报》2003 年第 4 期。

人对于职务上的行为，要求期约或者收受贿赂或其他不正当利益者。”其他不正当利益则指一切足以供人需要或者满足欲望的有形或无形之不正当利益，包括经济利益与非物质性利益或精神利益，当然地包括性服务。

（四）性贿赂入罪符合国际潮流

2003 年 10 月 31 日，第 58 届联合国大会通过了《联合国反腐败公约》，该公约第 15 条、第 16 条将贿赂罪的对象规定为“好处”，这自然包括非物质利益，性贿赂亦当然在其范围之内。《联合国打击跨国有组织犯罪公约》第 8 条第 1 款规定，行贿罪是指“直接或间接向公职人员许诺、提议给予或给予该公职人员或其他人员或实体不应有的好处，以使该公职人员在执行公务时作为或不作为”；受贿罪则是指：“公职人员为其本人或其他人员或实体直接或间接索取或接受不应有的好处，以作为其在执行公务时作为或不作为的条件。”可见，其规定的“贿赂”不仅包括财物、财产性利益，也包括非财产性利益，性服务作为一种非财产性利益当然也包含在其中。我国政府已分别于 2003 年 12 月 10 日和 2000 年 12 月 12 日签署了上述两个公约。意大利、印度、联邦德国、日本等许多国家都将非物质性利益纳入贿赂罪的规范之下，进一步扩大贿赂所包含的内容是国际社会发展的趋势。

四、性贿赂入罪的归属

（一）归入贿赂罪说

主张将性贿赂归入贿赂罪的学者认为，性贿赂与财物贿赂的不同之处只是贿赂的手段不同，不需要单列罪名，只需把刑法贿赂罪相关条文款项中的“财物”改为“利益”或“不正当好处”。贿赂罪的本质是侵害了国家公务人员的职务廉洁性和职务行为的不可收买性，因此，所有侵害国家公务人员职务廉洁性的行为都应成为贿赂罪的对象，能将其进行归纳的，只有“利益”或“不正当好处”。这里的利益或不正当好处包括财物等财产性利益和性服务等非财产性利益。另外，由于性贿赂通常不是单独发生的，与其相伴而生的有贪污犯罪、玩忽职守犯罪等，因此，主张将性贿赂作为贿赂罪的情节加重犯处理。这样既避免对性贿赂不闻不问任其危害蔓延，也避免频繁修改刑法影响法的稳定性。

（二）单设罪名说

有学者提出，应尽快将性贿赂罪纳入刑法，建议在现行《刑法》第八章“贪污贿赂罪”中增设“非财物贿赂罪”。原最高人民检察院副检察长赵登举在反腐败新闻发布会上指出："性贿赂目前在行贿犯罪中已相当普遍"，"最近查办的几起部级干部受贿大案中，几乎都涉及情妇"。持这种观点的学者认为，应当在刑法相关条文之下增设性贿赂罪，如在《刑法》第 385 条受贿罪之下，增设附属条文，即性受贿罪，条文表述为：国家工作人员利用职务上的便利，索取他人性服务，或者非法收受他人性服务，为他人谋取利益的，是受贿罪。

但有学者对此持反对意见，认为依照我国目前的情况来看，将"性贿赂"单独定罪处罚还不够成熟。(1) 设立一个新罪名，必须要修改刑法，这不利于保持刑法的稳定。(2) 综观目前实践中的贿赂案件，"性贿赂"虽普遍存在，但多数都是伴随着严重的经济犯罪，单纯的"性贿赂"案件较少，从法律效益来讲，不适合单独定罪。(3) 现行刑法中的贿赂犯罪包括受贿罪、行贿罪及介绍贿赂罪，对于其处罚均有规定，如果在每一个贿赂犯罪下都要增设"性贿赂罪"，无疑会导致立法上不必要的重复和烦琐。(4) 从"性贿赂"权色交易的本质来看，"性贿赂"与权钱交易本质上完全相同，也完全符合贿赂罪的构成要件，它是贿赂的一种手段，或者说是贿赂的一种行为特征。因此，将"性贿赂"单独设立一个罪名没有必要。

(三) 从比较法的角度看性贿赂入罪的归属

我国香港、台湾关于贿赂罪的规定都包含了非物质性利益。香港的《防止贿赂条例》第 2 条规定，公务员索取和接受任何其他服务等利益的构成受贿罪；其第 5 条规定，任何人士无合法权力或适当理由，向公共机构雇员提供利益，诱使其以任何方法滥用其职权的行为，构成行贿罪。这种利益包括：(1) 礼物、贷款、费用、报酬或佣金，形式包括金钱和其他任何财产之权益；(2) 任何职位、雇佣或契约；(3) 责任的免除；(4) 其他任何服务或优惠等。台湾地区"刑法"第 121 条规定："公务员或者仲裁人对于职务上的行为，要求期约或者收受贿赂或其他不正当利益者。"其他不正当利益则指一切足以供人需要或者满足欲望的有形或无形之不正当利益，包括经济利益与非物质性利益或精神利益，当然地包括性服务。

日本刑法中没有明确规定贿赂物所包含的范围，但判例肯定贿赂就是作为公务员、仲裁人的职务有关的不正当报酬的利益。作为贿赂物是能够满足人的需要或欲望的一切利益而不管是有形的还是无形的，都包括在内。除了金钱以外，偿还债务、提供担保、保证等也理所当然包含其中，让人享受一人表演、异性性交等也能成为贿赂物。1909 年 12 月 19 日的一个典型案例中认为："贿赂的标的物，不管是有形的还是无形的只要是能满足人的需要或愿望的所有利益，都应包括在内。日本大审院大正四年（1915 年）七月九日判决将警官在审问女盗犯之际，告知承诺性交即行释放，否则送往监狱，经应允后与该女犯发生性交的行为，依日本刑法判决构成受贿罪。日本最高裁判所昭和三十六年（1961 年）一月十三日判决，再次声明："异性间的性交也可能成为贿赂的目的物，早为判例所示……现在不认为有变更他的需要。"日本著名刑法专家植松正说："非物质利益能否成为贿赂，学说上虽有争议，但由于否定论找不到值得倾听的论据，因而支持肯定说。判例肯定这种观点，认为公司职务的有利地位、性交等也是贿赂。"

意大利刑法典第 319 条规定"公务员对其不执行职务或迟延执行或违背职务之行为，而为自己或第三人收受或期约金钱或其它利益者"，可构成违背职务之受贿罪。

1976 年联邦德国刑法典第 331 条规定："公务员或从事特别公务的人员，对于现在或将来的职务上的行为要求、期约或收受利益者，均为受贿罪"。这里的"利益"当然包括非财产性利益的"性贿赂"。

1889 年英国通过的《公共机构贿赂法》规定，任何礼物、贷款、酬金、报酬或者好处，均为贿赂内容。只要是对受贿对象来说是可以满足其欲望的好处都可以是贿赂的内容，性贿赂当然包含在内。

印度刑法典规定：贿赂具体是指酬谢，并明确"酬谢"并不限于金钱酬谢或可以用金钱折合的酬谢，还以"提供职位"为例来说明"酬谢"的范围，所以性贿赂也就理所当然在其范围之列了。

瑞士 1971 年修正刑法第 315 条规定"收受或期约贿赂或免费之利益者"构成受贿罪。波兰、巴西、泰国、丹麦等国刑法典都规定贿赂的内容为"财产或其他利益"。这里的"利益"和"其他利益"都是包含了财产性利益和非财产性利益在内的。

综上所述，从世界范围来看，贿赂犯罪的惩治内容不再囿于权钱交易，还包括非财产利益在内的权色交易、权伞（保护伞）交易等。任何可以满足受贿者需求或欲望的优惠或服务，包括性服务，均构成贿赂罪的规范内容。

（四）从法律体系的完整性角度看性贿赂入罪的归属

我国已签署《联合国反腐败公约》，该公约中贿赂的内容是包含非物质性利益在内的，性贿赂当然在其中。为了保持法律体系的完整性，对于加入的公约规定与国内法规定不一致的，一般有两种方法协调法律的适用：一种是通过修改国内法的相关条文，使国内法的内容与所签署的条约一致；另一种是在程序法中规定国内法与所加入的国际条约冲突时优先适用国际条约，但对于签署时提出的保留事项除外。但我国对于贿赂罪的相关规定没有对国内法与国际条约发生冲突时如何适用的规定。

我国反不正当竞争法中"利用财物或其他手段进行贿赂"的规定就是包含了

非物质利益贿赂内容的，这就造成了刑法与反不正当竞争法的规定不一致，存在严重违反了反不正当竞争法的行为有可能在刑法上没有对应的规定，导致行政罚与刑事罚不对接。由此看来，无论是从与国际条约接轨来看还是保持国内法规定的一致性来看，刑法规定的贿赂的内容都应该在实质上作出扩大规定。

五、结语

性贿赂应否入罪，要看一个行为纳入刑法调整范围的标准是什么。美国刑法学家帕克教授在《刑事制裁的界限》中明确地提出了犯罪化的六项准则：（1）这种行为在大多数人看来，对社会的危害性是显著的，从社会的各重要部分来看是不能容忍的；（2）对这种行为科处刑罚符合刑罚的目的；（3）对这种行为进行控制不会导致禁止对社会有利的行为；（4）对这种行为能够进行公平的、无差别的处理；（5）对这种行为进行刑事诉讼上的处理时，不产生质与量的负担；（6）对这种行为的处理不存在代替刑罚的适当方法。[①] 帕克教授的犯罪化六项准则虽然为我们提供了一个行为犯罪化的基本模型。但对于性贿赂入罪应缓行，在目前的刑事法律框架下，可以考虑将性贿赂作为贿赂罪的量刑情节，归入现有的贿赂罪中，通过司法解释调整行贿罪和受贿罪的量刑起点和刑度，对性贿赂适用行贿罪和受贿罪的基本量刑档次，没有必要设立一个独立的罪名。

① ［美］Herbert L. Packer：*The Limits of the Criminal Sanction*，Stanford University Press，1968，p. 296.

承诺“为他人谋取利益”的解读与司法认定

孙国祥*

在现行刑法中，为他人谋取利益是收受财物构成受贿犯罪的必备要素之一。理论界对“为他人谋取利益”的要素性质以及“为他人谋取利益”的立法存废有诸多研究，鉴于篇幅关系和本文的主旨，对此不做进一步探讨。[①] 由于实务大多聚焦于具体案件“为他人谋取利益”司法认定，尤以承诺为他人谋取利益最具争议。本文拟围绕承诺作为谋利益行为起始的合理性以及承诺的具体表现形式，在回溯典型判例、审视理论分歧的基础上，作相关辨析。

一、承诺是“为他人谋取利益”行为的起始

任何行为从发起到完成都是一个动态发展的过程。“为他人谋取利益”行为通常存在承诺、实施、部分实现和完全实现等过程，形成有若干个节点。“为他人谋取利益”司法认定的行为起始点落在何节点，涵盖哪些具体行为方式，理论上、实务中的观点莫衷一是。概言之，有三种不同观点：观点一主张以谋取利益的意图为行为起点，认为谋取利益应包括以下形式：（1）意图为他人谋取利益，但未实际进行；（2）承诺为他人谋取利益；（3）正在为他人谋取利益，但未完成；（4）已经为他人谋取了部分利益，没有完全满足行贿人的要求；（5）为他人谋取利益，全部满足了要求。[②] 观点二则主张以实施谋利益具体行为为行为起点，认为为他人谋取利益应当表现为三种情况：“其一，正在实施为他人谋取利益的行为，但尚未取得成果；其二，为他人谋取利益已经取得了一定的进展，但尚未完全实现；其三，为他人谋取利益，已经全部实现了他人的要求。”[③] 有学者进一步分析认为，“在请托人当面告诉国家工作人员明确的请托事项，或者通过其他途径

---

* 南京大学法学院教授，博士生导师。

① 孙国祥：《贿赂犯罪的学说与案解》，法律出版社2012年版。

② 鲜铁可：《受贿罪的证明方法》，载姜伟主编：《刑事司法指南》（第2集）（总第10集），法律出版社2002年版，第148—149页。

③ 本书编写组编：《〈中共中央纪委关于严格禁止利用职务上的便利谋取不正当利益的若干规定〉逐条释解与案例评析》，中国方正出版社2007年版，第82页。

让该国家工作人员明白其明确的请托事项的情况下，该国家工作人员明示或者暗示将办理请托事项即许诺，但事后没有为其谋取利益……不应认定‘为他人谋取利益’”。[①] 观点三则提出以承诺作为谋取利益的行为起点。“国家工作人员只要具有为他人谋利的承诺表现，就符合‘为他人谋取利益’的要件。即便行为人收受了他人给予的财物后没有实际为请托人创造利益，甚至可能还在背地里挖墙脚，阻碍他人取得利益。”[②] 三种观点中，观点二曾一度成为广泛接受的通说并有司法机关对典型案件评判佐证。

例如，检察机关指控原沈阳市市长慕某受贿的事实中，其中涉及以下慕某两起收受财物的行为：（1）1996下半年，慕某应中国人民保险公司沈阳分公司的委托，利用职权，帮助该公司扩大保险业务，为此，分数次收受该公司经办人人民币6.18万元。（2）1999年，慕某应赵某请托，承诺对其提拔重用。为此，于1999年春节前，在其办公室，收受赵某送人民币1万元；2000年春节前，在其办公室，收受赵某所送美元2000元（折合人民币16556元）；2000年8月，收受赵某所送人民币1万元。法院开庭审理时，慕某的辩护人提出，没有证据证实被告人为请托人谋取利益，应不构成犯罪。法院审理后评判认为：公诉机关在庭审中出示的证人证言证实，中国人民保险公司沈阳分公司给慕某送钱的目的是要求慕某协调有关部门为该公司恢复高速公路保险业务，慕某对此也予以供认。但公诉机关庭审中出示的书证证实，该公司请示恢复的是“强制保险”，慕某批示的是“自愿保险”，慕某的批示实际上否定了该公司的要求，慕某客观上没有利用职务上的便利为该公司谋利的行为，因此，对慕某受贿人民币6.18万元的指控不予认定。此外，公诉机关出示的证据证明慕某答应有机会对赵某予以提拔，与证人赵某的证人证言相互印证。但是公诉机关没有出示慕某为赵某实际谋取利益的证据，因此，对被告人慕某的辩护人的辩护意见予以采纳。客观上被告人慕某没有利用职务之便为赵某谋取利益，不能认定慕某受贿人民币3.6556万元。[③]

显然，若按观点一和观点三判断，慕某的上述行为无疑已经成立受贿，而判决之所以否定控方对慕某两起受贿指控，就是基于观点二的立场，即贿赂犯罪的成立是建立在必须实际为他人谋取利益或者已经实现为他人谋取利益的基础上。

---

① 王显荣：《被动型受贿中“为他人谋取利益”的司法解读——以〈全国法院审理经济犯罪案件工作座谈会纪要〉有关“为他人谋取利益”之规定为视角》，载《河北法学》2010年第4期。

② 张铭训、梅屹松：《行贿犯罪情况调查与刑法适用问题研究》，载《人民检察》2008年第14期。

③ 参见辽宁省大连市中级人民法院《刑事判决书》（2001）大刑初字第153号，载最高人民法院刑事审判第一庭、第二庭编：《刑事审判参考》（第2辑）（总第25辑），法律出版社2002年版，第178—234页。

笔者认为，观点一将“意图”为他人谋取利益作为谋利益的行为起始，失之过严，也缺乏可操作性。“意图”是指一种有目的的打算，属于行为人的内心活动，如果没有通过一定的方式表达出来，司法也无从把握，而且即使意思已通过一定的方式流露出来，在没有与行贿人沟通的情况下，对未来的行受贿犯罪不会起到实际的作用，仅凭这种单纯的意思流露作入罪依据，有单纯的主观归责之嫌，殊不可取。而如果行为人不但将为他人谋取利益的意图通过客观行为表达出来，而且该意图与相对人（行贿人）实现了沟通，则已不属于单纯的“意图”流露，已经是行为人对为他人谋取利益的一种承诺，超出了“意图”范围。观点二认为必须实际开始为他人谋取利益，仅有“承诺”不属于谋取利益客观表现，似乎符合人们对“为他人谋取利益”行为起始的一般理解，但我们从该观点指导下的实践效果看，就会发现明显失之过宽，容易被那些收钱不办事或者还没有来得及办事的行为人留下规避法律的漏洞。观点三提出将承诺作为为他人谋取利益的起点，虽然比人们的通常认识有所提前，但得到了最高人民法院司法文件的肯定。最高人民法院2003年印发的《全国法院审理经济犯罪案件工作座谈会纪要》（以下简称《纪要》）采纳了承诺说，指出，受贿罪“为他人谋取利益包括承诺、实施和实现三个阶段的行为。只要具有其中一个阶段的行为，如国家工作人员收受他人财物时，根据他人提出的具体请托事项，承诺为他人谋取利益的，就具备了为他人谋取利益的要件。明知他人有具体请托事项而收受其财物的，视为承诺为他人谋取利益”。按照《纪要》，“国家工作人员只要具有为他人谋利的承诺表现，就符合‘为他人谋取利益’的要件。即便行为人收受了他人给予的财物后没有实际为请托人创造利益，甚至可能还在背地里挖墙脚，阻碍他人取得利益”,[①] 都不影响“为他人谋取利益”的认定。

《纪要》将承诺作为谋取利益的起始行为，虽然学界肯定者居多，但也存在一些不同的声音。如有学者对此提出批评认为，《纪要》所持的“许诺说”既不符合立法原理，在司法实践中亦难以认定。《纪要》的规定虽然满足了打击受贿行为的现实需要，但是如果司法机关不顾立法的实际情况，轻易取消被动型受贿罪中的利益要件的限制，这是对罪刑法定原则的否定，动摇了现行刑法之根基，由此造成的结果会与我们的立法初衷背道而驰。[②] 因为在一些学者看来，承诺“仅是表露思想的行为，而不是实现思想的行为，‘许诺’为他人谋取利益，并不等于就是、或就

① 张铭训、梅屹松：《行贿犯罪情况调查与刑法适用问题研究》，载《人民检察》2008年第14期。

② 王显荣：《被动型受贿中“为他人谋取利益”的司法解读》，载《河北法学》2010年第4期。

会为他人谋取利益”。①

笔者认为，基于刑事政策的需要，《纪要》将“承诺”作为谋利益行为的起始不应受到质疑。“为他人谋取利益”并不是行为的结果，而是一种行为，“承诺”或者“许诺”并不是如有些论者提出的“仅仅是一种意思表示，此时‘为他人谋取利益’的意思尚停留在主观层面，并未付诸实施”，② 而应属于规范意义上的行为。因为任何行为的实施事实上都是一个过程，为他人谋取利益涉及与相对方（行贿人）的沟通与互动，在权钱交易中，“承诺”说明行为人已不是单纯的思想流露，而是同意将手中权力作为贿赂的对价而支付，而一旦与收受财物联系起来，说明交易已经形成合意，而不是停留在交易的意向层面。根据“职务以及职务行为的不可交易性”本质，贿赂犯罪的成立，收受或者索取利益一旦与职务或者职务行为建立起因果联系（对价关系），就应该认定为贿赂性质。易言之，国家工作人员只要明知收受财物是其将要实施的职务行为报酬，就具有了交易性，刑法就具有干预的充分理由，如果非要等到协议的全面履行才成立，刑法的防线过于滞后；同时，刑法选择哪个时点作为某种行为的起始，也反映了刑事政策是需要。承诺固然淡化和削弱了“为他人谋取利益”对受贿罪成立的限缩功能，但这种淡化和削弱与现阶段惩治腐败犯罪的刑事政策是契合的。现阶段应对贿赂犯罪高发的刑事政策应该是“严而又厉”，司法从技术层面简化贿赂犯罪的入罪条件，将承诺作为“为他人谋取利益”行为的起始，降低了“为他人谋取利益”的证明标准，只要行为人承诺为他人谋取利益，日后有无实施和实现，不应影响受贿罪的认定，严密了贿赂犯罪的法网，有利于刑法贿赂犯罪惩治目标的实现。由此，上例慕某所涉嫌的两笔受贿事实中，仅从谋取利益的角度看，请托人有明确的请托事项，被告人也有明确的承诺，尽管没有实际为他人谋取利益，但仍不能据此否定已具备为他人谋取利益法定要素。

二、承诺为他人谋取利益的司法认定

既然司法文件已经将承诺作为“为他人谋取利益”的表现，那么承诺需要通过什么样的外在形式表现出来才能认定？《纪要》并没有给人们提供答案。笔者认为，立足于现实情境中形形色色承诺，可归纳为以下方式。

（一）通过口头或者书面形式的确定性承诺

有证据表明国家工作人员口头或者书面形式向请托人承诺为其谋取利益。这属于最典型也是容易认定的承诺。当然，实务中鲜见有书面承诺，常常是行受贿双方

① 朱建华：《受贿罪“为他人谋取利益”要件取消论》，载《现代法学》2001 年第 4 期。

② 胡敏：《论受贿罪的主观超过要素》，载《河北法学》2009 年第 1 期。

认可的口头约定，只要有此种“君子协定”存在，承诺就应当认定。

例如，在原山东省济宁市副市长李某受贿案中，检察机关其中有一笔指控，请托人济宁驻京联络处副主任王某找到时任济宁高新技术产业开发区管委会主任李某，要求调到高新区工作，并为此送给李某5000元人民币，被告人李某承诺予以考虑。后来，因为驻京联络处升级，王某放弃了调动工作。庭审中，被告人的辩护人提出，李某收受5000元，并没有利用职务上的便利为请托人谋利益，不构成受贿罪。法院审理后认为，被告人李某对王某的请托，当时“表示自己刚到高新区工作，承诺以后找机会再说，并没有拒绝王某的具体请托事项。被告人李某实施了利用职务上的便利为他人谋取利益的行为，符合受贿罪的构成要件。”①

被告人李某对请托人的要求作了明确的承诺，并由此收受了请托人财物，故法院判决支持了检察机关的此笔指控。

（二）对请托人谋取利益请托的默示

行为人对他人谋取利益的具体请求既没有明确答应，也没有表示反对，对此，能否作承诺的认定。有论者分析认为，“在请托人当面告诉国家工作人员明确的请托事项，或者通过其他途径让该国家工作人员明白其明确的请托事项的情况下，该国家工作人员并没有明确表示是否办理请托事项，但其仍然收受了请托人的财物，事后并没有为其谋取利益……不应认定‘为他人谋取利益’”。② 笔者认为，这种理解过于机械。在民事法律关系中，沉默一般不能作为承诺的方式。但在“以权换利”的不法协议形成过程中，承诺表达的形式是多种多样的，既包括用明示的方法，也应包括用默示的方法，只要明知他人有请托事项，对行贿人的要求当时不表示反对，并接受请托人为此支付的对价（财物），说明行为人已经用接受财物的行动表明其接受了要约，应成立“为他人谋取利益”。正如有学者分析指出的，这种情况下，“对方有求于国家工作人员的职务行为时，国家工作人员虽然没有明说‘我给你办’，但是在对方有求于他时收受财物的，本身就是一个默示的承诺。这种不予拒绝的行为给对方传递了如下信息：‘国家工作人员会给我办事的，要不然他会拒绝。’所以，只要没有拒绝接受财物，就是暗示为他人谋取利益”。③ 甚至，即使有的被告人表面上拒绝请托人的“谋取利益”请求，但对请托人送的财物照

① 参见《李信受贿案——山东省潍坊市中级人民法院刑事判决书》，载最高人民法院刑事审判第一庭、第二庭编：《刑事审判参考》（第4集）（总第45集），法律出版社2006年版，第143页。

② 王显荣：《被动型受贿中“为他人谋取利益”的司法解读》，载《河北法学》2010年第4期。

③ 张明楷：《〈刑法〉分则的解释原理（上）》（第2版），中国人民大学出版社2011年版，第309页。

单全收，同样表明行为人已经用实际行动承诺了“为他人谋取利益”的要求。简言之，默示虽然形式上是对请托人请托模棱两可的回应，但收受财物的行为本身说明了对请托的肯定性承诺。

例如，被告人刘某，原系某县副县长。2000 年 4 月的一天，当地一建筑公司经理王某在刘某驾驶的汽车上，送给刘某 5 万元，请其多关照。2001 年 8 月至 10 月的一天，市政公司经理张某到被告人刘某家，以装修房子“送礼”为名给其 5 万元，要其在今后承建工程等事情上多关照。刘某收下此款后，全部用于装修私人住宅。2003 年 3 月，张某因涉嫌贪污被刑事拘留。刘某怕自己收受张某 5 万元之事暴露，遂指使县人防办主任龙某在人防办做假账后，给其开具一张收到刘某现金 5 万元的收据。检察机关指控被告人刘某收受张某、王某财物的行为构成受贿罪。庭审中，辩护人提出，没有证据证明被告人实施了为他人谋取利益的行为，其行为不构成受贿罪。法院经审理后认为，根据控方的证据，只能证明王某、张某各给刘某送现金 5 万元，不能证明刘某为二人谋取了利益。刘某及其辩护人关于“未给王某、张某实际谋取利益”的辩解和辩护意见，与查明的事实相符，应予采纳。但王某、张某是建筑公司、市政公司的负责人，二人给当时分管建委和城建工作的刘某分别送钱时请刘某多关照，送钱的意图是明显的，即想在项目承建上得到刘某的照顾。刘某在供述中，承认其明白二人送钱的这一意图，但仍收取了这 10 万元现金，是以收钱的行为向送钱人承诺，要为送钱人谋取利益。刘某后来虽未实际给王某、张某谋取利益，但其收取二人钱财的行为，符合受贿罪中权钱交易的本质特征。该行为构成受贿罪，未给行贿人谋取实际利益，可在量刑时酌情考虑。据此判决刘某犯受贿罪，判处有期徒刑 10 年。一审宣判后，被告人刘某不服，以其没有为他人谋取实际利益，且有自首情节，并退清了全部赃款，仍被判 10 年有期徒刑明显过重为由提出上诉，请求从轻处罚。二审法院经审理后认为，《刑法》第 385 条第 1 款规定的“为他人谋取利益”，应当包括承诺、实施和实现三个阶段。行为人只要实施了其中一个阶段的行为，就构成“为他人谋取利益”这一要件。被告人刘某身为国家工作人员，明知他人因其具有能在建设工程方面给予关照的职务而送钱，仍利用职务之便接受所送的钱款，是承诺为他人谋取利益。事后，刘某虽然没有给送钱人谋取实际利益，但却否定不了收受这笔钱财时的权钱交易情形。刘某收受王某、张某所送钱款的行为符合受贿罪的本质特征，应依法处罚。鉴于刘某的受贿罪是其自首，且受贿后没有给行贿人谋取实际利益，并已在案发后退清全部赃款，有悔罪表现。故对刘某可减轻处罚。改判上诉人刘某犯受贿罪，判处有期徒刑 6 年。

从该裁判的判决理由不难确认，国家工作人员明知他人有具体请托事项，仍利用职务之便收受其财物的，虽尚未为他人谋取实际利益，其行为亦构成受贿罪。①

最高人民法院于2011年年底发布了首批指导性案例，其中“潘玉梅、陈宁受贿案”（最高人民法院指导案例3号）的案情中，被告人潘玉梅有一笔受贿在庭审时曾引起争议：2004年上半年，被告人潘玉梅利用担任迈皋桥街道工委书记的职务便利，为南京某发展有限公司受让金桥大厦项目减免100万元费用提供帮助，并在购买对方开发的一处房产时接受该公司总经理许某某为其支付的房屋差价款和相关税费61万余元（房价含税费121.0817万元，潘支付60万元）。被告人潘玉梅及其辩护人提出潘玉梅没有为许某某实际谋取利益，应不构成犯罪。对此，法院判决认定，“经查，请托人许某某向潘玉梅行贿时，要求在受让金桥大厦项目中减免100万元的费用，潘玉梅明知许某某有请托事项而收受贿赂；虽然该请托事项没有实现，但‘为他人谋取利益’包括承诺、实施和实现不同阶段的行为，只要具有其中一项，就属于为他人谋取利益。承诺‘为他人谋取利益’，可以从为他人谋取利益的明示或默示的意思表示予以认定。潘玉梅明知他人有请托事项而收受其财物，应视为承诺为他人谋取利益，至于是否已实际为他人谋取利益或谋取到利益，只是受贿的情节问题，不影响受贿的认定”。② 这一具有参照效力的案例表明最高人民法院实际上肯定了行为人在明知对方有请托事项的情况下接受财物，就应当认定为承诺“为他人谋取利益”，从而构成受贿罪。该案例的印发，反映了最高人民法院的这一立场，对统一实务中“为他人谋取利益”的理解和类似案件的处理应具有指导作用。

（三）客观上存在利益制约关系的推定性承诺

一般情况下，承诺应该通过某种方式表示出来，但在实务中，他人在行送财物时没有明确提出具体的请托要求，国家工作人员接受财物时也没有作出为他人谋取利益的表示，能否据此就简单地认定不存在承诺？笔者认为，对此应当作进一步分析，承诺虽然是行为人自我决定的意思表示，但当行为人自我决定意思不明显时，对行为人的意思进行合理的、客观的推测也是可行的。即“运用推理方式证明许诺行为的存在，即在不存在相反证据的时，推定许诺行为伴随着收受财物的行为，而要求受贿人证明自己没有许诺为他人谋取利益的行为也几乎是不可能的”。③ 由此，即可认定承诺的存在。

例如，被告人丁某，原系兰大二院党委书记兼基建领导小组副组长。2004年下半年，兰州市某建筑公司负责承建兰大二院医疗综合大楼土建工程及该院萃英花

---

① 《成都市人民检察院诉刘某贪污、受贿案》，载《最高人民法院公报》2004年第9期。

② 参见《潘玉梅、陈宁受贿案》（指导案例3号），载《人民法院报》2011年12月21日。

③ 杨兴培、李翔：《经济犯罪和经济刑法研究》，北京大学出版社2009年版，第424页。

园家属楼工程。2006 年 2 月底，该建筑公司经理张某受兰大二院基建部部长袁某指使，借拜年之机给丁某送去人民币 50 万元。丁某收受此款后，将其中的 15 万元用于子女上学和家庭开支，剩余 35 万元一直放于家中。同年 8 月 28 日，丁某指使其子借用其远房亲戚李某的身份证将 35 万元存入某银行。2006 年 8 月 30 日，检察机关以丁某涉嫌受贿罪指控。法院审理后以受贿罪从轻判处丁某有期徒刑 10 年。一审宣判后，丁某不服，提起上诉。其上诉理由为自己收受 50 万元的行为是单纯的受贿行为，不论是在主观思想上还是客观行为上，均没有为对方谋取利益，即使不廉洁，也没有在公务活动中不廉洁，她的行为仅仅是一种单纯的受贿行为，违反了党纪政纪，她愿接受处理，但不应以受贿罪论。二审法院审理后认为，丁某作为兰大二院党委书记兼基建领导小组副组长，明知他人送财物的目的与自己的职务行为有关而予以收受，视为承诺为他人谋取利益，其行为侵害了国家工作人员公务活动的廉洁性，构成受贿罪，丁某的上诉理由无证据支持，丁某收受 50 万元的事实清楚，证据确实、充分，并作出终审裁定：驳回上诉，维持原判。①

有学者对此案分析认为，这是一宗较为典型的单纯受贿案件。虽然二审法院认为，明知他人送财物的目的与自己的职务行为有关而予以收受，视为承诺为他人谋取利益，但根据最高人民法院 2003 年《纪要》的规定，明知他人有具体请托事项而收受其财物的，视为承诺为他人谋取利益，二审法院将与职务行为有关的收受财物行为认定为承诺为他人谋取利益，有扩大解释之嫌，有可能彻底颠覆“为他人谋取利益”之要件，这恐怕与罪刑法定的基本精神也是相悖的。② 笔者认为，该学者的分析和担心看似有些道理，但所持观点有失偏颇。司法机关认定丁某构成受贿并没有颠覆“为他人谋取利益”的要件，而是将“为他人谋取利益”认定建立在推定性承诺基础上的。

当然，这种推定本身需要比较可靠的基础事实。笔者认为，推定性承诺应具备以下三个条件：（1）国家工作人员收受了他人财物。（2）国家工作人员职务行为与他人利益之间存在现实的制约关系：一方面，行送财物的人客观上有某种现实的利益需求；另一方面，国家工作人员的职务行为客观上能够影响乃至满足他人的现实利益。（3）从利益衡量与平衡的角度，在人的一般理性场合，行送财物与谋取利益的承诺能够建立其常态的联系。在此前提下，国家工作人员接受他人行送的财物，应推定国家工作人员已经承诺为他人谋取利益。上述案例中，建筑公司承建兰大二院医疗综合大楼土建工程及该院萃英花园家属楼工程，工程进行中，建筑公司

① 郭玉红：《兰大二院原党委书记受贿案终审维持原判》，载《兰州晨报》2007 年 7 月 19 日。

② 于志刚主编：《新型受贿犯罪争议问题研究》，中国方正出版社 2011 年版，第 369—370 页。

的工程上的诸多利益需要得到兰大二院的配合才能实现，丁某是兰大二院党委书记兼基建领导小组副组长，有直接的职务之便为建筑公司谋取利益，丁某接受与其权力有制约关系的建筑公司的财物，与自己拥有的权力有直接关系，双方各取所需，这是社会常识，对行受贿双方来讲应该是心照不宣的。所以，丁某接受财物的行为本身就表明了将来为建筑公司谋取利益的一种承诺。一、二审法院对丁某的定罪量刑是正确的，并不违背罪刑法定原则。

三、需要进一步研讨的问题

（一）承诺之后的后续行为是否影响承诺的判断

实务中，有的行为人收受财物后，并没有积极为请托人谋利益，例如在对请托人任职提拔过程中，行为人并没有积极推荐，只是消极同意或者表示不反对，甚至有证据证明其提出过反对意见，请托人的任职升迁是集体研究的结果。对此，行为人常以曾经有请托但没有实际为请托人谋取利益作为辩护理由。例如，检察机关指控，被告人侯某在担任中共山西省委常委兼太原市委书记期间，接受太原市公安局副局长邵某希望提任太原市公安局局长的请托，并于2000年9月至11月期间，分三次在其办公室收受邵某给予的5万美元、5万美元和价值港币58320元的百达菲利牌手表一块，共计折合人民币889715元。2001年4月，被告人侯某在太原市公安局局长人选的民主推荐会之后，召集市委有关领导研究决定将邵某确定为太原市公安局局长人选的考察对象。此后，侯某分别主持召开中共太原市委书记办公会、市委常委会，决定将邵某作为太原市公安局局长人选上报中共山西省委组织部。对此指控，侯某辩解称，邵某在民主推荐中名列第一，对邵某的使用，是完全按照组织规定进行的，自己同意邵某任职是符合程序的，并非是因为收受了其贿赂，自己并不想要他的钱等。法院审理后以受贿罪判处被告人侯某有期徒刑11年。有论者对此分析认为，为他人谋取利益无论通过什么样的具体方式，是积极运作的帮助，还是消极同意的帮助，只要行为人对于行贿人的谋利要求是明知的，并在此事项上不反对、不阻碍，就构成了对他人的帮助，就是与行为人的职责相违背的，就侵害了公职人员职务行为的廉洁性。① 笔者认为，上述分析基本是正确的，但还不全面。承诺后的后续行为不应影响先前承诺的认定。因为为他人谋取利益的判断时点是承诺之时，而非在实际为他人谋取利益阶段，即使行为人承诺后没有为行贿人谋取利益，甚至对行贿人的利益请求是表示反对的、阻碍的，只要行为人收受了财物，就不应影响行为人受贿性质的认定。例如，主管招投标的国家工作人员甲分别接受了乙、丙两家单位的贿赂各2万元，并分别承诺为他们谋取利益。在决定中标

---

① 李连嘉等：《认定受贿犯罪的若干难点问题》，载《中国检察官》2007年第2期。

的过程中，甲选择支持乙单位，否定了丙单位，如果甲对收受丙单位 2 万元贿赂的指控，以没有为丙单位谋利甚至反对丙单位利益作为抗辩理由，由于甲的承诺行为在前而不能成立。

（二）国家工作人员主动提出谋取利益的许诺是否属于承诺通常的词义，承诺是指“对某项事务答应照办”①

由此，承诺一般带有被动性的特点。法律上的承诺，常常是一方提出要约申请，受邀人同意接受要约而形成协议。贿赂案件中，通常是行贿人充当要约人，主动提出谋取利益的要求在前，国家工作人员作为受邀人，允诺谋利在后，从而达成了“以权换利”的不法协议，国家工作人员的承诺具有被动性的特点。但在笔者看来，法律意义的承诺并不限于国家工作人员这种被动性情况。贿赂犯罪本身就是互动型、关系型的犯罪，在互动中双方的角色可以转换，即使行贿人没有提出谋利益的要求，而由国家工作人员先主动提出“为他人谋取利益”的，国家工作人员处于要约人的地位，行贿人则属于受邀人，双方达成协议的，也应属于承诺的方式。易言之，“以权换利”不法协议的形成过程中，国家工作人员主动提出要约，如果对方给贿赂，日后将利用职务上的便利为行贿人谋取利益的，也应作为贿赂认定。

例如，被告人裴某，原系深圳市中级人民法院副院长。因涉嫌受贿和巨额财产来源不明罪被指控。指控的主要涉案事实是：2005 年 7 月，被告人在分管民事审判第五庭（房地产审判业务）等庭室的工作。2005 年年底，被告人与前妻李某的女儿提出购买房屋，裴某答应留意。之后，裴某女儿将其舅舅（李某的弟弟）也想购房并希望裴某在看房时一并留意的要求告诉了裴某，裴某表示同意。后裴某看中了该市某房地产公司开发的楼盘，并主动联系房地产公司老板陈某为其预留三套房，要求陈某为其打折，同时承诺可以在涉及房地产公司的案件上给予该公司关照。陈某同意在该楼盘开盘时为裴预留三套房，并在售房价格上打七折。2006 年 5 月，被告人以七折的优惠价格定购到该楼盘 1 栋 18A 房后，在没有办理购房手续的情况下，将该房转手卖出并获利人民币 88 万元；李某和李某的弟弟分别选中并以七折的优惠价格购得 9 栋 15B 及 1 栋 11B 房。与开盘当日市场销售价相比，被告人通过获取差价的方式，取得房地产公司贿赂款人民币 279 万余元。另外，被告人还涉嫌收受某拍卖公司贿赂款人民币 150 万元，港币 20 万元，并有巨额财产不能说明来源。

庭审中，辩护律师提出，被告人与前妻、前妻的弟弟之间不属于特定关系人，被告人不应对他们低价购房的行为承担刑事责任。同时，陈某没有要求被告人为房

① 中国社会科学院语言研究所词典编辑室编：《现代汉语词典》（第 5 版），商务印书馆 2005 年版，第 175 页。

地产公司谋利，被告人实际上也没有为房地产公司谋利，因此，被告人的低价购房行为不构成犯罪。公诉人在答辩中认可陈某没有要求被告人为房地产公司谋利，被告人实际上也没有为房地产公司谋利的事实，也认同被告人的行为不符合《意见》相关规定的观点。但公诉人提出，被告人利用其特定的身份和职权，主动向陈某提出“打折”购房，并提出“案件上的事尽管说”，被告人实际上是利用职权向案件当事人陈某索贿，应以索贿从重处罚。法院最终采纳了公诉人的公诉意见。①

笔者认为，上述案例中，公诉人对被告人有无为他人谋取利益的分析有不当之处。案情清楚地表明，被告人身为主管房地产审判业务的法院副院长，有为房地产公司谋取利益的职务之便。房地产公司在运行过程中，因为各种纠纷而发生诉讼事项，进而寻求司法保护的概率非常高，据介绍，陈某的房地产公司在该市两级法院共有21件诉讼，至案发时仍有2件在被告人所在的中院尚未办结。② 虽然陈某当时没有提出谋取利益的要求，被告人也没有实际为陈某谋利的事实，但被告人向陈某承诺“案件上的事尽管说”，已经是法律意义的为他人谋取利益的行为表现，是典型的主动承诺，陈某也是因为看中被告人手中的权力，对被告人所购房屋予以优惠价格销售，由此形成了“以权换利”的不法协议。

（三）虚假“承诺”是否承诺

实务中，被指控受贿的被告人不乏这样的辩解：对请托人的请托当时虽然碍于情面作有承诺，但内心并不打算为请托人谋利益，实际上日后也没有谋取利益的行为，此种一开始就不打算履行承诺的行为能否阻却受贿罪的成立？理论界对此也有不同分析。一种观点认为，“为他人谋取利益”中的“承诺”，“既指真实承诺，也指虚假承诺。国家工作人员没有为他人谋取利益的主观意图，假意承诺为他人谋取利益并收取财物的，同样构成受贿罪”。③ 有学者还对此进一步举例分析，“国家工作人员甲明知他人有具体的请托事项而接受了他人数额较大的财物，此后在工作中依法正常履行职务并为请托人谋取了正当利益，而国家工作人员乙明知他人有具体的请托事项而接受了他人数额较大的财物后拒绝为请托人谋取利益，即使是正当利益。很明显，甲的行为构成受贿罪。而如果以‘没有为行贿人谋取利益的事实或行为’为理由认定乙的行为不构成受贿罪，则是非常不合理的。实际上，乙的行

① 参见刘冬根：《采取“低价购房”形式受贿的法律适用问题——析裴某受贿、巨额财产来源不明案》，载张仲芳主编：《刑事司法指南》（第4集）（总第36集），法律出版社2008年版，第192—193页。

② 参见刘冬根：《采取“低价购房”形式受贿的法律适用问题——析裴某受贿、巨额财产来源不明案》，载张仲芳主编：《刑事司法指南》（第4集）（总第36集），法律出版社2008年版，第195页。

③ 薛进展、张铭训：《贿赂犯罪慎改论》，载《中国刑事法杂志》2008年第9期。

为同样符合‘权钱交易’的特征，其拒绝为他人谋取利益，是对其过去承诺的违背。从某种意义上说，乙的主观心理更加不诚实，其行为更具有可罚性。倘若对乙的行为反而不以受贿罪论处，显然不符合一般的社会观念，也不利于遏制腐败之风”。① 相反的另一种观点分析认为，如果行为人作虚假的许诺而取得行贿人财物的，实际上并不打算为他人谋取利益，应作为诈骗罪定罪量刑。② 有学者进一步分析指出，“受贿人对请托人的承诺无疑存在着如下多种可能：‘答应’不一定‘能帮忙’，‘能帮忙’不一定‘会帮忙’，‘会帮忙’不一定‘真帮忙’，‘真帮忙’不一定‘帮了忙’。”而在虚假承诺的情况下，行为人“虽收受财物，但并无相应的实际的‘职务行为’可为其对价，不可能将‘职务行为’与‘财物’相互交换，因此亦不可能对职务行为的‘不可收买性’造成侵害。由此，虚假承诺的行为并不能构成受贿罪”。③ 还有观点进一步分析认为，“如果他人向国家工作人员行贿，国家工作人员接受了财物，并通过明示或者暗示的方法表示为他人谋取利益，不问该意思表示的真假，都构成受贿罪。那我国刑法关于诈骗罪客观方面的虚构事实和隐瞒真相的规定，在这种情况下是否可以适用，就值得怀疑了，但我国刑法并没有诈骗罪在这种情况下不能适用的规定，因此，事实上在这种情况下应可适用诈骗罪的规定，只要符合诈骗罪的犯罪构成，就应认定构成诈骗罪”。④

笔者认为，虚假承诺能否认定为法律意义的承诺，应根据具体案情分别认定。

1. 行为人确实具备为他人谋利益的职务之便，即使作的是虚假承诺，也应成立受贿罪。因为所谓不打算为他人谋取利益的虚假承诺，在实践中是难以认定的。如果国家工作人员供述自己有为他人谋取利益的目的，就认定为受贿罪，如果供认自己并不打算为他人谋取利益，就认定为诈骗罪，则定罪的选择权完全取决于行为人的主观供述，势必造成实务中的混乱。而且，完全不排除这么一种情况，即国家工作人员一开始承诺为请托人谋取利益，也收受了请托人部分财物，中途由于种种原因不打算为请托人谋利益，但并没有告知请托人，继续收受请托人的财物，前后收受的财物已经达到了受贿罪的标准。但如果分开来，则前面收受财物的数额尚未达到受贿罪的定罪标准，后面收受的财物也没有达到诈骗罪的构罪标准，即该行为人不构成犯罪，如此处理显然也有失公正，难于被公众所认同。有学者提出，收受财物后作虚假承诺的，构成受贿罪。如果事先作虚假承诺并要求他人交付财物的，

---

① 熊选国、苗有水：《如何把握受贿罪构成要件之“为他人谋取利益”?》，载《人民法院报》2005 年 7 月 6 日。

② 王显荣：《被动型受贿中“为他人谋取利益”的司法解读》，载《河北法学》2010 年第 4 期。

③ 邱兴隆：《一切为了权利——邱兴隆刑事辩护精选 50 例》，中国检察出版社 2011 年版，第 500—501 页。

④ 赵秉志主编：《中国疑难刑事名案法理研究》，北京大学出版社 2008 年版，第 28 页。

则是索取型受贿罪或者诈骗罪，不属于收受型受贿罪。[①] 笔者认为，这种区分也是没有必要的。受贿罪的成立并不以行为人实际“为他人谋取利益”为要件，即使是收受财物前的虚假承诺，行为人仍然是以其现实的职务或职务行为作为基础的，即以此作为收受贿赂对价的，对请托人而言，行为人的承诺仍然是真实的，不法协议一旦形成，并基于承诺而收受财物，职务行为的不可出卖性已经被侵害，故不能改变行为人出卖职务行为的事实和性质，仍应该认定“为他人谋取利益”，满足受贿罪其他构成要素的，应该成立受贿罪。

2. 行为人并没有为请托人谋利益的职务之便，却谎称可以为请托人谋取利益，并以此收受请托人财物的，属于招摇撞骗的行为，由此骗取财物的，可以成立诈骗罪。换句话说，构成受贿的虚假承诺也必须与行为人的职务行为有关联，确实有职务条件为他人谋取利益，“对于完全没有条件为他人谋取利益，虚张声势、隐瞒真相，以提供利益为诱饵获取他人财物的国家工作人员，应以诈骗罪论处”。[②]

例如，被告人柴某，原系北京市财政局财政监督检查分局副分局长。1999 年，某公司法定代表人李某经人介绍，认识了时任北京市财政局农财处干部的被告人柴某。被告人柴某谎称可在李某向市财政局申请无偿下拨“支农专项资金”时提供帮助，骗取李某的信任，分别于 2000 年 5 月、12 月和 2001 年 1 月，先后向李某索取人民币共计 25 万元。2005 年 4 月 7 日，被告人柴某被抓获归案。检察机关指控被告人柴某上述行为系犯受贿罪，向法院提起公诉。法院审理后认为，柴某最初利用李某不明真相、急于通过其得到“支农专项资金”的迫切心情，向李某许诺能够从中帮忙，并在李某申请、等待有关职能部门审批的过程中向李某提出个人借款的要求。其间，李某先后多次支付给柴某个人共计人民币 25 万元。在此期间，柴某有意隐瞒了该专项资金实际上并非由其主管负责，且其工作已调动的真实情况。柴某有实际能力归还部分款项，而其却始终分文未还直至案发，纵观柴某的客观行为，足以反映其主观上非法占有的故意内容。据此，法院判决认定，被告人柴某以非法占有为目的，利用国家机关工作人员的身份，以为李某谋取利益为诱饵，骗取李某数额特别巨大的钱款，其行为已构成诈骗罪，判处有期徒刑 12 年，剥夺政治权利 2 年，罚金人民币 2 万元。[③]

上述案例中，柴某并没有为请托人谋取利益的职务之便，而是通过虚构事实、隐瞒真相的手段，取得了李某的信任，假借谋利益而索要财物，由于缺乏“权钱交易”贿赂犯罪基础，故此行为符合诈骗罪的构成。就实体而言，法院判决直接改变检察机关指控的罪名应当得到肯定。

---

① 张明楷：《刑法学》（第 4 版），法律出版社 2011 年版，第 1069 页。

② 薛进展、张铭训：《贿赂犯罪慎改论》，载《中国刑事法杂志》2008 年第 9 期。

③ 参见北京市海淀区人民法院（2006）海法刑初字第 1374 号刑事判决书。

论农村基层组织人员构成贪污贿赂罪主体的问题

金泽刚*

一、问题的提出

农村基层组织人员，通常是指农村村民委员会及农村党支部等基层组织的工作人员。我国农村基层村级组织有近百万之多，这些组织的人员是国家庞大机器的“末梢神经”，是新农村建设的主力军。他们没有国家公务员编制，一般也没有国家财政工资，不脱离农业生产，只能得到适当的集体经济组织提供的工资性补贴，但他们在从事农村公共事务和公益事业的管理工作中又具有一定的公务性质。正是因此，我国刑法没有完全把他们排除在贪污贿赂等职务犯罪的范围之外。而且，随着我国加大对“三农”的投入，农村经济快速发展，农村基层干部从事带有政府行政管理性质的事务日益增多，农村基层组织人员在管理农村事务过程中，出现了“权力膨胀”的趋势，同时也发生了大量侵害国家和农民利益的违法犯罪行为，有的涉嫌贪污贿赂犯罪。但是，我国《刑法》及相关司法解释对农村基层组织人员主体范围、管理职责等规定不够明确，导致此类案件的定性经常存在争论，值得进一步研究。

根据《刑法》第93条第2款规定，国家工作人员包括，国家机关中从事公务的人员，国有公司、企业、事业单位委派到非国有公司、企业、事业单位、社会团体从事公务的人员，以及其他依照法律从事公务的人员。农村基层组织人员只有符合“其他依照法律从事公务的人员”这一条件才有可能成为贪污贿赂犯罪的主体。对此，2000年全国人大常委会通过的《关于〈中华人民共和国刑法〉第九十三条第二款的解释》（以下简称《解释》）规定，村民委员会等村基层组织人员协助人民政府从事下列行政管理工作时，属于《刑法》第93条第2款规定的“其他依照法律从事公务的人员”：（1）救灾、抢险、防汛、优抚、扶贫、移民、救济款物的管理；（2）社会捐助公益事业款物的管理；（3）国有土地的经营和管理；（4）土

* 同济大学法学院教授，博士生导师，法学博士，经济学博士后。

地征收、征用补偿费用的管理；(5) 代征、代缴税款；(6) 有关计划生育、户籍、征兵工作；(7) 协助人民政府从事的其他行政管理工作。村民委员会等村基层组织人员从事上述规定的公务，利用职务上的便利，非法占有公共财物、挪用公款、索取他人财物或者非法收受他人财物，构成犯罪的，适用贪污、贿赂、挪用公款罪等职务犯罪的规定。因此，只有当村民委员会等村基层组织人员在从事《解释》规定的七项行政管理工作时，才属于“其他依照法律从事公务的人员”。

要确定农村基层组织人员的范围，首先应确定农村基层组织的范围，即哪些农村基层组织属于全国人大常委会《解释》意义上的“农村基层组织”。关于这个问题，我国2010年修订的《村民委员会组织法》并未规定“农村基层组织”这个概念。但根据该组织法规定，以及我国广大农村的实践，大致包括三类：一是农村自治组织，包括村民委员会、村民小组、村治安联防队等；二是村党、团组织，主要是党组织；三是村集体经济实体，包括村经济联合社、村经济合作社等形式的经济组织。可以预见的是，随着社会的发展，农村还会出现新型的农村基层组织形式。由于《解释》中采用了增加一个“等”字的方法，导致司法实践中对村民委员会属“村基层组织”没有争议，但对上述其他组织中的成员是否属于《解释》中的“村基层组织人员”较难界定。

二、农村基层组织人员的界定标准

总的来看，对于基层组织人员的范围，有的主张扩大解释，有的反对扩大解释。如有观点认为，一直以来，农村基层组织人员职务犯罪面临的首要问题就是犯罪主体不明确，导致在司法实践中争议与分歧激烈，法律适用混乱。在此种情况下，2000年《解释》让农村基层组织人员是否应该属于“其他依照法律从事公务的人员”得到了一定程度的明确，该《解释》引导了农村基层组织犯罪主体呈现扩大化趋势。扩大解释的理由：一是法从它产生的那天起就具有了滞后性；二是农村基层组织人员犯罪现象日益凸显，为了适应农村发展的需要，保护好农村和农民的基本利益，对农村基层组织人员犯罪加大打击力度是必要的。相反，有的观点认为，我国农村基层组织状况复杂，基层党务、团务、村务、公务和经济事务等都由村党支部、村团支部、村委会、村经联社、村经济合作社、村民小组等组织承担。其成员职务重叠现象比较突出，分工界限也不明确。若把《解释》中村基层组织的范围扩大到村委会和党支部两大基本组织以外，将导致“以国家工作人员论”的成员范围扩大，从而导致贪污贿赂等职务犯罪的主体范围无限扩大，这是否违背“权利义务对等”原则？是否违背相关人员的心理感受（本来就不是公务员）？

笔者认为，上述争论的观点立足各自立场，各有其理，但没有注重法律本身。其实，这仍然是个刑法的解释论问题。

界定农村基层组织人员范围，不能仅从功利需要出发，也不仅仅是个犯罪主体的身份问题，还要分析我们的目的所在。我们既要考虑“农村基层组织人员”自身的认定，更要强调“从事公务”的国家工作人员的本质属性。单纯以主体身份进行划分容易导致静止、片面的缺陷。所以，还必须按照行为的性质进行划分，即《解释》所规定的是否是“协助人民政府从事行政管理工作”。只要是从事“协助人民政府从事行政管理工作”的基层组织人员，就可以认定为这里的“从事公务的人员”。这样的标准，既抓住了问题的核心，也不会让准国家工作人员的范围过于扩大。所以，对农村基层组织人员犯罪定性不能简单地从村民委员会与村民小组或者村集体经济组织的外在关系上加以厘清。而应当以是否具有依法从事公务这一本质特征出发，再考察其在基层组织中的具体身份。唯有从事公务活动集中反映出立法机关将国家工作人员与其他一般人员加以区分的立法原意。这一点事实上一直贯穿于我国刑法解释“国家工作人员”的思路始终。这也许正是有的学者所言的刑法实质的解释论。

也就是说，我们重点在于分析上述农村基层组织人员作案时“利用职务之便”的行为是不是“协助人民政府从事下列行政管理工作”。不过，全国人大对《刑法》第 93 条第 2 款的解释明确了村基层组织协助政府从事行政管理工作的 7 项工作范围。但实践中对“协助人民政府”的认识又有争议。笔者认为，《解释》中的“人民政府”主要是指村级以上的基层乡镇人民政府，但也不能完全排除其他政府的职能部门，以及受人民政府委托管理行政工作的单位。① 这里不应当割裂“人民政府”和“从事行政管理工作”的联系。此处“协助人民政府从事行政管理工作”，主要是指帮助或辅助人民政府及其工作人员从事国家统一管理的事务以及社会公共事务，而不包括实施专门性村内自治事务和集体经营性事务。村基层组织人员当然也不能（无权）独立从事国家行政管理性事务或者社会公共事务。

《解释》规定的农村基层组织人员实施的协助行政管理工作，除了《解释》列举的具体行政管理工作外，有的难以穷尽，且“其他行政管理工作”随着国家新农村建设和发展，可能会有所变化。如对于村级基层组织人员利用职务之便侵吞、截留、虚报冒领退耕还林补助资金的行为，国务院通过的 2003 年 1 月 20 日起施行的《退耕还林条例》第 57 条明确规定按照贪污罪论处。对村级组织人员利用职务之便，侵吞和虚报冒领退耕还林补助款物的行为应该按照贪污罪论处。同样地，对于截留、侵吞和虚报冒领粮食直补金的行为，如农村基层组织人员从事代为管理、发放粮食直补金，种植面积的基础数据来源和整理造册上报等行为，应属于“协助人民政府从事其他行政管理工作”，对于利用职务之便，截留、侵吞和虚报冒领粮食直补金，数额较大的，也应按照贪污罪论处。党支部、村委会在不兼任经济组织职务的情形下，对村经济组织的经营事项有事实上的管理和决策权。其成员若利

① 如接受区县或者乡镇人民政府委托从事动物卫生防疫工作的村动物卫生防疫员。

用这种权力而进行的贿赂行为，如果不属于协助政府从事行政管理范围内，则只能认定为非国家工作人员受贿罪。

鉴于农村基层组织状况复杂，基层党务、公务、村务和经济事务等都由村支部、村委会、经济合作社等组织承担，这些成员之间职务重叠现象突出，分工界限也不明确。随着国家一系列支农惠农政策的实施和社会主义新农村建设的有序进行，村委会等基层组织参与管理实施的项目和资金范围越来越大。但对农村基层组织的解释，必须认识到基层组织成员身份的特殊性。

我国《村民委员会组织法》第2条规定："村民委员会是村民自我管理、自我教育、自我服务的基层群众性自治组织，实行民主选举、民主决策、民主管理、民主监督。村民委员会办理本村的公共事务和公益事业，调解民间纠纷，协助维护社会治安，向人民政府反映村民的意见、要求和提出建议。村民委员会向村民会议、村民代表会议负责并报告工作。"第5条第2款规定："村民委员会协助乡、民族乡、镇的人民政府开展工作。"可见，农村干部主要的工作是做好本村的各项工作，不仅包括本村的经济工作，也包括本村的社会管理和行政组织等。其工作职责主要包括农村内部的集体事务和协助完成国家的行政管理工作。当农村基层组织的人员从事协助完成国家的有关行政管理工作，或者称为具有政府行政管理职能的公务时，比如人民代表的选举，执行国家计划生育政策，参与户籍管理，协助征兵，代征、代缴税款，参与土地补偿款的发放和管理，针对国家救灾、防汛、优抚、救济等物资的发放和管理，参与社会公益事业等具有刑法意义上的"国家公共事务"的性质。当农村基层干部在从事这些事务中，利用了职务的便利，非法收受他人给予的财物、挪用公共财物或者非法侵占等，则可以构成贪污贿赂罪。在村经济组织从事以营利为目的的经营活动中，村基层组织人员利用管理或者从事经营活动的便利而非法侵吞公共财物，或者收受他人财物为他人谋取利益的，只能成为其他犯罪的主体。至于实施村民自治范围内的事务，即《解释》中的七项事务之外的非经营性质的村内公益事业和公益服务等自治事项，如在农村村民居住区改水、改厕、修筑公用设施以及提供安全保卫、法律服务等活动，这些既非协助政府从事行政管理工作，亦非企业经营性质的经营活动。在此过程中，村基层组织工作人员利用职务便利实施违法犯罪行为，当然不能成为受贿罪主体。在刑法修正之后，[①] 此类行为如果是利用职务便利非法收受他人财物的，则可以构成非国家工作人员受贿罪。因为行政村可以视为刑法中的单位，其工作人员自然属于"其他单位工作人员"。

三、农村基层组织人员的具体认定

主要是对村委会以外的其他村基层组织形式的认定问题。先看农村基层党组织

---

① 参见《刑法修正案（六）》的规定。

成员。

从《解释》出台的背景来看，针对1997年刑法实施后的争论情况，1998年7月21日，最高人民检察院向全国人大常委会法制工作委员会报送了《对村民委员会和村党支部成员的工作是否属“依法从事公务”问题的意见》。全国人大法工委经征求中央政法委、最高人民法院的意见后，针对现实中有待解决的村民委员会和村党支部成员职务犯罪如何适用法律的问题，于1999年12月草拟了上述《解释》的草案，提请全国人大常委会讨论通过。2000年4月29日，第九届全国人大常委会第15次会议通过了上述《解释》。从该立法背景来看，《解释》中“等”字显示立法解释既肯定了村委会属农村基层组织的主体身份，但又留有余地，正是因此，把与“村民委员会”并行或者说有领导关系的“村党支部”成员列入基层组织人员没有多大争议。我国《村民委员会组织法》第4条规定，中国共产党在农村的基层组织，按照中国共产党章程进行工作，发挥领导核心作用，领导和支持村民委员会行使职权；依照宪法和法律，支持和保障村民开展自治活动、直接行使民主权利。此处的“基层组织”与《解释》中“基层组织”应属同一法律概念。由于中国共产党是政治生活和社会生活的领导力量，如果村委会作为村基层组织，其工作人员利用职务之便犯罪可以构成贪污贿赂罪主体，对实施领导的村党支部成员利用职务犯罪反而不能构成贪污贿赂罪主体，这在逻辑上说不通。就目前我国农村机构设置情况看，村民委员会和村党支部委员会也已经是我国农村的两个基本组织结构。所以，认定农村党支部属于农村基层组织符合我国国情和立法本意。

接下来，是村民小组长、村民委员会下属机构，以及村集体经济组织如经济合作社等村级经营合作组织中的工作人员，他们是否可以成为这类犯罪主体，在实践中争议最大。

（一）关于村民小组长和村民委员会下属委员会成员

我国《村民委员会组织法》第3条规定，村民委员会可以根据村民居住状况、集体土地所有权关系等分设若干村民小组。第7条规定，村民委员会根据需要设人民调解、治安保卫、公共卫生与计划生育等委员会。村民委员会成员可以兼任下属委员会的成员。人口少的村的村民委员会可以不设下属委员会，由村民委员会成员分工负责人民调解、治安保卫、公共卫生与计划生育等工作。第28条规定，召开村民小组会议，应当有本村民小组18周岁以上的村民2/3以上，或者本村民小组2/3以上的户的代表参加，所作决定应当经到会人员的过半数同意。村民小组长由村民小组会议推选。村民小组长任期与村民委员会的任期相同，可以连选连任。属于村民小组的集体所有的土地、企业和其他财产的经营管理以及公益事项的办理，由村民小组会议依照有关法律的规定讨论决定，所作决定及实施情况应当及时向本村民小组的村民公布。对于这些规定中的村民委员会下设的村民小组和下属委员会是否属于“村基层组织”，存有不同看法。

否定说认为，依据最高人民法院于1999年6月18日《关于村民小组长利用职务便利非法占有公共财物行为如何定性问题的批复》，村民小组长不具备职务犯罪主体条件。① 也有人认为，根据罪刑法定原则，在对刑法作扩张解释时，不应作出不利于被告人的适用解释，将国家工作人员的范围扩大到村民小组长缺乏依据。②还有人认为，能够协助人民政府的基层组织是村级基层组织，村民小组和村委会下属的委员会，只是协助村级组织工作，与村基层组织有区别。且立法解释将村民委员会直接表述为“村基层组织”，隶属于村民委员会的村民小组就不可能与村民委员会位阶在同一层级。其工作人员不应属于村基层组织人员。在法律没有明确解释的情况下，依据限制与从轻原则，也不应将此类人员视为村基层组织人员。

肯定说认为，它们本是村委会的派生机构，在语义上可以包括在基层组织范围之内，而且依据《村民委员会组织法》规定，村委会下属委员会的人员可由村委会工作人员兼任。按照法的效力位阶关系，立法解释与司法解释的规定发生冲突时，应当按照立法解释的规定处理。如果村民小组长在协助政府进行行政管理过程中（如计划生育、征兵、户籍管理、税费征收等工作中），利用职务之便实施的贪污受贿行为不能成立贪污受贿犯罪，则有悖于立法解释的精神。笔者赞同肯定说，结合前面确定的标准，进一步阐述三点。其一，按照《宪法》和《村民委员会组织法》，村委会本身不属于行政管理机关，而是村民实施自我服务、自我教育等功能的群众组织，是属于自治性质的组织。《解释》规定，当农村基层组织人员从事协助人民政府管理的7项行政管理职责时，可以按照“其他依法从事公务”的人员以国家工作人员论。由此我们也可以看出，立法解释并不是从形式上要求某人是否具有国家工作人员的资格，而是主要看某人是否从事了协助人民政府的公务活动。其二，立法《解释》规定“村民委员会等村基层组织人员”，该表述字面含义意味着村基层组织不限于村委会成员，还应该包括其他与村委会成员工作职能相类似的人员。根据《村民委员会组织法》，村民委员会可以按照村民居住状况分设若干村民小组，根据需要可设立下属委员会。村民委员会成员还可以兼任下属委员会的成员。在实际工作中，村民委员会协助政府从事的有关行政管理工作，通常要交给村民小组等下属组织具体实施和完成，这些工作与自治事务、经营性事务有本质区别。其三，立法《解释》只解决了村民委员会等基层组织在从事哪些工作时属于《刑法》第93条第2款规定的“其他依照法律从事公务的人员”，未将村民小组长排除在“其他依照法律从事公务人员”之外。而最高人民法院的解释只明确了村民小组长利用职务之便，非法占有村民小组数额较大的集体财产的行为如何定

① 孟庆华、高秀东：《贪污罪的定罪与量刑》，人民法院出版社2001年版，第178页。

② 孙国祥：《贪污贿赂犯罪疑难问题学理与判解》，中国检察出版社2003年版，第82页。

性，并未否定村民小组长利用职务之便实施其他的犯罪行为可能构成检察机关管辖的贪污、受贿及挪用公款等罪。

（二）关于农村集体经济组织

按照我国《民法通则》、《土地管理法》的规定，我国农村除了党支部和村民委员会外，还存在社区性的集体经济合作组织，这类组织还出现了不同发展形态。它们是否属于《解释》中的“村基层组织”，也有不同观点。

否定说理由是，《村民委员会组织法》规定了农村集体经济组织发展设立的理论依据，它们具有独立的法律和经济地位。可以说，农村经济合作社等集体经济组织是独立于村委会的一个基层经济组织形式，这样的经济组织是为了经济发展而设立的，因此它是不具有行政管理工作性质的，其成员当然就不具备职务犯罪的主体资格。

肯定说则认为，《土地管理法》第8条第2款规定：“农村和城市郊区的土地，除由法律规定属于国家所有的以外，属于农民集体所有；宅基地和自留地、自留山，属于农民集体所有。”第10条规定，“农民集体所有的土地依法属于村农民集体所有的，由村集体经济组织或者村民委员会经营、管理；已经分别属于村内两个以上农村集体经济组织的农民集体所有的，由村内各该农村集体经济组织或者村民小组经营、管理；已经属于乡（镇）农民集体所有的，由乡（镇）农村集体经济组织经营、管理。”《村民委员会组织法》第8条亦规定，村民委员会应当支持和组织村民依法发展各种形式的合作经济和其他经济，承担本村生产的服务和协调工作，促进农村生产建设和经济发展。村民委员会依照法律规定，管理本村属于村农民集体所有的土地和其他财产，引导村民合理利用自然资源，保护和改善生态环境。村民委员会应当尊重并支持集体经济组织依法独立进行经济活动的自主权，维护以家庭承包经营为基础、统分结合的双层经营体制，保障集体经济组织和村民、承包经营户、联户或者合伙的合法财产权和其他合法权益。一些地方也依法颁布了相关法规和规章，如浙江省农村政策研究室、浙江省工商行政管理局《关于村经济合作社法人登记注册有关问题的通知》指出，根据《浙江省村经济合作社组织条例》的规定，村经济合作社具有法人地位，经工商行政管理部门登记注册后，即取得企业法人资格。《浙江省村经济合作社组织条例》规定：“本条例适用于村经济合作社和其他名称的农民集体所有制的村级社区性、综合性合作经济组织。”第3条规定：“村经济合作社一般以行政村为单位设置。”第4条规定：“设立村经济合作社，应当经乡（镇）人民政府审核同意后，向工商行政管理部门登记注册，取得法人资格，社长为法定代表人。村经济合作社法人资格登记注册的具体办法，由省人民政府另行规定。”第5条规定：“村经济合作社实行农民家庭承包经营和集体统一经营相结合的双层经营体制。”第6条规定：“村经济合作社对本村农民集体所有的土地依法行使经营、管理权。村经济合作社是本村农民集体所有的土地和其他生产资料的发包方，社员个人、家庭或专业队（组）是承包方。原已签订的承包合同，在承包期满前继续有效。合同的日常管理工作由村经济合作社负责。”

根据以上法律法规规定，各种形式的村集体经济组织虽然是向工商行政管理部门登记注册的经济法人，但其也行使一般企业所不具有的部分社会公共事务管理职能。农村集体经济组织属于我国农村中具有社区性、综合性的组织，它不仅有别于普通的公司企业，也和一般的村办企业等纯粹的经济实体有着截然不同的区别。农村集体经济组织在自身经营的同时还肩负着社会上普通企业所不具有的一定程度的农村社会管理职能。在某些职能方面农村集体经济组织和村委会有一定的交叉和重叠，也是村委会职能的有益补充。这种状况不仅仅是符合我国农村现状的，也是法律所确认的。

笔者基本赞成肯定说，即不排除农村集体经济组织成员可以成为立法解释中所指的村基层组织人员。但与此同时，还要强调，与村民小组长、村民委员会下设机构相比较，村集体经济组织成员由于其以村为单位的经营性特征决定了它们成为贪污贿赂犯罪主体的可能性较小，多数情况下，可能构成的是职务侵占罪和非国家工作人员受贿罪。因为它们多立足于村内经济发展，“协助人民政府从事行政管理工作”的面小得多。

另外，还有一个大学生任村官的问题。随着农村经济的发展和社会的进步，农村干部逐步摆脱了人们常规印象中的传统农民形象。我国的新农村建设需要引进信息化等高科技手段，也需要知识结构升级。同时，随着大学生就业观念的转变，越来越多的大学毕业生开始面向农村，担任村官。“村官”的称呼在某种意义上显示，农村干部也是“官”，这与刑法中的准国家工作人员的概念具有一致性。目前一些发达地区的村官待遇并不低。于是，现在的一些农村，尤其是经济相对发达的东部沿海省份，大学生村官越来越多。而且，大学生村官在农村基层组织中担任的角色、政府部门在聘用时为大学生村官们的定位大致也一样，他们主要从事协助当地农村的村民选举、村务管理等工作，有的甚至直接对农村的内部事务进行改革创新。这些大学生村官一般都是直接受聘于当地政府，受当地政府的组织和领导。因此，不难理解，多数大学生村官更符合贪污受贿等职务犯罪的主体要求。

目前我国仍然属于一个农业大国，加强农村基层廉政建设，对实现我国农业现代化、维护农村长期繁荣稳定，具有巨大的现实意义和长远的战略意义。如何有效地预防、减少农村基层组织人员的职务犯罪是个长期而艰巨的任务。特别是随着国家对“三农”问题的重视和政策倾斜，大批新生力量注入农村基层组织中去，一方面我们期待“村官”们的整体素质能得到明显提升；另一方面我们又要提防以后的农村基层组织人员的职务犯罪呈现智能化、高科技化以及系统化的趋势。除了加大对村基层组织成员职务犯罪查处力度外，如何堵塞漏洞、完善法律值得思考。为此，不少观点提出，要进一步明确村基层组织人员的概念和适用范围，将村基层组织人员的概念和范围用立法解释的方式固定下来；还有观点认为，人大常委会的《解释》规定不够全面，建议要进一步明确村基层组织人员“从事公务”的定义和范围，还有人提出立法增设“农村基层组织成员受贿罪”的新罪名等。

笔者认为，我国2010年修订后的《村民委员会组织法》对于农村基层组织有哪些形式，已经规定得非常具体、清楚，只是它们中的人员是否属于《解释》规定的“基层组织人员”需要依法认定而已。这是一个法律解释的问题。同样地，何谓“从事公务”更不是立法或者司法解释能够面面俱到的。对案件的处理不能全寄托于司法解释之上。毕竟“法律的‘时滞’（time lag）问题会在法律制度的不同层面中表现出来。”① 我们应该立足刑法的基本原理解决能够解决的问题，不能动辄要求细化法律。“法律不理会琐碎之事”的谚语也有这层意思。当前，有的农村基层组织成员利用管理本村事务的职务之便，侵吞公共财物，或者非法收受他人财物的案件时有发生，这不仅损害了人民群众的切身利益，有损农村基层组织的廉洁性，也是对国家、集体的犯罪。对这些行为，我国刑法尚有足够的制裁方法和法律依据，对于不构成犯罪的行为，依法给予其他处罚也符合法治精神，不一定非得定贪污贿赂罪。实际上，非国家工作人员受贿罪的设立已经能够打击一部分犯罪行为。预防这类犯罪，关键还是应该完善相关管理制度，主要是行政管理和监督制度，同时使法制宣传教育取得成效也很重要，而不能一味地增加刑法打击的力度和广度，这也是刑法的谦抑精神所决定的。

① 引自［美］E·博登海默：《法理学：法律哲学和法律方法》，邓正来译，中国政法大学出版社2004年版，第420页。

对贿赂犯罪中贿赂内涵的认定

武汉市中级人民法院研究室　刑一庭*

据统计，近三年武汉中院审结一审职务犯罪案件共计 59 件 84 人。从罪名上看，涉及受贿、贪污、挪用公款、滥用职权 4 个主要罪名。其中受贿案 40 件 48 人，占职务犯罪总人数的 57%。在涉案人员中原为国家机关县处级干部 18 人、厅局级以上干部 12 人。涉案金额（共同犯罪被告人以共同犯罪数额计算）10 万元以上不满 100 万元的有 14 人、100 万元以上不满 200 万元的有 7 人、200 万元以上不满 500 万元的有 10 人、500 万元以上的有 17 人。应该说，有将近一半的案件均属于在武汉地区乃至全省范围内有较大影响的重大、敏感案件。

通过上述数据，受贿罪在职务犯罪中具有相当的代表性，而刑法规定的作为受贿罪对象的“财物”之外的财产性利益及部分非财产性利益能否归入贿赂的范畴？近年来，受贿犯罪有滋生蔓延、愈演愈烈之势，不仅极大地妨碍了党风廉政建设，败坏了社会风气，而且严重阻碍了我国社会主义市场经济的健康发展，损害了国家、集体和人民的根本利益。但是，由于受贿犯罪案件的复杂性，司法机关在办案过程中面临着不少问题，贿赂范围的界定就是其中之一。因此，正确界定贿赂的本质和外延，在刑法和相应的司法解释中完善有关受贿罪的量刑标准，适当扩大贿赂的处罚范围，进而在未来贿赂犯罪立法的修订中进行完善，对于有效打击受贿罪具有重要的理论意义和现实价值。

一、我国关于贿赂内涵的观点及评析

贿赂犯罪中对贿赂内涵的理解不同，直接决定对罪与非罪、此罪与彼罪的差别，学界和实务界对贿赂的内涵认识均持多样化观点。

（一）主要观点之争

我国学界关于贿赂内涵的争论主要有以下观点：

---

* 执笔人：杨凯，武汉市中级人民法院研究室主任。

财物说。该说将贿赂的范围严格限定为财物，即包括金钱和物品。① 理由有：(1) 从历史上看，我国自古以来均将贿赂解释为财物，如《说文解字》一书将“赇”解释为“以财物枉法相谢也”。这里的“赇”即指贿赂，就是以财物相酬谢。(2) 按现行法律规定，对受贿罪的处罚，是量化为价值来定罪量刑，受贿数额是量刑的重要依据。如果把财物以外的利益也视为贿赂的话，司法实践中就难以掌握定罪量刑的标准。(3) 根据罪刑法定原则，应当对贿赂进行严格解释，不能任意扩大其范围。(4) 若扩大贿赂的范围，会使受贿罪成为“口袋罪”，把一般违法违纪行为或其他犯罪行为都当作受贿罪处理，这势必会扩大受贿罪的范围，混淆罪与非罪、此罪与彼罪的界限。

财产性利益说。该说认为，贿赂不仅指财物，还包括提供房屋装修、含有金额的会员卡、代币卡（券）、旅游费用，设定债权、免除债务、提供担保、降低利息等可以用金钱计算的财产性利益。主要有：(1) 虽然传统观点认为贿赂仅是财物，但贿赂的含义和范围是会随着社会的发展而变化的，不能拘泥于传统而放纵了层出不穷的新型受贿行为。(2) 社会经济生活不断丰富，以财产性利益贿赂的现象大量存在，其危害性与以财物进行贿赂本质相同，甚至危害更广。(3) 受贿罪的危害程度主要取决于对国家机关正常活动和信誉，以及国家、集体、公民利益的损害程度，至于贿赂的数量，不能在主要方面反映受贿行为的社会危害程度。② (4) 其他国家的立法经验可资借鉴。

利益说，又称需要说。该说主张贿赂既包括财物，也包括财产性利益，还包括非财产性利益。凡是能够满足人的物质或精神需求的一切有形或者无形的、物质或非物质的、财产或者非财产性的利益，都应该视为贿赂。③ 因为受贿罪罪与非罪的根本界限不在于收受了什么性质的贿赂，而在于行为的社会危害性是否达到了应受刑罚惩罚的程度。受贿人无论是接受了财产性的贿赂，还是接受了非财产性的贿赂，如迁移户口、介绍工作、提职晋级、入党入团、提供性服务、毒品等，都已侵害了受贿罪的客体，符合受贿罪的本质特征，而且财产性利益和非财产性利益之间没有绝对的界限，两者之间可以相互转化。并且，已有一些国家和地区的立法如德国、日本、意大利、我国香港等，将贿赂的范围界定为利益。

（二）对各种观点的评述

上述三种观点关于贿赂内涵的界定相差较大，但都不否认贿赂的范围包括财

① 高铭暄：《中国刑法学》，中国人民大学出版社 1989 年版，第 604 页。

② 王俊平、李山河：《受贿罪研究》，人民法院出版社 2002 年版，第 2—3 页。

③ 周振想：《公务犯罪研究综述》，法律出版社 2005 年版，第 196 页。

物，分歧主要在财产性利益或非财产性利益是否属于贿赂。

1. 贿赂内涵囊括财产性利益的分析。从表面上看，现行《刑法》第385条将贿赂表述为“财物”，但司法解释对“财物”进行了扩大解释，使之包括了财产性利益，如“两高”颁布的《关于办理受贿刑事案件适用法律若干问题的意见》、《关于办理商业贿赂刑事案件适用法律若干问题的意见》。笔者认为，把财产性利益作为受贿罪的贿赂是必要且可行的，这是因为：(1) 受贿人无论获取的是财物还是财产性利益，本质都是一样的，都是作为公权力的对价，收受财产性利益导致必要支出的减少，换个角度则是财富变相增加，故两者均表现为物质财富的增加。(2) 从实践来看，将贿赂限定为财物已经对惩治受贿罪产生了消极影响，大量收受财产性利益的受贿行为的危害程度与收受财物的受贿行为的危害程度不相上下，甚至危害更重，都严重侵犯了国家工作人员职务行为的廉洁性，却仅仅由于立法的历史局限性而被纵容，这不利于有效惩治新型贿赂犯罪。(3) 财产性利益可以用金钱衡量，在现行刑法以价值计罪的立法模式下，具有可操作性。(4) 考察美国、加拿大和俄罗斯等国的刑事立法，贿赂也包括获取财产性利益，这对我国的立法具有积极的借鉴作用。

2. 贿赂内涵囊括非财产性利益的分析。所谓非财产性的利益，是指除财物、财产性利益外，为受贿人所需要并难以量化为价值的利益。这种利益往往是无法被估算量化的，并且这种利益通常是与人格、身份、地位等人身权利紧密相连。[①] 不少学者主张应当将贿赂的内涵扩大到非财产性利益，在建立可操作性的前提下，即对刑法有关受贿罪的规定进行适当修改，建立“数额+情节”的处罚模式后，笔者对此亦持肯定态度。(1) 非财产性利益也是受贿人以权力换取的对价，只是需求不同，不宜局限为财产性的需求；(2) 在形形色色的权力交易中，各种手段和利益转化方式层出不穷，受贿人和行贿人均通过新型的贿赂方式来获取利益，包括无形的各种需求，只要能满足受贿人的需要，不同程度地逃避了制裁，从而导致权力滥用难以遏制；(3) 有些国家和地区已有相当的立法例可供参照，比如德国、日本、意大利、我国香港等，将贿赂的范围界定为利益，这是立法的新趋势。

但实践中贿赂犯罪中适用非监禁刑的比例远远超出其他犯罪类型，广遭社会舆论诟病，这也是亟须提高贿赂犯罪等打击宽度和力度的内在需要。当一定面的社会认识需要拓宽贿赂犯罪的贿赂内涵时，其日后上升为国家意志的法律则指日可待。

---

① 甘林：《解析受贿罪的对象》，上海社会科学院2006年硕士学位论文，第13页。

综上所述，笔者认为，贿赂是指国家工作人员利用职务上的便利，为他人谋取利益，所收受或者索取的利益。

贿赂的本质应当是作为国家工作人员职务上的不正当报酬的利益。如日本刑法理论一直认为，贿赂是作为与公务员仲裁人职务有关的、不正当报酬的利益。① 当时的判例对此予以肯定。而通说和判例的态度直到今天也没有改变。② 鉴于以上分析，贿赂具有以下特征：(1) 贿赂的满足需求和利益属性。即贿赂是受贿人获取某种利益和需要，包括财产性利益和非财产性利益。(2) 贿赂与职务的关联性。即贿赂必须是行为人利用职务之便所收受或索取的利益。(3) 贿赂与职务行为的对价性。贿赂是一种利益，但这种利益是以职务上的不正当报酬的形式出现的。贿赂与职务行为之间必须具有对价关系，这种对价关系具有针对一定职务行为的回报性质。(4) 贿赂的中介性。受贿罪是权力与利益的交换，贿赂是双方交换的筹码，能同时满足双方的某种需要。

二、新形式的“贿赂”认定问题

(一) 不动产作为贿赂的问题

根据民法理论，物可以分为动产和不动产。其中，不动产又可分为两类：(1) 绝对不动产，即具有永久固定性，一旦移动就会损害其经济用途或价值的，如土地、房屋等；(2) 相对不动产，即可根据物主的意思来决定是否在一定期限内相对固定，即使移动，一般也不会损害其经济价值的，如树木等。相对不动产和动产一样，都可以成为受贿罪的对象。绝对不动产能否成为受贿罪的对象，在刑法理论上曾存在争议。不过，随着受贿罪的行为方式日趋多样化，从严惩贪腐犯罪的现实需要出发，认为绝对不动产可以成为受贿罪对象的观点也逐渐被理论界和实务界认同。笔者认为，在特定情况下，绝对不动产可以成为受贿罪的对象。因为，绝对不动产能够用金钱计量，具有财物的属性，将其作为受贿罪的对象，根据实际价值定罪量刑，具有可操作性。但是，由于不动产所有权转移的特殊性，不能一概认为收受绝对不动产的行为都构成受贿罪。其中，最突出的就是行为人收受房屋和土地的问题。

行为人收受房屋一般有以下几种情形：(1) 请托方将自己的住房或专门出资购买的房屋无偿供行为人使用，行为人只有使用权，所有权仍然属于对方；(2) 请托方将自己的住房无偿送给行为人或者出资为行为人购买住房，但是尚

---

① [日] 大塚仁：《刑法各论》(下卷)，东京青林书院新社 1968 年版，第 679 页。

② [日] 山口厚：《刑法各论》(第 2 版)，东京有斐阁 2010 年版，第 619—620 页。

未办理过户手续或者还没有办理完毕即案发；（3）请托方将住房已经过户到行为人名下，或者为行为人购买的住房已经以行为人或者其指定的其他特定关系人的名义办好了房产证。在上述后两种情形中，行为人无疑构成受贿罪。那么，在第一种情形中，行为人是否构成受贿罪呢？笔者认为，行为人不构成受贿罪。(1) 动产一经交付就意味着所有权发生了转移，而房屋所有权的转移必须要经过法定程序。在行为人仅获得房屋使用权，而对方也没有表示放弃所有权的情形下，不存在贿赂性，即房屋使用权不属于本文界定的财物或财产性利益，认定其构成受贿罪是不合适的。(2) 司法实践中也确实存在行为人长期无偿占用他人房屋而未取得产权的情形，对于这类行为完全可以其他方式来处理，如认定为渎职罪，或以违纪论处。(3) 需要注意的是，此处的"房屋使用权"仅限于行为人所享有的单纯地利用房屋的权利，如居住办公、度假、学习等。如行为人在占有房屋的期间内将其出租、进行其他营利活动或从事非法活动，对方一开始就知情或事后默认的，只要能够认定所得收益与请托事项有关，就符合受贿罪交易性的特征，应以本罪论处。

根据物权法的规定，土地等自然资源属于国家或集体所有，个人只享有使用权。但是，土地使用权与单纯的房屋使用权不同，作为一种用益物权，具有明显的财产性。笔者认为，行为人在收受土地时已经办理了使用权转移手续，或者虽未办理法定手续但请托方在案发前有办理的意思表示或行动，或者行为人以实际行动排除对方的使用权（如在土地上建造房屋，修缮建筑物，铺设电线、电缆、水管、暖气和燃气管线等，而对方没有反对的意思表示或行动的），都应当认定为受贿罪。

（二）无形财产作为贿赂的问题

有形财产是指占有一定空间，能为人的感官所感觉到的财产。但无形财产成为贿赂需要满足的条件则需要探讨。无形财产是指不具有物理形态，但能为人们带来某种收益的财产。有学者认为，我国刑法虽然没有明确规定电、热、声、光等无形财产可以成为经济犯罪的对象，但从财产的含义来看，电力等无形财产应该包括在内。从我国刑法的规定来看，盗窃罪与受贿罪的犯罪对象都是指财物，因此，既然无形财产可以成为盗窃对象，理所当然，无形财产也能作为受贿罪的犯罪对象。①笔者认为，判断某物能否成为贿赂，主要取决于是否具有可控制性和实用性。无形财产具有实用性，又能为人力所控制，可以成为贿赂。而且，这在处理时也不会产生量刑上的障碍。现实中，行为人无偿使用电力、煤气或者天然气等无形财产，而

① 肖介清：《受贿罪的定罪与量刑》，人民法院出版社2000年版，第97页。

由行贿人承担费用的，只要能确定这种利益是作为职务上的不正当报酬，就应当以受贿罪论处。无论是从无形财产的特点考虑，还是从贿赂的本质出发，都没有理由将无形财产排除在贿赂的范围之外。

（三）违禁品作为贿赂的问题

违禁品是指被法律法规禁止持有或者使用的物品，可分为绝对禁止物和相对禁止物，前者如反动的宣传品、淫秽物品等，后者如枪支、弹药等。笔者认为违禁品可以成为受贿罪的对象。理由如下：（1）违禁品是一种特殊的物，具有财产性。即使是绝对禁止物，事实上也存在交易市场，耗费了一定的生产、制造成本，具有一定的财产价值。（2）从司法实践来看，违禁品可以作为某些财产罪的对象。如最高人民法院《关于审理盗窃案件具体应用法律若干问题的解释》第5条第8项规定，盗窃违禁品，按盗窃罪处理，不计数额，根据情节轻重量刑。这表明，违禁品可以成为盗窃罪的对象，这种财产性也不应影响其作为贿赂。（3）将违禁品作为贿赂不存在量刑上的困难。违禁品并非不能计算数额，如枪支、弹药、爆炸物、毒品等都有生产、运输成本、进货价格、销售价格等，可以结合上述因素确定一个适当的数额标准。应当明确的是，行为人在索取或收受违禁品的过程中，有可能触犯其他罪名，如非法持有枪支、弹药罪、持有假币罪、非法持有毒品罪等，此时，应当按照牵连犯的处理原则，对其从一重罪从重处罚。

（四）商业机会作为贿赂的问题

现代社会是一个商业社会，掌握了一个商业机会，就意味着获得了一个增加财富的机会。于是，司法实践中就出现了一种新型的受贿方式，即行为人不直接索取财物，而改为向对方索取商业机会，再将商业机会交由指定方或自己运作，从中赚取利润。笔者认为，这是经济社会中受贿的发展新趋势，而且危害极大，必须纳入贿赂犯罪加以规范处罚。如果行为人利用职务之便假借收受或索取商业机会，实质上为获取财物的，应直接认定为受贿罪。同样，如果行为人利用职务之便，以明显低于或高于市场的价格索取商业机会，然后运作并获取高额利润的，也应当认定为受贿罪，因为这里的商业机会就代表了财产性利益，符合上述司法解释关于交易型受贿的规定。

（五）其他贿赂形式

在现实中，往往出现受贿人以要求请托人完成某项事情作为受贿人滥用职权的对价，比如，帮其子女或亲属、朋友安排工作等，这往往难以用金钱价值来衡量受贿的数量，但其亵渎职权廉洁性的本质并未改变，应作为贿赂犯罪惩处，当然，这需要法律修订时增加贿赂犯罪情节犯的规定。其他的贿赂形式还包括赠送无法估价的名人字画、安排出行旅游等，这些都是能够满足受贿人某方面需求的利益，均应按贿赂犯罪论处。

三、贿赂内涵的扩展及受贿罪立法的完善

受贿罪具有极其严重的社会危害性，不仅破坏国家的廉政建设制度，腐蚀国家肌体，而且危害社会的健康、可持续发展，影响国家长治久安。从国内外打击贿赂犯罪的实践经验出发，为解决目前各种新型受贿刑事案件的法律适用问题，笔者认为，应当注意以下三点：

（一）进一步扩大贿赂的外延，使其种类更加多元化，内容更加丰富

随着市场经济体制愈发成熟，贿赂的范围已从财物扩大到财产性利益，现行立法的缺陷和惩治贿赂犯罪的严峻形势之间的巨大反差必然要求贿赂延伸至非财产性利益。这样才能充分发挥刑法惩罚犯罪、保护社会的功能。例如，日本审判实践指出，能够成为贿赂的，不一定限于财物及其他的财产性利益，不论有形、无形，包含所有能满足人的需要、欲望的利益。这样的话，根据判例，金融利益、债务的偿还等自不待言，艺妓的表演、肉体关系、就业的斡旋、地位的提供等也是全部可以作为贿赂。① 这有助于建立完善的贿赂犯罪体系，遏制腐败毒瘤的滋长。

（二）为应对我国日益猖獗的腐败犯罪，在扩大贿赂范围的同时，应适度拓宽受贿犯罪的处罚界限

现行立法可能成为有效发挥刑法功能的障碍，因为新《刑法》第385条将受贿罪的对象限于“财物”，即使通过扩大解释使之包括财产性利益，但仍无法涵盖非财产性利益。因此，有必要在今后修订刑法时，直接用“贿赂”取代“财物”。实际上，我国旧《刑法》第185条使用的就是“贿赂”一词，在历史解释上不存在任何问题。另外，《刑法修正案（七）》增设了利用影响力受贿罪，从犯罪主体和行为方式上扩大了受贿犯罪的处罚边界，那么，通过修法扩大犯罪对象的范围，也符合现实国情和修法趋势。

---

① ［日］团藤重光：《刑法纲要各论》，东京创文社1966年版，第119页。

（三）为配合国际反腐败斗争的需要，切实履行条约规定的义务，应当构筑新的受贿犯罪体系

国外立法和国际条约可为我国提供有益经验。例如，德国刑法典第 331 条（接收利益）将贿赂界定为“利益”，日本刑法典第 197 条（受贿、受托受贿和事前受贿）直接使用“贿赂”一语，这就使司法部门在处理受贿案件时不至于被刑法束缚手脚，放纵了应当惩罚的犯罪。另外，我国于 2003 年 8 月 17 日批准加入的《联合国打击跨国有组织犯罪公约》第 8 条（腐败行为的刑事定罪）第 1 款及 2005 年 10 月 27 日批准加入的《联合国反腐败公约》第 15 条（贿赂本国公职人员）、第 16 条（贿赂外国公职人员或者国际公共组织官员）均将贿赂定义为“不正当的好处”。除了贿赂的外延宽泛外，上述规定的共同之处还在于：犯罪类型具体却语言精练，保证了适用的稳定性；重视对受贿犯罪的打击，也不轻视对行贿犯罪的惩治，甚至作为对向犯直接规定在同一条款中；集中刑罚资源惩罚公职人员的受贿犯罪，同时对非公职人员的受贿犯罪及其他形式的腐败犯罪也予以通盘考虑。

随着我国经济社会的发展，贿赂犯罪也在变化，为了有力打击腐败犯罪，不仅要在管理体制上下工夫，加大宣传反腐氛围和力度，而且在立法上要根据犯罪发展趋势，立足本国情况，借鉴国际反腐经验，进一步完善我国打击贿赂犯罪等职务犯罪的立法，营造廉洁的社会环境。

论贿赂犯罪刑事司法对宽严相济政策的坚持

——以犯罪预防目的的实现为视角

于耀辉*

刑罚的目的是预防犯罪，包括对已经犯罪的人的特殊预防和对普通民众的一般预防。特殊预防通常通过对具体刑事个案进行公正、高效审判的方式实现，但一般预防的实现除此之外还有赖于刑事政策的调整。由于特定时期内会有某一类或几类犯罪比较突出，因而是该时期内的刑事打击重点，确定特定时期内打击犯罪或者打击某类犯罪的重点和要求是刑事政策的功能表现。在既定刑事政策的引导下，司法机关将在法律的框架内对重点打击的犯罪相应予以从严惩处，以达到对重点打击的犯罪进行重点预防的目的。

一、从严打击、以宽济严：当前打击贿赂犯罪的刑事政策解读

新中国成立以来，我国先后经历了“镇压与宽大相结合”、“惩办与宽大相结合”、“严打”等不同刑事政策的历史时期，当前宽严相济刑事政策是我国的基本刑事政策。宽严相济政策强调把握犯罪形成与发展的规律，并且遵循这一规律在罪刑处置上予以合理的区别对待与宽严相济，以实现预防、控制与惩罚犯罪的最佳效益。[①]领会宽严相济刑事政策对贿赂犯罪刑事司法的要求，要注意着重从以下两点把握：

（一）从严打击——贿赂犯罪刑事司法的总基调

当前宽严相济刑事政策时期，对包括贿赂犯罪在内的职务犯罪刑事司法的基本政策要求是从严打击。宽严相济刑事政策包含“从宽”和“从严”两个维度的内容，职务犯罪属于“从严”打击的方面。最高人民法院《关于贯彻宽严相济刑事政策的若干意见》（以下简称《意见》）规定，要依法从严惩处“国家工作人员贪污贿赂、滥用职权、失职渎职的严重犯罪”、“发生在经济社会重点建设领域、重

---

* 天津市高级人民法院刑事审判庭第二庭法官助理，法学硕士。

① 张小虎：《宽严相济政策与轻轻重重政策的特征比较》，载《河南财经政法大学学报》2012年第1期。

点行业的商业贿赂犯罪”、“被告人犯罪所得数额不大，但对国家财产和人民群众利益造成重大损失、社会影响恶劣的职务犯罪和商业贿赂犯罪案件”。在职务犯罪的刑罚适用方面，宽严相济刑事政策要求“要严格职务犯罪减轻处罚、缓刑、免刑的条件和标准，规范减轻处罚、缓刑、免刑的适用”。[①] 根据宽严相济刑事政策的要求，刑事司法机关在办理职务犯罪案件时应当采取比办理普通刑事案件更为严格的标准，对职务犯罪案件的定罪量刑特别是从宽情节的把握上应当采取相对更为严格的标准。国家的刑事政策并非只通过颁发正式文件的渠道公布，同时人们也可以从领导讲话或撰文中得以领会、掌握，并在实践中加以贯彻落实。近年来，鉴于国内反腐败形势的日益严峻，中央领导或最高司法机关领导人在许多重要场合都提出了加大职务犯罪打击力度的要求，这些都是从严打击贿赂犯罪的政策依据。

（二）以宽济严——宽严相济之从宽维度的当然要求

《意见》“总体要求”部分第 1 条便要求贯彻宽严相济刑事政策要做到“该宽则宽，当严则严，宽严相济，罚当其罪，打击和孤立极少数，教育、感化和挽救大多数”，同时在该部分第 4 条规定“对于犯罪性质尚不严重，情节较轻和社会危害性较小的犯罪，以及被告人认罪、悔罪，从宽处罚更有利于社会和谐稳定的，依法可以从宽处理”。因此，对包括贿赂犯罪在内的职务犯罪要从严打击，体现的是刑事政策对职务犯罪类罪的整体态度，并非要求对职务犯罪的刑事司法不问情况，一律从严，“从严惩处不是无限度的，不是越严越好、越重越好，而是有标准、有限度的”。[②] 在贿赂犯罪的司法实践中，对犯罪分子的定罪量刑首先必须受罪刑法定原则和罪刑相当原则等刑法基本原则的制约，刑法基本原则既是刑事司法的原则，同时也是刑事政策必须依据的基本原则，不得以贯彻刑事政策中从严打击的要求为名对刑法基本原则做任何突破。其次必须遵守刑法关于量刑的具体规定，包括总则关于自首、立功等量刑情节的规定，分则关于具体罪名定罪量刑的规定，如《刑法》第 390 条第 2 款规定“行贿人在被追诉前主动交待行贿行为的，可以减轻处罚或者免除处罚”。综上所述，对贿赂犯罪的定罪量刑，不能一味从严，而要视具体案情，区别对待。“对于确有从宽情节的职务犯罪依法从宽处理，是宽严相济刑事政策的具体体现，应当予以坚持”。[③]

---

① 参见最高人民法院刑一庭：《准确把握和正确适用依法从严政策的要求 严惩严重刑事犯罪》，载最高人民法院编：《全国法院刑事审判实务手册》，第 379 页。

② 参见最高人民法院刑一庭：《准确把握和正确适用依法从严政策的要求 严惩严重刑事犯罪》，载最高人民法院编：《全国法院刑事审判实务手册》，第 378 页。

③ 熊选国：《全面提升审理职务犯罪司法能力 扎实推进反腐败斗争深入开展——在全国法院刑事审判工作座谈会上的讲话》，载最高人民法院编：《全国法院刑事审判实务手册》，第 263 页。

二、大平衡、微失衡：当前我国贿赂犯罪刑事司法现状描述

罪刑平衡是刑事司法的理想状态，但罪刑平衡并非追求在不同个案之间、不同类罪之间在刑罚适用方面机械地实现绝对均衡；相反，如果不区分不同个案的具体情况或者无视不同类罪所侵犯法益的特点和严重性而片面地追求罪刑均衡，则违背了刑法平等原则的精神内涵，是实质意义上的罪刑不平衡。贿赂犯罪的罪刑平衡包含以下两层含义：一是贿赂犯罪领域内“罪”的平衡，具体而言是指对作为对向犯的受贿罪与行贿罪之间的打击平衡；二是贿赂犯罪与其他类犯罪之间刑罚处遇上“刑”的平衡，其实质是不同身份犯罪主体在刑法处遇上的平等地位。

（一）大平衡——贿赂犯罪刑事司法的宏观表征

刑事司法机关依法惩治和打击贿赂犯罪是国家反腐败工作的重要组成部分，人民法院对贿赂犯罪的刑事审判是对犯罪分子处理的最后一个环节，也是社会公众对反腐成果最直观的感觉源。当前我国贿赂犯罪刑事司法总体呈现“轻轻重重，轻重有别”的局面。

表征一：重重，严厉打击严重贿赂犯罪。为认真贯彻中央关于反腐败工作的决策部署，近年来，我国不断加大对包括贿赂犯罪在内的职务犯罪打击力度，查办了包括上海市委原书记陈良宇受贿、滥用职权案，北京市原副市长刘志华受贿案，广东省政协原主席陈绍基受贿案，最高人民法院原副院长黄松有受贿、贪污案，浙江省杭州市原副市长许迈永受贿、贪污、滥用职权案，江苏省苏州市原副市长姜人杰受贿案等在内的一大批犯罪情节严重、社会影响恶劣的贿赂犯罪大要案，其中许迈永、姜人杰被依法判处死刑，在依法严重贿赂犯罪方面取得了重大成果，有效地震慑了贿赂犯罪分子，增强了社会公众对于反腐败工作的信心。

表征二：轻轻，顺应刑罚轻缓化的时代要求。《意见》要求在严惩严重贿赂犯罪分子的同时，要“根据犯罪的具体情况，实行区别对待”、“打击和孤立极少数，教育、感化和挽救大多数，最大限度地减少社会对立面”。这不但是对宽严相济刑事政策之从宽维度的强调，还顺应了刑罚轻缓化的时代趋势，我国在贿赂犯罪的刑事司法中很好地践行了这一点，除对情节严重的贿赂犯罪分子予以相对从严的处罚外，对犯罪情节较轻，具有自首、立功等法定从轻情节或者能够积极退赃、认罪悔罪的犯罪分子则普遍予以较为宽缓的刑罚处遇。

（二）微失衡——贿赂犯罪刑事司法罪刑失衡的二重表现

贿赂犯罪的整体刑事司法状况是宏观问题，具体贿赂犯罪个案的司法过程和结果则是个微观问题，具体贿赂个案的司法结果公正或者不违法并不意味着贿赂犯罪整体的司法状态符合立法者或政策制定者的预期，二者并不总是处于统一的状态。

尽管贿赂犯罪的刑事司法总体呈现出“轻重有致、总体平衡”的局面，但同时我们应该清醒地认识到，对行贿罪的打击不足与贿赂犯罪量刑普遍偏轻的问题已经引起了社会公众的强烈反应，进而引发对司法机关“官官相护”的质疑，不容忽视。

罪的偏颇：对行贿犯罪打击不足。受贿罪与行贿罪是对向犯罪，在德日刑法理论中二者属于必要的共犯范畴，从行为论上讲，二者均不能在不存在对方的情况下独立成罪。但有统计表明，近年来我国各级法院受理的行贿案件占受贿案件数量的比重只有约20%，行贿案件无论是在案件数量还是在被告人数量方面均远远低于受贿案件。根据江苏省盐城市的一项统计显示，该市检察机关2006年至2011年共立案查处商业贿赂案件396件，其中受贿案件330件，行贿案件66件，① 行贿案件数占受贿案件数比例为20%，在立案侦办的行贿案件中最终起诉到法院的只有不到80%，法院最终受理的贿赂案件中，行贿罪所占比例实际会更低。而根据笔者考证，一些受贿大要案件中有些行贿人的行贿数额达到上百万元之巨却没有被追诉，还有行贿人在数个受贿案件中都看到了其名字出现在行贿名单中却仍没有被追诉，这些行贿者堂而皇之地以证人身份指证受贿者。这说明在刑事司法机关对受贿行为与行贿行为的刑事介入方面存在一定程度的失衡，并且构成对行贿犯罪的有意忽视和变相纵容。

刑的偏轻：贿赂犯罪刑罚适用总体较为宽缓。根据刑事政策对职务犯罪刑事司法的要求以及预防贿赂犯罪的需要，笔者将贿赂犯罪刑罚适用的应然状态设定为：宽严相济、适当从严。然而应然与实然并不总是统一的，最高人民检察院在2009年至2010年开展的一次专项检查发现，2005年至2009年6月，全国被判决有罪的职务犯罪被告人中，适用免刑和缓刑的共占69.7%，② 而同期全部刑事案件的缓、免刑适用率则不到30%。笔者专门就贿赂犯罪刑罚适用进行过一次集中调研，发现调研样本涉及的188名贿赂犯罪分子中，缓、免刑适用率为54.99%，而同期全部刑事案件的缓、免刑适用率仅为29.92%，贿赂犯罪分子明显比普通犯罪分子获得了宽缓得多的刑罚待遇。数据反映出目前贿赂犯罪的刑罚适用上存在总体偏轻的现象，缓、免刑适用比例过高是该现象的集中体现，同时也是社会公众反映最为强烈之处。对贿赂犯罪分子刑罚适用过于宽宥不仅背离了宽严相济刑事政策关于从严打击职务犯罪的要求，更是对刑法平等原则的实质违反。

三、目的偏离：贿赂犯罪罪刑失衡的负面效应分析

刑事案件处理的结果及其附随影响并非止于案件本身，而是要接受社会公众的评

---

① 参见刘德民：《当前对行贿行为打击不力的现状、原因及对策分析》，载 http://www.jsy-cjw.gov.cn/gzyj/index.asp?smalltype=%B9%A4%D7%F7%D1%D0%BE&ycjw_id=59263，访问日期：2012年9月8日。

② 参见曲平：《职务犯罪“轻刑化”与立案标准有关》，载 http://politics.people.com.cn/GB/30178/13287440.html，访问日期：2012年9月8日。

判，接受刑事政策的检验。从前文引用或实证调研得出的数据来看，贿赂犯罪的罪刑适用情况经不起刑事政策的检验，偏离了刑罚的预防目的。

（一）目的偏离——贿赂犯罪罪刑失衡的政策背离效应

刑罚目的包括对犯罪的特殊预防和一般预防。特殊预防是指对于已经犯罪的人而言，国家通过对其施加刑罚的方式对其进行惩戒，并向其警告如果再实施犯罪仍将承受刑罚的痛苦，以达到防止犯罪人重新犯罪的预防目的。一般预防是指对于普通人而言，国家通过惩罚已经实施犯罪的人的方式进行警示和告诫，如果实施犯罪将受到刑罚，从而使普通人不敢实施犯罪。针对当前时期包括贿赂犯罪在内的职务犯罪发案形势，更好地实现预防职务犯罪的目的，我国对职务犯罪的刑事司法提出了从严打击、以宽济严的刑事政策要求，而贿赂犯罪的罪刑适用的失衡现状显然构成了对政策要求的背离。贿赂犯罪罪刑适用的失衡状态会释放出一些错误信号，使刑罚目的实现产生偏离，从而达不到预防犯罪的效果：对于罪的失衡现象，人们会发现实施行贿犯罪被追究刑事责任的可能性较低，而行贿人实施行贿多是为了追求不正当利益，因此在不正当利益的诱惑和受刑罚处罚可能性较低的心理暗示双重作用下，人们被变相地鼓励去实施行贿犯罪；对于刑的失衡，潜在的贿赂犯罪分子会发现纵使实施贿赂犯罪也有超过一半的可能性免受牢狱之灾，并且由于黑数的存在，查实的犯罪数额往往会低于实际实施贿赂的数额，许多人便因此在侥幸心理的纵容下实施贿赂犯罪。

（二）附随效应——对司法根基的损害

贿赂犯罪罪刑适用的失衡状态已经受到社会公众的广泛关注，并由此引发司法机关公信力的质疑，损害了司法机关赖以生存的司法公信力根基。同时，贿赂犯罪罪刑失衡有违反刑法公平正义原则的嫌疑：对行贿犯罪的有意忽视或选择性失明，行贿人与受贿人之间、受追诉的行贿人与未受追诉的行贿人之间在刑法处遇上受到不公正对待；对本应从严惩处的贿赂犯罪分子普遍给予更为宽缓的刑罚，对普通犯罪分子与贿赂犯罪分子同样造成了刑法处遇的不公正状态。

四、多因一果：罪刑失衡状态的成因分析

罗马不是一天建成的，贿赂犯罪罪刑适用失衡状态的形成并非一日之功，亦非单一因素作用的产物，笔者认为，贿赂犯罪罪刑适用失衡状态是多重因素综合作用的结果。

（一）规范因素：规则缺失与不足

首先，刑法分则对受贿罪与行贿罪的构成要件与量刑设计上存在差异。除索贿之外的普通受贿行为构成犯罪的要件之一是“为他人谋取利益”，对于所谋取利益的性质没有要求，而行贿行为构成犯罪则以“为谋取不正当利益”为要件，两个罪名对于对向

关系利益性质的要求是不统一的。刑罚后果方面，刑法对受贿罪各量刑档对应的犯罪数额直接在刑法条文中规定，最高量刑档可达死刑，而对行贿罪的入罪和量刑标准则未直接进行规定，且行贿罪最高量刑档为无期徒刑。刑事立法本身即表明了对两个罪名不同的谴责态度，是刑事司法实践中重受贿、轻行贿现象普遍出现的立法根源。其次，司法解释等规范性文件确定入罪和量刑档的数额标准差异。数额标准方面，受贿罪的入罪和数额标准直接由刑法规定，受贿数额在5000元以下并且具有情节严重情形的就有可能构成犯罪，受贿数额为10万元以上对应的量刑档次为10年以上有期徒刑或无期徒刑，情节特别严重的可判处死刑。行贿罪的入罪数额标准即最高人民检察院确定的追诉标准，目前为1万元（实践中有些地区实践中掌握的标准甚至突破至5万元），不同量刑档对应的数额标准由各地高级人民法院确定，但均高于受贿罪。司法解释等规范性文件虽然不是刑事立法，但却是办案机关必须遵守的“准立法”，其对受贿罪与行贿罪的立场不同也是罪刑失衡出现的规范原因之一。最后，具体适用规范标准缺失。长期以来，从严打击包括贿赂犯罪在内的职务犯罪的要求只是停留在政策层面，缺乏具体的适用标准，对司法机关处理具体案件无法直接指导或制约，各地对于必须严厉打击的贿赂犯罪类型及发案领域理解和掌握不一，检察机关对行贿犯罪追诉与否及法院对贿赂犯罪的量刑享有较大的自由裁量权，从而在一定程度上造成贿赂犯罪的罪刑失衡现象发生。

（二）主观因素：司法机关办案人员认知偏差

徒法不足以自行，政策和法律最终须由司法机关的具体办案人员加以执行，而办案人员对于刑事政策和法律的理解与领会程度直接影响到执行效果。贿赂犯罪罪刑失衡现象出现的重要原因之一便是办案人员的主观认知发生偏差，其中既包括检察人员，也包括法官。

检察机关对打击行贿犯罪的必要性缺乏认知、动力不足。从罪质而言，虽然受贿犯罪分子违背了职责义务，应受谴责程度更高，但许多行贿犯罪分子为了获取非法利益而钻营取巧，大肆拉拢、腐蚀国家工作人员，他们既是行贿、受贿犯罪发生的始作俑者，又从行贿行为中获得巨大利益，因此行贿行为往往是贿赂犯罪发生的根源，其危害性也往往会相应高于受贿行为，因此应当对行贿行为同样予以从严惩处。实践中，许多地方的检察机关片面地认为检察机关打击职务犯罪的重点应当是打击国家工作人员实施的犯罪，对行贿犯罪危害性和从严打击行贿犯罪的必要性缺乏足够的认知，这是对行贿犯罪打击不力的思想根源和根本原因。此外，打击受贿犯罪可能扣押受贿人的不法财产，能够为国家和人民挽回一定的经济损失，而打击行贿犯罪只能单纯追究行贿人的刑事责任，并无其他直接效果，因此缺乏打击的动力。但根据我国司法制度对司法权的配置，贿赂犯罪的立案侦查与审查起诉均由人民检察院负责，将多少行贿案件和被告人作为刑事司法的打击对象实际上由人民检察院决定，因此，贿赂犯罪罪刑失衡表现形态之一——罪的失衡，即对行贿犯罪打击不力应主要归因于检察机关。

法官对量刑因素价值的认识偏差。在量刑过程方面，当被告人具有某个同时具备从轻、减轻或免除处罚等多重量刑价值的情节时，法官多会选择最有利于被告人的价值，如出现可以从轻或者减轻处罚的情节时多会对被告人予以减轻处罚，出现可以减轻或者免除处罚的情节时则多会予以免除处罚。在量刑结果上，部分法官对监禁刑特有的教育惩治功能重视不够，觉得能够适用缓、免刑的就应当尽量适用。① 上述两种主观心理反映了部分法官对量刑因素价值的认识上产生偏差。此外，部分法官在很大程度上将受贿犯罪的罪质归类于图利或贪财性犯罪，认为只要将受贿犯罪的赃款退缴，犯罪分子贪财的愿望最终落空，故对退赃情节非常重视，进而单纯以退赃情况作为是否适用缓、免刑的条件。但根据2009年最高人民法院、最高人民检察院《关于办理职务犯罪案件认定自首、立功等量刑情节若干问题的意见》规定，贪污案件中赃款赃物全部或者大部分追缴的，一般应当考虑从轻处罚，而受贿案件中赃款赃物全部或者大部分追缴的，视情况可以酌定从轻处罚。可见退赃情节在受贿犯罪中的从宽效力要低于贪污犯罪，这是因为受贿犯罪主要侵犯的是职务廉洁性或者不可收买性，危害性主要体现在国家、人民利益遭受重大损失或者恶劣社会影响方面，退赃对此不具有直接的补救作用。② 因此，以退赃作为适用缓、免刑先决条件的做法忽视了退赃只是受贿犯罪酌定从宽情节的本质属性，是对受贿犯罪本质的认识偏差和对退赃情节从宽价值过度评价的复合结果。

（三）隐性因素——办案人员个人情感的作用不容忽视

办案人员情感虽然不是影响打击犯罪的规范法律事由，但在任何先进的司法机制下都不能排除办案人员情感对刑事司法结果的影响，在我国目前的公务员管理体制下，办案人员情感更是不容忽视的确定事实事由。目前，我国法官、检察官均属于公务员序列，亦属国家工作人员范畴，且大多办案人员都具有一定的行政职级，对国家工作人员具有天然的亲切感或共属感，因此在办理国家工作人员犯罪案件时，办案人员难免会在心中产生一种自发的同情心理，该心理作用的直接结果便是对国家工作人员尽量予以相对更为宽缓的处罚：如能不追诉尽量不予起诉；量刑时尽量在量刑幅度最低档或较低档确定刑罚；具有可以从轻、减轻等选择性从宽量刑

① 参见中华人民共和国中央人民政府网：《加大力度打击职务犯罪——最高法有关负责人答问》，http://www.gov.cn/jrzg/2011-07/19/content_1909511.htm，访问日期：2012年9月8日。

② 参见刘为波：《〈最高人民法院、最高人民检察院关于办理职务犯罪案件认定自首、立功等量刑情节若干问题的意见〉的理解与适用》，载最高人民法院编：《全国法院刑事审判实务手册》，第472页。

情节时大多给予最大的从宽幅度等。

五、合目的化重构：贿赂犯罪罪刑适用复衡之政策坚持

犯罪预防并不是一个纯法学问题，很多时候更是一个社会学问题，但作为法律人，我们能做的便是讨论如何通过发挥法律和刑罚手段的功能尽可能地预防犯罪。在贿赂犯罪罪刑失衡的已然状态下，如何领会和贯彻刑事政策的要求，使失衡变为复衡并最终实现司法行为合目的化，是不容回避的现实命题。

（一）规范先行——“两高”[①] 对于扭转失衡状态的努力

宽严相济刑事政策对职务犯罪刑事司法的要求与预防职务犯罪的目的是相统一的，但由于刑事政策着重从宏观层面对刑事司法进行引导，多不关注实际可操作性的微观问题，对具体刑事个案处理中违反刑事政策的情形也无法直接规制。“两高”近年来对职务犯罪特别是贿赂犯罪罪刑失衡的情况予以了充分的关注，并连续出台了一系列文件或要求，试图对贿赂犯罪刑事司法行为进行规范，使之与刑事政策及刑罚目的要求一致。

具体规范：最高人民法院的态度。最高人民法院对职务犯罪刑事审判中存在的罪刑失衡情况予以了充分的关注。针对该情况，2010 年最高人民法院《关于贯彻宽严相济刑事政策的若干意见》中要求“要严格掌握职务犯罪法定减轻处罚情节的认定标准与减轻处罚的幅度，严格控制依法减轻处罚后判处三年以下有期徒刑适用缓刑的范围，切实规范职务犯罪缓刑、免予刑事处罚的适用”。2011 年，时任最高人民法院副院长熊选国在当年全国法院刑事审判工作座谈会上的讲话中指出，要求“牢固树立打击行贿与打击受贿并重的观念，从根本上扭转对行贿犯罪打击不力的局面”，对于存在“不如实供述罪行”等 7 种情形的贪污、挪用公款、受贿犯罪分子或者存在“向三人以上行贿，分别应予追究刑事责任”等 4 种情形的行贿犯罪分子，一般不适用缓刑或免予刑事处罚。为进一步严格职务犯罪案件中适用缓刑、免予刑事处罚的标准和条件，在总结之前相关规定和审判经验的基础上，2012 年 8 月，最高人民法院又联合最高人民检察院印发了《关于办理职务犯罪案件严格适用缓刑、免予刑事处罚若干问题的意见》，规定具有“不如实供述罪行”、“受贿犯罪中具有索贿情节的”等 9 种情形之一的犯罪分子，一般不适用缓刑或者免予刑事处罚，办案机关如果认为具有该 9 种情形之一的犯罪分子确实有必要适用缓刑或免予刑事处罚的，应报经审判委员会或检察委员会讨论决定。

不懈关注：最高人民检察院的坚持。事实上，最高人民检察院早就意识到地方司法实践中“重受贿、轻行贿”现象的存在，先后于 1999 年、2000 年单独或者联

---

① 指最高人民法院、最高人民检察院。

合最高人民法院发布了最高人民法院、最高人民检察院《关于在办理受贿犯罪大要案的同时要严肃查处严重行贿犯罪分子的通知》和《关于进一步加大对严重行贿犯罪打击力度的通知》两个规范性文件，试图解决实践中“检察机关打击严重行贿犯罪的工作开展得还不平衡，一些严重行贿犯罪分子还没有受到法律的追究和惩处，有些地方对行贿犯罪的危害认识不足，存在有案不立、久侦不结、起诉率较低等问题，在一定程度上存在对行贿犯罪打击不力的现象”。随后，最高人民检察院又于2010年5月出台了《关于进一步加大查办严重行贿犯罪力度的通知》，将“向党政机关、行政执法机关、司法机关和经济管理部门及其工作人员行贿的”、“向国家工作人员行贿的，特别是为跑官买官而行贿的”等8类行贿犯罪案件列为严肃依法查办的重点，并要求各级检察机关采取更加有力的措施，进一步加大查办严重行贿犯罪的力度。此外，针对饱受诟病的职务犯罪轻刑化现象，最高人民检察院于2010年11月发布了《关于加强对职务犯罪案件第一审判决法律监督的若干规定（试行）》，要求各级检察机关充分发挥法律监督职能，并制定了检察机关对职务犯罪案件一审判决的审查规范。

（二）司法跟进——刑事司法合目的化的唯一路径

无论是宏观的刑事政策要求，还是具体实践适用规范，目前关于贿赂犯罪刑事司法罪刑适用的法规范依据已较为完善，改变罪刑失衡状态的规范条件已经具备，目前需要解决的问题是：如何使这些法规范得到忠实的执行，并切实使贿赂犯罪的罪刑适用合目的化。

理念纠偏：办案人员对刑事政策的领会与认同。办案人员要全面、深刻地理解宽严相济刑事政策关于职务犯罪的要求，认识到对贿赂犯罪过于宽缓化处理所带来的负面后果，对贿赂犯罪罪刑失衡状态形成的原因进行反思，重新树立从严打击贿赂犯罪的正确理念，在思想上正本清源，实现对宽严相济刑事政策关于从严打击职务犯罪指导思想的贯彻与坚持。首先，办案人员必须认识到从严打击严重行贿犯罪的必要性，要在头脑中形成和确立打击行贿犯罪与受贿犯罪并重的观念，认识到“依法惩处行贿犯罪，是从源头上遏制和预防受贿犯罪和其他各种犯罪的重要环节，具有标本兼治的双重意义”。① 其次，办案人员特别是法官要摒弃狭隘的个人情感与不正确的办案意识，重视监禁刑对贿赂犯罪分子的教育和惩治功能，注意发挥刑罚对实现预防犯罪目的的意义和作用，严格把握贿赂犯罪从宽处罚的标准与从宽幅度。

---

① 熊选国：《全面提升审理职务犯罪司法能力 扎实推进反腐败斗争深入开展——在全国法院刑事审判工作座谈会上的讲话》，载最高人民法院编：《全国法院刑事审判实务手册》，第264页。

行动纠偏：所有政策规范及分析的最终归宿。如果缺少行动，所有的立法、政策、理论、规范对策都将失去意义。“两高”单独或联合制定的规范性文件和司法解释为贿赂犯罪的罪刑适用提供了非常完善和清晰的工作指南，无论是对贿赂犯罪的宏观刑事政策要求与微观的具体办案规范都已十分明确。目前最重要的是要将政策和规范外化为活生生的刑事司法实践，将理念上的纠偏进一步外化为行为上的纠偏，要让政策和规范在司法实践中忠实地得到执行，而不是被束之高阁或沦为空谈。具体到司法实践，首先要求检察机关切实扭转目前普遍存在的对行贿犯罪打击不力的局面，让更多的行贿案件进入刑事司法流程，同时从严厉打击受贿和行贿犯罪入手，双管齐下遏制贿赂犯罪；其次要求法官在职务犯罪案件的审判中严格遵循宽严相济刑事政策关于从严打击职务犯罪的要求，严格把握贿赂犯罪从宽处罚的标准与从宽幅度。

六、结语

必须说明的是，虽然本文对于贿赂犯罪刑事司法的主张充满了“从严打击”的基调，但这是建立在当前司法实践对贿赂犯罪普遍宽缓的现实基础之上所持的立场，并不意味着笔者认为对贿赂犯罪的刑事司法可以忽视宽严相济刑事政策中“宽”维度的要求。作为职业司法者，无论是法官还是检察官，严格贯彻执行国家刑事政策和法律规范，使职业行为更加合法、规范，并使刑罚的预防犯罪目的得到最大限度的实现，既是符合职责要求的分内之举，更是一名法律人应有的担当。

受贿犯罪的共犯形态研究

刘国媛*

受贿犯罪的共犯形态（也即受贿共同犯罪），是指二人以上（至少有一人是国家工作人员）在共同受贿故意支配下，共同实施的具有内在联系的受贿犯罪行为。针对司法实践中国家工作人员受贿犯罪中妻子、儿女、情人等特定关系人涉案情形日益突出的情况，2007 年 7 月 8 日，最高人民法院、最高人民检察院联合下发《关于办理受贿刑事案件适用法律若干问题的意见》（以下简称《办理受贿案件若干问题的意见》），明确规定了 10 种新类型受贿行为并且对国家工作人员与特定关系人共同受贿问题作出新的规定，为司法机关打击贿赂犯罪提供了依据。① 因此，对受贿共同犯罪这一受贿犯罪的特殊形式进行深入研究，具有一定的现实意义。

一、受贿共同犯罪的立法演变及理论分歧

我国对受贿罪的立法规定最早见之于 1952 年 4 月 21 日中央人民政府颁布的《中华人民共和国惩治贪污条例》，该条例第 2 条规定："一切国家机关、企业、学校及其附属机构的工作人员，凡侵吞、窃取、骗取、套取国家财物，强索他人财物，收受贿赂以及其他假公济私违法取利之行为，均为贪污罪。"同时，该条例第 12 条规定："非国家工作人员勾结国家工作人员伙同贪污者，应参照本条例第三、四、五、十、十一各条的规定予以惩治。"因此，当时对于受贿行为是按照贪污罪来认定，共同受贿行为按照贪污罪共犯处理。1979 年《刑法》把受贿罪从贪污罪中分离出来，单独加以规定，该法第 185 条规定："国家工人员利用职务上的便利，收受贿赂的，处五年以下有期徒刑或者拘役。"

随着我国改革开放的不断深入，在经济高速发展的同时，经济犯罪日益猖獗，

---

* 武汉市人民检察院法律政策研究室副主任，武汉市江汉区人民检察院副检察长（挂职），武汉大学法学院博士研究生。

① 在《关于办理受贿刑事案件适用法律若干问题的意见》出台之前，对于国家工作人员的妻子、儿女、情人等特定关系人参与国家工作人员的受贿犯罪行为，由于缺乏法律依据，对于是否构成犯罪，以及构成何种犯罪，理论界和实践部门争议较大，导致在实践中对这些特定关系人追究刑事责任的很少，不利于贿赂犯罪的查处。

受贿犯罪问题突出，合伙收受贿赂愈发严重。在总结司法实践经验的基础上，1988年1月21日，第六届全国人大常委会第二十四次会议通过了《关于惩治贪污贿赂罪的补充规定》，其中第4条规定："国家工作人员、集体经济组织人员或者其他从事公务的人员，利用职务上的便利，索取他人财物的，或者非法收受他人财物为他人谋取利益的，是受贿罪。与国家工作人员，集体经济组织人员或者其他从事公务的人员勾结，伙同受贿的，以共犯论处。"这是我国首次对受贿共同犯罪明确规定的立法例，为司法机关认定和惩治受贿共同犯罪提供了明确的法律依据。然而，1997年《刑法》修订后，明确废止了《关于惩治贪污贿赂罪的补充规定》，关于受贿罪共犯的表述也随之废止了，但贪污罪的共犯规定却保留了下来。

对此，理论界有两种不同的观点。一种观点认为，"修订后的刑法已经取消内外勾结的受贿共同犯罪。修订后的刑法实行后，对非国家工作人员勾结国家工作人员，伙同受贿的，不能以受贿罪共犯追究刑事责任。"① 另一种观点认为，正确认识该问题的关键，在于如何理解《刑法》第382条第3款的性质，即澄清该款属于注意规定还是属于法定拟制。因为贪污罪包含了利用职务之便的盗窃、骗取、侵吞等行为，而一般主体与国家工作人员相勾结、伙同贪污时，一般主体的行为也符合盗窃罪、诈骗罪、侵占罪的构成要件。《刑法》第382条第3款只是注意规定，是为了防止司法机关将贪污共犯认定为盗窃、诈骗、侵占等罪名。刑法对受贿罪的共犯取消注意规定，是因为基本上不存在将受贿共同犯罪认定为其他犯罪的问题；刑法对其他特殊主体的犯罪没有设置类似的注意规定，也是因为基本上不存在类似问题，因而没有提醒的必要。因此，刑法没有必要、也不可能、更不应当随处设立注意规定，只有当立法者担心司法机关可能存在误解或者容易疏忽的情况下，才作出注意规定。由于教唆或者帮助受贿的行为不可能构成其他犯罪，不会引起误会，故立法者删除了原有的注意规定。②

理论上的分歧给1997年修订刑法实施后受贿共同犯罪的司法认定造成了一定的困扰，导致实践中普遍存在的非国家工作人员（特别是国家工作人员的妻子、儿女以及情人等特定关系人）参与国家工作人员受贿犯罪，司法机关却难以定罪追究刑事责任，使得受贿犯罪的打击力度大打折扣。针对以上争议以及司法认定困难的实际情况，"两高"于2007年7月8日联合下发《办理受贿案件若干问题的意见》，对国家工作人员与特定关系人共同受贿的问题作出明确规定："特定关系人与国家工作人员通谋共同实施前款行为的，对特定关系人以受贿罪的共犯论处。特定关系人以外的其他人与国家工作人员通谋，由国家工作人员利用职务上的便利

① 王发强：《内外构架的受贿罪共犯是否已被取消》，载《人民法院报》1998年8月13日。

② 张明楷：《受贿罪的共犯》，载《法学研究》2002年第1期。

为请托人谋取利益，收受请托人财物后双方共同占有的，以受贿罪的共犯论处。”这里的“特定关系人”，是指与国家工作人员有近亲属、亲人以及其他共同利益关系的人。这一司法解释，对受贿犯罪的共同犯罪问题的争议作出了明确的结论，也为司法机关正确认识受贿共同犯罪，严厉打击贿赂犯罪提供了明确的依据。

二、受贿共同犯罪的基本构成特征

根据我国《刑法》第385条规定：“国家工作人员利用职务上的便利，索取他人财物的，或者非法收受他人财物，为他人谋取利益的，是受贿罪。”同时，该法第25条第1款规定：“共同犯罪是指二人以上共同故意犯罪。”因此，受贿共同犯罪是指国家工作人员与他人相勾结，利用国家工作人员职务上的便利，索取他人财物或者非法收受他人财物，为他人谋取利益的特殊犯罪形态。成立受贿共同犯罪必须符合以下特征：

（一）从犯罪主体来看，必须是二人以上，并且至少有一人是国家工作人员

根据刑法理论，构成一般共同犯罪必须要求两个以上均具有刑事责任能力的人共同实施。而且，由于受贿罪要求行为人必须具有国家工作人员身份，这里身份是指行为人所具有的影响定罪量刑的特定资格或者人身状况，无身份者不可能单独构成某种身份犯。① 因此，受贿罪的共同犯罪人中，至少有一个是国家工作人员。否则，既不能构成受贿罪的共同犯罪也不能单独构成受贿罪。

具体而言，大致有两种情况：(1) 国家工作人员与国家工作人员共同实施的受贿罪。如政府官员相互勾结，利用各自职务之便，为他人谋取利益，而共同收受他人财物的行为。(2) 国家工作人员与非国家工作人员共同实施的受贿罪。如非国家工作人员说服国家工作人员，利用职务上的便利为行贿人谋取利益，共同索取或者收受行贿人财物的行为，这种无特定身份之人与有特定身份之人，利用有特定身份之人的身份之便，共同实施犯罪，可以构成共犯。

这里的“非国家工作人员”在以前的理论和实务中有过不同的概括，有人认为是指国家工作人员的近亲属、子女，有人认为是指有共同财产关系的人等。根据“两高”《办理受贿案件若干问题的意见》的规定，“特定关系人是指与国家工作人员有近亲属、情妇（夫）以及其他共同利益关系的人。”“特定关系人与国家工作人员通谋，共同实施前款行为的，对特定关系人以受贿罪的共犯论处。特定关系人以外的其他人与国家工作人员通谋，由国家工作人员利用职务上的便利为请托人谋取利益，收受请托人财物后双方共同占有的，以受贿罪的共犯论处。”因此，“非

---

① 马克昌：《犯罪通论》，武汉大学出版社2003年版，第579—580页。

国家工作人员”既包括特定关系人，也包括特定关系人以外的其他人。

关于受贿共同犯罪的主体，还存在一个有争议的问题，即国家工作人员与单位相勾结能否构成受贿共同犯罪。对此，理论上有肯定和否定两种完全相反的观点。肯定说认为，刑法中关于“共同犯罪是指二人以上共同故意犯罪”的规定中的“人”既包括自然人，也包括单位。有单位参与的共同故意犯罪应当认定为共同犯罪。[①] 从设立单位犯罪的宗旨上看，既然刑法肯定单位可以成为犯罪的主体，则应当认为单位是法律上拟制的人，其在某些方面具有与自然人相同的行为能力。[②] 否定说认为，对于单位参与共同故意犯罪的不应当以共同犯罪论处，应当负刑事责任的，按照参与单位及个人所犯之罪分别处罚为宜。[③] 虽然刑法规定了单位可以成为犯罪的主体，但并不是说可以成为任何犯罪的主体，因为单位构成何种罪名，必须由刑法分则的具体条文来规定，不能任意扩大，单位能否与自然人成立共犯也是同样的道理，必须以刑法条文的具体明示为限。[④]

笔者认为，虽然司法实践中还没有出现认定单位与国家工作人员构成受贿共同犯罪的案例，但从理论及法律规定上分析，单位与作为自然人的国家工作人员是可以构成受贿共同犯罪的。（1）共同犯罪必须是“二人”以上共同故意犯罪，这里的“人”，应作广义理解，既包括自然人，也包括拟制的人——单位，[⑤] 因此，“单位”理当可以成为受贿罪的共犯。（2）单位构成受贿罪共犯是符合法律规定的。单位是法定的受贿犯罪的主体，根据《刑法》第 387 条的规定“国家机关、国有公司、企业、事业单位，人民团体”可以构成单位受贿罪，这是刑法对受贿行为的一条特殊规定，即将单位受贿行为单独规定为一个罪名——单位受贿罪，这种特殊规定从另一个角度肯定了单位是可以成为受贿犯罪的主体的。因此，单位构成受贿罪的共犯并不违背《刑法》第 30 条“法律规定为单位犯罪的，应当负刑事责任”的规定。(3)“两高”《办理受贿案件若干问题的意见》规定非国家工作人员可以构成受贿罪的共犯，同理，单位也可以成为受贿罪的共犯。当然，这里的单位应该只能是《刑法》第 387 条规定的国有单位，因为单位只有在法定的情况下才可以成为犯罪的主体，非国有单位，法律没有规定可以构成受贿犯罪的主体。（4）刑法分则有类似规定。比如，《刑法》第 350 条规定：“明知他人制造毒品而为其提供前款规定的物品的，以制造毒品罪的共犯论处。”“单位犯前款罪的，对

① 张明楷：《刑法学》（上），法律出版社 1997 年版，第 311 页。

② 孟庆华：《受贿罪研究新动向》，中国方正出版社 2005 年版，第 304 页。

③ 何泽宏：《单位犯罪研究》，载于志刚主编：《刑法问题与争鸣》，中国方正出版社 1999 年版，第 239 页。

④ 张羽：《新兴受贿犯罪的司法适用》，中国检察出版社 2011 年版，第 45 页。

⑤ 赵秉志：《刑法基本理论专题研究》，法律出版社 2005 年版，第 504 页。

单位判处罚金并对其直接负责的主管人员和其他直接责任人员，依照前两款的规定处罚”，因此，单位可以与自然人构成制造毒品罪的共犯。同样，单位也可以与作为自然人的国家工作人员构成受贿罪的共犯。

（二）从犯罪的客观要件来看，必须有共同的犯罪行为

共同的犯罪行为不等于相同的犯罪行为，它是指国家工作人员和特定关系人等均实施了受贿罪客观方面所要求的某种行为，有的可能是索取或者收受他人财物，有的是利用职务之便为他人谋取利益；有的可能是教唆或者帮助行为，有的是亲自实行犯罪。各共同犯罪人在实施共同犯罪时，不论分工如何，参与程度如何，所有行为人的犯罪行为是有机联系的，在整个犯罪链条中，这些行为具有共同性，它们和犯罪结果之间都具有因果关系。①

由于受贿共同犯罪必须有国家工作人员参加，各共同犯罪人以国家工作人员职务为中心，利用职务上的便利实施犯罪，故其又有着不同于一般共犯的客观上的特殊性。虽然受贿罪的客观方面包括利用职权、收受贿赂及谋取利益等多种行为，但是，在共同受贿的场合并不要求各行为人有收受财物的共同行为，只要求有利用职权和谋取利益方面的实际配合。尽管有时候发生多种行为，也不能因此而认为受贿犯罪必须是各种行为的组合。当然，根据“两高”《办理受贿案件若干问题的意见》的规定，以交易、赌博、收受干股、合作开办公司、委托理财等形式收受财物，以及特定关系人收受贿赂或者“挂名”领取薪酬的，均以受贿论处。

因此，国家工作人员利用职务上的便利为请托人谋取利益，授意请托人以上述形式，将有关财物给予特定关系人的，或者特定关系人与国家工作人员通谋，共同实施前款行为的，也要对特定关系人以受贿罪的共犯论处。特定关系人以外的其他人与国家工作人员通谋，由国家工作人员利用职务上的便利为请托人谋取利益，收受请托人财物后双方共同占有的，也以受贿罪的共犯论处。

至于特定关系人向国家工作人员代为转达请托事项，收受请托人财物并告知该国家工作人员，或者国家工作人员明知其特定关系人收受了他人财物，仍按照特定关系人的要求，利用职权为他人谋取利益的，对该国家工作人员应认定为受贿罪，特定关系人以受贿罪共犯论处。

（三）从犯罪的主观要件来看，必须有共同的受贿犯罪故意

《刑法》第25条第1款规定，共同犯罪必须是二人以上“共同故意”犯罪，

① 姜伟、侯亚辉：《受贿共同犯罪若干问题探讨》，载《中国刑事法杂志》2002年第2期。

共同故意是共同犯罪在主观上的必备要件。[①] 因此，受贿共同犯罪也必须有共同的受贿故意，即参与受贿的各行为人均对收受他人财物的非法性抱有明知的主观心理，并且在利用国家工作人员的职权为他们谋取利益方面有意思联络。它通常表现为行为人之间具有利用国家工作人员的职权为他人谋取利益及收受财物的共同意志；相互勾结的各共同犯罪人，都希望通过权钱交易获得一定的财物，并且在主观故意之间有密切的意思联络，或称为“合意”。[②]

值得注意的是，共同故意并不仅仅限于语言的交流，有时身体动作或者眼神，甚至是一定场合下的行为也可达到沟通和交流。不管采取何种方式，只要双方意会即可。一方面，国家工作人员与他人事先约定索取或者收受财物的方式，或者要求他人传达为他人谋取利益的承诺，或者传达为他人谋取利益的信息等，这些行为均统一指向权钱交易的目的。另一方面，特定关系人与国家工作人员共同商议收受贿赂事项，传递信息，沟通关系并收受财物，或者协助国家工作人员向请托人索取财物，或者诱导、劝说、催促甚至威逼国家工作人员索取财物，致使国家工作人员产生受贿犯罪的故意。

在受贿共同犯罪中，各共同犯罪人在参加犯罪时，不论其分工如何，参与程度如何，所有的行为总是作为整体有机联系在一起的，他们对自己的行为有共同的认识，都意识到双方行为的协调配合。值得注意的是，在连续受贿的共犯场合下，只要查明前面的一次或几次为利用职权者明知，就应当认定行为人具有共同犯罪的故意；多次收受同一行为人的财物，即使其中一些未有证据证明职权者明知的，也应当视为职权者的默许，并作为受贿共同犯罪事实的组成部分予以认定。[③]

三、受贿共同犯罪人的分类与行为形态

关于共同犯罪人的分类，在刑法理论上是一个有争议的问题，主要有三种观点：第一种观点主张按照犯罪分子在共同犯罪中的分工，把共同犯罪人分为组织犯、实行犯、教唆犯和帮助犯；第二种观点主张应根据犯罪分子在共同犯罪中所起的作用，把共同犯罪人分为主犯、从犯、胁从犯等；第三种观点主张应当将两种分类方法（即分工和作用）统一，将共同犯罪人分为主犯、从犯、胁从犯和教唆犯。[④] 我国刑法立法采用的是第三种分类方法，即按照作用分类方法为主、按分工分类方法为辅的“四分法”，但立法的确定性并没有弥合学界的争议。支持刑法立

---

① “共同”的故意不能简单地视为行为人仅有“相同”的故意，关键在于各共同犯罪人之间存在意思联络。

② 参见张明楷：《刑法学》（上），法律出版社 1997 年版，第 281 页。

③ 李希慧主编：《贪污贿赂犯罪研究》，知识产权出版社 2004 年版，第 196 页。

④ 参见陈世伟：《论共犯的二重性》，中国检察出版社 2008 年版，第 201—202 页。

法分类的学者认为，我国刑法中这种对共同犯罪人的分类，“既便于解决共同犯罪人的定罪问题，也便于解决共同犯罪人的量刑问题”。① 也有学者对刑法立法所持的分类方法提出了批评，认为我国刑法将共犯人分为四类，是将分工标准与作用标准结合起来，违背了分类的基本规则，即标准的统一性。②

笔者认为，对共同犯罪人进行分类的目的在于更加科学地解决量刑问题，因此，划分共同犯罪人类型的逻辑起点只能是回到共同犯罪的本质问题上去，即应当依据各个共同犯罪人在共同犯罪中所起的作用大小来进行量刑。因此，根据共同犯罪人在共同犯罪中所起的作用大小，可以将共同犯罪人划分为“起主要作用的人”（主犯）和“起次要作用的人”（从犯）。基于以上认识，对于受贿共同犯罪人的分类，同样应该分为“主犯”和“从犯”，这是对受贿共同犯罪量刑的基础。

对受贿共同犯罪人进行分类以“作用大小”为标准分为“主犯”与“从犯”，从便于量刑的角度而言无疑是科学的也是符合逻辑的。但从受贿共同犯罪的分工角度进行考察则更便于阐明受贿共同犯罪的行为形态，即将受贿共同犯罪分为实行犯、教唆犯和帮助犯。

（一）共同受贿犯罪的实行犯

在刑法理论中，实行犯是指直接实行犯罪构成客观要件的行为人。由于受贿罪是身份犯，不同于其他一般主体实行的犯罪，它以国家工作人员作为特殊主体，非国家工作人员不能单独构成受贿罪，因此，共同受贿罪中一般认为国家工作人员是实行犯。如果是两个以上国家工作人员利用各自的职务便利，为他人谋取利益，并收受他人财物的，可以构成受贿罪的共同实行犯，理论界对此是没有争议的。

但是，在共同犯罪中没有利用职务之便的国家工作人员，或者非国家工作人员能否构成共同受贿实行犯，理论界存在争议。

肯定说认为，受贿罪是复合行为犯，是收受贿赂与为他人谋取利益的统一。根据共同实行犯理论不要求实行犯必须实施全部实行行为，只要实施了部分实行行为就可以认定为行为犯。非国家工作人员可以直接实施受贿共同犯罪行为，能够成为共同受贿的实行犯。③

否定说认为，非国家工作人员不能成为共同受贿的实行犯。因为身份犯构成的犯罪，其犯罪的实行行为是与主体的特殊身份相联系的。没有这种身份，就不存在

① 参见高铭暄、马克昌主编：《刑法学》（上篇），中国法制出版社 1999 年版，第 303 页；陈兴良：《共同犯罪论》，中国社会科学出版社 1992 年版，第 184 页。

② 参见张明楷：《刑法学》（第 2 版），法律出版社 2003 年版，第 295—297 页。

③ 孙国祥：《贪污贿赂犯罪疑难问题学理与判解》，中国检察出版社 2003 年版，第 375 页。

实施这种实行行为的前提。①

笔者同意肯定说，非国家工作人员能否成为共同受贿的实行犯，不能抛开刑法总则的共同犯罪理论。按照犯罪共同说的观点，只要基于共同的意思联络，即共同实行某个具体犯罪的构成要件的实行行为的意思，即使实施了实行行为的一部分，就足以构成共同正犯，并不要求将构成要件的行为实施完毕。因此，在受贿共同犯罪中，如果国家工作人员与特定关系人事先通谋，利用职务便利为他人谋取利益，由特定关系人出面索取或者收受他人财物，并负责安排赃款赃物的转移和使用，对该特定关系人就可以认定受贿共同犯罪的实行犯。

（二）共同受贿教唆犯

根据《刑法》第29条规定，教唆犯是指故意唆使他人实施犯罪的人。共同受贿的教唆行为是指唆使国家工作人员产生受贿犯罪意图的行为，它与受贿罪实行行为之间具有诱发关系。② 对于受贿共同犯罪来说，教唆受贿的方法多种多样，可以是劝说、请求、怂恿、激将，也可以是打骂、哭闹、威逼、引诱等方法，不论其形式如何，只要符合教唆行为的本质特征，就可以认定共同受贿的教唆行为。教唆行为与帮助行为的区别就在于，教唆行为解决的是被教唆者是否实施犯罪，帮助行为解决的是已经决定犯罪的人如何实施犯罪的问题。

至于共同受贿教唆行为如何定罪，有主张按身份犯定罪的，也有主张按主犯特征定罪的，还有主张按行为人各自行为特征定罪的。从有利于司法操作的角度出发，国家工作人员教唆他人受贿犯罪的，应定共同受贿罪。非国家工作人员教唆国家工作人员受贿犯罪的，无论其教唆行为在共同犯罪中起主要作用还是次要作用，对非国家工作人员应一律定受贿罪，这样认定有利于打击贿赂犯罪，与当前我国的反腐败斗争的现实是相符的，与我国的刑事法律政策是相一致的。③ 结合“两高”新的司法解释，如特定关系人教唆国家工作人员实施受贿行为的，对特定关系人以受贿罪的共犯论处。当然，要根据特定关系人在具体犯罪中所起作用，可以认定为主犯，也可以认定为从犯。

（三）受贿共同犯罪中的帮助犯

根据《刑法》第27条规定，在共同犯罪中起帮助作用的犯罪分子是帮助犯。所谓在共同犯罪中起帮助作用，是指犯罪人不直接实施具体犯罪构成客观要件的行为，而是为共同犯罪的实施创造条件，辅助他人实行犯罪。

---

① 陈兴良主编：《刑法全书》，中国人民公安大学出版社1997年版，第1328页。

② 孟庆华：《受贿罪研究新动向》，中国方正出版社2005年版，第272页。

③ 参见高铭暄主编：《刑法学》，法律出版社1988年版，第569页。

受贿共同犯罪中的帮助犯，主要是国家工作人员的特定关系人，用各种方法为国家工作人员收受贿赂创造必要的、便利的条件，提供实现受贿犯罪目的的帮助。一般表现为授意或者暗示国家工作人员实施某种行为；事先与国家工作人员通谋，事后帮助国家工作人员转移赃款赃物；帮助国家工作人员向他人索贿等。

从共犯原理来看，行为人按照受贿人的意图所实施的行为，是促成受贿得以实现的行为，其主观上也必然认识到自己是在帮助受贿人实施受贿行为。这完全符合受贿共同犯罪的成立条件。值得注意的是，特定关系人的帮助行为，对于国家工作人员来说必须出于故意，而且相互之间有意思联络。如果特定关系人对国家工作人员的受贿行为提供的帮助没有意思沟通，则不能认定为受贿罪的共犯。

在这里还有一个问题要特别注意，即受贿共犯的帮助行为与介绍贿赂罪如何区分的问题。根据我国刑法规定，介绍贿赂罪是指行为人在行贿人和国家工作人员之间进行沟通、撮合等中介活动，以使贿赂行为得以实现，情节严重的行为。受贿共同犯罪中帮助行为与介绍贿赂罪往往容易混淆，对此理论上也曾有不同看法。

第一种观点认为，介绍贿赂可以分别作为行贿罪或者受贿罪的教唆犯、帮助犯看待，没有必要规定独立的罪名。① 第二种观点认为，介绍贿赂罪是一种行贿、受贿的帮助行为，在行贿人或者受贿人构成行贿罪或者受贿罪的情况下，介绍贿赂行为不能认定为介绍贿赂罪，应该以行贿罪或者受贿罪的共犯来认定。只有在行贿人或者受贿人都不构成犯罪的情况下，介绍人的行为方可构成犯罪，从这个意义出发，介绍贿赂罪起到了一种补漏的作用。② 第三种观点认为，介绍贿赂就是促使行贿与受贿完成的行为，客观上确实是行贿罪或者受贿罪的一种帮助行为；从主观方面看，介绍贿赂者与行贿者或者受贿者之间由犯意沟通，符合共犯的构成要件。③ 第四种观点认为，对于行为人与行贿人、受贿人没有形成共同故意的，即使行为人介绍贿赂得逞而从行贿方或者受贿方接受一定的中介费用，也只能以介绍贿赂罪论处，而不能以行贿罪或者受贿罪的帮助犯或者教唆犯论处。④

笔者认为，应当按照主客观相一致的原则来区分介绍贿赂罪与行贿罪或者受贿罪的帮助犯。从主观方面看，行贿罪或者受贿罪的帮助犯认识到自己是在帮助行贿人或者受贿人，与其有共同的故意；而介绍贿赂的行为人认识到自己是在居间介绍贿赂，个人并不具有行贿或者受贿的故意。从客观方面来看，行贿罪或者受贿罪的

① 刘有祥：《简析全国人大常委会〈补充规定〉对贿赂罪的修改》，载《法学》1988 年第 6 期。

② 朱铁军：《介绍贿赂罪与行贿、受贿共犯界限之分析》，载《中国刑事法杂志》2003 年第 1 期。

③ 孙国祥：《贪污贿赂犯罪疑难问题学理与判解》，中国检察出版社 2003 年版，第 466 页。

④ 陈正云、文盛堂主编：《贪污贿赂犯罪认定与侦查实务》，中国检察出版社 2002 年版，第 119—120 页。

帮助犯只是帮助行贿或者受贿一方，帮助行贿人行贿，或者帮助受贿人收受、索取贿赂，转移、存放贿赂物品等；而介绍贿赂人不是单纯地帮助某一方，而是在双方之间牵线搭桥，撮合交易。

1. 将介绍贿赂按行贿罪或者受贿罪的帮助犯处理，与现行刑事法律规范不符。在我国刑法中，对居间介绍犯罪行为的处理方式有两种：一种是将其作为共犯处理，例如，按照我国《刑法》第 205 条的规定，行为人介绍他人虚开增值税专用发票或者虚开用于骗取出口退税、抵扣税款的其他发票的，与虚开上述发票的人构成共同犯罪。另一种就是将介绍行为单独设立罪名加以处罚，如《刑法》第 392 条规定的介绍贿赂罪。既然法律已经明文规定了介绍贿赂罪，又要将其按照行贿罪或者受贿罪的帮助犯论处，显然违背法律要求。

2. 从立法精神来看，立法者可能是考虑到贿赂犯罪的复杂性和隐蔽性，从严厉打击腐败犯罪的需要出发，全方位、多角度地严密刑事法网，根据社会危害性大小的不同分别作出相应的规定。如果将介绍贿赂罪作为行贿罪或者受贿罪的帮助犯论处，将会导致介绍贿赂行为要么可以同时定受贿罪和行贿罪，要么根本不能定罪的局面。

3. 现行法律对共同犯罪中的共犯也有分别定罪的立法例。既然法律将介绍贿赂这种特殊的“共犯”形式独立出来，规定为单独的罪名，虽然实践中运用得很少，但其威慑作用符合惩治和打击贿赂犯罪的现实需要。

四、受贿共同犯罪的司法认定

在司法实践中，关于受贿共同犯罪的司法认定，大致有以下几个方面的问题需要注意：

1. 根据刑法以及“两高”新类型受贿犯罪的司法解释，特定关系人与国家工作人员通谋，由国家工作人员利用职务上的便利为请托人谋取利益，收受请托人财物后双方共同占有，应当构成受贿罪共犯。

如果特定关系人要求国家工作人员利用职务上的便利为请托人谋取利益的，自己收受财物没有交给国家工作人员占有的，但只要告知国家工作人员已经为自己所占有的，对国家工作人员及其关系人也应以受贿罪的共犯论处；对于特定关系人以外的其他人与国家工作人员通谋，由国家工作人员利用职务上的便利为请托人谋取利益，收受请托人财物后双方共同占有的，也应当以受贿罪的共犯论处。

2. 国家工作人员利用职务上的便利为请托人谋取利益，指使、授意请托人与特定关系人以买卖房屋、汽车等物品及其他一些交易方式进行交易，有关财物由特定关系人收取，虽然表面上国家工作人员本人没有获得财物，但行贿人的指向明确，送给特定关系人完全是根据国家工作人员的意思，是国家工作人员对财物的处置行为所导致，国家工作人员构成了受贿罪无疑。

但对于特定关系人帮助进行交易或者接受财物的特定关系人能否构成受贿罪的共犯，在什么情况下构成共犯有不同认识。有人认为，只要特定关系人明知是国家工作人员利用职务上的便利为请托人谋取利益，授意请托人将财物直接或者采取交易方式交给自己的，都可认定为受贿罪共犯。有人认为，能否认定受贿罪共犯，既要考虑国家工作人员和特定关系人是否通谋，还要强调特定关系人的积极主动行为。例如，特定关系人提议国家工作人员实施前述行为的，应当认定为共犯。笔者认为，上述两种意见都有失偏颇。第一种意见记述的是“片面共犯”情形，目前理论上认识尚不统一，实践中容易造成打击面过宽的不良后果；第二种意见在共同犯罪的构成要件上附加了新的条件，具有放纵犯罪的可能。

实践中认定是否成立受贿罪的共犯，需要根据情况分别对待，如果特定关系人与国家工作人员之间存在意思沟通，不论是采取明示或者是暗示的方式，只要利用国家工作人员职务之便实施了收受他人财物为他人谋取利益，或者索取他人财物，以及实施前述以买卖房屋、汽车等物品及其他一些交易方式进行交易行为的，都可以构成共同受贿罪，而不以特定关系人的积极行为为限。

3. 如果特定关系人利用国家工作人员的特殊身份，主动向请托人索取贿赂，事后因不敢或不愿意将收受他人钱物的事告诉国家工作人员，而国家工作人员却利用职务便利为请托人谋取了利益。这种情况下由于国家工作人员与特定关系人缺少共同受贿的意思联络，无共同受贿的故意，当然不能以其共同受贿罪定罪处罚。如果国家工作人员利用职权为他人谋取利益，构成其他犯罪的，可依照刑法的有关规定处理。

另外，如果特定关系人明知他人所送财物系国家工作人员为他人谋取利益所得而代为收受，但没有教唆或帮助行为，或者明知系国家工作人员受贿所得而只是与其共享的，属于知情不举，也不能以受贿罪的共犯追究刑事责任。自 2006 年 6 月 29 日《刑法修正案（六）》将贪污贿赂罪增加为洗钱罪的上游犯罪以后，如果特定关系人明知他人所送财物系国家工作人员为他人谋取利益所得而代为收受，然后进行投资或者生产经营的，可以按洗钱罪追究刑事责任。

贿赂犯罪共犯问题研究

王　磊*　袁一鸣**

一、关于非国家工作人员能否构成受贿罪共犯的探讨

近年来，我国刑法学界对自然人受贿罪的共同犯罪问题进行了较为广泛而深入的探讨，有些问题基本上取得了共识，但关于非国家工作人员是否能构成受贿罪共犯的问题值得探讨和推敲。

受贿罪的犯罪主体是国家工作人员，非国家工作人员不能单独构成受贿罪。非国家工作人员与国家工作人员相互勾结，共同收受贿赂，能否构成共同受贿犯罪，在现行刑法之前，由于1988年全国人大常委会《关于惩治贪污贿赂罪的补充规定》(以下简称《补充规定》) 在立法上的明确肯定性规定而并未引起刑法理论界很大的争议，随着1997年刑法的颁布实施，《补充规定》不再适用，学界再次掀起一场对此问题肯定与否定的论争。

否定说认为现行刑法取消了内外勾结的受贿罪共犯的观点，其理由有三：(1) 受贿罪是身份犯，其犯罪主体必须是国家工作人员，不具有这一特定身份的人不能与国家工作人员构成共犯，除非法律有特别规定。由于刑法并没有内外勾结受贿共犯的规定，所以非国家工作人员与国家工作人员相互勾结，伙同受贿的，不能以受贿罪共犯论处。(2) 适用刑法总则共同犯罪的规定，其条件是共同犯罪人的行为均符合构成要件，缺一不可。非国家工作人员与国家工作人员相互勾结，伙同受贿，国家工作人员收受财物可以构成受贿罪。但非国家工作人员不具有特定身份，没有职务的便利可以利用，虽然有收受他人财物的故意和行为，但由于构成要件缺失，就不能适用共同犯罪的规定，不构成受贿罪。(3) 刑法保留内外勾结的贪污共犯，取消内外勾结的受贿共犯，是因为两罪侵犯的客体有区别。两罪的客体虽然都包括国家工作人员职务行为的廉洁性，但贪污罪的客体着重于公共财物的所有权，受贿罪的客体着重于国家机关和其他国有单位的正常工作秩序。非国家工作

* 武汉市江汉区人民检察院反贪污贿赂局干警。

** 武汉市江汉区人民检察院反贪污贿赂局干警。

人员虽不能单独利用职务便利构成贪污罪，但在伙同贪污中，却能勾结国家工作人员完成贪污行为，侵犯公共财物的所有权。在伙同受贿中，非国家工作人员虽然得到了一定财物，但要利用职权为他人谋取利益，破坏国家机关和其他国有单位的正常工作秩序，还得靠国家工作人员的行为完成。且收受的财物并不是受贿罪客体。

我们认为，否定说提出的三条理由均不能成立。其存在的误解或错误有三：

（一）该观点的第一条理由是对刑法规定的误解

对现行刑法没有对伙同受贿构成共犯的规定，不仅要看法律有没有规定，而且更要考察为什么法律没有规定。笔者认为，即使刑法对伙同贪污和伙同受贿都没有作出明确规定，也应当分别认定为贪污的共犯和受贿的共犯，因为这种行为完全符合刑法总则规定的共同犯罪成立条件。而之所以将贪污共犯作出明确规定，主要是为了防止司法机关将贪污共犯认定为盗窃、诈骗等罪。事实上，由于贪污与盗窃、诈骗在客观方面具有某种外在的相似性，对内外勾结进行贪污或盗窃案件是定贪污罪还是定盗窃罪，存在不同的主张。但在受贿共同犯罪中，则基本上不存在上述类似问题，因而不需要再独立规定，以保持刑法总则与分则的协调一致性。

（二）否定说的上述第二条理由是对刑法总则关于共同犯罪规定的误解

根据我国的刑法理论，行为人的行为符合犯罪构成是行为人承担刑事责任的依据，这里的犯罪构成既包括基本犯罪构成，也包括修正的犯罪构成，而共犯的构成属于修正的犯罪构成。在共同犯罪中，组织犯、教唆犯、帮助犯，并非不具备犯罪构成，而是不具备刑法分则所规定的基本犯罪构成，但它们具备修正的犯罪构成，这就是共犯承担刑事责任的根据。虽然非国家工作人员不能构成与国家工作人员实施受贿罪的共同实行犯，但却可以成为后者的组织犯、教唆犯或帮助犯，因而让非国家工作人员承担受贿罪共犯的刑事责任完全符合我国的犯罪构成理论和共犯理论。同时，这种共同的受贿行为和犯罪结果之间存在刑法上的因果关系，就构成了受贿共犯，在我国刑法中，因果关系的存在是认定受贿共犯的不可或缺的因素。

（三）否定说的上述第三条理由是对犯罪客体的误解

该条理由的错误之处有二：（1）贪污罪的客体虽然是复杂客体，但公共财物所有权并非该罪的主要客体，其主要客体是国家工作人员职务的廉洁性。（2）该观点认为只有犯罪实行行为才会侵犯客体显然是荒谬的。在共同受贿案件中，不仅国家工作人员的实行行为构成对受贿罪客体的侵犯，非国家工作人员的教唆、帮助行为同样也构成对该客体的侵犯。

二、单位贿赂犯罪中的共同犯罪

（一）关于单位能否作为共同犯罪主体的探讨

在探讨单位贿赂共同犯罪之前，首先必须澄清单位能否作为共同犯罪的主体问题。对此，刑法学界有不同观点。多数学者认为，“共同犯罪是指二人以上共同犯罪”的规定中的“人”既包括自然人，也包括单位。也有的论者对此持否定态度，认为应当负刑事责任的，按照参与单位及个人所犯之罪分别处罚为宜。我们赞同前一种观点。首先，既然刑法将单位作为不同于自然人的一种独立犯罪主体类型，则其必然也可以作为共同犯罪的主体，换句话说，既然立法上承认单位具有刑事责任能力，则应当认为单位是法律上拟制的人，不仅具有实施犯罪的意识和意思决定能力，而且也同样具有与自然人或其他单位共同实施犯罪的意识和意思决定能力。

承认单位共同犯罪的成立，不仅有明确的法律依据，同时也是司法实践的需要，可以更好地体现罪责刑相适应的要求。这里的单位共同犯罪，是指两个或两个以上的单位之间，或者一个或一个以上的单位与自然人之间，共同故意实施特定的犯罪的行为。其在形式上可以表现为单位之间的共同犯罪和单位与自然人之间的共同犯罪两大类。当然，应当指出的是，在有单位作为一方的共同犯罪中，单位可以成立共同犯罪的范围不能任意扩大，必须限定在刑法分则明确规定单位可以构成的犯罪范围内。

（二）单位贿赂共同犯罪的表现形式及其特征

在明确了单位可以成为共同犯罪的主体之后，单位之间尤其是单位与自然人之间共同实施某种贿赂行为（包括受贿和行贿），对共犯人有无分别定罪的可能，还要结合刑法对自然人实施的贿赂犯罪与单位实施的贿赂犯罪的不同规定而加以具体考察。

我们可以把单位贿赂共同犯罪分为以下几种：第一种为单位之间共同实施的贿赂犯罪。包括由两个以上国有单位共同实施的单位受贿罪，两个以上的单位共同实施的单位行贿罪，对单位行贿罪，对公司、企业人员行贿罪。第二种为单位和自然人之间共同实施的受贿犯罪和行贿犯罪。其中又可分为两种情形：其一，单位与自然人共同实施的贿赂犯罪，在他们单独实施的情况下触犯的是同一罪名。即自然人和单位均可构成的对单位行贿罪和对公司、企业人员行贿罪。其二，单位与自然人共同实施的贿赂犯罪，在他们单独实施的情况下，所触犯的罪名不同。在单位和自然人共同实施的受贿、行贿行为中，单位构成单位受贿罪、单位行贿罪，而自然人则构成受贿罪、行贿罪。

单位贿赂共同犯罪在主客观方面具有以下特征：（1）参与共同受贿、行贿的主体必须至少有一个是符合法定条件的单位。（2）无论是自然人还是单位，都是为了实施行贿、受贿犯罪活动而结合在一起，各自以独立的主体身份参与贿赂犯罪，在犯罪过程中彼此不存在隶属关系。（3）在主观方面，其不同于自然人之间的共同贿赂犯罪之处在于，不仅单位的决策者、实施者要形成本单位实施贿赂犯罪的故意，而且作为单位的主管人员和其他直接责任人员要与其共同实施贿赂犯罪的自然人或单位形成实施贿赂犯罪的犯意联络。在被动型受贿犯罪中，国有单位和其他国有单位或者国家工作人员具有为他人谋取利益的共同犯罪意图，即具有利用各自的职权为他人谋取利益的意图，但谋取利益的具体内容不必一致。同样，在行贿犯罪中，无论是单位还是自然人，均具有谋取不正当利益的意图，但并不要求二者具有同一的内容，可以是单位或自然人基于谋取不同不正当利益的意图，但基于共同实施行贿的犯意联络而共同实施行贿行为。（4）在犯罪客观方面，要求单位与单位或自然人共同实施了贿赂行为。需要注意两点：第一，既然构成单位共同贿赂犯罪，必然要求法律规定该具体的贿赂犯罪可以由单位构成，否则无由构成单位共同贿赂犯罪。第二，在单位之间或单位与自然人之间共同实施受贿或行贿行为过程中，其共同的受贿所得或因行贿取得的违法所得只能在单位与单位之间或单位与自然人之间进行分配，作为共同实施犯罪的单位一方，其主管人员和其他直接责任人员必须将分配后的受贿所得或因行贿取得的违法所得收归本单位。

贿赂犯罪共犯问题研究

张振华[*]　马　翔[**]

贿赂共犯问题是贪污贿赂犯罪实践及刑法理论中需要研究的重要问题，在当前经济犯罪手段不断更新的处境下，它不仅对拓展刑法理论空间有重大意义，而且对于惩治腐败、加强廉政建设，以及实现罪刑均衡、协调贿赂罪名体系，具有更加重要的作用。

一、受贿犯罪的共犯问题

（一）不同身份的主体受贿需要注意的共犯问题

关于国家工作人员与公司、企业人员共同受贿的定性。如果双方共同收受贿赂，其中一方没有利用本人职务上的便利的，则应以利用职务便利者实施犯罪的性质定罪；如果只是各自利用本人职务便利，为他人谋取利益的，则应分别定罪为宜。如果行贿人请托的事项需要公司、企业人员和国家工作人员不仅要利用各自的职务便利，而且需要利用对方的职务便利予以协调，这种情况下，一方面，公司、企业人员构成公司、企业人员受贿罪的实行犯，而国家工作人员为该罪的帮助犯；另一方面，国家工作人员为受贿罪的实行犯，而公司、企业人员为该罪的帮助犯，此时国家工作人员与公司、企业人员成立共犯，但成立受贿罪还是其他罪，需要择一重罪处断。

单位受贿共同犯罪中教唆犯、从犯的认定。在具体实践中应分以下几种情形分别认定：第一种是国家工作人员教唆国有单位利用单位职务便利收受贿赂的，自然人应构成单位受贿罪的教唆犯；第二种是国有单位教唆国家工作人员利用国家工作人员职务便利收受贿赂的，对国有单位应以受贿罪的教唆犯来定性为宜；第三种是国有单位教唆非国家工作人员收受他人财物，而国有单位利用职务便利为他人谋取利益的，可以参照自然人共同犯罪中有特定身份之人教唆无身份之人实施的由特定

* 武汉市硚口区人民检察院反贪污贿赂局干警。

** 武汉市硚口区人民检察院反贪污贿赂局干警。

身份之人构成的犯罪情形的处理办法进行处理。

（二）利用影响力受贿罪的共犯问题

利用影响力受贿罪与受贿罪在本质上都属于受贿犯罪，二者侵害的法益具有同一性。

利用影响力受贿罪的共犯问题。国家工作人员明知关系人利用本人的职务行为实施受贿犯罪，而仍然实施了职务行为，为他人谋取了不正当利益，可分为以下两种情况分析评价：

1. 关系人对此不明知。由于一方不明知，缺乏共同故意的前提，不成立利用影响力受贿罪的共犯，关系人成立利用影响力受贿罪单独犯，国家工作人员由于形成单方面意思联络，并且实施了职务行为，成立利用影响力受贿罪的片面共犯。

2. 关系人对此明知。共同故意的成立除了双方明知外，还必须要有意思联络，否则就是刑法理论上的同时犯。国家工作人员对关系人利用本人的职务行为实施受贿犯罪并不明知，而实施了职务行为，为他人谋取了不正当利益，国家工作人员没有受贿的故意，因此不可能成立受贿犯罪，不存在共犯问题。关系人只成立利用影响力受贿罪的单独犯。

关系人成立受贿罪的共犯问题。关系人要成立受贿罪共犯，只可能处于对国家工作人员的教唆或帮助地位，或者在分担取财行为中处于相对次要的角色。如果关系人向请托人索取财物，一般来说受贿故意明显，成立犯罪不容置疑，此时需要具体判断国家工作人员的行为是否处于核心角色，以判定受贿罪共犯的成立。

1. 从请托人处收受财物。如果请托人交予财物，且告知是对国家工作人员实施职务行为代为谋取不正当利益的“酬礼”、“好处费”，关系人仍然收受的，应认定为受贿罪的帮助犯，关系人与国家工作人员可以成立受贿罪共犯。如果关系人对财物内容并不明了，只是暂时收下代为转交国家工作人员的，不具有受贿的故意而不成立犯罪。

2. 从国家工作人员处收受财物。这种情况下，关系人要成立受贿罪的共犯，只限于双方在国家工作人员实施受贿犯罪之前有约定的，此时关系人收受财物的行为属于事后帮助行为，成立受贿罪共犯。除此之外，假使国家工作人员索取或非法收受请托人财物时在场，并接手保管财物，或者国家工作人员向关系人转交财物之时告知贿赂性质或事后告知的，关系人都缺乏受贿的故意而不成立受贿罪。

（三）受贿共犯中的金额认定问题

关于共同受贿的数额问题。对于共同受贿犯罪，不能以个人实际分得的数额对犯罪人进行处罚，仍然要坚持共同犯罪共同负责的原则。坚持共同受贿犯罪人对共同受贿数额负责，并不意味着对每一个共犯都要处以相同的刑罚。单位贿赂共同犯罪中犯罪数额的认定，无论是对发生于单位之间的共同贿赂犯罪，还是发生于单位与自然人之间的共同贿赂犯罪，都应按照单位参与的全部犯罪数额定罪处罚，作为共犯的单位，其具体实施的犯罪涉及的金额即使未能达到数额要求，但只要加上自然人那部分后达到了要求的，就应认定单位与自然人之间共同贿赂犯罪的成立。

二、行贿犯罪的共犯问题

（一）单位行贿罪的共同犯罪

单位行贿罪的共同犯罪，是指单位与单位之间、或者单位与自然人之间，以及单位内部直接参与实施犯罪的自然人之间为谋取不正当的利益共同故意实施行贿或违反国家规定，给予国家工作人员以回扣、手续费，情节严重的行为。对于单位与单位之间共同行贿犯罪的认定，应注意以下几点：（1）必须有共同犯罪故意。各单位都有通过行贿谋取不正当利益的目的，并且在其内部都完成了个人意志上升为单位意志的过程，同时各单位之间进行了犯意的沟通并予以确定。（2）两个或两个以上的单位必须共同实施了行贿行为。（3）共同行贿行为必须达到情节严重。单位及直接负责人和其他直接责任人间的共同行贿犯罪，有两种表现形式：（1）直接负责人和其他直接责任人的意志与单位完全一致，而且以单位的名义来谋取不正当利益或违反国家规定，给予国家工作人员以回扣、手续费的行为。该不当利益可能归个人所有也可能部分归单位所有。（2）单位直接责任人和其他直接责任人，以独立的个人身份，为了谋取个人利益与单位共同实施的行贿行为，则构成单位行贿罪的共同犯罪。

（二）行贿罪共犯与介绍贿赂罪的区别问题

从表面看，介绍贿赂行为对于行贿行为起帮助作用，因此介绍贿赂罪与行贿的帮助行为极为相似，极易混淆。但是它们之间又有着根本的区别，不能简单地将其作为行贿的共犯对待。在主观方面，行贿罪的帮助方认识到自己是在帮助行贿一方，因而其行为主要是为一方服务；而介绍贿赂的行为人认识到自己是处于第三者的地位介绍贿赂，因而其行为主要是促成双方的行为内容得以实现。介绍贿赂人大多有谋取利益的目的，但也可能并不要求得到现实的“利益”。而行贿人则是各有明确的所求，属于典型的“权钱交易”的性质。在客观方面，介绍贿赂人必须与贿赂行为的双方，即行贿、受贿人之间都有联系，但这种联系是根据行、受贿双方的意图办事，是一种“居间”行为。而行贿的帮助行为虽然行为人也与其中一方或双方有联系，但不是仅限于转达意思，而是积极为一方或双方出谋划策，想方设法实现行贿之目的，因此构成行贿罪的共犯。

贿赂犯罪共犯问题研究

毛 欣*

共同受贿是受贿犯罪的一种特殊形态，与单独受贿相比其更具复杂性。在司法实践中，由于对刑法有关条文和共同犯罪理论的理解认识不一，司法机关对共同受贿的认定标准存在争议。本文拟从共同受贿犯罪的理论依据、共同受贿的认定方法等几个方面展开讨论。

一、共同受贿犯罪的理论依据

在刑法理论上，“共犯”一词具有多种含义。最广义的共犯，是指二人以上共同实施犯罪的情形；广义的共犯，是指共同正犯（共同实行犯）、教唆犯与帮助犯；狭义的共犯，是指教唆犯与帮助犯。① 我国刑法中的共犯，是指二人以上共同故意犯罪的情形。虽然我国刑法没有使用正犯与狭义的共犯（教唆犯与帮助犯）的概念，但是从理论上区分正犯与共犯对于解决共同犯罪的认定具有意义。根据共犯从属性说的观点，认定二人以上的行为是否成立共同犯罪，首先应该认定正犯，在认定正犯的基础上才能进一步认定共犯。②

我国现行《刑法》第385条规定：“国家工作人员利用职务上的便利，索取他人财物，或者非法收受他人财物，为他人谋取利益的，是受贿罪。”按照我国刑法理论的通说，刑法分则规定的具体犯罪构成要件的行为一般即为实行行为。据此，受贿罪的正犯行为（实行行为）是指国家工作人员利用职务上的便利，索取他人财物，或者利用职务上的便利，为他人谋取利益，非法收受他人财物的行为。

受贿罪的共同正犯，是指各行为人在共同实行受贿犯罪的意思下，分担受贿的实行行为，相互利用、补充对方的行为，使各行为人的行为成为一个整体而实现受

* 武汉市东西湖区人民检察院反贪污贿赂局助理检察员。

① 参见张明楷：《刑法学》（第4版），法律出版社2011年版，第353页。

② 在刑法理论上存在共犯独立性说与共犯从属性说的对立。参见张明楷：《外国刑法纲要》（第2版），清华大学出版社2007年版，第308页。

贿犯罪。构成受贿罪的共同正犯必须符合以下条件：一是有共同的受贿故意。具有共同的受贿故意是指二人以上的行为人有共同实施受贿行为的意思。二是有共同的受贿行为。在共同受贿犯罪中，各共同受贿犯罪人通过分工，相互利用、补充对方的行为，使各自的行为成为一个整体。

受贿罪的帮助犯和教唆犯，是指故意唆使或者帮助受贿罪的正犯实施符合受贿罪构成要件的行为。刑法之所以要处罚教唆犯和帮助犯，是因为教唆犯和帮助犯在客观上教唆或帮助正犯，共同引起犯罪事实或犯罪结果，具有法益侵害性，同时，教唆犯和帮助犯在主观上希望或者放任自己的教唆行为或者帮助行为，促使或者便于正犯的犯罪事实或犯罪结果的发生，具有人身危险性。[①] 换言之，帮助犯和教唆犯通过正犯间接地侵害了法益，即处罚共犯者，是因为其诱使、促进了正犯实施符合构成要件的法益侵害行为。在受贿犯罪中，共犯诱使、促进正犯实施了利用职务上的便利，索取他人财物或者收受他人贿赂，为他人谋取利益的行为。

二、共同受贿犯罪的认定

（一）有国家工作人员身份者之间的共同受贿犯罪

具有国家工作人员身份的行为人相互勾结，分别利用各自的职务便利，为请托人谋取利益，单独或者共同收受其财物的，[②] 此时，应根据共同正犯的一般成立条件认定行为人是否构成共同正犯，即二人以上主观上有无共同实行的意思，客观上有无共同实行的事实。如果两个以上国家工作人员主观上基于共同受贿的意思联络，客观上分别利用各自的职务便利，为请托人谋取利益，单独或者共同收受其财物的，符合共同正犯的成立条件，则可以认定其构成受贿罪的共同正犯。

如果在共同受贿中，不是所有的国家工作人员都利用了各自职务上的便利，而是有的利用了职务上的便利，有的没有利用职务上的便利，没有利用职务之便的国家工作人员在共同犯罪中往往只起到帮助或者教唆作用。也就是说，行为人虽然具有国家工作人员的身份，但这一身份并没有在共同受贿中发挥作用，其作用与没有特定身份的非国家工作人员是相同的。因此，这些行为人往往不能构成受贿罪的共

① 参见马克昌：《比较刑法原理》，武汉大学出版社2002年版，第706页。

② 司法实践中，有一种做法是以是否得到“分赃”作为认定是否构成受贿罪的标准，实际上，犯罪的本质是侵犯法益，行为人索取、收受他人财物是归自己占有还是第三者占有，都侵犯了国家工作人员职务行为的不可收买性，二者对法益的侵害程度没有差别。

同正犯，而只可能构成受贿罪的帮助犯或者教唆犯。

在司法实践中，认定是否构成受贿罪，司法机关往往纠结于行为人是否具有职务行为，如果行为人没有职务行为，或者所谓的职务行为不明显，则无法认定行为人是否构成行贿罪。实际上，职务行为只是针对正犯（实行犯）而言的，对于帮助犯或者教唆犯，并不需要其具有职务行为。例如，甲系某国土局工作人员，具有国家工作人员身份，在行贿人A因办理土地证而有求于甲的职务行为并给予其贿赂，甲遂与该国土局不具有国家工作人员身份的聘用人员乙共谋，由乙负责具体的办证事宜，由甲利用其职务上的便利，对A的办证材料予以审批，A遂取得土地证，最后贿赂由甲与乙共同占有，此时，无须考虑乙是否有职务行为，事实上乙也不可能有所谓的职务行为，甲、乙构成共同受贿，其中，甲为受贿罪的正犯，乙为受贿罪的帮助犯。

（二）无国家工作人员身份者与有国家工作人员身份者的共同受贿犯罪

无身份者可以构成有身份者实施的真正身份犯的教唆犯或者帮助犯，此为理论上的通说。至于无身份者能否构成真正身份犯的共同正犯，则存在争议，目前理论上存在肯定说、否定说、具体分析说三种说法。① 本文认为不具有国家工作人员身份的人与具有国家工作人员身份的人共同实施受贿犯罪时，构成狭义的共犯（教唆犯和帮助犯），而不能构成共同正犯。（1）受贿罪是一种真正身份犯，国家工作人员身份属于构成身份，换言之，行为人要构成受贿罪的正犯，必须要具有国家工作人员的身份，不具有国家工作人员身份的行为人，是不可能构成受贿罪的正犯的（包括间接正犯和共同正犯）。（2）刑法分则所规定的特殊身份仅就正犯而言，至于教唆犯与帮助犯，则完全不需要特殊身份。（3）不具有国家工作人员身份的行为人本身没有职务上的便利可以利用，不能直接侵犯国家工作人员职务行为的不可收买性。但他们在共同受贿犯罪中进行教唆、帮助等行为，通过国家工作人员的行为间接地侵犯了受贿罪的法益，即国家工作人员职务行为的不可收买性。因此，一般主体教唆、帮助具有国家工作人员身份的人实施以特殊身份为构成要件要素的犯罪的，以共犯（帮助犯或者教唆犯）论处。

三、认定共同受贿犯罪应当注意的事项

1. 需要明确受贿罪共同正犯的成立条件。根据共犯从属性说，共同正犯都是正犯，相互之间没有从属性，所以正犯是可以单独认定的，而对教唆犯和

① 参见马克昌：《犯罪通论》（第3版），武汉大学出版社2010年版，第581页。

帮助犯的认定则依赖于正犯。在正犯实施了符合受贿罪的构成要件的违法行为的情况下，只要能认定正犯的行为是由教唆犯的行为所引起，就能肯定教唆行为的成立；同样，只要能认定行为人的行为对正犯的行为起到了促进作用，就能肯定帮助行为的成立。然后，根据教唆者和帮助者的责任内容判断其应当承担何种责任。

2. 在共同受贿犯罪中，教唆者和帮助者一般都具有受贿的故意，所以教唆者、帮助者与正犯一般触犯的是相同罪名。

四、结语

综上所述，在认定受贿罪的共犯时，首先应判断行为人有无国家工作人员身份（真正身份犯），没有国家工作人员身份的行为人只能构成受贿罪的帮助犯或者教唆犯；如果行为人具有国家工作人员身份，则进一步判断行为人有没有利用职务上的便利，对于利用了职务上的便利的行为人，根据共同正犯的条件判断行为人是否构成受贿罪的共同正犯，对于没有利用职务上的便利的行为人，只能根据其在受贿罪中所起的作用认定其是否构成受贿罪的帮助犯或者教唆犯。

论国家出资企业中国家工作人员的认定

李　勇*

最高人民法院和最高人民检察院《关于办理国家出资企业中职务犯罪案件具体应用法律若干问题的意见》（以下简称“两高”《意见》）对国家出资企业的界定和国家出资企业中国家工作人员的认定作了具体解释。司法实务中，如何理解和适用上述意见仍然存在争议。本文对国家出资企业及其中的国家工作人员认定进行探讨，并阐述认定国家出资企业中国家工作人员的具体步骤，以期对司法实践有所裨益。

一、出资企业的界定

（一）出资企业组织形态

“两高”《意见》第7条规定，国家出资企业包括国家出资国有独资公司、国有独资企业，以及国有资本控股公司、国有资本参股公司。对上述国家出资企业组织形态的概念，“两高”《意见》未作进一步解释。《公司法》规定，国有独资公司是指国家单独出资、由国务院或者地方人民政府授权本级人民政府国有资产监督管理机构履行出资人职责的有限责任公司。比照《公司法》上述关于国有独资公司的规定，国有独资企业是指国家单独出资成立、由国务院或者地方人民政府授权本级人民政府国有资产监督管理机构履行出资人职责的不具有公司形式的企业。根据《公司法》关于“控股股东”的解释，国有资本控股公司指国家出资额占有限责任公司资本总额50%以上或者其持有的股份占股份有限公司股本总额50%以上；国家出资额或者持有股份比例虽然不足50%，但依其出资额或者持有的股份所享有的表决权已足以对股东会、股东大会的决议产生重大影响的有限责任公司和股份有限公司。国有资本参股公司是指国家参与出资但出资额未达到控股地位的有限责任公司或股份有限公司。

* 武汉市人民检察院反贪污贿赂局助理检察员。

(二) 出资企业认定方法

笔者认为，司法实务中可从以下两个方面着手。一是结合企业工商登记情况进行判断。根据我国工商行政管理法律规定，企业设立、变更、注销等均需到工商行政管理机关进行登记。据此，可以根据工商登记档案直观地了解企业的性质及股东出资情况。特别是在公司设立后股东多次变更的情况下，可以通过工商登记档案查清公司资金来源、实际出资人及出资数额。凡是工商登记档案记载企业的股东为国家机关、国有公司、企业、事业单位的，且由国家机关、国有公司、企业、事业单位实际出资的，均可认定为国家出资企业。二是结合企业国有资产产权登记情况进行判断。“两高”《意见》规定：“是否属于国家出资企业不清楚的，应遵循‘谁投资、谁拥有产权’的原则进行界定。”该规定确立了根据企业实际出资确定企业性质的原则。《企业国有资产监督管理暂行条例》第3条规定：“企业国有资产，是指国家对企业各种形式的投资和投资所形成的权益，以及依法认定为国家所有的其他权益。”第4条规定：“企业国有资产属于国家所有。国家实行由国务院和地方人民政府分别代表国家履行出资人职责，享有所有者权益，权利、义务和责任相统一，管资产和管人、管事相结合的国有资产管理体制。”《企业国有资产产权登记管理办法实施细则》和《国家出资企业产权登记管理暂行办法》规定，国有资产管理机构对企业国有资产实施登记管理，并制作《企业国有资产产权登记证》、《企业国有资产占有产权登记表》和《企业国有资产变动产权登记表》等。

司法实务中，可通过国有资产管理机构和国家出资企业的产权登记档案和企业国有资产产权登记档案查清企业出资人和资金的所有权性质。凡是根据国家出资企业产权登记档案和企业国有资产产权登记档案记载，企业是由履行出资人职责的国有资产管理机构、国有独资企业、国有独资公司、国有事业单位单独或者共同出资设立的，或以被登记为国有资产的财物出资成立的企业均应当认定为国家出资企业。

(三) 国家出资企业出资成立企业的性质

《企业国有资产法》规定，国家出资企业对其所出资企业依法享有资产收益、参与重大决策和选择管理者等出资人权利。国家出资企业出资成立企业的组织形态有以下几类：一是由国有独资公司、企业单独出资或数个国有独资公司、企业共同出资成立的公司、企业依然是国有独资公司、企业，属于《刑法》第93条规定的“国有公司、企业”。二是国有独资公司、企业与国有控股、参股公司或其他非国家出资企业、组织或个人共同出资成立的公司、企业，应界定为国家出资企业，形式上属于国有资本控股公司或国有资本参股公司。三是国有资本控股、参股公司单独或同其他非国家出资企业、组织或个人共同出资设立的公司是否为国家出资企业则应当具体情况具体分析。凡是国有控股、参股公司以国有资产出资或国有控股、参股公司出资成立的公司、企业中的资产被登记为国有资产的应当认定为国家出资企业。

二、关于委派主体的理解

"两高"《意见》规定，国有控股、参股公司及其分支机构中国家工作人员的委派主体包括国家机关、国有公司、企业、事业单位和国家出资企业中负有管理、监督国有资产职责的组织。

对"两高"《意见》中所称的国家出资企业中负有管理、监督国有资产职责的组织的认定，有论者认为："这里所称的'组织'，除国有资产监督管理机构、国有公司、企业、事业单位外，在实践中主要指上级或者本级国家出资企业内部的党委和党政联席会议。根据党管干部的组织原则，改制后的国有出资企业一般仍设有党委，并由本级或者上级党委决定人事任免。"①

笔者认为，上述观点值得商榷。

1. "两高"《意见》第6条第2款所称的组织应是国家出资企业的内设组织机构，国有资产监督管理机构、国有公司、企业、事业单位作为委派主体是"两高"《意见》第6条第1款规定的内容，不为"两高"《意见》第6条第2款所涵盖。

2.《企业国有资产法》规定，国家出资企业合并、分立、改制、上市，增加或者减少注册资本等重大事项，除依照有关法律、行政法规以及企业章程的规定，由履行出资人职责的机构决定的以外，国有独资企业由企业负责人集体讨论决定；国有独资公司由董事会决定；国有资本控股公司、国有资本参股公司由公司股东会、股东大会或者董事会决定，由股东会、股东大会决定的，履行出资人职责的机构委派的股东代表应当依法行使权利，保障出资人的权利。

根据上述规定，国有独资企业企业负责人集体、国有独资公司的董事会、国有资本控股公司和国有资本参股公司的股东会、股东大会对企业的重大事项具有决定权，是国家出资企业的决策机构。

3. 国家出资企业内部党政联席会议并非一个组织，而是一种议事决策形式，参与人员是党委委员（党组成员）和高级行政管理人员。所以将党政联席会议解释为负有管理、监督国有资产职责的组织并不恰当。

综上所述，笔者认为，国家出资企业中负有管理、监督国有资产职责的组织包括国家出资企业党委（党组）、国有独资企业负责人集体、国有独资公司董事会、国有资本控股、参股公司股东会、股东大会中由履行出资人职责机构委派的股东和

---

① 陈国庆、韩耀元、王文利：《"两高"〈关于办理国家出资企业中职务犯罪案件具体应用法律若干问题的意见〉解读》，中国检察出版社2011年版，第34页。

董事会中由履行出资人职责的机构委派的董事。司法实务中，可以根据法律、法规和企业章程的具体规定确定国家出资企业中负有管理、监督国有资产职责的组织的具体类型。

关于国有控股、参股公司分支机构的理解。公司的分支机构是指不具有法人资格的分公司和支公司，而不包括具有法人资格的子公司。有论者将国有控股、参股公司分支机构解释为“二级公司以下”,[①] 但是否包括国有控股、参股公司设立的子公司并不明确。笔者认为，“两高”《意见》中分支机构应当理解为包括国有控股、参股公司下设的分公司、支公司和子公司。原因在于：

1.《企业国有资产统计报告办法》第 11 条规定，国有控股、参股公司在统计报告企业国有资产时将下属子企业的国有资产纳入统计报告范围内。据此，将国有控股、参股公司的子企业作为其分支机构理解是符合企业国有资产管理、监督实践的。

2. 实践中，国家机关、国有公司、企业、事业单位和国家出资企业中负有管理、监督职责的组织向国家出资企业的子企业委派工作人员代表其行使管理、监督国有资产职责是较为普遍的现象。

三、关于“委派”的理解

（一）“委派”的形式

“两高”《意见》吸收最高人民法院《关于印发〈全国法院审理经济犯罪案件工作座谈会纪要〉的通知》有关规定，在第 6 条第 1 款明确规定委派形式包括提名、推荐、任命、批准等；该条第 2 款规定“批准”或者“研究决定”也属于委派的形式。《企业国有资产监督管理暂行条例》明确履行出资人职责的机构向国家出资企业委派人员的方式为任免和建议任免。其中建议任免具体包括提出任免建议、提出人选、推荐人选、提出人选的建议。据此，“两高”《意见》第 6 条第 1 款除了该款明确的提名、推荐、任命、批准 4 种形式外，提出任免建议、提出人选的建议、聘任等也应属于“委派”形式。

（二）任命机构和程序

实践中，国家出资企业中工作人员职务任免机构和程序多种多样。应当将委派组织和任命机构区别开来，有的委派组织同时是任命机构，有的是经国家机关、国有公司、企业、事业单位或负有管理、履行国有资产职责的组织委派后，再由接受

---

① 陈国庆、韩耀元、王文利：《“两高”〈关于办理国家出资企业中职务犯罪案件具体应用法律若干问题的意见〉解读》，中国检察出版社 2011 年版，第 35 页。

委派的企业发文任命职务。司法实务中，在认定国家出资企业中国家工作人员时不仅应当收集审查职务任命文件，还要收集审查职务任命文件发布的依据，如履行出资人职责机构或上级公司的批准文件，公司股东会、股东大会的决议，公司董事会、企业党组会、党政联席会议、企业负责人集体办公会研究人事任免会议的会议纪要等文件，从而确定是否由国家机关、国有公司、企业、事业单位或负有管理、履行国有资产职责的组织委派。

（三）被委派人员从事的工作

就被委派到国有控股、参股公司及其分支机构任职的人员而言，从事公务是指受国家机关、国有公司、企业、事业单位委派，管理、监督国有控股、参股公司及其分支机构中的国有资产，确保国有资产保值增值。受委派人员从事组织、领导、监督、管理等任一项或多项工作职能，均属于“从事公务”。“两高”《意见》规定，经国家出资企业中负有管理、监督国有资产职责的组织委派到国有控股、参股公司及其分支机构中任职的人员从事工作与经国家机关、国有公司、企业、事业单位提名、推荐、任命、批准等到国有资本控股、参股公司及其分支机构中任职的人员不同，需是代表负有管理、监督国有资产职责的组织从事组织、领导、监督、经营、管理工作。这与最高人民法院《关于印发〈全国法院审理经济犯罪案件工作座谈会纪要〉的通知》关于“从事公务”的理解有差别。具体表现在：第一，明确规定需是代表负有管理、监督国有资产职责的组织工作。第二，除了组织、领导、监督、管理外，经营也属于从事公务的范畴。第三，明确限定了受委派人员从事公务限于组织、领导、监督、经营、管理五种，与最高人民法院《关于印发〈全国法院审理经济犯罪案件工作座谈会纪要〉的通知》用“等”类兜底性方式不同。

贿赂范围之探究

谭兰花*

近年来，因贿赂犯罪被新闻媒体曝光的党政官员越来越多，不难发现，下马的贪官除了收受大量的金钱、物品外，还存在利用特殊身份和手中权力对其他一些利益进行交换或占有，如我们最常听到的性贿赂或者一些机会利益、预期利益等，但是在我国的司法实践中，这些很少被计入贿赂所得，这是由于传统立法的不足。本文试从贿赂范围国内外之规定、新型贿赂方式的具体表现、贿赂范围科学的界定三方面对贿赂范围这一问题进行探讨。

一、域内外刑法关于贿赂范围之规定

（一）域外规定

从大陆法系和英美法系主要国家对贿赂范围的刑事立法来看，大体有以下几种情况：①

概括说。规定贿赂但对贿赂的内容没有限制。例如，《日本刑法》第197条规定，公务员或仲裁人关于职务上的事情，收受、要求或约定贿赂的，是受贿罪。

利益或报酬说。例如《新加坡反贪污法》规定为报酬，并详细列举了报酬内容；英美刑法理论认为，贿赂是指收受非法报酬或不应得的报酬。

财产性利益说。如《俄罗斯联邦刑法典》第290条第1款规定：“公职人员亲自或通过中间人接受金钱、有价证券、其他财产或财产性质的利益与形式的贿赂，从而实施有利于行贿人或其代理人的行为（不作为）的”，是受贿罪。

财物说。如西班牙刑法规定为“赠品或礼品”，南斯拉夫刑法规定为“礼物及其他财物”。

综观世界各国、各地区的立法模式，仅将贿赂的范围规定为财物的，已是极少数，大多数国家都将财产性利益和非财产性利益作为贿赂的标的物。

---

* 武汉市东西湖区人民检察院反贪污贿赂局干警。

① 陈兴良：《关于贿赂的比较研究》，载《法学家》1993年第5期。

（二）国内学说及相关司法解释

我国刑法理论界对贿赂范围的争议主要有三种代表性的观点，① 具体如下：

财物说，也称为狭义说。该说认为贿赂的范围应仅限于金钱或者可以用金钱估价的物品。认为，“刑事立法规定贿赂的内容指财物，具体明确，便于执行。如将贿赂内容解释为包括不正当利益则笼统抽象，会给守法执法带来困难，进而混淆罪与非罪、此罪与彼罪的界限，不可避免会产生扩大化的错误”。②

金钱估价说或物质利益说。该说认为贿赂除了包括可以用金钱计算的财物以外，还应该包括其他财产性利益，如免除债务、免费出国旅游、提供房屋、汽车使用权等，但不应包括其他的非物质性利益。

利益说，也称为广义说。该说认为贿赂范围既应该包括财物，也包括财产性利益和非财产性利益。

我国刑法将贿赂范围界定为财物，实践中对于新型贿赂的打击明显有些力不从心，“两高”先后单独或联合发布了三个重要的司法解释性质的文件以适应新形势下打击贿赂犯罪的需要。分别是2003年11月13日最高人民法院发布的《全国法院审理经济犯罪案件工作座谈会纪要》、2007年7月9日最高人民法院、最高人民检察院联合发布的《关于办理受贿刑事案件适用法律若干问题的意见》、2008年11月20日最高人民法院、最高人民检察院联合发布的《关于办理商业贿赂刑事案件适用法律若干问题的意见》三个文件。这些文件在刑法基础上进一步明确贿赂犯罪范围包括了交易型受贿、干股分红型受贿、经营型受贿、委托型受贿、特定关系人受贿、离职型受贿等内容。

通过对“两高”司法解释的文本解析，不难看出，立法远远滞后于现实发展，近几年受贿形式的多样性、隐蔽性给我们打击贿赂犯罪带来了新的挑战。

二、新型贿赂犯罪范围的具体表现

（一）财产性利益

近年来，司法实践中屡屡证明了财产性利益获得的间接性。在上海，“炒房区长”浦东新区原副区长康慧军在上海市纪委进行住房普查时被查处，其利用职权低价购买房产，然后按市场价抛售，赚取差价。③ 2011年5月12日，宁波市中级

① 高铭暄、马克昌：《刑法学》（下），中国法制出版社1999年版。

② 高铭暄：《中国刑法学》，北京大学出版社1989年版，第604页。

③ 《上海炒房区长一审被判无期》，http：//news. sina. com. cn/c/2009 - 02 - 04/025215106994s. shtml。

人民法院以受贿罪、贪污罪、滥用职权罪，一审判处许迈永死刑，并处没收个人全部财产。许迈永利用职权通过签订虚假合作开发协议，将其实际掌握的公司从实质上的借贷关系变成投资关系。而后通过股权转让方式变更为个人隐名持股。①

这些案例表明了财产性利益的获得不同于传统型贿赂犯罪直接的“权钱”交易，而是更具隐蔽性和间接性，这也符合多样化的经济利益实现方式的经济发展现状。

（二）非财产性利益

性贿赂。也就是通常说的权色交易。贵州原省委书记刘方仁，将已有家室同时还是贵州某装饰公司的经理陈林的情妇“郑四妹”调入贵阳市商业银行，同时在刘方仁的帮助下，陈林先后承揽了贵阳某酒店和某电信枢纽大楼等价值八千多万元的装修工程。② 无独有偶的赖昌星为了长期获得走私利益，不惜重金打造赫赫有名的“红楼”，用美色拉拢、腐蚀众官员。

信息贿赂。信息贿赂是指行贿人通过向国家工作人员提供或泄露一般人无从知晓的尚未或不能公开的信息而获取好处的贿赂方式。2012 年 4 月 22 日，国美电器原董事局主席黄光裕非法经营、内幕交易、单位行贿案在北京市第二中级人民法院开庭审理。在检察机关针对黄光裕单位行贿的指控中，黄光裕除了直接送钱行贿外，作为北京中关村科技发展（控股）股份有限公司的实际控制人、董事，还伙同他人将中关村上市公司拟重组的内幕信息故意泄露给公安部经侦局原副局长相怀珠及其妻李善娟。李善娟使用其个人股票账户分 7 笔买入“中关村”股票 12 万余股，成交额共计人民币 181 万余元。在市场经济时代，信息也就意味着经济效益，实际上这也是以预期经济利益换取公权力的方式。

业绩或荣誉贿赂。2001 年 9 月 3 日《中国青年报》发表署名文章指出，挂上领导名字发表文章，这种“荣誉贿赂”也不可小视。

机会利益。我国刑法及相关司法解释没有将“非财产性利益如调换工作、招工提干、晋升职务、升迁户口等纳入贿赂范围。”③ 实践中，有不少国家工作人员退休后或者辞职后就任公司高管，或者将其子女、亲属安置到相关公司就业。

现实生活中往往不仅是直接或间接的权钱交易还交织着很多隐性的非财产性利益，这些利益的取得不易于被察觉，也不易于事发后量化处理认定为犯罪所得。正

---

① 《杭州市原副市长许迈永昨被执行死刑》，http：//zjnews. zjol. com. cn/05zjnews/system/2011/07/20/017693146. shtml。

② 《落马高官之“贪财好色”型》，http：//www. bjxch. gov. cn/xch _ jjjc/qczj/200410/t20041027_ 960962. htm。

③ 熊选国：《关于“贿赂”范围的再思考》，载《人民法院报》2007 年第 9 期。

是在这个过程中，国家职权的廉洁性正在被侵蚀，人民群众对公权力的信任感也在渐渐丧失。

三、贿赂犯罪范围的科学界定及立法建议

（一）科学界定

笔者认为，应将刑法以财物为贿赂内容修改为能满足人类物质或精神生活需要的一切不正当利益。理由如下：第一，贿赂犯罪侵犯的客体是公平有序的市场经济秩序和国家工作人员职务行为的廉洁性。第二，贿赂犯罪社会危害性还包括对国家和人民利益造成了损失。第三，是我国发展形势所需，更是与国际通行立法惯例接轨的需要。

（二）立法建议

打破计赃定罪的单一定罪量刑模式，采取以犯罪情节为中心的定罪量刑标准。例如，犯罪数额情节；对国家、集体、个人利益造成损失的社会危害性情节；受贿目的、手段情节；受贿方式情节等。

将贿赂范围以法条形式规定为“财物或其他利益”，即能满足人类物质或精神生活需要的一切不正当利益。对受贿罪作出一般规定，但对于危害性比较突出的性贿赂、机会利益、业绩或荣誉贿赂以及信息贿赂等进行一一列举，也可以单独设立罪名，作为特殊规定。一个先进的立法是需要有前瞻性的，能全面周到地考虑可能出现的各种情况而予以规制。

在刑罚上增设罚金刑。对贿赂罪情节较重者处以附加罚金刑，而对情节较轻者则单处罚金刑。行贿人多是希望以投入来争取大的经济利益，而受贿人多是接受贿赂而出卖公权力给予更大的经济利益。因此，判处罚金刑不仅有助于弥补贿赂对国家造成的损失，也可以增加贿赂犯罪的成本，剥夺其行贿利益，达到预防犯罪的效果。

贿赂犯罪作为一个研究体系，需要更多的法学家以及司法从业人员不断探讨研究，顺应我国反腐败斗争的严峻形势以及腐败贿赂犯罪新的发展趋势。笔者选取贿赂范围为切入点进行探讨，是认为现行法律对于贿赂范围的规定过于狭窄，不利于打击此类犯罪，维护公平有序的市场经济秩序。将更多新形式的贿赂犯罪纳入法律调整范围，才能有效打击那些披着“合法化”外衣，利用公权力谋取利益的受贿者以及通过最小化投入换来经济利益最大化，扰乱市场秩序，损害国家、集体、个人利益的行贿者们，从而为我国打击贿赂犯罪、营造良好的经济建设氛围提供法律保障。

浅析行贿罪与单位行贿罪的区分

殷 昭*

案例：李某从某客运公司控股方承包经营该公司，每年缴纳承包费。李某为使国有客运公司董事长迟某同意将国有优质营运线路转让给李某，向迟某行贿人民币100余万元。

黄某是某客车生产公司总经理，为了维持其品牌客车对某国有客运公司的垄断性供应，分多次以“郑某某（该公司财务人员）借支”（至案发前仍未平账）的名义从单位财务领取人民币100余万元独自送到国有客运公司董事长迟某家中，并向迟某强调此事没有其他人知晓，迟某遂收下。

李某和黄某的行为分别构成行贿罪还是单位行贿罪？

一、行贿罪及单位行贿罪的相关法律规定

根据我国刑法规定，行贿犯罪涉及两个罪名即行贿罪和单位行贿罪。行贿罪是指自然人为谋取不正当利益，给予国家工作人员或者国家机关、国有公司、企事业单位、人民团体以财物的行为，或在经济往来中，违反国家规定，给予上述人员和单位各种名义的回扣、手续费的行为。行贿罪的犯罪主体是一般主体，即自然人。单位行贿罪是指单位为谋取不正当利益，向国家工作人员行贿，或者违反国家规定，给予国家工作人员回扣、手续费等情节严重的行为。因行贿取得的违法所得归个人所有的，依行贿罪定罪处罚。单位行贿罪的犯罪主体是单位，不限于国有单位。根据我国《刑法》第30条的规定，单位指公司、企业、事业单位、机关、团体，而根据最高人民法院《关于审理单位犯罪案件具体应用法律有关问题的解释》的规定：“公司、企业、事业单位”，既包括国有、集体所有的公司、企业、事业单位，也包括依法设立的合资经营、合作经营企业和具有法人资格的独资、私营等公司、企业、事业单位。此外，最高人民法院《关于审理单位犯罪案件具体应用法律有关问题的解释》第2条规定，“个人为进行违法犯罪活动而设立的公司、企业、事业单位实施犯罪的，或者公司、企业、事业单位设立后，以实施犯罪为主要

* 武汉市汉阳区人民检察院反贪污贿赂局干警。

活动的，不以单位犯罪论处。”

按照我国刑法以及相关司法解释规定，行贿罪的立案标准为人民币1万元，单位行贿罪的立案标准为人民币20万元，对于人民币20万元以下的行贿犯罪，如果认定为自然人行贿则可以对其立案侦查，如果认定为单位行贿则不构成犯罪。由于行贿罪和单位行贿罪的立案标准不同，人民币20万元以下相同数额的行贿行为，如果认定是自然人行贿则可以立案查处，如果认定为单位行贿则无法立案侦查，因此在司法实践中，如何区分行贿罪和单位行贿罪十分重要。

二、行贿罪与单位行贿罪区分的困惑

在侦查实务中，对行贿罪和单位行贿罪的区分和认定存在诸多疑惑。单位行贿罪的主体为单位，但任何单位的具体工作，最终都是其工作人员个人实施的，具体犯罪行为实施者一般为单位主管人员和其他直接责任人员。在经济往来过程中，行贿人也会注册、挂靠或者承包公司从事经济活动，其行贿行为多与公司的经营活动有关。此外，发放薪酬及奖励方式的多样也为区分行贿罪与单位行贿罪带来诸多困惑。案例中李某、黄某的行为该如何定罪？

三、行贿罪与单位行贿罪区分的标准

李某、黄某的行为构成行贿罪还是单位行贿罪，应从以下方面综合分析：

1. 从犯罪动机看行贿人行贿是为了谋取个人利益还是为了谋取单位利益。如果行贿人为单位整体利益，且单位因行贿所获取的利益不直接归个人所有，一般应以单位行贿罪论。李某虽是为使公司获取垄断地位而向迟某行贿，但是该公司为李某承包经营、自负盈亏，故行贿行为与李某个人利益直接相关。黄某虽向迟某表示其行贿行为并无其他人知情，但是黄某的行贿行是为了所在单位的利益，其个人收入与行贿行为不存在“紧迫性”联系，“紧迫性”联系是指行贿行为直接为犯罪行为的具体实施者带来特定比例或者不正当利益。

2. 从犯罪决策过程看行贿人向国家工作人员行贿是单位集体意志，还是行贿人一人决定并仅代表行为人个人意志。案例中黄某向迟某行贿，从单位以“郑某某借支”名义大金额开支，单位主要领导也知晓相关“业务费”一般都是单位以“郑某某借支”名义开支的现金。

3. 看行贿款来源。行贿人向国家工作人员行贿款项是从公司领取并在公司财务账目上明确反映，还是从个人收入中直接支出。案例中黄某向迟某行贿是单位以“郑某某借支”名义领取的款项，而李某向迟某行贿所用的直接是自己的财产，即使李某从其单位中领取款项向迟某行贿，该款项仍然直接属于李某的个人财产，而黄某是不会将其个人财产拿去为了单位利益向迟某行贿。

4. 看所谋取利益的归属。行贿罪犯罪主体通过行贿谋取非法利益直接归其个人所有，或者由其个人按比例提成。单位行贿罪犯罪行为所产生的非法利益首先是归单位所有，单位获得利益以后，犯罪行为的具体实施人再按照单位相关规定和标准获取一定的非法利益，犯罪行为的实施者获利与行贿行为之间并不存在“紧迫性”联系。黄某通过向迟某行贿使其单位供应在国有客运公司获得垄断性地位，黄某的收入是与所在单位的整体利润挂钩的，因此黄某的行贿行为不应认定为一般行贿罪。李某向迟某行贿虽然是为了单位获得竞争优势，但李某承包经营该公司，自负盈亏。

综上所述，李某的行为应当认定为行贿罪，而黄某的行为应当认定为单位行贿罪。

四、关于行贿犯罪的立法建议

为适应司法实务需要，必须设置符合罪刑法定和罪责刑相统一原则的定罪标准。

1. 在立法上细化行贿罪与单位行贿罪的区分。法律必须明确到底何为单位为谋取不正当利益，何为行贿人为谋取个人利益。另外，应以案例的形式明确何为不正当利益归单位所有，何为归个人所有。

2. 重新思考行贿罪和单位行贿罪的立案标准问题。根据最高人民检察院的立案标准规定，对于行贿罪，行贿数额在 1 万元以上的一般应予立案，单位行贿一般行贿数额在 20 万元以上的才予立案。综观世界各国的刑事立法，对有组织犯罪往往较于个体犯罪的定罪量刑要重得多，我国刑法在其他方面的规定也是遵循这一原则，对于单位行贿犯罪的规定从立案标准上却比自然人行贿的要求低得多。单位是市场主体最重要的组成部分，单位在经济往来中给付、收受回扣的行为比比皆是且屡禁不止，有组织性的行贿行为较于自然人的行贿社会危害性往往更大。我国刑法的这种规定不仅不利于打击单位行贿行为，也为某些个人逃避刑法制裁提供了一条法律“捷径”，同时还为司法腐败现象提供了温床。因此，对现行刑法规定中行贿罪和单位行贿罪的立案标准进行修改，才会更有利于打击和预防贿赂犯罪，更加有利于反腐倡廉建设。

对职务犯罪案件中“自动投案”的认定

——结合邹某某案件分析

刘　金*

自首是我国重要的量刑制度，是宽严相济刑事政策在刑法中的体现。我国《刑法》第67条规定：犯罪以后自动投案，如实供述自己罪行的是自首。据此规定，“自动投案”是一般自首，即所谓“典型自首”的成立条件之一，这已为学界所认可，少数持异议的，仅是对投案与自首内涵界定的差别而已。① 而司法实践中，认定“自动投案”是整个自首制度中最为困难和复杂的部分，各地检察机关对此认定标准不统一。特别是越来越多的纪委移送检察机关的职务犯罪案件中，犯罪嫌疑人是否认定为自动投案没有统一的明确标准，但由于归案形式复杂多样，必然使一些特殊的归案行为是否能被认定为自动投案成为争议的焦点。

一、案例一则

2012年4月，中共武汉市纪委收到关于邹某某（副局级）财产与合法收入严重不符的线索，遂电话通知邹某某到纪委接受调查，邹某某在接受市纪委一般性询问时，经过盘问、教育，主动交代其受贿165万元、贪污15万元的犯罪事实，以及家庭主要财产的资金来源。市纪委初步核实后，对其采取“双规”措施，并移送市检察院查办。在市检察院对其立案侦查阶段，侦查机关查明了邹某某受贿165万元、贪污15万元的犯罪事实，邹某某在此阶段供述稳定。

本案中邹某某实施受贿、贪污犯罪后没有向司法机关投案自首，而是在纪委调查谈话，一般性询问的过程中，如实交代了主要犯罪事实，后移送司法机关。由此引发的一个焦点问题为邹某某是否构成自首。第一种观点认为根据《关于办理职务犯罪案件认定自首、立功等量刑情节若干问题的意见》（以下简称《意见》），②

* 武汉市人民检察院反贪污贿赂局助理检察员。

① 刘守芬：《刑法学概论》，北京大学出版社2000年版，第223页。

② 《关于办理职务犯罪案件认定自首、立功等量刑情节若干问题的意见》第1条规定：没有自动投案，在办案机关调查谈话、讯问、采取调查措施或者强制措施期间，犯罪分子如实交代办案机关掌握的线索所针对的事实的，不能认定为自首。

邹某某没有自动投案，在办案机关调查谈话期间，其如实交代了办案机关掌握的线索所针对的事实，故不能认定自首。第二种观点认为根据《关于处理自首和立功具体应用法律若干问题的解释》（以下简称《解释》），① 邹某某的受贿犯罪事实尚未被司法机关发觉，仅因形迹可疑，被有关组织盘问、教育后，主动交代自己罪行的，应当视为自动投案。此案自首认定的核心是自动投案的认定，涉及的争议点较多，如投案时间是否符合自动投案的要求，投案对象是否能算作有权机关或办案机关等。因此，在认定邹某某是否是自动投案之前，应明晰一个理论前提：自首的本质。

二、自首的本质

把握自首的本质有利于洞悉自首制度创立的初衷以及立法目的，从而为建构自首成立条件，认定自动投案提供一个合理路径。学界否定了将悔罪或悔改作为自首的本质的论断，否则可能缩小自首范围。高铭暄等人对自首的本质概括为“犯罪人出于本人的意志而将自己交付国家追诉”②，笔者认为可精练为：犯罪嫌疑人“自动”将自己交付国家追诉，节约司法资源，这两点是自首的核心。（1）刑法第67条规定一般自首的成立条件是自动投案，如实供述罪行。犯罪嫌疑人自动将自己交付国家追诉，或犯罪人虽无自动投案的形式，但其如实供述司法机关还未掌握的本人其他罪行的行为本身，基于法律的规定视同为自动将自己交付国家追诉。（2）自首功利性的体现，即以最小的刑罚成本实现最大限度地遏制犯罪。刑罚作为对犯罪的惩治手段，需要一定的物质支撑，而自首节省了办案成本，提高了办案效率和质量。“因为作为犯罪后的犯罪嫌疑人的自首行为并不能减少其先前行为的社会危害性，也并不必然表明其人身危险性减轻，只是在客观上提高了刑法效益，符合功利主义原则。”③ 把握自首制度的本质便于理解自首制度的核心理念与立法原意，充分领会《刑法》第67条与自首的司法解释，以灵活应对司法实践中职务犯罪案件中自动投案的认定问题。

三、本案中“自动投案”的认定

自动投案是指犯罪事实或者犯罪嫌疑人未被司法机关发觉，或者虽被发觉，但犯罪嫌疑人尚未受到讯问、未被采取强制措施时，主动、直接向公安机关、人民检

---

① 《关于处理自首和立功具体应用法律若干问题的解释》第1条规定：罪行尚未被司法机关发觉，仅因形迹可疑，被有关部门或者司法机关盘问、教育后，主动交代自己的罪行的。

② 高铭暄主编：《刑法学原理》（第3卷），中国人民大学出版社2004年版，第318页。

③ 董邦俊、丁祥雄：《论自首制度的本质》，载《中国地质大学学报》（社会科学版）2003年第4期。

察院或者人民法院投案。① 笔者结合刑法条文与司法解释的规定及学界的理论学说将自动投案分为四个要素：投案时间、投案对象、投案意志和投案方式。

就本案而言，关于投案意志和投案方式问题，并无太大的争议。在投案意志上，自动投案中的“自动”并非是“主动”，也有犯罪人处于被动和被迫的情形，如送首与陪首，② 这说明《解释》对“自动”内涵界定较宽松。在邹某某案中，在纪委电话通知其接受调查时，她仍有选择不投案的意志自由，比如拒不到案，在到案途中逃窜，或在调查中不与纪检机关配合，只要不出现前述情形，便可以认为她仍具有投案意志。在投案方式上，《解释》肯定“公安机关通知犯罪嫌疑人的亲友，亲友将犯罪嫌疑人送去投案的，也应当视为自动投案”，即“送首”为自动投案，而邹某某在接到纪委电话通知后，主动到案接受询问和调查，如果将此不列为合法的投案方式，显然是不合理的。因而，是否符合自动投案成立要件中的投案对象与投案时间的要求，就成为判断邹某某自动投案是否成立的关键。

（一）投案对象的认定

投案对象的认定成为邹某某自首是否成立的关键之一。邹某某在受贿、贪污既遂后，没有亲自前往或以其他形式向检察机关投案，也没有向公安机关、法院投案，只是在纪委通知其调查时如实交代了犯罪事实。《刑法》第 67 条未规定投案对象，《解释》和《关于处理自首和立功若干具体问题的意见》采取了列举式和兜底式的规定。一方面，明确规定了司法机关、其所在单位、城乡基层组织或者其他有关负责人员为投案对象。③ 另一方面，“有关组织”④ 和“有关部门”⑤ 成为兜底性的投案对象。这样的规定既有原则性又有灵活性，即并不机械地否定其他非列举的投案对象的合法性。值得注意的是，“两高”有关部门负责人以答记者问的形式指出职务犯罪案件中，有权接受自动投案的“办案机关”包括纪检部门，⑥ 但这

---

① 《关于处理自首和立功具体应用法律若干问题的解释》第 1 条。

② 《关于处理自首和立功具体应用法律若干问题的解释》第 1 条：并非出于犯罪嫌疑人主动，而是经亲友规劝、陪同投案的；公安机关通知犯罪嫌疑人的亲友，或者亲友主动报案后，将犯罪嫌疑人送去投案的，也应当视为自动投案。

③ 《关于处理自首和立功具体应用法律若干问题的解释》第 1 条规定：自动投案，是指……向公安机关、人民检察院或者人民法院投案。犯罪嫌疑人向其所在单位、城乡基层组织或者其他有关负责人员投案的。

④ 《关于处理自首和立功具体应用法律若干问题的解释》第 1 条规定：罪行尚未被司法机关发觉，仅因形迹可疑，被有关部门或者司法机关盘问、教育后，主动交代自己的罪行的。

⑤ 《关于处理自首和立功若干具体问题的意见》第 1 条规定：罪行未被有关部门、司法机关发觉，仅因形迹可疑被盘问、教育后，主动交代了犯罪事实的。

⑥ 《“两高”有关部门负责人就〈关于办理职务犯罪案件认定自首、立功等量刑情节若干问题的意见〉答记者问》。

并不是司法解释或其他形式的法律规范性文件，只具有法律参考价值和司法实践的指导意义。所以，如何理解“有关组织”和“有关部门”，进一步认定纪委在职务犯罪案件中是否属于合法有效的投案对象有更强的法律适用意义。笔者试从自首本质出发，从相对意义上去把握，因为自首本质的两个方面体现的是一种动态平衡，认定自动投案的各要素，只要能基本获得这两个方面价值的统一即可。

邹某某虽没有直接向司法机关投案，但在市纪委对其电话通知核实相关事项时，她主动到案，说明她是出于本人的意志而将自己交付国家追诉，因为她作为领导干部必定清楚对纪委如实交代所涉嫌职务犯罪的事实肯定会随后受到国家司法机关的调查，这与直接向司法机关投案在法律效果上是等同的，在实质上没有区别。另外邹某某在纪委部门如实供述的行为已经毋庸置疑地减少了检察机关侦查的工作量，降低了司法成本，提高了刑法效益。她的行为已经实现了自首本质两个方面价值的统一，已经是实质意义上的“自首”了，那么将她的行为认定为自动投案便是可行与必需的了。鉴于以上的分析，笔者认为在职务犯罪案件中纪委应为合法的投案对象。

（二）投案时间的认定

本案中，投案时间是认定自动投案的另一关键要素。邹某某在犯罪事实尚未被纪委掌握的情况下，接到纪委的口头通知要求到某地进行谈话，并在未告知谈话内容的情况下，如约到达该地，因为惊惧、惶恐，误认为纪委已掌握了确凿证据，在办案人员教育下主动交代犯罪。那么，邹某某在这种“盘问”下的投案是否符合自动投案的时间要求？《解释》规定：“罪行尚未被司法机关发觉，仅因形迹可疑，被有关组织或者司法机关盘问、教育后，主动交代自己罪行的，应当视为自动投案”，然而，由于对“罪行未被发觉”的认识不一，且“形迹可疑”的内涵和外延在立法上无明确界定，所以司法实践中对此种情形的自首认定理解和掌握尺度不同，故探讨十分必要。

“发觉”的含义。“罪行未被司法机关发觉”是“盘问下的自动投案”的前提条件之一。对于什么是“发觉”，笔者认为应从以下三个方面理解：（1）“发觉”的主体范围。《解释》规定主体是司法机关，但在职务犯罪案件侦查中，“发觉”的主体拓展到了“办案机关”，① 其范围包括纪检部门。② （2）“发觉”的内容。根据《解释》的规定，犯罪事实和犯罪嫌疑人两者只要有一个还没有被发现，就应当认为犯罪未被发觉，也就是说只有在犯罪事实和犯罪嫌疑人都以被办案机关掌

---

① 《关于办理职务犯罪案件认定自首、立功等量刑情节若干问题的意见》第1条：犯罪事实或者犯罪分子未被办案机关掌握，或者虽被掌握，但犯罪分子尚未受到调查谈话、讯问，或者未被宣布采取调查措施或者强制措施时，向办案机关投案的，是自动投案。

② 《“两高”有关部门负责人就〈关于办理职务犯罪案件认定自首、立功等量刑情节若干问题的意见〉答记者问》。

握时犯罪才能被认定为发觉。(3) 确定“发觉”的标准。发觉的标准是认定的关键点，这直接涉及自首能否成立。笔者认为可以借鉴我国台湾地区学者的观点：“所谓发觉，必须对犯人之嫌疑有确切之根据，得为合理之可疑者，始足当之，若单纯主观上之怀疑，不得谓已发生嫌疑。”① 笔者理解，发觉应建立在有确切、合理根据的基础上，而不能建立在臆测、想象的基础上。即可以得出“犯罪未被发觉”投案的情况有：(1) 犯罪事实未被办案机关发现；(2) 犯罪事实已被办案机关发觉但犯罪嫌疑人尚未被发觉的投案；(3) 办案机关虽已知道犯罪发生，并已有个别线索或证据使办案机关对该人产生怀疑，但还不足以据此将其确定为该罪行的犯罪嫌疑人。

“形迹可疑”的认定。在职务犯罪案件中，何谓“形迹可疑”，司法解释没有说明，笔者认为应是指“司法机关或有关组织”已经掌握了据以推测形迹可疑人可能与某起犯罪有联系的一定的线索、证据，但据此线索、证据尚不足以合理地将可疑人确定为犯罪嫌疑人，此种“形迹可疑”虽不属纯粹的主观判断，但仍然主要属于直觉性的推测范畴。在邹某某案中，邹某某的财产明显与正常收入不符，这便是邹某某可能与职务犯罪有一定联系的线索或证据，但仅仅以此线索显然不能将邹某某确定为犯罪嫌疑人进行立案调查，邹某某在经过纪委的盘问、教育后，主动供述了犯罪事实的，应视为自动投案。

四、对法学方法论的运用

由于任何法律都有不周延性，刑法的各项法律原则和法律条文的事实都必须运用法律解释。从自首本质的阐释，到“有关组织”、“发觉的标准”、“形迹可疑”的界定，本文的论述以自首本质为立足点，确定了在职务犯罪案件中，自动投案在某些情形下的适用范围，这已非简单的文义解释所能承载，实质上已涉及了法学方法论上的其他法律解释方法，比如目的解释，② 即要透过法律条文探寻立法者制定该条文的目的，从立法精神的高度使文本成为“活”法，目的解释在一定意义上也可以说是文义解释的一种，③ 也可以说是对条文文义更深层次的遵循。基于产生鼓励其他犯罪嫌疑人犯罪后选择此种途径来减轻罪责的良性社会效果以及符合一般人的法感情的考虑，将“自动投案”作有利于犯罪嫌疑人的解释，则是一种社会学解释方法的体现。由此可以看出，灵活运用各种解释方法，将有利于在事实与规范之间的目光往返中建构裁判规范，使个案的判决更加接近正义。

---

① 《刑事法律问题汇编》(第四辑)，台湾地区“法务通讯社”1982年7月印行，第57页。

② 陈金钊等：《法律解释学》，中国政法大学出版社2006年版，第190页。

③ 陈兴良：《刑法方法论研究》，清华大学出版社2006年版，第59页。

贪污贿赂案件自首认定的有关问题

何海伟*

自首，是刑罚的具体应用中对犯罪嫌疑人予以从轻、减轻或免除刑罚的法定量刑情节。依据我国《刑法》第67条的规定：犯罪以后自动投案，如实供述自己的罪行的，是自首。对于自首的犯罪分子，可以从轻或者减轻处罚。其中，犯罪较轻的，可以免除处罚。被采取强制措施的犯罪嫌疑人、被告人和正在服刑的罪犯，如实供述司法机关还未掌握的本人其他罪行的，以自首论。

一、司法实践中贪污贿赂案件自首认定的现状

（一）法定自首条件被人为放宽，被动型自首认定泛滥

按照一般的规律，贪污贿赂尤其是贿赂案件作案手段隐蔽，大多发生在“一对一”的场合，犯罪人侥幸心理强，自首率应远比一些偶发性的犯罪低。例如，2007年6月8日，中共中央纪委颁发了《关于严格禁止利用职务上的便利谋取不正当利益的若干规定》，强调进一步加大查办权钱交易案件的力度，并明确在2007年6月29日前主动说清问题的，可考虑从宽处理。但真正珍惜机会，主动说明的也只是极少数，很多人都存在侥幸心理。但司法实务中，贿赂犯罪特别是受贿犯罪的自首率高得离谱。

例如，某检察机关统计，近年来办理的119件贪污贿赂案件中，认定自首的竟有110件，占90%以上。某市2003—2004年度市、区（县）两级法院共审理受贿案件124件126人，被认定有自首情节的有60人，也达到了涉案人数的47.62%。其中真正主动到司法机关自首的只有2人，其余都是所谓“被动型自首”。被动型自首有三种情况：（1）犯罪人被采取“双规”后供述了罪行。明明是被纪检监察机关找去谈话，甚至“双规”期间才如“挤牙膏”似的“交代”案件，司法机关却认定被告人“经有关组织教育后，如实供述自己的受贿犯罪事实”，具有自首情节，“自首”定义由此被严重稀释了。（2）为体现“宽”的一面，侦查机关在仅

* 武汉市江岸区人民检察院公诉科副科长。

得到举报线索尚未立案之前就询问被举报人，而被举报人如实交代了自己的职务犯罪事实的，就可以认定为罪行尚未被司法机关发觉，仅因形迹可疑，被有关组织或者司法机关盘问、教育后主动交代罪行的自首认定。（3）通过强制措施的变通，为犯罪嫌疑人制造一个自首。如司法机关本来已经通过初查掌握了犯罪嫌疑人的犯罪事实，本可以直接对犯罪嫌疑人采取强制措施，却采取口头传唤或者通知其单位让犯罪嫌疑人到案的方法，将传唤后犯罪嫌疑人主动到案的行为认定为自首。

（二）宽严相济刑事政策遭误读，轻刑化的片面影响

近年来，论证刑罚的轻刑化成为时尚。特别是在宽严相济刑事政策的背景下，理论界一种代表性的观点认为，宽严相济的刑事政策就是轻缓的刑事政策，宽严相济的时代意义就是“以宽济严”，是轻刑化的刑事政策。这是因为，宽严相济是“宽”在前，“严”在后，所以，宽严相济就是以“宽”为主，宽严相济的重点应体现在“宽”上，强调更多的是非犯罪化、轻刑化和非监禁化。“宽严相济”侧重于“宽”，主要目的在于刑法的改造功能，更关注犯罪人的改造和回归社会。“在刑事法律规定中已经充分，甚至过分贯彻从重、从严打击犯罪的刑事立法政策的情况下，通过刑事司法政策的灵活调整，指导刑事司法人员在刑事司法活动中多强调从宽的一面是很有必要的，是对过严的刑事立法规定的一种救济和补救，也可以很好地做到宽严相济，可以更好地在惩办与宽大之间进行协调和平衡。”理论界的偏颇，导致实务界不能正确处理贯彻宽严相济刑事政策与严格依法之间的关系，“相当多的职务犯罪案件被忽视、被容忍、被‘谅解’”。正如最高人民法院领导在分析职务犯罪之所以缓刑适用率高的原因时认为，“对于相关政策、法律的认识和把握存在偏差，也是其中的重要原因之一。有的法院和法官对宽严相济的刑事政策不能辩证地加以理解，在贯彻时比较注意宽缓的一面，不适当地强调职务犯罪的职务特征，认为犯罪分子被判刑后随着其职务的丧失，已经失去了再次犯罪、危害社会的可能，并依此作为适用缓刑的理由。对监禁刑特有的教育、惩治功能有所忽视，对适用非监禁刑所需的社会民意基础和过多适用缓刑的社会负面效果关注不够。”把握上的偏差，也反映了人们对刑罚作用的怀疑。因为在一些人看来，自由刑对贪污贿赂犯罪所起的作用不大，对这种性质的罪犯，判处有期徒刑，已经被剥夺了实施犯罪基础的权利，被社会所否定，生存空间已经很差，因此，对于他们可以适当降低自由刑。

二、规范贪污贿赂案件自首情节的认定标准

如何规范贪污贿赂案件自首情节的认定标准是实践中亟须厘清的一个问题。笔者认为应从以下几个方面着手：

（一）规范从宽量刑情节的从宽幅度

贪污贿赂犯罪的犯罪人在具有从宽情节的情况下，应通过细化从宽幅度予以规范量刑。对具有自首、立功等法定从宽量刑情节的，其从宽幅度选择余地大，何种情况从轻，何种情况可以减轻，减轻可以减到何种程度，可以通过司法解释作规范。例如，对主动归案的，可以考虑减轻处罚；对被动型的自首，一般只能考虑从轻处罚；对通过买功等方法实现的立功，一般也只能从轻处罚。对酌定型量刑情节，如坦白、认罪态度、退赃等，也要作具体分析。犯罪人在案发后主动交代了同种罪，如犯罪被认定受贿 8 万元，但侦查机关开始只掌握其 1 万元受贿犯罪事实，归案后被告人主动交代了其余 7 万元受贿事实，则酌定从宽的幅度就应该大一些。对贪污挪用这一类犯罪而言，财产的损失或追回、弥补，直接反映了社会危害性的大小，我国刑法虽然没有明确将追赃、退赔作为一个法定量刑情节，但实务中完全可以根据宽严相济刑事政策予以区别对待，对那些积极退赃者，可予以较大幅度的从宽处理。对受贿犯罪人的退赃，由于其侵害的主要是国家工作人员的廉洁性，故没有必要将退赃作为重要的从宽量刑情节考虑。

（二）将自愿认罪的简化审上升为法定从宽量刑情节

根据最高人民法院、最高人民检察院和司法部颁布施行的《关于适用普通程序审理“被告人认罪案件”的若干意见》，对自愿认罪适用简化审的被告人，酌情予以从轻处罚。“酌情”，说明不是必须考虑而是司法人员灵活掌握的酌定情节；“从轻处罚”，说明从宽的幅度必须在法定刑的幅度以内。就实务而言，简化审后的处罚可谓宽严两重天。对处罚幅度较大的犯罪而言，简化审的从宽处罚效果大都得到了比较明显的体现，如被告人挪用公款，数额巨大，应处 5 年以上有期徒刑，正常审理的情况下，被告人可以处 10 年有期徒刑，简化审可能处 7—8 年有期徒刑。其作用堪比自首或者立功等法定量刑情节的效果。但对于从宽处罚的幅度余地不大的犯罪而言，除了提高了司法机关的诉讼效率外，被告人根本就得不到“实惠”。例如，被告人涉嫌受贿 10 万元，在无其他法定从宽量刑情节的情况下，即使适用简化审程序，仍要判处 10 年有期徒刑，与不适用简化程序所判处的刑罚恐怕没有什么区别。对这样的判决结果，适用简化审的被告人难免有“上当受骗”之嫌。可见，简化审得不到实体法的响应，其效果是有限的，并可能形成新的不公平。考虑到贪污贿赂犯罪的隐蔽性，对被告人自愿认罪同意实行“简化审”，通过立法解释或者司法解释提升为类型化的法定从宽量刑情节，规定贪污受贿不满 30 万元而自愿认罪的案件，可以从轻或者减轻处罚。

贿赂犯罪刑罚适用的实证研究

张　婷*

一、引言

《论犯罪和刑罚》中阐述：制止犯罪发生的一个最有效的手段，并不在于刑罚的残酷，而在于刑罚的不可避免，这要比对其他更残酷的刑罚恐惧。就目前我国对贿赂犯罪的刑罚看，对其刑罚的力度并未达到让犯罪分子止步的目的，导致犯罪分子实施犯罪的代价和成本都很低廉，用刑过宽是现在对贿赂犯罪者普遍存在的问题。

《论犯罪和刑罚》中还指出：刑罚不是犯罪的必然后果，这就助长人们抱有逍遥法外的希望，并使他们想到，犯罪极可能被宽恕，那么对那些没有被宽恕的人执行刑罚，与其说是司法的表现还不如说是滥用暴力。这句话除了可以针对我们对贿赂犯罪用刑过宽外，还可以影射出我们对同一贿赂犯罪行为所处的刑罚不同，反映出我们执法不均衡的现状。

二、武汉市近三年办理贿赂犯罪案件的实证分析

笔者对武汉市 2009 年至 2011 年的贿赂犯罪科以刑罚的数据状况进行分析，可以反映出贿赂案件刑罚的现实问题，当然也包括上述两种现象：

1. 贿赂案件犯罪嫌疑人相对不起诉人数在检察机关侦查的职务犯罪案件人数中所占比例很大。

表 1　相对不起诉人数对照

年份	普通刑事案件受案人数	贿赂犯罪案件受案人数	普通刑事案件相对不起诉总数	职务犯罪案件相对不起诉总数	贿赂案件相对不起诉总数
2009	11959	150	163	7	4
2010	12540	180	99	5	5
2011	12336	174	149	12	10

* 武汉市人民检察院审判监督处干警。

如表1所示，普通刑事案件相对不起诉人数所占的比例较小，近三年都在1%左右，而贿赂案件相对不起诉人数在贿赂犯罪案件相对不起诉人数中所占比例达到3%至6%，2010年职务犯罪相对不起诉人数全部均为贿赂案件的犯罪嫌疑人。检察机关做出相对不起诉，是在审查起诉环节终止诉讼，舍弃对贿赂犯罪的犯罪人的诉权，从而使犯罪人免受刑罚处罚。为此，检察机关做出相对不起诉的程序相对复杂，同时还要接受上级检察院、人民监督员和人大的监督，其目的就是为保证在此环节的执法公正性，保证罚当其罪，避免有罪的人趁此逃脱刑罚。2009年至2011年，贿赂犯罪的相对不起诉人数逐年上升，三年中上升比例达到150%，但是贿赂案件的犯罪人的人数却没有增长，相较普通刑事案件，三年中相对不起诉比例仅上升16%，也可以反映出检察机关对贿赂案件不起诉适用的放宽。

2. 对被告人适用附加刑比例偏低，给国家造成的经济损失大多无法弥补。

表2　适用附加刑情况对照及挽回经济损失情况参考数据

年份	普通刑事案件并处附加刑占已判决案件人数比例（%）	贿赂案件并处附加刑（人）	占已判决的贿赂案件人数比例（%）	贿赂案件造成经济损失（万元）	挽回贿赂案件经济损失（万元）
2009	68%	59	47%	3875	2001
2010	65%	48	38%	5230	2147
2011	66%	42	39%	9879	2093

在贿赂犯罪中，刑罚上对情节严重和特别严重的犯罪个人除处以主刑外，还可以和必须并处没收财产。贿赂犯罪刑罚中采用没收财产这一比罚金更为严厉的财产刑的目的，一方面是对贿赂犯罪这一贪利型犯罪人的惩处，另一方面是通过刑罚达到惩罚、教育的目的，减少此类犯罪给国家造成的损失。如表2所示，贿赂犯罪给国家造成的经济损失逐年增加，2009年至2011年三年间经济损失增加了155%，但是通过查办犯罪案件给国家挽回经济损失的数额却停滞不前。同时可以看到，近三年来贿赂案件适用附加刑的比例低于普通刑事犯罪案件十几至二十几个百分点，反映出在刑罚上执法者并没有充分利用附加刑达到刑罚的目的。

3. 对贿赂犯罪案件宣告缓刑的比例大大高于普通刑事案件宣告缓刑的比例。

表 3　判缓情况对照

年份	贿赂案件判决数（人）	宣告缓刑（人）	所占比例（%）	职务犯罪案件判决数（人）	宣告缓刑（人）	所占比例（%）	普通刑事案件判决数（人）	宣告缓刑（人）	所占比例（%）
2009	125	69	55%	277	137	49%	9316	859	9.2%
2010	125	61	48%	261	127	49%	8328	877	10.5%
2011	108	63	58%	202	95	47%	7882	953	12.1%

如表 3 所示，近三年来贿赂案件的判缓率明显高于普通刑事案件的判缓率三十几个百分点，和同期职务犯罪案件判缓率相比，除 2010 年持平以外，也略高于 2009 年、2011 年 10 个百分点左右，反映出在缓刑适用上，贿赂案件的量刑尺度过宽。

4. 贿赂案件在适用法定减轻情节上随意性大，各地区之间执法不一。以前针对职务犯罪案件由于犯罪人自首且立功后，很多判决基于减轻情节，在量刑上做降两档处理，导致职务犯罪案件判缓率高。2011 年 5 月施行的《刑法修正案（八）》明确规定，量刑上因具有立功自首等减轻情节而降低刑档处理的，只能降一档量刑。《刑法修正案（八）》施行后，上述降两档处刑的情况在武汉市其他区院基本上得到改善，武汉市各区院都遵循《刑法修正案（八）》的规定，只降一档量刑。但是在某一省直机关较为集中的区院，仍然连续出现了 9 件职务犯罪案件降两档量刑处理的情况，其中 8 件为贿赂案件。其裁判的理由是虽然被告人自首立功情节是在修正案之后，但是犯罪行为是在修正案之前。笔者认为，贿赂犯罪中减轻刑罚的量刑条件，主要针对犯罪行为发生后犯罪人的表现。是根据犯罪人是否具有自首且立功的表现，本着有利于查办案件和自身案件的诉讼而设定的，故不应以犯罪行为发生时间作为判断是否降两档处理的时间，而应以自首立功行为是否在《刑法修正案（八）》之前，作为裁量的时间临界点。并且，由于一个区院在执法上的偏差，使判决对同一时间、同一条件的犯罪人量刑不一，以致出现执法不均衡的局面，间接导致了执法不公。

5. 2009 年至 2011 年，贿赂犯罪案件的无期徒刑、死刑适用为零。

表 4　贿赂案件判决情况

年份	判决（人）	死刑（人）	无期徒刑（人）	十年以上（人）	所占比例（%）	十年至三年（人）	所占比例（%）	三年以下（人）	所占比例（%）
2009	125	0	0	17	14%	67	54%	41	32%
2010	125	0	0	13	10%	56	45%	56	45%
2011	108	0	0	7	6%	52	48%	49	46%

从刑罚的适用上可以反映出刑罚设置的合理性。在刑罚设定上，10 年以上有期徒刑、无期徒刑和死刑的起点数额均在 10 万元以上，只是根据犯罪情节刑罚裁量有所不同。但是从近三年的贿赂案件判决结果统计看，只有 10.3% 的被告人在 10 年以上量刑，而无期徒刑和死刑有据可查，从 2003 年起基本形同虚设。笔者认为，目前无期徒刑和死刑对于贿赂犯罪形同虚设，是因为对贿赂犯罪相比普通刑事犯罪执法过宽引起的。

三、产生贿赂犯罪刑罚适用过宽的原因浅析

（一）贿赂犯罪立法上的原因

受贿案件刑罚设定交叉给自由裁量空间过大，相比行贿案件刑罚设定界限明细而言极为不合理。受贿案件的刑罚设定交叉、重叠。刑罚交叉、重叠是导致在审理贿赂案件中对具有减轻情节降两档量刑的立法根源。尤其是刑法规定，个人受贿数额在 5000 至 5 万元，处 1 至 7 年有期徒刑，和个人受贿数额在 5 万元以上，10 万元以下，处 5 年以上有期徒刑，这两个阶段的刑罚设定极为不妥。比如：一个人受贿 2 万元，没有减轻情节，可能被判 2 年有期徒刑；一个人受贿 9.9 万元，具有减轻情节，按照某些判决，先降一个刑档，判 3 年有期徒刑，再降一个刑档，最终结果可能是判处 3 年有期徒刑缓刑 3 年。两者处刑极为不公。另外，受贿 10 万元以上的刑档未能拉开量刑差距。这一刑罚设定造成受贿 10 万元和 1000 万元之间，量刑都在 10 年以上有期徒刑这一区间内，没有太大差距。甚至有些贿赂数额在 50 万元以上的犯罪人还可以降档减到缓刑。刑档未能拉开量刑差距，也是导致贿赂案件裁量过轻的原因之一。

贿赂案件统一在刑法中明确规定处罚标准金额不妥。刑法中除职务犯罪里面的贪污、受贿等有明确的数额限制外，其余刑罚立案、裁量的数额基本都由司法解释规定，这一用意是为了凸显法律对贪污贿赂犯罪的重视，但实际却成为经济发达地区和相对落后地区量刑不统一的障碍。比如：2010 年武汉市人均 GDP 是 5515 元，上海是 16872 元，是武汉的 3 倍，同样立法 5 万元为贿赂罪数额较大的起点，判处同样的刑罚，可能上海人会觉得不就是 3 个月工资吗，判重了；而武汉人会觉得快赶上自己一年的工资，判轻了。所以应该根据当地的经济情况，由各个地方出台司法解释决定本地区的贿赂犯罪刑罚数额标准。

（二）贿赂案件诉讼执法中的原因

过多部门干预审判执法。在办理贿赂犯罪等国家工作人员职务犯罪案件特别是办理串、窝案的过程中，常常会涉及多个部门，使坦白、自首的时间点上存在认识上的争议。虽然“两高”出台的《关于办理职务犯罪案件认定自首、立功等量刑

情节若干问题的意见》，基本理清了这一问题，但是实际操作中检、法还是存在些许分歧。

犯罪嫌疑人的特殊身份导致执法过程中容易过多考虑再犯可能性，从而忽视已造成的社会危害性。贿赂犯罪中的犯罪分子一旦被查处，其职位将被革除，权力也将被撤销，在失去特殊身份后，再犯的可能性相对减少，容易使审判机关产生符合适用缓刑、免予刑事处罚不致危害社会的思想，从而很容易将其作为减免条件。

由于贿赂案件的犯罪分子社会关系网的存在，给犯罪的立案查处、审查起诉、审理至裁判的整个诉讼过程带来较大的影响。

某些审判机关受利益驱动滥用财产刑，致使对缓刑、免予刑事处罚的适用大量增加。

四、解决贿赂犯罪刑罚适用过宽的几点建议

1. 立法上应明晰贿赂犯罪的刑罚界限。

2. 不在刑法中明确犯罪数额，而是将此权力同普通刑事犯罪一样交由地方司法解释。

3. 严格遵照《刑法修正案（八）》的规定裁量，对具有减轻情节的贿赂犯罪嫌疑人，不论有几个减轻情节，均只降一档量刑。

4. 加大对财产刑的使用力度，挽回贿赂犯罪给国家造成的损失，提升刑罚的威慑力。

5. 加强审判独立，避免各方面过干预多，保证司法公信力。

6. 就目前的需要，仍应保留贿赂犯罪的死刑，对涉案金额巨大、情节严重的犯罪人应不予减轻处罚，而坚决处以无期徒刑，这样才能对以权谋私者起到威慑作用，保证经济建设时期公权力行使的廉洁性。

7. 检察机关要加强对贿赂犯罪的审判监督发挥检察机关的法律监督职能。

渎职罪与受贿罪的关系及司法处断问题研究

张　楠[*]　张　涛[**]

一、渎职罪与受贿罪之间关系的理论学说

渎职罪，是指国家机关工作人员利用职务上的便利或者徇私舞弊、滥用职权、玩忽职守，妨害国家机关公务的合法、公正、有效执行，损害国民对国家机关公务的客观、公正、有效执行的信赖，致使国家与人民利益遭受重大损失的行为。① 受贿罪，是指国家工作人员利用职务上的便利，索取他人财物的，或者非法收受他人财物，为他人谋取利益的行为。当行为人既有渎职行为又有受贿行为时，要么是国家工作人员先收受贿赂，后通过滥用职权为他人谋取利益，要么是国家工作人员先实施渎职行为，事后索取或收受他人财物。无论渎职行为在先还是受贿行为在先，只要同时符合渎职罪与受贿罪的成罪标准，行为人就同时触犯了渎职罪和受贿罪的规定。在这种情况下，渎职罪与受贿罪之间是什么关系呢？对此，我国刑法理论界在认识上一直存在分歧，主要有以下几种不同的观点：

（一）想象竞合说

该观点认为为他人谋取利益既是受贿罪客观要件的一个组成部分，同时又是其他罪名的客观行为，即为他人谋利行为事实上触犯了数个罪名，从而成立想象竞合犯。想象竞合犯是实质的一罪，应按择一重罪处断。②

（二）法条竞合说

该观点认为国家工作人员受贿，实施为他人谋取利益的行为构成其他犯罪。总

---

* 武汉市武昌区人民检察院副检察长。

** 武汉市武昌区人民检察院反渎职侵权局检察员。

① 张明楷：《刑法学》（第3版），法律出版社2007年版，第892页。

② 张俊霞、郝守财：《渎职罪的理论与司法适用》，中国检察出版社2002年版，第259页。

体而言，应属一个犯罪行为同时触犯数个法条，系法条竞合的一种，应从一重罪处断。①

（三）牵连关系说

该观点认为国家工作人员收受贿赂，为他人谋取利益，则该谋利行为又触犯其他罪名，属于原因行为与结果行为的牵连，应成立牵连犯的关系，若法律没有明确处断规定的，则应按照牵连犯一般理论予以处断。②

（四）实质数罪说

该观点认为国家工作人员受贿，并实施为他人谋取利益的犯罪行为，完全符合受贿罪和渎职罪的犯罪构成，系互为独立的犯罪，属于实质上的数罪，应依照刑法总则之规定实行数罪并罚。③

（五）重合一罪说

该观点认为受贿罪中收受贿赂要件实际上与渎职罪中的徇私要件（在部分渎职罪中属定罪要件，在部分渎职罪中属从重量刑要件）重合。受贿罪中为他人谋取利益要件（特别是谋取非法利益）与渎职罪中滥用职权、玩忽职守行为要件重合。受贿罪与渎职罪在主体、主观要件层面均具有完全重合性，两者应属重合一罪。④

二、渎职罪与受贿罪之间关系的具体分析

对于渎职罪与受贿罪的关系问题众说纷纭，综观上述学说观点，其分歧主要是由于人们对受贿罪中“为他人谋取利益”的不同理解而产生的。因此，受贿罪中“收受财物”、“为他人谋取利益”等问题的理解已成为问题的焦点。我国刑法规定受贿罪在犯罪构成方面分为两种情况：一是“利用职务上的便利，索取他人财物的”；二是“利用职务上的便利，非法收受他人财物，为他人谋取利益的”。

1. 传统观点（旧客观说）认为：“为他人谋取利益”是受贿罪的客观构成要件，如果国家工作人员收受他人财物但事实上并没有为他人谋取利益，则不构成受贿罪；同时认为，为他人谋取利益是否已经实现，不影响受贿罪的处理。

---

① 黄奇中：《刑法第399条第4款的理解与适用——兼论法规竞合与想象竞合犯、牵连犯、吸收犯的界限》，载《中国刑事法杂志》2004年第4期。

② 孙国祥：《贪污贿赂犯罪疑难问题学理与判解》，中国检察出版社2003年版，第382页。

③ 常宇：《受贿罪与渎职罪关系的再认识》，载《法学》2000年第3期。

④ 谢杰：《受贿且渎职行为的罪数形态与处断标准》，载《贵州警官职业学院学报》2010年第6期。

2. 主观说认为："为他人谋取利益"只是受贿者的主观意图，是刑法意义上的主观要件而不是客观要件。[①]

3. 通说（新客观说）观点认为：只要受贿者许诺为他人谋取利益或着手为他人谋取利益，收受贿赂的行为即可构成受贿罪，至于为他人谋取利益目的实现与否不影响受贿罪的成立。[②]

4. 综合上述观点：[③] 笔者认为，对"为他人谋取利益"的理解应围绕刑法目的，尽可能涵盖实质上具有刑事违法性的行为。就受贿罪而言，其保护法益为职务行为的不可收买性，即已实施、未实施的职务行为与财物的不可交换性。[④] 当国家工作人员收受的财物与其职务行为有关联性时，职务行为的不可收买性已被侵犯，可以认定构成受贿罪。受贿行为的危害性产生于收受贿赂，而不在于为他人谋取利益，当受贿者实施为他人谋取利益行为构成犯罪时，并非侵犯职务行为的不可收买性，而是侵害职务活动的公正性，就不在受贿罪的处罚范围之内，并可能构成其他犯罪。[⑤] 因此，将"为他人谋取利益"解释为受贿罪的主观要件更为妥当。

基于上述分析，受贿罪中"为他人谋取利益"只是主观要件，而不是客观要件，因此受贿与渎职行为之间不存在法条竞合的关系。[⑥] 渎职罪和受贿罪所侵犯的犯罪客体不同，属于两种不同性质的行为：（1）在行为人为了索取或者收受贿赂而实施渎职行为时，受贿行为属于目的行为，渎职行为属于手段行为；（2）在行为人先实施渎职行为，后索取或收受他人给予的贿赂时，受贿行为属于结果行为，渎职行为属于原因行为。[⑦] 因此，无论行为人先受贿还是先渎职，二者之间均存在关联关系，具有一定牵连性。

三、渎职罪与受贿罪并存时司法处断的具体情况

司法实践中，渎职行为经常与受贿行为交织在一起，遇到此种情况应当如何处

① 黄国盛：《受贿后实施渎职行为的罪数分析》，载《中国刑事法杂志》2010 年第 1 期。

② 王作富、陈兴良：《受贿罪若干要件之研讨》，载杨敦先等主编：《廉政建设与刑法功能》，法律出版社 1991 年版，第 136 页。

③ 高铭暄、马克昌主编：《刑法学》，北京大学出版社、高等教育出版社 2000 年版，第 636 页。

④ 张明楷：《法益初论》，中国政法大学出版社 2003 年版，第 628 页。

⑤ 李良富、王列强：《渎职侵权犯罪与受贿罪竞合关系研究》，载《广西大学学报》（哲学社会科学版）2011 年第 4 期。

⑥ 高铭暄、马克昌主编：《刑法学》，北京大学出版社、高等教育出版社 2007 年版，第 212 页。

⑦ 苏敏华：《论渎职罪与受贿罪的关系认定及其处断原则》，载《政治与法律》2010 年第 2 期。

断，一直存在许多争议。如果国家机关工作人员构成渎职罪时，其受贿行为达不到成罪条件的，受贿行为应作为渎职罪量刑时的情节从重处罚；如果受贿行为符合受贿罪的构成，对行为人应从一重罪处罚还是以数罪并罚，司法实践和理论上都存在不同认识，既有主张从一重罪处罚的，也有主张实行数罪并罚的。[①] 下文笔者将结合武汉市武昌区人民检察院反渎职侵权局近几年办理的案件，详细阐述当渎职罪与受贿罪并存时，根据刑法理论，实践中是如何做出司法处断的。

（一）受贿行为达不到成罪条件的，以渎职罪从重处罚

案件事实：正中公司与康恩公司购销合同纠纷一案中，康恩公司为逃避清偿正中公司的货款，其负责人李伟峰与诉讼代理人陶昱润合谋，伪造购销合同、催款函、证人证言等证据，以健民公司、鑫瑞公司、华烨公司通过银行转账的方式错误地划入康恩公司在华夏银行账户上的虚假事实为由，向武昌区人民法院起诉。该案承办法官张胜在审理上述三件民事案件中，违法收受陶昱润人民币 1000 元，明知陶昱润在该案中提供的是伪造证据而予以采信，作出虚假的民事判决。

处断情况：该案涉及受贿罪、民事枉法裁判罪。本局认定：根据《刑法》第 399 条的规定，张胜的行为应认定为民事枉法裁判罪，虽然张胜在构成渎职罪的同时还存在受贿行为，但因该案中涉及受贿的数额仅为 1000 元，达不到受贿罪的成罪条件，故受贿行为应作为民事枉法裁判罪量刑时的情节从重处罚，后法院依此作出判决。

（二）渎职罪与受贿罪并存时，从一重罪处断

案件事实：在宏厦公司、阳光公司商品房买卖合同纠纷一案的执行过程中，为了能顺利执行，宏厦公司法人林仕宏找到该案承办法官傅宏伟（原湖北省高级人民法院执行局执行一庭副庭长），请其在执行中予以帮助。经傅宏伟提供帮助，宏厦公司得到了最高人民法院“同意湖北省高院意见，依法执行该案”的批复。林仕宏为了感谢傅宏伟对案件执行提供的帮助，向傅宏伟行贿共计 70 余万元人民币。

处断情况：该案涉及受贿罪、民事枉法裁判罪。本局认定：傅宏伟应该认定为受贿罪，其主要理由是傅宏伟是为了达到受贿的目的而采取了民事枉法裁判的行为，属于目的行为与手段行为的牵连，目的行为受贿罪，数额较大，涉及 70 余万元，而手段行为民事枉法裁判罪，较之该案受贿罪，处罚较轻，故依照刑法第 399 条第 4 款规定，定受贿罪予以处罚。后法院依此作出判决。

---

① 周光权：《受贿后徇私舞弊原则上应当数罪并罚》，载《检察日报》2003 年 10 月 8 日。

（三）渎职罪与受贿罪并存时，实行数罪并罚

案件事实：祁海松于2001年11月至2002年2月，在担任武昌区房产管理局产权科科长时，违反法律法规及相关文件规定，在绿洲广场未取得房屋竣工验收证明，依法不能办理房屋所有权登记的情况下，违法处理公务，为绿洲公司办理了房产证等权属证明书，直接造成国家土地出让金、城市建设配套费等各类规费损失1000余万元，致使龙昌公司在支付1.57亿购房款后不能取得房屋所有权，造成该公司严重亏损。其后，祁海松于2002年年初至2009年年初，多次收受绿洲公司贿赂的人民币67万元。

处断情况：该案涉及受贿罪、滥用职权罪。本局认定：祁海松应以受贿罪和滥用职权罪，实行数罪并罚，由于法律对滥用职权罪中又涉及受贿行为的，没有明确确立单罚或并罚的模式，故参照1998年最高人民法院《关于审理挪用公款案件具体应用法律若干问题的解释》规定，根据刑法理论，法院最后也以受贿罪和滥用职权罪实行数罪并罚。

2013年年初，“两高”颁布《关于办理渎职刑事案件适用法律若干问题的解释(一)》，其第3条规定，国家机关工作人员实施渎职犯罪并收受贿赂同时构成受贿罪的，除刑法另有规定外，以渎职犯罪和受贿罪数罪并罚。笔者赞同该司法解释所持观点。

第三部分

贿赂犯罪案件的侦查

职务犯罪侦查模式及破案策略探微

王为民*

研究职务犯罪侦查规律，不断更新侦查理念，创新侦查模式，是检察机关侦查部门揭露和证实犯罪，高效履行法律监督职能的重大课题。面对修改后的刑事诉讼法即将实施的新形势，如何应对职务犯罪反侦查、反控诉的强势壁垒；如何推进实战中的有效侦查模式；如何成功组织一击中的的侦查战役行动；稳操胜券的侦查方式和侦查策略包含哪些内容；如何做到既有效揭露犯罪，又依法保障人权，这些都是我们一线指挥员和战斗员无法回避、必须回答的问题。现就如何构建有效侦查模式及破案策略作初步探讨。

一、统揽侦查活动的基本观念

修改后的《刑事诉讼法》第12条规定："未经人民法院依法判决，对任何人都不得确定有罪"。从这一点出发，得出一个结论，即在侦查活动中所查办的对象，其法定地位不是罪犯，而是犯罪嫌疑人或者被调查对象；侦查的性质，就是依法查明真相，或者证明犯罪，或者澄清是非，使无罪的人不受刑罚追究。这一基本观念，是统揽侦查活动的基本立足点，是贯穿整个侦查办案过程的核心观念。离开了这个基本观念，就会使侦查工作失去理性、平和、规范、文明的依托。不确立这一观念，侦查活动就会不可避免地出现两种倾向，要么急功近利，先入为主，刑讯逼供，违法办案；要么不敢担当，无所作为，放纵犯罪。目前，虽然武汉市反贪侦查立案数量与去年同期基本持平略有上升，但整体发展不平衡，有的单位是下降的，而且下降幅度偏大。究其原因，除线索质量问题、侦查管辖问题等原因之外，还有一些未解决的问题困扰着我们侦查工作。这些问题主要有三个方面：一是侦查权的实施问题，包括侦查与初查的关系问题，二者如何掌握和区分；侦查手段和措施可否前移或者变相前移；侦查与强制措施的关系以及强制措施的变更问题。二是初查工作，是否要以立案、定罪、起诉为标准。三是询问和讯问的12小时如何使用和控制的问题，等等。此外，修改后的刑事诉讼法对强化人权保障、规范执法行

* 武汉市人民检察院反贪污贿赂局局长。

为又作出了许多新的规定。面对困扰侦查工作的问题和新规定、新形势，我们的侦查理念、侦查思维、侦查模式都要更新和调整定位，而这一切问题的认识和解决，必须十分鲜明地确立上述基本观念。

二、确立“前紧后松”的办案模式

“前紧后松”的办案模式是全省检察长座谈会提出的。该办案模式是指侦查活动应当在严格依法、规范的前提下进行，正确掌握和处理好初查与立案侦查的关系，适应规律地掌控侦查工作节奏，还原侦查的本来面目，走依法侦查、规范侦查、智慧侦查之路。运用这一办案模式，要求我们既要严格防止为了破案而在初查阶段变相限制办案对象的人身自由等违法违规现象，又要正确理解和执行法律有关立案、撤案、采取强制措施的规定，善于风险决策，该立案的就要立案，该撤案的就要撤案，该依法采取强制措施的就要依法采取强制措施，防止因不恰当地提高标准而造成的违法、违规办案。为此，确立“前紧后松”的办案模式，要注意把握以下几个方面：

（一）正确认识和实施初查

修改后的刑事诉讼法第 110 条规定：“对于报案、控告、举报和自首的材料，应当按照管辖范围，迅速进行审查，认为有犯罪事实需要追究刑事责任的时候，应当立案。”这里规定的立案前的活动是“审查”，不是侦查。而审查就是对有关材料的初查处理，而不是独立的诉讼阶段。从法律的规定看，初查具有以下规定性：一是从性质上看，初查是立案前的审查，是针对各种材料进行的是否决定进入侦查程序的审查，是侦查的预备。二是从范围上看，初查属于材料审查，也包含必要的调查。必要的调查是进一步判断和确定举报等材料真伪的需要。三是从目的看，初查旨在解决举报、控告等材料是否具有可查性。其核心就是要解决有无涉嫌犯罪事实，是否要立案。有鉴于此，从初查的法律定位出发，初查思路应当鲜明，就是“以材料审、接谈审为主，以必要的调查为辅”。

实践中，我们存在对立法原意理解不准的问题，把初查当成是一个包括侦查在内的独立诉讼阶段。将初查中法定的“审查”淡化，将初查中“必要的调查”无限地扩大，搞成了侦查，使初查成为“侦查前移”的代名词。把侦查阶段的措施和手段前移，提前限制人身自由，嫌疑人、证人“一锅烩”，搞逼供信，造成违法办案。甚至把破案的结果全部寄托在初查阶段，一定要获取充足的证据，以疲劳战术、威逼战术、超时讯问来获取口供和证言。而一旦立案了，也就万事大吉，无意再进行侦查的组织、策划和实施。这种现象，实际上是将执法风险前置到了办案最薄弱的初查环节上。这也是初查阶段事故多发、违法违规授人以柄的重要原因。

“前紧后松”办案模式的推行，就是要明确初查的宗旨，坚持依法初查的观念，严禁违法违规地搞侦查前移的初查。依法初查、规范初查，并不是放弃初查，而是要不断地拓宽思路，创造性地开展工作，获取成果。各级侦查人员应当熟知并在办案中要达到以下两个方面的初查质量要求：一是必须明确初查目的，初查必须解决相关问题：是否有涉嫌职务犯罪的事实发生；是否有较为明确的涉嫌对象；是否属于本级检察机关管辖的范围；是否达到涉嫌犯罪相应的数额标准和危害性范围。二是要注意涉嫌对象的主体身份、职务层次。

此外，我们必须熟知初查的手段和方法，常见的手段和方法包括三个类别：一是梳理举报或相关线索材料，综合分析合理之处和可疑之处，并进行逻辑推演。二是接谈知情人、举报人，确定可查性。三是需作调查时，可通过六个渠道进行，即可以询问、查询；可请有关部门配合，掩护身份了解情况或提前介入；可通过审计、税务、稽查、工商、国资管理等部门协助调查；可争取举报人、可靠知情人、相关单位帮助调查；可请有关专家进行有关专业咨询、论证；可在必要时与被调查对象正面接触，谈话摸底。

（二）正确认识和实施真正意义上侦查

1. 要正确认识立案条件，把握时机，严格依法立案。立案是侦查的起点。关于立案的条件和依据，修改后的《刑事诉讼法》第 107 条、第 110 条明确规定："发现犯罪事实或者犯罪嫌疑人"；"认为有犯罪事实需要追究刑事责任的时候"。关于立案后的侦查任务，修改后的《刑事诉讼法》第 113 条明确规定为："收集、调取犯罪嫌疑人有罪或者无罪、罪轻或者罪重的证据材料。"同时还规定"在侦查过程中，发现不应当对犯罪嫌疑人追究刑事责任的，应当撤销案件"。由此可见，立案的条件是"认为有犯罪事实需要追究刑事责任"。而立案时"认为"这一判断是否准确，不是立案时确定的，而是要通过立案后的大量侦查活动来证实。因此，在立案的问题上，要确立三个观念：第一，不能人为地提高立案的法定条件，从而形成够法定立案条件而不敢大胆立案。第二，要改变绝对的"不破不立"的立案观念，纠正侦查前移，立案前做侦查的事，带来违法违规的实际后果。第三，不能不做认真分析和有效初查，离开客观案件材料，凭主观想象和功利情绪，盲目立案，使后面的侦查工作难以正常推进。作为各级指挥员，应当注意掌握立案和侦查的要领，即分析判断是关键，必要调查定决心，能否破案看水平。

2. 要正确理解侦查的目的，转变立案就必定罪的绝对化观念。修改后的刑事诉讼法规定："侦查人员必须依法收集有罪证据和无罪证据，罪重证据和罪轻证据"。法律规定了立案后侦查的方向和任务，就是进一步查清案件事实，而不是必须有罪。我们应当明确：其一，立案侦查过程的完成，有三种结果：有罪、无罪或查不清，这是侦查规律的客观现象。其法定的结果是：起诉、不诉、撤案。应当依法，不可以偏废。其二，正确调整适用办案的质量考核标准。改变将撤案和不诉案件均作为错案对待的认识和评价标准。其三，切实避免草率立案现象。撤案多、不诉多，体现的是侦查团队的人员素质和整体办案工作能力高低问题，应当下力提高担当职责的能力和水平。

（三）全力提升队伍的侦查破案能力

在旧的侦查模式下，我们普遍习惯于立案前突破案件的指挥方式和办案方法。而立案之后，到了各种侦查手段和措施都可使用，侦查期限也较宽裕的阶段，我们的指挥员和侦查员反而斗志松懈，万事大吉，由一两名办案人员做些收尾工作了事。这种本末倒置的办案状况，必须要进行改变。要在侦查策略、方式上，以观念的更新、理论的创新来推动工作的创新和机制的创新。

三、实战中的侦查思维和侦查策略

（一）努力打造强有力的整体侦查机制

在当前查办案件越来越艰难的现实条件下，侦查工作揭露和证实犯罪的能力如何，成功与否，社会效果如何，其决定因素在于侦查队伍侦查技术、侦查措施、侦查力量、侦查指挥“四要素”的强弱。其中，侦查技术泛指某些具有侦查意义所采用的各种技术手段。包括两个方面：一是科学技术，如录音录像，视听资料的拓展收集和运用；二是谋略技术，如化装侦查技术、隐蔽侦查技术、长线侦查技术、审讯谋略与侦查智慧等。侦查措施是依法进行的并且具有积极性和创造性的侦查行为。如询问、讯问、搜查、扣押、拘留、逮捕、取保候审等措施的有效运用和时机的掌握与变更。侦查力量是指侦查人员素质的高低和侦查人员的合理配置与使用。侦查指挥是各级指挥员对侦查力量的合理有效的组织和对侦查技术、侦查措施的合理、有效的灵活运用。大量的实践证明，侦查“四要素”决定着检察机关侦查部门执法水平的高低和办案能力的强弱。因此，打造强有力侦查团队的目标定位就是：以揭露和证实犯罪为目标，通过对侦查技术、侦查措施、侦查力量、侦查指挥“四要素”的优化组合来实现侦查工作协调统一、整体联动，准确高效地突破案件。

（二）提升战斗力的五项侦查策略思考

1.“两力”并举——战役策划与实施的整体统筹。侦查团队“两力”即“思想力”和“行为力”的强弱，决定着侦查破案的成功率。实践中，对每一个案件线索的经营及初查、侦查的启动，都要经过周密的策划、论证和推演，具体完成三个方面的思考和推进：其一，整合线索资源，变一线索一查为多线索并查的初查模式。重视初查启动时由“点”到“线”至“网”的思考、判断和准备。一是将同行业或部门的线索进行整理，归类合并。二是从线索指向的某一自然人对象，延伸分析相关行业、相关部门的岗位特点和犯罪可能性，将每一次初查都定位于一个战役行动来论证，把每一次战役行动都作为挖窝案串案来整体设计。其二，对具体调查、侦查方案进行周密合理的确定。包括战役行动采用何种侦查方式；外围取证的范围；突破口的选定；突破过程的阶段划分；侦查力量的配置和分工；侦查阶段的"四定"，即定人员、定任务、定责任、定时间。绝对禁止无计划侦查，禁止各行其是，凭感觉侦查，禁止计划外影响全局的随意侦查。其三，统一指挥，协调行动。让所有参战人员均明白整体战役行动的目标和目的，重大战役行动检察长亲自参战，建立统一指挥、整体联动、分合有序的办案运行机制，保障侦查行动统一有序地整体实施。

2. 张弛有度——推进战役进程的稳、准、快掌控。高频率是自侦工作的基本特点，战役的具体实施阶段，注重把握节奏，力求"稳""快""准"有机统一，张弛有度。具体来说，先期初查过程控制"稳"。在一段时间的策划及外围调查后，侦查人员往往会急于出击，急于接触当事人。应当通过统一指挥，严格控制突破时机，有计划地调动各侦查分队实施"长线侦查"、"隐蔽侦查"、"化装侦查"，耐心地全面收集各方面的外围证据和信息资料。一方面，充分准备在接触当事人的12小时之内能够迅速突破口供的"炮弹"；另一方面，逐步积蓄侦查人员跃跃欲试的"饥渴感"，待这种"饥渴感"积蓄到一定程度时，转变为"求战欲"，由此而激发参战民警的"侦查内驱力"，使每一名侦查员的个体能力得到最大程度的发挥，迅速增强团队作战力。"战役"突破把握"快"。凡进入与有关人员正面接触阶段，便集中兵力。首先战前动员，部署战术"目标"、战役"目的"和"破一点、连一线、成一网"行动预案。随后，以"迅雷不及掩耳之势"出击，快传讯、快取证、快突审，务求一鼓作气、一击即中。"战役"攻坚把握"准"。当"战役"进入攻坚阶段，大量信息反馈到侦查人员头脑中，指挥员和侦查员应及时研究对策，去粗取精，去伪求真，准确攻破堡垒。推进战役进程的张弛有度，能有效集聚团队作战的整体优势，队伍可持续性连续作战能力增强，可保障和扩大胜率。

3. 确保质量——全面固定证据的"三审"结合。质量是侦查工作的生命线。既要办大案、办要案，还要办铁案，是我们侦查工作的基本目标。办铁案成败的关键在于侦查阶段是否全面固定证据，是否采取有力的预防翻供翻证措施。因此，在案件侦查、突破过程中，对犯罪嫌疑人供述及重要证人证言应全面实行固定证据的"三审"结合。其一，"层级审"。对嫌疑人和主要证人已作交代和证实的内容，在突破的同时实行层级换人重审，并重做讯问或询问笔录。先由执行侦查官审，再由主任侦查官审，再到反贪局长甚至检察长审。将同一对象的同一供述或证言笔录，由单一的供述或证言，转变为由不同讯问或询问人在不同时间、不同环境下获取的多份互相印证的证据。其二，"音像审"。运用视听技术对所有嫌疑人和证人，从一开始讯问或询问接触时就进行全程同步录音录像。供述或证言突破并稳定后，还要进行无笔录讯问或询问，浓缩在30分钟（最长不超过40分钟）以内，完整地进行音像证据固定，制作成光盘入卷。其三，“自审”。凡已突破的案件，嫌疑人或主要证人要书写亲笔供词或证词，与讯问笔录、询问笔录、音像记录相互印证。对嫌疑人书写的供词，还必须具有本人悔罪认识的内容。“三审”结合是每一个职务犯罪案件侦查取证的必经程序。“三审”获取的证据是每一个职务犯罪案件的必备证据，列入侦查终结和案件质量评估管理的必需要件。这一做法的固定化和制度化，可有效提升办案质量，有力防止翻供翻证导致的案件质量问题。

4. 横向协作——形成侦、捕、诉的“三环”联动。加强侦查、批捕、起诉三环节的配合与联动，是保障办理职务犯罪案件高效、快速的有效途径。应当确立三项措施。首先，提前介入。每一件案件在侦查终结前，批捕、起诉部门均要提前介入。一是审查材料，共同对定罪定性进行论证，提出问题，研究补充证据；二是审查嫌疑人及主要证人的“三审”证据资料是否齐全；三是对时过境迁后可能难以再找到的证人，或者以后可能灭失的证据，及时提前询问，进行证据固定和必要的收集。侦查部门在侦结案件时，起诉部门的负责人及公诉人，必须参加侦结案件的汇报讨论，熟悉案情，发表意见和建议。其次，严格规定办案时效。自侦部门对于已立案件除非常特别的个案需经检察长批准外，一律不得延长侦查期限。起诉部门对自侦案件的审理，不得延长审查起诉期限，一般控制在半个月至二十天之内提起公诉。最后，随案听庭。自侦案件开庭，公诉部门必须通知侦查部门派员旁听。这一做法可持续提升办案效率和质量。

5. 内部整合——提升综合实力的优化配置。自侦案件数量和质量的提升，依赖于综合执法能力的提高。应当注重优化“资源”配置，不断提升综合保障能力。第一，优化“技术”资源。加强侦查与技术部门、网管部门、法警部门的合作。第二，优化“人力”资源，在各部门人员相对稳定的同时，可考虑成立一支全院性的突破案件的战役常备“预备队”，制定工作预案，保证在规模突击行动中迅速反应时，侦查力量的弹性增援。第三，整合“基础”资源。完善办案区建设，改善办案环境和侦查保障，确保办案安全。

刑事诉讼法修改背景下贿赂犯罪侦查模式研究

杨屹东[*]　张宏元[**]

2012年3月14日，十一届全国人大五次会议表决通过了关于修改刑事诉讼法的决定，并自2013年1月1日起施行。本次修改从确立非法证据排除制度、引入“不强迫自证其罪”原则、完善辩护制度等多个方面，对规范执法权力的行使及加强犯罪嫌疑人、被告人的人权保障有了新的突破，进一步满足了国际人权公约和联合国刑事司法准则对我国司法实践提出的要求，满足了新的时代背景下公民对于规范执法及人权保障的呼吁与追求，满足了司法部门贯彻中央政法委关于深化司法体制和工作机制改革精神的内部需要。那么，如何在规范执法和人权保障新的要求下，更好地实现查办贿赂犯罪，建立适应新要求的侦查模式是我们必须面对的重要课题。笔者以修改后的刑事诉讼法为背景，结合工作实践，对新侦查模式的构建提出初步设想，希冀一得之见。

一、刑事诉讼法修改对传统贿赂案件侦查模式提出的挑战

（一）侦查模式的概念与理解

侦查模式是一个近年来受到理论及实务界重视的概念，从构词法的角度来看，作为一个合成词，它是由“侦查”和“模式”两部分语素构成，那么如果要对“侦查模式”这一概念作一个比较清晰的定义，首先必须分别理解这两个语素的含义。所谓侦查，是指“刑事诉讼中的侦查机关为了查明犯罪事实、抓获犯罪嫌疑人，依法进行的专门调查工作和采用有关强制性措施的活动”；① 所谓模式，一般理解是指某种事物的标准形式或使人可以照着做的标准样式。侦查模式是通过对刑事案件侦查方法、侦查过程、侦查活动规律进行概括、抽象和总结得出的，反映不

* 武汉市人民检察院审查批捕处处长。

** 武汉市江岸区人民检察院反贪污贿赂局助理检察员。

① http：//baike. baidu. com/view/136305. htm.

同刑事案件侦查规律的有效侦查方式。当前，理论界普遍采用的还是当事人主义诉讼模式与职权主义诉讼模式的分类，并将之分别对应于英美法系国家的刑事诉讼和大陆法系国家的刑事诉讼。在我国，侦查工作由侦查机关依法定职权开展，具有明显的职权主义特点。

（二）我国贿赂案件的传统侦查模式

就目前司法实践而言，检察机关在贿赂案件查办工作中，往往采用的是“初查论证—传讯突破—按供取证”三部曲式的传统侦查模式，亦即“由供到证”式贿赂案件侦查模式，是指侦查部门在接到举报并掌握了一定线索后，立即对犯罪嫌疑人展开调查并取得口供，然后根据犯罪嫌疑人的供述所反映的案件线索来收集、完善其他证据材料，进一步固定犯罪嫌疑人所供述的犯罪事实，并最终认定犯罪嫌疑人罪行的侦查模式。①“由供到证”侦查模式的侦查成本不高，仅需在接到举报并掌握一定程度的线索之后即可展开对犯罪嫌疑人的调查工作，而且一旦取得犯罪嫌疑人的口供就能有针对性地展开案件的纵深侦查，可在一定程度上节省人力、物力和办案时间等司法资源，在特定的历史条件下，这一优势使得“由供到证”成为检察机关查办贿赂案件占主导地位的侦查模式，甚至集中发展成了以口供为“证据之王”的口供中心主义，但随着时代的发展，其人权保障不充分的弊端逐步显现。

（三）传统贿赂案件侦查模式与修改后刑事诉讼法不相适应

为达到查清犯罪事实的目的，侦查机关在侦查过程中可以行使诸如讯问、询问、勘验、检查、搜查、扣押物证或书证、鉴定、通缉等侦查手段，而侦查的国家强制性又导致公民在遭受上述侦查手段时基本上无力对抗，因而侦查权的行使天然地会对公民的人身、财产和隐私等权利进行侵害。不可否认的是，由于“由供到证”侦查模式基本上都是围绕获取犯罪嫌疑人的口供而进行，而“撬开”犯罪嫌疑人的嘴巴并保证其供述的真实和稳定，并不是一件轻而易举的事。为此，侦查人员往往会采取超期审讯、疲劳审讯等非正常手段，有时基于案情的重大复杂，为了尽快突破案件，极少数侦查人员甚至会采取刑讯逼供的违法手段获取犯罪嫌疑人口供，严重侵害了犯罪嫌疑人的合法权利，一直为学界及律师界所诟病。随着我国加入《公民权利和政治权利国际公约》等国际性合约，公民维权意识的进一步提高，本次刑事诉讼法修改在保障人权的问题上给予了更大的关注。

与规范执法与人权保障的要求不相适应。“存在即是合理”，传统的“由供到证”贿赂案件侦查模式既然是广大检察工作人员数十年办案经验的积累与结晶，

① 朱国祥：《贿赂案件侦查模式转型思辨》，载《中国检察官》2012 年第 1 期。

自然有其合理与可取之处。侦查机关（尤其是基层检察院侦查部门）所面临的传统侦查手段落后、现代高科技技侦手段缺乏且启动程序烦琐、侦查人员少而任务重的实际情况，无法投入大量精力在外围证据调查收集上。而“由供到证”侦查模式所具备的资源投入少、一旦获取口供即可展开纵深调查的优点，就成为解决上述问题的不二法宝。但“由供到证”侦查模式集中发展成为口供中心主义之后，在某些情况下会带来诸如超期羁押、刑讯逼供等严重侵害公民人权的违法侦查手段的滥用，而在特定的历史条件下，违法侦查手段往往又能够取得不错的侦查效果，反过来又继续推动了检察机关执法行为的进一步失范，如此这般恶性循环，再加上侦查权作为公权力所天然具有的自我扩张性，自然与修改后新刑事诉讼法规范执法与保障人权的要求不相适应。

与非法证据排除规则的确立不相适应。2010 年先后颁布实施的《关于办理死刑案件审查判断证据若干问题的规定》与《关于办理刑事案件排除非法证据若干问题的规定》首次从司法解释的层面引入非法证据排除规则，经过近两年时间的司法实践检验，本次刑事诉讼法的修改内容增加了“不强迫自证其罪”的规定，并同时规定了保障该权利的非法证据排除规则的标准：采用刑讯逼供等非法方法收集的犯罪嫌疑人、被告人供述和采用暴力、威胁等非法方法收集的证人证言、被害人陈述，应当予以排除。收集物证、书证不符合法定程序，可能严重影响司法公正的，应当予以补正或者作出合理解释；不能补正或者作出合理解释的，对该证据应当予以排除。新刑事诉讼法增加的上述规定，虽然与西方国家“毒树之果”原则仍存在不小差距，但对于遏制传统贿赂案件侦查模式中普遍存在的超期审讯乃至刑讯逼供现象，仍将发挥极为重要的作用。

与完善辩护制度不相适应。传统贿赂案件的侦查模式，由于过分依赖犯罪嫌疑人真实而稳定的供述，天然地对辩护权的行使——尤其是律师的介入——有着严重的抵触情绪。尽管在 2008 年新修订的律师法中，对辩护权介入时间的规定相较于刑事诉讼法已经有了新的突破，但在司法实践中，对于贿赂案件侦查阶段律师的介入，尽管只是提供法律帮助，仍然是困难重重。基于此，修改后的刑事诉讼法在辩护权保障方面有了巨大进步，全面衔接了律师法的规定，并且还有所推进：其一，规定犯罪嫌疑人自被侦查机关第一次讯问或者采取强制措施之日起有权委托辩护人，辩护权的介入时间提前至与被追诉时间同步。其二，解决了律师会见难、阅卷难、调查取证难问题，以及律师人身权利保障问题。其三，修改后的刑事诉讼法规定律师会见犯罪嫌疑人时不被监听。

二、刑事诉讼法修改给贿赂案件侦查模式更新带来的机遇

（一）技侦手段的引入，将为更新传统贿赂案件侦查模式带来机遇

传统贿赂案件“由供到证”侦查模式将侦查重点放在获取犯罪嫌疑人口供上，

在突破嫌疑人心理防线并获取其口供的前提下，再从口供出发搜集固定其他类型的证据材料（这些证据材料往往也只能起到侧面印证口供的效果）对嫌疑人的罪行予以认定。但随着科学技术的日益发展和电子信息化进程的日益推进，贿赂犯罪日益呈现出高智能化和隐蔽化，加上本次刑事诉讼法修改增加了很多关于保障人权的规定，如果不借助技术侦查手段，而仍然将贿赂案件的侦破寄托于犯罪嫌疑人的口供上，贿赂犯罪案件几乎很难侦破。① 而本次刑事诉讼法修改，正是为了适应侦查职务犯罪特别是贿赂犯罪的实际需要，将技术侦查写入了法律。根据新《刑事诉讼法》第148条、第149条的规定，赋予检察机关技术侦查权，而此前最高人民检察院反贪总局对于侦查信息化和侦查装备现代化“两化建设”的大力推动也正是应对本次刑事诉讼法修改的前期准备。因此，以本次刑事诉讼法修改为契机，大力推动全国各级检察机关反贪部门的“两化建设”，既是机遇，也是新刑事诉讼法赋予我们检察机关的重大历史使命。

（二）新证据类型的规范，是更新传统贿赂案件侦查模式的证据制度保障

传统贿赂案件主要依靠获取犯罪嫌疑人口供来突破案件的侦查模式，除了受制于贿赂犯罪自身的特征，与旧刑事诉讼法确立的仅限于物证、书证及言词证据等较为单一的证据种类也不无关系。随着社会经济的发展，物价水平的日益提高，受贿者的“胃口”日益增大，贿赂的金额也跟着水涨船高，而大额的贿赂则更可能通过银行汇款等现代金融交流方式得以实施。修改后的新刑事诉讼法确认了电子数据在刑事诉讼中的证据资格，并将辨认、侦查实验笔录等也作为刑事证据的种类加以规定，使得对贿赂犯罪的证明比原来要便捷得多。根据修改后新刑事诉讼法第52条第2款的规定，对行政机关在行政执法和查办案件过程中收集的物证、书证、视听资料、电子数据等证据材料，在刑事诉讼中可以作为证据直接使用，而无须经过司法转换核实。这一规定不仅减少了职务犯罪尤其是贿赂犯罪的侦查成本，提高了侦查效率，更为重要的是，还减少了因为时间的流逝而导致的证据灭失以及涉案人员在进入司法程序后因种种原因产生的翻供现象而导致案件无法侦破的问题，并且可以节约更多的司法资源。

（三）替代性强制措施的确立，进一步规范检察机关执法权力的行使

在此前的重大贿赂案件侦破过程中，采取取保候审强制措施极容易导致嫌疑人

① 郭宁亮：《浅论构建贪污贿赂犯罪侦查信息化体系》，载《法制与社会》2011年第11期。

毁灭证据、实施串供等阻碍刑事诉讼进程行为的问题。之前多采取借助纪委“两规”的手段或者在指定场所进行监视居住，虽然这样的解决方式并没有明确的法律依据，但在特定的历史条件下确实对重大贿赂案件的侦破工作起到了良好的作用。修改后的刑事诉讼法正是根据侦查刑事犯罪的需要，改变了相关强制措施的适用条件，新刑事诉讼法第73条规定：“……对于涉嫌危害国家安全犯罪、恐怖活动犯罪、特别重大的贿赂犯罪，在住处执行监视居住可能有碍侦查的，经上一级检察院或者公安机关批准，也可以在指定的居所执行”。刑事诉讼法的这一规定，其实质是对过去侦查实践中存在的特定场所实施监视居住的合法化。新刑事诉讼法虽然将指定居所监视居住纳入法律加以规范，解决了此前的司法实践中此类于法无据的执法失范现象，但从保障人权的角度出发，对于具体适用指定居所的范围、对象、条件、方式等内容，仍需要进一步加以细化规范，防止其被滥用而造成对公民人权更为严重的侵害。

三、在规范执法与人权保障要求下改进贿赂案件侦查模式的具体措施

针对本次刑事诉讼法修改给检察机关自侦案件带来的机遇与挑战，改革与构建新的侦查模式已成为当前检察工作机制改革的重点之一。那么，如何实现对侦查活动的“驯服”，实现将其关在刑事诉讼法的“笼子”中，建立规范执法和人权保障新要求下的侦查模式呢？笔者认为贿赂案件新侦查模式应该具有以下特征：

（一）具有“由证到供”的思维，注重程序和证据

更新固有观念，及时转化“由供到证”侦查模式下粗放式的侦查思路。为了适应刑事诉讼法修改后新的贿赂案件侦查环境，检察机关的侦查人员在侦查中要避免固守口供至上的传统观念，尽可能多地熟悉和掌握新刑事诉讼法规定的电子数据等新的证据形式，进而确保在面对重大复杂局面时能够有充分的侦查手段予以对应。及时转变过去用口供来指导侦查的传统模式，要敢于和善于在侦查中先行收集外围证据材料，待证据材料达到一定程度后，再行接触犯罪嫌疑人并获取其供述与辩解，用嫌疑人的供述与辩解反过来印证先行取得的外围证据材料，形成完整的证据锁链。这样既可以最大限度地减少犯罪嫌疑人在审讯中的对抗心理，以适应日趋严格的讯问时限规定，又能在律师介入以前形成有利的证据规模，从而大大提高贿赂犯罪案件的成案率。

（二）注重初查，“前紧后松”

湖北省检察长座谈会明确提出了“前紧后松”式的侦查办案模式，这为检察机关在规范执法与保障人权新要求下改变固有侦查观念、更新传统侦查模式的侦查工作机制改革指明了方向，而正确理解“前紧后松”式办案模式的科学内涵并采

取相应的改革措施，则是检察机关在查办贿赂案件中必须予以重视的工作重点。一是要厘清初查与侦查的关系，做好案件线索的筛选及经营工作。明确初查工作的目的，在依法规范进行线索初查工作与争取深挖窝串案以提高贿赂案件查办效率之间把握平衡。二是要从线索中深挖线索，形成窝案串案，直接提高侦查工作的效率。因此，在刑事诉讼法修改后的新环境下，侦查人员要在案件初查期间就力争对认定整个案件所需的证据链条有一个全面而清晰的认识，并在立案后启动侦查工作前详细谋划调取相关证据材料的步骤，把握侦查时机，善于风险决策，敢于采取强制措施。

（三）技术侦查手段充分运用

要大力推进反贪侦查信息化和侦查装备现代化的“两化建设”，将技术侦查措施充分融进贿赂犯罪侦查模式中。一方面必须尽快建立健全检察机关的信息查询平台，加强与移动通信营运单位、房产不动产登记部门、银行证券等金融机构以及工商、税务、国土资源等部门的信息共享，畅通信息查询渠道；另一方面要及时配备技侦装备、引进技侦人才，充分运用法律赋予的技术侦查手段，提高侦查人员运用高科技侦查手段的能力，全方位收集犯罪证据，提高贿赂案件的查办效率。① 在加强技术侦查措施建设的同时，尽快完善技侦措施启动审批机制，明确其使用范围，规范其成果使用渠道，将严格依法使用技侦措施作为一项基本的政治原则予以贯彻，避免因盲目使用技侦措施而造成对公民合法人权的侵害。

（四）具有“检察一体化”特征

一是“上下一体”，充分发挥检察一体的优势，特别是在查办窝案、串案、跨地区及行业性案件时，实现总体作战，利益共享。二是“横向协作”，加强横向的侦查经验的交流，案件查处方法的共享和侦查对象的交叉办理，实现取长补短，互通有无。三是“监督制约”，充分落实审查逮捕权上提一级和同步审查，及时发现和纠正违法侦查行为，排除非法证据，进行羁押必要性审查。四是“整体统筹”，针对侦查队伍现状，加强思想教育和业务培训，不断优化职务犯罪侦查队伍的专业结构。一方面，要灵活运用老侦查员多年实践积累的宝贵经验，加强侦查队伍的传、帮、带，将优秀的侦查工作作风传递给新的侦查力量；另一方面，要充分利用青年侦查员普遍具有的扎实理论功底，促进侦查人员跨学科、跨领域的学习补充诸如财会、经济、计算机等不同专业的知识，全面提高侦查人员的综合素质，力争建立起一支业务精湛、理论扎实的侦查队伍，以应对刑事诉讼法修改后更为复杂的贿赂案件侦查环境。

---

① 王凤辉：《反贪侦查工作：五项措施对接新刑诉法》，载《检察日报》2012年5月13日第3版。

人权保障与规范执法新要求下
贿赂犯罪侦查模式研究

陈重喜[*]　肖　力[**]

保护人权是国家法制化、民主化的重要标志。犯罪嫌疑人权益保障是刑事诉讼中的重中之重，犯罪嫌疑人权益保障是否完善已经成为衡量一个国家刑事诉讼法律制度文明进步与否的一个重要标准。修改后的刑事诉讼法在加强犯罪嫌疑人、被告人权利保障方面又有新突破，特别是总则中明确规定“尊重和保障人权”，以及增加规定遏制刑讯逼供有关制度和加强辩护权等内容，都是我国刑事诉讼制度的重大改革和完善，对于惩罚犯罪，尊重和保障人权，深化司法体制改革，进一步实现司法公正，具有重要意义。

一、侦查模式的基本内涵

（一）侦查模式含义

科学合理的侦查模式关系到打击犯罪和保障人权双重目标的实现。因此，侦查模式是近年来研究的热点问题之一，同时也是侦查程序研究的基础性问题。如何界定侦查模式，学界众说纷纭，甚至名称表述上除侦查模式以外，还有侦查构造、侦查结构等。侦查模式又称侦查结构，也有学者称之为侦查构造，基于不同的诉讼构造形成，由一定侦查目的所决定，是具有不同法律地位的诉讼职能主体在刑事侦查程序中行使不同诉讼职能的过程中形成的相互关系。刑事侦查模式是以侦查权的行使为视角所形成的侦查机关、辩护方、检察机关、裁判机关在侦查阶段的相互之间的法律关系、诉讼权力及侦查权力的运作方式。有的学者认为：侦查模式是对侦查运行系统的结构进行的一种抽象概括，是对侦查运行系统内要素间关系的提炼和确认。还有的学者认为：侦查模式是指侦查机关在刑事诉讼中行使哪些权力，采取何种侦查手段，受到哪些权力制约等制度的总称。并据此将两大法系的侦查模式概括

---

* 武汉市汉阳区人民检察院党组书记、检察长。

** 武汉市汉阳区人民检察院反贪污贿赂局副局长。

为当事人主义诉讼观支持下的对抗制侦查模式或称弹劾式侦查模式和职权主义诉讼观支持下的非对抗制侦查模式或称审问式侦查模式。也有学者认为：侦查构造论是借用诉讼构造论的原理把侦查置于整个刑事程序中，对侦查程序中的主体之间的相互关系加以系统考察的理论。还有人提出确定不同侦查模式的标准：一是侦查权的分配；二是司法审查机制的运行方式；三是犯罪嫌疑人、被告人的诉讼地位；四是辩护律师的参与范围。通说认为：一般而言任何一个国家的侦查程序在上述四个方面所具有的特征，足以显示出它对公民基本权利和自由的保障力度，也足以体现它的基本诉讼样式。

（二）侦查模式的基本类型

大陆职权式侦查模式。职权式侦查模式的突出特点体现在侦查程序中国家职权运用的主动性和广泛性，为了收集证据、揭露犯罪事实，查明和证实犯罪人，法律通常授予侦查机关较大的侦讯权力，而对犯罪嫌疑人在侦查中的诉讼权利则有较多的限制，在整个侦查阶段，多数国家从立法上排斥律师介入，有些国家虽然在侦查后期也允许律师参加，但限制极严，更不允许律师进行证据收集，律师往往只具有收集证据的申请权。英美对抗式侦查模式。对抗式侦查模式的特征在于程序的对抗性，强调侦控机关与犯罪嫌疑人双方地位的平等性、对抗性。在侦查中赋予犯罪嫌疑人沉默权、获得律师帮助权，其目的就在于提高嫌疑人的诉讼地位，维护其合法权益，增强其防御手段和能力。在对抗制侦查模式下，侦查权并非国家专属的固有权力，在侦查过程中，控辩双方都有权各自独立收集证据，不仅国家侦查机关作为控诉方有权展开罪案调查，辩护律师也可以聘请某些专门人员作为辩护方展开辩护调查。我国职权主义侦查模式。从总体上看，我国刑事诉讼侦查模式属于职权主义侦查模式，甚至在某些侦查技术环节上表现出超职权主义，重在迅速查明案件真相。尽管1996年《刑事诉讼法》在加强当事人的对抗性上前进了一大步，但这种改革较大地反映在审判模式上，在侦查活动中偏重于对侦查机关职权运用的倾向并未根本改变。

二、贿赂犯罪侦查模式的主要类型

（一）我国贿赂犯罪侦查模式类型

我国职务犯罪侦查模式带有大陆法系职权主义的色彩，属于单轨制模式和“由供到证”的模式。在单轨制侦查模式下，侦查权专属于国家，由国家负责案件的调查工作和收集证据，国家垄断侦查权，排除犯罪嫌疑人侦查。在整个侦查程序中，侦查机关主导活动的进行，犯罪嫌疑人处于被动地位，其可以利用侦查机关的侦查结果，但是不能自行侦查。我国刑事诉讼法规定律师在侦查阶段只能提供特定项目的法律服务，不能展开辩护性侦查，更不能自行收集证据。从近年的实践来看，我国的侦查模式特别是贿赂案件侦查模式基本上还是沿用由供到证的侦查模式。侦查机关在掌握了一定的犯罪线索以后，立即讯问犯罪嫌疑人，然后再以犯罪嫌疑人的口供为线索收集其他证据。如果收集的其他证据与犯罪嫌疑人的口供有出入，就继续讯问犯罪嫌疑人。整个刑事侦查程序基本上都是围绕犯罪嫌疑人的口供来进行的。实践部门把这一侦查模式形象地比喻为“挤牙膏”，挤一点查一点，挤多少查多少。

（二）境外贿赂犯罪侦查模式的主要类型

由于贿赂犯罪的政治性、隐蔽性和复杂性，很多国家并不囿于已有的侦查模式，而是结合本国的法律传统、犯罪状况、侦查人员素质等实际情况对贿赂犯罪侦查权进行重新配置，以适应本国反腐败斗争的需要。具体而言，各国贿赂犯罪侦查主要有以下模式：

检察机关或检察官独立侦查模式。这一模式包括以韩国、日本为代表的检察机关享有贿赂犯罪的侦查权和美国的“特别检察官”、“独立检察官”对特定贿赂犯罪行使侦查权两种形式。在韩国，检察机关是查办贪污腐败案件的主管机关。1993年，韩国大检察厅（即最高检察厅）及地方检察厅设置了不正腐败事犯特别搜查部门，专门负责对贪污贿赂案件进行受理、侦查和起诉，该机构行使职能的权力相对集中，集情报、指挥、侦查（含技术侦查、鉴定）、起诉、审判监督于一身。在日本，尽管法律规定检察机关和警察机关都是犯罪的侦查机关，并且检察官对警察享有一般指示、指挥权，但对于经济与公司犯罪案件、大规模偷税漏税犯罪案件、公务员贪污贿赂等“白领犯罪案件”和“职权犯罪案件”，检察机关一般自行进行侦查，各高等检察厅和地方检察厅还成立了专门侦查贪污贿赂等案件的特别搜查机构。在美国，为加强对总统、议员等高级官员涉嫌利用职权犯罪案件的调查，建立了富有特色的“特别检察官”和“独立检察官”制度。当发现行政高官所涉嫌的贿赂等公务员犯罪案件、毒品案件、违反反垄断法等“特殊案件”时，司法长官从公共利益出发可以任命专门的“特别检察官”，由该检察官具体组织人力和物力专门负责案件的侦查和起诉。“独立检察官”是基于《政府道德法》而建立的一项制度，一旦某案件任命了“独立检察官”，司法部及联邦检察官未经该“独立检察官”同意不得介入该案件，案件的侦查和起诉完全由“独立检察官”进行。

检察机关为主导，其他机关协助配合的侦查模式。这一侦查模式以美国、俄罗斯为代表。如根据美国法律规定，联邦检察机构具有侦查政府官员犯罪的职能。但在很长一段时间，美国的案件侦查工作主要由警察负责。检察机关虽然拥有侦查权，但除了进行补充侦查外，很少直接进行侦查活动。这一状况直到尼克松总统“水门事件”后发生了急剧变化。为了应对公众对“水门事件”及地方公务员腐败行为泛滥的不满，联邦检察机构加强了对白领犯罪及政治腐败的刑事追诉，许多地方的联邦检察机构也开始将一些由联邦警察侦查的案件变为由自己直接侦查。与此同时，按照美国法律的规定，大陪审团具有案件调查和审查起诉的职能，检察机关通常利用大陪审团的强制取证权以获得关键证人的证言从而突破案件。

警察机关侦查模式。这一模式以英国为典型代表。在英国，贿赂犯罪的侦查主要由警察机关进行。警察在案件侦查时拥有广泛的询问权、逮捕执行权以及无证逮捕权。如果警察机关认为案件事实已经查清，决定对犯罪嫌疑人提出指控时，就将案件材料移交检察机关，由检察官向法院起诉。检察机关接管案件后对警察机关收集到的证据进行审查后决定或者变更指控，甚至中断或者撤销指控。针对证据不足的案件，检察机关可以要求警察补充收集证据，但是检察机关不能自行侦查。

专门机关侦查模式。一些国家和地区在通过警察或检察机关侦查公务人员犯罪方面成立了独立于警察、检察机关的专门侦查机关，如新加坡的贿赂调查局、印度的中央调查局、菲律宾的独立调查处、我国香港的廉政公署等。这些侦查机关多隶属于总统、总理或地区行政长官，往往被法律赋予许多特别的权力。

三、我国贿赂犯罪侦查模式现状和弊端

根据我国法律规定，检察机关是贿赂犯罪侦查的唯一主体，检察机关贿赂犯罪侦查部门在贿赂犯罪侦查模式中处于中心的地位，起着发动、推动、结束等司法功能。因为贿赂犯罪侦查权具有一定的行政执法属性，其所经历的是诉讼犯罪事实从零到“已经查清”、犯罪证据从零到“确实、充分”、侦查对象从国家工作人员到罪该起诉和审判的“犯罪嫌疑人”的过程，其威力和影响在某种意义上均大于检察机关的其他职权。但不可否认，我国的贿赂犯罪侦查模式还存在较大的缺陷。

（一）侦查力量配置上存在的问题

贿赂犯罪侦查权力配置分散。根据我国法律规定以及最高人民检察院的司法解释，检察机关内部的侦查权力配置于反贪污贿赂部门、渎职侵权检察部门、监所检察部门、民事行政检察部门及控告申诉检察部门，这五个部门各自均具有独立性。

情报信息沟通不畅。在检察机关上下级之间以及同一检察机关内部侦查部门之间，情报信息交流不畅，人为地形成某种“篱笆”，原因有三：其一，没有一个侦查情报信息获取的共同载体。按照法律规定，举报中心是检察机关的窗口，贿赂犯罪侦查线索由此而来，但司法实践却并非如此简单，有些侦查线索不一定报到举报中心，而是报到各侦查部门，还有些侦查线索并非是举报而来，而是各侦查部门工作人员通过自己努力而获取。没有一个共同侦查信息源，就难以实行信息共享。其二，没有一个共同的侦查情报信息评价体系。各个侦查部门之间，各有其绩效评价的内容和标准，而且都以追求工作的量和质为最大、最优的终极目标。因此，侦查

情报信息就成为各侦查部门的独家垄断并享有的稀有资源。其三，没有共享的情报信息交流平台。尽管检察机关内部有规定要求侦查线索资源共享，但由于没有统一归口领导和统一的情报信息指挥协调机构，自然各个部门均各自为阵，多以“侦查保密之需要”拒绝披露。

贿赂犯罪侦查措施缺乏。由于1996年刑事诉讼法没有赋予检察机关足够应对贿赂犯罪的侦查措施，制约了检察机关查办贿赂犯罪案件的力度和成效，也影响了检察机关的社会公信力。究其原因：一是法律没有规定检察机关的立案前调查权，而初查手段受到了很大限制，在某些情况下调查工作处于被动状态；二是法律没有规定检察机关在侦查贿赂犯罪案件的过程中可以使用技术侦查措施，而常规手段不能适应贿赂犯罪手段日益隐蔽、攻守同盟普遍、证据难以取得等特点；三是法律没有规定检察机关的并案侦查权，一定程度上影响了案件的及时突破，削弱了检察机关的贿赂犯罪侦查力度；四是法律已有的某些规定在一定程度上影响了贿赂犯罪的侦查进程。

（二）司法审查机制缺失

为了保证检察机关迅速及时地查明贿赂案件真相，惩罚贿赂犯罪，我国现行法律赋予了检察机关一系列侦查权，具体表现为侦查中强制措施的采用和一系列侦查行为的具体运用，比如讯问犯罪嫌疑人、扣押书证物证、搜查、勘验检查，等等。关于职务犯罪侦查及审查逮捕决定权的配置问题相关法律并没有作出明确的规定，尽管最高人民检察院有上提一级的内部规定。其余各种行为与强制措施的采用，都由检察机关自行决定、自主把握、直接实施，缺乏一个外在的有力监控者，以至于受权力本性的驱动，极易在打击犯罪的正当化目的遮蔽下，导致不利于保障犯罪嫌疑人合法权利的现象。

（三）犯罪嫌疑人的权利受到极大限制，沦为侦查客体

在我国，现行法律未规定犯罪嫌疑人享有沉默权。虽然现行刑事诉讼法赋予了犯罪嫌疑人在侦查阶段有自我辩护的权利，但受“坦白从宽、抗拒从严”思想的长期影响，其自行辩护权的行使也显得畏首畏尾。侦查机关属于调查主体，享有非常广泛的自由活动空间，而犯罪嫌疑人则属于调查客体，权利受到诸多限制。在司法实践中，一些检察机关出于追诉犯罪的职责和愿望，将强制性措施作为收集证据、侦破案件的快捷手段。在犯罪嫌疑人诉讼主体地位得不到有效保障的情况下，贿赂犯罪侦破过程中存在的刑讯逼供、诱供等现象也就难以得到有效遏制。在犯罪嫌疑人的辩护权方面，由于审前羁押的现象较为普遍，犯罪嫌疑人的人身受到限制，无法有效地进行自我辩护，而律师在侦查阶段只能提供有限的法律上的帮助，不能行使真正意义上的辩护权。因此，侦查活动中被告方难以进行有效的制约。

（四）律师的参与范围极为有限

如前所述，律师在侦查阶段的权利受极大的限制，因而其对侦查机关权力的制约微乎其微。且不说司法实践中，侦查机关往往以妨碍侦查、保守秘密等为借口，对律师在侦查阶段的诉讼权利加以不适当的限制或剥夺，致使律师在侦查阶段中难以有所作为，法律规定的律师在侦查阶段的权利在很大程度上流于形式。但从刑事诉讼法律规定来看，侦查阶段介入的律师不能在侦查人员讯问时到场，不能阅卷，不能进行调查，不能与侦查机关辩论，也不能向中立的司法机关提出任何有效的申请，况且律师会见在押的犯罪嫌疑人时，犯罪嫌疑人、律师还可能面对侧立一旁、虎视眈眈的侦查人员。还有涉及国家秘密的案件，律师如果会见在押的犯罪嫌疑人，必须经侦查机关批准。可以说，侦查程序中的律师尽管能够为犯罪嫌疑人提供一些帮助，但这种有限参与不足以改变侦查程序的基本格局，侦查采用的依然是秘密的、单方面的超职权模式。

四、完善我国贿赂犯罪侦查模式的构想

随着我国新刑事诉讼法的修改，对检察机关更新执法理念、规范执法行为、提高执法能力、强化自身监督制约、保障人权提出了一系列新的更高的要求。检察机关如何正确履行法律监督职责，维护司法公正，如何建立一个符合人权保障与规范执法法治价值要求的贿赂犯罪侦查制度，以适应新的历史时期开展反腐败斗争的需要，是我国现阶段贿赂犯罪侦查工作的当务之急。

我们认为在规范执法前提下应从保障人权的角度出发改变现有贿赂犯罪侦查中以行政权为核心的模式设计，将侦查模式纳入诉讼轨道，使之与庭审方式相协调，赋予当事人更多的参与权，保障当事人的基本人权和诉讼权利。为此，我们从贿赂犯罪侦查权的配置、运作的状况等实际出发，提出一些改革和完善侦查模式构建的建议。

（一）整合贿赂犯罪侦查资源

1. 整合贿赂犯罪侦查力量。在条件成熟的情况下，将检察机关内部分散的侦查力量进行整合，确保侦查力量和资源的统一。其好处不言而喻：一是集中了力量，不但能在平时工作中彰显力量，而且在出现大案要案时更能凸显威力。二是避免重复劳动。在统一组织指挥下，按工作流程，分工协作、井然有序地开展工作，最大限度地集中优势和人力、物力，避免一些工作环节的重复进行。三是实现资源共享。打破了各个侦查部门界限，各个部门在一个统一的机构领导下，有利于提高侦查工作的效率。

2. 突出情报信息和侦查技术支持。设立情报信息和侦查技术中心，着眼于情

报信息获取和侦查技术需要，加强贿赂犯罪情报信息获取、技术支援、情况汇总以及协调作战等，为及时有效地打击贿赂犯罪提供有力的支撑和保障。

3. 健全侦查指挥组织领导机制。贿赂犯罪案件侦查工作的科学发展，需要设立能够整合办案资源的侦查指挥组织机构，这样有利于我们进一步加强对办案形势的宏观把握，及时抓好对工作的部署及推动；对办理重要案件保持高度敏感，解决各种疑难复杂问题；加强对跨区域、行业性窝案串案的指挥办理，着力构建一体化侦查工作机制。

（二）贿赂犯罪侦查方式必须由被动、简单、粗放型向主动、理性、精确型转变

我国的职务犯罪侦查模式长期以来习惯于“由供到证”的侦查模式。这种“挤牙膏”式的侦查方式，无论从工作效率、司法资源、社会效果等多方面来看，工作效率不可能出现质的变化。“由供到证”的侦查模式转换为“由证到供”的侦查模式，是贿赂犯罪侦查发展的客观规律的必然要求。一要更新执法理念，树立正确的执法观和业绩观，坚持惩治犯罪与保障人权并重，实现办案数量、质量、效率、效果、安全的有机统一。二要前移侦查重心，强化初查工作。对于侦查人员来说，必须树立从依赖口供的证明观转向依赖物证的证明观。三要提高获取犯罪嫌疑人口供的能力。要不断提高审讯破案水平，强化讯问破案功能，保证讯问所获取供述的合法性和证明力。四要提高取证固证的质量和效率。一方面要适应证据制度的修改完善，依法全面收集证据，构建完整、稳固、多层次的证据体系；另一方面，侦查部门要集中力量，发挥自身资源优势，逐步提高侦查的信息化水平赢得办案主动。

（三）侦查机关与犯罪嫌疑人要形成平等地位上的对抗模式

新刑事诉讼法强化了辩护律师的会见、阅卷和调查证据的权利，刑事诉讼发展的过程，实际上是一个犯罪嫌疑人由诉讼客体向诉讼主体转变的过程。在侦查活动中，只有犯罪嫌疑人享有相应的权利，才能够形成与侦查权的有效对抗，从而达到实质的侦辩平衡。为此，要赋予犯罪嫌疑人以消极权利。犯罪嫌疑人的消极防御权利不仅是尊重犯罪嫌疑人人格的最低限度，更为重要的是它还确立了犯罪嫌疑人的程序主体地位。这些权利主要包括沉默权、不作有罪答辩权、知悉权、法律帮助权等。为了保障犯罪嫌疑人平等参与侦查程序，鼓励犯罪嫌疑人通过积极行为对侦查结论实施有效影响，必须加强被追诉方的辩护权，当今多数国家法律都规定了律师在侦查阶段就可以实质介入进行辩护。

（四）对贿赂犯罪侦查权的违法性进行事后控制

新刑事诉讼法排除非法证据，检察机关审查逮捕工作是通过讯问犯罪嫌疑人，提前介入，并听取律师意见来排除非法证据。是否按照侦查活动监督程序来实现非法证据的排除，还是在内容上注重对客观证据的合法性审查，对言词证据的真实性和关联性的审查。非法证据排除规则是对国家追诉机关侵犯被告人人权行为的最严厉的惩罚，从根本上粉碎了追诉机关通过非法手段收集证据达到控诉目的的企图。确立非法证据排除规则的基本目的是为公民在遭受国家权力侵犯时提供救济。新刑事诉讼法确立的非法证据排除规则是对贿赂犯罪侦查权的违法性进行事后控制的必要手段。

当然，改革与完善我国的贿赂犯罪侦查模式所涉甚广，涉及因素也极为复杂，不能一蹴而就。新刑事诉讼法对检察机关更新执法理念、规范执法行为、提高执法能力、强化自身监督制约提出了一系列新的更高的要求。法律的生命不在于颁布，而在于有效实施。我们深信，我国的贿赂犯罪侦查模式在新刑事诉讼法要求下应当不断调整，使之趋于完善，在规范执法的前提下最大限度地实现诉讼正义、保障人权，确保刑事司法公正。

新刑事诉讼法背景下
贿赂犯罪的侦查模式研究

方　杰*　刘靠山**

一、我国现阶段贿赂犯罪侦查模式概述

职务犯罪侦查模式，是指在职务犯罪侦查活动中，借以查明事实的司法方式方法的总称。在刑事诉讼制度发展史上，出现过三种侦查模式：神示主义侦查模式、由供到证侦查模式和由证到供侦查模式。① 我国职务犯罪侦查模式特别是贿赂犯罪侦查模式一直沿用“由供到证”的模式。侦查机关在掌握一定的犯罪线索后，立即正面接触犯罪嫌疑人，并优先获取犯罪嫌疑人的口供，以此为依据展开调查和收集证据，从而查明犯罪事实。

“由供到证”的侦查模式将查明犯罪事实的希望寄托在犯罪嫌疑人的口供上，强迫犯罪嫌疑人自证其罪，但在趋利避害的人性作用下，犯罪嫌疑人不会轻易供述犯罪事实。这就要求将“由供到证”的传统职务犯罪侦查模式变为“由证到供”的侦查模式，侦查活动的重点从获取口供转变到收集口供以外的其他证据上来。

二、我国现阶段贿赂犯罪侦查模式存在的缺陷

（一）审讯方式不规范

在现阶段的司法环境中，直接的刑讯逼供方式已不多见，取而代之的是变相的刑讯逼供。在办案实践过程中，侦查人员迫切希望突破犯罪嫌疑人心理防线获得其供述，与犯罪嫌疑人畏罪逃避处罚的犯罪心理产生激烈碰撞，这种对立局势往往会持续很长的时间。办案实践中最常见的就是“车轮战”，夜间审讯。此方法实践效果非常显著，但这是严格禁止的，并容易在审讯中出现严重办案安全事故。

---

* 武汉市汉阳区人民检察院反贪污贿赂局干警。

** 武汉市汉阳区人民检察院反贪污贿赂局干警。

① 陈光中主编：《刑事诉讼法实施研究》，中国法制出版社2000年版，第100页。

（二）权利义务告知不规范

根据刑事诉讼法和相关法律规定，犯罪嫌疑人有知晓自己在诉讼过程中依法享有的各项诉讼权利的权利，侦查人员也负有告知的义务。而某些侦查人员在错误执法理念的引导下，自然而然地将犯罪嫌疑人置于法律的对立面，在权利告知的执行过程中，普遍存在走过场的行为，这严重损害了犯罪嫌疑人在诉讼中的自我保护和寻求救济的权利。

（三）限制了犯罪嫌疑人的辩护权利

在我国现阶段，已不存在迫害辩护律师这种现象，我国刑事诉讼法也规定辩护律师可以在侦查阶段介入，但是，在司法实践中却是困难重重，并且侦查部门对律师会见犯罪嫌疑人设置了重重障碍，导致了现阶段辩护律师“会见难、阅卷难、取证难”的问题。

（四）证据收集方面存在缺陷

只有全面地收集案件的证据，才能原原本本地还原案件本来的面貌，这其中既包括证明犯罪嫌疑人有罪无罪的证据，也包括证明证据收集是否合法的证据；既包括证明犯罪嫌疑人的有罪及罪重的证据，也包括证明犯罪嫌疑人无罪或罪轻的证据。

三、修改后刑事诉讼法的新要求

执法办案是否规范取决于是否按照法律程序办理，刑事诉讼法作为指导侦查机关办案的基本程序法则，具有不可替代的作用。此次新刑事诉讼法的出台，将我国的人权保障水平提高到了一个新的水平，并且对执法办案提出了新的要求，具体表现在以下几个方面：

（一）明确规定人权保障是刑事诉讼法的一项重要任务

2012年3月14日，第十一届全国人大五次会议表决通过了《关于修改〈刑事诉讼法〉的决定》，修改后的刑事诉讼法将“尊重和保障人权”写入“刑事诉讼法的任务”中，成为指导刑事诉讼程序的基本原则。

（二）改革刑事辩护制度，保障犯罪嫌疑人辩护权利

本次刑事诉讼法修改在完善辩护制度方面带给我们不少惊喜，切实解决了我国在司法实践中长期存在的律师辩护“会见难、阅卷难、取证难”等老大难问题，保障了犯罪嫌疑人的辩护权利和律师的执业权利。同时新刑事诉讼法进一步加强了

侦查的法制化建设，强化了对侦查活动的约束，完善了被追诉者的防御性措施。

（三）构建了一套遏制刑讯逼供的机制

确立了“不得强迫自证其罪”的原则。禁止强迫自证其罪的本质，在于承认每一个人都是自治、自决的道德主体，为维护个人的道德主体地位，必须禁止对涉案者施加外来的压力，但也并不因此而关闭涉案者与国家合作的大门，因此，尽管禁止强迫自证其罪语境下的刑事侦查不排斥对犯罪嫌疑人进行讯问，但此时的侦查讯问获得了一种全新的法律属性，犯罪嫌疑人不再负有协助国家查明案件真相的法律义务，是否进行陈述，作何种性质的陈述，完全取决于涉案者的自由选择。确立了“非法证据排除规则”。

四、贿赂犯罪侦查模式转变

虽然“由证到供”的侦查模式代表了侦查发展的趋势，但基于贿赂犯罪隐秘性强、言词证据地位突出等特点，决定了其不可能与其他普通刑事案件一样完全按照“由证到供”的侦查模式办案。可以说，在贿赂犯罪案件的侦查活动中，“由证到供”代表的是一种理想、一种努力追求的趋势，“由供到证”代表的是一种有缺陷的现实，所以，笔者认为，在贿赂犯罪的侦查活动中，应当以“由证到供”的侦查模式为方向，对“由供到证”的侦查模式进行改良，在获取犯罪嫌疑人口供上实现“规范取证”。

（一）转变执法价值理念，构建贿赂犯罪侦查新模式

新刑事诉讼法对禁止强迫自证其罪原则、非法证据排除规则的确立，对律师会见权的扩大，使得现行的职务犯罪侦查模式，不能适应诉讼制度变革的需要。同时“尊重和保障人权”从政治概念上升为法律概念，由政策性规定上升为国家根本大法的一项基本原则，侦查人员必须转变执法理念，从“国家本位”向“权利本位”发展，树立依法保障人权的理念。

（二）注重讯问策略，提升讯问效果

对犯罪嫌疑人讯问的过程就是一个不断戳穿谎言直到犯罪嫌疑人如实供述犯罪事实的过程。有句老话，一个谎言要靠一百个谎言去弥补。犯罪嫌疑人在畏罪等心理的支配下，不可能一五一十地交代其罪行，常常找各种理由为自己开脱。因此，在讯问中，注重讯问的策略就显得非常重要，首先，讯问前要做好充分准备，熟悉案情，研究犯罪嫌疑人心理特点和个性特点，制订好讯问计划，同时有针对性地采用讯问策略。其次，要精心选择讯问突破口，击其软肋。攻破犯罪嫌疑人心理防线之后，应该迅速扩大战果，把小案办成大案，把一案办成窝案串案。如汉阳区院

2011年度办理的武汉电影公司职务犯罪系列案件，汉阳区院在充分了解犯罪嫌疑人胡某某的全部情况、全面分析其心理特点并抓住其心理变化的情况下，很快突破其心理防线，从而拉开了侦破武汉电影公司职务犯罪系列案件的序幕。

（三）灵活运用侦查方法，全面收集证据

1. 重视初查工作。由于刑事诉讼法对于传唤犯罪嫌疑人的时限作了严格规定，侦查活动的重心就放到了初查上，只有做好初查工作，才能使立案有坚实的基础，并使侦查人员心里有底，推进侦查工作向纵深发展。在初查工作中更应注重策略和方法，在不惊动犯罪嫌疑人的原则上，灵活运用暗访、设置耳目内线、秘密录音等方法进行调查。如汉阳区院办理的湖北省高级人民法院雷某某、冯某某贿赂犯罪案件的过程中，汉阳区院重视初查工作，基本掌握了雷某某、冯某某贿赂犯罪的全部证据，为案件的顺利办理打下了扎实的基础。

2. 注重再生证据。[①] 在贿赂犯罪中，犯罪分子作案时留下的证据很难收集到位，但是在双方当事人订立攻守同盟、销毁证据的时候，我们可以采取盯梢布控、技术侦查等措施，从而把贿赂案件的侦查工作引向深入。如汉阳区院2012年度办理的武汉市公交集团王某某受贿案中，犯罪嫌疑人王某某与行贿人余某某在案发之前订立了攻守同盟，案发后，汉阳区院仔细研究案情，选择最佳的讯问方式，攻破了他们的攻守同盟，从而将王某某受贿案的侦查工作引向纵深。

（四）合理运用技术侦查

对于重大的贪污、贿赂犯罪案件以及利用职权实施的严重侵犯公民人身权利的重大犯罪案件适用技术侦查，这意味着赋予作为公权力的侦查权特定的内涵，但对技术侦查的使用也加以规制，防止出现因公权力的恣意而发生侵犯被追诉人合法权利的现象。除了从技术侦查措施的适用对象上予以规制外，还明确规定采用技术侦查措施必须严格按照批准的措施种类、适用对象和期限执行，侦查人员对知悉的个人隐私要严格保密，对采用技术侦查获取的与案件无关的材料要及时销毁。这些规定较好地将惩治犯罪与保障人权的原则体现在法律制度中，也对侦查实践规范适用技术侦查措施提出了明确要求。

① 朱孝清：《职务犯罪侦查学》，中国检察出版社2004年版，第393页。

规范执法与人权保障新要求下贿赂犯罪的侦查模式研究

牛海波*

一、规范执法与人权保障新要求

（一）明确规定保障人权是刑事诉讼法的一项重要任务

新《刑事诉讼法》第2条中新增加了“尊重和保障人权”。2004年3月14日，第十届全国人民代表大会第二次会议通过宪法修正案，首次将“国家尊重和保障人权”写入宪法，将保障人权上升为国家根本大法的一项原则。为了更好地贯彻这一原则，在本次刑事诉讼法的修改中，将“尊重和保障人权”写入“刑事诉讼法的任务”中，成为指导刑事诉讼程序的基本原则，并在后面的具体条文中加以细化。如第14条规定“人民法院、人民检察院和公安机关应当保障犯罪嫌疑人、被告人和其他诉讼参与人依法享有的辩护权和其他诉讼权利”，第50条规定“不得强迫任何人自证其罪”等，在很大程度上保障了犯罪嫌疑人或被告人的基本权利。

（二）改革刑事辩护制度，优化辩护律师执业环境

本次刑事诉讼法修改在完善辩护制度方面有很多亮点，切实解决了我国在司法实践中长期存在的律师辩护“会见难、阅卷难、取证难”等老大难问题，保障了辩护律师执业权利，优化了辩护律师执业环境。新《刑事诉讼法》第33条明确规定“犯罪嫌疑人自被侦查机关第一次讯问或者采取强制措施之日起，有权委托辩护人”，将律师介入刑事诉讼的时间前置到侦查阶段，解决了辩护律师缺席侦查阶段的问题，扩大了律师的辩护权，新《刑事诉讼法》第31条规定“辩护律师有申请回避的权利”，第47条规定了“律师如果认为其

---

* 武汉市武昌区人民检察院助理检察员。

诉讼权利被阻碍的，有权向有关机关申诉或控告”，第 56 条规定“辩护律师有权申请对非法证据的排除”，第 159 条规定“在案件侦查终结前，辩护律师提出要求的，侦查机关应当听取辩护律师的意见，并记录在案。辩护律师提出书面意见的，应当附卷”。

（三）构建了一套严禁刑讯逼供的运作机制

确立了“不得强迫自证其罪”的原则。

规定了“非法证据排除规则”。新《刑事诉讼法》第 54 条、第 58 条详细规定了非法证据排除的条件、范围、程序和方法。

出台了保证依法讯问的措施。新《刑事诉讼法》第 121 条规定了讯问中采取录音录像的措施，第 116 条规定了严格审讯场所的措施，以及严格传唤和拘传的时间，每次不得超过 12 小时，特别重大的案件，传唤和拘传持续的时间也不得超过 24 小时，其中还要保障其必要的休息和饮食时间，等等。

另外，在强制措施、法律援助范围方面也充分体现出了保障人权的司法精神。

二、贿赂犯罪侦查模式转变

（一）转变执法价值理念

随着“尊重和保障人权”从政治概念上升为法律概念，由政策性规定上升为国家根本大法的一项基本原则，侦查人员必须转变执法理念，从“国家本位”向“权利本位”发展，树立依法保障人权的理念。长期以来，我们过分强调诉讼效率和国家利益，过分追求实体公正而忽视程序正义，将犯罪嫌疑人视为专政对象，置于法律的对立面，忽视对其基本权利的保障。究其原因，一是“特权”思想作怪。少数办案人员认为自己是代表法律惩治犯罪，犯罪嫌疑人触犯了法律就应该受到一定惩罚，包括尊严上的侮辱等。这种特权思想的存在，势必导致侦查人员在侦查工作中漠视犯罪嫌疑人应当享有的合法权益。二是“重打击犯罪，轻保障人权”的观念束缚。在新《刑事诉讼法》第 2 条，将尊重和保障人权规定为刑事诉讼法的主要任务，可以看出，长期以来我们片面地认为法律的任务就是惩治犯罪，而忽视了保障人权也是法律的基本任务之一。因此，在规范执法和人权保障的呼声日益高涨的形势下，有必要转变侦查人员的执法价值理念，牢固树立人权保障意识，真正做到执法为民。

（二）提高讯问效率

所谓讯问效率，包括时间和效果两个方面的含义，即在法律规定的时限内结束讯问，同时要将讯问效果最大化。

讲究讯问策略。由于贿赂犯罪的物证、书证较少，犯罪嫌疑人又属于社会精英层，认为其一旦供认，可能失去所拥有的一切，因此，普遍具有很强的拒供意识。对于这种情况，要格外讲究讯问策略。首先，讯问前要做好充分准备，熟悉案情，研究犯罪嫌疑人心理特点和个性特点，制订好讯问计划。其次，有针对性地采用教育攻心法、情感催化法、避实击虚法等讯问策略，对症下药、灵活运用。再次，要精心选择讯问突破口，击其软肋，或者选择犯罪嫌疑人疏于防范的事实和情节作为突破口，或者揣摩犯罪嫌疑人心理，选择其精神依托、畏刑心理为突破口，或者从共同犯罪或窝案、串案的犯罪嫌疑人中选择突破口，因人而异。最后，要格外重视第一次讯问。所谓第一次讯问是指传唤、拘传后的首次讯问，这次讯问是侦查人员和犯罪嫌疑人较量的第一回合，将奠定整个案件的后期走向。因此，如果能在第一次讯问中，将犯罪嫌疑人置于心理上的劣势，再辅以上述讯问策略和技巧，攻破犯罪嫌疑人心理防线则水到渠成。

扩大讯问战果。以笔者所在的武昌区人民检察院反贪污贿赂局办理的案件为例，绝大多数都是深挖所得，确保启动一次线索，战果遍地开花，把小案办成大案，把个案办成窝案串案。同时，窝案犯罪嫌疑人的供述还可以互为证人证言来使用，在一定程度上也缓解了贿赂犯罪证据少、取证难的问题。

讯问要穷尽细节，即堵塞一切可被行受贿嫌疑人用来翻供的证据漏洞。一个谎言要靠一百个谎言去弥补，犯罪嫌疑人在畏罪等心理的支配下，不可能一五一十地交代其罪行，常常编造各种谎言为自己开脱，因此，在讯问中，“穷尽问题”就显得格外重要。当犯罪嫌疑人交代收受他人所送钱财后，一定要追问钱的特征、钱的去向、有无退还给行贿人或上交单位组织等，穷尽所有相关的细节，然后根据犯罪嫌疑人供述，迅速固定证据，不给犯罪嫌疑人任何翻供的机会。

（三）狠抓外围取证

做好初查工作。初查是指对案件线索进行调查，以判明是否存在犯罪事实和需要追究刑事责任的诉讼活动。由于刑事诉讼法对于传唤犯罪嫌疑人的时限作了严格规定，侦查活动的重心就放到了初查上，只有做好初查工作，才能使立案有坚实的基础，并使侦查人员心里有底，推进侦查工作向纵深发展。鉴于初查工作的重要性，在初查工作中更应注重策略和方法，在不惊动犯罪嫌疑人的原则上，灵活运用暗访、设置耳目内线、秘密录音等方法进行调查。

善于经营线索。贪婪是一种惯性，对于贿赂犯罪的当事人而言，大多数都是多次犯罪，因此，我们要擅长“放长线，钓大鱼”，对于可能挖出窝案、串案的线索，可通过情报收集、长期监控、大胆使用线人等进行经营，待时机成熟后再收网。

做好内外对接工作。侦查活动一般包括内线审讯和外线取证两个方面，这两个方面是相互联系、相互促进的关系。内线审讯上的突破可以迅速指明侦查的方向，指导外线工作；外线取证上的进展也可以用来震慑犯罪嫌疑人，用确实的物证、书证攻破犯罪嫌疑人的防线，获取其供述。因此，我们在侦查过程中，一定要做到内外对接。

重视再生证据。[①] 再生证据是指犯罪分子或利害关系人在进行反侦查活动中留下的能够部分或全部地再现犯罪真相的证据，它不仅能证明犯罪分子与反侦查活动的客观性及伪供、伪证的虚假性，而且能与原生证据以及伪供、伪证一起形成证明犯罪分子有罪的证明体系。在贿赂犯罪中，犯罪分子作案时留下的证据很难收集到位，但是在双方当事人订立攻守同盟、销毁证据的时候，我们可以采取盯梢布控、技术侦查等措施，暗中监控，张网以待，获取再生证据，从而把贿赂案件的侦查工作引向深入，或使进退维谷的案件起死回生。此外，根据笔者在贿赂犯罪侦查实践中的经验来看，犯罪嫌疑人随身携带的钱包、挎包、记事本及车载物品很有侦查价值，可能留有犯罪线索，因此建议对犯罪嫌疑人的随身物品、车载物品等依法进行扣押并进行分析判断，获取破案线索。

（四）加强检察队伍建设

贿赂犯罪的侦查人员构成单一，大部分是法学专业出身，而贿赂犯罪案件中涉及许多复杂的专业知识，如会计、金融、计算机等，这种专业“瓶颈”在一定程度上限制了侦查人员收集证据的能力。因此在检察队伍建设方面，要加大培训力度，有条件的可选送侦查民警去高等院校学习专业知识，切实提高检察队伍业务水平。

（五）运用技术侦查和技术鉴定

贿赂犯罪之所以言词证据地位突出，重要原因之一就是侦查手段少，侦查技术落后。在现阶段，只有公安机关有技术侦查决定权和执行权。因此，如果能够解决贿赂犯罪侦查手段少、侦查技术落后这一难题，必能获取更多的非言词证据，如此一来，犯罪嫌疑人口供的地位自然下降，违规获取犯罪嫌疑人口供的行为自然也会减少。新《刑事诉讼法》第148条规定：人民检察院在立案后，对于重大的贪污、贿赂犯罪案件以及利用职权实施的严重侵犯公民人身权利的重大犯罪案件，根据侦查犯罪的需要，经过严格的批准手续，可以采取技术侦查措

① 朱孝清：《职务犯罪侦查学》，中国检察出版社2004年版，第393页。

施，按照规定交有关机关执行。新规定的出台，顺应了贿赂犯罪技术化、智能化的发展趋势，因此我们一定要树立用科技武装侦查的办案思维，将其作为突破疑难贿赂犯罪案件，提高办案科技含量的有效方法和途径。此外，在贿赂案件侦查过程中，对于某些专门性问题，可以指定或聘请有关技术人员进行鉴定，如对各种文书材料进行笔迹和书写材料方面的鉴定，对会计资料和小金库账目中的专门问题进行司法会计鉴定等。

（六）实现规范办案、安全办案

一个案件能否被称为“铁案”，不仅要看其收集证据是否扎实，很大程度上也要看办案过程是否规范，是否完全按照刑事诉讼法等相关法律法规办案。在上文中，笔者列举了一些实践中较为普遍的违反规定办案的情形，这些情况的存在一方面损害了司法机关的公信力，另一方面也为犯罪嫌疑人翻供提供了口实，为案件后期工作埋下隐患。因此，在侦查实践中，一定要按照刑事诉讼法的有关规定，在规定的时限内，在规定的办案地点，用规范的办案方法进行办案。另外，在办案安全问题上也不能马虎，否则，一旦出现事故，前期的侦查工作再扎实、再完备，也功亏一篑。因此，在办案中，该请医护人员陪同的一定要请，该全程录音录像的一定要录，绝不能因为省事而置安全于不顾。

新形势下职务犯罪侦查模式探究

吴家峰* 曾 骁**

模式即类型化的行为和状态，侦查模式是指享有侦查权的主体为了查明案件事实保障诉讼顺利进行所采取的类型化的活动。职务犯罪侦查模式更侧重职务犯罪侦查阶段侦查主体与犯罪嫌疑人之间的相互关系和地位，指检察机关在启动侦查程序之后，侦查主体与犯罪嫌疑人各自展开诉讼活动所依据的程序制度的总和，主要涉及侦查主体、权力配置等问题。职务犯罪侦查模式可以按照不同的标准分为单轨制侦查模式和混合制侦查模式、主观型侦查模式（即由供到证模式）和客观型侦查模式（即由证到供模式）。这两种模式均存在一定的缺陷，在修改后刑事诉讼法带来的机遇和挑战之下，有待进一步创新和完善。

一、我国职务犯罪侦查模式的现状与困境

我国职务犯罪侦查模式具有大陆法系职权主义色彩，属于单轨制、主观型侦查模式。这些类别归属体现了我国职务犯罪的特点，但同时也反映了问题和不足。

（一）单轨制侦查模式的特点和不足

根据现行刑事诉讼法的规定，我国实行单轨制侦查模式，该模式的特点就在于限制辩护方调查取证权的同时未能赋予其证据保全权。在侦查阶段，侦查权由国家垄断，犯罪嫌疑人及其辩护人不能行使事实调查权。辩护方往往只享有利用侦查机关进行调查（申请调查取证或曰请求证据保全）和利用侦查机关调查结果（查阅案卷）的权利。这样的特点会使犯罪嫌疑人无法在侦查阶段及时收集对自己有利并容易灭失的证据，同时让辩护方失去请求证据保全的权利。直接导致的结果在于辩护职能在侦查阶段的严重“虚置”和“空转”，以及犯罪嫌疑人的人权和合法权益得不到有效保障。

* 武汉市青山区人民检察院党组书记、检察长。

** 武汉市青山区人民检察院反贪污贿赂局助理检察员。

（二）主观型侦查模式的特点和不足

主观型侦查模式的特点在于办案工作以口供为重心，围绕口供“顺藤摸瓜”式地开展搜查取证等工作。这种模式的不足在于：首先，容易滋生刑讯逼供、诱供现象。侦查机关将工作重心放在突破犯罪嫌疑人获取口供上，趋向采取高压手段。实践中，屡禁不止的刑讯逼供现象，与该模式存在直接的关系。其次，为侦查机关采取非法方法收集证据提供了“正当性理由”，侦查人员为了完成侦查任务，实现侦查目标，总是试图让侦查活动突破法定程序的约束。最后，主观型侦查模式过于依赖犯罪嫌疑人口供，而口供往往具有欺骗性、虚假性和易变性的特征，实践中轻则贻误战机，重则造成冤假错案。

二、修改后刑事诉讼法对职务犯罪侦查的新要求

修改后刑事诉讼法于2013年1月1日正式实施，其修改是对我国刑事诉讼制度的进一步改革和完善，也是深化司法体制和工作机制改革的重要成果。它在保障人权、规范化执法和信息化引导等方面，增加了大量的规定。这既是面向法治向前迈进的一大步，也对职务犯罪侦查模式带来了机遇和挑战。

（一）更加注重人权保障

修改后刑事诉讼法在很多具体诉讼制度和程序规定中都注意体现尊重和保障人权的原则。就职务犯罪侦查而言，主要体现在以下方面：

“不得强迫自证其罪”现实化。修改后刑事诉讼法在严禁刑讯逼供的规定后，增加不得强迫任何人证实自己有罪的规定，意味着侦查过程中的犯罪嫌疑人不应当在外界力量强迫下非本意地承认自己有罪，即侦查人员不能强迫犯罪嫌疑人提供不利于他自己的供述。同时修改后刑事诉讼法确立了“近亲属免除作证义务”，使得获取犯罪嫌疑人口供的难度大大增加，不能依赖犯罪嫌疑人和其近亲属的亲密关系来获取证据。这两项规定的实施无疑对我国现行主观型侦查模式提出了挑战，甚至可以说是对该种模式的某种死亡宣告。

律师调查取证权默许化。在侦查阶段，对律师的辩护人地位予以明确以及调查取证权的默许是修改后刑事诉讼法的一个亮点。修改后刑事诉讼法明确和加强了律师在侦查阶段的辩护人地位，赋予了其不经批准的会见权（三类犯罪除外），而同时规定律师作为辩护人有一定的调查取证权。这也就默许了律师在职务犯罪侦查阶段具有一定的调查取证权。这意味着，单轨制下封闭性的侦查模式空间已经很狭小。律师的介入，会造成犯罪嫌疑人供述的不稳定性，翻供、拒供的可能性加大。职权化下单轨制侦查模式已不适应现今社会的要求。而留给自侦部门解决的是在双轨制抑或开放式空间下办理职务犯罪案件的难题。

（二）更加注重规范执法

修改后刑事诉讼法更加注重对规范和程序价值的追求。就职务犯罪侦查而言，主要体现在以下方面：

严格规范取证程序。修改后刑事诉讼法和最高人民检察院的相关规定要求对犯罪嫌疑人讯问时全面推行全程同步录音录像，有利于日后当事人提出供述系刑讯逼供时，通过录音录像查明事实、消除争议，也对侦查人员讯问工作的规范化提出了更高要求。同时修改后刑事诉讼法对检察机关自侦部门的侦查权力等作出了严格的限制性规定。例如采取技侦手段应经过严格的审批程序、侦查人员采取强制措施后要立即将犯罪嫌疑人送至看守所等。这样又对侦查部门办案时限以及办案规范化提出了更高的要求，无疑对主观型侦查模式带来了不小冲击。

充实完善证据制度。修改后刑事诉讼法进一步明确了证据种类，确立了非法证据排除制度，完善了证人鉴定人出庭制度等，提高了证据证明标准的要求。其中对职务犯罪侦查阶段取证工作产生重要影响的有：一是增加了“电子数据”、“辨认、侦查实验笔录”等证据种类，进一步完善了刑事诉讼法的证据种类。由此，自侦部门取证工作的证据来源得以扩大，如何有效、规范地获取证据，是自侦侦查工作面临的新任务。二是确立了非法证据排除制度。在侦查、审查起诉、审判时发现有应当排除的证据的，应当依法予以排除，不得作为起诉意见、起诉决定和判决的依据。这就要求自侦部门注重在执法过程中注重规范化和人权保障，保证其证据来源的合法化，提高证据的证明力。

（三）更加注重信息引导

修改后刑事诉讼法中有关技术侦查的规定和电子数据被正式确定为法定证据形式为自侦侦查工作带来了助推侦查信息化和侦查装备现代化“两化建设”的重大历史机遇。随着科技的发展和信息化浪潮的到来，贪污贿赂犯罪日益呈现出高智能化和隐蔽化，加上本次刑事诉讼法修改增加了很多关于保障人权的规定，可以预见，在不久的将来如果不借助技术侦查手段和信息化系统的引导，贪污贿赂犯罪案件几乎很难侦破。因此，抓住此次刑事诉讼法修改的机遇，推动全国各级检察机关反贪部门创建信息引导侦查模式势在必行。

三、新形势下职务犯罪侦查模式的重塑及对策

随着更加注重人权化、规范化和信息化价值取向的修改后刑事诉讼法的即将实施，单轨制、主观型的侦查模式已经不再符合时代和法律的要求。而双轨制、信息化下客观型的侦查模式即将呼之欲出，即在有限的传唤时间内，面对辩护人介入，嫌疑人及近亲属不作证的局面，以信息化为引导注重证据收集，用证据突破犯罪嫌

疑人心理防线，获取口供的侦查模式。那么如何打造自侦部门的全新模式，对策如下：

（一）职务犯罪立案前初查工作要趋于规范高效化

修改后刑事诉讼法将辩护人身份提前至侦查阶段，对立案前初查工作是否细致全面、取得的证据材料是否具有证明力提出了更高的要求。但是现行法律一直未对初查的法律地位和证据的有效性作出解释。因此，规范初查各个环节的执法行为，将人权保障的理念贯彻初查的始终，才能保证所取得的证据的证明力。

规范初查的配套法律文书。初查阶段，现有的法律文书不配套，有的没有相应的法律文书，容易造成执法不严肃，不能得到有关部门的全力配合。如按照法律规定可以在初查阶段采取对被查对象存款、汇款查询工作，因为缺乏相应法律文书，各单位只能使用《查询犯罪嫌疑人存款、汇款通知书》等侦查阶段所用文书，造成工作的不规范。又如通知行贿人等知情人谈话采用《询问通知书》的名称，在刑事诉讼法中得不到有力支撑，不如根据修改后刑事诉讼法规定，更名为针对行贿人等知情人的《协助调查通知书》以及针对被查对象的《接受调查通知书》。

初查方式进一步细化与创新。随着修改后刑事诉讼法的实施，案件办理成功与否关键在于初查是否细致、充分。首先，建立初查汇编材料。初查的方式方法虽灵活多样，但可以研究汇总各单位一些好的做法，汇编成《初查规则》，既可规范自侦部门的初查行为，又可提供初查的方法。其次，建立初查方案评比与评析机制。可依据线索的不同，有针对性地制定初查方案，在案件查办后，组织人员对各初查方案进行评析与评比。通过学习与总结，提高办案人员的办案技能。

（二）职务犯罪立案应趋向于以事方案与风险决策并行化

修改后刑事诉讼法确定了禁止自我归罪权、证据标准、非法证据排除规则等，为了应对这些挑战，要积极探索并逐步完善风险决策机制以及以事立案模式。

大胆尝试风险决策机制。所谓风险决策机制是指一旦在询问行贿人或被查对象时，发现被查对象有犯罪嫌疑，即使没有获取行贿人员的口供，也应果断立案侦查。该机制的优点在于能够为侦查提供更充裕的时间保证，缺点在于存在撤案的风险。所以，在修改后刑事诉讼法实施以前，侦查部门为确保案件质量，极少采用风险立案。但在修改后刑事诉讼法对办案中时间作出了明确规定的条件下，风险决策在以后办案中的作用会越来越大。在此种状况下，风险决策机制的应用也应得到上级院及本院的支持，在各级院目标考核设计上应有所倾斜，科学设置风险立案后撤案的分值和成案的分值。

引入以事立案的办案方式。以事立案是指检察机关在职务犯罪侦查活动中，依照我国刑事诉讼法第 83 条、第 86 条之规定，对于发现的犯罪事实，或者对报案、控告、举报的材料，经审查认为有犯罪事实需要追究刑事法律责任的但犯罪嫌疑人暂不能确定的案件，根据犯罪事实依法作出立案决定的诉讼活动。其最大的特点是“事明人隐”，犯罪事实比较明确，侦查的程序是由事查人。通过侦查，查清犯罪事实，同时获取相关证据，查获犯罪嫌疑人。具体操作时，要按照最高人民检察院有关以事立案的规定，从以下两个方面进行把握：一是立案是刑事诉讼的起始阶段，此时的“有犯罪事实”是指有一定的事实材料证实发生了危害社会又触犯刑法的行为，不要求对犯罪过程、情节都一一掌握；二是事实材料只要求足以证实犯罪事实存在即可，并不要求收集到犯罪嫌疑人所有犯罪构成情况、犯罪动机、目的、手段等证据。以事立案的办案模式突破了检察机关侦查职务犯罪以人立案的传统思路，是对职务犯罪侦查工作的大胆探索和有益尝试。

（三）职务犯罪信息引导趋于专业化

当前的职务犯罪案件更趋于智能化、隐蔽化和复杂化，给职务犯罪侦查工作带来严峻的挑战。信息化引导职务犯罪侦查与职务犯罪案件侦查特点相契合，也是职务犯罪中人权保障与犯罪控制维持平衡的有效途径。职务犯罪信息引导专业化势在必行。

职务犯罪信息引导专业化的特点。职务犯罪信息引导专业化具有自身的特点。第一，侦查切入点特殊，以信息为核心，对人、事、物多方位侦查，影响侦查决策和行动。第二，侦查方式主动，通过整合和利用各种社会资源，由面到点，再由点到面，获取证据、适时破案，带有明显的主动性。第三，犯罪预防具有准确性，以有效的信息为引导，能对犯罪个体、群体等进行多维度的分析，形成对职务犯罪较为准确的评价，提高制定打击与预防犯罪策略的准确性。

职务犯罪信息引导专业化的前提。信息引导职务犯罪工作的实质是“信息战”，因此必须建立一个“纵向贯通、横向集成、互联互通”的信息一体化协作机制，这是实现信息引导职务犯罪侦查的前提。重点是做好两项工作：一是完善纵向检察机关的数字专线网络，即运用计算机网络通信、信息管理和多媒体技术建立的连接各级检察机关局域网的数字网络系统。二是建立横向各级检察机关与协作单位的网络连接，实现信息共享。要真正实现信息资源共享，需要充分协商、利用经济手段甚至立法手段来解决。应统筹兼顾、全面平衡各协作单位的利益关系，建立起权责一体的协作机制，使各协作单位都能从中受益。

职务犯罪信息引导专业化的具体应用。在信息引导职务犯罪侦查模式下，侦查部门对案件的侦破主要从以下几个方面开展：首先，实现信息引导初查。案件线索的来源更加丰富，通过网上查找线索的新途径以及充分发挥信息操作平台的线索评判功能，筛选成案线索，合理运用技术侦查与侦查技术，为突破犯罪嫌疑人口供打下坚实基础。其次，实现信息引导侦查取证。职务犯罪侦查信息最大限度地向侦查人员开放，为其检索等取证提供方便。同时侦查人员与信息员沟通，促成信息研判结果，确保在最佳时机利用信息。再次，实现信息引导追逃。追逃是信息引导职务犯罪侦查模式最重要的功能，具有犯罪嫌疑人资料共享、追逃资料共享、自动报警等特点，为追逃犯罪嫌疑人发挥最大作用。最后，实现信息引导侦查指挥决策。这也是该模式最为核心的价值。高质量的信息源和科学的信息分析评判，最终将研判后的信息转化为作为决策的依据，使得侦查指挥决策更加主动、专业和科学。

（四）职务犯罪侦查人才培养应趋向于系统化

俗话说“工欲善其事，必先利其器”，职务犯罪侦查模式的发展离不开职务犯罪侦查专门人才的培养。合理的人才机制和良好的人才环境初步建立，人才的素质能力才会进一步适应侦查工作要求，职务犯罪侦查才能渐入佳境。一是建立职务犯罪大要案侦查人才库。建立统一的侦查人才库，储备侦查骨干，便于侦查指挥中心在组织指挥重大侦查行动时随时调用，不仅有利于选拔、培养、造就一批政治坚定、业务精良、作风过硬、纪律严明的侦查队伍，也有利于合理利用侦查资源，充分发挥侦查骨干的攻坚作用，有利于各级侦查部门排除阻力、抵御干扰，充分发挥职务犯罪侦查部门上下一体的整体优势，提高打击职务犯罪的水平和能力。二是立足本职、让人才在实践中得到培养。一方面，根据培养对象的特点、潜质、擅长方向，为其引导侦查发展方向，有意识地培养精通侦查、预审、财会知识、税务知识、证券知识的专业型人才。另一方面，以修改后刑事诉讼法即将实施为契机，充分运用法律赋予的技术侦查手段，严格区分技术侦查与侦查技术，着力培养侦查员运用高科技侦查手段的能力，在办案中善于提取犯罪嫌疑人手机、电脑中的犯罪信息，获取犯罪嫌疑人在网络上留下的犯罪痕迹，依法使用夜视、录像、录音、定位等技术，全方位收集犯罪证据，提高办案效率。

新刑事诉讼法语境下技术侦查措施在贿赂犯罪案件侦查中的运用

张志勇[*] 张宏元[**]

2012年3月14日，第十一届全国人大五次会议表决通过了关于修改刑事诉讼法的决定，至此，已执行16年的刑事诉讼法，在社会主义市场经济的高速发展、司法体制和工作机制改革进一步深化的时代背景下，以规范执法权力行使与保障公民人权为指导思想，科学吸收《公民权利和政治权利国际公约》、《联合国打击跨国有组织犯罪公约》、《联合国反腐败公约》（以下简称《公约》）等国际公约中的合理内核，其修改范围广、修改亮点颇多：一方面，从立法层面确立非法证据排除规则，引入“不强迫自证其罪”原则，完善了辩护制度；另一方面，首次明确赋予检察机关职务犯罪技术侦查权，对检察机关在新的历史条件下利用技术侦查措施开展贿赂犯罪案件的侦查工作，提出了挑战和机遇。

一、技术侦查的概念与特征浅析

修改后刑事诉讼法虽然增加了“技术侦查措施”这一专节，但并未对技术侦查的内涵与外延作出明确的界定，从司法实践角度结合法学理论研究，对技术侦查概念的理解应从广义和狭义两个方面进行理解。广义上的技术侦查，是指利用现代科学知识、方法和技术的各种侦查手段的总称；① 狭义上的技术侦查，系指特殊的能够查明有关事项的技术手段，通常包括电子侦听、电话监听、电子监控、秘密拍照、秘密录像、秘密获取某些物证和进行邮件检查等秘密的专门技术手段。

作为诸如讯问、询问、勘验、检查、搜查等普通侦查手段的补充，技术侦查较之于普通侦查手段最显著的特征就是其实施的高度技术性与隐蔽性，故一般而言公

---

* 武汉市江岸区人民检察院反贪污贿赂局副局长。

** 武汉市江岸区人民检察院反贪污贿赂局助理检察员。

① 宋英辉：《刑事程序中的技术侦查之研究》，载《法学研究》第22卷第3期。

民在接受技术侦查时基本无法察觉，因而技术侦查的行使无疑会对公民的人身、财产和隐私等权利产生严重的侵害。但社会公众之所以能够接受这样一种“必要的恶”，是因为技术侦查措施与保障公民隐私权之间存在“善与善的价值冲突”，在进行价值衡量时，为维护法律和秩序，国家侦查机关在一定条件下限制公民隐私权，依照法定程序进行技术侦查，而社会公众亦对于该类侦查措施的适度侵害予以容忍。

二、在贿赂案件侦查过程中引入技术侦查措施的必要性分析

本次刑事诉讼法修正案正式赋予了检察机关在查办重大贿赂犯罪案件中的技术侦查权，体现了立法层对于在检察机关自侦案件中引入技术侦查必要性的肯定态度，而充分理解在新的历史条件下查办贿赂犯罪过程中引入技术侦查措施的必要性，必须从以下几个方面进行：

（一）贿赂犯罪的特征使得技术侦查措施的引入成为必要

贿赂案件犯罪嫌疑人主体身份的特殊性与犯罪行为的隐蔽性这两大特征，是检察机关在查办贿赂案件中无法回避的障碍，亦是在贿赂案件侦查中引入技术侦查措施的必要性所在。在贿赂案件查办的不同阶段使用不同种类的技术侦查措施,① 则是解决上述问题的有效手段：在前期外围调查取证阶段使用技术侦查措施提前获取重要犯罪证据，可以有效避免调查信息过早泄露，抵御各种外界因素介入干扰办案；在接触调查对象过程中使用技术侦查措施进行定位，可以提前预防犯罪嫌疑人畏罪潜逃；在接触对象后采取技术手段获取与固定一些常规侦查手段难以获取的犯罪信息，可以有效提高案件的查办效率。

（二）传统贿赂案件侦查模式与侦查实践的不相适应使得技术侦查措施的引入成为必要

贿赂案件的传统侦办模式一般属于“由供到证”式，即将侦查重点放在获取犯罪嫌疑人口供上，在接到举报并掌握了一定线索后，立即接触嫌疑人，并在突破嫌疑人心理防线并获取其口供的前提下，再从口供出发搜集固定其他类型的证据材料对嫌疑人的罪行予以认定。但随着科学技术的日益发展和电子信息化进

---

① 之所以强调在不同的侦查阶段使用不同的技术侦查措施，是因为考虑到不同技术侦查措施对公民权益造成的侵害程度不同，在社会主义法治环境下，即使检察机关有权在案件查办工作中采取技术侦查措施，仍应注意保护公民的合法权益，根据侦查阶段的具体情况采取适当的、不超过必要限度的技术侦查措施。

程的日益推进，贿赂犯罪日益呈现出高智能化和隐蔽化，加上本次刑事诉讼法修改增加了很多关于保障人权的规定，可以预见，在不久的将来，如果不借助技术侦查手段，而仍然将贿赂案件的侦破寄托于犯罪嫌疑人的口供上，贿赂犯罪案件几乎很难侦破。

（三）新时期国际刑事司法合作使得技术侦查措施的引入成为必要

《公约》规定各缔约国应当在本国法律制度基本原则许可的范围内，在其认为适当时使用诸如电子或者其他监视形式和特工行动等其他特殊侦查手段，并允许法庭采信由这些手段产生的证据，以便有效地打击腐败。作为履行这样一项国际义务的表现，我国作为《公约》的缔约国适时地修订和调整现行法律条款，在我国检察机关查处职务犯罪过程中引入技术侦查权，进一步完善了我国反腐败的法律体系。综上所述，本次刑事诉讼法的修改大力推动了全国各级检察机关反贪部门的“两化建设”，以高科技技术侦查措施应对日趋复杂的贿赂案件侦查环境，既是机遇，也是新刑事诉讼法赋予我们检察机关的重大历史使命。

三、在贿赂案件侦查过程中引入技术侦查措施的隐患及对策

在贿赂案件侦查过程中引入技术侦查措施是一把双刃剑，它既可能成为高效查办贿赂案件的利剑，也可能成为侵犯公民合法权利的灾难。在职务犯罪中引入技术侦查措施可能带来的隐患体现在以下两个方面：一方面，技术侦查措施的滥用，可能成为政治斗争的工具，从而影响社会整体的稳定，因而在职务犯罪中谨慎引入与使用技术侦查措施，避免因技术侦查被滥用而导致政局不稳，仍是应当予以高度重视的问题。另一方面，技术侦查措施的滥用极有可能对公民合法权利尤其是隐私权带来严重破坏，技术侦查措施一旦偏离其维护社会整体公平正义的应有轨道而被滥用，对社会所造成的破坏将远超其可能带来的积极效应。

在职务犯罪中引入技术侦查，虽然在社会经济与科学技术高速发展的背景下对于贿赂案件的侦查工作会起到非常巨大的积极作用，但其一旦被滥用，所带来的消极影响同样非常严重，因而在其制度设计与具体适用上，必须遵循以下原则：

（一）严格审查原则

为避免技术侦查措施被滥用，检察机关采取技术侦查手段应当履行严格的审批程序，而负责审批的部门，应当从“是否属于适用范围”和“是否有使用必要”两个方面对请求采取技术侦查措施的申请进行审核。在现阶段，笔者认为既要充分有限地监督技侦措施的使用，又不致因审批程序过于烦琐而贻误重大贿赂案件的有

利侦查时机，应由提出技术侦查措施申请的自侦部门的上级人民检察院侦查指挥中心或侦监部门负责审批。

（二）适用范围特定原则

对技术侦查的范围进行限制，防止技术侦查给公民的隐私权等人权造成过度侵害。限制范围包含两个方面：一是限制具体的技侦手段，防止出现“高射炮打蚊子”等浪费司法资源的现象发生；二是限制被采取技侦措施的对象，一般情况下只允许针对犯罪嫌疑人采取技术侦查措施，只有案情重大且不采取技术侦查手段无法达到查明案情的目的时，才允许对其他相关人员采取技术侦查手段。

（三）严格限定原则

技术侦查所取得的结果很有可能涉及公民隐私、商业机密甚至国家秘密，因此应对技术侦查所取得资料的保存、使用以及销毁作出明确具体的规定。一是严格限定非本案侦查人员、公诉人员、审判人员、辩护人员不得查阅；二是通过技术侦查方式所获得的证据原则上应限定仅在本案中使用；三是应限定通过技术侦查所获得的证据资料一旦在本案中使用完毕，必须马上销毁。

（四）权利救济原则

尽管对技术侦查的适用范围和审批程序均作出了严格规定，将其对公民隐私权的损害降到了最低，但是由于其实施的秘密性与强制性，若不赋予侦查对象事后的救济权利，仍无法有效地防止滥用技术侦查措施现象的发生。我国可以借鉴其他国家的规定，如果侦查对象被采取技术侦查措施后作无罪处理的，侦查机关的确存在过错，应当赋予侦查对象具有向侦查机关和批准机关申请赔偿的权利。

四、在贿赂案件等检察机关自侦案件侦查过程引入技术侦查措施的实施方案

为保障技术侦查的有效性和可控制性，立足于检察机关现有的信息化建设、检察技术装备使用和侦查基础等条件，以适应刑事诉讼法修改后更为艰巨的贿赂案件侦查环境为近期目标，以建设与发展检察机关技术侦查队伍为远期目标，在新刑事诉讼法语境下检察机关运用技术侦查措施的实施方案亦分两步走：

一方面，与公安机关建立技术侦查联动协作机制，建立起固定的合作关系，制定细则细化不同侦查环节可使用的具体技术侦查措施，构建从决定到执行的无障碍通道；在具体实施上，实行协作执行方式，由公安机关安排专人负责执行，

检察机关派员协助、配合公安机关执行，组建联合行动小组。通过与公安机关建立固定合作关系，加强运用技术侦查措施方面的联动协作。既方便检察机关及时掌握更新案件的动态，有利于及时调整侦查方向和策略；又通过协作互动，加强检警双方在侦查技能方面的交流借鉴，以达到互助互补、共同提高的双赢效果。

另一方面，以中长期内建设和发展检察机关专业技术侦查队伍为主导思想，从人员配备、技能培训、设备配置等方面着手，逐步建立起适应贿赂案件等职务犯罪的专业技术侦查模式：在人员配备上，可在市级（含）以上检察机关检察技术处设置技术侦查机构并配置技术侦查人员，同时在基层检察院抽调侦查骨干力量共同参与技术技能培训。在设备配置上，硬件方面除应配备常规的密录、密听、电子监控、摄像、照相、扫描等设备外，应重点配置特殊的适应截取、收集、固定职务犯罪视听证据的设备。软件方面，一是必须尽快建立起信息共享平台，实现人口户籍信息、涉警信息、车辆登记信息、工商税务登记信息、银行账户信息等相关信息的一体化查询机制，提高信息查询效率；二是运用电邮监控、键盘记录、IP 探索者、密码破译等软件，发挥技术侦查在收集、管理、传输和利用职务犯罪情报信息中的作用。

论技术侦查措施在贪污、贿赂犯罪案件侦查中的适用

——兼论由有关人员隐匿其身份实施侦查和控制下交付

李智雄*　李　勇**

修改后的《中华人民共和国刑事诉讼法》（以下简称修改后刑诉法）在第二编第二章第八节（以下简称第八节）规定了技术侦查措施，但在理论界和实务界对技术侦查措施的含义、内容、适用程序等未形成一致意见，给该规定的实施带来了障碍，本文以贪污、贿赂犯罪案件侦查为视角，对技术侦查措施的有关问题进行分析澄清，并对如何更好地适用技术侦查措施进行初步探讨，以期对该规定的正确有效适用有所裨益。

一、关于技术侦查措施

（一）技术侦查措施与秘密侦查措施、特殊侦查措施的关系

关于技术侦查措施、秘密侦查措施和特殊侦查措施及它们之间的关系，理论界主要有四种观点。

1. 等同说。“所谓‘秘密侦查’，即侦查机关采取隐瞒身份、目的、手段的方法，在侦查对象不知晓的情况下，发现犯罪线索，收集犯罪证据、乃至抓捕犯罪嫌疑人的活动。由于秘密侦查往往要使用一些专门的科学技术手段，所以又称为‘技术侦查’。而为了与普通的侦查方法相区别，秘密侦查有时亦称‘特殊侦查’。”① 该说认为秘密侦查、技术侦查和特殊侦查的含义相同。

2. 包含说。“技术侦查简称‘技侦’，是指侦查机关运用现代科技设备秘密地收集犯罪证据、查明犯罪嫌疑人的强制性措施的总称……技术侦查仅是秘密侦查中

* 武汉市蔡甸区人民检察院党组书记、检察长。

** 武汉市人民检察院反贪污贿赂局助理检察员。

① 何家弘：《从相似到同一——犯罪侦查研究》，中国法制出版社2008年版，第421—422页。

的一种。”[①] 该说认为技术侦查包含于秘密侦查。

3. 交叉说。特殊侦查措施主要包括技术侦查和秘密侦查这两种措施。技术侦查是指利用现代科学知识、方法和技术的各种侦查手段的总称；秘密侦查可分为两类：一类是以科学技术为依托的秘密侦查行为，如监听、密拍密录、电子监控等；另一类是不完全以科学技术为依托的秘密侦查行为，如卧底、耳目、特情等；技术侦查与秘密侦查是存在交叉的两个概念。所研究的特殊侦查措施事实上是秘密侦查的整体和秘密进行的技术侦查。[②] 该说认为只要使用科学技术进行侦查的就是技术侦查，这种侦查可以是公开的，也可以是秘密的。秘密侦查的界定主要基于侦查行为的秘密性，这种秘密性是相对于一般侦查行为的公开性而言的。技术侦查和秘密侦查的交叉在于秘密进行的技术侦查和使用科学技术进行的秘密侦查。

4. 不同说。技术侦查是指以技术设备为载体所进行的秘密获取案件信息的手段，包括监听、监视、监控、密搜、密取、密录、截取计算机信息、利用设备进行定位等；秘密侦查是指以人为载体所实施的秘密获取案件信息的侦查手段；技术侦查和秘密侦查统称为特殊侦查手段。[③] 该说认为技术侦查和秘密侦查是两种不同的特殊侦查手段，两者的共同点在于均是秘密获取案件信息，区别在于获取案件信息的载体不同，前者以技术设备为载体，后者是以人为载体。

笔者认为，上述分歧主要是因滥用区分和定义概念的标准导致的，相关概念不明确、不周延，导致各学说自说自话。牵涉技术侦查措施与非技术侦查措施、秘密侦查措施与公开侦查措施、特殊侦查措施与常规侦查措施三对范畴，涉及技术与非技术、秘密与公开、特殊与常规三对不同概念的分类标准。上述学说对相关概念的解读是从技术与非技术、秘密与公开、特殊与常规的单一或多个方面做出的，如等同说所称秘密侦查是从其本意出发，但其将秘密侦查等同于技术侦查和特殊侦查，使未使用技术手段的秘密侦查和使用技术手段的公开侦查无存在空间；包含说实质上是秘密技术侦查，但未考虑公开技术侦查；交叉说认为技术侦查是所有利用现代科学知识、方法和技术的侦查手段的总称，一定程度上混淆了技术侦查和侦查技术的概念，定义合理性有待商榷，如利用现代行为心理学知识对犯罪嫌疑人进行讯问属于讯问技术，而非技术侦查；不同说将秘密技术侦查称为技术侦查，将以人为载体的秘密侦查称为秘密侦查，实质上是对技术侦查和秘密侦查的内涵进行了限制。

---

① 朱孝清：《职务犯罪侦查学》，中国检察出版社2004年版，第509页。

② 刘志风、张美琳、刘新凯：《特殊侦查措施及其获取证据的法律适用问题》，载《中国公证》2010年第12期。

③ 陈卫东教授2012年4月22日在应邀为湖北省检察机关讲授刑事诉讼法修正案专题时阐述了此观点。

技术侦查措施是指有权机关依据法律规定以技术设备为依托或载体获取案件材料或追捕犯罪嫌疑人的侦查手段的统称。技术侦查措施和秘密侦查措施本质上是交叉关系，即有些侦查措施如秘密录音、秘密录像等既可称为技术侦查措施，也可称为秘密侦查措施。从修改后刑诉法关于技术侦查措施的规定和秘密侦查措施的秘密性、易侵犯人权性和严格限制使用等特点看，技术侦查措施和秘密侦查措施都属于特殊侦查措施。①

（二）关于由有关人员隐匿其身份实施侦查和控制下交付

修改后刑诉法规定由有关人员隐匿其身份实施侦查。如前所述，有学者认为该规定以人为载体秘密获取案件信息，即所谓的秘密侦查。② 也有学者称为乔装侦查，认为修改后刑诉法技术侦查措施一节五个条文规定了秘密监控、乔装侦查和控制下交付三类特殊的侦查措施。③ 有学者指出乔装侦查是指侦查人员或普通公民隐瞒真实身份或者改变身份，通过身份欺骗接近相对人或者打入犯罪集团展开的侦查取证活动，如特情侦查、诱惑侦查或卧底侦查等。④ 笔者认为，由有关人员隐匿其身份实施侦查属于秘密侦查措施，但若称为秘密侦查则是以偏赅全。因为由有关人员隐匿其身份实施侦查只是秘密侦查措施中的部分种类，秘密侦查还包括秘密录音

---

① 有学者将特殊侦查措施分为内线侦查、外线侦查和技术侦查三类。认为内线侦查是指针对某些犯罪案件，为了了解犯罪的内部情况，及时收集证据，由特定的侦查人员深入犯罪内部开展侦查，包括特情侦查、卧底侦查等。外线侦查是指为了掌握相对人的行踪，了解其接触的人员和活动范围，发现和收集犯罪情报、线索、犯罪证据，发现和制止新的犯罪，由享有秘密侦查权的国家机关或部门，通过采取跟踪盯梢、守候监视等方式，对相对人进行监视和控制的一种侦查行为。技术侦查是指侦查机关对法律规定的特殊情况运用技术装备调查作案人和案件证据的秘密侦查措施，包括电子监听、秘密录像、秘密拍照、秘密获取某些物证、邮件检查等秘密的专门技术手段。参见刘燕、张晶：《论特殊侦查取得证据的使用——〈关于办理死刑案件审查判断证据若干问题的规定〉第35条的适用》，载《山东警察学院学报》2011年第1期。笔者认为，该种分类不合理，分类标准不明确，概念之间存在交叉，界限不清，如该分类外线侦查中采用的跟踪盯梢、守候监视等措施实践中都要采用秘密拍照、特制望远镜监视、定位等技术侦查措施。内线侦查是和外线侦查相对的概念，内线侦查是指深入犯罪组织内部，直接接触违法犯罪人员，获取案件信息的侦查方法；外线侦查是指在犯罪组织和违法犯罪人员外围，不直接接触违法犯罪人员，采取跟踪、监视等措施获取案件信息的侦查方法。

② 陈卫东教授2012年4月22日在应邀为湖北省检察机关讲授刑事诉讼法修正案专题时阐述了此观点。

③ 陈磊：《授权与控权：技术侦查措施的合法化》，载《检察日报》2012年4月27日第3版。

④ 陈雷：《西方国家秘密侦查兴起的“三段式”历史脉络考察》，载 http：//www. criminallaw. com. cn/article/default. asp？id =4900，访问日期：2012年5月20日。

等其他措施。将由有关人员隐匿其身份实施侦查称为乔装侦查理论上并无必要，并导致概念的混乱，理论和实务界约定俗成的类似概念有“化装侦查”①，且将特情侦查、诱惑侦查和卧底侦查并列，理论上也不妥当。由有关人员隐匿其身份实施侦查是指侦查人员或受侦查机关指派的公民、犯罪活动知情人等非侦查人员通过隐瞒、隐藏真实身份，接近信息持有人、犯罪嫌疑人或深入犯罪团伙、组织内部，收集获取犯罪信息或证据材料的侦查措施的统称。

由有关人员隐匿其身份实施侦查的关键是隐匿其身份，即身份保密或身份秘密，根据有关人员身份不同，可分为侦查人员隐匿其身份实施侦查和包括普通公民、犯罪活动知情人或犯罪组织内的成员在内的非侦查人员隐匿其身份实施侦查，前者包括卧底侦查，后者可称为特情侦查。诱惑侦查不是根据有关人员身份不同而作分类，而是诱惑类侦查谋略在侦查中运用，是由有关人员隐匿其身份实施侦查和控制下交付侦查时使用的侦查方法。

关于控制下交付。有论者指出：“控制下交付是指在主管机关知情并监控的情况下，允许违禁品继续运入、运出或通过一国或多国领域，或者是在查获违禁品后，采用伪装手段，将违禁品完全或部分取出或替代后，使‘违禁品’继续正常运行，同时秘密监控其运输过程和交付地点，以期查获真正的犯罪嫌疑人的特殊侦查措施。”修改后刑诉法规定，涉及给付毒品等违禁品或者财物的犯罪活动均可实施控制下交付，上述论者将控制下交付适用对象限于“违禁品”的定义与修改后刑诉法规定不符。笔者认为，修改后刑诉法所述控制下交付是指在侦查机关知情并实施有效监控下，允许犯罪活动继续实施，并对犯罪嫌疑人及犯罪活动涉及的毒品等违禁品或者财物的运输、移动、交付过程进行秘密监控，以抓获犯罪嫌疑人、收集犯罪证据、查明案情的侦查措施。这里的“违禁品”是指国家法律限制生产、贩卖、购买、运输和持有的枪支、弹药、爆炸物、管制刀具、毒品等物品。这里的“财物”和刑法中的“财物”作相同解释，应理解为金钱、物品和财产性利益，包括作为贿赂犯罪对象的财物。

技术侦查措施、由有关人员隐匿其身份实施侦查和控制下交付之间的关系。第八节以技术侦查措施为标题，分别规定技术侦查措施、由有关人员隐匿其身份实施侦查和控制下交付，三种侦查措施之间的关系单从法条条文立法结构上分析，似乎可以解读为技术侦查措施是种概念，技术侦查措施和由有关人员隐匿其身份实施侦查和控制下交付是属概念。但是，从具体条文规定看，技术侦查措施、由有关人员隐匿其身份实施侦查和控制下交付在适用范围、条件、审批程序等方面均存在差异，虽然由有关人员隐匿其身份实施侦查和控制下交付的实施过程可能使用技术侦查措施，但三种侦查措施是不同种类的侦查措施。

① 朱孝清：《职务犯罪侦查学》，中国检察出版社2004年版，第318页。

二、贪污、贿赂犯罪侦查适用技术侦查措施需明确的几个问题

（一）批准程序

修改后刑诉法第 148 条规定采取技术侦查措施需“经过严格的批准手续”。由于贪污、贿赂犯罪主体的特殊性，技术侦查措施适用对象是国家工作人员，应适用党内请示报告制度。但需要明确是对所有的国家工作人员采用技术侦查措施均需党内请示报告，还是只对一定职务级别国家工作人员采用技术侦查措施才需党内请示报告。根据最高人民检察院《关于检察机关反贪污贿赂工作若干问题的决定》和最高人民检察院《关于要案线索备案、初查的规定》的相关规定，对县处级以上干部涉嫌贪污、贿赂等职务犯罪的案件线索，需要接触被查对象或者进行必要调查前，要向党委主要领导同志报告，立案要向党委请示。笔者建议最高人民检察院根据中央政法委员会相关规范性文件出台司法解释，规定经请示党委同意立案侦查的县处级以上干部采取技术侦查措施无须另行向党委请示报告，以免案件侦查丧失有利时机。

（二）人民检察院是否有权采用由有关人员隐匿其身份实施侦查、控制下交付

从修改后刑诉法第 151 条条文字面上看，由有关人员隐匿其身份实施侦查和控制下交付只有公安机关有权采用。笔者认为，人民检察院亦有权采用上述侦查措施。原因在于：

修改后刑诉法第二编第二章第十一节“人民检察院对直接受理的案件的侦查”中第 162 条规定：“人民检察院对直接受理的案件的侦查适用本章规定。”据此，人民检察院在侦查直接受理的案件时，有权采用修改后刑诉法第二编第二章规定的所有侦查措施，当然包括由有关人员隐匿其身份实施侦查和控制下交付两项侦查措施。认为只有公安机关有权采用有关人员隐匿其身份实施侦查和控制下交付的观点是对修改后刑诉法的片面理解。

《联合国反腐败公约》第 50 条特殊侦查手段第 1 款规定：“为有效地打击腐败，各缔约国均应当在其本国法律制度基本原则许可的范围内并根据本国法律规定的条件在其力所能及的情况下采取必要措施，允许其主管机关在其领域内酌情使用控制下交付和在其认为适当时使用诸如电子或者其他监视形式和特工行动等其他特殊侦查手段，并允许法庭采信由这些手段产生的证据。”该公约要求允许反腐败的主管机关使用控制下交付、使用诸如电子或其他监视形式和特工行动等其他特殊侦查手段。我国已经批准加入该公约，作为我国贪污贿赂犯罪侦查机关的人民检察院应当被授予采取上述侦查措施侦查腐败犯罪的权力。

采取由有关人员隐匿其身份实施侦查和控制下交付是贪污贿赂犯罪侦查的需要。侦查实务中，人民检察院在侦查贪污贿赂犯罪案件时，已经较为普遍地使用由侦查人员隐匿其身份接近违法犯罪人员或知情人获取信息和使用特情侦查等侦查措施，并取得了较好的侦查效果。实践证明，由有关人员隐匿其身份实施侦查和控制下交付是适应贪污贿赂犯罪侦查规律的，是打击腐败犯罪的有效措施。当前，我国腐败犯罪仍处于高发、易发期，人民检察院应当有权使用此类侦查措施，从而有力地预防和打击贪污贿赂犯罪。

（三）理性看待技术侦查措施在贪污贿赂犯罪侦查中的作用

修改后刑诉法规定技术侦查措施需在立案后才能采用。①《人民检察院直接受理侦查案件初查工作规定（试行）》第5条明确规定，初查不得采取技术侦查措施。这就意味着技术侦查措施的威力只有在立案后方能发挥，而由于贪污、贿赂犯罪“由人查事”的特点，贪污贿赂犯罪侦查的症结在于取得据以立案的证据手段的匮乏和“立案难”上。另外，贪污贿赂犯罪侦查实务中，一般是通过接触被调查对象取得涉嫌犯罪的口供后立案并对犯罪嫌疑人采取强制措施，然后利用犯罪嫌疑人被羁押或监视居住侦查机关取得的信息上的优势进而突破口供收集证据，主要通过接触当事人，采取询问、讯问、强制措施等公开侦查措施侦破案件。在这种公开侦查模式下，犯罪嫌疑人对被人民检察院立案侦查知情，并且根据修改后刑诉法第33条的规定，犯罪嫌疑人自被侦查机关第一次讯问或者采取强制措施之日起，有权委托辩护人，获得辩护律师的法律帮助等，其为了掩盖、隐瞒犯罪事实，必然对自身的言行非常慎重，立案后对其采取技术侦查措施的效果必然大打折扣。

另外，技术侦查措施具有易侵犯人权的特性，特别是电子侦听、电话监听、电子监听、秘密录音录像等侦查措施使用过程中，必然知悉适用对象的包括隐私在内的个人信息，一旦被滥用，必将侵犯适用对象的人身权利。同时由于贪污贿赂犯罪嫌疑人具有国家工作人员身份，政治性强、社会关注度高，若滥用技术侦查措施的情况被公之于众，必然造成恶劣的政治影响和社会影响，甚至影响检察机关权威性和作为法律监督机关的地位。这就要求适用技术侦查措施必须慎重。如此一来，必然限制了技术侦查措施的适用量。

综上所述，虽然修改后刑诉法赋予人民检察院技术侦查等权力，但并非贪污贿赂犯罪侦查中取证难的问题能迎刃而解，而是应当理性地看待技术侦查措施在贪污

---

① 控制下交付虽然没有明文规定在立案后实施，但由于实施控制下交付往往需要同时使用技术侦查措施，并且控制下交付措施的实施一般涉及适用对象的隐私权等问题，其实施也应严格限制，应在立案后实施。新刑诉法对由有关人员隐匿其身份实施侦查的适用时间没有限定在立案后，且其实施不限制被查对象的人身权利和财产权利，在初查阶段应当可以适用。

贿赂犯罪侦查中的作用。

三、如何发挥技术侦查措施在贪污贿赂犯罪侦查中的作用

（一）做好初查工作，为立案打好基础

立案是采取技术侦查措施的前提，初查的目的是要解决立案问题，所以初查工作的重要性不言而喻。办案工作中，要更加重视初查工作，提高初查工作效率、效果，建立并应用好涉案信息查询平台，充分利用互联网获取案件信息。运用好由有关人员隐匿其身份实施侦查在医药卫生、工程建设等行业、领域犯罪线索初查中的优势，由侦查人员化装侦查了解相关行业信息、回扣、好处费支付比例、犯罪交易内幕等潜规则，设置特情接触被查对象或深入发案单位内部收集涉案信息，为立案提供扎实的证据材料。

（二）依法立案，用好“以事立案”

克服“先破后立”、“不破不立”的习惯做法，改变需有证据证明犯罪嫌疑人构成犯罪的情况下立案的立案决策模式，严格依照刑法和刑事诉讼法规定的标准立案。从修改后刑诉法的规定看，人民检察院对经初查收集材料综合审查后认为有犯罪事实需要追究刑事责任时就应立案侦查。立案侦查的证明标准是“认为有犯罪事实需要追究刑事责任”，这与逮捕的证明标准“有证据证明有犯罪事实”和侦查终结移送审查起诉、提起公诉、作出有罪判决的证明标准“证据确实、充分”是不同的。借鉴修改后刑诉法第 53 条第 2 款关于“证据确实、充分”的规定，笔者认为立案侦查的证明标准可以表述为：“有证据证明被查对象有犯罪嫌疑；综合案件线索和经初查收集的证据及信息，对被查对象犯罪的怀疑是合理的。”即只要有证据证明被查对象有犯罪嫌疑且这种怀疑是合理的就可立案侦查。

最高人民检察院《关于检察机关职务犯罪侦查部门以犯罪事实立案的暂行规定》第 3 条规定，对贪污、挪用公款、私分公有资产和私分罚没财物犯罪案件，可以“以事立案”。在贪污、挪用公款、私分公有资产和私分罚没财物犯罪线索审查过程中，发现犯罪事实或者对于报案、控告、举报等材料经审查认为有犯罪事实，需要追究刑事责任，犯罪嫌疑人尚未确定的案件，应当依法以事立案。

（三）做好立案后的秘密侦查工作

在犯罪案件发生后采取讯问、询问、扣押、鉴定等侦查措施收集证据的回应性侦查模式中，侦查机关处于被动地位，证据的取得很大程度上依赖于犯罪嫌疑人，并且侦查取证再现既往犯罪事实的难度高，而包括技术侦查在内的特殊侦查措施具有主动性侦查的特点，能够在犯罪发生之前或犯罪发生时，对犯罪过程进行控制，

动态地收集犯罪证据，查明犯罪事实，是有效的职务犯罪侦查措施。改变以往的公开侦查模式，采取秘密立案后秘密侦查的模式，在犯罪嫌疑人对被人民检察院立案侦查不知情、其人身权利不受限制的情况下实施秘密侦查，运用监听、监视等技术侦查措施、由有关人员隐匿其身份实施侦查和控制下交付等特殊侦查措施秘密收集犯罪证据和案件信息。这种情况下收集的证据材料的客观性、相关性高，为审讯提供案件信息，能够快速突破犯罪嫌疑人的口供，并减轻对犯罪嫌疑人口供的依赖，减少因无法突破犯罪嫌疑人口供而导致的取证难，从而提高侦查工作的效率和质量。在侦查措施的适用选择上，坚持“技术侦查措施用活，限制人身自由的强制措施和限制财产权利的强制性侦查措施严格控制”的原则，在依法实施的前提下，最大限度地发挥技术侦查措施等特殊侦查措施的威力。

（四）做好侦查公开后的特殊侦查工作

注重对犯罪嫌疑人的侦查公开后的特殊侦查工作。犯罪嫌疑人被羁押的，可以采用电子监控或由有关人员隐匿其身份实施侦查等侦查措施；犯罪嫌疑人未被羁押的，可以采用监听、监视、电子监控等技术侦查措施收集案件信息和再生证据。加强对通过特殊侦查措施收集证据和信息的审查，甄别真伪，防止犯罪嫌疑人实施掩盖、隐瞒犯罪事实的行为而误导侦查方向。基于技术侦查措施、由有关人员隐匿身份实施侦查和控制下交付的技术性和专业性，建设一支专业化技术侦查、隐匿身份实施侦查和控制下交付侦查队伍，物色一批合格的特情人员组成“特情群”，配备侦查设备，加强相关知识的教育培训，从而有效提高特殊侦查措施适用的水平。

试论职务犯罪侦查信息化体系的构建

万诗雄*　李凌云**

随着现代高新科技的发展，职务犯罪呈现高智能化、隐蔽性等特点，传统的侦查模式难以适应新形势的需要，因此有必要构建职务犯罪侦查信息化体系，以带动职务犯罪侦查工作的创新发展。侦查信息化是推进查办职务犯罪工作现代化改革的重要过程，如何在当前检察机关信息化建设的基础上，全面推进侦查工作信息化变革，实行高效率、大网络的侦查格局，走传统侦查模式、传统侦查手段与现代信息技术与网络技术相结合的道路，构建职务犯罪侦查信息化体系是在实现职务犯罪侦查信息化进程中亟待完成的基础性任务。

一、职务犯罪侦查信息化的概念

在网络化的时代背景下，信息一般是指以计算机技术与网络技术为媒介的人类活动在虚拟空间所留下的痕迹的反映。对于职务犯罪侦查工作而言，信息则是检察机关经过各种手段和方法搜集、整理、研究和加工后，进行传递和利用的与犯罪或与犯罪嫌疑人相关的资料，它能够提供侦查线索从而启动侦查程序，推进侦查进程，并通过信息寻找能够反映案件真实情况的证据。侦查实务界一般将“侦查信息化”称为一种新的侦查模式，即侦查人员借助现代信息传输网络和计算机技术，根据侦查需要，将在现场勘查、调查中发现的信息与公安机关平时采集的各类案件、人员、物品信息，以及其他社会信息进行综合关联查询、比对挖掘和分析研判，从而发现和锁定犯罪嫌疑人，为案件侦查提供线索和证据的一种侦查模式。

二、构建职务犯罪侦查信息化体系的必要性

早在2006年，中共中央〔2006〕11号文件就明确提出，要大力推进信息技术

* 武汉市人民检察院侦查指挥中心办公室主任。

** 武汉市人民检察院侦查指挥中心办公室助理检察员。

在检察业务等方面的应用，将检察院的信息化建设纳入国民经济和社会发展规划与财政预算，切实加大资金投入，统筹安排，分步实施。这就为检察信息化建设和应用发展提供了难得的机遇，也对职务犯罪侦查工作应用信息化提出了更多、更高的要求。

（一）职务犯罪信息化建设是应对反贪工作新形势，实现工作创新发展的必由之路

当前，使用高科技手段或专业技能的职务犯罪方法和犯罪形式不断增多，因此犯罪高智能化与侦查手段相对落后之间的矛盾，侦查信息情报封闭与分散侦查各自为战之间的矛盾，犯罪行业性、系统性、跨地域性与案件线索分散管理分级立案侦查之间的矛盾，犯罪日趋隐蔽性、复杂性与传统侦查技能之间的矛盾，不可避免地日渐突出。这些矛盾给职务犯罪侦查工作带来了前所未有的重大挑战。在此形势下，检察机关必须顺应潮流的发展与要求，高度重视侦查信息化建设，提高信息技术和计算机网络技术等现代科技在查办职务犯罪工作中的应用，极大地提升反贪部门获取职务犯罪信息的能力，促使提高犯罪信息搜集、信息处理、信息利用的能力，唯有如此，才能实现反贪工作质的飞跃。

（二）职务犯罪信息化建设是拓宽案源、快速破案、提高成案率的需要

在职务犯罪侦查工作仍处于传统侦查模式的状态下，成案率低也就在所难免。新修改刑事诉讼法虽然对传唤、拘传的时间由以往12小时延长到24小时，但这仍不宽裕，特别在审讯时，只有犯罪嫌疑人的初步供述，需要寻找新的证人予以证实时，通过常规侦查途径，需耗费大量时间，而通过侦查信息化平台，则可以在很短的时间查询到相关人员的信息，甚至一个电话就可以将复杂的问题解决。因此，通过侦查信息化建设，建立应对职务犯罪的快速反应机制，提高侦查部门自行发现和突破案件的能力是破解这一局面的治本之策。

（三）职务犯罪信息化建设改变侦查模式的迫切要求

职务犯罪的特殊性，使口供在整个案件的侦查中具有“证据之王”的地位，故“由供到证”侦查模式在一定程度上是适应以往侦查工作需要的。但是在现代法治的背景下，特别是刑事诉讼法修改后，对传唤犯罪嫌疑人的时间作严格限制和律师的提前介入，这种工作模式已经不再适应人权至上、无罪推定等司法理念的要求。要改变这种工作模式，除了观念的更新外，更重要的是必须在实践中探索出一条实施“由证到供”的新途径。首先需要拓展侦查工作中对“证”的认识，“证”

是一个比证明犯罪嫌疑人是否有罪的证据更为广泛的概念，侦查工作中的“证”实际上是一切对案件侦查工作有用的、以各种形态存在的信息的总和。其次就是要建立可行的搜集“证”的工作机制即侦查信息化建设。只有侦查部门具备了极其强大的获取“证”的能力之后才会自然放弃对口供的极端追求，才能真正建立适应当前形势的侦查工作模式。

三、构建职务犯罪侦查信息化体系的原则

构建职务犯罪侦查信息化体系是一项涉及面广、内容复杂、专业性强、技术要求高、工作量大的系统工程，必须要遵循以下原则：

（一）统一构建原则

就是要以统一规划、统一标准、统一设计、统一实施为原则，这是科学发展观在侦查信息化工作中的具体体现。要全面制定构建信息化体系的方案，合理部署建设目标、范围和进度，保证信息化体系建设的整体性和协调性。

（二）有效管理原则

职务犯罪侦查信息化的目的之一，就是通过信息化推动侦查工作的规范化。因此，要求在构建信息化体系过程中，必须时刻以能达到有效管理为原则，立足实际，注重先进性与实用性相结合，做好可行性分析，健全各种管理制度，优化配置，避免出现空中楼阁、建而不用的现象。

（三）因地制宜、循序渐进原则

构建侦查信息化体系工程浩大，不可一蹴而就。加上各地的经济发展和检察业务发展水平不一，必然导致信息化体系的完成必须坚持因地制宜、循序渐进的原则。要在统筹规划下，制定分阶段的信息化工作方案，分清主要矛盾和次要矛盾，科学有序地推进信息化建设。

（四）可持续发展原则

构建信息化体系固然要立足侦查工作当前的实际需要，充分应用到侦查工作的每个环节中去，同时也需要具有适度的前瞻性，适应未来侦查工作和信息技术发展的需要，保证侦查信息化的可持续发展。

四、构建职务犯罪侦查信息化体系的必备要素

（一）信息化态度

信息的态度是指我们对信息化侦查应该有一个正确的看法。既要认识到信息化之于侦查工作的革命性影响，也要看到信息化侦查是有限度的。反职务犯罪侦查人员既要拥有高度的信息意识，掌握获取信息和利用信息的基本技能，使之成为反职务犯罪侦查人员在活动中的行为习惯，也必须依法办案，规范执法行为，防止公权力对公民自由、隐私、财产等合法权利的侵害。

（二）信息化组织

近年来，公安机关在“信息主导侦查”理念的支配下，成立了专门的信息情报部门，通过实施“金盾工程”极大地强化了信息搜集处理能力。而同样负有侦查职责的检察机关对职务犯罪侦查信息情报工作则缺乏应有的理论研究、法律支持和实践举措。直至目前，信息情报工作总体上还处于初级阶段。因此，十分有必要建立专门的信息情报部门，一方面负责案件线索信息的搜集与管理，另一方面负责职务犯罪情报信息综合查询平台的管理与应用。

（三）信息化设备与人才

技术设备与技术侦查人才是信息化建设的物质基础与人才基础。一方面应加大对信息化建设的财政支持力度，购置先进的信息化侦查装备与信息搜集设备，为信息化建设的推进奠定必要的物质基础与技术条件；另一方面，加大人才引进力度，毕竟侦查工作不应该只是法律人才的孤军作战，侦查工作需要的不仅是良好的法律素养与专业的法律知识，其他类别如经济学知识、计算机技术、信息工程知识对侦查工作的顺利开展与侦查综合能力的提升至关重要。

（四）信息共享

信息共享即整合资源，构建职务犯罪情报信息综合查询平台。最高人民检察院制定的《2009—2013 年全国检察信息化发展规划纲要》（以下简称《纲要》）中，有关侦查信息化建设的要求指出：最高人民检察院和省级检察院会同有关部门推动建立职务犯罪情报信息综合查询平台，实现人口、户籍、车辆、出入境、工商、税务、房产、证券、保险等涉案信息的共享和查询。然而，据资料显示，目前检察机关侦查信息化建设的进程远未达到《纲要》的要求。根据《纲要》要求，笔者认为有必要设立以下查询平台：（1）涉案人员主体身份信息查询平

台，用于查询涉案人员个人及家庭户籍信息、公务人员身份、职务信息、人大代表信息、政协委员信息等。(2) 设立涉案单位信息查询平台，用于查询涉案单位的工商企业登记信息、税务信息等。(3) 设立涉案资产信息查询平台，用于查询涉案人员银行资产信息、证券资产信息、房地产及交易信息、车辆及其登记信息、保险公司投保信息、处级以上干部个人申报财产信息、其他资产信息。(4) 通信记录查询平台，用于查询涉案人员的通信记录，包括移动电话通信、固定电话通信及网络通信记录。(5) 设立涉案人员行踪信息查询平台，建立与交通车辆牌号信息系统、民航出票记录信息系统、宾馆旅行社出行记录信息系统、公安出入境管理信息系统、外办签证登记信息系统、铁路、水运边防部门的信息共享机制，通过应用固定电话信息、移动电话信息、移动电话定位技术，实现对涉案人员行踪的监控。

在当今信息化时代，各项工作都离不开有效的信息技术及相应的技术人才，职务犯罪侦查工作亦是如此。检察机关作为法定的职务犯罪侦查机关，侦查信息化建设仍然任重道远。要使检察机关更好地履行好宪法、法律赋予的职责，必须加快职务犯罪侦查信息化建设。

构建贿赂犯罪侦查信息化体系之探讨

李秋实[*]

一、构建贿赂犯罪侦查信息化体系的必要性

贿赂犯罪传统的侦查模式是由供到证的模式，即锁定犯罪嫌疑人后，通过询问手段获取口供，然后再行调取证据，如果发展证据不存在或不足等情况，则再次获取口供，而后再来调取证据。此种传统的贿赂犯罪侦查模式存在如下弊端：一是容易导致冤假错案。因为人的主观记忆容易发生遗漏和偏颇，依赖犯罪嫌疑人的口供来侦查破案，容易导致侦查过程的主观性和随意性。二是不利于应对新时期的职务犯罪形式。贿赂犯罪的犯罪嫌疑人往往具有相当高的知识水平和较广泛的社会关系，具有较强的反侦查能力。如犯罪嫌疑人凭借对自己犯罪手段和“攻守同盟”以及“保护伞”的自信，容易出现无法获取口供的情况，或者在获取口供的同时，犯罪证据被大量毁灭等。三是耗费大量的侦查资源。传统的职务犯罪侦查从案件线索的获取、个案的查证到案后的总结，都需要个案进行，单独调查求证，同时，职务犯罪时间及空间跨度日益延伸，使得破案周期不断拉长，耗费大量司法资源。四是检察机关传统的协作模式无法满足职务犯罪侦查需要。我国传统侦查机关的协作都是短期个案合作，同时，由于法无明文规定，一些单位在配合检察机关调查取证时存在相应的障碍。五是法律法规对传统职务犯罪侦查模式的制约。刑事诉讼法的修改以及证据规则的制定，对犯罪嫌疑人的权利保障力度进一步加大，使得传统的侦查手段受到了相应的制约。随着社会信息化程度的提高，贿赂犯罪侦查对信息化应用提出了更高要求。当前，使用高科技手段或专业技能的贿赂犯罪方法和犯罪形式不断增多，因此犯罪高智能化与侦查手段相对落后之间的矛盾，犯罪行业性、系统性、跨地域性与案件线索分散管理、分级立案侦查之间的矛盾，犯罪日趋隐蔽性、复杂性与传统侦查技能之间的矛盾日益显现。这些矛盾给职务犯罪侦查工作带来了前所未有的重大挑战。检察机关自侦部门必须顺应和应对潮流的发展和要求，树立全新的侦查观念，全面推进侦查工作信息化变革，实行高效率、大网络的侦查

---

* 武汉市江汉区人民检察院反贪污贿赂局干警。

格局，构建贿赂犯罪侦查信息化体系，以带动贿赂犯罪侦查工作的创新发展。计算机和网络技术突飞猛进地发展，贿赂犯罪侦查工作可利用互联网这个巨大的资源，获取了解犯罪的相关信息资料，实现与公安、工商、房地产、金融、税务等部门资源共享。另外，检察机关内网的建设和完善也为侦查信息化体系的构建提供了很好的硬件基础。

二、构建贿赂犯罪侦查信息化体系存在的问题

（一）侦查信息化的发展需要与人权保护的冲突

侦查破案和防控犯罪需要准备丰富、全面的犯罪情报信息，侦查人员必须在全面掌握与犯罪有关的人、事、物等情报信息的基础上，进行侦查决策，制定防控犯罪和打击犯罪的规划、措施和具体行动。侦查信息化一方面有力地服务办案，同时也非常容易侵犯无辜者的隐私权，比如在案件侦查过程中，为全面查清事实收集证据，除了犯罪嫌疑人的信息，其他涉案的相关人员的信息均可能被采集。

（二）侦查人员的观念陈旧和素质不高

侦查信息化对侦查人员的素质要求很高，在精通侦查业务的同时还要熟悉计算机技术和网络技术方面知识。然而，目前检察机关侦查部门相当一部分侦查人员传统办案思维根深蒂固，信息化素质不高，办案过程不能利用信息技术进行引导和协助。

（三）缺乏明确的制度规范和统一的标准

虽然全国各地检察机关纷纷尝试建立数据信息平台，推进侦查信息化工作，但是由于最高人民检察院尚未出台相关的制度规范和统一标准，各地检察机关都是摸着石头过河，虽然也取得了一定的实践经验，但是总体来说进程缓慢。

三、构建贿赂犯罪侦查信息化体系的建议

（一）进一步加快立法，提供法律依据

修改后的《刑事诉讼法》第 148 条第 2 款规定：人民检察院在立案后，对于重大的贪污、贿赂犯罪案件以及利用职权实施的严重侵犯公民人身权利的重大犯罪案件，根据侦查犯罪的需要，经过严格的批准手续，可以采取技术侦查措施，按照规定交有关机关执行。这实际上限制了检察机关独立地实施技术侦查手段，要进一步加快立法使检察机关使用技术侦查手段，为深入实施科技强侦战略提供法律依据，这也是当前贿赂犯罪安检侦查的需要。

（二）加强人才建设，提供技术支持

一是要加大专业技术人才引进力度；二是加强对技术人员进行培训；三是要解决好技术人员的职级评审晋升和工资待遇，保证专门技术人员的岗位相对稳定。

（三）建立健全制度保障机制

信息化建设本身就是一项高技术、高投入的现代化基础建设，购置大量硬件设备、应用软件也必须要有足够的经费才能得以保障，因此需要积极争取当地政府的支持，大力申请专项资金保障信息化建设的顺利进行。

（四）做好相关数据库的建设

一是要做好举报线索数据库建设，实现举报线索网上录入、评估与流转。尽快建立举报线索数据库和线索流转管理系统，通过信息化手段规范举报线索录入、分析评估和办理结果的跟踪反馈，提高线索流转速度和利用效能。二是要做贿赂犯罪侦查信息基础数据库建设，实现侦查信息综合利用。运用科技手段加强对涉案信息的审查评估和综合分析利用，为突破案件、拓宽案源、判断发案部位和领域、选择侦查方向、作出侦查决策等提供信息支撑和服务。

（五）建设信息化大环境

加强各办案区域的硬件环境建设，设立多功能办案专区，例如配置全程电子监控系统、测谎仪器、移动办案系统、远程侦查指挥系统、安检系统、疾病急救通道等各种技术装备，为信息化办案创造良好的环境和氛围。

（六）加强装备现代化建设，进一步提高运用科技手段侦破案件的能力

配备先进的现代化通信工具、使用 GPS 卫星定位系统追踪犯罪嫌疑人、配备心理测谎仪、应用远程侦查指挥系统实现语音、图像、文字的同步传输进行异地调查取证及案件讨论交流、应用全程同步录音录像固定证据等，切实把现代科学技术转化成侦查突破力，把先进的科技装备转化成现实的战斗力，真正把科技强侦落实到实践中。

贿赂犯罪侦查信息化体系的构建

朱传耀*

社会经济的发展，必然伴随着贪污腐败的滋生，各类贿赂犯罪也随之出现。随着信息技术、网络科技的不断发展，现代化的科技改变的不仅是社会经济和人们的生产、生活方式，也改变了贿赂犯罪的手段。在信息化时代的新形势下，对贿赂案件的侦查工作要紧跟时代发展的步伐，拓宽侦查途径，转变侦查模式，提高侦查效率，向信息化、科技化方向转变。

一、构建侦查信息化体系的意义

（一）进一步适应贿赂犯罪的隐蔽化

科学技术的飞速发展影响着人们的行为方式，同时，贿赂犯罪科技化的水平也不断提高，贿赂实施行为日益隐蔽。相对地，检察机关对该类案件的侦查工作的难度也越来越大，对案件相关的背景信息的需求程度也越来越高。传统侦查手段和模式主要是以办案人的办案经验为主来寻找案件突破口，对于犯罪行为的“信息化”发展，传统的侦查模式已然显得捉襟见肘。因此，犯罪模式的变化，也必然要求侦查模式的相应调整。构建侦查信息化体系是新形势下，反贪污贿赂部门主动适应形势要求、改善工作环境、拓展侦查空间、变革侦查模式的重大机遇和全新的挑战。

（二）解决案件线索少、突破难的问题

构建贿赂犯罪侦查信息化体系，实际上就是利用各种信息促进侦查工作开展。传统的办案方式中，侦查人员掌握的信息量过少，信息获取渠道狭窄，只能“靠天吃饭”。实现侦查信息化后，发现难、查处难和阻力大等问题将会迎刃而解，在检察机关自身拥有丰富信息量的基础上，对相关信息和线索进行鉴别、筛选、经营、评估，强化情报信息发现犯罪能力，改变等案上门的被动局面，同时，也使秘密初查、足不出户初查成为可能，减少了外部阻力的干扰。

* 武汉市东西湖区人民检察院检察技术科干警。

（三）适应证据类别的多样化

2012 年第十一届全国人大五次会议通过了修改刑事诉讼法的决定，新《刑事诉讼法》第 48 条中明确了电子数据可以作为证据用于证明案件事实的材料。由此，对于贿赂犯罪的证据资料中，除了传统的证言、书证、物证、视听资料以外，电子数据也可以作为证据使用。随着检察机关技术手段的进一步提高，例如电子证据实验室、电子侦查箱、数据恢复设备的逐步投入使用，对贿赂犯罪嫌疑人的取证也不仅仅局限于传统方式。在控制嫌疑人后，可以对涉案的电脑、手机等电子设备进行收集取证，减少了传统办案模式下对口供的依赖性，用智能化、信息化和计算机化的侦查手段支撑侦查工作，促进侦查工作方式的改革。

二、侦查信息化体系内容

（一）线索情报信息管理系统

案件线索是办理贿赂案件的基础，没有线索就没有办案。侦查信息化体系下，案件线索应通过建立一套收集广泛、分配合理的线索情报信息工作体系，实行智能化管理。湖北省院已建成的网上举报受理中心和综合受理系统的联动衔接正好满足了这样的情报需求。通过对湖北省 128 个基层院统一分配网上举报受理中心链接，由省院服务器统一采集和管理线索信息，再分发给各线索管辖的基层院，并利用综合受理系统对案件从线索到立案进行追踪。下一步，要对线索情报信息实行统一、智能化管理，以领域、行业等为分类对收集到的信息进行汇总、归类、分析和研判，如某一行业、领域、地域反映出情况异常或该行业、领域群众举报多，则可以对该问题进一步论证，看是否有贿赂犯罪存在，如果没有或时机不成熟，则可以作为线索留存，并进一步深入搜集信息。

（二）“两法衔接”系统

贿赂犯罪侦查工作少不了从行政执法中查找线索信息，建立起包括全部行政执法事项、权限、部门规章等在内的行政执法权限查询系统，将有助于办案效率的提升，有利于案件线索初查的秘密性、主动性和及时性。现在各地都在逐步推行行政执法同刑事执法相衔接的信息化系统，此系统可以加强与有关行政执法部门的联系沟通，建立协作机制，加强行政法律法规、规章等共享交流。在日常工作中，办案人员也可以将具体办案过程中收集到的信息及时录入信息系统内，使行政执法权限查询系统有效覆盖全部行政执法单位。

（三）信息查询系统

主要包括特定资产动向信息、证件执照信息、企业信息等信息资源。由于这类信息涉及个人或者单位的信息保密，可以根据信息种类实行直接连线实时查询、协议“绿色通道”查询。通过对犯罪嫌疑人的个人经历、社会关系、财产状况等信息进行全面综合分析判断，能更有效地把握犯罪嫌疑人性格特征、家庭背景、社会关系、资产情况等重要信息，可以为线索初查、领导决策、案件突破、是否存在深挖可能性等提供全面信息支撑，更有利于明确案件侦查方向和突破口，促进侦查工作开展。

（四）电子证据采集系统

贿赂犯罪案件是涉及经济问题的案件，免不得会遇到大量的账目、经济信息，嫌疑人会通过删除、修改、加密此类涉案信息来达到其掩盖犯罪事实的目的。侦查信息化体系的构建就是要运用数据恢复、加密信息提取等信息化手段，及时对涉案的电子证据采集和固定，掌握侦查主动权。手机通信记录也是突破案件的关键因素，传统侦查方式中，对通话记录的查询需要立案后向运行商提出申请，而且可查询的内容仅仅为通话及短信的时长、时间等信息。电子证据采集系统包括了手机取证设备，可以直接从嫌疑人手机中获取相关的通信信息，甚至可以采集到被删除的短信内容等有利于案件突破的信息。

三、信息化前提下的贿赂犯罪侦查模式

贿赂犯罪侦查信息化建设主要目的是为侦查服务，通过信息化体系建设，改变传统单一、被动、粗放的侦查模式，使情报信息在侦查工作中起主导作用，从而促进侦查效能的提升。在侦查信息化体系作用下，现代化的侦查工作模式主要表现在以下方面：

（一）侦查理念多元化

在传统的侦查模式下，线索的发现主要是“等案上门”，办案人员主动深挖线索和扩大案件覆盖起辅助作用，信息工作随意性和被动性较为明显。但在信息化主导侦查的模式下，信息在案件的发现、侦破过程中发挥着关键性作用，处于核心地位。要树立起信息主导侦查的理念，主动开展信息工作的意识，要善于广泛收集有关信息，及时或定期对原始信息进行筛查分析。只有侦查理念的多元化，才能有效促进涉案信息的利用效果。

（二）侦查目标明细化

侦查信息化实现了信息在侦查过程中的主导作用，传统的案件侦查是犯罪嫌疑人口供、书证、物证的收集；而依靠信息发现案件、获取证据、突破案件的现代侦查模式，将侦查的目标明确为家庭背景、财产状况、通信记录、手机短信、行政执法等详尽的信息，通过对这些相关联信息进行比对分析，挖掘出重要信息要素，引导案件调查。

（三）侦查手段信息化

信息引导侦查是整个侦查工作围绕信息而运作，这种工作模式的关键是信息的收集和分析研判及应用。否则，即使拥有先进信息设备、完备的信息体系，也难以发挥出其全部作用。运用案件线索管理软件进行线索管理，通过网络综合侦查，电子取证，扣押冻结款物网上管理等。现代化、信息化、智能化侦查手段的运用，将有效增强侦查能力，查处贿赂犯罪的力度将不断提升。

浅议贿赂案件的侦查审讯及谋略运用

周斌锋*

贿赂案件由于自身的证据特点要求，其审讯活动的重要性不言而喻。成功的审讯和调查对于这类案件的侦破通常起着不可替代的作用。我国刑法关于犯罪行为的认定是建立在犯罪构成理论的基础之上，要求犯罪主、客体及主、客观四方面的构成要件齐备方能确定行为人的行为构成犯罪。但在具体司法实践过程中，从客观行为推断行为人的主观心理状态，得出的结论往往不具备唯一性的特征，因此在各诉讼环节不同程度地会存在一些认识上的分歧。所以研究侦查势必要研究讯问，成功的讯问无不包含智慧谋略的成功运用，而这其中贿赂案件的侦破无疑表现得更为突出。

一、审讯在贿赂案件侦查中的重要性

强调审讯之于贿赂案件侦查的重要关系，我们不妨从贿赂案件本身进行分析。贿赂案件的一个最基本特征就是权钱交易，是“暗箱操作”、幕后交易。这一基本特征注定了贿赂案件通常发生在私密隐蔽的空间。其证据存在如下特点：一是直接证据不多。除了行、受贿双方当事人以外，一般不会有第三者在场。当事人双方在利益交接方面也是心照不宣，通常不会出现相关的实物证据。二是原始证据不多。常见的是传来证据，而传来证据本身的真实性、可靠性都大打折扣，通常难以作为直接定案的依据。三是言词证据占主导地位，较少有相应的实物证据。因此在贿赂案件的侦查上，审讯是其中的一个关键性环节。如果讯问不能突破，讯问没有进展，可以说，这类案件的办理势必陷入僵局。

从目前职务犯罪侦查工作来看，无外乎两种模式，简言之，一种是“由供到证”，另一种是“由证到供”。可以说无论哪种模式都需要证，而且都离不开供。口供所承载信息量的全面性是其他任何一份单个证据都无可比拟的，因为只有犯罪嫌疑人最清楚自己的作案过程和内心的思想活动。这也是历史上刑讯逼供被视为合法取证手段、口供被誉为“证据之王”的主要原因。而当前限于侦查手段、侦查

* 武汉市黄陂区人民检察院反贪污贿赂局侦查二科科长。

意识、侦查技能、社会环境和侦查工作物质基础条件等诸方面主客观因素的制约，“由供到证”无疑是最直接、最经济、最有效的侦查破案途径，这应该就是时下刑讯逼供在一些地方屡禁不绝的根本原因。因此要想根治刑讯逼供的顽症，关键还在于全社会必须解放思想，完善社会诚信体系构建。在此基础上，充分发挥司法机关在社会诚信价值体系建设过程中的引领作用。从这个意义上讲，研究刑事司法制度建设要从研究口供的获取开始，正如马克思研究政治经济学从商品入手一样，而不是像当前因为我们忌讳“刑讯逼供”，所以我们思想上自觉或不自觉地回避与“口供”相关的话题。

“由供到证”虽说是贿赂案件侦破的捷径，但“犯罪嫌疑人供述及辩解、证人证言”都属于言词证据的范畴，而言词证据在内容的真实性、客观性方面容易受外界因素的影响，存在一定的可变性。如果侦查人员在讯问过程中，抱着先入为主的观念，不能保持应有的清醒和理智，就很有可能增加冤、假、错案的发生概率，遑论刑讯逼供了。因此，只有合法的讯问才能获得有效的犯罪嫌疑人供述和辩解，而要使有效的犯罪嫌疑人供述更有证明价值，侦查人员的讯问过程则必须充分体现智慧与谋略的成分。

二、谋略在贿赂案件侦查讯问中的运用

谋略是谋与略的有机结合，“谋”是立足于策划当前，“略”是着眼于思考长远。贿赂案件侦查审讯的谋略主要体现在“谋”在立案之初，“略”在起诉、判决之时。那么怎样才能保证谋略在贿赂案件侦查审讯过程中得到成功运用呢？笔者认为，要想侦查审讯工作取得突破，关键是要认真分析掌握谈话对象的心理活动特点。而最关键的一个基本原则，就是抓住“四个字”的特点，做好“两个字”的文章。所谓“四个字”的特点就是“趋利避害”。“趋利避害”既体现人的自然属性，也包含人的社会属性。这是人类在长期与自然、社会斗争中求生存、求发展形成的一个基本属性。每个人都不例外，它是人的一种本能。那么在审讯中我们就要充分掌握谈话对象既想对抗避罪，又想争取从轻、从宽处理的矛盾心理，注意因势利导，就能收到水到渠成的效果。所谓“两个字”的文章就是“救人”。毛泽东同志在延安整风过程中，对如何对待犯错误的同志提出了一个基本原则，就是“惩前毖后、治病救人”。这与我们刑罚的目的是一脉相承的。打击犯罪只是手段，警示、教育、挽救、改造人，着力构建政治清明、公平正义的社会主义和谐社会，才是我们检察工作的终极目标。“救人”在佛教来讲是渡人。如果我们在审讯过程中能充分表现出渡人的胸襟与情怀，也势必会影响和改变着你的谈话对象，使其在“趋利避害”的本能属性驱使下，作出正确向善的抉择。从事反贪侦查工作必须对我国国情有一个深刻认识，侦查人员要对情、理、法有一个深刻的领悟。过于偏重打击只会给社会关系修复留下更深的伤痕。惩治腐败我们要用雷霆手段，但是对待

犯罪的人我们还是要有点菩萨心肠。可能这种说法不一定很准确，但是如果我们侦查人员真正有一份大情怀、大胸襟，你也许会发现这样的审讯会不一样。

我们都知道贿赂犯罪是一个对合性的犯罪，在把握贿赂案件侦查审讯谋略运用的总体原则基础上，具体谋略运用还要结合行、受贿双方的不同特点采取有针对性的措施。对受贿犯罪嫌疑人初查和侦查阶段要做好如下准备：（1）要做好初查工作。初查阶段要尽可能地收集占有与调查对象相关的外围材料，为接下来的讯问积累资料和素材。（2）要做好心理储备工作。侦查人员要通过对外围收集证据的分析，形成内心确信。只有树立信心，才能较好地掌控谈话局面，把握谈话的主动。（3）要搞好审讯的组织工作。（4）要做好讯问进程的预判工作。讯问中的任何行为都要围绕审讯活动开展。人们通常把我们的审讯工作比喻为“一拍二诈三丢手”，如果审讯工作就是这样，那么审讯人员至少要做到“拍得有理、诈得有据、丢手要有技巧”。事实上任何一个案件的审讯工作都不可能一帆风顺，有时一次审讯难以继续时，侦查人员要有意识地为后续审讯工作的跟进埋下伏笔。（5）要灵活，善于捕捉稍纵即逝的战机。针对贿赂犯罪调查核实难的情况，在全面分析行贿方思想顾虑的基础上，面对不同的谈话对象要采取不同的讯问或谈话策略。①职业背景不同，相对利益纠葛程度不一样，受社会潜规则的影响也不一样。②个人身份处境不同。退休辞职与在岗在位的行贿人，在把握谈话语气和政策攻心重点方面也要有所区别。③性别不同，谈话方式也要有讲究。特别是对一些生活经历比较复杂的女性，如果是男性侦查员询问，要拿捏好谈话的分寸，要随时注意防止谈话对象撒泼、耍赖。④文化程度、性格特点不同，谈话的方式技巧方面也会有所差别，等等。

最后说一点与贿赂犯罪案件侦查相关的题外话，由于我们现行的考核方式都是以人立案为主，围绕人来找事，而且案件立了以后不能撤，因此，许多案件事实上都存在不破不立的情况。而我们许多侦查手段的使用又都是建立在立案之后，针对当前反腐败的实际情况，我们有必须对现行的考核方式进行适当的调整，在把职务犯罪查处打击数作为考核指标的同时，要确立把以事立案作为侦查活动开展的基础。

论新型贿赂犯罪的特点及侦查对策

李 翅*

近年来各种以“借款”、“干股”、“顾问费”“特定关系人”、“委托投资理财”、“赌博”等形式收受贿赂的新型贿赂经济犯罪案件，更具隐蔽狡猾、复杂多样、外表合法的特点。因证据收集难度大为增加甚至相互“脱节”，导致犯罪嫌疑人供述反复，难以形成完整的证据链条，造成新型贿赂犯罪侦查经常难以取得理想效果。笔者综合近些年新型贿赂犯罪的基本特点，就如何提高新型贿赂犯罪的侦查能力进行初步探索，以期待为侦办新型贿赂犯罪提供一些借鉴。

一、当前新型贿赂犯罪的特点

（一）手段具有隐秘性

从贿赂犯罪手段上看，表现为更加隐蔽、新颖和多样化。行贿人为求得受贿人以手中权力为其谋取私益，往往挖空心思，以最隐蔽的方法将钱物送出。有的甚至是行、受贿双方相互协商，订立攻守同盟。近年来，行贿手段不再是以往单一的送钱送物，而是采取更多更加巧妙的行贿、受贿手段。如“免费提供劳务贿赂型，即行贿人免费提供工程队为其装修，出些力、流些汗似乎与贿赂无关，其实与送钱让其装修并无两样”，“提供各种经费贿赂型，即行贿人解决贪官子女出国留学费用，邀请其和家人免费旅游等”，“玩牌取乐贿赂型，即一些行贿者，抓住贪官喜欢搓麻将、掷色子的癖好，便寻求一切机会，找其玩牌取乐，行贿者‘心有灵犀’，时不时‘点炮迎合’，逢赌必输；受贿者‘假痴不癫’、乐此不疲，有赌必‘赢’，既捞到票子，又不显贪婪”。以上几种贿赂形式都具有极大的隐蔽性、欺骗性，给案件认定设置障碍。

（二）贿赂发生的领域正在由传统领域向新领域扩散

从贿赂犯罪发生的部门、行业、领域上看，贿赂犯罪的环节和领域在相对集中

---

* 武汉市蔡甸区人民检察院反贪污贿赂局干警。

的同时，向有关新领域扩散。贿赂犯罪虽然当前仍相对集中在工程发包、房地产开发、土地批租、金融信贷、产品推销、获取资质、争取拨款、公检法执法和司法等环节、领域，但正在悄然由经济领域向政治领域转移，在干部人事、选举、教育科研文化等领域都有蔓延的趋势。此外，在学生入学、转学、升学过程中贿赂现象也较为普遍。买官卖官现象突出，如河南滑县原县委书记王新康受贿案，全县共有20多名科级干部向其行贿，要求其给予职务提拔、调动工作。

（三）贿赂犯罪主体正在转向“特定关系人”

新型贿赂犯罪的受贿主体不再局限于国家工作人员本人，已扩展为与其有利害关系的“特定关系人”。不少国家工作人员授意请托人将“财物”等贿赂交付给自己的兄弟、配偶、子女、情人、其他共同利益关系人等“特定关系人”。《关于办理受贿刑事案件适用法律若干问题的意见》对于利用职务之便，特定关系人收受贿赂只要具有“告知”或“明知”，均规定为受贿。这为打击犯罪分子企图通过亲属等途径收受贿赂，提供了有效支持。

（四）犯罪主体在结构上呈现网络化趋势

出现权力“利益共享”的现象，串窝案突出，跨国跨地区案件日益增多。权力的腐败一般而论是权力主体的腐败，但由于社会分工的细化，国家逐渐加强了对权力的分解、监督，要办一项工作往往要经过许多部门和人员。要办成某一件事情需要上下“打点”，左右“开弓”。犯罪主体网络大致有如下几种情形：第一，以某一权力系统为主线的纵向网络。第二，以行业互惠为驱动而形成的横向网络。第三，以某一权力主体为核心形成的纵向网络。第四，以家族中某一成员为核心而形成的家族网络。

（五）犯罪内容具有多样性的发展趋势

当前受贿人利用职务之便收受请托人“酬金”的“现货交易”方式越来越少，取而代之的是更加隐蔽的受贿方式，如“干股”受贿、不办理物品权属登记的事实受贿、以赌博形式收受贿赂、以经费的方式受贿。随着市场经济的快速发展，请托人为谋取经济利益，用于行贿的“贿赂物”也在不断突破传统受贿财物的范畴，扩展到提供劳务、免除债务、免费旅游、安排工作、为子女提供留学机会、提供美色享受等非财产利益，换取国家工作人员的公共权力，实现自己所期待的利益，具有很大的社会危害性。

二、针对新型贿赂犯罪的表现形式，侦查对策应着重强化五种意识

针对贿赂案件是特殊职务犯罪，具有隐蔽性，藏头甚至不露尾，行受贿双方是

既得利益者，双方自缄其口，证人、知情人与案件有不同程序的关联，不愿作证，侦查稍有触动，就串供、毁证、匿赃等取证难的特点，对于贿赂案件的侦查对策，笔者认为，除一般的侦查方法谋略外，还要针对贿赂案件新的犯罪表现形式，特别要强化以下五种意识。

（一）强化初查意识，秘密初查

初查意识强，是侦破贿赂案件的重要基础。贿赂案件虽没有传统意义上的犯罪现场，但其具备对合性、职务性、智能性、明显因果关系、有赃物可查的特点，双方是权钱交易的矛盾有机统一，在贿赂交易的背后总有造成贿赂发生的原因。因此，侦查人员一定要重视初查。一是初查中，做到“三个一律”和“三个放开”。“三个一律”，即初查案件一律要制订计划，一律要经分管检察长签字同意，一律要有结果；“三个放开”，即初查内容、手脚、范围要放开。二是从外围入手，重点应放在行贿、知情人身上，寻找与案件有关的单位、知情人，核实举报材料，获取犯罪证据。三是利用间接证据确定是否有贿赂事实发生。四是借案掩护，密查线索，秘密收集收据。五是通过询问举报人、知情人，获取固定贿赂物品的来源去向，贿赂行为发生的时间、地点、经过及其他相关证据。六是正确分析行贿人与受贿人的心理状态，从双方结成的反侦查同盟中，发现薄弱环节作为突破口。七是从行贿人职务活动入手，获取证据。在初查中要尽快、尽量搜集立案的主要证据，一旦立案时机成熟，迅即立案。

（二）强化侦查意识

灵活、适时、综合运用侦查手段和强制措施。刑事诉讼法规定的侦查手段和强制措施，是我们侦破案件的法律手段和措施。因此，案件一旦立案，进入诉讼环节，就必须因案、适时、综合而施。刑事诉讼法规定的侦查手段有：调取固定证据，询问证人，搜查、扣押物品，讯问犯罪嫌疑人，采取措施，保全证据，审查司法会计鉴定等。作为侦查人员，必须正确依法、因案、适时运用这些侦查手段和强制措施，服务于侦破案件。依法，即依照法律规定，严肃谨慎地使用。因案，即视案情的具体情况而定。适时，即运用侦查手段和强制措施，要及时果断，要服务于侦查，以破案为目的，灵活、及时、综合运用。把运用侦查手段、强制措施与并用侦查谋略巧妙结合起来。

（三）强化讯问意识

贿赂案件能否侦破，讯问的成功与否是破案的关键。因此，必须高度重视讯问意识。讯问贿赂案犯，笔者认为，讯问的策略很多，但关键是要针对贿赂犯罪案犯的心理特征，实施相应的讯问对策，方能奏效。一是针对犯罪嫌疑人的共同心理，树立良好的讯问气质。二是针对嫌疑人的矛盾心理，利用矛盾，攻心为上，各个击破。三是针对嫌疑人自恃行为诡秘，手段高明，顽固对抗心理，巧用证据，选准出示证据的时机、出示的证据，揭露犯罪。四是针对贿赂要案罪犯职高权尊，施行刚柔相济的讯问策略。

（四）强化证据意识

证据是办案的核心，案件能否侦破、能否起诉、判刑，关键在证据。侦查过程中的一切活动，各种手段和方法的使用，都必须围绕证据这个核心来进行。针对贿赂案件隐蔽性强、智商高、“一对一”犯罪和实践中多翻证、翻供等特点，一是要十分重视证据意识，广泛收集各种证据。在发现、获取、固定证据过程中，做到“深、细、快、全”。二是要全面客观地收集证据，不要放过任何应收集的证据。三是要重视新生证据的收集，如证人及相关当事人串供、翻供形成的回应犯罪事实的新的证据，这种证据证明力很强，直接指向犯罪事实和重要证据本身，是从佐证角度证明犯罪事实。四是要充分重视视听证据的收集。它客观直接反映案件事实，其作用效果是笔录资料不能比拟的。五是要做好防止证人和嫌疑人翻供、翻证的证据固定，做到证据确凿充分。

（五）强化法律意识，严格依法办案

侦查人员从初查开始，就要树立依法办案的法律意识。初查阶段，要严格禁止使用侦查手段和强制措施，一旦立案，就必须严格按照刑事诉讼法所规定的程序进行。如在初查，收集证据、运用侦查手段和强制措施，以及讯问嫌疑人，询问证人，搜查、扣押物品过程中，都必须严格依照法定程序进行。即必须依法初查，依法立案，依法使用侦查手段和强制措施，依法收集证据，依法询问，依法搜查、扣押物品。所有侦查行为，必须在法律规定的范围内活动。只有这样，所办的案件符合法律规定要求，才能经得起历史的检验。

论雅贿的侦查困境及出路

李保洋*

一、雅贿概述

（一）雅贿简述

“雅”意为“高尚的，不粗俗的，合乎规范的”。而雅贿是贿赂方式的新变种，首先是东西变了。行贿人不再送给受贿人真金白银、香车豪宅和有价证券，改而送名家字画、珍奇古玩等。其次是方式变了。受贿人由原来收受金钱等实价物转而收取形式上看起来“高雅”得多的文物字画，用较为“文雅”的方式掩藏。然而，雅贿内容和形式上的变换，充其量只是一种“现象”的改变，而其“本质”从来都是并且一定是行贿人以某种利益为筹码换取受贿人利用其权力所能获得的另一种利益。这一过程包括以下几个程序：（1）行贿人要追求某种利益，而该利益的实现遇到阻碍或是有更便捷的途径；（2）行贿人以某种利益为筹码；（3）受贿人掌握行贿人实现利益的相应权力，并且愿意充当“中介”。雅贿就是围绕第二个程序进行的，更准确地界定，就是围绕“筹码”而展开的，行贿人以各种看似合理合法的理由给受贿人送“筹码”，受贿人便“心安理得”地收下这个“筹码”。

（二）雅贿的主要表现形式

文物、字画、藏品。雅贿，古已有之。封建中国以文官治国，这些官员多少都附庸风雅，直接送银子，他们不敢要，“于是，夏天的冰敬、冬天的炭敬，就由银子与人参变成了周鼎与宋瓷。这样的送法，送的人坦然，因为不是银子；收的人风雅，可以显示自己的档次。”① 肮脏的行贿受贿假托标榜文化品位的文物字画，就被巧然掩饰于所谓的“文人雅趣”里。现今之世，何其相似。行贿人不敢直截了当地以现金、银行卡、金融票据、房屋等动产或不动产贿赂受贿人，而是费尽心思搜罗具有相当价值的文物字画藏品以赠与或低价转让等方式转移到受贿人手里。

---

* 武汉市江岸区人民检察院反贪污贿赂局干警。

① 参见百度百科：http：//baike. baidu. com/view/3518367. htm。

润笔费和稿费。经常可以看到领导干部四处题字，如果是出于公务需要或是义务行为，倒也无可厚非。其实，并不是这些“作品”具有多高的艺术价值，请受贿人为自己的经营场所、地域区划等题字，是由此创造了给受贿人送钱、拉关系的契机，美其名曰“润笔费”。也有邀请受贿人为出版物写序，或是举办征文活动向受贿人约稿，然后给予明显高于市场行情和活动标准的“报酬”。

评审费和报告费。领导干部就其所分管的领域，不论是否具备精深独到的见解，但是技术能力不能达成的威望，这个职位本身足够让他成为这个领域的“权威人士”。因此，在当前不可胜数的各种评选活动中，请领导干部担任评选嘉宾、作报告是名正言顺的。然而原本正常的业务交往逐渐散发雅贿的味道，领导干部的“权威”越大，成为评委的机会就越多、作报告的频率就越高，所获得的评审费和报告费也越多。

以上只是雅贿在内容和方式上的几种主要表现形式，还有其他不同的形式，比如请领导干部及其家属旅游、承担领导干部的学习进修费用等。用什么来作为权力与利益的交换筹码、以怎样的方式到达受贿人手中，是区分“俗”与“雅”的标准，也是“雅”的全部文章所在。

（三）雅贿的基本特点

隐蔽性。雅贿往往经过多重步骤或者借助看似合法的途径将收受贿赂的风险降低，用“合法手段”掩盖了非法目的。雅贿是受贿人变着法敛财享乐的小伎俩，所谓的“雅”就是借用文人墨客的外衣进行肮脏的权钱交易。

社会危害性评定难度大。雅贿收取的古玩、艺术品在市场上仍在升值、增值，一旦案发，可以推说不知道收受的物品价值大小，因而主观犯意很难认定。实践中对这些贿赂物品的司法鉴定也各不相同，一定程度上导致了社会危害性评定的混乱。

无明显的受害人。雅贿的对象是行贿人“主动”送上的财物，没有直接地侵害公民个人权利和财产，即没有直接的、明显的受害者，行贿人和受贿人都在这个行为当中得到了某种“利益”。

二、雅贿的侦查困境

（一）雅贿行为的认定尚未统一

（1）认识不统一。人们还没有充分认识到雅贿的欺骗性和危害性，有的“认为雅贿不是腐败，而仅是一种领导干部的个人爱好和兴趣，而且还有较高的文化品位……领导干部到处题词题字获取各种高额‘润笔费’，可以作为其正当劳动报酬所得。"①（2）相关法律法规不统一。如"党纪条规并没有明文规定，领导题字可不可以收钱，领导讲课可不可以拿讲课费，给领导送一幅字画在什么前提下当以行贿论处等。"②（3）认定不统一。各地经济社会发展水平不同，反贪污贿赂侦查队伍的业务水平、综合素质有差别，在打击雅贿犯罪案件过程中出现认定不统一的情况，有损司法公正。

（二）案件线索来源狭窄

与"俗贿"相比，雅贿案件的线索来源更为狭窄，主要来源于纪委、行政监察机关等部门的移送、在"俗贿"询问、讯问中暴露的"雅贿"事实等。雅贿往往是"一对一"进行的犯罪活动，是封闭的犯罪行为，鲜有第三人，几乎没有合同、收据、账簿等物证、书证。

（三）侦查途径单一

与"俗贿"一样，雅贿案件侦查也普遍采用"由人到案"的侦查途径。侦查前期证据量小，不能充分证明雅贿犯罪行为成立；且多为言词证据，除当事人以外，常常没有其他证人在场，也没有现场、痕迹可以勘查鉴定，难以形成完整的证据链；缺乏物证书证，雅贿犯罪嫌疑人成为侦破案件至关重要的突破口。但是，在侦查实践中，雅贿犯罪嫌疑人往往具有较强的反侦查意识，不积极配合讯问、询问，不主动交代问题，有的甚至隐匿重要证据，将侦查工作拖入僵局。

三、雅贿侦查困境的出路

走出雅贿侦查困境，要在制度上寻求民主，完善财产申报制度和任职审计制度；要在手段上追求法治，完善有关法律法规严厉惩治雅贿行为。这当然不是检察机关侦查部门一家就可以完成的，必须是纪委监察部门、审计部门等的通力合作，共同打击，共同预防。从检察机关侦查部门的角度出发，笔者认为应当做好以下几点工作：

（一）完善评定细则，重视收集相关证据

雅贿评定最大的难处就是涉案金额难以折算和认定。笔者认为：（1）坚持鉴定价格与贿赂数额共同认定。司法实际中一般按照雅贿物品的鉴定价格来认定贿赂数额，但是"即使鉴定价格正确，鉴定价格也只能反映物品的客观实际价值，但

① 叶琦：《权力寻租犯罪的"新变种"》，载《犯罪研究》2011年第1期。

② 王雾：《遏制"雅贿"与反腐预警》，载《检察风云》2005年第20期。

是，不能反映行贿人和受贿人双方的主观内容。”① 因此，在这种情况下，以行贿人获得雅贿物品时的价格为主要依据，如果没有相关凭证，则以鉴定价格认定贿赂数额。(2) 确定收受最高限额。法律不外乎人情，排除当地一般的“人情标准”或“行业潜规则标准”，如果收受的金额超过一定数额；或者不考虑“人情标准”或“行业潜规则标准”直接确定一个最高限额，如果收受的金额超过这个数额，就可以认定为受贿。制定和完善评定细则不仅要结合当地实际和行业实情，而且要根据雅贿的发展趋势及时补充完善相关规范。

（二）重视线索管理，广辟犯罪线索新来源

案源匮乏是各地检察机关侦查部门面临的共性难题，广辟案源是各地检察机关侦查部门处理的当务之急。笔者认为：（1）公开调研与秘密调查相结合获取线索。公开调研是指对检察机关近期侦查终结的贿赂案件进行归纳总结，了解和掌握雅贿犯罪案件的特点、规律及发展趋势，从而主动发现案件线索。秘密调查是指充分运用各种力量秘密调取与案件紧密关联的材料。“如果说在普通侦查中公开是原则，秘密是例外的话，在反贪污贿赂侦查中秘密应是原则，公开是例外。”② 但是限于刑事诉讼法的相关规定，秘密调查③所获案件材料还没有获得实质的法律认可，只能当作侦查线索来对待。(2) 关注网络媒体信息获取线索。检察机关侦查部门除了要善于从网络媒体信息中发现涉嫌贿赂犯罪的信息，还应积极主动地与新闻媒体单位沟通，建立有效的协作机制，使负有舆论监督职责的新闻媒体与肩负法律监督职责的检察机关形成合力，共同与职务犯罪行为作斗争。(3)“以案挖案”获取犯罪线索。可以从以下两个方面开展：一方面，对自侦案件深挖扩线。侦查人员在办案中要注意任何一个可能拓展案件的疑点，如在讯问过程中将犯罪嫌疑人的供述和辩解与已掌握的证据或者其他犯罪嫌疑人的供述进行对比，发现可疑的地方，要注意变换讯问策略，使其尽快交代检察机关侦查部门未掌握的其他犯罪行为。另一方面，加强与相关部门之间的协作。纪委、行政监察机关、公安机关、审计部门等在执法活动中掌握的涉嫌雅贿的犯罪信息，检察机关应积极主动地与相关部门做好经常性的沟通联系工作，及时捕捉、共享犯罪线索。

---

① 汪文涛：《雅贿之罪惑与释》，载《方圆》2010 年第 13 期。

② 匡科：《刑上大夫：治理腐败与刑事司法制度的演进》，法律出版社 2008 年版，第 146 页。

③ 侦查是国家法定机关针对涉嫌犯罪的案件依法采取的专门调查活动和采取的有关强制措施。侦查的对象是国家法定机关已经着手办理的案件，故而侦查的前提是立案，没有立案就没有侦查。通常所说的前期调查活动，一般不视作侦查，故此处有所区分。

（三）扩大侦查途径，根据案件实情灵活适用

检察机关侦查部门仅仅采用传统的“由人到案”的侦查途径已经很难应对实战需要，必须不断拓宽侦查途径，根据案件实际情况和所处侦查阶段灵活运用侦查途径。(1)“由案到人”的侦查途径。检察机关侦查部门收集到犯罪线索并经过初查分析认为极有可能涉嫌犯罪的，根据已掌握的案情，总结出该案的作案手段、时间、地点、资金划转等规律，之后可采取蹲点守候、跟踪监视、调取银行流水记录等侦查方法，收集更丰富、更直接的证据，形成完整的证据链，使该案所有的犯罪嫌疑人均浮出水面，进而侦破案件。(2)“由案到案”的侦查途径。雅贿犯罪行为的重复性要求侦查人员必须跳出就案论案的单一思维模式，从此案已获取的证据中发现彼案的疑点，从银行资金划转记录中发现其他案件线索，从与犯罪行为人关系密切的人中摸排其他犯罪嫌疑人，只有善于联系案件实情，善于总结案件规律，才能最大限度地利用现有资源条件和证据材料，一举破获案中案，扩大战果。(3)“由人到人”的侦查途径。在侦查过程中，围绕已锁定的犯罪嫌疑人，通过技术侦查措施、跟踪监视、化装侦查等方式，或者是通过讯问已经羁押的犯罪嫌疑人，顺藤摸瓜，挖掘出利益链上的其他犯罪嫌疑人。侦查人员要善于确定着力点，以行贿人或受贿人为起点，向上游挖出更多可疑人物，向下游带出更多涉案人员。(4)“人案结合”的侦查途径。侦查人员应当围绕已掌握的案件事实，依据证据锁定对象，划定侦查范围，对与该案相关的所有人员进行摸底排队，确定重点嫌疑对象，从雅贿犯罪嫌疑人及其亲友的活动场所、时间等方面入手，发现犯罪痕迹，从而使其及早归案。事实上，从雅贿的犯罪规律上看，将相关人员与相关证据牢固地联结起来，根据案件特点，坚持走人案结合的侦查途径，是侦破案件的最佳选择。

行贿罪查处困难的原因分析及对策研究

万冬冬*

“重受贿、轻行贿”的观念往往导致受贿罪锒铛入狱，行贿者逍遥法外。应当看到，行贿和受贿相生相伴、互为依存，这种对应关系决定了受贿罪与行贿罪之间是一种对合关系，要杜绝受贿犯罪、铲除腐败，就必须同时加强对行贿犯罪的打击。我国近年来查处大量受贿犯罪案件，但由于行贿罪立案标准规定的弊病、谋取不正当利益规定的限制和刑罚配置内容的不合理等原因，导致查处的行贿犯罪案件相对少得多。对此立法机关应该不断完善行贿罪主观要件中“谋取不正当利益”的规定，并且及时扩大贿赂物的范围，增设罚金刑和资格刑等，从根本上杜绝行贿犯罪，使行贿犯罪没有可依赖的土壤。

一、行贿犯罪查处困难的原因

（一）行贿犯罪立案标准规定的弊病

根据 1999 年 8 月最高人民检察院《关于人民检察院直接受理侦查案件立案标准的规定（试行）》，受贿案件的立案数额标准是 5000 元，而行贿案件的立案数额标准却是 1 万元。根据这一规定，一个人受贿 5000 元即构成犯罪，而一个人行贿只要不足 1 万元，就连立案条件都不够。立法上的这种厚此薄彼的双重标准直接将很多行贿行为排除在犯罪之外。根据最高人民检察院《关于检察机关直接受理立案侦查案件中若干数额、数量标准的规定》的规定，行贿罪的立案标准为 1 万元以上，对单位行贿罪中，个人行贿在 10 万元以上，单位行贿在 20 万元以上。但是，从目前我国经济发展的状况来看，各地人均收入水平还存在较大的差异，在基层，大多数行贿人的行贿数额都不是很高，达不到规定的立案标准，从而给一些行贿者提供了可乘之机，同时个人行贿与单位行贿之间处罚的差异也可能形成法律的真空地带。这种真空地带的存在，对贿赂行为屡禁不止起到了推波助澜的作用。

* 武汉市新洲区人民检察院反贪污贿赂局干警。

（二）“为谋取不正当利益规定”的限制

我国刑法中行贿罪要求“为谋取不正当利益”的主观目的，但是否“为谋取不正当利益”与行贿行为的本质无关，行贿行为的危害性不应取决于行贿人有无谋取不正当利益，而在于它侵犯了国家工作人员职务行为的不可收买性。如果只承认行贿人为谋取不正当利益而行贿才是犯罪，而把谋取正当利益的行贿行为排斥在外，势必会打开“合法行贿”的大门，使行贿成为一种低风险、高回报的普遍利益行为。另外，以“为谋取不正当利益”作为行贿罪的成立要件增加了司法实践操作上的难度。由于利益的日趋多元化，使得正当与不正当之间的界限越来越难以分清，很难用一个确定或固定的标准将两者截然分开，导致对行为人是否谋取了不正当利益产生分歧而引发争议。因此，这一规定已成为制约打击行贿犯罪的“瓶颈”。

（三）刑罚配置内容的不合理

《刑法》第390条规定：“对犯行贿罪的，处五年以下有期徒刑或者拘役；因行贿谋取不正当利益、情节严重的，或者使国家利益遭受重大损失的，处五年以上十年以下有期徒刑；情节特别严重的，处十年以上有期徒刑或者无期徒刑，可以并处没收财产。行贿人在被追诉前主动交代行贿行为的，可以减轻处罚或者免除处罚”。从上述规定可以看出，我国对于行贿罪的刑罚配置存在刑罚强度较高、刑罚种类单一等缺陷。从世界各国、各地区刑法来看，仅我国规定了对行贿罪处无期徒刑，可见我国刑罚的严厉性非常明显。但是在自由刑和罚金刑的适用上，世界上其他国家对此的适用都是选择性的，并没有规定并处，而我国情况正好相反。大量的犯罪学调查也显示，对于贪污贿赂分子来说，要害不在于判了多少年的刑罚或者是否判处死刑，而在于被送上法庭的可能性有多大；对于国家来说，反贪污贿赂斗争取得成效的关键指标在于发现并审判了多少贪污贿赂分子。从刑罚种类上看，我国《刑法》第390条规定的三个量刑档次只涉及两种，即自由刑和没收财产刑，且前两个量刑较轻的档次只有自由刑这一单一刑罚种类，其惩罚和矫正不具针对性，效果不佳。在最重刑档次上虽然出现了没收财产刑，但没收财产刑因不具有可伸缩性而亦有其固有的缺陷和不足。另外，从量刑的角度看，没收财产刑因其本身的严厉性会使量刑出现财产刑真空，即对情节不很严重的贿赂犯罪只能适用自由刑。对于行贿这种贪利性质的犯罪，罚金刑更具有自由刑所不具有的特殊的预防功能，我国刑法中对行贿罪没有规定罚金刑是很不科学的。

二、行贿罪查处困难的应对策略

（一）取消行贿罪构成要件中“不正当利益”的限制

1999年“两高”《关于在办理受贿犯罪大要案的同时要严肃查处严重行贿犯罪

分子的通知》规定："谋取不正当利益"是指"谋取违反法律、法规、国家政策和国务院各部门规章规定的利益以及要求国家工作人员或者有关单位提供违反法律、法规、国家政策和国务院各部门规章规定的帮助或者方便条件。"该通知虽然对不正当利益作了明确解释，但仍不充分。"不正当利益"的外延模糊性主要表现为两个方面：一是地方性法规是否可以作为判断"不正当利益"的标准，二是地方性政策和规章制度是否可以作为判断"不正当利益"的标准。以上两方面是刑法立法原意的扩张，且具有很强的司法操作性。行贿行为与谋取不正当利益的关系实际上是一种手段与目的的关系，我国刑法把谋取不正当利益作为行贿罪的构成要件，就是用目的来限定行贿行为的性质。据此推论，行贿人出于谋取"不正当利益"的目的而实施行贿行为，刑法将其认定为行贿罪。笔者认为，行贿罪应取消"为谋取不正当利益"的犯罪构成要件，这是正确认识行贿罪本质的必然要求，行贿罪的本质在于其侵犯了国家工作人员职务行为的不可收买性，故犯罪人主观上对利益的追求以及所追求利益的性质都不是关键。

（二）修改行贿犯罪的刑罚规定

刑罚的威慑力不在于刑罚的严酷性，而在于其不可避免性。我国行贿罪的刑罚强度较高，刑法对行贿罪的处罚幅度从拘役到无期徒刑，这一处罚幅度因失之过重而具有不合理性，有必要采取措施舒缓刑罚，因为刑罚实现的最终目的不是单纯地惩罚犯罪，而是尽可能地减少犯罪。依笔者之见，首先，应取消行贿罪的无期徒刑。无期徒刑是一种十分严重的刑种，国家应当将之适用于那些危害最严重的犯罪。行贿罪不是职务犯罪，至多是职务犯罪的诱因之一，相对于受贿罪来说，其所造成的社会危害性比受贿罪要小得多，处刑自然要轻。从司法实践看，也几乎没有对行贿罪判处无期徒刑的。打击行贿犯罪主要应着眼于完善行贿罪的犯罪构成以及刑罚体系，尽量将具有严重社会危害性的行贿行为规定为犯罪，配以相应刑罚，使犯罪人认识到有犯罪就有刑罚。对于构成行贿罪的犯罪分子，除情节显著轻微外，都应当予以定罪并处以或轻或重的刑罚，从而使所有行贿犯罪分子难逃刑法的制裁，充分发挥刑法本身预防和控制行贿犯罪的功能。其次，应增设资格刑。资格刑在刑事政策上具有重要意义。这种刑罚的适用，主要是为了预防利用职务身份或者职业活动实施犯罪的人再犯罪。剥夺或限制犯罪分子从事这种活动的资格，对于特别预防来说，效果无疑会非常明显。最后，应增加罚金刑适用。世界各国的刑法对行贿犯罪均普遍规定了罚金刑。在我国刑法规定的有关行贿罪的处罚中，罚金刑仅仅适用于对单位行贿罪与单位行贿罪，没有针对自然人。显然，对于行贿这种为谋取一定利益的贪利型犯罪，罚金刑适用不足不能不说是立法上的一大缺憾。因为对于大多数行贿人来说，行贿的目的就是谋取某种利益，对行贿人适用罚金刑无疑是较有针对性的惩罚措施，可以击中其痛处，使其感到无利可图，从而有效抑制其贪财图利的动机。罚金刑所具有的剥夺犯罪分子的资本、限制其再犯能力的功能，以及对国家的经济补偿功能是作为自由刑的有期徒刑和拘役所不具有的。

（三）扩大贿赂的范围

《刑法》第389条规定，行贿罪的标的只限于“给予国家工作人员财物的行为”。而财物包括财产性利益和非财产性利益，我国刑法没有将非财产性利益纳入到行贿罪贿赂的范围，这就限制了行贿标的的范围，放纵了部分行贿犯罪。笔者认为，立法上规定行贿罪的贿赂财物仅指财产性利益，对司法工作人员查处行贿犯罪造成困难、处在进退两难的尴尬境地，也使一些犯罪分子逃避法律制裁，将行贿罪的贿赂物范围扩大是十分必要的。法学界对扩大行贿罪的标的，主要有两种意见，一是扩大至“物质利益”。行贿罪标的除包括金钱和物品外，还应包括其他物质性利益，如提供住房、免费旅游、免除债务、无偿劳动等财产性利益。二是扩大至“需要”，对能满足人的物质和精神需求的一切有形或无形、物质或非物质、财产或非财产的利益，均应规定为行贿罪的标的范围，如为子女解决就业、提供出国、提职晋级、提供高消费等。从行贿罪的本质特征分析，它所侵犯的是国家工作人员职务行为的廉洁性和不可收买性，行贿的标的无论是财产性利益，还是非财产性利益，侵犯的客体都是一样的。只要行贿行为的社会危害性达到犯罪的程度，就应追究其法律责任。与此同时，将非财产性利益纳入贿赂范围才能反映当前我国行贿犯罪的现实状况。随着我国物质文明的不断提高，单一的权钱交易已发展到了权、色、利交易的阶段，财物之外的其他利益已成为行贿犯罪的重要表现形式。现行法律规定显然大大落后于现实行贿犯罪中贿赂的样态、现状和发展趋势，将非财产性利益纳入贿赂的范围已成为必需。

新刑事诉讼法对收集贿赂犯罪证据的挑战及对策

周　剑* 　冯瑞丽**

一、贿赂犯罪证据特点更加凸显

随着我国社会经济的迅猛发展，贿赂犯罪形式随之不断变化，加之刑事诉讼法的修订使得贿赂犯罪证据特点更加明显，只有把握好贿赂犯罪证据的主要特征，才能处理好收集、固定贿赂犯罪证据工作中遇到的新问题。

（一）言词证据可变性增大

贿赂犯罪案件本身就缺乏实物证据，受贿人、行贿人的行为都是利用很隐蔽的方式进行的，离开了言词证据案件就很难在证据上形成完整的证据链，导致案件侦破困难。新《刑事诉讼法》第 37 条第 4 款规定：辩护律师会见在押的犯罪嫌疑人、被告人，可以了解案件有关情况，提供法律咨询等；自案件移送审查起诉之日起，可以向犯罪嫌疑人、被告人核实有关证据。辩护律师会见犯罪嫌疑人、被告人时不被监听。在没有侦查人员监听的情况下，律师会见当事人时会为其提供相关法律解释说明或者违背职业道德给当事人出谋划策，甚至和行贿人的律师串通编造犯罪事实，唆使行贿人和受贿人同时翻供，这将会使得反贪部门先前取得的言词证据证明力减弱，甚至被作为非法证据被排除，扰乱侦查工作的顺利进行。

（二）证据形式单一化有增无减

贿赂犯罪相对于其他犯罪而言，其证据种类有明显的特殊性，主要有三类：（1）物证，如受贿的赃款赃物；（2）书证，如行贿金额的记载、存款单、有价证券、产权证明和各种消费卡等；（3）言词证据，包括证人证言、犯罪嫌疑人供述和辩解。从司法实践看，由于贿赂犯罪分子反侦查意识强，作案手段多样，许多证

* 武汉市江岸区人民检察院反贪污贿赂局局长。

** 武汉市江岸区人民检察院反贪污贿赂局干警。

据在其直接控制之下，实施犯罪行为后随时可能掩盖、销毁罪证，挥霍或隐匿赃款赃物；而且当前贿赂犯罪的对象主要是现金，是可以互相代替的种类物，造成大部分贿赂案件没有或缺乏物证。言词证据的特点是“无形性”，是贿赂犯罪案件中最难收集和判断的证据，却往往是最关键的证据。新刑事诉讼法虽然对法定证据种类进行了扩充，但是贿赂犯罪行为的隐蔽性决定了贿赂犯罪证据的单一性并没有实质性改变，反而可能会减少。

（三）直接证据更加缺乏

从实践中看，受贿者往往是“三不收”，即非现金不收、要写字据不收、第三者在场不收，加上贿金难以辨认，案件物证、书证等原始证据收集与保全难度大，言词证据的可变性又大，证据种类十分单一，综合导致可以证明犯罪事实的直接证据贫乏，而新刑事诉讼法对侦查阶段的证据标准要求进一步提高，仅仅凭间接证据形成完整的证据链在贿赂犯罪中的难度是可想而知的。

二、新刑事诉讼法对收集贿赂犯罪证据的挑战

（一）辩护权扩张

新刑事诉讼法与新律师法实现了良好对接。据此，律师可以从两个方面介入侦查：一是为犯罪嫌疑人提供法律帮助，受托办理相关法律手续；二是向侦查机关了解有关案件情况。律师介入侦查，有利于强化人权保障，是辩护权扩大的体现。但是我们也应看到，律师介入侦查后，应当为犯罪嫌疑人说明其犯罪行为的法律性质和后果，但是基于律师工作的目的和方法，加上犯罪嫌疑人的心理波动，翻供、拒供的可能性提高，增大供述的不稳定性，加大了检察机关侦查部门的讯问压力。另外，检察机关侦查部门对贿赂犯罪嫌疑人提请审查逮捕前的羁押时间只有几天，对犯罪嫌疑人进行相应的讯问以使所指控的犯罪事实达到逮捕标准，任务重，时间短，律师介入侦查会占用部分办案时间，一定程度上阻碍侦查活动的开展。

（二）不得强迫自证其罪的明确

增加不得强迫自证其罪的规定，一是为了规范侦查机关办案，从程序上进一步规范了讯问、逮捕等侦查活动，以减少冤假错案，杜绝刑讯逼供；二是为了顺应国际刑事政策发展趋势。《公民权利和政治权利国际公约》第 14 条明确规定：“任何人不被强迫作不利于他自己的证言或强迫承认犯罪。”因此，对刑事诉讼法进行相应修改，增加不得强迫自证其罪的相关规定，是我国加入该公约所做的准备工作之一。这使得犯罪嫌疑人更不愿意配合检察机关办案，对侦查人员独立收集证据的能力提出了更高的要求；同时，审判机关又经常要求必须有职务犯罪嫌疑人的相关供

述才会作出有罪判决，如何让职务犯罪嫌疑人自行供述自己的罪行，对侦查人员来说是一个挑战。

（三）出庭说明情况

新《刑事诉讼法》第20条规定了根据案件需要，经法院通知，侦查人员有出庭说明情况的义务。侦查人员出庭说明情况主要在于证实收集证据的程序和措施符合法律规范，笔者认为，这加大了侦查人员的工作任务，不仅要收集、固定证据，而且还需熟练掌握证据的获取途径、提取方式、证明问题等。也就是说，在侦查阶段就要以审判阶段的证据标准来严格要求取证工作。

三、新刑事诉讼法背景下收集贿赂犯罪证据的对策

（一）严格遵守快、全、定原则

取证标准的高低直接决定着案件质量的高低。针对新刑事诉讼法对反贪污贿赂侦查工作提出的新要求，只有用审查起诉、开庭审理，甚至经得起法庭质证和辩论并依法作出有罪判决的标准取证，并在客观、全面、及时地收集证据上下功夫才能确保案件质量，使反贪污贿赂侦查工作立于不败之地。

侦查工作必须做到“快”、“全”、“定”。“快”就是审讯一旦有所突破，即刻组织内查外调，及时扩充证据追赃抓逃，并果断采取强制措施，灵活运用必要的侦查手段，形成由证到供、由供到证、证供相互推动的良性循环。“全”就是要不嫌烦琐，将案件从起因、过程到作案动机、目的及心理状态，逐一查清问透，特别是其中的关键细节，仔细比对贿赂犯罪嫌疑人在不同阶段、不同场合、面对不同审讯人员所作的供述，特别要注意获取、固定一些富有个性化的口供和证言，从不同之处发现疑点，从相同之处完善证据。“定”就是要查获赃款赃物，突破贿赂犯罪嫌疑人口供，着力收集有关书证和证人证言，紧扣犯罪构成通过多种形式和渠道固定证据，排除证据本身、证据与证据之间、证据与案件事实之间的矛盾，使认定贿赂犯罪的证据达到“确实充分”，形成系统的移送审查起诉材料。笔者认为要做到“快”、“全”、“定”必须做好以下两个方面的工作：

集中取证和外援取证。集中取证能提高工作效率，尽快固定证据，防止证据的灭失，防止因律师介入而造成取证上的被动，对保证案件的质量起着不可低估的作用。新刑事诉讼法要求检察机关反贪部门必须加强与相关司法行政部门及行业性的律师协会的合作交流，学会利用和整合外部资源，通过协调沟通，处理好与法院、公安、国安、审计、税务、工商等部门的关系，尽量使这些部门能够给反贪污贿赂工作提供必要的技术和智力支持，使律师能够积极听取检察机关侦查部门的意见，实现检察机关侦查部门与律师的良性互动。此外，检察机关反贪部门还要更加注重

办案效率，快侦快结。

重视收集衍生证据。“一对一”行受贿案件的直接证据主要依据行贿人的证言和受贿人的供述，而言词证据在证据体系中处于不稳定状态。正是因为行受贿犯罪案件主要证据的单一性，要防止犯罪嫌疑人翻供或是行贿人翻证现象的出现，就必须对言词证据的衍生证据进行收集与固定，真正穷尽每一个间接证据的可利用性，将独立的行受贿证据发展成为体系完善、环环相扣的树状证据体系。

（二）注重运用侦查谋略

针对出庭说明义务，要重视开展模拟庭审演练，这不仅能加强侦查员用证、作证技巧与应对能力的培训，更重要的是，通过庭前演练，可以集思广益，提高侦查员思维的缜密性，及时发现未调取证据以及证据之间的矛盾点，快速补充证据，进一步完善证据链。笔者认为新刑事诉讼法在规定侦查人员出庭说明义务的同时，应当同时规定：侦查过程可能涉及国家秘密、商业秘密或个人隐私的，如国家安全、秘密侦查的措施手段等，侦查人员可以也应当拒绝回答，或者仅向法庭说明情况避免无关人员知情。

（三）积极探索科技强侦

新《刑事诉讼法》第148条的规定明确赋予了检察机关技术侦查权，检察机关反贪部门要探索和充分利用各种技术侦查措施，如监听、监控、技术追踪（如GPS定位）、互联网监控、音频视频监控、指纹比对、笔迹鉴定、测谎等，不断加强科技强侦，加快电子取证、手机定位、话单分析及心理测试等装备的应用，以有效增强检察机关侦查部门取证能力。目前检察机关在贿赂犯罪侦查中较为普遍采用的技术侦查手段是同步录音录像技术，然而，同步录音录像技术在侦查工作中显得较为被动。笔者认为，除了同步录音录像技术以外，现阶段检察机关在贿赂犯罪侦查中迫切需要采用通信监听、技术追踪和测谎技术。

通信监听、技术追踪。在侦查中使用通信监听技术很有必要。一方面，通过监听通信可以获取更多有价值的案件线索，解决线索发现难的问题；另一方面，通过监听通信可以直接获得许多第一手资料，即犯罪的原始证据，证据的采信度较大。笔者认为，通信监听技术和技术追踪在初查和立案阶段均应适用，其对象应包括两个方面：一是初查阶段的初查对象；二是立案后的犯罪嫌疑人和重要证人。

测谎技术。一方面，由于职务犯罪嫌疑人一般不可能主动地交代问题，使用测谎技术可及时获悉犯罪嫌疑人供述的真伪，对顺利开展侦查工作极为有利；另一方面，贿赂犯罪侦查“由供到证”的侦查模式还要持续较长一段时期，在此模式之下，可以充分发挥测谎技术的优势，获得令人满意的口供。关于测谎技术的适用对象，不仅应包括犯罪嫌疑人，还应包括有关重要证人。

贿赂犯罪证据的特点、收集与固定

吴　静*

贿赂犯罪作为一种严重的腐败行为，侵犯了国家工作人员的职务廉洁性，严重破坏了党和人民政府的形象，败坏了党风政风，具有极大的社会危害性。随着社会主义市场经济的不断发展和反腐斗争的不断深入，当前国家对职务犯罪的打击力度进一步加强，在众多职务犯罪案件中，贿赂犯罪历年来呈高发态势。武昌区院2011年查办职务犯罪案件27件30人，其中贿赂犯罪案件有23件24人，贿赂案件数量占全年查办案件数量的85%，2012年查办职务犯罪案件29件32人，除私分国有资产案件1件1人、贪污案件1件3人外，其余全部为贿赂犯罪案件。贿赂犯罪由于其存在的广泛性和行为的隐蔽性，使得对这一案件的办理呈现出立案难、查证难、定罪难的新态势，本文将从贿赂犯罪证据的特点出发，分析在贿赂犯罪案件查办中如何固定证据。

一、贿赂犯罪证据的特点

证据作为一切侦查活动的中心，是侦查人员还原案件事实和做出逻辑判断的基础，因此证据的收集在案件侦查过程中处于基础地位。贿赂犯罪的本质特征是钱权交易，其行为的发生基于受贿一方和行贿一方的共同参与，在此基础上，贿赂犯罪的证据呈现出以下几个特点：

（一）证据类型的单一性

我国刑事诉讼法规定的证据种类有7种，从目前查办贿赂犯罪案件的司法实践来看，贿赂犯罪案件证据集中为言词证据，证据类型单一，犯罪嫌疑人、被告人供述和辩解较多，证人证言、物证书证及其他类型证据运用较少。贿赂案件一般在行受贿双方当事人行受贿意识统一的基础上进行，双方形成了一种互利关系，为逃避法律制裁，双方不留字迹、不打收据、不记账目，或者交接物品时规避第三人，采

* 武汉市武昌区人民检察院反贪污贿赂局助理检察员。

取“一对一”的方式，没有中间人或第三者的介入，使得受贿案件往往不留痕迹，具有较强的隐蔽性，很难从外围突破，[①] 因此对于大多数贿赂案件而言，定案证据只有犯罪嫌疑人或被告人的供述和辩解，少有证人证言和被害人陈述。

（二）证据内容的对合性

贿赂犯罪是一种典型的对合性犯罪，从证据学角度来讲，行贿人的行贿证据和受贿人受贿证据二者之间必须具有互证性，也就是两种行为在证据内容上具有对合性。在言词证据上，证据内容的对合性决定了供述的一致性。就受贿人而言，受贿人的供述和辩解必须是既能够证明自己是否受贿，同时又能证明对方是否向自己行贿；而就行贿人而言，其证言也必须既能够证实自己是否行贿，同时也能够证实对方是否接受了自己的贿赂。言词证据之外，在查明贿赂行为是否存在过程中，也存在对合性证据的大量运用，例如，在司法实践中，侦查人员经常采取调取行受贿双方银行账户明细的方式，通过对比双方账户资金进出情况，分析判断资金的去向和贿赂行为发生的时间。

（三）证据效力的不稳定性

由于贿赂犯罪行为具有不易发现、不易证实、不易查处的特点，犯罪嫌疑人、被告人出现侥幸心理的可能性大，致使贿赂犯罪案件中口供和证言具有不稳定性，使证据本已单一的贿赂犯罪更加真假难辨，证据链条更加脆弱。[②] 同时，犯罪嫌疑人在工作和生活中形成一种比较有影响力和渗透力的关系网，其犯罪行为被暴露后会自动发挥作用，成为反侦查活动的组成部分。基于上述因素，使贿赂犯罪嫌疑人、被告人在刑事诉讼中通常具有不供、伪供、翻供特征。同时，由于贿赂犯罪案件中的证人与当事人大多有一定的关系，证人在刑事诉讼过程中往往成为侦查人员侦查行为和犯罪嫌疑人反侦查行为作用的对象，导致证人证言也呈现出易变性特征。

二、贿赂犯罪证据的固定

取证是查办案件的中心环节，在取证过程中，获取证据固然重要，但证据的固定工作必须引起侦查机关高度重视，尤其在证据收集工作较普通刑事案件更加困难的贿赂犯罪案件中，收集到位的证据必须及时固定，才能避免“煮熟的鸭子飞了”。

---

① 陈为钢、张少林：《刑事证明方法与技巧》，中国检察出版社2008年版，第220页。

② 法治网，http：//sx. fzwgov. cn/Article/ShowInfo. asp？ InfoID = 162315，访问日期：2012年3月31日。

（一）强化办案人员证据固定意识

在查办贿赂案件尤其是出现犯罪嫌疑人、证人翻供、翻证的贿赂案件中，对证据固定不死往往会给整个案件留下巨大的隐患。一方面，有的侦查人员正确判断证据的能力不强，没有将应当获取并且能够获取的重要证据纳入视野，致使有的关键证据在侦查阶段没有被有效收集，从而在后续的司法环节中增大了重新调取证据的难度，甚至有的证据已经灭失，如辛普森一案中被害人身上的血滴，如果这七点血滴能够被警方在案发现场及时提取并进行检验，无疑对凶手的确定大有裨益。另一方面，由于贿赂案件证据的不稳定性，更加要求侦查人员在证据收集过程中时刻重视证据的固定，法庭审判过程中被告人的翻供、律师的辩护、家书及其他涉案人员的反攻，从来都是采取“只击一点，不及其余”的手法，因此，必须把强化对贿赂案件证据固定的理念，贯穿贿赂案件侦查的全过程，将固定案件证据的措施、办法落实到贿赂案件侦查的各个环节。

（二）证据内容力求细致全面

首先，从证据的关联性来看，关联性不仅要求单一证据本身与案件有关，也要求证据与证据之间相互关联，特别强调相关证据的全面收集，否则，证据所证实的情况将出现空缺，引起关联证据的移位和变化，甚至导致案件难以认定。[①] 因此将证据收集全面，能够使证据之间形成完整的证据链条，真正让案件办成“铁案”。其次，对证据内容细节的重视，能够增强证据的证明力。以言词证据为例，在对受贿人进行讯问的过程中，如果要求受贿人就受贿相关细节进行描述，如能够准确描述受贿的时间、地点、周围环境、赃款特征等，就证据本身而言，其可信度和真实性将大大增强，同时在受贿人与行贿人就细节描述一致的情况下，受贿人一旦翻供，侦查机关也能够从之前行受贿双方就贿赂行为所做的描述中发现更多的线索去证实受贿人的谎言。因此，在证据收集中，侦查机关要锁定细节，全面细致地做好取证工作从而固定案件。

（三）广泛收集间接证据，提取再生犯罪证据

贿赂犯罪案件呈现出的“一对一”特征，使得直接证据在其证据链条中占有绝对的比重，然而，也正是这种隐蔽性的特征，使得贿赂犯罪的证据收集工作难度颇大。在这种情况下，应着力在获取比较充分的间接证据上下工夫，使间接证据形成完整的证据链，相互印证，从而证实犯罪。在实践中，侦查机关常常通过查明受

---

① 陈波：《反贪侦查实战要领》，中国检察出版社2009年版，第361页。

贿人为行贿人谋取利益的行为特征、行受贿双方权钱交易产生的条件、行贿人获利情况以及行贿赃款的来源和去向等方面，收集间接证据证明贿赂行为的发生。再生犯罪证据是经过滋发、培养而出现的再生的能够证明犯罪的线索，即再生的犯罪线索，是犯罪嫌疑人及其利害关系人在犯罪行为实施完毕后，为掩盖罪行、逃避惩罚所进行的一系列反侦查活动的过程始终所形成的，能够证明案件真实情况的犯罪线索。① 再生的犯罪线索在贿赂案件的反侦查活动中主要表现为订立攻守同盟、串供、转移赃款赃物等，对再生犯罪证据的获取，既扩展了证据范围，同时也通过掌握行为人实施反侦查活动这一“把柄”，对行为人的心理产生牵制，从而抑制行为人翻供的发生。

（四）利用视听技术手段固定证据

2005 年 11 月，最高人民检察院通过了《人民检察院讯问职务犯罪嫌疑人实行全程同步录音录像的规定（试行）》，规定自 2007 年 10 月 1 日开始，要求全国检察机关在办理职务犯罪案件讯问犯罪嫌疑人时必须实行全程同步录音录像。2011 年，湖北省人民检察院出台《四个绝对禁止、一个必须实行》的办案纪律，要求检察机关在讯问职务犯罪嫌疑人时必须实行全程同步录音录像，不安排录音录像不得进行讯问，每次讯问笔录要准确记载实行全程同步录音录像情况。一方面，实行全程同步录音录像有利于规范讯问行为，强化对讯问过程的监督；另一方面，通过全程记录犯罪嫌疑人供述过程，能够及时固定证据，防止犯罪嫌疑人翻供。事实上，在查办贿赂犯罪案件中，办案人员很难获取言词证据之外的物证、书证等实物证据，这就对言词证据的效力提出了更高的要求，通过对讯问过程实行全程同步录音录像，能够有效证明讯问过程的合法性，从而保证了犯罪嫌疑人和被告人供述的法律效力。除在对犯罪嫌疑人进行讯问时实行全程同步录音录像以固定证据外，在开展搜查、扣押及重大取证等工作时，运用全程同步录音录像形成视听资料，能够进一步固定证据，补强证据效力，强化证据资料的证明力。

（五）适时对行受贿双方采取强制措施

法定的几种强制措施中，在贿赂案件中经常采用的是拘留、逮捕和取保候审。在行贿案件中，办案机关一般对符合法定条件的犯罪嫌疑人采取取保候审强制措施，从目前行贿案件的查办情况看，对行为人采用取保候审既能够节约司法成本，减轻羁押场所的压力，同时也能够给予行为人一定的心理抚慰，从而保证

---

① 吴克利：《贪污贿赂犯罪侦查谋略与技巧》，中国检察出版社 2008 年版，第 118 页。

其供述的稳定性。贿赂犯罪案件由于其不易为第三方知晓整个犯罪过程的细节，受贿人在实施了犯罪行为之后，在侦查环节中常常出现“侥幸心理”，这一侥幸心理正是犯罪嫌疑人掩盖犯罪事实的重要心理基础。因此，在侦查活动中运用拘留、逮捕等强制措施，不仅能对犯罪嫌疑人的人身自由进行限制，更重要的是能够通过侦查人员的信息影响，对犯罪嫌疑人的心理进行限制，对犯罪嫌疑人采取强制措施后可以隔绝联系、堵住后路，断掉其翻供念头，从而达到固定证据的目的。

总之，贿赂行为对我国经济社会健康发展所产生的不良影响不言而喻，针对我国当前的现状，要遏制贿赂犯罪的滋生和蔓延，加大贿赂犯罪的查办力度仍然是预防职务犯罪最直接和最有效的措施。在贿赂案件的办理过程中，要重视证据在整个司法环节中的基础性地位，针对贿赂犯罪证据的特点准确收集证据，同时重视证据固定工作，使整个侦查环节持续、稳定、顺利地开展，保证后续司法过程的顺利进行。

贿赂犯罪证据的特点、收集与固定

朱 琪*

一、贿赂犯罪的证据特点

贿赂犯罪证据是认定贿赂犯罪事实的依据和司法机关查处贿赂犯罪案件的基础，除具有客观性、关联性、合法性的一般证据属性外，贿赂犯罪证据还因其案件的特殊性呈现出一些特殊性质。

（一）单一性

该特点又称“一对一”性，也就是从贿赂犯罪实施过程来看，是行贿人和受贿人一对一的形式，是钱款与无形权力的交易，因这种犯罪的特殊性，决定了它不像大多数犯罪，都有两种以上证据相互印证、形成锁链。实践中，定案的依据往往只有受贿人的供述和行贿人的证言，证据较为单一。

（二）互证性

在贿赂犯罪中，无论是受贿人供述或是行贿人证言，既能起到自证的作用，又能起到互证的作用。也就是说，受贿人的供述既能证明自己是否受贿，又能证明对方向自己行贿；反之，行贿人的证言既能证实自己是否行贿，又能证明对方是否接受自己的贿赂。

（三）不稳定性

贿赂犯罪证据的单一性，表明除受贿人和行贿人的供述与证言外，大都没有其他证据加以佐证，供述或证言在一定程度上受主观感受和客观环境的制约，受贿人或行贿人在法庭上作出的陈述和以前陈述往往不一致，甚至截然相反。

（四）直接证据贫乏性

从实践中看，受贿者往往“三不收”，即不是现金不收、要写字据不收、第三

---

* 武汉市东西湖区人民检察院反贪污贿赂局干警。

者在场不收，加上难以辨认贿金，案件的原始证据的保全与收集困难大，导致可以直接证明犯罪事实的直接证据贫乏。

二、全面、深入地收集贿赂犯罪证据

收集贿赂犯罪证据的方法主要有以下6种：讯问、询问、辨认、搜查、扣押、鉴定。这些方法和操作程序法律已有明确规定，这里不再赘述，在此主要谈谈收集贿赂犯罪证据应当遵循的一些原则：

合法。收集证据必须依照法定程序进行。在目前的司法实践中还存在“不打不招”、“哄、吓、骗”等违法逼供方式，以这种方式收集的证据不仅不具有任何法律效力，而且还严重损害到司法机关的形象，应该引起我们的警惕。

客观。收集贿赂犯罪证据必须从客观实际出发，既不能用主观猜想代替客观事实，也不能按主观需要去收集提取，更不能弄虚作假伪造证据。

全面。收集贿赂犯罪证据时，既要重视收集犯罪嫌疑人供述、证人证言等直接证据，又要注意发现证明犯罪发生的间接证据。既要重视收集有罪证据，也要注意收集无罪证据。

细致。实践证明，证明案情的关键证据往往是那些不易被人发现或者重视的东西。因此，收集贿赂犯罪证据必须深入细致，不能走马观花、粗枝大叶。

及时。证据的内容往往随着时间的变化而变化。贿赂犯罪是智能型犯罪，犯罪分子都具有较强的反侦查能力，他们会千方百计毁灭罪证，逃避法律制裁。因此，当收到举报或者发现贿赂犯罪时，应当及时讯问犯罪嫌疑人，做到出其不意、攻其不备，趁其尚未建立抵抗防线之际，迅速突破案件。对于赃款、赃物和其他物证、书证，也必须及时收集，因为这些证据在一定的条件下容易流失，而且案发到取证的时间间隔越长，流失的可能性越大。

高效。办理贿赂犯罪案件，必须保持较高的工作效率，做到“快侦快捕快结”。诉讼时间过长，会使贿赂犯罪嫌疑人、证人的心理发生变化，不利于获取和固定证据。拉长办案时间，会使司法机关受到更多来自各方面的干扰和阻力，影响侦查工作的顺利进行。

三、多角度固定贿赂犯罪证据

固定已经收集的证据，对证实犯罪、揭露犯罪、打击犯罪具有举足轻重的作用。

（一）对证实主观故意证据的固定

侦查实践中，常见受贿人在案发后，往往辩解主观上并无受贿故意，收受的财物已退、已上缴或正打算将财物退、缴，由于种种原因未来得及完成。针对这一现象，对已退、已缴财物的，应查明固定受贿人是在什么情况下退、缴财物的证据，对嫌疑人是在知道有关部门对其进行调查或者是知道被检举、告发等情况下退、缴的财物，或者将赃款赃物捐赠给公益事业的，其欲掩盖无主观故意显然是站不住脚的。对于打算将财物退、缴，由于种种原因没有退、缴的辩解，应区分两种情况对待：其一，确因找不到行贿人或者来不及退、缴就案发的，一般可认为不具有受贿故意；其二，如果具有退、缴的条件，而没有退、缴的则应认为具有受贿的主观故意，具体情节应以证据形式固定下来。

在实践中也常遇到以“代购”、“借贷”、“代保管”为借口的受贿犯罪，此类情况受贿人并不否认从行贿人手中拿到财物，但辩解不是占为已有，而是要予以归还。首先，要固定证明受贿人将财物收归已有的证据。其次，固定双方的真实意思表示。一般情况下受贿人是用暗示的方式索取财物的，有时行贿人“送”或“不要对方还”的意图也十分明显。最后，应查明通过行贿人购买、借贷的物品及用途是否必要，“委托事项”是否明确，以及通过物品的使用时间来询问“代购”、“借贷”的款项为何未结算。

（二）对证实客观方面证据的固定

在实践中，常遇到犯罪嫌疑人将非法收受辩解为合法收入。比如，有的犯罪嫌疑人将非法收受的财物辩解成为他人联系业务，提供技术上服务的合法收入。是否合法取得，关键要看行为人是否利用了职务上的便利。因此，首先，应查明犯罪嫌疑人利用了什么职务上的便利，即犯罪嫌疑人利用经营何种公共事务的职权所造成的便利条件的证据。其次，联系业务人提供技术服务均需付出实质性劳动，所以应固定犯罪嫌疑人是否付出实质性劳动的证据。再次，对于联系业务，应细化查明联系业务的具体单位、具体人与犯罪嫌疑人的职务有否隶属关系以及联系业务的具体内容。最后，对于提供技术服务，应细化查明所谓技术服务的具体内容，查明其真实性及与本职工作的关系，特别是要查明固定是否擅自使用该职务技术成果，由此获得的“报酬”的证据。

在实践中，还会遇到犯罪嫌疑人将非法收受辩解为接受馈赠。对这种情况的证据固定，应首先查明受贿人利用职务上的便利为对方谋取利益，特别是要查明固定尚未实行，但已承诺包括明示或暗示的方式但尚未实行为对方谋取利益的证据。其次，应用证据形式固定礼品的种类、数额大小等，以证明与馈赠现实情况不相符的建立在受贿活动基础上的所谓“私人感情”，排除接受馈赠的狡辩。

（三）对于嫌疑人供述的固定

首先要明确其供述内容的真实性、合理性。分析供述与人们在日常生活中熟知的道理或情理及某个专门领域里掌握的道理或原理是否相符。从某种意义上说，内容的合理程度与真实程度成正比。因此，在制作供述笔录中，首先要充分注意贿赂犯罪嫌疑人供述笔录内容是否合理。其次要确保其供述内容一致化。内容完全真实的供述笔录，其内容的各部分之间应当没有矛盾、相互一致，否则其真实性必然会被削弱或丧失。所以，在办理贿赂案件的过程中，要认真考察供述笔录的内容有无自相矛盾之处。最后还需要充分进行印证。供述笔录的内容真实性必须通过其他证据予以印证，印证供述笔录的证据越多，其内容的真实性就越大。

（四）对侦查程序合法性的固定

侦查实践中，办案人员不仅要注重实体法，还要严格遵守程序法，做到依法办案、文明办案。首先是要有贿赂犯罪嫌疑人的亲笔供词。在实践中，只要有可能，就应当让嫌疑人拟写亲笔供词。与一般供述笔录相比，亲笔供词可以进一步排除指供、诱供的可能性，从而有助于固定其证据合法化。其次是实施同步录音录像。对犯罪嫌疑人的供述进行同步录音录像，能有效地防止其翻供，必要时在征得证人同意的情况下，对重要的证人也可以进行同步录音录像，当供述、证言笔录的形式符合法律规定，又有生动、直观的视听资料作辅证，其程序合法性必然会大大加强。

从一起案件谈如何收集“以借为名”贿赂犯罪证据

林志勇*

笔者办理了这样一起案件：1998 年至 2002 年期间，某国有公司经理王某利用职务便利将近 6000 万元的工程项目发包给一市政工程公司承建，2002 年 8 月，王某以借款名义向该市政公司法人石某要 50 万元以归还其弟弟欠银行贷款，并与该公司签订借款协议书，2003 年 2 月，因纪委在该市政公司查账，王某怕此“借款”被暴露，认为只有借款协议书，怕经不起检查，而对该市政公司出具 50 万元的借条，一直到 2010 年年底，在此期间，王某与石某都没有提此 50 万元“借款”的事，该市政公司还将 50 万元借条和借款协议书在公司财务上入往来账，并且每年结转。2010 年年初，汉南区院对此案立案侦查，一审法院以受贿 50 万元判处王某有期徒刑 10 年，王某不服，上诉至中级人民法院，二审法院维持原判。

该案表面看是一种借款关系，实为收受贿赂的行为。笔者试结合办案谈谈如何收集、固定贿赂案件证据。

一、主动及时、集中攻坚直接证据

贿赂犯罪案件隐蔽性强、反侦查能力强、潜伏期长，收集证据的时机稍纵即逝，因此主动及时是突破贿赂案件的成功法宝。如证人证言因时间、外界因素等原因可能一时难以收集，就可能使一案件“流产”。积极主动地迅速发现、收集证据，成为反贪侦查的必然要求。汉南区院于 2010 年春节前，收到王某受贿的举报材料后，认为成案可能性较大，就及时通知行贿人石某到本院接受调查，突破行贿的证据后，同时将王某通知到案，在几个小时时间内，突破王某收受 50 万元贿赂的口供。事后王某叹气说：“事先我知道有人将我举报到检察院，但我以为检察院会在春节后再找我，没想到你们这么快就行动了。”直接证据就是能够直接证明与案件或者事件有关的一些证据。直接证据对案件主要事实的证明不需要经过任何中

* 武汉市汉南区人民检察院反贪污贿赂局侦查一科科长。

间环节，也无须借助其他证据进行逻辑推理就可以直观证明主要案件事实，因此直接证据可靠性大、证明效力强。通常，贿赂案件一般都会经历：行贿目的、动机，受贿动机，双方意思表示，实施贿赂以及受贿人为行贿人谋取利益等几个阶段。中心环节为实施贿赂，这个阶段与其他阶段有不可分割的联系。因此必须要扩大侦查取证视野，拓宽侦查思路，根据贿赂案件的结构特点，系统收集证据。如办理此案，首先收集王某收受贿赂的直接证据，就是对行贿人石某进行了调查，详细查清了他以借款的名义送50万元给王某的目的和动机，并且将借条和借款协议在财务上入账的事实经过。从行贿方收集固定行贿的证据，得到证明王某受贿的直接证据。

二、注重间接证据的辅助作用

间接证据是指不能单独证明案件主要事实，而需与其他证据相结合，经过合理的推理才能证明案件主要事实的证据。在刑事诉讼中，证据不是孤立的，而是相互印证、相互联系的证据链。因此，收集间接证据，一方面可增加证据数量，验证直接证据的真实性；另一方面在贿赂案件“一对一”情况下，一旦掌握了犯罪嫌疑人毁灭、篡改证据的事实，就可以利用间接证据的反证性反证犯罪嫌疑人狡辩和翻供的不真实性，从而提高直接证据的证明力，对案件起到证明作用。如在查处此案中，在掌握石某以借款的名义送50万元给王某的直接证据后，要确定王某是否构成受贿罪，必须要收集王某利用职务上的便利为石某的公司谋利的证据材料，这方面，我们收集了以下间接证据：（1）王某在任市排水公司经理期间，将近6000万元的工程项目给石某的公司承建的工程合同、付款的往来账目等书证。（2）对原市排水公司分管工程项目的副经理、财务主管等人分别调查，证实近6000万元的工程项目都是由王某决定给石某的市政公司承建的、工程款的支付也由王某决定。对于此案的特殊性，因有借款协议、借条在行贿人石某的公司财务账中反映，必须要查清王某当时找石某“借”50万元的理由是否成立，以及一直到案发是否有归还的能力和意思表示。我们收集了以下间接证据：（1）该市政公司的副经理证实：从2003年至2010年期间，王某与石某联系比较多，并经常在一起吃饭喝酒，他们双方都没有提此50万元归还的事。（2）收集了王某家庭在2002年8月前后的存款、房产情况，发现王某家庭的存款在此期间前后均超过100万元，并且还购买了房产的情况。（3）对王某的妻子进行调查，证实其家庭收入、房产、存款等情况。通过这一系列的证据充分说明了，王某当时找石某“借”50万元的理由不能成立，“借款”后有归还能力而没有归还的意图及原因。

三、加强再生证据的收集

再生证据是指犯罪嫌疑人、被告人及其利害关系人在犯罪行为实施完毕后，为掩盖罪行，使犯罪嫌疑人、被告人逃避法律追究所进行的一系列反侦查、反追诉活动的过程中所形成的，能够证明案件真实情况的事实材料。再生证据虽然从其产生上从属于直接证据，但在证明作用上优于直接证据。再生证据在办理贿赂案件过程中有如下作用：（1）突破案件。如贿赂犯罪案件的侦破过程中，掌握行贿方证据后，在不惊动受贿人情况下，安排行贿人与其接触，就行受贿事实进行沟通，形成谈话录音或往来字条等，再以此突破受贿嫌疑人心理防线就比较容易。（2）补强直接证据。再生证据对于直接证据具有依附性，特别是在以言词证据为主证明犯罪的过程中，往往具有比较强的证明力。（3）证明直接证据。当直接证据灭失或无法获取时，可以运用再生证据证明直接证据的存在。如在办理此案过程中，为了能补强直接证据，完善固定王某涉嫌收受贿赂的证据，我们收集了以下再生证据：（1）王某对市政公司出具的50万元借条的再生证据。（2）王某在得知自己被举报到检察院后，主动找石某，要求归还50万元“借款”的证据。

四、采用多种形式固定言词证据

在办案实践中，会遇到犯罪嫌疑人、证人在侦查阶段如实供认、作证，而在起诉或审判阶段又推翻以往供述、证词的情况，这是由贿赂案件定案证据较多地依靠于言词证据的特点决定的。这就要求用多种形式来固定证据。笔者认为，对于嫌疑对象如实供述了自己的犯罪事实，应该对其进行录音录像，同时对其做笔录，要其签字确认，同时换办案人对其进行讯问。我们办理此案对王某讯问的具体做法为：（1）趁热打铁，在王某的口供突破后，让其亲笔书写悔过书，写犯罪经过等，以此加强口供的证明力。（2）进行多人、多次预审，尤其是检察长及主管反贪的副检察长亲自预审，对王某已做交代的内容，实施换人重审，让多份讯问笔录反复证明同一事实。（3）堵漏洞，侦查人员结合全案，认真分析，对嫌疑人王某可能翻供之处，提早补充证据加以防范，不给嫌疑人王某以翻供机会。（4）充分利用技术手段，通过录音、录像与书面记录并举的措施，对王某固定口供，让其不敢翻供，不能翻供。

固定证人石某证言的做法是：（1）避免询问简单化，也采用换人的方式对其进行询问，由表及里，全面深入制作询问笔录，不给石某翻证留下“空间”。（2）注意关键证据的“重复”，加强证言的“量”化搜集，通过记、录并举或重复取证使其失去翻证的可能。

审查起诉阶段排除贿赂犯罪案件非法言词证据的若干思考

——从新刑事诉讼法背景下辩护律师的视角切入

汪少鹏*

一、排除贿赂犯罪案件非法言词证据的背景与原因

笔者认为，对贿赂犯罪案件的非法言词证据进行排除，有其实践的和法治的两个方面的背景与原因。

（一）实践的背景与原因

证据问题是刑事诉讼中的重要内容，可以说，证据在全部刑事诉讼环节中都具有重要的、不可或缺的作用。案件侦查阶段的启动是因为有证据显示犯罪发生，案件进入审查起诉阶段并最终起诉，是基于有足够的证据证明犯罪嫌疑人实施了特定犯罪行为、造成了特定危害后果，而案件在审判环节判决的作出，也是法院基于对相应证据的判断而最终认定犯罪成立或者不成立，甚至案件再审程序的启动也是由于相关证据的作用。言词类证据，在案件追诉中通常占有很大比重，并发挥着尤其重要的作用，被告人的供述在历史上更是被称为“证据之王”。① 通过从被害人、证人或犯罪嫌疑人处获得该类证据，可能极大地提高案件侦破效率、降低案件侦破难度，因此，侦查机关为获得该类证据，尤其是为获得犯罪嫌疑人口供，通常会投入很大精力，威胁利诱司空见惯，刑讯逼供也大量存在，这正是我国近年来多发冤假错案的重要症结所在，如佘祥林案、杜培武案、赵作海案等。

实践中，相对于其他犯罪类型而言，贿赂犯罪案件中的非法取证、刑讯逼供现象更为突出，这是由于贿赂犯罪活动本身所具有的特殊性而决定的。比如，由于贿

---

* 湖北省法学会刑法学会副会长，湖北省律师协会刑事辩护委员会主任，湖北立丰律师事务所主任、高级律师。

① 参见陈光中：《刑事证据制度改革若干理论与实践问题之探讨》，载《中国法学》2010年第6期。

赂行为的违法性，当事人之间进行犯罪活动通常都采取比较秘密的方式，为避免其他人知晓而仅在只有行贿人与受贿人两人时进行；再如，行贿人为达到减轻、免除刑事处罚的目的，故意捏造行贿事实、诬告相关人员的案例也时有发生；等等。基于贿赂犯罪活动本身所具有的这些特点，决定了贿赂犯罪案件的证据具有区别于其他刑事案件证据的独有特征。首先，表现为言词证据在贿赂犯罪案件的整个诉讼活动中具有特别重要作用。由于行贿方式的秘密性、直接性，使得侦查部门取证、侦破的难度大大增加，因此，通过获取行贿人证言以一定程度证明犯罪活动存在，通过获取犯罪嫌疑人供述以知晓行贿款动向并进行取证，成为侦查部门的首选和主要侦查思路。侦查部门所取得的这些言词证据又顺理成章成为公诉部门提起公诉和审判机关进行判决的重要基础。因此，言词类证据在贿赂犯罪案件的整个诉讼活动中具有特别重要的作用。其次，表现为言词证据在贿赂犯罪案件中通常呈现矛盾性、不稳定性、虚假性等特征。实践中造成这种现象的原因是多方面的，但其中一个重要原因，就是侦查人员为了获取口供而进行的刑讯逼供行为，犯罪嫌疑人在刑讯之下只能编造事实，而“随机应变”下的编造，在多次的反复讯问中当然会漏洞百出，也就产生了不稳定性、矛盾性、虚假性等特点。

鉴于上述背景与原因，贿赂犯罪案件已经成为非法取证和刑讯逼供的高发犯罪领域，非法言词证据问题在贿赂犯罪案件诉讼中表现尤为突出，这也使得庭审翻供现象在贿赂犯罪案件审判中频繁发生，审判效率大大降低，司法公信力受到极大损害。对贿赂犯罪案件非法言词证据进行全面排除已经势在必行。

（二）法治的背景与原因

新刑事诉讼法的颁布和非法证据排除制度的初步确立，是排除贿赂犯罪案件非法言词证据的一个重要的法治背景与原因。

2012 年 3 月 14 日，刑事诉讼法修正案经第十一届全国人大五次会议正式通过，其重大意义不再赘言。关于非法证据排除的相关问题，是此次刑事诉讼法修订的一个重要内容，新《刑事诉讼法》的第 54 条至第 58 条内容，对这一问题进行了较为详细的规定，包括非法证据排除的范围、非法证据排除的诉讼阶段、非法证据质证和补正的规则等相关内容。这些条文的规定，标志着非法证据排除制度在我国基本法层面的正式确立。

新《刑事诉讼法》第 54 条第 2 款规定，“在侦查、审查起诉、审判时发现有应当排除的证据的，应当依法予以排除，不得作为起诉意见、起诉决定和判决的依据”。根据该条款，排除非法证据是侦查机关、公诉机关、审判机关的共同义务，因此在审查起诉阶段将非法证据予以排除是新刑事诉讼法的明确要求。一方面，由于侦查机关本身的特殊地位，他们通常就是产生非法证据的主因、非法取证的主体，由侦查机关来进行非法证据的排除具有天然的缺陷性。另一方面，如果等待由审判机关来进行非法证据的排除，不但会造成影响法官合理心证、降低审判效率等后果，还会造成非法取证危害状态延长、侦查监督职能流于形式、犯罪嫌疑人人权得不到及时保障等诸多弊端。因此，笔者认为，将非法证据排除程序置于审查起诉阶段，既具有明确的法律依据，又符合现实的客观需要，最为恰当。

综合以上分析，笔者认为，无论是从实践的背景与原因，还是从法治的背景与原因来看，在审查起诉阶段将贿赂犯罪案件非法言词证据予以有效排除，都最为合理、恰当。

二、审查起诉阶段排除贿赂犯罪案件非法言词证据的效果分析

针对贿赂犯罪案件，在审查起诉阶段将非法言词证据予以排除，具有重要的法治意义和现实的司法意义，符合我国司法理念和客观需要，可以获得以下几个方面的法律效果：

（一）有利于贯彻执行修改后刑事诉讼法

新《刑事诉讼法》第167条规定：凡需要提起公诉的案件，一律由人民检察院审查决定。新《刑事诉讼法》第54条第2款规定：公诉机关具有在审查起诉阶段排除非法证据的义务，非法证据不得作为“起诉决定”的依据，公诉机关不得使非法证据进入审判环节。新刑事诉讼法的明确规定使得在审查起诉阶段将贿赂犯罪案件这类公诉案件的非法言词证据予以有效排除有了明确的、权威的法律依据。因此，针对贿赂犯罪案件，在审查起诉阶段设置相关程序，将非法言词证据予以排除，符合新刑事诉讼法的要求，是对新刑事诉讼法的具体贯彻与执行。同时，这也将为非法证据排除制度的具体实施机制在未来的立法完善提供借鉴和参考。

（二）有利于保障实现公正司法

将非法言词证据在审查起诉阶段予以有效排除，将使法官在审判阶段无须接触该非法证据，这就最大限度地保证了法官据以心证的证据全部为合法证据，避免了非法证据对法官心证产生的干扰，从而有利于法官更好地推断法律事实，并根据该法律事实进行依法判决。如果法官事先接触到了这些非法言词证据，由于某些非法言词证据存在特定情况下片面符合事实真相的可能性，因此，很可能会导致法官作出对被告人不利的判决，从而损害公正审判原则。另外，这也将间接使刑讯逼供等非法取证行为获得激励，因而不利于杜绝非法取证现象。因此，针对贿赂犯罪案件，在审查起诉阶段将非法言词证据予以有效排除具有保障公正审判的效果，同时也具有杜绝刑讯逼供等诸多法治意义。

（三）有利于提高审判效率

针对贿赂犯罪案件，在审查起诉阶段将非法言词证据予以有效排除，可以提高审判效率。首先，在审查起诉阶段将非法言词证据予以排除，可以避免因证据合法性与否存在的争议矛盾在审判阶段爆发。司法实践中，被告人庭审翻供现象较为多发，尤其是在贿赂犯罪案件中，庭审翻供现象更是大量存在，这与非法言词证据没有得到及时排除具有直接关系。如果非法言词证据能够在审查起诉阶段得以排除，那么贿赂案件中的翻供现象，将会大大降低，庭审效率也必将大幅提高。另外，由于控辩双方不能在审查起诉阶段就非法言词证据问题达成一致，导致审判中产生矛盾冲突增加、审判过程复杂化等问题，最终导致审判效率降低。如果非法言词证据能够在审查起诉阶段就得以排除，那么审判过程就会重点突出、过程清晰，从而大大提高审判效率。同时，如果非法言词证据问题能够在审查起诉阶段予以解决，不必等到庭审阶段再进行辩论、质证，那么这也将使控辩双方对庭审产生合理预期，从而更好地确定诉讼策略，比如选择不起诉或者适用简易程序、进行诉讼和解等，这也将使案件的审判效率获得极大提高。

三、审查起诉阶段排除贿赂犯罪案件非法言词证据的程序设计

笔者认为，针对贿赂犯罪案件，在审查起诉阶段排除非法言词证据，应该在这一阶段作两个方面的程序设计：一是刑事诉讼证据开示程序；二是排除非法言词证据的听证程序。

（一）刑事诉讼证据开示程序

刑事案件证据开示，在域外早有先例。“证据开示（discovery），是当事人主义或类当事人主义诉讼程序中一个十分重要的概念和制度”。[①]“刑事诉讼中的证据开示，作为一种搜集证据的方法，是审判前在控诉方与辩护方之间进行的信息交换”。[②] 证据开示是对抗式诉讼模式的客观要求。对抗式诉讼模式通过控辩双方进行对抗来求得法律真实，并最终依据该法律真实定罪量刑，而对抗的基础，就是控辩双方力量的均衡和审前基本争议点的确定，这两个客观要求得以实现的前提，即为证据开示。证据开示使得审判中所要出现的证据都提前公布于双方，有利于双方针对证据情况确定争议点，提高审判效率；同时，由于知悉审判中将出现的全部证据，控辩双方也得以更为平等、充分地准备自己的庭审策略，实现平等对抗。

---

① 龙宗智：《刑事诉讼中的证据开示制度研究》，载《政法论坛》1998年第1期。

② 参见 DAVID W · NEUBAUER：《美国的法院和刑事司法制度》，第253页，第254页。转引自龙宗智：《刑事诉讼中的证据开示制度研究》，载《政法论坛》1998年第1期。

我国当前司法实务中的“证据开示”，主要体现为“阅卷权”。[①] 新刑事诉讼法第38条规定：“辩护律师自人民检察院对案件审查起诉之日起，可以查阅、摘抄、复制本案的卷宗材料。”这意味着辩护律师有权阅卷的时间是人民检察院对案件审查起诉之日，即辩护律师在审查起诉阶段和审判阶段都是有完全阅卷权的。第160条规定了公安机关侦查终结的案件，应当写出起诉意见书，连同案卷材料、证据一并移送同级人民检察院审查决定（检察机关自侦案件适用该规定）。第172条规定了人民检察院按照审判管辖的规定，向人民法院提起公诉，并将案卷材料、证据移送人民法院。这意味着无论是侦查机关将侦查终结的案件移送人民检察院进行审查起诉，还是人民检察院将决定起诉的案件向人民法院提起公诉，对案件的案卷材料、证据都是全案移送。这种案卷材料、证据，既包括指控犯罪事实以及表明罪行严重等对犯罪嫌疑人、被告人不利的证据材料，也包括符合从轻、减轻处罚情节等对犯罪嫌疑人、被告人有利的证据材料。结合上述规定，笔者认为，新刑事诉讼法实施后，辩护律师无论是在案件的审查起诉阶段，还是在案件审判阶段的开庭之前，阅卷权应该是可以得到充分行使和保障的。

司法实务界和学理界普遍认为，按照现行刑事诉讼法规定，目前有限实行的、一定意义上的“证据开示”功能，是在公诉机关将案件移送起诉后至人民法院开庭审理前这一阶段进行的。笔者认为，新刑事诉讼法实施后，由于在审查起诉阶段辩护律师行使完全阅卷权的问题已经得以解决，为充分发挥检察机关的公诉职能、法律监督职能和律师的辩护职能，以真正保障犯罪嫌疑人的诉讼权利，司法实务中有必要在审查起诉阶段设置刑事诉讼证据开示程序，即在侦查部门将案件移送审查起诉部门之日后，至公诉部门将案件提起公诉之日前的这一阶段，由公诉部门主持，将侦查部门提交的案卷材料、证据向辩护律师开示，并将辩护律师提交的有利于嫌疑人的材料向侦查人员开示的一种程序或制度。

对于在这一阶段进行证据开示应该坚持哪些原则，具体来讲究竟是否应当实行“依法开示、全面开示、不对等开示”等原则，目前理论与实务界存在一些争议。笔者认为，随着新刑事诉讼法分别对侦查机关和审查起诉机关全面移送案卷材料、证据的义务和辩护律师在审查起诉和审判阶段完全阅卷权的明确规定，上述原则的确立已毋庸置疑。对于确立这些原则的理由、意义和对其内涵、范围、规则以及违反证据开示的救济机制等的阐述与说明并非本文重点，在此不再赘述。笔者想说明的是，新《刑事诉讼法》第40条规定，“辩护人收集的有关犯罪嫌疑人不在现场、未达到刑事责任年龄、属于依法不负刑事责任的精神病人的证据，应当及时告知公安机关、人民检察院”，这不是对辩护人举证责任的规定与要求，而是基于证据开

① 参见何永红：《刑事证据开示程序比较研究》，载《江苏警官学院学报》2004年第3期。

示的目的性和对律师执业规范性的要求，其目的是最大限度并有效和及时地维护犯罪嫌疑人的合法权益。

笔者于前述已论及贿赂犯罪案件证据的特殊性，在审查起诉阶段将贿赂犯罪案件的证据尤其言词类证据进行开示非常必要。这是排除贿赂犯罪案件中非法言词证据的前提和基础。在涉及贿赂犯罪案件言词证据的开示问题上，应作如下程序设计与要求：

1. 侦查部门应依照法律规定将案件中的言词证据全面开示给辩护人，尤其是在犯罪嫌疑人有多次口供、存在相互不一致和翻供现象或存在对犯罪嫌疑人有利的口供的情况下。实践中，较为普遍存在的现象是，侦查部门将上述口供中对犯罪嫌疑人有利的全部或大部分口供并不随卷移交，导致辩护人根本无从查阅并获得这部分证据。

2. 辩护人所掌握的有利于犯罪嫌疑人的言词证据，出于职业规范的要求，一般应当提交给公诉机关并向侦查部门开示，以便及时维护犯罪嫌疑人的合法权益。但这不是一种举证责任，如果根据案件的实际情况及相关信息，辩护人有理由判断在此阶段出示这些有利于犯罪嫌疑人的言词证据，将可能出现对犯罪嫌疑人或证人不利等现象的发生，从而导致影响案件正常进行时，辩护人可以决定不开示这部分证据。

3. 侦查部门掌握的涉及社会公共利益、国家机密或可能对其他案件的侦查造成明显损害的言词证据，侦查部门可以选择对这部分言词证据不开示，但是这些不开示的证据应得到证据开示程序主持人即审查起诉机关的审核与确认。辩护人所掌握的言词证据属于不利于犯罪嫌疑人的证据的，也应作为例外免予开示。

（二）排除非法言词证据的听证程序

听证制度是一种西方舶来品，其溯源于古老的“自然正义原则”，该原则要求：“（a）任何人都不得在与自己有关的案件中担任法官；（b）应听取双方之词，任何一方之词未被听取不得对其裁判”。[①] 听证制度在西方起初原本就应用于司法程序，后在行政程序中得到广泛运用，立法程序中采用听证形式的也较为多见。我国的听证制度肇始于1996年的《行政处罚法》。当前，听证程序已经被成功地应用于人民法院的执行程序、再审程序、国家赔偿程序等司法实务之中，并且发挥了积极、有益的效果。在刑事诉讼活动中，犯罪嫌疑人即将面临被追究刑事责任，听取辩护人关于指控证据的意见，是维护犯罪嫌疑人辩护权的要求，也是法律公正价值的要求。

根据新《刑事诉讼法》第170条规定：“人民检察院审查案件，应当讯问犯罪

---

① ［英］沃克：《牛津法律大辞典》，李双元等译，法律出版社2003年版，第787页。

嫌疑人，听取辩护人、被害人及其诉讼代理人的意见，并记录在案"。第55条规定："人民检察院接到报案、控告、举报或者发现侦查人员以非法方法收集证据的，应当进行调查核实"。第54条第5款规定："在侦查、审查起诉、审判时发现有应当排除的证据的，应当依法予以排除，不得作为起诉意见、起诉决定和判决的依据"。从这三个条款来看，公诉机关应当在审查起诉阶段听取辩护人的意见，尤其是辩护人关于非法证据的意见，并进行调查核实。如果认定确实存在非法取证的，应当依法对该非法证据予以排除，但是新刑事诉讼法对于以何种方式及如何听取辩护人意见却没有明确具体地进行规定。笔者认为，在审查起诉阶段设置非法证据排除的听证程序可以合理并有效地解决这一问题。

在审查起诉环节设置的非法证据排除的听证程序中，应当包含三方主体，分别是公诉部门、辩护方、侦查部门。公诉部门作为主持人，对听证程序的开展予以引导，其又作为裁判者，听取侦查部门和辩护方对于证据材料的意见，并依据双方意见和法律规定对证据的合法与否作出审查与认定，决定是否将该证据材料作为提交法庭的证据予以使用，以及决定是否将非法证据予以保留，并交相关部门另案处理。辩护方作为提出纠正意见的一方，对听证程序的启动享有决定权，有权对存在非法取证嫌疑的证据提出意见，要求侦查机关对该证据的合法与否给予说明和证明；辩护方认为控方证据不存在非法取证嫌疑或其他合法性问题的，辩护方也有权选择不启动听证程序。侦查部门作为该案的侦破部门和听证程序的协助调查者，应对辩护方提出的意见予以回应，并出示相关证据，证明其向公诉机关提交的所有证据具有合法性。

对于设置该制度或程序的合理性、必要性以及其具体程序内容设计及排除规则等，由于并非本文论述的重点，故在此不予赘述。笔者认为，在涉及贿赂犯罪案件非法言词证据排除的听证问题上，应作如下程序设计与要求：

1. 实行审查起诉阶段对贿赂犯罪案件非法言词证据排除的听证程序，其前提是已经保障了辩护人在该阶段阅卷权的充分行使，最为适当的做法是已经进行了审查起诉阶段的刑事证据开示工作（前文已述）。否则，该听证程序将流于形式。

2. 公诉机关应于证据开示后，向辩护人发出书面通知，要求辩护人在规定的时间（以不超过7日为限），向公诉机关提交关于排除非法言词证据的书面申请和理由，并提出侦查机关存在非法取证嫌疑的相关线索或者材料，但辩护人不应承担证明责任和举证不能的不利后果。

3. 如果辩护人在规定时间内没有根据上述要求办理，则视为自动放弃在这一阶段举行听证的启动权，那么公诉机关可以决定不举行听证，并以书面形式通知辩护人。公诉机关决定举行听证的，应在作出决定之日起一定期限内（以3日为宜），分别向侦查部门和辩护人发出书面通知，通知内容包括举行听证的决定、听证召开的具体时间和地点、参加的各方、听证的具体问题、听证的规则等。

4. 听证过程中，由辩护人和侦查部门对存在争议的证据问题互相发表意见和加以证明。涉嫌非法言词证据讯问、询问对象的嫌疑人和证人应出庭参与听证调查与质证。公诉机关根据听证中双方的意见和证据以及相关法律规定，对存在争议的证据是否提交法庭作出决定，决定中应对双方所提出的意见予以回应，并进行法律解释和说理，其中必须对辩护方所提出的意见予以回应。听证结论应作出书面决定，并在限定期限内分别发送给侦查部门和辩护人。公诉机关还应将听证结论附卷，并随案移送人民法院。

四、结语

非法证据问题的解决，可以说是一个世界性的问题，打击犯罪与保障人权两者之间的博弈可谓由来已久。在我国，公、检、法机关“三位一体”、“互相配合”的司法传统，更是使得这一问题的解决面临巨大的困难和阻力。具体到贿赂犯罪案件，由于贿赂犯罪本身的特殊性，其已经成为刑讯逼供和非法取证的高发领域，由此导致的冤假错案屡见不鲜，这一方面损害了我国司法的公信力，另一方面也造成诉讼效率的极大降低和司法资源的极大浪费。为了解决上述问题，立法与实务部门都在积极地不断探索，期待找到一条好的解决途径，而从目前来看，在审查起诉阶段排除贿赂犯罪案件非法言词证据，为实现这一目标，提供了一种思路。建立审查起诉阶段的言词证据开示程序与非法言词证据排除的听证程序，不仅有法律依据，而且切实可行，一定程度上能够解决实务中存在的一些矛盾。希望笔者的一孔之见，能够获得理论与实务界专家、学者的批评和指正，也希望针对贿赂犯罪案件设计的这种程序制度，能够为完善非法证据排除制度，提供一定程度的借鉴和参考。

构建检察机关排除贿赂犯罪中非法证据的路径

王　琼*

一、本文论述的限定性条件

（一）查办贿赂犯罪案件中非法证据排除的主体限制

检察机关在查办贿赂犯罪案件中依法行使侦查职能、控诉职能和诉讼监督职能，其多元化职能决定了检察机关在查办贿赂犯罪案件中的优势地位，同时也为排除贿赂犯罪案件中的非法证据带来了便利。因此，本文论述的贿赂犯罪案件中的非法证据排除主体限于检察机关。

（二）查办贿赂犯罪案件中非法证据排除的阶段限制

根据修改后的《刑事诉讼法》第 54 条规定，检察机关在侦查、审查批捕和审查起诉阶段有权依法排除非法证据。这与我国检察机关承担的诉讼监督职能是相适应的。将非法证据的排除提前至侦查、审查批捕环节和审查起诉阶段，对于尽早发现和纠正侦查中可能出现的错误，及时维护诉讼参与人的合法权益，加强侦查监督，避免冤假错案，意义重大。因此，本文仅论述检察机关在审前程序中对于贿赂犯罪案件中非法证据的排除，主要集中在贿赂犯罪案件的侦查程序和审查起诉程序。

（三）查办贿赂犯罪案件中非法证据排除的对象限制

贿赂犯罪在多数情况下是行贿与受贿的双方在极其隐蔽的情况下进行的，犯罪痕迹极少，能够证明此类犯罪案件真实情况的证据通常只有行、受贿双方的供述以及互为证据的证言，即我们通常所说的言词证据。因此，本文所指的检察机关排除贿赂犯罪案件中的非法证据主要限于非法言词证据。

---

* 武汉市经济技术开发区人民检察院副检察长。

二、贿赂犯罪证据的特殊性

（一）证据形式的单一性

修改后刑事诉讼法明确规定了8种形式的证据，对大多数刑事犯罪而言，都有两种以上的证据，并能够达到各种证据相互补充、相互印证，形成完整的证据链条和证明体系。而从查办贿赂犯罪的司法实践来看，贿赂犯罪多是一对一的形式，是财物与无形的权力的交易，除行贿与受贿双方以外，很少有第三人存在。贿赂犯罪案件证据主要是言词证据，一般很难收集到其他形式的证据。因此，就贿赂犯罪案件而言，口供是真正的“证据之王”。这就使我们收集和确认证据始终围绕人及其供述或者证言进行，限定了检察机关对贿赂犯罪案件中非法证据的排除主要是针对言词证据的排除。

（二）对合性

任何一种贿赂犯罪的完成，起码要包括行贿人的行贿行为和受贿人的受贿行为。贿赂犯罪行为本身的这一特点，决定了贿赂犯罪案件的证据应是行贿人的行贿证据和受贿人的受贿证据二者的有机结合，缺少其中任何一方的证据，都不足以认定受贿犯罪事实。①

（三）隐蔽性

贿赂犯罪证据深藏于当事人的记忆中，看不见、摸不着，而且无法借助现代科技手段予以提取，收集证据的难度比较大。另外，贿赂犯罪分子为了掩盖犯罪事实，常会制造一些假象，这也给证据的收集和确认带来了困难。

（四）主观性

贿赂犯罪证据的单一性特点，决定了大部分贿赂犯罪案件，除行贿与受贿双方的供述或证言之外，大都没有其他证据佐证，加之受各种客观因素和当事人主观心理状态、表达能力、记忆能力的影响，证言失真的可能性比较大。同时，人都有趋利避害的本能，因此在不同的诉讼阶段、面对不同的司法人员，证据随时都会发生变化，证据链条更加脆弱，具有很强的主观性。

三、检察机关排除贿赂犯罪案件中非法证据的必然性

检察机关贯穿贿赂犯罪案件的侦查、起诉、审判等全过程，基于它的这种特殊

① 邱建民：《论贿赂犯罪案件侦查中的证据问题》，载《法制与社会》2010年6月（下）。

地位，决定了它对于贿赂犯罪案件的非法证据排除起着关键性作用。

1. 检察机关多元化职能的充分行使为检察机关在审前程序中排除非法证据提供了便利。针对贿赂犯罪，检察机关集侦查职能、控诉职能、诉讼监督职能于一体。检察机关在行使侦查职能时要严格进行证据的收集固定，保证取证行为的合法性；在审查起诉时对侦查部门提供的证据进行调查核实，并排除非法证据。可见，检察机关在其职能的行使中，为排除非法证据提供了有效路径。同时，非法证据排除也有助于检察机关作出准确的决定，从而科学合理地决定程序的进展，避免因程序的不当推进侵害公民的权利，还可以节约司法资源。

2. 根据联合国《禁止酷刑和其他残忍、不人道或有辱人格的待遇或处罚公约》第 15 条的规定，非法证据排除规则适用于“任何诉讼程序”，侦查和审查起诉是刑事诉讼程序中的两个阶段，理应适用该规则。此外，联合国《关于检察官作用的准则》第 16 条规定：“当检察官根据合理的原因得知或者认为其掌握的不利于嫌疑犯的证据是通过严重侵犯犯罪嫌疑人人权的非法手段，尤其是通过拷打，残酷的、非人道的或有辱人格的待遇或处罚或以其他违反人权办法而取得的，检察官应拒绝使用此类证据来反对采取上述手段者之外的任何人将此事通知法院，并应采取一切必要的步骤确保将使用上述手段的责任者绳之以法。[①] 更是进一步确认了检察机关排除非法证据的必然性。

四、检察机关在查办贿赂犯罪案件中排除非法证据的障碍

（一）职能障碍

检察机关的多元化职能决定了它是矛盾的统一体。尤其体现在贿赂犯罪的非法证据排除中，检察机关集侦查、批准逮捕、审查起诉、提起公诉等职能于一体，使得检察机关自侦并且审查自侦证据的合法性，会导致排除非法证据的职能局限和社会大众对检察机关非法证据排除的公正性产生质疑。

（二）思维障碍

众所周知，优秀侦查员首先是从有罪推断怀疑一切开始的，这种思维定式或多或少对下游会产生辐射，另外无论是从社会普遍的意识来看，还是从检察机关自身的角度出发，检察机关在公诉中向来处于“强势”的思维状态，因此检察机关在查办贿赂案件排除非法证据方面存在思维局限。

① 张智辉、杨诚：《检察官作用与准则比较研究》，中国检察出版社 2002 年版，第 251 页。

（三）证据障碍

贿赂犯罪证据本身的特殊性决定了检察机关在查办贿赂犯罪案件的过程中面临诸多障碍。尤其是贿赂犯罪证据的单一性、隐蔽性等加大了取证的难度以及对证据审查的难度，因而导致了检察机关排除非法证据存在更大的困难。

（四）法律障碍

修改后刑事诉讼法施行后，相关规范仍需进一步完善和构建。如修改后刑事诉讼法中对检察机关在审前程序中运用非法证据排除的规定仅限于第55条，此规定原则性强，可操作性弱，使得检察机关在现实中难以有效地排除非法证据。

五、构建检察机关排除贿赂犯罪中非法证据的路径

（一）树立检察机关在查办贿赂犯罪案件中排除非法证据的思维路径

1. 强化取证思维，规范侦查行为。修改后刑事诉讼法虽然增加了贿赂犯罪查处工作的难度，但从辩证的观点来看，它又促进了贿赂犯罪侦查工作的健康有序发展。因此，侦查人员首先要消除抵触情绪，学会在压力下查办案件，使贿赂犯罪案件侦查工作走向规范化、法治化。其次，侦查人员要认真学习修改后刑事诉讼法，从思想上树立起全面、客观、规范取证的思维，克服轻程序重实体、轻权利重权力等落后的司法观念。在侦查中既要重视言词证据对案件事实的证明作用，也要注重发挥言词证据在发现、获取物证、书证等其他证据中的重要作用，善于从物证、书证等其他证据体系抑制犯罪嫌疑人、被告人翻供的企图。

2. 增强证据审查思维，提高证据审查能力。检察机关认定的事实是合法、有效证据据以支持的事实，侦查证据只有经过检察机关的严格审查，才能成为用以证明案件事实的诉讼证据。而对证据的审查不严、不细、轻易放过或忽视证据中的问题是非法证据产生的重要原因。因此，盲目、片面相信在案证据是检察机关的高危思维。为有效防止错案，检察机关必须树立问题意识，培养发现问题的能力；增强对证据的审查思维，克服盲信思想，力避对侦查证据照单全收。审查证据的思维脉络是：在无罪无证的思维逻辑起点上，对有罪证据和无罪证据进行全面考量，当无罪、无效、非法证据被一一否定，有罪、有效、合法证据被一一确证，一切合理怀疑均被排除后，有罪结论才能确立。①

① 王学成、沈丙友：《“两个证据规定”的施行与公诉工作新思维》，载《中国检察官》2011年第1期。

（二）规范检察机关排除贿赂犯罪中非法证据的程序路径

在办理贿赂犯罪案件中侦查环节以及审查起诉是检察机关决定是否提起公诉的关键步骤。如果在这个过程中检察机关未能及时排除非法证据，会产生诸多负面影响。因此检察机关在侦查阶段和审查起诉阶段能否严格排除非法证据，意义重大。虽然修改后刑事诉讼法明确了检察机关排除非法证据的权力，但对于检察机关排除贿赂犯罪的非法证据遵循何种程序，尚需进一步规范。

1. 规范检察机关排除非法证据的侦查程序，主要包括：

（1）健全完善贿赂犯罪的技术侦查措施。由于贿赂犯罪的取证存在难度，检察机关在侦查中采取特殊侦查措施成为国际趋势。未来我国应着力改变当前贿赂犯罪侦查中过度依赖口供的现状，在常规侦查措施的基础上，着力加强与贿赂犯罪密切相关的技术侦查措施（包括诱惑侦查、技术侦查、卧底侦查等）的运用，并对这些措施的使用加以严格规范，通过检察机关办理贿赂犯罪案件能力和效率的提高来促进其贿赂犯罪侦查行为合法性的增强，这将是避免刑讯逼供等非法取证行为发生的重要路径。

（2）突出“由证到供”的侦查方式。检察机关要实现从主要依靠获取言词证据突破案件的“由供到证”到“由证到供”的侦查方式的转变，重点是要加强贿赂犯罪初查机制建设，争取在接触犯罪嫌疑人之前就获取关键证据或较为充分确实的证据。由于贿赂犯罪证据形态往往具有更强的隐蔽性、主观性等特点，被侦查对象也通常具有较高的反侦查意识，这就要求侦查人员要强化证据收集、固定意识，迅速、及时、准确地收集证据并且严格做到程序正当，夯实证据基础，提高办案质量和效率。

（3）落实全程同步录音录像制度。修改后刑事诉讼法对证据合法性的证明标准提出了要求，使得落实全程同步录音录像制度和规范侦查人员讯问犯罪嫌疑人行为具有迫切的现实需要性。讯问时全程同步录音录像能够真实再现犯罪嫌疑人接受讯问时的场景，准确证明侦查人员讯问行为合法与否并固定相关证据，是督促侦查人员依法取证、遏制刑讯逼供等非法取证行为、保障犯罪嫌疑人合法权益的有效路径。

（4）确立贿赂犯罪侦查讯问律师在场制度。从国际刑事司法潮流的发展趋势以及国际刑事司法准则的基本要求来看，从我国司法实践的现实情况来看，确立贿赂犯罪侦查讯问的律师在场制度是排除非法证据的有效路径。检察机关侦查部门讯问贿赂犯罪嫌疑人时，如果犯罪嫌疑人要求有律师在场，侦查部门必须通知律师到场；如果犯罪嫌疑人开始放弃律师在场权但在讯问中又要求律师在场的，侦查部门应当停止讯问并通知律师到场。此外，即使犯罪嫌疑人并未主张律师在场权，如果侦查部门认为确有必要，亦可通知律师到场。

2. 规范检察机关排除贿赂犯罪中非法证据的启动程序，主要包括：

（1）依申请启动非法证据排除程序。检察机关在第一次讯问犯罪嫌疑人时，应当告知其有权对侦查过程中所获取证据的合法性特别是供述的真实性提出异议，并如实记入笔录。犯罪嫌疑人或者其聘请的律师对证据合法性存在异议的，应当向检察机关提供相关的线索或证据。检察机关接到群众报案、控告、举报或发现侦查人员以非法方法收集证据的，应当进行调查核实。

（2）依职权启动非法证据排除程序。检察机关作为具备多元化职能的司法机构，其承担了对贿赂犯罪中非法证据排除的责任，因此它要主动地对侦查部门提供的证据合法性进行审查。需要强调的是检察机关有权要求侦查部门提供讯问时的全程同步录音录像作为排除非法证据及补强合法证据的重要手段和方法。

3. 规范检察机关排除非法证据的审查起诉程序，主要包括：

（1）证据合法性的审查程序。检察机关面对在案侦查证据，首先是在怀疑的思维下进行深入的证据审查。具体体现为检察机关在审查起诉中认为存在刑讯逼供或者暴力、威胁等非法取证行为嫌疑的，应当要求侦查部门提供全部讯问笔录、原始的全程同步录音录像或者犯罪嫌疑人出入看守所的体检表等其他证据，必要时可以询问其他证人或者其他在场人员、看守管教人员等。在非法证据被排除、形式不合法的证据得以补正或得到合理解释后，那些经过审查的证据才是用以公诉的诉讼证据。

（2）引入听证程序。经过对证据的初步审查仍然不能排除嫌疑的，检察机关应当以听证程序的方式对证据合法性进行调查核实，即通知犯罪嫌疑人及其聘请的律师以及侦查人员出席听证，要求侦查人员对存疑证据的合法性进行说明，允许犯罪嫌疑人及其聘请的律师对证据合法性进行质证并与侦查人员辩论。

4. 规范检察机关排除贿赂犯罪中非法证据的决定程序。经过公诉审查程序，如果检察机关认为侦查部门提供的证据确系合法取得，应当作出不予排除的决定并告知犯罪嫌疑人理由。如果检察机关认为证据确系违法取得，或者认为证据不能排除刑讯逼供或者暴力、威胁等非法取证行为嫌疑的，应当依法予以排除。如果排除非法证据后其他证据不能证明犯罪嫌疑人实施犯罪行为的，应当依法作出不予批准或者决定逮捕的决定；如果案件已经移送审查起诉的，应当依法作出不起诉的决定。检察机关排除非法证据，应当告知侦查部门理由。此外，检察机关在审查起诉中发现侦查人员存在刑讯逼供或者暴力、威胁等非法取证行为的，应当及时提出纠正意见，构成犯罪的，依法追究刑事责任。同时要求侦查部门另行指派侦查人员重新调查取证。

贿赂犯罪的非法证据排除

黄辛欣*

非法证据排除规则，是指违反法定程序，以非法方式获取的证据，原则上不具有证据能力，不能为法庭采纳。非法证据排除规则在刑事诉讼中的确立，是价值权衡的结果：如果允许将非法取得的证据作为定案根据，有时对查明案情、实现国家的刑罚权是有帮助的，但这样做又是以侵犯宪法保障的公民基本权利、违反程序公正为代价的；反之，如果将非法取得的证据一律排除，又可能影响对犯罪的查明和惩治。从近现代刑事诉讼制度的发展趋势来看，人权保障的价值目标越来越受到重视，日渐成为一种优位的价值理念，当惩罚犯罪与保障人权发生冲突时，各国越来越倾向于优先保障人权。因此，各国立法均在一定程度上确立了非法证据排除规则，但为了兼顾惩罚犯罪的客观需要，多数国家又确立了一些例外。在我国，为保证证据收集的合法性，刑事诉讼法及相关司法解释对于证据的收集、固定、保全、审查判断、查证核实等，都规定了严格的程序。

一、《关于办理刑事案件排除非法证据若干问题的规定》对非法证据排除规则的规定

一是明确证据审查和采信规则以及不同诉讼程序的证明标准等；二是完善非法证据排除制度，明确非法证据排除的范围、证明责任、审查程序和救济途径等；三是完善证人、鉴定人出庭制度和保护制度，明确侦查人员出庭作证的范围和程序等。

二、新刑事诉讼法关于非法证据排除规则的规定

2012 年修改后的刑事诉讼法，在三个方面增加了关于非法证据排除规则的相关规定：第一，排除范围。即《刑事诉讼法》第 54 条的规定。第二，法庭调查，包括启动、证明、处理。即刑事诉讼法第 56 条、第 57 条、第 58 条的规定。第三，法律监督。即《刑事诉讼法》第 55 条的规定。新刑事诉讼法对排除实物证据持客

* 武汉市新洲区人民检察院反贪污贿赂局干警。

观、审慎的态度，故规定了三个条件，只有三个条件同时具备的，非法的实物证据才能排除。一是收集证据的执法行为不符合法定程序。这里的不符合法定程序，主要指刑讯逼供和暴力取证等非法行为。二是可能严重影响司法公正。这里的可能是指现实的可能性，这里的司法公正包括司法的程序公正、实体公正和公信形象；这里的严重影响是指严重损害了司法的程序正义或独立价值，或者可能导致冤假错案的发生，或者会严重损害司法的公信或权威等。三是司法机关不能加以补正或者作出合理解释。这里的补正就是弥补纠正的意思，这里的合理解释是指对非法取证的方法做出事出有因或情有可原的解释或说明等。新刑事诉讼法对非法实物证据的排除采取区别对待原则，既是立足办案实际的需要，也是参考借鉴国外刑事诉讼中非法实物证据排除规定的结果。新刑事诉讼法中非法证据排除的制度设计全面吸纳了司法实践的成功经验，充分反映了社会各界的期待关切，反复考量了当前办案的实际水平。这一制度的设立，是尊重和保障人权的重要体现，是刑事诉讼证据制度改革发展的重要方面，也是此次刑事诉讼法修改的一大亮点，具有鲜明的中国特色和时代特点。由于贿赂犯罪属于权钱交易，权力是无形的，行贿的标的一般也为容易消耗、转移的现金或者体积小的贵重物品。除非被抓现行，否则根本不会存在普通刑事犯罪所常见的犯罪现场或者实物证据。贿赂犯罪因此具有极强的隐秘性，知晓犯罪事实的往往只有行贿人与受贿人。检察机关在侦办贿赂犯罪时，破案证据也以言词证据为主，这就往往存在为了突破口供“采取刑讯逼供等非法手段取得的犯罪嫌疑人、被告人供述和采用暴力、威胁等非法手段取得的证人证言、被害人陈述”。“刑讯”，即“用刑罚审讯”，“以酷刑逼供”，亦即“刑求”，典型的刑讯逼供，是以积极的、相当强度的暴力方式实施的，如殴打、电击、火烧、捆吊、“坐老虎凳”等。目前，真正采取以上赤裸裸暴力手段进行取证的方式已不多见，更多地表现为不规范、不文明的审讯方式方法，如长时间不准嫌疑人入睡；对嫌疑人作出某些承诺；贬损嫌疑人的人格；等等。

三、贿赂犯罪中的非法证据排除原则

由于贿赂犯罪案件属于检察机关直接侦办的案件，检察工作人员在应对贿赂犯罪的非法证据排除时应遵循下列原则。

（一）坚持程序正义与实体正义相统一的原则

检察工作人员维护公职务的廉洁性，打击贿赂犯罪是法定职责。但程序正义也要检察工作人员来维护，在当前尊重和保障人权的大背景下显得更为突出。这也要求我们检察工作人员在搜集固定证据过程中，必须严格按照程序法和相关司法解释的规定，文明规范执法，确保不出现影响社会和谐稳定的情况。

（二）淡化言词证据原则

长久以来贿赂犯罪的定案证据都以言词口供为主，也就存在为了取得口供，而实施刑讯逼供、指供、诱供等一系列非法不当举措。淡化言词证据并非不要言词证据，而是注重书证、物证的重要性。这也是贿赂案件证据形式的新转变、新要求。

（三）自我保护原则

检察工作人员在从事侦查、审查逮捕、审查起诉等一系列法律程序中，一定要遵守法律规定，高度重视办案安全。检察工作人员要从自我保护的角度，杜绝办案事故的发生，必须明确尊重和保障嫌疑人、证人的权利，也是从另一个角度保护自己。

四、应对贿赂犯罪非法证据排除的举措

按照上述关于贿赂犯罪的非法证据排除原则，针对贿赂犯罪的特点，笔者认为，检察工作人员要从以下几个方面来应对贿赂犯罪的非法证据排除。

（一）要加强证明言词证据取得合法性的证据的收集和固定

根据非法证据排除规则，侦查机关不仅要收集、固定证明犯罪事实和情节的证据，而且要收集、固定证明言词证据特别是犯罪嫌疑人口供取得合法性的证据。检察机关在审查批捕、审查起诉时，也不仅要审查证明犯罪事实的证据，而且要审查证明犯罪嫌疑人口供取得合法性的证据。当前，不少反贪部门还不重视对证明犯罪嫌疑人口供取得合法性证据的收集和固定，被告人一旦在法庭上称遭到了侦查人员的刑讯逼供，只能由侦查人员出具自称“没有刑讯逼供”的书面材料或侦查人员出庭自证没有刑讯逼供，但侦查人员的这种自证，其客观性和证明力都不强。因此，反贪部门必须重视对证明犯罪嫌疑人口供取得合法性证据的收集和固定。针对言词证据易变性、可塑性较强的特点，应当十分注意固定证据，对陈述、供述要全面、如实地进行记录，并依法核对和签名，予以固定；尽可能收集到实物证据来印证言词证据，对离开口供就不足以证明犯罪事实的案件，反贪部门必须随案移送证明犯罪嫌疑人口供取得合法性的证据；检察机关侦监、公诉部门则要加强对此类证据的审查。

（二）要重视对口供之外其他证据的收集和固定

长期以来，侦查机关存在重口供的获取、轻其他证据特别是物证的全面收集和固定的偏向，这种“口供情结”反过来又会加剧刑讯逼供。非法证据排除规则实施的情况说明，如果重视对口供以外证据特别是物证的全面收集和固定，使之离开

口供也能定案，那即使犯罪嫌疑人称受到了刑讯逼供，也不至于影响对案件的办理；而不重视对口供以外证据的全面收集、固定，一旦口供获取的合法性存在疑问，案件就办不下去。因此，随着非法证据排除规则的实施，反贪部门要切实改变重口供的获取、轻其他证据全面收集的偏向，更加重视对证据特别是物证的全面收集。

（三）要加强对检察机关工作人员的保护

检察机关自侦案件中被告人在法庭上翻供、称遭到侦查人员刑讯逼供的不在少数。在这些案件中，确有刑讯逼供的是极少数甚至极个别，但绝大多数是为了逃避法律追究。就被告人来说，如果编造谎言、诬称遭到刑讯逼供，其结果充其量仅是其编造的谎言得不到认定而已，而不会给其带来任何风险，那何乐而不为？而这种风潮一旦蔓延，则不仅会妨害司法活动，影响庭审的效率，增加诉讼的成本，而且不利于打击犯罪，也不利于保护侦查人员的合法权益。国家对犯罪嫌疑人的人权和侦查人员的人权都有保护的责任，对权利遭到侦查人员侵犯的犯罪嫌疑人予以切实保护，并对有关侦查人员予以应有的惩罚，同时对精心编造谎言诬称侦查人员对其刑讯逼供的犯罪嫌疑人给予必要的惩戒，并对有关被诬陷的侦查人员予以必要的保护，是一个问题的两个方面，只有把二者有机结合起来，才能实施好非法证据排除规则。

浅析贿赂犯罪案件中证人不愿作证的原因及应对

赵　龙*

刑事诉讼的核心和基础是证据。贿赂犯罪通常是在没有第三方在场的情况下，由行贿方和受贿方单独进行，且交接财物时十分注意避免遗留犯罪痕迹，很少留下能够直接证明案件真实情况的物证或者书证。因此，在贿赂案件侦查中，全面、及时地收集符合案件真实情况的证人证言，对于突破案件、揭露和证实犯罪嫌疑人的犯罪事实非常重要。但是在司法实践中，证人因与案件或主要犯罪嫌疑人有着千丝万缕的联系，在受到侦查人员调查询问时，内心矛盾、恐慌，存在各种心理障碍，不愿意作证，对我国刑事诉讼法的贯彻和诉讼运行带来严重的不利影响，一方面使得明文规定的证人具有作证义务的法律流于形式，导致有法不依，破坏法律的严肃性；另一方面证人不愿意作证还不利于侦查机关查明案情真相，严重阻碍贿赂犯罪案件的查处，更为可怕的还在于如果我们不根据证人不愿作证的原因寻找应对之策，司法公正将失去程序公正的依托而不复存在。鉴于此，笔者对证人不愿意作证的原因进行浅析，探索提高证人作证积极性的应对办法。

一、证人不愿意作证的原因

（一）利益原因

贿赂犯罪的发生与周边环境的作用密不可分，涉案人员要么从中分得了利益，要么与案件的结局有着利害关系，形成了“一荣俱荣，一损俱损”的腐败格局。一旦犯罪嫌疑人罪行败露、被依法惩处，涉案人员的既得利益必将受到损害，其经济利益、政治资本甚至将化为乌有。

（二）身份原因

涉案人员与犯罪嫌疑人往往存在身份（亲朋好友）关系，从而形成身份原因。

---

* 武汉市东西湖区人民检察院反贪污贿赂局干警。

由于身份原因，涉案人员便置法律于不顾，或缄默不语、讳莫如深，有的甚至故意歪曲事实，干扰侦查，帮助转移赃款赃物、毁灭罪证、包庇犯罪。

（三）安全原因

在我国对证人及其近亲属的保护制度还没有真正建立起来，而安全却是人的本能需求。在这种情况下，证人对作证是否会危及本人及其近亲属的人身及财产安全存在担忧是必然的。特别是在受到犯罪嫌疑人及其亲属等有关人员的威胁阻挠时，证人往往会在私情与正义、权势与法理的权衡上选择前者，拒不作证。

（四）人文原因

受传统落后的思想文化影响，证人一般不想、不愿作证。有些证人即使与案件事实和犯罪嫌疑人没有任何利害关系，却出于“多一事不如少一事”的处世原则，拒不作证或不如实作证。有些证人出于江湖意气和法律意识的淡薄，认为作证是对自己人格或朋友的背叛、有些证人在是非面前不分青红皂白，心怀恻隐之心，不怕正义得不到伸张，反而怕犯罪嫌疑人坐牢、受审、被判刑。

（五）认知原因

由于人的认识能力和记忆能力不同，导致涉案人员在对待某些行为和事实时，认知错误，产生心理原因。如行贿人认为自己行贿 1 万元是犯罪，因而拒不证明，而有些证人为了包庇犯罪，达到不作证的目的，借口认知原因，说自己忘了，时间长记不清了，以此为推脱，不如实作证。

（六）地域原因

由于受地域影响，外地证人大多不配合检察机关的调查取证工作。异地取证难，破坏了侦查取证的顺利进行，使办案工作遭受严重梗阻，且极易使侦查人员造成对案件事实的错误认定，从而放纵犯罪或者冤枉无辜，成为制约反贪查案工作顺利开展的新问题。

（七）法律原因

新刑事诉讼法对证人作证方面进行了规定，但在办案实践中却存在“粗放式”应用。如对证人及其近亲属保护、对证人费用的负担和待遇等方面的落实都存在落实力度不够，而且在我国也罕见相关先例，证人对法律规定是否能够真正落实到位持有相当的怀疑，这也容易导致证人不愿作证。

二、应对证人作证率低的几点对策

（一）研究取证对象，完善取证途径和方式，预防心理原因产生

为顺利获取证人证言，侦查人员一定要加强对取证对象的研究，特别是对涉案人员等关键证人，要制定取证预案，对可能出现的复杂情况要有充分准备，决不能盲目取证。要讲究取证的途径和方式，要善于营造如实作证的环境，争取一次取证成功。

（二）对症下药，开展心理攻势，制服心理原因

即使办案人员事先做了防备，受各种因素影响，证人、特别是那些与案件有牵连的证人在首次接触的时候，往往仍产生种种内心原因，不会如实提供证言，取证工作往往会陷入僵局。证人不作证、不如实作证，说到底是其心中正邪不分、是非不明，错误的思想观念占了上风。这时，侦查人员就要根据涉案人员的特点、证人的性格特点、案件的进展情况等，进行不同形式、深入细致的思想教育工作，要在询问中研究证人的特点和薄弱环节，进而各个击破。总之，思想教育工作在解决证人心理原因、应对证人不如实作证上的作用不可替代、不能削弱，必须加强，要因人而异、“攻心为上”。

（三）认真落实新刑事诉讼法对证人作证的相关规定，消除法律原因

在新刑事诉讼法的大框架下，要认真研究证人作证在现实办案中存在的各种困扰，积极建立起相关的配套措施，对相关法条进行细化规定，以保证法律的真正实施，提高证人对法律落实的信心，消除其顾虑，从而提高证人作证的积极性。

（四）灵活应对，因人而异，堵塞证人不愿作证的各种理由

适时出示证据，克服认知原因。对于借口认知原因而不如实提供案件真实情况的涉案人员，或确实因时间长记忆不清的，要依法适时出示相关证据，单刀直入，或步步紧逼，帮助涉案人员恢复记忆，迫使或促使其对有关问题做出回答与解释。因人施策，破除地域原因。对异地证人商请相关机关配合是必要的，但要根据情况，灵活运用。对于有职务、要面子的证人因怕当地纪检、检察机关掌握其违法违纪行为而影响其前途，可以直面取证；对可能不配合或不配合的证人，可以根据不同情况商请当地检察部门、其所在单位或当地纪检监察部门，甚至是本地与其有密切关系、其所信赖的单位、部门或者个人配合，以减少其抗拒心理，使其既觉得受到了照顾，又感到了法律的威严和压力，从而顺利作证。

（五）积极运用成功办案经验、办案技巧

在全国检察机关也存在相当一批成功案例，要对其进行总结归纳，找到符合实际条件的经验进行运用。如破灭幻想，瓦解同盟，破除身份、利益原因。因与犯罪嫌疑人有这种或那种密切的身份关系，这些涉案人员不仅不会主动向检察机关揭发犯罪，甚至会隐匿罪证，与犯罪嫌疑人订立攻守同盟。为突破这种根深蒂固的关系，在办案中我们一是要做到耳听六路、眼观八方；二是要依法承诺、消除顾虑，解决安全原因。对于那些因畏惧犯罪嫌疑人的权势，担心检察机关不能依法惩治腐败而会日后遭到打击报复的，或因有轻微违法行为担心因作证而受到法律制裁的，我们要讲清有关法律规定，依法承诺，想方设法消除其顾虑，使其放下思想包袱，如实提供证人证言。

正如习近平总书记强调的，一些党员干部中发生的贪污腐败问题必须下大气力解决，作为检察院反贪部门，我们必须坚决贯彻党中央的重要精神，加强打击和预防职务犯罪的力度，让人民群众看到反腐查案工作的成果，昭示我们严惩腐败的坚强信心、决心和能力，用鲜活的反腐败斗争成果教育和鼓励人民群众勇于同违法犯罪行为作斗争，形成证人如实作证、积极作证的良好社会风尚。

第四部分

贿赂犯罪的控制与立法完善

谈我国对商业贿赂犯罪的刑法规制及其完善

莫洪宪* 张 昱**

一、引言

新中国成立初期，与目前工商业在国民经济中占主导地位刚好相反，工商业活动在国民经济中所占的比重非常低，仅占20%左右，而农业则占国民经济比重的一半，是典型的农业国。新中国成立初期，我国并存着多种经济成分，随着1953年“一化三改”的社会主义改造的展开，根据过渡时期总路线在全国范围内逐步对农业、手工业及资本主义工商业进行了社会主义改造，由多种所有制经济并存而转变为全民所有制、集体所有制形式的社会主义公有制经济。在经济运行模式上，我国仿效苏联建立起计划经济体制，在计划经济体制下，原材料的供应、产品的生产、流通、销售均由国家指令性计划统一安排，作为产品生产者的企业及作为产品流通参与者的商业部门本身并无经营自主权，市场在产品生产者、流通者的认知中并不存在，竞争对于工商业经营者而言也是陌生的字眼。可以说，商业贿赂在新中国成立后30年间缺乏其滋生的经济体制土壤。十一届三中全会以来，我国确立了改革开放的政策，经济体制也由计划经济体制向社会主义市场经济体制转变，企业所有权与经营权的分离，使企业成为自主经营、自负盈亏、由“全国一盘棋”下被动接受指令性生产计划的“国家工厂”转变为在市场经济中“各自为战”的独立经营者。市场经济的本性，使得企业追逐商业利益的最大化，残酷的竞争也使得企业对交易机会孜孜以求。商业贿赂，如同伴随着市场经济体制而产生的幽灵，开始在经济活动中出现，而转型期中市场机制的不健全以及行政权力对资源配置、经济行为的干预，也使得权力寻租的现象一再出现。商业贿赂行为，与市场经济健康发展的公平竞争观念格格不入，与诚信经营的商业道德背道而驰，若其蔓延开来势必危害到健康市场体系的培育，同时，随着中国国力的增强、企业“走出去”战略的实施，也使得海外商业贿赂问题逐渐浮出水面，成为亟待解决的问题。本文拟

---

* 武汉大学刑事法研究中心主任，法学博士，教授，博士生导师，中国刑法学研究会副会长。

** 武汉大学法学院博士研究生，广东省中山市人民检察院检察员。

对我国对商业贿赂问题的认识过程及其刑法规则作一梳理分析，并对其完善提出若干设想。

二、对商业贿赂进行法律规制的历史沿革

2005 年 8、9 月间，由中央纪律检查委员会牵头，联合建设部、保监会、工商行政管理总局、卫生部、国土资源部、证监会等 18 个部门（后增加到 22 个）成立中央治理商业贿赂领导小组，由中央成立专门机构部署治理商业贿赂，并把治理商业贿赂作为 2006 年政府的重点工作之一。随后，国土资源部、卫生部、证监会、保监会等部委下发了系统内部专项治理商业贿赂的实施意见。中央国家机关联手治理商业贿赂，并将其确立为年度政府的重点工作之一，充分显示了高层治理腐败、打击商业贿赂的决心，同时，也显示出随着市场经济体制的确立，我们对于商业贿赂行为违背公平竞争、滋生贿赂犯罪、恶化投资环境的危害性有了更加深入的认识，若任由商业贿赂盛行，势必将成为我国经济健康、可持续发展的制约与“瓶颈”。而回顾我国对商业贿赂行为的法律规制，则可追溯至 1993 年的《反不正当竞争法》。

《反不正当竞争法》第 8 条规定：“经营者不得采用财物或者其他手段进行贿赂以销售或者购买商品。在账外暗中给予对方单位或者个人回扣的，以行贿论处；对方单位或者个人在账外暗中收受回扣的，以受贿论处”，该法在第四章“法律责任”部分第 22 条规定：“经营者采用财物或者其他手段进行贿赂以销售或者购买商品，构成犯罪的，依法追究刑事责任；不构成犯罪的，监督检查部门可以根据情节处以一万元以上二十万元以下的罚款，有违法所得的，予以没收”。该法首次规定了在商业活动中经营者的贿赂行为应承担相应的民事、行政责任，开始对商业贿赂违法行为进行法律规制，但当时我国并未将商业贿赂行为入罪。1995 年通过的《关于惩治违反公司法的犯罪的决定》第 9 条规定：“公司董事、监事或者职工利用职务上的便利，索取或者收受贿赂，数额较大的，处五年以下有期徒刑或者拘役，数额巨大的，处五年以上有期徒刑，可以并处没收财产。”该规定反映了刑事立法扩大受贿罪的主体范围，惩处作为非国家工作人员的公司董事、监事、职工商业贿赂行为倾向。1995 年通过的《关于惩治破坏金融秩序犯罪的决定》第 18 条规定：“银行或者其他金融机构的工作人员在金融业务活动中索取、收受贿赂，或者违反国家规定收受各种名义的回扣、手续费的，分别依照全国人民代表大会常务委员会《关于惩治贪污罪贿赂罪的补充规定》和《关于惩治违反公司法的犯罪的决定》的有关规定处罚”，将商业贿赂犯罪的主体范围扩大至银行或者其他金融机构的工作人员。① 1996 年由国家工商行政管理局发布了《关于禁止商业贿赂行为的暂行规定》，该规章在第 2 条、第 4 条、第 5 条、第 8 条等条文中明确规定：不得

① 高铭暄、陈璐：《海峡两岸商业贿赂犯罪比较研究》，载《人民检察》2010 年第 21 期。

采用商业贿赂手段销售或者购买商品，单位和个人不得在销售或者购买商品时收受或者索取贿赂，有违反规定给予对方单位或个人回扣的，以行贿论处，违反规定收受回扣的，以受贿论处；同时，还规定了商业贿赂行为的行政责任——该规章与《反不正当竞争法》一样，虽然均规定了商业贿赂行为构成犯罪的追究其刑事责任，但当时对非国家工作人员为主体的商业贿赂行为进行规制的刑事法律规范仍然付之阙如。

1997 年刑法典颁布，将商业贿赂行为纳入其规制的对象，第一次以刑事法典的形式比较系统地规定了商业贿赂犯罪的不同罪名，具体而言，包括第 163 条规定的公司、企业人员受贿罪，第 164 条规定的对公司、企业人员行贿罪，第 385 条规定的受贿罪，第 387 条规定的单位受贿罪，第 389 条规定的行贿罪，第 391 条规定的对单位行贿罪，第 392 条规定的介绍贿赂罪和第 393 条规定的单位行贿罪。之后，2006 年《刑法修正案（六）》第 7 条、第 8 条分别将 1997 年刑法中的第 163 条、第 164 条予以修订，对两罪的犯罪主体增加了“其他单位的工作人员”的规定，扩大了两罪的主体范围。2008 年，最高人民法院、最高人民检察院联合发布了《关于办理商业贿赂刑事案件适用法律若干问题的意见》（以下简称《意见》），明确了商业贿赂犯罪涉及的罪名包括第 163 条规定的非国家工作人员受贿罪、第 164 条规定的对非国家工作人员行贿罪、第 385 条规定的受贿罪、第 387 条规定的单位受贿罪、第 389 条规定的行贿罪、第 391 条规定的对单位行贿罪、第 392 条介绍贿赂罪以及第 393 条规定的单位行贿罪，为检察机关、审判机关查办商业贿赂案件明确指出了法律依据及范围。该《意见》同时对医务人员、教师等商业贿赂行为作出了更为细致的规定，并将商业贿赂的财物范围扩大到财产性利益，显示出法律解释机关对社会现实的关注和对司法实践的及时反馈。尤其值得注意的是 2011 年《刑法修正案（八）》第 29 条对刑法第 164 条进行了修订，在该条文第 2 款增加了对外国公职人员或者国际公共组织官员进行商业贿赂的内容，首次将海外商业贿赂行为纳入其规制的对象。

从近 20 年来我国对商业贿赂行为的法律规制来看，具有以下几个特点：

（1）商业贿赂行为是随着我国由计划经济体制向市场经济体制的转型而产生和演化，其发生、蔓延是与市场机制不完善、权力干预经济运行及其寻租行为的社会处于转轨历史时期的背景分不开的。

（2）对商业贿赂行为的法律规制经历了从行政责任、民事责任到刑事责任的将其犯罪化的过程。

（3）对商业贿赂行为的法律规制经历了法律阙如到有法可依且立法越来越系统化、可操作性增强的过程，具体而言，由 1979 年刑法所规定的国家工作人员的贿赂犯罪而逐步扩大其主体成立的范围、对象的内涵等。

（4）对商业贿赂犯罪的立法需求反映了我国日益增强的经济实力与公平参与

世界竞争的现实需要。

(5) 在应对商业贿赂犯罪的立法上，表现出一贯的法典化倾向。

(6) 作为对现实司法的应对，在现行法律的框架下，“两高”关于商业贿赂犯罪涉及问题的司法解释性文件对于实践起到了重要的作用。

虽然我国的反商业贿赂立法与实践已经走过了并不短暂的历程，但对于商业贿赂犯罪的基本问题如商业贿赂的概念等学界并未得出一致的意见，立法也未给出明确的规定以定分止争。

三、商业贿赂犯罪的概念

1993 年通过的《反不正当竞争法》第 8 条虽规定国家禁止以贿赂手段销售或购买商品，但并未对商业贿赂的内涵作出界定。随后，国家工商行政管理局于 1996 年发布的《关于禁止商业贿赂行为的暂行规定》（以下简称《规定》），第一次比较明确地界定了商业贿赂的概念。该《规定》第 2 条指出：商业贿赂是指经营者为销售或购买商品而采用财物或者其他手段贿赂对方单位或者个人的行为。以现在的视角来看，该条所揭示的商业贿赂的内涵显然并不全面，如并未涵盖同样作为商品的服务，且其贿赂的对象仅限于财物也并未对“其他手段”作出科学、合理的界定。现行刑法虽将商业贿赂行为纳入了刑法规制的范围，但商业贿赂并非该类行为的单一罪名而是分散规定于刑法分则第三章第三节、第四节、第八章等章节中——商业贿赂犯罪并非刑事立法意义上的术语。

理论上，商业贿赂的概念有广义与狭义之分。广义说以贿赂行为发生的领域为标准，认为凡是发生在商业活动领域的贿赂行为均为商业贿赂。① ——当然包括以国家工作人员为主体的公务型贿赂犯罪及以非国家工作人员为主体的业务型贿赂犯罪。狭义说以贿赂行为的主体为标准，认为所谓商业贿赂仅指上述业务型贿赂，而不包括公务型贿赂。狭义说将着眼点放在贿赂行为对公平有序的市场经济秩序的破坏，而广义说更兼顾了在商业活动中对国家工作人员职务行为廉洁性的保护。但是，从国家工作人员职务行为在商业活动中所发挥作用的现实、社会政策及司法实践来看，将国家工作人员为主体的公务型贿赂排除在商业贿赂的视野之外是不科学的。② 现实中，公权力通过行政审批对经济活动进行干预，而大量行政审批环节的

---

① 王志祥、何恒攀：《我国商业贿赂的立法模式研究》，载《中南民族大学学报》2010 年第 6 期。

② 自 2012 年 2 月以来，广东省在全省范围内开展“三打两建”活动。“三打”，即打击欺行霸市、打击制假售假、打击商业贿赂；“两建”，即建设社会信用体系、建设市场监管体系。其中，对公职人员收受贿赂而利用职权干预市场运作、为违法犯罪活动充当“保护伞”的行为予以严厉打击。《广东省人民政府：“三打两建”在行动》：http：//www.gd.gov.cn/govpub/rdzt/sdlj/。

存在，不仅是顺利实现政府职能转变的障碍，同时也为权力寻租留下了空间。[①] 掌握公权力的公职人员也成为在商业活动中寻求"捷径"的寻租者趋之若鹜的对象，其行为发生的场合系经济活动过程中，其行为的本质系对公平竞争的市场秩序的破坏，公务型贿赂与业务型贿赂在这方面是相同的。

根据我国商业贿赂的相关法律规范及司法实践，商业贿赂犯罪可界定为：在作为市场经营主体的公司、企业或其他单位之间及公司、企业或者其他单位与政府部门工作人员之间，在商业经营活动中，为获得交易机会而违反公平竞争原则，给予、收受对方非法利益，或介绍贿赂，破坏市场经济秩序，应受刑罚处罚的行为。

四、我国商业贿赂犯罪的立法模式

目前，世界各国和地区对狭义的商业贿赂行为即业务型商业贿赂犯罪的立法模式，大致可分为两种类型。其一是法典型立法模式，即把业务型商业贿赂犯罪集中规定在刑法典之中。如美国纽约州的《商业贿赂法》、挪威的《一般公民刑法典》及《芬兰刑法典》均以法典或单行法的形式规定了商业贿赂犯罪。其二是附属刑法型立法模式，即把业务型商业贿赂犯罪分散规定在反不正当竞争法、反垄断法等法律中的刑法规范（即附属刑法）之中，而很少甚至根本不体现在刑法典中。如日本刑法典中仅规定了公务型贿赂而未对业务型贿赂作出任何规定，但《日本商法典》第494条规定，公司的特定人员接受有关公司事务的不正当请托，收受、索取或者约定收受财产上的利益的，处5年以下惩役或者500万日元以下的罚金。此外，《不当赠品及不当表示防止法》等法律也对业务型贿赂规定了刑事罚则。我国台湾地区商业贿赂立法分布于"刑法典"、"单行刑法"及数量众多的"附属刑法"中。值得注意的是，我国台湾地区"刑法典"渎职罪一章中所规定的贿赂犯罪以及作为单行刑法的"贪污治罪条例"其犯罪主体仅限于公务人员，而业务型的商业贿赂犯罪则分散于不同的"附属刑法"规范中，如"破产法"、"银行法"、"证券交易法"等。[②] 法律体系属于英美法系。我国香港特别行政区的商业贿赂立法主要集中于《反贿赂条例》中，新西兰的商业贿赂立法也集中于其《刑法典》及《秘密佣金法》，但不可忽视的是，英美法系国家除了制定法外，还存在数量众多的判例可以作为裁判的依据，这也削弱了其立法的集中性。

我国现行刑法将商业贿赂（公务型贿赂与业务型贿赂）犯罪集中规定于刑法典中，其中，业务型贿赂所涉及的条文包括刑法分则第三章第三节及第四节的第163条、第164条及第184条，公务型贿赂涉及的条文包括刑法分则第八章第385

① 《广东省长谈行政审批：政府要拿出革自己命的勇气》，载《南方日报》2012年11月14日。

② 高铭暄、陈璐：《海峡两岸商业贿赂犯罪比较研究》，载《人民检察》2010年第21期。

条至第393条。有学者认为我国对商业贿赂的立法模式属于法典型与附属型的混合模式，理由是除了在刑法典中规定了商业贿赂犯罪之外，我国《反不正当竞争法》第22条也规定："经营者采用财物或者其他手段进行贿赂以销售或者购买商品，构成犯罪的，依法追究刑事责任。"但这一观点是存在疑问的——附属刑法，在独立于刑法典之外而存在的刑事责任条款，但作为这一观点论据的《反不正当竞争法》等法律的相关条款并不具备附属刑法的实质特征——独立的刑事责任条款，而与日本、我国台湾地区的附属型立法模式下在刑法典之外的法律中直接规定刑事责任的具体内容根本不同。因此，笔者认为，我国现行刑事立法对商业贿赂犯罪的立法模式属于法典型的立法模式。但过于集中的立法模式虽然满足了刑法稳定性的要求，但在我国加快推进市场经济建设及商业活动的形式与内容不断发生变化的背景下，又难免凸显出法典型立法应对现实情况的滞后及吸取附属刑法立法模式合理因素的必要性。

目前，我国正处于经济和社会转型期的前所未有的历史变革中，商业贿赂无疑是必须解决的社会痼疾，而对商业贿赂泛滥现实应对的乏力，使我们不得不检视我国目前对商业贿赂犯罪的法律规制诸环节中可能存在的不足。

五、我国对商业贿赂犯罪的法律规制存在的不足

（一）立法层面

1. 如同前文所述，从我国打击商业贿赂的立法沿革来看，对商业贿赂行为的法律规制经历了由行政责任、民事责任向刑事责任的转变，即1993年通过的《反不正当竞争法》首次规定了在商业活动中经营者的贿赂行为应承担相应的民事、行政责任；国家工商行政管理局于1996年发布的《关于禁止商业贿赂行为的暂行规定》第一次比较明确地界定了商业贿赂的概念；现行刑法则在分则第三章第三节以第163条、第164条两个条文对业务型贿赂进行刑事制裁。商业贿赂犯罪立法至今已有近20个年头，期间理论界对商业贿赂犯罪的研究也不断深入，对商业贿赂的概念、现行立法存在的不足进行了广泛的讨论并提出了完善的建议，[①] 但我国的商业贿赂犯罪立法从一开始就存在立法简单、粗疏的先天不足，之后虽经刑法修正案予以修正，但也只是在《刑法修正案（六）》中扩大了主体的范围，增加了"其他单位的工作人员"、由《刑法修正案（八）》增加了对海外贿赂行为的相关规定并由"两高"对商业贿赂犯罪案件的办理进行司法解释（即"两高"联合发

---

① 参见高铭暄、陈璐：《海峡两岸商业贿赂犯罪比较研究》，载《人民检察》2010年第2期；徐岱、马宁：《商业贿赂犯罪的刑事实体法完善》，载《当代法学》2009年第2期；邓中文：《商业贿赂犯罪概念新探》，载《法治论丛》2010年第5期；等等。

布的《关于办理商业贿赂刑事案件适用法律若干问题的意见》)，从总体上而言，现行立法（刑法典及修正案）并未很好地、系统地反映近年来对商业贿赂犯罪的研究成果，比如，对商业贿赂犯罪的概念及构成要件各要素的界定等问题。而这些问题的根本解决，在刑事立法本身较为粗疏的情况下，仅仅通过出台司法解释来查漏补缺可能很难达到目的。同时，对于在司法实践中发挥重要指导作用的该司法解释的性质与地位问题，也有学者提出质疑：根据1997年最高人民法院发布的《关于司法解释工作的若干规定》第9条明确规定：司法解释的形式分为“解释”、“规定”、“批复”三种。2007年3月最高人民法院发布的《关于司法解释工作的规定》又增加“决定”作为司法解释的形式。对于人民法院来说，上述《意见》不能算是司法解释，只能认定为司法解释性文件。对于人民法院来说，司法解释性文件是不能在裁判文书中援引的。①

2. 我国现行刑事立法对商业贿赂犯罪虽在法典中相对集中地予以规定，但相对于美国纽约州以《商业贿赂法》的单行法形式、香港特别行政区以《反贿赂条例》形式对商业贿赂行为专门作出规定，日本在《日本商法典》、我国台湾地区在“破产法”、“银行法”、“证券交易法”等相关法律规范中设置刑事责任条款而形成众多的附属刑法规范相比，我国现行商业贿赂立法特别是对存在于公司、企业及其他单位之间的业务型贿赂行为仅仅规定了《刑法》第163条、第164条两个条文、两个罪名（非国家工作人员受贿罪、对非国家工作人员行贿罪），且规定的内容大而化之、较为粗疏。在目前业务型商业贿赂犯罪情况不容乐观的情况下，依据刑法典中寥寥数个条文加以规制，则只能将形式多样的商业贿赂行为归入“非国家工作人员受贿罪”、“对非国家工作人员行贿罪”两个罪名之中。“这种做法将个罪的范围界定得过于宽泛，难以准确反映每个行业的特点，在罪状上无法做到完备地描述”，② 同时，商业活动的领域广泛、形式多样、部门众多、专业性强，商业活动中的经营者往往并不直接通过刑事法律规范来获知其行为的后果，而主要是通过其商业活动相关的民商事法律规范、通过民商事法律规范中的附属刑事责任条款来了解其行为的刑法意义，而正因为刑事责任条款存在于不同的民商事法律规范之中，该民商事法律规范往往对可能导致刑事责任的行为特征作出了具体而细致的描述，这就大大降低了刑法典对不同类型的商业贿赂行为进行立法规制的难度，同时，也有利于发挥附属刑事法律规范的威慑力——“有的犯罪发生于特定领域，涉及特定行业的人群，他们更关心的、更容易接触到的是调整自己特定职业领域的法律关系的法律，如公司法、教师法、医师法

① 牛克乾：《〈关于办理商业贿赂刑事案件适用法律若干问题的意见〉的理解与思考》，载《法律适用》2009年第4期，第53页。

② 王志祥、何恒攀：《我国商业贿赂的立法模式研究》，载《中南民族大学学报》2010年第6期。

等。相反，刑法典的规定对这些人群而言则较为疏远。因此，在相应的部门法中设置罪刑规范更有针对性，更能有效发挥刑法的功能”。[①] 如日本就将业务型的商业贿赂行为分散规定于《日本商法典》等法律规范之中，我国台湾地区则将业务型商业贿赂分散规定于“破产法”、“银行法”、“证券交易法”等法律规范中。如同前文所述，我国立法者、司法者对刑法典（甚或包括其他部门法，如民法）的偏爱已经演化为一种“法典情结”，具体表现为每当问题出现时对刑法典的倚重及刑法典不堪所用时对刑法典的批判及修订法典的呼吁，如近期见诸报端的奸淫幼女案、虐童案等。法典在获得其稳定性的同时，也必将付出滞后的代价，单行刑法、附属刑法不失为应对社会剧烈变化的可选项。

3. 如前所述，我国现行刑法中的商业贿赂类型可以大致分为公务型贿赂与业务型贿赂，公务型贿赂涉及的条文为刑法分则第八章第 385 条至第 393 条，而业务型贿赂涉及的条文仅刑法分则第三章第三节、第四节第 163 条、第 164 条及第 184 条。仅仅从条文数量上来看，即可以直观地反映出我国现行立法对公务型贿赂的重视及业务型贿赂立法的相对薄弱。公务型贿赂在刑事立法中成为刑事制裁重点，是否就意味着业务型贿赂犯罪的行为结构相对简单而不必耗费过多的立法资源呢？现实情况恰恰相反。在经济发展的过程中，非国家工作人员的贿赂犯罪呈现出行为方式越来越隐蔽、越来越复杂，并随着跨国贸易的增多，商业贿赂的对象已经不再局限于国内的公司、企业或其他单位，甚至包括了对外国国家公职人员进行贿赂。商业贿赂行为的愈加复杂与多样，与业务型贿赂犯罪在现行刑法体系中的次要地位是不相适应的，需要刑事立法对社会现状作出积极的回应，以完善我国对商业贿赂犯罪的立法。有学者还指出：在我国已经加入《联合国反腐败公约》的情况下，应考虑将该公约第 8 条所规定的“影响力交易行为”纳入我国反商业贿赂的立法体系。[②]

4. 与域外商业贿赂的相关立法相比，我国商业贿赂犯罪的主体范围仍较为狭窄，不能适应严厉打击商业贿赂行为的司法与现实需要。如美国《模范刑法典》所规定的商业贿赂的主体包括：（1）他人的合伙人、代理人或者雇员；（2）受信托人、监护人或者其他委托人；（3）律师、医生、会计、评估人、其他职业顾问或者其他资料提供人；（4）法人或者非法人团体的主管人员、董事、经理或者其他参与管理事务的人；（5）仲裁人或者其他代表公正的裁决人或者审断人。[③] 该法

① 陈家林：《日本刑法中的商业贿赂犯罪及对我国的启示》，载《山东警察学院学报》2006 年第 3 期。

② 徐岱、马宁：《商业贿赂犯罪的刑事实体法完善》，载《当代法学》2009 年第 2 期。

③ 丁寰翔、陈兵主编：《商业贿赂治理的结构、范式与中国之选择》，哈尔滨工程大学出版社 2007 年版，第 161—181 页。

典所规定的主体范围较广，不仅包括了我国刑法中的公司、企业人员，还包括如律师、医生、会计等负有特定职责的人员。《法国刑法典》规定商业贿赂的主体包括任何职员、办事员、雇员以及以任何形式领取工资的人，立法更为概括、简练，但所涵盖的范围更加广泛。《芬兰刑法典》则规定商业贿赂的主体包括作为公司或者基金会的管理机构或者董事会的成员、常务董事、审计员或者司库或者在代表商业机构履行某项职责的人，其所规定的主体范围亦较我国立法更为宽泛。对比而言，我国现行刑法典虽然经《刑法修正案（六）》增加了“其他单位的工作人员”，但一方面主体范围仍然狭窄，例如，如何处理律师、医生、教师或者裁判等的受贿行为；另一方面，如何界定“其他单位的工作人员”又成为摆在理论界与司法实践面前无法回避的难题。同时，对于社会现实中存在的收取贿赂操纵比赛结果的足球“黑哨”、收取贿赂抬高某上市公司声誉的股评“黑嘴”、拉客购物拿回扣的黑导游等特殊从业者是否属于商业贿赂主体范围，也是立法者需要直面的问题。美国的某些州对社会上承担评估、批判等责任的人员收受贿赂而实施的影响他人客观判断、独立选择的行为以商业贿赂予以制裁。

5. 在对商业贿赂犯罪的法定刑设置上，如美国、芬兰、德国、俄罗斯、法国等国，均在处自由刑的同时规定了财产刑（罚金或没收财产），体现了对财产刑的重视，这也正是对商业贿赂犯罪属贪利型犯罪的直接回应，正是通过广泛地规定财产刑，使得商业贿赂犯罪的行为人获取利益的目的落空，使贿赂犯罪变得无利可图，同时剥夺犯罪分子再次实施犯罪的经济条件，以获得较好的预防及惩戒效果。正如贝卡里亚在其名著《论犯罪与刑罚》第三十章“盗窃”中所言：“对那些大发他人之财的人应该剥夺他们的部分财产”。反观我国现行的贿赂犯罪立法，《刑法》第163条、第164条均以“数额较大”和“数额巨大”为区分，例如《刑法》第163条规定犯非国家工作人员受贿罪的，数额较大的，处5年以下有期徒刑或者拘役；数额巨大的，处5年以上有期徒刑，可以并处没收财产。第164条规定犯对非国家工作人员行贿罪的，数额较大的，处3年以下有期徒刑或者拘役；数额巨大的，处3年以上10年以下有期徒刑，并处罚金。在“数额巨大”的情况下，可以并科财产刑（罚金或没收财产），但在“数额较大”的情况下，仅科以自由刑，而并不附加任何财产刑，在犯罪数额较少、犯罪较轻的情况下，也无单处财产刑的设置，似与“重财产刑、轻自由刑”的趋势不相符合。我国台湾地区的“刑法”中，对贿赂犯罪无一例外都设置了财产刑。这一点不能不说是我国立法上存在的不足之处，起不到剥夺再犯条件的特殊预防的作用，反而会助长“坐牢一阵子，幸福一辈子”的犯罪意识。

同时，在公务型贿赂犯罪的法定刑中设置了死刑，与国际社会减少、废除死刑的潮流相悖。再从司法实践中来看，贿赂犯罪中的死刑往往备而不用，因贿赂犯罪而被判处死刑（包括死缓）的公职人员数量并不多——行贿者法定刑设置无死刑，受贿犯罪在实践中也因职务犯罪案件侦办的特点而往往呈现轻缓化的倾向。据统计，某省4年的职务犯罪案件，判处3年以下有期徒刑的占案件总数的51%，而判处5年以上有期徒刑的仅占案件总数的14%。① 与其设置死刑起不到威慑与惩戒的立法意图反而授人口实，且因“死刑不引渡”的原则为贪腐官员引渡回国追究其刑事责任造成障碍而被动应对，不如主动对贿赂犯罪的法定刑设置予以调整。

6. 我国现行立法对贿赂的对象往往认定为财物，范围过窄。而目前多数国家的立法规定贿赂犯罪的行为对象不仅限于财物。例如《俄罗斯联邦刑法典》第290条第1款规定：“公职人员由于为了行贿人或其代理人的利益而实施属于其职权范围内的行为（不作为），或公职人员由于职务地位能够促成此种行为（不作为），以及利用职务之便进行一般庇护或纵容，因而亲自或通过中间人接受金钱、有价证券、其他财产或财产性质的利益等形式的贿赂的，构成受贿罪。”《意大利刑法典》将贿赂犯罪的行为对象规定为钱款或其他利益；《德国刑法典》、《奥地利联邦共和国刑法典》也将其规定为利益或财产性利益。新加坡《预防腐败法》对于贿赂犯罪行为对象——报酬的规定则更为详细。在其第2条中强调：报酬包括金钱，或者任何礼物、贷款、费用、酬金、佣金、有价证券或者其他财产或者任何形式的财产性利益，不论是动产还是不动产；任何职位、就业或合同；任何贷款、合同债务或其他债务的部分或者全部支付、免除、清偿或者清算；任何其他服务、好处或者任何其他形式的利益，包括提供保护使之免受任何刑罚或者被褫夺资格的处分或者逮捕，或者使之免受任何纪律或者刑事性质的诉讼或者控告，不论这种诉讼或者控告是否已经进行，还包括行使或放弃行使某种权利、职权或者职责。② 我国台湾地区的“刑法”也将商业贿赂犯罪的内容包括贿赂以及其他不正当利益，也将非财产性利益如许以职位或同意相奸等纳入贿赂犯罪的对象范围；《联合国反腐败公约》也将贿赂犯罪的行为对象界定为不应当获得的利益或任何不正当的利益，而非限定为财产性利益，而该公约已被我国立法机关所批准，我国国内法的规定也应与我国已加入的国际公约的内容相一致。虽然“两高”的《意见》将贿赂的对象扩大解释为财产性利益，但仍与司法实践及其他国家、地区的立法存在差距——商业贿赂的核心即在于贿赂的存在使得公平交易的秩序被破坏，行贿者获得或增加交易的机会，而这一目的的实现在于受贿者财产性或非财产性需要的被满足，而不在于贿赂的对象是否为体现金钱价值的财产性利益。

7. 我国现行立法，对行贿与受贿者设置的法定刑差别明显。行贿与受贿本是对向性的犯罪，两者相互以对方对向性的行为的存在为前提，如火与烟，影与形。

---

① 田立文：《职务犯罪量刑轻缓化分析探讨》，载《河南社会科学》2010年第3期。

② 李海滢：《完善我国反贿赂犯罪之刑法立法的若干思考——来自国际反贿赂犯罪立法发展的借鉴》，载《长春师范学院学报》2007年第5期。

我国现行刑法规定行贿者必须为谋取不正当利益，其行贿主观目的的非法性也显示了其行为的社会危害性和行为人一定程度的人身危险性。但我国现行刑法对受贿者与行贿者的法定刑设置差别较大，受贿最高刑为死刑，而行贿的最高刑为无期徒刑，生死有别；行贿有法定的减轻、免除处罚情节，而相对应的受贿并无此规定，轻重迥异。而实际上，除了被索取贿赂之外的贿赂行为，正是因为行贿者的急功近利、投石问路将意志动摇者诱入违法犯罪的陷阱，从这一点上而言，行贿者反而是贿赂犯罪的肇始者。基于此，如法国刑法典、意大利刑法典均对行贿者与受贿者规定了相同的法定刑。①

8. 我国现行刑法对商业贿赂犯罪设置的资格刑仅有剥夺政治权利一种，对于贪利性犯罪而言，并不能达到很好的一般预防及特殊预防的效果。“资格刑对于预防商业贿赂犯罪具有特殊作用。商业贿赂主体一旦被判处资格刑，就意味着被暂时甚至永久逐出市场以及有关领域，丧失继续实施商业贿赂犯罪的机会”。② 刑事责任的承担、资格刑的施加，使商业贿赂行为人永久丧失从事某种职业如律师、医师、导游、教师等或特定行业市场准入的资格，才能真正起到震慑的作用而不致产生剥夺政治权利所存在的“刑罚过剩”同时在实现犯罪预防上的“刑罚不足”的现象。

9. 企业实施商业贿赂行为的违法成本与其收益相比不成比例。1993 年颁布实施的《反不正当竞争法》第 22 条规定：“经营者采用财物或者其他手段进行贿赂以销售或者购买商品，构成犯罪的，依法追究刑事责任；不构成犯罪的，监督检查部门可以根据情节处以一万元以上二十万元以下的罚款，有违法所得的，予以没收。”但在商业贿赂行为查处力度不大、大量商业贿赂行为并未受到法律追究的情况下，其行政法律责任的上限仍然是 20 年前的 20 万元，中国社会经济在 20 年间飞速发展，按照目前的购买力，20 万元在贿赂款动辄数十万元、其获得的收益又远远超出贿赂数额的情况下，违法成本与可能获得的收益明显不成比例。作为对比，美国对于查处的商业贿赂行为往往开出巨额罚单，如 2009 年美国控制组件公司因商业贿赂而被加利福尼亚州法院判处 1820 万美元的罚金，2010 年戴姆勒公司因商业贿赂而同意支付高达 9360 万美元的罚金。

（二）司法层面

1. 公务型商业贿赂与业务型商业贿赂在查处上“内热外冷”，即对体制内的公职人员的公务型商业贿赂行为历来作为打击的重点，而查处的对体制外人员的业务

---

① 朱正余：《论商业贿赂法律责任机制之重构》，载《湖南科技大学学报》（社会科学版）2009 年第 6 期，第 50 页。

② 赵秉志：《国际社会惩治商业贿赂犯罪的立法经验及借鉴》，载京师刑事法治网。

型商业贿赂行为与前者相比比例偏低。以广东省珠江三角洲某 GDP 位居广东省前列、工商业活动发达的 Z 市为例，该市检察机关包括基层院与市级院自 2012 年 2 月广东省在全省范围内开展“三打两建”专项活动以来，共受理起诉商业贿赂案件 56 件，其中公务型商业贿赂案件 35 件，业务型商业贿赂案件 21 件。从上述数据可以看出，涉及公职人员的公务型贿赂的案件数量明显多于同作为市场经营主体的之间的业务型贿赂。虽然在 10 个月的专项治理中，两种类型的商业贿赂案件同比都大幅增长，但对比去年同期的相关数据，业务型贿赂的增长幅度远高于公务型贿赂。从两类案件的来源上看，业务型商业贿赂主要来源于群众举报，这也是与两类商业贿赂案件中，业务型商业贿赂的双方往往系经济上存在合作关系的交易双方，其贿赂行为更加隐蔽、更加难以查处的特点联系在一起的。商业贿赂行为的查处，在司法实践中呈现出公务型商业贿赂与业务型商业贿赂冷热不均，基于两类案件在查处上的不同特点，客观上也导致业务型贿赂的查处难以涉及公职人员的公务型贿赂。而现实情况是，业务型商业贿赂存在的广度及其对公平竞争秩序的破坏程度，更甚于公务型贿赂，但恰恰在查处上却又是倒置的。

2. “洋贿赂”与“土贿赂”在查处上“内紧外松”，即对于国内主体实施的商业贿赂行为保持高压打击的态势，而对于涉及国外主体实施的商业贿赂行为的打击上则显得过于软弱。改革开放以来，为吸引外商投资，各地均出台了优惠政策，招商引资尤其是外商投资成为多数地方政府经济工作的重心，外商投资企业往往成为所在地政府的宠儿，享受着“超国民待遇”，当外商投资企业进入中国，遭遇到商业贿赂的“潜规则”，“洋贿赂”也就随之产生。但司法机关在查处涉及外国投资者的商业贿赂上，具有明显差别。仍以笔者所在的 Z 市为例，在“三打两建”活动以来查处的 56 件商业贿赂案件中，没有一件涉及外商投资企业，而从 Z 市近两年的数据来看，涉及外商投资企业的商业贿赂案件数量为零。虽然我们不能武断地得出外商投资企业普遍存在商业贿赂行为的结论，但 2004 年的朗讯案、2005 年的德普商业贿赂案、张恩照受贿案在一定程度上说明了我国司法机关在查处“洋贿赂”时内外有别的软弱。甚至于，我国对国内商业贿赂的查处线索竟是来源于美国对海外商业贿赂的调查结果。“美国司法部门公布的相关反海外商业贿赂文件，无意间成了中国媒体‘揪出’国家工作人员受贿案的主要渠道……查阅美国司法部的相关网站，或许能够找到（中国国家工作人员涉嫌贿赂犯罪）准确的线索”。① 这不能不说是我国司法现实遭遇的尴尬。

3. 对中国企业海外贿赂行为在查处上力不从心。随着我国经济实力的增强，作为世界第二大经济体，中国企业海外投资规模呈现跨越式发展，预计到“十二

① 张皓雯：《美国整肃海外贿赂涉及中国企业和官员》，载《国际先驱导报》2009 年 8 月 17 日。

五”末，中国企业对外投资规模累计将达到5000亿美元；据商务部的数据显示，目前中国企业境外投资规模和中资企业总资产分别达到3200多亿美元、1.6万多亿美元，在境外工作的中国员工总量逾120万人。中国企业境外投资规模已经从2002年的27亿美元，跃升至2011年的600.7亿美元，10年间增长21倍，跃居发展中国家之首。在全球225家最大的工程承包企业中，中国拥有54家，中国的海外建设能力居世界第一。① 随之而来的，是中国企业将商业贿赂的“潜规则”与资本一起输出到国外，“有些中资企业甚至被列入世界银行项目黑名单”。② 虽然目前被列入世界银行黑名单的367家公司中，中国目前只占了两家，但中国企业海外投资中所实施的商业贿赂行为必须引起高度重视并着力解决，否则将严重影响中国企业的国际形象及参与全球竞争的能力。《刑法修正案（八）》自2011年5月1日实行已有一年半时间，但以“对外国公职人员或国际公共组织官员行贿”而被追究刑事责任的案件至今未有一件，“贿赂外国公职人员入罪欠缺实操性……其象征意义大于本身司法效果”。③

六、完善商业贿赂犯罪法律规制的建议

（一）立法层面

1. 扩大商业贿赂犯罪的主体范围。现行《刑法》第163条、第164条“非国家工作人员受贿罪”、“对非国家工作人员行贿罪”规定的犯罪主体仅限于公司、企业或其他单位，但立法并未具体说明“其他单位”的范围，而司法解释以罗列的方式也未将司法实践中可能出现的商业贿赂行为人一网打尽。实践中存在如记者、裁判收受贿赂作虚假报道、“黑哨”等现象，社会上存在的各种协会、非官方的组织等也未出现在司法解释的主体清单之上。扩大贿赂犯罪的主体范围，途径多样，或者由立法明确界定主体的范围，或者由司法解释以罗列加概括的方式对犯罪主体予以规定，也可以借鉴日本等国附属刑法的立法模式，在民商事等法律规范中设置刑事责任条款，则更容易界定其主体范围。

2. 我国于2005年加入的《联合国反腐败公约》第15、16、18、21条四个条文规定了商业贿赂行为，具体包括贿赂本国公职人员的行为、贿赂外国公职人员或国际组织官员的行为、影响力交易行为及私营部门内部的贿赂行为。我国既已加入《联合国反腐败公约》，即负有履行条约义务的责任，同时，随着我国企业参与国

① 商务部：《中国企业境外投资规模10年间增长21倍》，http://www.microbell.com/ecodetail_218573.html。

② 姜洁：《2009年治理商业贿赂专项工作情况综述》，http://news.qq.com/a/20100109/001254.htm，访问日期：2011年9月16日。

③ 李恩树：《贿赂外国公职人员入罪欠缺实操性》，载法制网，2011年10月13日。

际市场竞争的能力越来越强，更多的国企、民企走出国内进行投资、并购，我国企业对外国公职人员进行贿赂的问题也不能不引起我们的重视。如前文所述，美国及一些国际组织积极立法或制订公约，对跨国商业贿赂行为进行规制。我国也应在承担条约义务的范围内，将此行为纳入犯罪圈，规范我国企业的海外投资行为，树立中国企业公平竞争的良好形象。同时，对外国注册的公司、企业等，依据属地原则，对其所实施的业务型贿赂及公务型商业贿赂行为，理应进行管辖，将上述外国公司、企业等纳入犯罪主体的范围。因此，在商业贿赂犯罪的立法完善中，应做好与《联合国反腐败公约》的衔接，增设对外国公职人员、国际组织官员行贿罪并将影响力交易行为纳入刑法规制的范围。

3. 扩大商业贿赂犯罪的对象范围，即将除财物之外的财产性利益和非财产性利益均纳入商业贿赂的对象范围。在这一点上，可以借鉴前文所述新加坡《预防腐败法》中所规定的贿赂对象——报酬的范围：金钱，或者任何礼物、贷款、费用、酬金、佣金、有价证券或者其他财产或者任何形式的财产性利益，不论是动产还是不动产；任何职位、就业或合同；任何贷款、合同债务或其他债务的部分或者全部支付、免除、清偿或者清算；任何其他服务、好处或者任何其他形式的利益等。新加坡之所以能成为亚洲较为廉洁的国家或地区之一，其在预防腐败的问题上法网之密、对任何形式的可能损害公职人员职务廉洁或公平竞争的腐败行为均予以打击不能不说是其建设廉洁国家的法律保障。因此，应扩大商业贿赂犯罪的对象范围，在财物之外，应将任何形式的财物性、物质性利益及非物质性利益，如职位、子女升学等均包括在商业贿赂的对象范围之内，这也与我国已加入的《联合国反腐败公约》所规定的“任何不正当利益”相符合。至于是否将引起讨论的“性贿赂”包括在商业贿赂对象之中，日本刑法持肯定态度，我国也应考虑将其纳入贿赂对象的范畴。

4. 调整商业贿赂犯罪的法定刑设置，增加财产刑、资格刑。我国刑法自1997年颁布实施以来，对经济型、贪利性犯罪越来越多地设置财产刑，对于惩罚犯罪、剥夺其再犯的经济条件起到了较好的作用，也与经济类犯罪重财产刑、轻自由刑的趋势相符合。但如前文所述，我国《刑法》第163条规定的“非国家工作人员受贿罪”及第164条规定的“对非国家工作人员行贿罪”对于“数额较大”的情况仅处以短期自由刑，而仅在“数额巨大”的情况下，才规定可以并科财产刑，如此的法定刑设置，在司法实践中的弊端是显而易见的，其威慑与惩戒的作用大打折扣。在商业贿赂犯罪的立法完善中，应增加财产刑的设置。同时，对经济类犯罪科以死刑的诟病及贪腐官员因“死刑犯不引渡”的司法障碍存在，对该类犯罪中备而无用的死刑存废问题，也是应在未来的立法中予以关注和思考的。

同时，我国现行刑法中规定的资格刑仅“剥夺政治权利”一种，其虽对国家工作人员给予“不得担任国家机关职务的”和“不得担任国有公司、企业、事业单位和人民团体领导职务的权利”等实质性的限制，但对于私营企业经营者而言，剥夺政治权利所能起到的剥夺、惩罚意味则大打折扣。因此，有必要重新考虑增加资格刑的种类并在商业贿赂等犯罪中进行设置，如禁止从事经营行为等，才可能真正体现出刑罚给予犯罪人的剥夺性痛苦。

5. 借鉴日本等国附属刑法与刑法典相结合的立法模式，构建我国反商业贿赂犯罪的科学体系，解决我国现行立法中公务型贿赂独大、立法精细而业务型贿赂条文少、规定粗疏的问题。日本在其商事法等法律中以附属刑事责任条款的形式对在各个特定行业存在的商业贿赂行为进行规制，虽然条文分散，但其优点也较为突出——易于为特定行业的从业人员知晓并遵循，犯罪构成因其存在于特定的领域法中，较为明确、具体，易于操作。因此，我国在通过刑法典完善商业贿赂立法的同时，也不妨借鉴日本等国附属刑法的形式，与刑法典两者相互补充、相互协调，构建起反商业贿赂的合理体系。

6. 完善对于海外商业贿赂行为的法律规定，使反海外商业贿赂立法更具可操作性。我国现行立法中，对海外商业贿赂犯罪仅体现在第164条第2款，但对于该条文中规定的“外国公职人员”、“国际公共组织官员”的身份如何具体认定，法条中表述的“为谋取不正当商业利益”中的“不正当商业利益”也缺乏明确的界定，在司法实践中都可能引起争议。同时，是将该“不正当商业利益”局限于“国际商务活动”领域，以突出其商业贿赂的特定场合，还是对其不加限制；争论的解决需要根据我国司法实践的具体情况并参考借鉴如美国反海外贿赂的相关立法实践及司法经验，同时也需要司法解释对上述问题进行厘清，使其更具可操作性，而不至于徒有具文。

（二）司法层面

1. 应建立切实有效的预防、打击商业贿赂犯罪的制度体系，加大对外商投资企业的“洋贿赂”、中国企业海外商业贿赂及业务型“土贿赂”的打击力度。预防胜于打击，应建立起如全国检察行贿人记录查询系统等具有市场准入、诚信体系建设意旨的制度，使得列入黑名单的实施过商业贿赂犯罪的行为人从事特定商业活动的资格被剥夺，以净化市场环境。

同时，该制度体系的建设需要跨部门、跨行业不同单位的共同努力，也需要完善公司、企业内部、外部管理的各项法律法规、规章制度，比如，国际商业贿赂中的会计账册记录制度、审计制度、信息资源共享制度等，如美国反海外贿赂的司法实践对会计账册即非常重视。该制度体系的建设，仅靠检察机关一家是无法实现的。尤其是在应对外商投资企业及中国海外企业的商业贿赂行为时，更显得查办无术。

2. 加强国际刑事司法协助，联手打击本国境内及海外的商业贿赂行为。对于本国企业在海外实施的商业贿赂行为，由于犯罪地在国外，对于案件的调查取证增加了难度，同时，也必须得到所在国家的积极配合，而对于涉外的商业贿赂行为，案件线索、证据的共享也会使得各国在打击海外贿赂上形成合力。这就要求我们要在参加的国际公约所承担的义务范围内，在互利对等的基础上展开双边、多边合作。比如美国查办德普案、朗讯案等案件过程中，其掌握的相关证据材料暴露出张恩照等受贿案件。加强国际刑事司法协作，促进案件信息资源共享，无疑是查办跨国商业贿赂案件的必要途径。

3. 在司法实践中，应严格把握商业贿赂犯罪的罪名及犯罪的主体范围，避免不当扩大其适用范围的现象。如前文所述，打击商业贿赂，其意旨即在于建立和维护公平竞争的市场环境，所以，对于业务型商业贿赂而言，其行为发生必定存在于特定的场合与领域，即必须把握其“商业”的框架限制。如教师可以构成商业贿赂犯罪，但仅限于其“利用教学活动的职务便利，以各种名义非法收受教材、教具、校服或者其他物品销售方财物，为教材、教具、校服或者其他物品销售方谋取利益，数额较大的”场合，而非教师收受“贿赂”的行为均构成商业贿赂犯罪，如家长为求照顾而送给教师的红包。同样道理，医疗机构中的医务人员构成商业贿赂犯罪也只能限于“利用开处方的职务便利，以各种名义非法收受药品、医疗器械、医用卫生材料等医药产品销售方财物，为医药产品销售方谋取利益，数额较大的”场合，而病人或者其家属为求照顾而给予医生红包的，对于医生也不能以业务型商业贿赂而论处。究其原因，上述行为并不存在于商业活动中，也并未侵害商业贿赂犯罪所侵害的市场公平竞争的秩序。

（三）结语

对于商业贿赂的法律规制，需要解决商业贿赂的概念等基础性问题，也需要立法者、司法者对相关商业贿赂犯罪行为的构成要素的内涵作出厘清；为应对日益凸显的海外商业贿赂，也需要加强各国间的刑事司法协助。同时，妥善解决商业贿赂问题，除了立法、司法环节之外，还需要政府主导进行配套的培育市场诚信体系的制度建设，是一项系统性的工程。

贿赂犯罪的对向关系与刑罚处罚

夏　勇*　王晓辉**

刑法理论中，不同行为人分别实施两种不同的罪名或者同一罪名，如果双方的行为之间具有一种相互依存、互为条件的关系，这种关系就是对向关系或对合关系。大陆法系刑法理论通常把具有这种关系的两个犯罪称为对向犯或者对合犯，是共犯的一种形式，并且认为贿赂犯罪是对向犯的一种典型形式。① 对此，我国刑法学界不持异议。② 那么，在中外刑法学界有着共识的对向犯理论背景之下，各自的刑法是如何规定贿赂犯罪的刑罚处罚的；我国刑法是否存在需要改进之处；本文就此做些比较和探析。

一、外国刑法中贿赂犯罪的处罚规定与对向关系

外国刑法普遍规定了贿赂犯罪，并以不同条文分别规定受贿与行贿的不同罪名。从罪名种类来看，又有三种情况：其一，规定单一的受贿罪名和单一的行贿罪名；其二，规定多个受贿罪名和单一行贿罪名；其三，规定多个受贿罪名和多个行贿罪名。无论哪一种情况，外国刑法的贿赂罪处罚规定都体现了受贿与行贿的对向关系，即受贿罪的处罚规定与行贿罪的处罚规定之间显现出对应和衔接。其具体做法是，先在受贿罪名和行贿罪名的罪状表述上体现受贿主体与行贿对象之间、受贿行为与行贿行为之间的对应性，再在此种罪状表述基础上规定具有对应和衔接关系的法定刑。

《俄罗斯联邦刑法典》中的贿赂罪名属于“一对一”的对向关系。以该法第290条受贿罪和第291条行贿罪的各自第1、2款为例，其间的对向关系十分明显：第290条规定：“1. 公务人员本人或者通过中间人接受金钱、有价证券、其他财产或财产性质的利益等形式的贿赂，为行贿人或者其被代理人的利益而在其职权范围

* 中南财经政法大学刑事司法学院院长，教授，博士生导师。

** 中南财经政法大学刑事司法学院刑法专业博士研究生。

① ［日］野村稔：《刑法总论》，全理其、何力译，法律出版社2001年版，第381页。

② 陈兴良：《教义刑法学》，中国人民大学出版社2010年版，第668页。

内实施某种行为（或不作为），或者利用其职务之便促成某种行为（或不作为），以及利用职务之便进行庇护或纵容的，判处数额为最低劳动报酬700倍至1000倍的或被判刑人7个月至1年的工资或其他收入的罚金，或者5年以下剥夺自由，并处3年以下剥夺担任一定职务或从事某种工作的权利。2. 公务人员接受贿赂从事非法行为（或不作为）的，判处3年以上7年以下剥夺自由，并处3年以下剥夺担任一定职务或从事某种工作的权利。”第291条规定：“1. 本人或者通过中间人向公务人员行贿的，判处数额为最低劳动报酬200倍至500倍的或被判刑人2个月至5个月的工资或其他收入的罚金，或者1年以上2年以下劳动改造，或者3个月以上6个月以下监禁，或者3年以下剥夺自由。2. 为使公务人员实施自己明知的非法行为（或不作为）而向其行贿或者多次行贿的，判处数额为最低劳动报酬700倍至1000倍的或被判刑人7个月至1年的工资或其他收入的罚金，或者8年以下剥夺自由。”① 可见，两个条文在罪状对应的基础上，规定了法定刑的对应关系：第一，受贿内容和主体与行贿内容和对象相同的情况下，二罪的刑种除了与各自身份相适应的附加刑有所不同之外，其主刑刑种基本相同，如罚金和剥夺自由。第二，受贿内容和主体与行贿内容和对象相同的情况下，对受贿罪的处罚重于行贿罪，数额规定上显示出比较关系，如1000倍的上限与500倍的上限，1年的上限与6个月的上限等。第三，由二罪各自的第2款规定的刑罚加重情节体现出相互参照的衔接关系，如行贿罪法条第1款规定的罚金数额低于受贿罪法条第1款规定的罚金数额，而行贿罪法条第2款规定的罚金数额与受贿罪法条第1款规定的罚金数额等同。

《奥地利联邦共和国刑法典》中的贿赂罪名属于“多对一”的对向关系。该法规定了多个受贿罪名，有第304条“官员收受礼品”、第305条“公营企业负责雇员收受礼品”、第306条“鉴定人收受礼品”、第306条a“同事和有经验咨询顾问收受礼品”，但“行贿”只见于第307条。② 从各条的内容看，第307条与受贿罪的各条规定之间都显示出对应性，具体而言，第307条不仅在罪状表述上分别与受贿罪各条规定之间保持对应，而且还特意指明其对应的条款，并规定了相应的法定刑。例如，第307条第1款规定：行为人“1. 为其违背义务地实施或不实施职务行为，向官员、欧盟或欧共体其他成员国的官员（第304条第1款），2. 为其违背义务地实施或不实施法律行为，向公营企业的负责雇员（第305条第1款），3. 为其作出不正确的检验或鉴定，向鉴定人（第306条），4. 为其对违反义务地实施或不实施法律行为施加影响，向公营企业的负责雇员的同事（第306条a第1

① 《俄罗斯联邦刑法》，赵薇译，法律出版社2003年版，第409—410页。

② 《奥地利联邦共和国刑法典》，许久生译，中国方正出版社2004年版，第115—117页。

款）……向上列官员或第三人提供、许诺或给予利益，处2年以下自由刑。”其对应的条款，第304条第1款规定：“官员、欧盟其他成员国的官员为违反义务实施或不实施职务行为，为自己或第三人向他人索要、收受或让他人许诺给予财产利益的，处3年以下自由刑。”第305条第1款规定：“公营企业的负责雇员为实施或不实施一法律行为，为自己或第三人向他人索要、收受或让他人许诺给予财产利益的，处1年以下自由刑；如果故意违法地实施或不实施法律行为的，处3年以下自由刑。”第306条规定：“法院或其他机关就特定程序聘任的鉴定人，为作出不正确的检验或鉴定，为自己或第三人向他人索要、收受或让他人许诺给予财产利益的，处3年以下自由刑。”第306条a第1款规定：“作为供应企业负责雇员的同事，用咨询、建议或证明材料对企业管理施以有规律的影响，且以该身份为通过影响负责雇员违反义务实施或不实施法律行为，为自己或第三人索要、收受或让他人许诺给予利益的，处2年以下自由刑。”① 在此，行贿罪法定刑要轻于受贿罪法定刑。类似的规定还有《日本刑法典》，其第198条规定：“提供一百九十七条至一百九十七条之四规定的贿赂，或者就此进行申请或者约定的，处三年以下惩役或者二百五十万元以下罚金。”这里提及的受贿罪名各条的法定刑为不超过5年或7年的惩役。②

《新西兰刑法典》中的贿赂罪名属于“多对多”的对向关系。该法规定了若干受贿罪名，便有相应的行贿罪条款与其一一对应。第100条规定了司法官员的受贿罪：“（1）司法官员利用司法权使自己或他人实施某项作为或不作为，从而收受、获取、或统一帮助收受或试图索取贿赂的，判处十四年以下监禁。（2）司法官员、各级法院的登记官和副登记官利用职权使自己或他人实施本条第一款以外的作为或不作为，从而收受、获取或统一帮助收受或试图索取贿赂的，判处七年以下监禁。”与此相对应，第101条规定了向司法官员行贿罪：“（1）为了影响司法官员行使司法权而向司法官员行贿，或许诺贿赂的，判处七年以下监禁。（2）为了影响司法官员，法院登记官或副登记官行使本条第一款以外的职权而向其行贿，或许诺贿赂的，判处七年以下监禁。”除了这种条与条不同罪名之间的对应之外，还有同一罪名条文的款与款之间的对应，此时，行贿行为构成受贿罪的共犯，即从犯。第102条“政府部长受贿罪”的第1款规定的是受贿行为，第2款则是同一受贿罪名之下的“向政府部长、行政委员会成员提供贿赂”的行贿行为。同样，第103条“议会议员受贿罪”、第104条“执法官员受贿罪”等都包括了相应的受贿与行贿。从其法定刑来看，受贿罪名与行贿罪名都主要规定了监禁刑，受贿罪名的刑期

① 《奥地利联邦共和国刑法典》，许久生译，中国方正出版社2004年版，第115—117页。

② 《日本刑法典》，张明楷译，法律出版社1998年版，第62—63页。

上限都是14年，行贿罪名的刑期上限都是7年，显现出2∶1的比例关系。[①] 类似的规定还有《匈牙利刑法典》第253条、第254条、第255条等。[②]

需要说明的是，上述各例都是在总体上或主刑的规定上受贿罪法定刑高于行贿罪法定刑的情况，这样的情况还有德国，但是，也有一些国家的刑法典在总体上或主刑的规定上显现出受贿罪法定刑与行贿罪法定刑相同。就"一对一"关系来看，《德国刑法典》第331条受贿与第333条行贿的规定各有两款明确了法定刑，二者内容一一对应且法定刑完全相同，各自的第1款都是"处3年以下自由刑或罚金"，各自的第2款都是"处5年以下自由刑或罚金"。[③] 类似的规定还有《保加利亚刑法典》。[④] 就"多对一"关系来看，《菲律宾刑法典》第210条、第211条、第211条A规定了不同的受贿罪名，只有第212条是行贿罪名，该条规定："任何人向公职人员提供前述条款中规定的对价、许诺、礼物的，处与受贿公职人员相同的刑罚，但剥夺资格与暂停资格除外。"[⑤] 就"多对多"关系来看，有的国家的刑法为每一对贿赂罪名都规定了基本相同的法定刑，如《法国刑法典》第432-11条、第433-1条、第433-2条分别规定了几种情形的贿赂犯罪，但每一条都同时包括受贿与行贿，而且都只规定受贿罪的法定刑，对于行贿罪法定刑的规定则都是"处相同之刑罚"。[⑥] 类似的还有《朝鲜民主主义人民共和国刑法典》，第242条规定："非管理工作人员行贿或者受贿的，处2年以下劳动改造。"第257条规定："管理工作人员行贿或者受贿的，处2年以下劳动改造。贿赂数额巨大，或者强迫他人给予贿赂，或者机关责任人受贿的，处4年以下有期徒刑。"[⑦]《意大利刑法典》在规定多个法条的受贿罪法定刑基础上，第321条规定"对行贿者的刑罚"："第318条第一款、第319条、第319条-2、第319条-3以及与第318条相联系的第320条规定的刑罚，也适用于向公务员或受委托从事公共服务的人员给予或者许诺给予钱款或其他利益的人。"[⑧] 也有的国家的刑法为某个贿赂罪名双方行为规定了相同的法定刑，同时又为其他贿赂罪名双方行为规定了不同的法定刑，如

① 《新西兰刑法典》，于志刚、赵书鸿译，中国方正出版社2007年版，第46—48页。

② 《匈牙利刑法典》，陈志军译，中国人民公安大学出版社2008年版，第106—107页。

③ 《德国刑法典》，徐久生、庄敬华译，中国法制出版社2000年版，第227、228页。

④ 《保加利亚刑法典》，张雅译，北京大学出版社2008年版，第122—125页。

⑤ 《菲律宾刑法典》，陈志军译，中国人民公安大学出版社2007年版，第76—77页。

⑥ 《法国刑法典》，罗结珍译，中国人民公安大学出版社1995年版，第154页、第158—159页。

⑦ 《朝鲜民主主义人民共和国刑法典》，陈志军译，中国人民公安大学出版社2008年版，第46页、第48页。

⑧ 《意大利刑法典》，黄风译，中国政法大学出版社1998年版，第98—99页。

《罗马尼亚刑法典》第308条、第309条、第311条、第312条。其中，第308条受贿罪与第309条行贿罪相对应，前者的法定刑要比后者的法定刑重得多，如相对应的各自第1款规定的“严格监禁”刑期分别是3年以上15年以下和1年以上5年以下。然而，第312条“滥施影响力罪”同一罪名之下的受贿和行贿，其法定刑相同，均为2年以上10年以下“严格监禁”。第311条规定的收取不正当报酬罪，是指对私法法人负有监控职权的公务员离职后3年之内接受该单位聘用的行为，法定刑为1年以上3年以下“严格监禁或按日科处罚金”，但第2款规定“该私法法人的负责人视为第一款规定行为的共犯”。①

上述立法例表明，对向关系是各国贿赂犯罪法定刑设置的基本理论根据，体现了刑法理论对立法实践的指导。其意义在于：第一，具有对向关系的贿赂犯罪是不同主体的两个行为共同侵害公共权力法益的情形，这种对向关系表明刑法同时以刑罚处罚两种行为的必要性，对立法的指导是，规定处罚其中一方，就应规定处罚另一方，不至于遗漏，实现对法益的充分保护和对贿赂犯罪的预防。第二，刑罚是对法益侵害的反应并服务于预防目的的需要，受贿罪与行贿罪之间的依存关系和紧密联系，意味着二者在犯罪的性质、特点、程度、规律上相同或相关，这就决定了刑法在对二者进行反应时的共通性和相关性，表现为法定刑种类在总体上和主刑上的基本一致性。第三，受贿罪与行贿罪之间的对向关系还会引导立法者进一步权衡二者孰轻孰重，做出刑事政策的选择，并在设定相同刑种的基础上，通过刑期的异同体现出来。如前所述，外国刑法在受贿罪与行贿罪刑期关系上，有受贿罪重于行贿罪和二罪相同两种安排。

二、我国现行刑法中贿赂犯罪的处罚规定与对向关系

我国现行刑法中的贿赂犯罪，从罪名来看，体现了“多对多”的对向关系。具体而言，第385条、第388条、第163条第3款、第184条第2款等规定了受贿罪，第388条之一规定了利用影响力受贿罪，与此相对的是第389条、第393条规定的行贿罪和第392条规定的介绍贿赂罪；第387条规定了单位受贿罪，与此相对应的是第391条规定的对单位行贿罪，第393条规定的单位行贿罪；第163条、第184条规定了非国家工作人员受贿罪，与此相对应的是第164条对非国家工作人员行贿罪，此外，还有对外国公职人员、国际公共组织官员行贿罪。从罪状和法定刑来看，单位贿赂犯罪、涉及非国家工作人员的贿赂犯罪在受贿与行贿的罪名之间也体现了对向关系，但唯独受贿罪与行贿罪二者法定刑的内在逻辑不清。

---

① 《罗马尼亚刑法典》，王秀梅、邱陵译，中国人民公安大学出版社2007年版，第92—95页。

本来，我国《刑法》第385条受贿罪与第389条行贿罪在罪状表述上还是体现了对向关系。第385条第1款规定："国家工作人员利用职务上的便利，索取他人财物的，或者非法收受他人财物，为他人谋取利益的，是受贿罪。"第389条第1款规定："为谋取不正当利益，给予国家工作人员以财物的，是行贿罪。"第385条第2款规定："国家工作人员在经济往来中，违反国家规定，收受各种名义的回扣、手续费，归个人所有的，以受贿论处。"第389条第2款规定："在经济往来中，违反国家规定，给予国家工作人员以财物，数额较大的，或者违反国家规定，给予国家工作人员以各种名义的回扣、手续费的，以行贿论处。在经济往来中，违反国家规定，给予国家工作人员以财物，数额较大的，或者违反国家规定，给予国家工作人员以各种名义的回扣、手续费的，以行贿论处。"遗憾的是，二罪的处罚条款却呈现分裂状态。

不妨看看相关条款的处罚规定：第386条规定："对犯受贿罪的，根据受贿所得数额及情节，依照本法第三百八十三条的规定处罚。"第383条规定："（一）个人贪污数额在十万元以上的，处十年以上有期徒刑或者无期徒刑，可以并处没收财产；情节特别严重的，处死刑，并处没收财产。（二）个人贪污数额在五万元以上不满十万元的，处五年以上有期徒刑，可以并处没收财产；情节特别严重的，处无期徒刑，并处没收财产。（三）个人贪污数额在五千元以上不满五万元的，处一年以上七年以下有期徒刑；情节严重的，处七年以上十年以下有期徒刑。个人贪污数额在五千元以上不满一万元，犯罪后有悔改表现、积极退赃的，可以减轻处罚或者免予刑事处罚，由其所在单位或者上级主管机关给予行政处分。（四）个人贪污数额不满五千元，情节较重的，处二年以下有期徒刑或者拘役；情节较轻的，由其所在单位或者上级主管机关酌情给予行政处分。对多次贪污未经处理的，按照累计贪污数额处罚。"第390条规定："对犯行贿罪的，处五年以下有期徒刑或者拘役；因行贿谋取不正当利益，情节严重的，或者使国家利益遭受重大损失的，处五年以上十年以下有期徒刑；情节特别严重的，处十年以上有期徒刑或者无期徒刑，可以并处没收财产。"

不难看出，第383条受贿罪的法定刑与第390条行贿罪的法定刑之间，没有表现出应有的对应性。主要表现在决定刑罚格次区别和递进关系的因素之间没有对应性：决定受贿罪刑罚格次和递进关系的因素是数额和情节，首先是数额，其次是情节，是在数额的基础上考虑情节，且情节是概括性的；行贿罪的法定刑只有情节却未涉及数额，且情节是特指的——非法获利或者国家损失。

从起点刑格次来看，这种不对应性也十分明显。根据我国刑法犯罪化"定性加定量"的模式，立法对每一个犯罪都有其量的规定，或者直接把量的要求规定在分则罪名条文中，或者在分则中不做表示而意味着受制于总则第13条

“情节显著轻微”的量的要求。显然，对受贿罪的量的规定是在分则中通过第386条而由第383条完成的，量的因素体现为数额与情节。由此，受贿罪的起点刑分两种情况设置，其一，数额在5000元以上不满5万元的，处1年以上7年以下有期徒刑；其二，数额不满5000元但情节较重的，处2年以下有期徒刑或者拘役。反观行贿罪的起点刑，并没有相应区分这两种情况，而是笼统地规定“犯行贿罪”就可以处5年以下有期徒刑或者拘役。这里的“犯行贿罪”当然也有量的要求，没有在分则中明文规定量的要求的情况，按理只好认为适用总则第13条“情节显著轻微”。但这样一来，二罪的起点刑各成体系，分别判断。依照立法上对行贿罪法定刑的这种独立性规定，司法上对行贿罪的处罚就可以不考虑受贿罪的法定刑而独立判断，只要判处的结果在自己的法定刑之内即可。例如，贿赂数额为49999元，据此数额，对受贿罪可处7年有期徒刑，但这个数额之于行贿罪，完全可以被独立认定为情节严重的，从而超出起点刑格次，升格处理。同样，贿赂数额为4999元但情节较轻，对受贿行为不定罪处刑，但这个数额和情节之于行贿罪，完全可以被认为不属于情节显著轻微，从而至少可以认定犯罪并处以拘役。显然，这种“各行其是”的处罚，不可能保持受贿与行贿之间的对应性。

而且，二罪起点刑的比较，不仅司法适用的结果可能是受贿罪轻于行贿罪，而且立法本身也表现出行贿罪的法定刑可重于受贿罪——第383条规定数额不满5000元但情节较重的最高刑是2年以下有期徒刑，第390条则规定行贿罪的最高刑为5年以下有期徒刑。如前所述，外国刑法在“多对多”的贿赂罪名对向关系中，根据不同的受贿与行贿特点，在有的贿赂罪名中选择受贿重于行贿的法定刑关系，在有的贿赂罪名中选择受贿与行贿等同的法定刑关系，孰轻孰重，十分清晰。同时，几乎不存在行贿罪法定刑重于受贿罪法定刑的情况。相比之下，我国刑法的规定让人难以理解：在同一个受贿罪名与同一个行贿罪名的法定刑之间，孰轻孰重，模棱两可，反映出立法者缺乏对贿赂罪名双方对向关系认识上的确定性，在刑事政策的选择上自相矛盾。进而，出现行贿罪法定刑重于相应受贿罪法定刑的情况，更是缺乏合理的立法根据。因为，受贿与行贿（主客观）紧密结合侵害同样的公共权力法益，这是二者对向关系的实质，据此确定二者法定刑轻重的关键是对双方在法益侵害中的作用的认识。如果直接从对向关系出发，可以得出受贿与行贿“一个巴掌拍不响”，受贿亵渎公共权力，行贿腐蚀公共权力，离开任何一方，公共权力的法益都很难受到实际的侵害，就侵害而言，二者的作用不分伯仲，故法定刑应当相同。如果在对向关系基础上，进一步考察双方与所侵害法益的关系，也可以认为执掌公共权力且滥用这种权力的人才能最直接、最容易、最经常地侵害这种权力，相比之下，其他人想要利用公共权力谋取私利，只能通过执掌公共权力的人员间接实现，这既是行贿产生的原因，也表明行贿对公共权力法益的侵害相对受贿居于次要地位。诚然，除了索贿之外，往往是先有行贿才有受贿，行贿常常充当了“发动者”的角色，但是，面对诱惑，如果掌权者“不接招”，则行贿就没有市场，就会受到抑制，受贿一方还是居于主动地位，滥用职权的人在侵害公共权力法益的贿赂犯罪中起到了更为主要的作用。基于这种认识，立法者就会对受贿一方安排更重的法定刑。我国刑法出现行贿罪法定（起点）刑比受贿罪要重的规定，其根据何在呢？

还有，对照二罪加重处罚的格次，也反映出不对应性。受贿罪以数额的一定量作为法定刑升格的基础，再在同一数额中考虑情节而加重。具体而言，受贿罪起点刑以上的法定刑格次衔接由轻至重顺序为：数额5000元到5万元，情节严重的，7年以上10年以下有期徒刑——数额5万元到10万元（即等于情节严重），5年以上有期徒刑（上不封顶），没收财产——情节特别严重的，无期徒刑，没收财产——数额10万元以上（即等于情节严重），10年以上有期徒刑，无期徒刑，没收财产——情节特别严重的，死刑，没收财产。行贿罪在起点刑基础上的加重格次有两个：其一，因行贿谋取不正当利益，情节严重的，或者使国家利益遭受重大损失的，5年以上10年以下有期徒刑。在此，情节严重不是以行贿数额为基础，而是以行贿人所得利益为基础，或者重大损失结果，也不是以行贿数额为基础，而是以国家利益损失为基础，故这里的情节严重与受贿罪刑罚格次中的情节严重并不对应。其二，情节特别严重，是在情节严重基础上的比较递进，其内涵自然相同，也不是指数额，而是指行贿人所得或者国家利益损失。因此，这里的情节特别严重与受贿罪刑罚格次中的情节特别严重也不对应。

三、对我国刑法贿赂犯罪法定刑体现对向关系的思考

立法上受贿罪与行贿罪法定刑的不对应，反映出刑法理论与刑法实践的脱节。现代刑法应当是理性的刑法、科学的刑法，这就决定了刑法的立法和司法都应当接受刑法理论的指导。尽管在刑法理论研究中，会有不同甚至对立的观点和学说，但刑法理论对刑法实践的指导作用并不因此而不存在，立法者和司法者总是会选择适当的观点和学说去指导刑法实践的各个环节。既然我国刑法学界认可外国刑法对向犯理论及其贿赂犯罪的对向关系，就应当以此指导以贿赂犯罪为内容的刑法实践，包括贿赂犯罪刑罚处罚。与外国刑法相比较，我国刑法的有关规定显然未能体现对向关系。

如前所述，各国刑法对同一贿赂犯罪罪名的法定刑设置，或者受贿重于行贿，或者二者等同，一般来说，不存在行贿重于受贿的情况。从理论上看，只有在一种较为理想的廉政制度和道义环境中，权力系统能够保持高度廉洁，掌握公共权力者

通常不敢、不必、不愿滥用权力，此时，权力系统外部的干扰诱惑便成为产生权钱交易的主要动因，即外部因素上升为腐败的矛盾的主要方面，遏制行贿自然成为刑法的重点。但是，即使在权力制约相对完善的国家，其刑法也没有轻易选择以打击行贿为重点的法定刑配置，至多是对贿赂双方同等对待。众所周知，我国的权力在社会中长期居于强势地位，至今未能建立起有效的制约机制，这种背景下的权力如今面对市场经济中的利益诱惑，寻租动机油然而生，腐败的动力主要在权力系统内部，掌握公共权力者往往故意以高高在上的官僚主义形象告诉大众，不付出代价办不成事情，在社会中造就了一种“姜太公钓鱼，愿者上钩”的潜规则，致使行贿者在总体上处于弱势地位，因此，贿赂犯罪的打击重点不言而喻。在法定刑的设置上，我国刑法在一定程度上反映了这种刑事政策选择，如法定最高刑，包括每个刑罚格次的最高刑，受贿罪就重于行贿罪，但是，一方面，立法没有将此种取向贯彻到底；另一方面，由于二罪之间缺乏确定的法定刑对应格次、刑种和刑度，反而以客体保护取向不明的“谋取不正当利益”作为行贿罪量刑的独立考虑因素，使得司法实践中出于打击受贿的取证需要一味宽待行贿者，而不受同案受贿一方定罪量刑结果的任何对应性限制。鉴于此，笔者认为，应当从立法和司法两个方面加以弥补。

在立法上，应当适时修改贿赂犯罪的法定刑，明确体现对向关系。如前所述，我国刑法对受贿罪与行贿罪罪状的规定还是体现了对应性，但为什么没有在法定刑上贯彻到底呢？笔者认为，这是由于立法者未能充分研究二罪的对向关系和各国立法例所致，忽略了对向关系情况下的罪责刑相适应，承认罪状的对向关系，却不继续将刑事责任及刑罚与罪状加以对应，只是分别独立地规定二罪的法定刑。具体而言，立法者在设置受贿罪法定刑时，并没有规定专门的刑罚，而是采取了“共享”第383条贪污罪法定刑的办法。由于贪污罪与行贿罪之间不具有对向关系，立法者在设置贪污罪法定刑时，必须也只能以贪污罪的特点和规律作为考虑的根据，不可能“关照”到行贿罪。在这个前提下设置的行贿罪法定刑，也很难反过来“关照”受贿罪。无疑，要完善二罪法定刑的对向关系，有必要改变这样的立法格局。

根据罪责刑相适应原则，刑法规定的特定刑事责任及刑罚应当与特定的犯罪保持对应，立法上应当为每一个特定犯罪设定相应的法律后果，即每一个独立的罪名和罪状都应当跟随一个专门为其考虑的刑罚。诚然，不同犯罪的法定刑有可能在刑种和刑期上完全一样，但这仅仅是立法的结果相同，而不是立法过程中的考虑相同，即“同归”不意味着“殊途”。其实，我国刑法直接规定一个犯罪适用另一个犯罪的法定刑的情况并不多。即使需要这样的规定，也应当是在充分考虑一个犯罪本身的危害及特点之后，得出的法定刑恰与另一个犯罪的法定刑相同，从立法技术上考虑，而不重复规定。受贿罪援用贪污罪的法定刑，并不属于这样的情况。因为受贿罪与贪污罪的特点与规律各有不同，二罪共用相同的法定刑，必然顾此失彼。

一般而言，刑法对双重客体的犯罪，立法者按其保护的重点进行立法归类，如暴力劫财行为，有的国家归类为侵犯人身权利的“强盗罪”，我国归类为侵犯财产的“抢劫罪”，但无论罪名及归类向哪一个客体保护倾斜，另一个客体保护依然存在，只是相对居于次要地位。尽管受贿罪与贪污罪都侵害了国家权力和公私财产权益，属双重客体，且被规定为同一类犯罪，均以国家权力的保护为主要方面，但结合另一个客体仔细分析，就会发现在双重客体保护的比例关系上，二罪存在程度上的微妙差异。具体而言，贪污罪的行为人是对自己职权控制之下的公共财产加以窃占，虽然立法上归类于侵害国家权力的犯罪，但从实质上看，设置该罪在很大程度上是防止公共财产的损失，就该罪立法所包含的双重客体保护的比例关系而言，可以说是“半斤八两”，乃至“一半对一半”。正因为贪污罪有着浓厚的财产犯罪色彩，我国刑法设置的法定刑把数额作为基本和主要的定罪量刑情节。反观受贿罪，行为人是以自己掌控的职权与他人利益进行交易，滥用职权的行为不仅侵害了国家权力和他人财产权益，而且通过与其相对的行贿行为直接腐蚀着社会机体，反过来弱化了国家权力应有的威望、效能和公平，因此，受贿行为对双重客体的侵害，其中以国家权力方面更为严重，刑法理应突出对这方面的保护。其实，刑法第 390 条为行贿罪设置的法定刑倒是反映出这种取向，淡化了数额的规定，可惜刑法第 385 条却未能专门设置适合受贿罪保护客体之特点的法定刑，转而以“省事”的立法处理方式全面援引贪污罪的法定刑。笔者认为，立法者应在适当时对此作出修正，为受贿罪规定专门的法定刑。

进而言之，受贿罪专有的法定刑应当以该罪的法益侵害特点与行为规律为设置根据，把对国家权力侵害的事实情节作为首先考虑的因素，而把数额置于其次的地位。例如，起点刑可以改为：凡索贿情节、实际利用了职务之便为他人谋取不正当利益、导致国家损失等情节，受贿不满一定数额（如 5000 元）的，处 3 年以下有期徒刑或者拘役。升格刑可以改为，凡索贿情节恶劣、实际利用职务之便为他人谋取大量不正当利益、国家受到严重损失等情节，或者数额达到了较大的区间值（如 5000—50000 元），处 3 年以上 10 年以下有期徒刑，如果数额达到了更大的区间（如 10 万—50 万元），处 10 年以上有期徒刑或者无期徒刑，可以并处没收财产；凡上述情节特别恶劣或特别严重，且受贿数额达到较大的区间值（如 5000—50000 元），处无期徒刑，并处没收财产；上述情节极其恶劣，受贿数额达到特别巨大（如 50 万元以上），处死刑，并处没收财产。

在受贿罪法定刑确定的情况下，设定对应的行贿罪法定刑。以上述受贿罪法定刑方案为例，行贿罪的处罚可在相应情况下降低一个格次，如主动行贿实际谋取较大不正当利益、致使国家受到严重损失，或者数额较大（如 5000—50000 元），可处3年以下有期徒刑或者拘役，等等。

在司法上，可以在现有贿赂犯罪法定刑框架内，尽量做出符合对向关系的理解和适用。具体而言，是以受贿罪法定刑格次为基准，将各格次中的数额规定同时视为没有明文规定数额的行贿罪法定刑相应格次中的数额。首先，受贿罪起点刑两种情况中的数额规定也应当适用于行贿罪的起点刑，即《刑法》第390条所谓“犯行贿罪的”，应当满足受贿罪起点刑的数额标准，在此前提下，按照行贿罪起点刑的规定量刑。其次，如果行贿罪不存在第390条规定的“谋取不正当利益，情节严重”或者“国家利益遭受重大损失”，也不存在这些“情节特别严重”，则应当根据刑法第383条规定的数额，按照相应法定刑格次降一格量刑，即对数额在10万元以上的行贿罪，应在受贿罪数额5万—10万元的法定刑格次量刑，对数额在5万—10万元区间的行贿罪，应在受贿罪数额5000—50000元的法定刑格次量刑。

对现行贿赂罪法定刑作这样的理解和适用，不仅能够显现受贿罪与行贿罪的对向关系，有助于把握立法的本来含义和内在精神，也能显现立法者在二罪之间所选择的刑事政策重点——受贿重于行贿，保证打击与预防贿赂犯罪不至于本末倒置，还能显现受到受贿罪法定刑制约的行贿罪法定刑的底线，避免实践中对行贿罪的放纵。

预防新型贿赂犯罪对策研究

杨　劼*

目前，职务犯罪仍很猖獗，特别是职务犯罪的手段越来越隐蔽、涉案数目不断增大、窝案串案增多、牵扯人员范围广、涉及的部门行业领域众多，严重地损害党和政府的形象，已经成为社会的公害。在各种各样的职务犯罪中，以贿赂犯罪最为突出。司法实践表明，贿赂犯罪的作案手段花样翻新，且呈现出了许多新的特点。因此，预防新型贿赂犯罪，首要的任务就是要加强对策研究，找到遏制新型贿赂犯罪的有效方略，进一步增强预防工作的目的性、针对性和有效性。

一、针对犯罪特点，提升应对预警等级

研究有效预防新型贿赂犯罪的策略，必须搞清楚其犯罪动机、行为方式和主要危害。笔者认为，无论是交易型、借用型、收受干股型、合作投资型、委托理财型、赌博型、挂名领薪型等受贿犯罪，还是其他一些尚未被认知的受贿犯罪，都有许多共同的特点。一是存在一定利益关系。任何职务犯罪都是围绕一定的利益链展开的。行贿者如此，受贿者也是如此。行贿者并不愚蠢，有的采取多次小投入的长线经营策略，有的采取一次或几次大投入的短线经营方法，但都是为了维持其有预谋的某种利益关系。受贿者看似聪明，其实都很愚笨，他们把党纪国法置于脑后，经不住金钱、美色的诱惑，上了行贿者的贼船，甚至为行贿者肝脑涂地。因而，抓住“利益链”，就能锁住犯罪分子，进而也就能为做好预防工作奠定基础。二是千方百计投其所好。随着反腐力度的不断加大、管理制度的不断完善、监督措施的不断改进，传统的受贿犯罪存在随时被查处的风险。在这个背景下，狡猾的犯罪分子，往往不惜铤而走险，企图通过新的行贿途径，使其犯罪的事实“合法化”，以逃避法律的制裁。其实，与以往的贿赂犯罪相比，新型贿赂犯罪同样走着“送财物、性拉拢、攀感情”的技术路线，达成“权钱交易、权色交易”等不光彩的目的，并没有目的性的翻新。因而，我们不能被新型贿赂犯罪的表象所迷惑，而要紧紧围绕其根本目标，做好相应的预防工作。三是行贿受贿各得其所。行贿与受贿永

* 武汉市人民检察院职务犯罪预防处调研员。

远是相伴的一对概念，治理腐败，查处职务犯罪，必须高度重视行贿这一重要链条。凡是行贿者，掏个人或单位的腰包来送特定关系人，肯定有他个人的目的。凡是受贿者，肯定掌握着一定人、财、物的权力，这是行贿者要达到自己目的的根本所在。行贿与受贿关系确立之后，职务犯罪活动就进入了活跃期。二者皆在为得利而竭尽所能，甚至达成更长远的默契，继续危害社会、危害人民、危害国家。因而，针对新型贿赂犯罪的预防工作，要从犯罪分子得到的好处入手，尽量斩断行贿受贿关系链条，使党和人民的损失减少到最低限度。

上述的所谓新型贿赂犯罪，早在10年前就已初露端倪，但却没有引起足够的重视。其根本原因就在于，我们没有预防的敏锐性，没有建立快捷的预警机制，没有采取有针对性的预防措施。据此，笔者认为，有必要建立全国性的新型贿赂犯罪预防预警机制。即一旦发现新型贿赂犯罪现象，要在预防系统及时告警。预警工作应由最高人民检察院牵头，形成上下一体、灵敏高效的新型贿赂犯罪预警系统。新型贿赂犯罪预警机制的建立，应区分责任、分划等级、规定要件、设置时限。各级基层检察院，如发现新型贿赂犯罪，要及时上报最高人民检察院，再由最高人民检察院通告全国各级人民检察院预防部门。预警等级分划，可根据危害程度，由低至高分若干级，以便预防部门开展相应的工作。规定要件，旨在确定哪些案件应该上报，哪些案件可以上报。设置时限，主要规范上报及下达的时间。目前，由于对新型贿赂犯罪缺乏及时预警，致使许多预防措施没有到位，一些新型贿赂犯罪仍在蔓延，且危害着惩防体系建设的大局。因而，我们不能被动应对日益猖獗的新型贿赂犯罪，一定要抓紧预警机制的建设工作，为做到防患于未然打下良好的基础。

二、把握惩防关系，坚持预防先行原则

预防新型贿赂犯罪，需要把握好打击犯罪与预防犯罪的关系，按惩防腐败体系建设的总体要求和基本规律切实搞好预防工作。

近几年来，全国检察机关不断加大查处职务犯罪的力度，突出查办党政领导机关、行政执法机关、司法机关、经济管理部门和县（处）级以上领导干部的职务犯罪案件，以及金融、建筑等领域贪污贿赂、失职渎职的案件，做到了一查到底、严厉惩处，打出了声威，赢得了党和人民的信任。但令我们头痛的是，这些年我们对职务犯罪的打击力度越来越大，查处的案件却一年比一年多。这值得我们关注，并要从预防上研究新的对策。

检察机关职务犯罪预防工作，应当在惩治和预防腐败体系中发挥更加重要的作用，把预防职务犯罪放在与查处职务犯罪同等重要的位置，并坚持预防先行的原则。对于新型贿赂犯罪而言，必须给予确定性打击。这也是预防新型贿赂犯罪的有力手段。“对于犯罪最强有力的约束力量不是刑罚的严酷性，而是刑罚的必然性。”

只有始终保持惩治新型贿赂犯罪的高压态势，不断加大查处力度，及时查处贿赂犯罪行为，形成强大的威慑力，进而才能实现打击新型贿赂犯罪的特殊预防功能。

与此同时，我们仅把重点放在“严打”上，也会造成新的社会危机。仅在2009年，检察机关就立案侦查各类职务犯罪案件32439件41531人，件数比上年减少3.3%，人数增加0.9%。突出查办大案要案，立案侦查贪污贿赂大案18191件、重特大渎职侵权案件3175件；查办涉嫌犯罪的县处级以上国家工作人员2670人，其中厅局级204人、省部级8人。又据统计，2009—2011年，检察机关深入推进治理商业贿赂专项工作，共立案侦查商业贿赂犯罪案件32622件35788人，涉案总金额87.2亿元。其中，涉案金额在5万元以上的贿赂大案就达25414件，占贿赂案件总数的77.9%；县处级以上贿赂犯罪要案达4128人。① 数字是惊人的，而执政100年后的数据累积将更令人触目惊心。在构建和谐社会的今天，我们并不希望对立情绪在广大人民群众中蔓延。一个犯罪分子后面是一个家庭，涉及几代人。众多犯罪分子群体的叠加，太多人对立情绪的上升，将是一种社会灾难。因此，从这个意义上看，预防新型贿赂犯罪比打击新型贿赂犯罪更加重要，更应引起我们的重视。只要切实把预防工作做好了，哪怕是挽救了一个人，就意味着挽救了一个家庭，挽救了与这一个人相关联的几代人，从而也就减少了仇视社会的人群数量。以此类推，我们收获的将是促进社会文明进步的正能量，而不是引起社会动荡起伏的破坏力。因此，笔者主张预防先行，把工作的重心向有效预防上倾斜。

三、创新预防机制，适应反腐倡廉需要

检察机关在开展预防职务犯罪的工作中，做了许多工作，取得了一定的成效。然而，我们不得不承认，许多预防活动的场面很大，但效果并不十分明显。一方面，检察建议没有发挥应有的作用。检察建议是检察机关开展预防职务犯罪工作的重要形式，是检察机关在法律监督职能的基础上，结合办案实际情况，针对发案单位存在的问题，提出具有一定权威性的司法建议。检察建议真正地发挥作用，关键在于检察建议的针对性要强、质量要高。同时，检察建议要有一定的权威性。实践表明，办案中检察建议发出的并不多，没有做到一案一建议；一些检察建议往往是流于形式，没有起到预防职务犯罪的作用。另一方面，检察机关在预防职务犯罪工作中，没有最大限度地发挥社会舆论监督的作用。在预防实践中，检察机关开展预防职务犯罪的宣传渠道单一、形式单调，在人民群众中未造成应有的声势和效果，对犯罪分子也未造成内在的震慑力。

预防新型贿赂犯罪是一项复杂的社会系统工程，涉及社会的各个方面和各个领域，必须动员全党全社会的力量共同参与，实行综合治理、标本兼治，形成社会化

① 2009年、2010年、2011年数据分别来源于《检察日报》。

预防的大格局。建立健全预防机制，旨在清除新型贿赂犯罪滋生和蔓延的土壤。一是从改革和创建体制、机制、制度的角度入手，拓展从源头上防止腐败的工作领域，努力形成拒腐防变预防教育的长效机制、控制职务犯罪的制度体系、重点预防领域的权力运行的监控机制，努力把腐败现象控制到更低程度。有专家认为，既要努力提高预防制度建设的科学化水平，普遍地引入制度评估、反馈和改进机制，形成制度持续创新的良性循环，又要高度重视制度执行，逐步改善预防制度的系统性。① 二是规范行政行为、司法行为、企业行为，建立起结构合理、配置科学、程序严密、制约有效的权力运行机制，从源头上防止和减少新型贿赂犯罪的发生。有学者指出：当前，我国的腐败和反腐处于相持阶段，最突出的问题在于领导职务高的案件多、案件涉及金额大、查处案件中的"一把手"多。② 这些问题归结到一点，就是权力还没有得到有效制约和监督，因而反腐的核心是制约和监督权力，权力运行机制的建设是关键。三是逐步消除部门和行业的垄断行为，坚持权利和义务相一致的原则，努力形成防止越权和滥用权力的监督机制。四是继续推进党风廉政建设责任制，推广党风廉政建设问责机制。坚持将党员干部实现"零违纪"作为落实党风廉政建设责任制的总体目标，坚持实行"一案双查"制，即在调查违法违纪案件时，既要查清当事人的违法违纪事实，又要查清相关领导干部的领导责任。通过严肃责任追究，发挥惩戒警示作用，激发各级领导干部抓党风廉政建设的责任感，确保责任制的贯彻落实。

四、加强预防力量，推进检察预防工作

检察机关开展预防职务犯罪工作人员本来就十分薄弱，加上一些地区对预防职务犯罪工作不够重视，预防工作成效甚微。其主要表现在：一是编制偏少，难以应对最高人民检察院"六项预防业务"规定动作。最高人民检察院规定的预防工作，着重体现在预防犯罪调查、犯罪案例分析、预防检察建议、预防咨询、行贿犯罪档案查询和警示教育与预防宣传六个方面，又是每年检查考评的重点项目。由于预防部门编制偏少，这六项工作的完成皆疲于奔命，且不够到位。二是由于预防人员不足，社会化预防大多浮在面上，很难持续深入开展，并取得实效。对此，在预防工作实践中，尽管我们做了许多拾遗补缺的工作，但还是力所不及。三是兼任兼顾较多，难以应对新型贿赂犯罪预防要求。由于一些基础检察院人手少，预防工作由其他部门的人员兼顾，抽不出更多的精力来研究和预防新型贿赂犯罪行为。基于此，如果不加强预防力量建设，那就很难开拓进取，在预防新型贿赂犯罪上有新的

① 任建明：《从构建和谐社会透视职务犯罪预防》，载《检察日报》2008年4月22日。

② 李雪勤：《中纪委李雪勤：腐败和反腐败当前正处于相持阶段》，载新华网，2012年8月23日。

作为。

预防新型贿赂犯罪，必须通过增加预防力量来推进检察预防工作。目前，许多地区采取升格预防部门的办法，提高检察机关在大预防格局中的地位，积极增加预防力量。据最高人民检察院 2011 年年底通报称，全国共有 247 个检察院设立了职务犯罪预防局。笔者认为，这只是增强预防力量的一个方面。在现有编制条件下，我们至少还应做好以下两个方面的工作。一方面，应着力抓好预防机构建设。要按照《人民检察院预防职务犯罪工作规则（试行）》对预防机构的设置要求，原则上要设立专门的预防机构。一时难以设立的，也要在侦查部门内指定专门人员承担预防职责，切实保证每个院都能落实职能，保证工作正常开展，不留空白点。一些单位将预防干部放在办公室、政工、纪检等部门的现象，应予以及时纠正。另一方面，应强化预防人员的专业能力培训。通过培训强化检察机关预防人员“七种能力”的养成，即发现问题的能力、研究问题的能力、解决问题的能力、组织协调的能力、语言文字的表达能力、法律运用的能力、开拓创新的能力。各级检察机关的预防部门，应采取正规化岗位培训、岗位练兵和业务竞赛等多种方式，强化业务技能，加强理论和实务研究，提升业务素质和能力，增强预防新型贿赂犯罪的自觉性，提高其有效开展预防工作的能力和水平。同时要激发大家立足岗位、建功立业的积极性，形成争创学习型部门、争当复合型人才、争做工作先进典型的比学赶超氛围。

新型贿赂犯罪的特点及防治

王天菊*

我国现阶段正处在经济体制、利益格局以及思想观念的深刻变革之中，诱发腐败的因素增多，受贿犯罪花样不断翻新，已经远远不是传统的贿赂形式所能涵括。随着查处力度的加强，2007 年 7 月 8 日，最高人民法院、最高人民检察院联合发布了《关于办理受贿刑事案件适用法律若干问题的意见》（以下简称《意见》），从司法角度提出了有关十种新型贿赂案件法律适用问题的具体意见，为打击新型贿赂犯罪提供了很好的依据。本文主要着眼于贿赂犯罪出现的新趋势及特点，针对司法实践中出现的难题，结合贿赂犯罪的本质——“权钱交易”，提出新举措，以期对预防打击该类犯罪起到一定的促进作用。

一、当前新型贿赂犯罪的特点

（一）犯罪主体间接性

新型贿赂犯罪的受贿主体不再局限于国家工作人员本人，不少国家工作人员往往授意请托人将“财物”等贿赂交付给自己的配偶、子女，甚至情人等“特殊关系人”。这些“特殊关系人”成为权钱交易的中介，他们积极利用其特殊的身份，不仅帮助这些身居官职的人敛财，自己也从中收受钱财。《意见》第 7 条“关于特定关系人收受贿赂问题”就是对这一问题的界定。

（二）犯罪手段隐秘性和多样性

新型贿赂犯罪多数是犯罪分子采取更大的隐蔽性手段进行，通过表面“合法”的民商事活动掩盖非法目的。如房屋买卖、车辆买卖、投资理财、股份经营、薪酬给付等常见的市场交易形式，往往被加以利用，通过市场交易形式掩盖受贿行为。同时，新型贿赂犯罪方式已由传统的现金交易转变为不容易识别的非传统的贿赂方式，而且“贿赂物”也突破传统财物范畴，扩展到安排工作、为子女提供留学机会、提供美色享受等非财产利益，以换取国家工作人员的公共权力，实现个人私

* 武汉市汉阳区人民检察院反贪污贿赂局助理检察员。

利，这些犯罪手段具有更大的社会危害性。

（三）犯罪过程“期权”性

受贿主体在职时利用职务便利为请托人谋取利益后，不于当时收受贿赂，而是约定离职后再收受早已约定的报酬，这就是受贿行为期权化的表现。有鉴于此，《意见》第10条对离职后收受财物做了界定。除此之外，行贿人对受贿人长期进行感情及物质投资，于逢年过节、婚丧嫁娶之时送大额礼金、红包，不仅是便于受贿人收下，更主要是为了今后能够获得受贿人的支持，为其谋取更大的利益，这也是受贿行为期权化的表现。

二、司法实践中贿赂犯罪认定的难点

（一）谋利行为与收受财物相分离，认定犯罪故意有难度

行受贿双方早有合意，谋利行为与收受财物相分离。受贿人通过指定、暗示等方式，授意行贿人采取何种行贿方式，向何人行贿。而行贿人也心领神会，双方达成共识，以此来逃避法律制裁。《意见》中新型贿赂方式都可以通过“特定关系人”来实施。司法实践中，这类案件存在犯罪故意难以认定的问题。因为一旦发案，犯罪人仅承认自己利用职务之便为他人谋取利益，但是不承认自己收钱，而“特定关系人”承认自己收了钱，但是主动承认自己没有将收钱的事实告诉该国家工作人员。双方拒不承认通谋的过程，导致共同犯罪难以认定，只能按无罪处理。比如汉阳区院在办理某国有独资公司董事长迟某涉嫌受贿案中，迟某多次利用职务便利为与其所在公司有业务往来的李某谋利，随后迟某家属入股同李某开发的项目，案发后迟某称没有介入其家属与李某的合作，其家属称并没有将与李某合作的事情具体告诉迟某，迟某家属与李某之间也没有入股的书面协议，因此对迟某及其家属的受贿问题就难以认定。

（二）商业经营行为与受贿犯罪相关联，认定犯罪行为有难度①

在市场经济条件下，受贿犯罪分子以市场化的商业经营行为掩盖其犯罪目的。他们由原来的直接收受财物转为迂回取财，由“明”转“暗”，通过房屋买卖、车辆买卖、投资理财、股份经营、薪酬给付等间接方式变相受贿。从实质意义上讲，行受贿双方进行的仍然是公权与私利的肮脏交易。例如汉阳区院办理的武汉市中级人民法院执行庭法官明某受贿案中，明某与他人合开拍卖公司并占20%干股，其后明某利用其担任法院执行庭法官承办执行案件的职务便利，将拍卖业务交由该公司承接，在为该公司谋取利益的同时收取分红，这实质上就是以合作开办公司分配

---

① 原巍：《新型受贿犯罪司法认定若干问题研究》，吉林大学2009年硕士学位论文，第8—9页。

“利润”为名收受贿赂款的行为。

三、增强新型贿赂犯罪侦查能力的举措

为有力打击新型贿赂经济犯罪，侦查人员不仅要立足“权钱交易”的犯罪本质，还应着手提高侦查能力，以应对花样繁多的新型贿赂犯罪。

（一）提高侦查人员的综合素质

由于新型贿赂犯罪的主体多为文化素质高、心理素质强及懂法律、懂政策、懂经济的领导干部，因此侦查人员要办好案子就要全面提高综合素质。不仅要学好法律专业知识，还要懂犯罪心理学、经济学、会计学等社会学科，使自己具备渊博的知识结构，培养良好的逻辑思维能力。在工作中具备细致入微的观察能力，对犯罪嫌疑人的兴趣爱好、通话记录、短信、肢体语言等蛛丝马迹，必须敏锐获取，及时掌握犯罪嫌疑人信息。

（二）做好细致的初查工作

在初查阶段应全面调查受贿人员的财产状况和变化过程，透过“合法外壳”发现新型贿赂犯罪线索，抓住其权钱交易本质，快速侦破案件。具体来讲，在初查中不仅要调查受贿人员的房产、车辆，银行存款，证券账户、基金投资等财产状况，全面掌握财产动态，还要调查其家属的财产状况。司法实践中有很多嫌疑人名下无产，实际上他们把很多财产登记在家属名下。因此做好细致的初查工作更有利于新型贿赂犯罪的查处。

（三）重视收集“合法”交易的衍生证据①

由于新型贿赂犯罪往往裹着“借款、交易、投资、分红、理财”等“合法外衣”，而且行受贿双方为增强“合法性”，往往伪造“借款”合同，或投一部分资金在行贿人的业务或实体等以掩人耳目。我们在办案过程中如不能充分鉴别“合法外衣”下交易的衍生证据，极可能导致受贿人员把犯罪事实掩饰过去。在交易型、干股分红型受贿案中，一旦揭穿受贿人的交易投资假象，就会使其很快转变态度，变对抗为配合。“交易”和“投资分红”的书证、物证等，也由保护当事人的“合法外衣”转变为追究刑责的有力证据。在特定关系人受贿案中，突破了“一对一”的直线受贿关系，形成行受贿三角关系，应全面侦查突破口，夯实贿赂犯罪证据链条。因而，在新型贿赂犯罪经济侦查中，要及时获取“合法外衣”交易的衍生证据，确保有效、有力、有度打击新型贿赂经济犯罪。

---

① 余文辉、谢泉：《增强新型贿赂犯罪经济侦查能力的思考》，载《湖南财经高等专科学校学报》2010年第5期，第15页。

检察机关预防贿赂犯罪的现状及工作架构浅析

胡　俊[*]　肖小霞[**]

贿赂犯罪作为一种严重的腐败行为，严重阻碍着改革开放和经济建设的顺利进行。作为治理腐败问题的关键环节，检察机关在严厉打击贿赂犯罪的同时，也把贿赂犯罪预防工作摆在了突出位置。但是当前，检察机关行使预防职能的法律依据不足、角色定位不清、措施不到位以及考核标准欠科学等问题，严重影响了预防工作实效。科学反思和探讨存在的问题，对检察机关有效防范和打击贿赂犯罪等职务犯罪具有十分重要的作用。

一、法律依据的不足与立法展望

当前，学术界和司法界对检察机关履行预防职能是否具有法律依据存在较大分歧。有人认为检察机关承担预防职务犯罪职能，有充分的法律和政策依据。① 有人认为，目前全国范围内的预防职务犯罪工作基本上处于无法可依、无章可循的状态，极大地阻碍了预防工作在社会上的广泛和深入地开展。② 笔者认为，检察机关开展预防职务犯罪工作有其法理基础和一定的政策依据，但缺乏明确的法律依据。

（一）宪法、法律对检察机关预防贿赂犯罪等职务犯罪工作作了一些原则性的规定

我国《宪法》第129条、《刑事诉讼法》第8条以及《人民检察院组织法》第5条均明确了检察机关的法律监督地位，而检察机关进行事前防范和事后纠正是法律监督的本质要求和应有之义，从而从法理上赋予了检察机关预防犯罪的法律职责。

---

* 武汉市东西湖区人民检察院党组书记、检察长。

** 武汉市东西湖区人民检察院办公室助理检察员。

① 《检察机关如何开创预防职务犯罪工作新局面》，载《人民检察》2009年第13期。

② 刘树选：《建立社会化预防职务犯罪机制的若干思考》，2003年广东省检察机关预防职务犯罪理论研讨会论文。

（二）检察机关开展贿赂犯罪等职务犯罪预防工作，也具有一定的政策依据

中央印发的《建立健全教育、制度、监督并重的惩治和预防腐败体系实施纲要》和《建立健全惩治和预防腐败体系 2008—2012 年工作规划》，都明确规定了检察机关应承担的预防职务犯罪工作职责，并作为惩防腐败体系建设的重要组成部分和内容。2007 年 2 月，最高人民检察院《人民检察院预防职务犯罪工作规则（试行）》，对检察机关开展预防职务犯罪工作的职责、原则、内容、程序、纪律等作出了较为明确的规定。

（三）许多地方纷纷制定地方性法规，对检察机关职务犯罪预防工作予以规范

如《武汉市职务犯罪预防工作条例》、《无锡市预防职务犯罪条例》、四川省《关于加强预防职务犯罪工作的决议》等。地方立法一定程度上解决了当前预防工作的可操作性问题，增强了预防工作的刚性，同时也为全国性立法积累了有益经验。

以上为检察机关履行预防职责提供了一定的法律依据和政策支持，但是，上述规定有的只是方向性和原则性规定，缺乏具体的可操作性，有的规范化程度不如立法，弹性较大，还有的适用范围小、成效不大，导致预防工作的开展受到诸多限制。因此，在总结各地立法经验的基础上，制定一部全国统一的职务犯罪预防法律来规范检察机关的预防职权迫在眉睫。笔者认为，由于目前我国刑法、刑事诉讼法对于职务犯罪已经作了实体和程序性的规定，再制定一部《反腐败法》实际上是对刑法、刑事诉讼法某些内容的重复，导致立法资源的浪费，而把预防职务犯罪的内容增加在刑事诉讼法中，则与刑事诉讼法的任务不相协调。因此，笔者主张制定一部专门的《职务犯罪预防法》，对预防职务犯罪工作的原则、内容、措施及法律责任等有关问题进行具体、详尽的规定，并以法律的形式明确规定检察机关在预防职务犯罪中的法律地位、法定职权和行使职权的具体运作程序等，从根本上解决目前检察机关预防职务犯罪工作中面临的法律过于抽象、思想认识不到位、职能定位不合理、预防效力不理想等问题。

二、角色关系的不明晰与定位取向

职务犯罪预防工作是一项复杂的社会系统工程，检察机关在这个职务犯罪预防社会大格局中应处于什么样的位置和如何发挥作用，直接制约着贿赂犯罪预防效果的发挥。

（一）对检察机关预防工作定位的认识不一

一是思想认识不到位，存在“重打击、轻预防”的现象，认为查办职务犯罪才是硬任务，而预防工作是软任务，不重视预防工作。二是对预防的“度”把握不一，不能准确把握“到位不越位、服务不代替、帮忙不添乱”的度。三是经费供给和人员、机构配备不足，不能满足有效开展各项预防业务的最低需求。

（二）预防工作没能形成整体合力，出现检察机关“单打独斗”状况①

一是党委对预防工作的统一领导有名无实。事务缠身的地方党委很难花费大量精力对预防工作进行有效部署，有些地方党委组建了“预防职务犯罪领导小组”，也很少能够有效开展工作。二是以检察机关牵头的社会化、网络化预防机制未能真正形成，出现了检察机关孤军作战的局面。三是网络反腐兴起，但公众对职务犯罪惩防工作参与的有序性和有效性还有待提高。

（三）检察机关内部协作机制不健全

检察实践中，惩治与预防部门没有真正形成合力，致使实际操作上预防工作与检察业务工作无法有机融合，工作缺乏衔接，力量不能整合，预防信息的获取、收集、分析也具有不确定性和不准确性，必然影响预防效果。

基于以上分析，检察机关应当坚持以下原则，准确定位、协调关系，深入开展好职务犯罪预防工作：一是依靠党委统一领导原则。在党委统一领导下，采取政治、经济、法律、文化、教育、行政等各种手段，调动全社会力量，进行综合防治，建立一个能充分发挥整体效能的预防职务犯罪系统。二是立足检察职能原则。牢固树立“有所为”和“有所不为”的理念，不能脱离检察职能搞预防，不能借机越权插手企业的经济活动和干预市场主体的经济行为，不得借口预防干预有关部门和单位正常的管理活动，不得借开展预防工作之机谋取不正当利益。三是坚持标本兼治、惩防一体化原则。检察机关各部门要树立一体化工作思想，分工协作，互相配合，互相支持，形成查办和预防职务犯罪的合力。四是依靠公众支持和参与原则。充分发挥网络反腐作用的同时，规范反腐网络建设，加大网络反腐执行力度，使网络反腐实现制度化、程序化、长期化。

---

① 王雄飞：《试论检察机关职务犯罪预防工作的四个原则》，2003 年广东省检察机关预防职务犯罪理论研讨会论文。

三、惩防措施的不到位与路径选择

我们的党和政府历来十分重视反腐倡廉工作，但贿赂犯罪等职务犯罪并未得到有效遏制，反而有愈演愈烈之势，惩治不力和预防措施不到位是导致这一现象的重要原因。

（一）司法机关对贿赂犯罪的惩处不力

一是不起诉率偏高。据统计，普通刑事案件全国平均不起诉率在1%—2%左右，而检察机关直接受理侦查的案件全国平均不起诉率在10%—20%左右。① 贿赂犯罪的不起诉率在15%左右。二是缓刑、免刑偏多现象。近年来，法院对职务犯罪案件判处免予刑事处罚、适用缓刑的比率，从2001年的51.38%递增至2005年的66.48%。② 其中，受贿案件的缓刑、免除刑罚的适用率也一直偏高。三是对行贿案件查处惩罚偏轻。据统计，2011年全国检察机关共查办贿赂犯罪案件11630人，却仅对4217名行贿人追究了刑事责任。

（二）贿赂犯罪等职务犯罪预防措施不到位

一是预防手段单一，开展状况堪忧。大多数检察院的预防措施仅限于开座谈会、举办法制讲座、发送检察建议等形式，不少业务（如预防调查、预防咨询以及犯罪分析）并未实际开展，或停留在表面层次。二是预防缺乏针对性，导致威慑力有限。检察机关往往忽略各个部门和行业的特殊性，对预防对象采取预防讲座、警示教育等千篇一律的预防对策，损害了检察机关预防的权威性。三是预防缺乏强制性，执行效果不理想。由于检察建议不具有法律强制性，所以即使建议中肯，发案单位从其自身利益考虑也并不总是愿意采纳这些建议，致使多半无果而终。

基于贿赂犯罪等职务犯罪预防工作中存在的惩防措施不到位的问题，笔者建议：

1. 树立从严治吏的执法观念，加强对贿赂犯罪的打击力度。司法机关应当纠正一味轻缓的执法观念，树立对于贿赂犯罪“总体上从严把握”的基本立场，减少使用不起诉、缓刑、免予刑事处罚等惩罚措施的同时，应该及时收缴贿赂犯罪人的非法所得，避免出现“杀头不要紧，只有金钱真，杀了我一个，富裕几代人”观念的形成。另外，还要通过加大对行贿犯罪的惩处力度，来预防贿赂犯罪的滋生蔓延。

---

① 彭东、张寒玉：《检察机关不起诉工作实务》，中国检察出版社2005年版，第298页。

② 沈峰：《贪官多判缓刑是否失之宽容》，载《中国青年报》2006年7月28日。

2. 多管齐下，高效开展预防贿赂犯罪工作。（1）通过深入贿赂犯罪多发的部门和行业内部，加大廉政道德教育和廉政警示教育力度，形成心理上的自我监控和自我惩罚。同时，针对经常出现的夫妻共同受贿的现象，扩大教育范围，避免因为"贪内助"而成为阶下囚。（2）针对可能引发贿赂犯罪的社会现象或社会问题，启动预防调查程序，通过社会调查、数据统计等方法，分析发案原因并预测发展趋势，并在某个领域或更广泛范围内建立起预防贿赂犯罪发生的制度体系和监督机制。（3）充分发挥检察建议作用，最大限度发挥办案社会效果。针对行业暴露出的制度和管理等方面的问题，深入调查研究，向发案单位或有关主管部门提出建设性意见，对症下药。同时，认真开展犯罪分析、提供法律咨询和行贿档案查询服务，提升预防质量和水平。

3. 加强调查研究，提高预防工作的前瞻性。（1）通过加强对贿赂犯罪发生原因、特点和规律的研究，准确揭示其深层次原因和条件，提高规律性认识，达到提高预防对策的针对性。（2）要加强预防贿赂犯罪的理论研究，提高预防对策的适用性和前瞻性。把预防职务犯罪的理论研究纳入检察理论研究规划，逐步建立和完善检察机关预防职务犯罪理论体系。（3）加强预防职务犯罪信息系统建设，建立预防工作信息库。广泛收集和利用与预防、揭露职务犯罪有关的信息资料，完善行贿犯罪档案查询系统，扩大录入范围，运用信息分析系统和科学管理手段，实现贿赂犯罪的有效防治。

四、质量评价标准欠科学与体系重塑

对预防工作而言，预防的质量和效果是预防工作的生命线。绩效评估就是检验预防工作是否取得效果的重要途径和方法。目前，检察机关普遍采取一种以量化积分为标准的考核体制，积分多少可以衡量政绩优劣，导致对预防工作评判标准往往仅仅停留在预防工作是否启动的层面上，而不是具体实施的效果。为了杜绝这种现象，重新制定一套科学严谨的考核标准体系，成为促进贿赂犯罪等职务犯罪预防工作健康发展的必要手段。笔者认为，关键是要改变以往以预防工作的数量来评价预防工作的考核标准，而应以预防工作给预防对象带来的实际效果为标准来评价此项工作。如对于检察建议的实际效果取决于检察建议被发案单位及其他相关部门单位采纳的情况，如果以业绩考核标准用积分来衡量的话，那么检察建议的采纳范围应当成为决定分值的关键因素。负责考核的上级检察机关可以对其下级单位采取书面审查与实地调查相结合的方式，从而考察预防工作的实际效果，增强评价标准的科学有效性。

检察机关预防贿赂犯罪的现状及科学设置

戴　超[*]　赵　丁[**]

预防贿赂犯罪是法律赋予检察机关的一项重要职责。近年来，各地检察机关纷纷从本地实际出发，布置和开展贿赂犯罪预防工作，使贿赂犯罪预防工作呈现出了良好的态势。但另一方面，现阶段贿赂案件手段多变，其隐藏性、多样性层出不穷。因此，要想真正、有效地解决我国的贿赂犯罪问题，正确、及时地了解贿赂犯罪的现状以及科学设置贿赂犯罪预防机制在检察工作中的地位便显得尤为重要。

一、现阶段检察机关预防贿赂犯罪的现状

贿赂犯罪的预防工作在各地都进展较快，如预防机构的建立、预防人员的定编、预防方法和预防方式的探索创新，主动把预防贿赂犯罪工作纳入日常工作的总体格局中。综观各地检察机关的贿赂预防工作，我们可以发现其都有以下几个特点：

（一）机制预防

这里主要包括两个方面：自律机制和他律机制。自律机制的形成主要通过以下几个方面进行：（1）对公职人员应加强共产主义道德、社会公德、职业道德教育，使其自我约束。（2）培育法治精神。法治精神对于公职人员来讲，可以使其依法行使职权，不再以权代法、以情代法、以钱代法、枉法行事。自律机制的作用在于防范腐败，但也有其局限性。其一，受社会环境和公职人员个体的影响，自律机制对公职人员个体自我约束、自我制约的程度不一样；其二，自律机制本身无强制性。因此，预防贿赂犯罪还须建立他律机制。他律机制即外力强制制约机制。他律机制是通过运用经济、行政、法律、制度设计、社会舆论等手段，作用于公职人员，强制使其依法、规范行使职权。他律机制主要由以下几个方面组成：一是权力制约监督机制。要重点强调权力主体问题，因为现实中未能很好地划分或者表面上

---

* 武汉市汉南区人民检察院职务犯罪预防科科长。

** 武汉市汉南区人民检察院反贪污贿赂局干警。

的划分发挥不出互相制约监督的作用。二是法律约束机制。首先，在立法方面要填补法律“空白”。其次，要完善现有惩治职务犯罪的法律法规，“治重病要用猛药”，完善的重点要围绕加大惩罚力度来展开。最后，要公正司法，充分发挥刑罚在预防职务犯罪中的作用。

（二）警示预防

坚持把查办职务犯罪案件作为预防职务犯罪的特殊手段，实现警示、震慑、教育，从而降低职务犯罪的发生。一是开展系统预防。检察系统与其他国家机关和部门建立预防贿赂犯罪工作联系制度，建立系统预防工作领导组织，通过通报查处职务犯罪案件情况、案例剖析、行业预防经验交流等形式，及时提供相关行业职务犯罪的特点、原因、规律及预防对策，指导、督促相关单位加强党风廉政建设。二是开展专项预防。把政府性投资重点工程项目纳入专项预防工作内容，和政府相关部门就联合开展政府性投资重点工程建设项目预防贿赂犯罪工作，建立工作组织、网络联系、责任落实和信息共享机制，积极推进预防贿赂违法违纪工作。三是开展个案预防。加强惩防一体化建设，对查办的典型案件，实行“一案一教育，一案一分析，一案一回访”等预防工作制度。

（三）宣传预防

法制宣传是预防贿赂犯罪工作的重要手段和途径。在宣传预防方面，一是进行预防知识宣传。作为检察机关，要紧紧围绕案件的发生，充分利用报刊、广播、电视等新闻媒体，以案释法，开展法制宣传。二是进行案件警示宣传。检察机关可组织相关部门的同志旁听职务犯罪案件庭审、赴监狱进行现场警示教育等专项教育活动。会同纪检监察、法院建立庭审教育制度，对典型案件开展庭审教育，达到警钟长鸣，教育在职干部的效果。三是进行法制讲座宣传。为强化法制宣传，整合宣讲力量，成立预防职务犯罪宣讲团，以重大职务犯罪案件为警示教育教材，通过干部培训、部门单位学习会等平台，结合具体案件，深入宣传法律。

（四）技术预防

技术预防是新形势下开展预防工作的一种探索。检察机关从技术和信息集成入手，建立和开展技术预防工作。一是可开通行政执法与刑事司法信息共享网络平台。依托党政信息内网，牵头有关部门建立网络平台，检察、法制、监察、公安等单位为联网成员，通过信息共享平台，依法对行政执法机关移送涉嫌犯罪案件情况实施监督，发现行政执法人员徇私舞弊情节严重、涉嫌犯罪的，依法及时查处。二是推行行贿犯罪档案查询。会同有关部门建立行贿犯罪档案查询系统。通过查询，既为市场主体提供了相对安全的交易环境，也有利于督促相关单位合法地进行日常活动，从而间接减少职务犯罪案件的发生。三是开展预防咨询。制定职务犯罪预防的方法制度，就预防咨询的对象、形式以及应当做好的相关准备工作、业务流程等作出详细规定，进一步提升预防职务犯罪工作的规范化和程序化。

二、检察机关预防贿赂犯罪工作的科学设置

在目前社会生活中，贿赂犯罪普遍存在，危害严重，贿赂犯罪问题俨然是全社会最为关注的热点问题之一。造成这一局面的根本原因除了贿赂犯罪的产生具有复杂性的原因外，更主要的还是预防贿赂犯罪工作的设置还不明晰。经思考，笔者认为科学设置贿赂犯罪预防可以从以下几个方面来努力：

（一）职务预防部门需单独设置

从全国来看，绝大部分基层检察院的预防机构均设置在反贪局内，与院内其他内设机构平行但没有单独设置，而最高人民检察院、省院及市级院的预防机构则单独设置而非设在反贪局内，有的院设预防局且局长进院领导班子。关于机构设置，因最高人民检察院与有关部门无刚性文件，导致机构设置因各院情不同而有所不同。工作中存在分管领导、人员调配、工作相互牵扯、难以充分发挥预防工作人员主观能动性的情况，这就会直接导致职务预防部门不能够很好地独立行使其预防职务犯罪的职责，鉴于此，笔者认为需尽快实现各基层检察院职务预防部门的真正独立，配备专职的职务犯罪预防人员和经费，在关键时刻，使预防部门能够攻坚而上，发挥本部门的主观能动性，直击职务犯罪预防的第一线。

（二）贿赂犯罪预防需在检察工作中进一步细化

实现职务预防部门的单独设置只是其工作中的第一步，当实现其单独设置以后，如何进一步细化贿赂犯罪预防工作便成为一个新的问题摆在我们面前。综观这几年检察机关的职务预防工作，主要是从制定预防机制、职务犯罪预防宣传等几个方面入手的。因此，能够把这几项工作抓好，预防工作也就相应地做出了成绩，所以，如果在条件允许的情况下，对贿赂犯罪预防细化工作能够实现专人专管就显得非常必要，要制定贿赂预防人员实用性的专门预防机制，收集和整理全国各地好的贿赂犯罪预防经验。职务犯罪预防宣传人员专门从预防贿赂犯罪宣传的可接受性和可教育性上下工夫，使贿赂预防工作能够深入人心。只有这样，贿赂预防工作才能有条不紊地进行，发挥其应有的作用。

（三）在贿赂犯罪高发部门可设立预防贿赂犯罪检务工作室

防微杜渐是贿赂犯罪预防工作的重中之重。在一些贿赂犯罪高发企事业机关设立预防贿赂犯罪检务工作室，派专门检察人员进驻，可更好地发挥贿赂犯罪预防提

前介入、降低贿赂犯罪发生的可能性的良好作用。通过关口前移，贴近实际，更好地为企事业机关服务，促进各部门领域工作的发展。工作室的日常事务可从监督企事业机关人事、财务、招投标等工作着手，通过控制这些可能出现问题的事务领域，来实现遏制贿赂犯罪发生的可能性，达到贿赂犯罪预防的目的。

（四）建立和完善贿赂犯罪侦防一体化工作机制

贿赂犯罪侦防一体化主要指侦查部门在对赂赂犯罪嫌疑人采取立案措施后及时将贿赂案件信息通报预防部门，预防部门即可介入开展工作。并在案件查办过程中在侦查部门的配合下同步开展贿赂犯罪预防工作，实现了两部门资源共享和人力资源的优化配置，既增强了职务犯罪侦查的力度，又强化了贿赂犯罪预防的效果。这是为解决贿赂犯罪预防中的难点和不足，充分利用现有资源实现预防贿赂犯罪职能最大化的一个创新举措。如 2011 年，汉南区院反贪局在侦办武汉软件工程职业学院后勤处处长黄某某受贿窝、串案的同时，预防部门适时介入开展同步预防，帮助学院制定及完善了相关规章制度，及时堵塞了制度漏洞，收到了很好的预防效果。但是由于贿赂犯罪侦防一体化工作机制尚处于初建及探索阶段，因此关于该机制的有些问题研究得还不够充分，理论上论证得还不扎实，具体制度设计也不完善，还需要在实践中不断总结和改进，以推动这一工作机制的进一步丰富和完善。

我国当前贿赂犯罪的现状、发展趋势、成因及对策

辜　盛[*]　黄刚猛[**]

随着我国经济的高速发展，各级党政领导干部调动的频率也在加快，而贪污贿赂犯罪也呈现出了高发的态势，并且呈现出一些新的趋势：贿赂形式多样、贿赂手段隐秘、单个案件涉案人员多、涉案金额大、贪官外逃等。贿赂犯罪的这些新趋势、新特点无疑加大了侦查机关查处、打击贿赂犯罪的难度。笔者结合近年来贿赂犯罪的特点和规律，初步探讨应对当前贿赂犯罪的对策，以期为查处贿赂犯罪提供一些借鉴。

一、当前贿赂犯罪的现状

（一）贿赂形式多样

随着经济的发展、社会的变革，我国的贿赂犯罪形式呈现多样性的变化，出现了大量以非财产性利益为犯罪对象的贿赂行为，如性贿赂、信息贿赂、代替受过贿赂。交易型、干股型、合作型、委托理财型、赌博型、挂名工资型、他人收受型、实际占有型、上交退还型、期货型受贿罪等新类型也层出不穷。但是，我国刑法仅规定了收取他人财物型的贿赂犯罪，对非财物型的贿赂行为是否属于贿赂犯罪并未作出明确规定，这远远跟不上贿赂犯罪出现的新变化，不利于打击贿赂犯罪。

（二）涉案人员广、人数多、金额大，影响十分恶劣

近年来，我国纪检部门查处的案件显示我国贪污贿赂案件呈现涉案人员广、人数多、金额大的特点。第一，贪污贿赂犯罪涉案的官员广，有大到省部级的高官，也有小的才走上领导岗位的科级干部。我国的官员腐败不但有59岁现象，还新出现了49岁、39岁、29岁现象。第二，贿赂案件的涉案人数多，一般案件少则几

---

* 武汉市硚口区人民检察院反渎职侵权局干警。

** 武汉市硚口区人民检察院司法警察大队干警。

人，多则上百人。例如，河北省国土部门贪污窝案涉案近10人，安徽阜阳“两王一肖”案仅涉案厅、处级干部就达30多人，黑龙江马德卖官案涉案人数竟达260多人。第三，涉案金额巨大，小则数十万元多则上亿元，社会影响十分恶劣。

（三）贿赂手段隐秘、打击难度增大

目前我国的贿赂犯罪呈现手段更加隐秘的特点。作案人通过以明显低于市场的价格买进、高于市场的价格卖出等这种表面合法的民事交易行为来达到非法的刑事犯罪目的。典型的案例有黄光裕操纵股价案，黄光裕向公安部经侦局副局长相怀珠之妻泄露内幕信息，以借钱炒股的形式来完成贿赂行为。

二、我国贿赂犯罪成因的分析

（一）人事制度不健全，权力约束机制缺失

当前，我国机关单位大力号召干部年轻化。一些有着高学历、高能力、高素质、低年龄的“三高一低”人才快速走上领导岗位。在领导的岗位上他们有些能正确运用手中的权力为社会做出自己的贡献，但也有一些年轻干部经不住外界的诱惑，以权谋私，致使29岁、39岁贪污腐败现象越来越多地出现在大众的视野中。同时，我国的少数机关还存在“一把手”说了算的现象，它是独断专行、封建家长式作风的表现。这种不良的工作作风导致机关单位的权力制约、监督机制成了名副其实的摆设，“一把手”在单位中的权力没有约束就容易滋生出贪污贿赂犯罪。

（二）特权思想严重，思想与经济发展不同步

受传统的“官本位”思想影响，一些领导干部不能摆正自己的位置，认为“有权不用，过期作废”，利用手中的权力，贪污受贿中饱私囊。同时，改革开放后我国经济腾飞，政府在短时期内积累了大量的财富，这为贪污贿赂犯罪提供了生长的土壤。一些官员缺乏服务、奉献意识，但手中掌握的资金却多得惊人，这也促成了当前贪污贿赂犯罪高发的现状。

（三）个别党员干部价值取向不正确，迷失在物欲横流的浊世中

道德的滑坡使得一部分党员干部也迷失了自己，没有坚守道德高地而选择了随波逐流，放浪形骸。有的贪污分子直到被检察机关调查时还没有意识到自己行为的违法性，甚至觉得自己收受往来单位的各种回扣以及所谓的业务费是很正常的，法律意识极其淡薄。

三、我国贿赂犯罪的防治对策

（一）加强政治教育，强化法制学习

发扬我党政治理论学习的优良传统，全方面提升侦查能力。各级党员干部要时刻牢记共产党员的人民公仆身份，克勤克俭，常怀戒律之心，常备执政之德。将“莲因洁而受宠，廉因清而受拥”的理念贯穿于干部的考核任命机制当中。更新我国反贪污贿赂犯罪理念，完善反贪污贿赂犯罪机制，履行法律义务，使反贪污贿赂法网更加严密、科学、有效。从各个方面对司法工作人员进行侦查培训，从而使其掌握市场经济条件下的犯罪心理学、会计学、金融投资学，从宏观和微观上把握犯罪嫌疑人的犯罪心理和犯罪动态。

（二）领导重视，逐步推行高薪养廉与绩效考核相结合的政务改革制度，从根本上清除贿赂犯罪滋生的土壤

贪污贿赂案件的根源就是经济利益，其中最根本的原因还是人的贪欲。但考虑到客观事实，如今的国家公职人员收入存在较大的地域性差别，工资收入与市场经济的各项消费成本不对称。现如今昂贵的生活成本，仅靠自己的工资收入难以维系，再加上高品质物质生活水平的诱惑，才最终导致了部分公职人员的落马下台，做了金钱的奴隶。因此，实行高薪养廉政策可以很大程度上保证公职人员的基本生活成本。

（三）强化立法监督、舆论监督，积极建设法制社会，充分发挥我党群众路线的优良传统

首先，要建立稳定可靠的举报体系，设立法律咨询点和举报站，通过发放宣传单、深入农户座谈等形式，广泛宣传法律常识，必要时借助新闻媒体让更多的单位、部门和人民群众充分运用法律的武器来维护自己的合法权益。其次，党员干部也更应该鼓励其参与监督举报，通过合法的途径保护自己的合法权益以及职务廉洁性。当有不法分子使用“糖衣炮弹”向国家工作人员进攻时，公职人员不必有任何的顾虑，大胆向纪委监察部门进行举报，捍卫国家工作人员的法律尊严，有效打击不法分子的行贿犯罪。最后，要加强司法机关制度建设与保障，摆脱行政干预的束缚。司法人员要本着公平、公正的法律信念，重证据、讲事实，既要保障人权，又要捍卫法律的尊严不受侵犯，充分履行法律赋予司法机关的神圣职责。

我国当前贿赂犯罪的发展趋势、成因及对策

徐　英[*]　张　嫄[**]　崔文燕[***]

贿赂是一种随着国家权力的出现而产生的一种特殊的文化现象，它几乎伴随了人类的整个政治文明发展史，是一种严重的危害国家政治稳定和社会健康发展的犯罪现象。近年来，随着我国反腐败斗争的深入发展，一批贿赂犯罪大案要案得到揭露和惩处，体现了党中央反腐败的决心，有力地保障了社会稳定和经济建设。本文主要通过对贿赂犯罪发展趋势、成因进行分析，探索有效预防打击贿赂犯罪的途径。

一、当前贿赂犯罪呈现出的发展趋势

（一）发案领域集中，“权”与“利”紧密衔接的环节成为犯罪高发领域

资金密集、资源紧缺、竞争激烈、利润空间大的领域，往往容易成为贪污贿赂犯罪的高发领域。如金融、工程建设、土地出让、产权交易、医药购销、政府采购这6个重点领域是贪污贿赂犯罪传统的高发部位，也有一些系统和部门，如食品药品监管、规划、环保等，随着职能强化逐渐成为贪污贿赂犯罪的多发部位和行业。此外，以往新闻、文教、卫生部门等人们传统思维中的“清水衙门”，发生贿赂犯罪的案件也不断增多，突出表现为“有偿新闻”、教材校服回扣和医疗器械回扣等现象。

（二）犯罪主体扩大，特定关系人、单位犯罪现象增多

前些年行贿、受贿的主体仅限于直接掌握一定权力的人员和其直系亲属，而近几年贿赂主体已由这些人发展到与领导有特定关系的人员，如秘书、司机或包养的

---

* 武汉市硚口区人民检察院公诉科检察员。

** 武汉市硚口区人民检察院公诉科干警。

*** 武汉市硚口区人民检察院公诉科干警。

情妇，尤其是情妇与官员共同受贿的现象日益增多，同时，贿赂犯罪的主体由自然人向单位扩大，“公贿”现象日益突出，甚至在某些行业领域单位行贿、单位受贿已成为公开的秘密。

（三）犯罪手段不断翻新，隐蔽性增强，侦查、起诉难度加大

一是巧设名目实施贿赂。如借各种剪彩、庆典活动向领导干部赠送价格昂贵的“纪念品”；或为上项目或其他利益，出大钱“联络感情”，搞抽奖活动，并以提货单代替实物，事后提供送货上门服务；或变送为玩，实施贿赂，如支付“垂钓费”，或请“搓麻将”，故意将行贿款输给对方。二是由即时投机型向长期投资型转变。把收受贿赂与谋取利益的间隔时间拉长，即收钱后不马上办事，或者办事后不马上收钱，甚至是在职时办事，离职后再收钱，故意制造一种二者之间没有联系的假象。还有的犯罪嫌疑人收了钱不办事，或者不违反程序和规定办事，使得贿赂犯罪查证困难，有时甚至难以认定。三是犯罪人反侦查能力增强，加大侦查、起诉难度。如平时大肆作案，在反腐败风头紧时收敛一下；或虽已通过受贿积聚巨额家财，但在公开场合衣食俭朴，绝不铺张露富。这些更加隐蔽化、策略化的作案手法致使犯罪嫌疑人到案后的抗审能力增强，翻供反证的现象增多，同时出现了以低买高卖、合作投资、委托理财、挂名领取薪酬等名义和形式掩盖犯罪、钻法律空子的新型犯罪形式。

二、贿赂犯罪的原因分析

国家工作人员职务犯罪的主客观因素很多，我们认为，内因是事物变化发展的根本，因此，主观方面的因素是财政工作人员职务犯罪的主要原因。主观方面的原因主要有以下几个方面：

（一）个人思想意志不坚定，法制观念淡薄，缺乏自律意识

一是攀比心理。国家工作人员经常与企业打交道，看到大企业老板非常富足，感到自己辛辛苦苦工作几十年，还不如人家干一年，从而产生了以权谋私，趁机捞一把的心理。二是特权心理。工资高，待遇优，岗位特殊，让国家工作人员自身产生了职业优越感和特权思想，形成了霸道作风，进而滋生了犯罪邪念，害己害人害国家。三是侥幸心理。职务犯罪是高智商犯罪，行为人犯罪手段隐蔽性强，知情人少，腐败分子的自我暗示以及案发的概率小强化了其侥幸过关的心理。

（二）立法漏洞多，执法疲软，使贪污贿赂犯罪呈上升势头

首先，立法不配套。我国至今未制定出与查处非法所得罪相适应的国家工作人员财产申报制，使司法机关难以执行相应的法律。其次，宽严不平衡。与打击刑事犯罪相比，打击经济犯罪的法律、政策显得过宽。一是实践中往往对经济犯罪在法定的刑期内量刑普遍偏低，判缓刑的多。二是国家机关的制度不健全，落实不到位。纸上多、说在嘴上多，监督检查的少、认真落实的少，致使少数干部步入歧途。三是监督管理不到位。失去监督的权力必然导致腐败。

三、治理贿赂犯罪的对策

针对当前贿赂犯罪的变化趋势，笔者认为应该从以下五个方面做到惩治和预防并举：

（一）加强官员廉政教育，提高拒腐防变能力

当前贿赂犯罪高发，其根源是一部分领导干部廉政意志薄弱、理想信念动摇、法制观念淡薄，因此要切实加强党的干部队伍建设，纪检监察机关和其他有关部门应该采取各种形式加强各阶层干部的思想政治教育、职业道德教育和法制教育，预防吃亏心理、攀比心理、居功心理和防老心理的产生。

（二）加大群众监督力度，构建网络反贿机制

大力加强党内监督、行政监督、群众监督，形成合力，以达到预防贿赂犯罪的目的。发挥网络的反腐作用，要通过广泛开展网络反腐倡廉文化建设，营造自律的廉政氛围，更要规范反腐网络建设，保障虚拟网络法制化，加大网络反腐执行力度，使网络反腐实现制度化、程序化、长期化。

（三）完善贿赂犯罪立法，建立官员财产公开制度

立法机关要逐步完善反贿赂犯罪的相关立法，堵塞法律漏洞，尽快制定和出台财产公开法，进一步健全和加强预防与遏制贿赂犯罪的法律制度。

（四）加大办案力度，努力遏制犯罪的高发势头，重点打击贿赂犯罪相对集中的权力热点部门

把打击的锋芒始终指向贿赂犯罪的高发区，增强威慑效应，扩大办案效果。当前，查办贿赂案件的重点：一是党政领导机关、行政执法机关、司法机关和经济管理部门中发生的大案要案；二是在建筑工程承发包、土地批租转租、国有企业改

制、公司上市、项目投资、组织人事工作、企业产供销等环节领域发生的贿赂案件；三是向多人、多次行贿，向党政机关、司法机关、行政执法机关及其工作人员行贿，为谋取不法利益而行贿，或者因为行贿给国家和人民利益造成重大损失以及其他恶劣影响的行贿犯罪。

（五）提高办案人员素质，改善技术装备，尽快赋予检察机关技术侦查措施

一要建立举报奖励制度和举报结果反馈制度，切实做好举报保密工作，加强对举报人的保护，严厉打击对举报人打击报复的案件。二要大力加强反贪情报工作，变被动等案为主动出击，提高办案人员的素质、技术装备和侦查手段，通过完善工作机制、强化专门手段等方法广泛收集案源信息、社情信息及其他涉案信息，增强发现揭露犯罪的能力，掌握工作主动权。三要加强与有关部门的配合协作，如与纪检、监察、公安、审计、法院等部门定期召开联席会议，建立案件线索移交制度等形成打击贿赂犯罪的合力。

我国当前贿赂犯罪的现状、发展趋势、成因及对策

李文婷*

目前，贿赂犯罪问题是各国都存在的通病，而我国贿赂犯罪现象近年发展势头迅猛，既破坏了我国社会主义的经济基础，又动摇着我国社会的政治基础。贿赂犯罪问题已经对党、对国家和社会构成了潜在的威胁，并对社会产生了恶劣的影响，在社会中也引起了广泛关注与谈论。笔者现从自己的办案实践中的一些体会出发，试着就贿赂犯罪做几点分析，为治理和预防贿赂犯罪献计献策。

一、当前贿赂犯罪的新特点

这些年随着市场经济的进一步发展，贿赂犯罪除了传统的收钱办事之外，现在又有了许多新的特点：

（一）行贿招数多样化

高档礼品、购物券、合作分红、代缴手机费、观光旅游、吃喝娱乐和色情贿赂等，行贿招数层出不穷，且所占比例不断扩大。汉南区院在查处的市直属企业贿赂案件中，几乎件件都有以上内容的出现，如某厂经理吴某利用职务之便收受他人高档礼品、购物券，吃请折合人民币高达6万多元，该厂供应处的魏某利用职务便利收受他人赠与的购物券、代缴手机费2万多元。

（二）贿赂关系长期稳定

从查处的贿赂案件中发现，大多数行贿者与受贿者之间有着长期的贿赂往来，那种为一事之利而行贿、受贿的现象已不多见。行贿者往往是为了谋求与受贿者建立长期稳定的关系而进行权钱交易，利用认干亲、结儿女亲家、合伙经商，以及以亲友、同学、战友的名义行贿受贿等，淡化了贿赂双方的罪恶感，使得贿赂关系长

* 武汉市汉南区人民检察院反贪污贿赂局干警。

期稳定。

（三）集体受贿呈增长趋势

在近年查处的贿赂案件中，贿赂犯罪多头行贿、受贿较为普遍，有些案件涉及多个地区、部门和环节，往往查出一案带出一窝、一串。像基建工程和药品购销中，受贿者一查一大串，一挖一大窝，从领导到与之相关的办事员，从院长到医生，无一“幸免”。

（四）行贿方式、资金来源公开化

有些单位为了销售商品和承揽业务，集体决定或以单位为名向自己的业务员发放高额“促销费”，鼓励其业务员行贿争取项目、工程和销售商品，妄图使行贿行为合法化、个人化，逃避法律制裁。

二、当前贿赂犯罪的新趋势

任何事物不是一成不变的，都是在不断的发展和变化中的。贿赂犯罪作为一种社会现象，同样也是在不断地发展变化的。通过分析近年来贿赂犯罪的情况，其发展变化有新的趋势。

（一）金额越来越大

20 世纪 90 年代初期，多数受贿案件的涉案金额多在 10 万元以下，随着经济社会的发展，涉案者的受贿金额越来越高，从最初的几万元到几十万元，到现在动辄几百万元、上千万元，有些案件涉案金额竟然用亿元来计量了。

（二）职务越来越高

研究表明，当前，全国检察机关查处的贿赂犯罪者的职务越来越高。在 20 世纪 90 年代初期，受贿犯罪者多为县级以下的公职人员，其中以重点部门、关键岗位的人员为主。随着时代的变迁，受贿犯罪者的职务呈现出越来越高的态势，从全国范围来看，既有县级以下的公职人员，也有厅局级、省部级的高官。

（三）查处越来越难

在检察机关查处的各类职务犯罪案件中，难度最大的便是贿赂犯罪，这是由受贿环境的隐蔽化、犯罪方式的多样化、犯罪手段的智能化等因素决定的。

（四）比例越来越大

如前所述，由于贿赂犯罪的查处难度极大，使得不少为官者心存侥幸心理，纷纷采取受贿这一犯罪形式而远离了其他种类的职务犯罪形式（贪污、挪用等），近年来，贿赂犯罪在职务犯罪中所占比例呈现出了越来越大的趋势。据2009年10月25日《重庆日报》报道，在重庆的打黑除恶专项行动中，行贿受贿案件占了90%以上，由此可见一斑。笔者在对某地职务犯罪有关数据进行比较分析时发现，在近5年来的职务犯罪案件中，贪污罪、挪用公款罪的比例呈下降趋势，而贿赂犯罪的比例却连连上升。

三、当前贿赂犯罪产生的主要原因

（一）文化原因

权力和金钱之间的互相依赖、互相吸引、互相利用构成了贿赂犯罪的最本质特征。中国历史的文化精神中，有不少精神文化糟粕制约着民族素质的提高，成为滋生腐败社会风气的“养分”，对于现实商业贿赂犯罪心理的形成具有潜在的影响。

（二）经济原因

竞争机制存在缺陷。企业与其他的经济组织的财产权是在经济体制改革中逐渐得到确立的。企业与其他经济组织独立核算、自负盈亏、自主经营，初步形成了市场竞争的格局。由于每个经济主体有着自己的独立经济利益，在竞争中，不良经营者就会在运用其他不正当竞争手段的同时实施商业贿赂，争取交易机会和交易条件。

（三）社会原因

社会监督制约软弱无力。商业贿赂犯罪多发生在一些高度垄断行业，经济资源由少数人员掌控，而对这些人员的监督往往形同虚设。

（四）制度原因

相关制度设计的不合理，是权力对市场经济规则粗暴干涉所导致的运行不畅。制度建设尚不健全。

（五）法制原因

我国现行的法律法规还不够完善。目前，贿赂向多行业、多领域蔓延，形式也越来越多样，而贿赂犯罪的立法却存在不足。

四、预防贿赂犯罪的几点对策

贿赂犯罪如果不能得到有效治理和清除，将会造成经济秩序的严重混乱，导致市场腐败盛行、经济增长乏力，危及社会稳定，因此，必须下大力气依法进行治理整顿。根据当前加大惩治贿赂犯罪的形势，提出以下对策：

（一）从源头上遏制贿赂犯罪

首先，要进一步推进审批制度改革，进一步清理和减少行政审批事项，规范行政行为，强化对行政权力的制约和监督；全面推行政府采购制度，建立政府投资责任追究制度，健全投资监管体系和国有资产监管制度；推进行业协会、商会管理体制改革，加强企业自律，推动企业守法经营、公平竞争。其次，要建立严格的市场准入与退出制度，建立与完善市场主体的信用档案体系，建立健全贿赂犯罪高发领域的行政监管体系。最后，要营造清廉文化。在不断完善社会主义市场经济的过程中，营造健康的企业文化对建立公平的市场竞争秩序非常重要，清廉文化是法制的需求，是诚信政府的需要，是健康经济运行的保证，是遏制贿赂犯罪的“治本之策”。

（二）加强宣传教育，构建防止贿赂犯罪的思想道德防线

要充分利用电视台、广播、报纸、网站等媒体，曝光典型贿赂案件，广泛宣传党和国家的有关政策和法律法规，提高全社会对贿赂犯罪严重性和危害性的认识，加强警示教育。同时，结合党员理想信念教育、权力观教育、法制教育和典型案件警示教育等，使各级党员领导干部坚定社会主义和共产主义的理想信念，加强政治学习和党性修养，加强世界观的改造，牢记党的宗旨，用好手中的权力。

（三）深化改革，合理配置权力

实行权力的分解和制衡，避免权力过分集中，使各个岗位、各项职权之间相互制约、互相监督。加强对“一把手”的监督，强化对权力的约束，使权力在各种规章制度的约束下正常运行，预防和减少贿赂犯罪的发生。

（四）要建立统一的执法体系，完善执法手段，加大执法力度

为了依法维护公平竞争的市场交易秩序，当务之急是要统一执法体系，防止出现执法空当；要赋予执法机关合理的调查权力，以加强对商业贿赂案件的查处。针对当前社会反映强烈的医疗卫生、建筑、电信、金融等热点领域和部门中存在的商业贿赂问题依法进行专项重点治理。要进一步突出加大对商业贿赂的经济处罚力度，以增加商业贿赂的违法成本，最终从经济上阻断商业贿赂行为的滋生。反商业贿赂，重点在于法律的严厉执行。

（五）建立协作机制，形成打击贿赂犯罪的整体合力

其一，进一步理顺工作关系，明确各相关部门的职能分工，做到各司其职、各尽其责。其二，加强行政执法相关部门之间、行政执法相关部门与司法机关的协调配合和沟通联系，达到信息互通，资源共享，优势互补，协同作战，形成治理贿赂犯罪的整体合力。

（六）加强国际司法合作查处跨国贿赂犯罪

贿赂犯罪现象并不是中国社会存在的孤立问题，而是国际社会腐败犯罪的一种表现方式。2003 年 10 月第 58 届联合国大会审议通过的《联合国反腐败公约》，是国际社会在反腐败领域进行国际合作的最重要的国际法律文件。中国于 2003 年 12 月签署《联合国反腐败公约》，全国人大常委会于 2005 年 10 月批准《联合国反腐败公约》，是中国推进反贿赂犯罪法治的重要措施，也是中国推进反腐败的国际法治的积极行动。《联合国反腐败公约》对贿赂犯罪编织了一张严密的法网，较为全面地规范了国际经济交往中的贿赂犯罪的认定标准。开展查处贿赂犯罪的国际合作，加强相互沟通、信息交流，及时提供与移交犯罪线索和证据，努力构建和谐、清廉的世界。

我国刑法中商业贿赂犯罪的界定与完善

盛婷玉*

近年来，商业贿赂行为在一些行业和领域滋生蔓延，严重损害了国家和人民群众的切身利益，也造成了商业贿赂犯罪呈现上升的趋势。然而目前由于商业贿赂的法律规定还不够完善，在商业贿赂犯罪的司法认定等问题上还存在一定的模糊性，实践中对于此类犯罪的认定容易产生分歧，因此，从理论和实践的角度对商业贿赂犯罪相关问题进行分析和研讨，则显得尤为必要。

一、商业贿赂犯罪的概念及行为特征

商业贿赂犯罪是指商业行为主体在商业过程中，为了谋取商业利益而故意采取各种贿赂手段侵害正常市场竞争秩序，具有严重社会危害性，依照刑法规定，应受刑罚处罚的行为。从行为的角度分析，商业贿赂犯罪具有以下四个特征：

（一）主体特定

商业贿赂犯罪的主体是商业活动的直接参与者以及对商业活动能够产生一定影响的人。具体而言，行贿方一般是经营者，包括自然人、法人和不具备法人资格的其他市场主体；受贿方包括交易对方，也包括对商业活动有直接影响或对实现交易起关键作用的其他单位或个人，主要指的是掌握权力的国家工作人员。

（二）载体多样

随着社会经济的发展，商业贿赂所依附的载体也花样翻新，有直接的物质利益，包括货币、有价证券、购物券、代金券、礼品等现金或实物；还有假借促销费、赞助费、科研费、劳务费、咨询费、提成奖励等名义，变相给付财物实施商业贿赂；还有间接物质利益以及非物质利益也成为“交易”的标的，如公司入股、出国考察、安排工作乃至“性贿赂”等层出不穷。

* 武汉市江岸区人民检察院办公室副主任。

（三）方式隐蔽

为了获得高额的经济收益，行贿人往往采取各种手段掩盖事实、逃避追究。由于商业贿赂一般发生在“一对一”的场合，通常表现为秘密给付、收受财物或其他利益，方式十分隐蔽，贿赂手段越来越“高明”，有的商业贿赂还披上了“合法”的外衣。

（四）趋向合伙①

当前商业贿赂呈现合伙化发展趋势，一个受贿人带出几个行贿人，一个行贿人牵出几个受贿人的现象增多。究其原因，主要是因为行贿人想要顺利达成目的，必须将单位上下都要照顾到，而受贿人在履行职务过程中，上门办事的企业绝不止一家，需要照顾的也绝不会只有一家。基于利益的相关联性，各个商业贿赂主体结成攻守同盟，维护相互的共同利益。

二、商业贿赂犯罪的司法认定

（一）区分商业领域“利用职务便利”与“利用劳务、技术便利”

最高人民法院2003年发布的《全国法院审理经济犯罪案件工作座谈会纪要》解释道：“刑法第三百八十五条第一款规定的‘利用职务上的便利’，既包括利用本人职务上主管、负责、承办某项公共事务的职权，也包括利用职务上有隶属、制约关系的其他国家工作人员的职权。担任单位领导职务的国家工作人员通过不属自己主管的下级部门的国家工作人员的职务为他人谋取利益的，应当认定为‘利用职务上的便利’为他人谋取利益。”而“利用劳务、技术服务之便”则一般是指自身付出的劳动，不具备职权的内容，一般不认为是利用“职务”。从范围上讲，两者都属于利用工作之便，只是范围不同，但工作也应区分为“职务”上的或者“劳务、技术服务”上的。

（二）商业行贿犯罪无须“谋取不正当利益”要件

我国《刑法》第389条第1款、第391条和第393条前半部分，以及第164条均规定，行为人构成行贿罪、对单位行贿罪、单位行贿罪或者对非国家工作人员行贿罪必须以“为谋取不正当利益”为前提条件，而第389条第2款、第391条和第393条的后半部分，则没有明示将“为谋取不正当利益”作为构成要件。这里就出

① 郑华金：《“商业贿赂”正趋向于“六化”》，http：//bbs1. people. com. cn/boardList. do? action = postList&boardId = 1。

现一个问题，即根据行贿对象的不同，如果是向国家工作人员或者国有单位行贿，即使没有“谋取不正当利益”，也可能构成行贿犯罪；而如果是向非国家工作人员行贿，也必须是“为谋取不正当利益”，否则便不构成犯罪。虽然这样是严厉打击了国家工作人员或国有单位的行受贿犯罪，但不利于打击非国家工作人员的行受贿犯罪。因此，为使实施商业贿赂行为的人公平地受到法律的制裁，建议取消行贿犯罪中的“为谋取不正当利益”的构成要件。

（三）对商业贿赂单位犯罪的认定

单位内设机构可以构成商业受贿犯罪主体。刑法分则对单位受贿罪的主体规定为国家机关、国有公司、企业、事业单位、人民团体，即通常所说的国有单位，刑法总则也规定，“公司、企业、事业单位、机关、团体实施的危害社会的行为，法律规定为单位犯罪的，应当负刑事责任。”但对国有单位的内设机构能否成为单位受贿罪的主体，目前刑法无明确规定。判断某一行为是否构成单位犯罪，关键是看其是否具备两个要件：一是在犯罪的认识和意志因素方面，应当表现为以单位的名义实施，体现的是单位整体意志；二是在利益归属方面，违法所得应该是归单位所有，一般表现为私设“小金库”或“账外账”的形式。[①] 2006 年，最高人民检察院《关于国有单位的内设机构能否构成单位受贿罪主体问题的答复》明确指出：“国有单位的内设机构利用其行使职权的便利，索取、非法收受他人财物并归该内设机构所有或者支配，为他人谋取利益，情节严重的，依照刑法第三百八十七条的规定以单位受贿罪追究刑事责任。内设机构在经济往来中，在账外暗中收受各种名义的回扣手续费的，以受贿罪论。”因此，国有单位的内设机构实施符合刑法规定的单位受贿罪的行为的，应当以单位受贿罪追究刑事责任。

非国家工作人员受贿罪的主体应包括单位。刑法关于单位受贿罪、对单位行贿罪以及单位行贿罪的规定，都将国有单位的行、受贿行为包括在内。《刑法》第 164 条第 2 款也规定了单位可以构成对非国家工作人员行贿罪，然而第 163 条只规定了公司、企业、其他单位的工作人员受贿的情形，独独缺少对公司、企业、其他单位（即非国有单位）本身的受贿行为的规定。非国有单位实施受贿行为的社会危害性并不亚于其工作人员实施的受贿行为，但现行刑法规定非国家工作人员受贿罪的主体仅限于自然人，这样就造成了对非国有单位受贿行为进行处罚的真空。因此，对《刑法》第 163 条的规定应增设单位受贿条款，弥补法律的漏洞。

---

① 卢勤忠：《商业贿赂犯罪研究》，上海人民出版社 2009 年版，第 97 页。

三、商业贿赂犯罪的治理对策

（一）治理商业贿赂的刑法完善

1. 扩大商业贿赂犯罪对象范围。我国刑法规定商业贿赂犯罪的对象仅限于财物，最高人民法院和最高人民检察院联合发布的《关于办理商业贿赂刑事案件适用法律若干问题的意见》中第7条将商业贿赂对象的“财物”扩大为“包括可以用金钱计算数额的财产性利益”，如安排出国考察、给付购物卡、使用房屋等。而《联合国反腐败公约》规定的“不正当好处”包括财产性利益和非财产性利益，如外出旅游、子女出国、就业指标乃至“性服务”等，都可归为“不正当好处”的范畴。与公约相比，我国商业贿赂对象的范围还是比较窄的。因此，为有效打击商业贿赂犯罪的需要，应结合公约的规定，扩大商业贿赂对象的范围，将财产性利益和非财产性利益都认定为商业贿赂的对象范围。

2. 补充行贿犯罪的行为方式。《联合国反腐败公约》将行贿行为规定为“许诺给予、提议给予或者实际给予”三个层次，只要实施“许诺给予”或者“提议给予”不正当好处的行为就构成犯罪。① 而在我国法律规定和司法实践中，一般都只对实际给予的才认定为行贿行为，而许诺给予或提议给予的则因法律无明确规定而没有定罪处罚，不利于有效打击商业贿赂犯罪。因此应参考《联合国反腐败公约》规定的三种不同行为方式，将“许诺给予”和“提议给予”两种方式纳入法律规制的范畴。

3. 完善财产刑的设置。商业贿赂犯罪最终的目的是获得利益。只有当犯罪的预期成本低于预期收益时，行为人才会实施犯罪，犯罪预期收益超过预期刑罚的区间越大，行为人选择犯罪、持续犯罪的可能性也就越大。② 因此，应当对商业贿赂犯罪的每一量刑幅度都适用一定的财产刑，根据罪行轻重单独适用或附加适用，便于司法实践操作，以体现刑法对打击商业贿赂犯罪的不同程度。

（二）治理商业贿赂的机制建设

治理商业贿赂犯罪必须坚持标本兼治、惩防并举的基本思路。

1. 加强侦查机制建设。根据目前刑法中关于商业贿赂犯罪的规定以及相关行政法律的规定，我国公安、检察、工商、税务等部门对商业贿赂案件都有管辖权，这种多头管辖的侦查格局容易导致办案中出现互相推诿或争抢案源的情况发生，不

---

① 外交部条约法律司编译：《联合国反腐败公约及相关法律文件》，法律出版社2004年版，第14—15页。

② 王晓东等：《商业贿赂犯罪防治对策》，山东人民出版社2009年版，第70页。

利于及时有效地查处犯罪。因此，应当在立法上明确规定一个有权查处商业贿赂犯罪的侦查机关。鉴于目前商业贿赂犯罪多属于刑法第八章的贪污贿赂罪一章，且与国家工作人员、国有单位利用职权犯罪的关系较为密切，由检察机关承担查处商业贿赂犯罪的职责将更为合适。

2. 建立部门协作机制。因商业贿赂在不同领域和行业均不同程度存在，单靠某一个部门的力量很难进行有效的预防和治理，因此，应当加强纪委、公安、检察、审计、税务、工商、银行等部门的协调配合和沟通联系，成立统一协调的工作机构，并建立起线索移送、信息通报、案件协查和联席会议制度，形成多方联动、齐抓共管的长效协作机制。

3. 完善犯罪预防机制。2006 年 1 月 1 日，全国检察机关正式开展行贿犯罪档案的查询工作。2009 年 9 月 1 日，最高人民检察院新的《关于行贿犯罪档案查询工作规定》（以下简称《规定》）开始实施，将查询范围由建设、金融、医药卫生、教育、政府采购五个领域扩大到所有商业领域，此举加大了商业贿赂犯罪的成本，发挥更强的警示和震慑犯罪的作用。① 但是实践中，由于《规定》具有一定的局限性，查询系统录入的行贿犯罪案件仅限于法院依法作出生效判决、裁定，认定构成犯罪的行贿案件，而没有包括被处以行政处罚或者有行贿行为但未被处以刑罚的情况。因此，可以适当扩大行贿犯罪档案查询的案件范围，对检察机关已经掌握证据涉嫌行贿以及因商业行贿被处以行政处罚的当事人，设计一个“预警式查询系统”，为政府部门或相关企事业单位提供预警信息，可以有效地防止商业贿赂犯罪的发生。

① 宋伟：《政策解读：最高检扩大行贿犯罪档案查询范围 让所有贿赂行为公之于众》，载人民网，http：//politics. people. com. cn/GB/1026/10042581. html。

我国刑法中商业贿赂犯罪的界定与完善

王海滨[*]　李　峰[**]

一、商业贿赂的概述

商业贿赂并非规范的法律术语，它是指一种破坏公平竞争秩序的不正当竞争行为。我国《反不正当竞争法》在第 8 条明确禁止了商业贿赂的行为，但没有给出商业贿赂的定义。国家工商行政管理局 1996 年出台的《关于禁止商业贿赂行为的暂行规定》将其定义为："经营者为销售或者购买商品而采用财物或者其他手段贿赂对方单位或者个人的行为。"该定义有广义和狭义之分，广义上的商业贿赂是指商事活动主体在从事商品生产、商品流通和商品服务过程中，为了谋取商业利益而故意采取各种财产性或非财产性贿赂手段侵害正常的商业秩序的行为。狭义的商业贿赂，则是指刑法意义上的商业贿赂犯罪。

二、刑法中商业贿赂犯罪的界定

商业贿赂犯罪在刑法中的界定历来主要有两种观点。一种观点认为，商业贿赂犯罪指一切因经营者为买卖商品而采用财物贿赂对方单位或个人，或者贿赂对方的主管部门或国家工作人员，而构成的行贿犯罪、受贿犯罪，以及居间性的介绍贿赂犯罪。① 此种意义上的"商业贿赂犯罪"，在外延上包含了刑法规定的所有贿赂犯罪罪名，即刑法分则第三章第三节第 163 条非国家工作人员受贿罪，第 164 条的对非国家工作人员行贿罪和刑法分则第八章贿赂犯罪。另一种观点仅把刑法分则第 163 条和第 164 条规定的非国家工作人员贿赂犯罪称为商业贿赂犯罪。有的学者认为，这种理解在刑法理论界是多数说。②

* 武汉市江汉区人民检察院党组书记、检察长。

** 武汉市江汉区人民检察院办公室助理检察员。

① 童德华：《完善反商业贿赂犯罪立法之思考》，载《山东警察学院学报》2006 年第 3 期。

② 陈家林：《日本刑法中的商业贿赂犯罪及对我国的启示》，载《山东警察学院学报》2006 年第 3 期。

2008年11月20日，“两高”联合下发了《关于办理商业贿赂刑事案件适用法律若干问题的意见》，其中第1条明确规定商业贿赂犯罪涉及刑法分则第三章和第八章的8种罪名。这一规定，显然采纳了前文所述的第一种观点关于商业贿赂犯罪的定义，虽仍未从刑法的角度给商业贿赂犯罪以明确的定义，但是明文界定了商业贿赂犯罪在刑法中的范围。同时，也进一步明确了惩治商业贿赂犯罪的管辖分工：由检察机关管辖的有6个罪名，即受贿罪、单位受贿罪、行贿罪、对单位行贿罪、介绍贿赂罪、单位行贿罪；由公安机关管辖的有两个罪名，即公司、企业或者其他单位工作人员受贿罪和对公司、企业或者其他单位工作人员行贿罪。

三、商业贿赂犯罪刑事立法上的不足与完善

（一）《刑法》中商业贿赂犯罪章节设置不合理

《刑法修正案（六）》将第163条公司、企业人员受贿罪以及第164条对公司、企业人员行贿罪的犯罪主体由“公司、企业的工作人员”扩大为“公司、企业或者其他单位工作人员”。这一修改将公司、企业以外的所有单位的非国家工作人员纳入了惩治范围，如事业单位、社会团体、协会工作人员利用职务上的便利受贿和被行贿行为。这对于有效打击商业贿赂犯罪无疑具有积极意义。但非公司、企业工作人员受贿或者被行贿后，侵害的客体就明显超出了公司、企业的管理秩序的范畴。如足球界“黑哨”问题。而《刑法》第163条、第164条在设置上仍属于刑法分则第三章破坏社会主义市场经济秩序罪中第三节妨害对公司、企业的管理秩序罪，这样的设置不仅与《刑法》分则以犯罪客体作为章节设置的主要依据不相符，也不利于严厉打击贿赂犯罪。建议将《刑法》第163条、第164条非国家工作人员贿赂犯罪划分到刑法分则第八章“贪污贿赂罪”中。实际上，这两个犯罪与其刑法分则第八章的贿赂犯罪一样，侵犯职务行为的廉洁性或不可收买性，差异只在于发生的领域和主体上有所不同。在我国，打击公务贿赂固然是一直以来我国制度设计的重点，但将非国家工作人员贿赂犯罪作为扰乱社会主义市场经济秩序的犯罪对待，与我国目前商业贿赂多发的严峻形势以及党和国家惩治商业贿赂的刑事政策是不符的。

（二）非国家工作人员贿赂罪名结构过于简单

现行刑法界定的商业贿赂犯罪8条罪名中，按照是否涉及国家工作人员可分为国家工作人员贿赂犯罪和非国家工作人员贿赂犯罪。与国家工作人员贿赂犯罪罪名相比，非国家工作人员贿赂犯罪罪名结构较为简单。随着市场经济的迅速发展，非国家工作人员贿赂犯罪行为也变得越来越复杂，如商业领域的介绍贿赂行为等。《刑法修正案（八）》增设了向外国公职人员或者国际公共组织官员行贿的规定，

是符合非国家工作人员贿赂犯罪复杂化、多样化的趋势的，但还需进一步完善非国家工作人员贿赂犯罪的罪名结构。建议在非国家工作人员贿赂犯罪中将向公司、企业人员或者其他单位工作人员包括外国和国际公共组织等职务人员的介绍贿赂行为作为犯罪惩处。

（三）商业行贿犯罪主观方面规定不尽合理

我国刑法有关行贿犯罪的规定中均要求具备“为谋取不正当利益”的主观要件，但其具体含义如何，并没有作出规定。有关司法解释规定，“谋取不正当利益”是指谋取违反法律、法规、国家政策和国务院各部门规章规定的利益，以及要求国家工作人员或者有关单位提供违反法律、法规，国家政策和国务院各部门规章规定的帮助或者方便条件。①“两高”《关于办理商业贿赂刑事案件适用法律若干问题的意见》将“不正当利益”限定为“非法利益”，但仍未完全解决定义模糊的问题。如用非法手段谋取的合法利益是否属于“不正当利益”。建议取消行贿犯罪中“为谋取不正当利益”要件中“不正当”的限制。首先谋取不正当利益为目的实难证明。另外，“不正当利益”的概念太模糊，从不同的立场出发结论可能完全不同。其实，行为人无论是谋取不正当利益还是正当利益，均是一种贿赂行为，两者只是危害程度上的差异。刑法将行贿罪的构成限于“为谋取不正当利益”固然是为了缩小打击面，以免轻易入罪，但同时也放弃了对并非谋取不正当利益但危害较大的行贿行为的惩处。只要行为人为谋取利益而给予有关职务人员或单位好处，情节严重、达到犯罪程度的，就应作为行贿犯罪处理。对于确实并非谋取不正当利益、情节显著轻微、危害不大的，可以不作为犯罪处理。

（四）刑法中贿赂手段规定偏窄

我国刑法将贿赂行为表述为给予“财物”，包括金钱和实物，也包括可以用金钱计算数额的财产性利益。同时，“财物”的数额也作为商业贿赂犯罪案件立案和处罚的主要标准，因此在刑法执行过程中我们只能在“财物”范围内确定贿赂的内容。但在社会生活中有许多利益是难以用财物来估价的，比如行为人给他人找定一个带编制的机关工作职务。这类行贿又该如何定性呢？因此实体的财物已不能概括现在商业贿赂犯罪的范围，而且贿赂范围过窄不仅不适合当前商业贿赂犯罪的发展和变化，甚至为一些不法分子规避刑法处罚提供了可乘之机。建议将贿赂手段的内容界定为“财物或者其他手段”。《联合国反腐败公约》中将贿赂犯罪的手段定义为给予“不正当好处”，不但包括了“财物”，而且还涵括了除财物以外的其他

---

① 最高人民法院、最高人民检察院《关于在办理受贿犯罪大要案的同时要严肃查处严重行贿犯罪分子的通知》（1999年3月4日）。

不正当好处。前文提到的国家工商行政管理局《关于禁止商业贿赂行为的暂行规定》中商业贿赂的定义为："经营者为销售或者购买商品而采用财物或者其他手段贿赂对方单位或者个人的行为。""财物"即财产和物品，是直接的物质利益的体现。"其他手段"是直接物质利益以外的利益，包括间接物质利益和非物质性利益。

(五) 贿赂犯罪财产刑适用欠缺

我国现行刑法关于商业贿赂犯罪的规定中，财产刑的适用是较为欠缺的，尤其是非国家工作人员贿赂犯罪。如《刑法》第163条中，在受贿数额较大时，只有自由刑处5年以下有期徒刑或者拘役，没有罚金刑；在数额巨大时，虽规定"处5年以上有期徒刑，可以并处没收财产"，但仍没有罚金刑，而且规定仅仅是"可以"，所以存在不适用没收财产的可能性。同样，《刑法》第164条对行贿数额较大时仍只有自由刑处3年以下有期徒刑或者拘役，没有罚金刑；只在数额巨大时，才规定"处3年以上10年以下有期徒刑，并处罚金"。这样既增加自由刑，又增加罚金刑的方式很容易导致罚金刑的异化，也使两个刑度之间差距过大。因为在必并的情况下，罚金刑应与自由刑一起分担刑事责任，那么就导致加重情节下的最低刑罚远高于未加重情节的最高刑。①

建议对于商业贿赂行为的惩罚应扩大罚金刑和没收财产刑的适用范围，在《刑法》第163条中，在"数额较大"的档次中也设置罚金刑，并在"数额巨大"档次中将"可以并处没收财产"得并制改为"并处罚金或者没收财产"必并制。同样，在《刑法》第164条中，在"数额较大"的档次中设置罚金刑，并在"数额巨大"档次中将"并处罚金"改为"并处罚金或者没收财产"，使我国的罚金刑设定更加科学合理。

① 李洁：《论罪刑法定的实现》，清华大学出版社2006年版，第277页。

我国刑法中商业贿赂犯罪的界定与完善

杨　帆[*]　蒋景华[**]

商业贿赂是一种普遍的社会现象，是商品经济发展的负面影响。商业贿赂出现以来，各国都采取措施加以禁止，世界各地的相关立法就足以鉴证各国当权政府对商业贿赂的重视。在我国改革开放建设社会主义市场经济的进程中，商业贿赂犯罪也在不断滋生蔓延，造成了严重的政治、经济和社会危害。

一、商业贿赂犯罪的概念界定

由于商业贿赂犯罪本身并不是一个法定称谓，因而对应当怎样界定商业贿赂，在理论界争议不小。商业贿赂犯罪是经营者在账外暗中给付交易对方一定财物或其他利益的行为，因此，在外延上只包括《刑法》第163条规定的公司、企业人员受贿罪和第164条规定的对公司、企业人员行贿罪。实际上，这种狭义说在理论界是多数说。①“商业贿赂犯罪是发生在商业活动中的贿赂犯罪行为。”②该种观点将商业贿赂犯罪的领域界定为商业活动，但未能从根本上揭示出商业贿赂犯罪的本质所在。“商业贿赂犯罪应是公司、企业及其他单位之间和公司、企业、其他单位与政府机关之间，在工商经营活动范围内，为出售或购买商品、提供或接受服务等交易机会，违反诚实信用、公平交易原则，非法给予对方单位、个人财物破坏商业交易秩序，依照刑法构成犯罪的行为。”③该种观点以国家工商行政管理局的《关于禁止商业贿赂行为的暂行规定》中的“商业贿赂”概念作为基础，但没有注意刑法层面的“商业贿赂”与经济法层面中“商业贿赂”的区别，把商业贿赂犯罪的范围限于工商经营活动范围，把贿赂方式限于行贿犯罪，显然是极大地缩小了商业

---

* 武汉市洪山区人民检察院反贪污贿赂局检察员。

** 武汉市洪山区人民检察院反贪污贿赂局干警。

① 陈家林：《日本刑法中的商业贿赂犯罪及对我国的启示》，载《山东警察学院学报》2006年第3期。

② 赵秉志主编：《和谐社会的刑事法治》（下卷），中国人民公安大学出版社2006年版，第1123页。

③ 王洪青：《商业贿赂犯罪的概念及法律适用对策》，载《法律适用》2006年第5期。

贿赂犯罪的范围。“商业贿赂犯罪是指发生在商品购销过程中的贿赂犯罪，是一种新型经济犯罪。”① 该种观点将商业贿赂犯罪的领域限定为商品购销环节，突出了商业贿赂犯罪的发生领域。我们认为，商业贿赂犯罪是指经营者以不正当竞争为目的，在商业活动中，给予或许诺给予交易相对方或者能够对交易起决定作用的人或单位财物或利益的犯罪行为。

二、我国商业贿赂犯罪的立法现状与评析

我国目前已建立了打击商业贿赂的法律体系。同时应该看到，现在打击商业贿赂犯罪刑事立法仍不够完善，与《联合国反腐败公约》比较还有一些不足需要改进。

（一）现行刑法规定

现行刑法将国家工作人员利用职权实施的贿赂犯罪（含商业贿赂犯罪）与普通的商业贿赂犯罪分别规定在刑法的不同章节，把国家工作人员实施的商业贿赂犯罪和实施的其他贿赂犯罪统一规定在刑法分则第八章“贪污贿赂罪”中，统称为“行贿罪”、“受贿罪”等；将公司、企业人员在商业活动中实施的贿赂犯罪规定在刑法分则第三章“破坏社会主义经济秩序罪”中的第三节“妨害对公司、企业的管理秩序罪”中，并规定了不同的刑罚。但现行刑法分则并没有将公司、企业以外的其他单位及其工作人员作为公司、企业人员商业贿赂犯罪的主体。《刑法修正案（六）》第7条、第8条对《刑法》第163条、第164条进行了修改，扩大了商业贿赂犯罪的主体范围，将商业贿赂犯罪的主体从“公司、企业人员”扩大到其他单位的工作人员，包括非国有公司、企业、事业单位或者其他组织的工作人员。此外，修正案对本条公司、企业和其他单位的人员在经济往来中违反国家规定，收受回扣、手续费以受贿处理的行为，在构成要件中，增加了“利用职务上的便利”的条件。

（二）现行刑法缺陷

认真研析国际社会在商业贿赂犯罪方面的刑事立法，不难发现，我国在商业贿赂犯罪立法化方面还存在较大的差距和缺陷。《联合国反腐败公约》规定的腐败犯罪主体包括公职人员、外国公职人员、国际公共组织官员，而我国刑法规定的商业贿赂犯罪主体不包括外国公职人员和国际公共组织官员，并且国家工作人员和公司企业或者其他单位人员的范围也不如公约规定的范围广泛。《联合国反腐败公约》规定的贿赂犯罪的对象为“不正当好处”，而我国刑法规定贿赂犯罪的贿赂对象必

---

① 李卫红、张国宏：《论商业贿赂犯罪》，载《中外法学》1996年第2期。

须是"财物"，其范围要比公约及其他许多国家规定的狭窄。《联合国反腐败公约》规定的贿赂犯罪并不一定实际得到好处，许诺给予、提议给予或者实际给予公职人员本人或者其他人员或实体"不正当好处"也属于犯罪的范围；同时根据公约规定，贿赂犯罪并不要求行贿人以谋取不正当利益为目的。而我国刑法中规定的贿赂罪一般是实际收受了财物，且我国刑法规定行贿罪要以"行为人为谋取不正当利益为目的"，附加了这些限制条件后，就大大缩小了商业贿赂犯罪的范围，不利于对商业贿赂犯罪的惩治。就刑罚措施而言，美国法律除规定了监禁、巨额罚金等自由刑、罚金刑措施外，还规定违反《海外反腐败法》的公司或个人将被中止其参与政府采购的资格，将失去获得出口资源的资格等资格刑；而我国刑法关于商业贿赂犯罪罚金刑数额并不大，也没有规定资格刑，使得商业贿赂犯罪的成本太低。

三、商业贿赂犯罪的立法完善

尽管中国已经初步形成了由经济法、商法、刑法和行政法规构成的规制商业贿赂行为的法律体系，但中国反商业贿赂的法律条文仍较为分散，规定过于原则，可操作性差，导致在实践中打击商业贿赂貌似严厉实则效果不彰。①

（一）应当制定统一的反商业贿赂法律、法规

目前，我国反商业贿赂的法律体系主要由反不正当竞争法、行政监察法、刑法等法律和部门规章组成，尽管我国针对商业贿赂行为的立法并非一片空白，但必须承认我国反商业贿赂法律体系还存在相当的问题：关于商业贿赂概念定义不清、范围过窄；主管商业贿赂案件的机关不统一，容易产生管辖权的冲突和管辖权的脱节，造成多头监管、头头不管的局面；等等。国家的法律体系中首先应有相应的行政法作为前位法来规制商业贿赂行为，刑法只能是处于后位法、后盾法或保障法的地位，一般的商业贿赂行为属于行政违法行为，应由行政法予以规制，只有当商业贿赂行为已经构成犯罪时，才需要以刑法予以规制。故有必要制定统一的反商业贿赂的法律、法规如反商业贿赂法、反垄断法来规制商业贿赂行为。

（二）完善商业贿赂犯罪的刑事立法

首先，适当扩大商业贿赂犯罪的主体。我国已加入《联合国反腐败公约》，依据条约必须遵守的原则，同时借鉴美国《海外反腐败法》的规定，将外国公职人员、国际公共组织官员作为（职务）商业贿赂罪的犯罪主体；将公司股东、董事或其代理人，将公司、企业以外的其他非国有经济组织、个体经营者都纳入普通商业贿赂犯罪的主体。或者借鉴日本刑法，将商业贿赂行为统一规定为行贿罪和受贿

① 江林：《加强反商业贿赂执法研究》，载《工商行政管理》2007年第12期。

罪，不论行贿、受贿双方身份如何，是否与行使公务有关，无论是在商业方面还是其他方面，只要实施了行贿、受贿行为均构成贿赂罪的主体，且都应受到平等的刑事追究。其次，借鉴《联合国反腐败公约》关于贿赂犯罪对象为“不正当好处”的规定，同时参考美、日等国立法，修改我国刑法关于贿赂犯罪的对象为“财物”的规定，适当扩大贿赂犯罪对象范围，将一些非财产性但又确属“不正当好处”（如性贿赂）的贿赂行为予以规制。再次，修改刑法关于贿赂犯罪是实际收受了财物的规定，增加“许诺给予”或“约定给予”等能取得巨大预期收益的情形；取消刑法关于行贿罪要以“行为人为谋取不正当利益为目的”的规定。最后，增加商业贿赂犯罪的刑罚措施，加大对商业贿赂犯罪的财产刑处罚，对商业贿赂犯罪处以贿赂金额数倍乃至数十倍的高额罚金，从制度上消灭商业贿赂犯罪行为人追逐利益的内驱力，增大其犯罪成本。同时，增设资格刑处罚，取消商业贿赂犯罪人某种职业资格并终身禁止其从事这一行业，取消其参加政府采购、招投标等资格。

（三）相关配套法律制度的建立和完善

一是会计制度、税收制度的完善。在会计制度的设计上可参考美国《海外反腐败法》关于“公司一切做假账的行为都构成犯罪”的规定，强化会计制度立法，规定一切做假账的行为都必须承担严格的法律责任；同时，加强税收监管，对不正常的劳务支出征收高额所得税，对做假账的行为由税务机关给予严厉处罚。二是商业贿赂举报责任制度的建立。明确规定相关会计人员、审计人员、账目和合同管理人员以及其他知情业务人员的举报责任，相关人员知情不报都应承担相应的法律责任。三是商业贿赂举报豁免制度的建立。由于商业贿赂行为必然涉及行贿受贿双方主体，可立法规定若其中任何一方只要在有关行政机关或司法机关立案前及时举报，即可免除或减轻其行政责任或刑事责任。四是商业贿赂公益举报制度的建立。对公司内负有法定义务的举报人而言，给予举报人应有的保护，如禁止对举报知情的人员泄密，禁止被举报公司解雇举报人等打击报复行为。五是竞争者利益损失赔偿制度的建立。商业贿赂行为损害的不仅是市场竞争秩序，还包括与行贿人相关的所有竞争者的利益。故有必要明确规定所有竞争者都有权对商业贿赂犯罪的行贿人提起民事诉讼，要求赔偿其被侵害的利益。结合我国现行民法，可规定商业贿赂犯罪的行贿人赔偿竞争者的直接损失外加一定数额的惩罚性赔偿。

浅议取消受贿罪之“为他人谋取利益”要件

严 轮*

我国《刑法》第385条第1款规定：“国家工作人员利用职务上的便利，索取他人财物的，或者非法收受他人财物，为他人谋取利益的，是受贿罪。”该条有两层含义：第一层含义是国家工作人员利用职务上的便利，主动索取他人财物的，不论是否为他人谋取利益，均可构成受贿罪；第二层含义是国家工作人员利用职务上的便利，被动地非法收受他人财物的，同时具备“为他人谋取利益”这个要件，才能构成受贿罪。在立法上，“为他人谋取利益”这个要件只是收受型而非索取型受贿成立犯罪的必备要件。但是，在司法实践中存在国家工作人员收受了他人财物，并没有利用职务之便为请托人谋取利益的情形，对于这种行为如何认定，在理论界和司法实务部门都有争论。本文将从关于“为他人谋取利益”要件的定位、理论探析、司法实践等方面进行梳理，建议对受贿罪罪状予以重新定义。

一、对“为他人谋取利益”要件的定位

尽管1997年刑法将“为他人谋取利益”规定为受贿罪构成要件，但是这种“谋取”究竟是受贿罪的主观要件还是客观要件，理论上争议不断。概括来看，目前法学界有以下四种观点：

一是旧客观要件说也称行为说。① 该学说认为“为他人谋取利益”应是一种行为，是受贿罪客观构成要件的一个组成部分，至于为他人谋取的利益是否正当、是否合法、是否实现，不影响犯罪的成立。旧客观要件说把“为他人谋取利益”解释为一种行为，无形中会缩小受贿罪的范围，从而为那些非法收受他人财物后没有为他人谋取利益，或者压根都没有想为他人谋取利益的行为人，提供了脱罪的理由。从常理上看，在不少情况下“合法利益”本来就是他人应当得到的利益，因而对受贿人来说，为他人谋取该合法利益是其法定义务。结果，履行了法定义务构成犯罪；没有履行的，反而不构成犯罪，这显然不公平。

---

* 武汉市人民检察院反贪污贿赂局侦查二处助理检察员。

① 参见林准主编：《中国刑法教程》，人民法院出版社1989年版，第640—641页。

二是新客观要件说又称许诺说。该学说认为“为他人谋取利益”只是受贿人的一种承诺，而不要求客观上有为他人谋取利益的行为和结果，“为他人谋取利益”的许诺本身就是一种行为。最高人民法院审判委员会2011年12月30日指导案例3号（潘玉梅、陈宁受贿案）指出，国家工作人员明知他人有请托事项而收受其财物，视为承诺“为他人谋取利益”，是否已实际为他人谋取利益或谋取到利益，不影响受贿的认定。新客观要件说有助于解决受贿罪既遂形态的认定，但与犯罪构成理论相悖。因为许诺只是行为人为他人谋取利益主观意图的一种表露，属于意思表示范畴。若认为许诺是一种行为，而无进一步的实行行为，则许诺并非刑法意义上的危害行为。将行为人这种暗示的许诺纳入为他人谋利的要件中，是为了弥补旧客观要件说的漏洞，但是这种弥补恰恰空置了要件本身。

三是主观要件说。该学说认为“为他人谋取利益”是主观要件。“为他人谋取利益”只是行为人主观意图，对行贿人来讲，是对受贿人的请求，对受贿人来讲，是对行贿人的承诺或者答应，不需要实施“为他人谋利益”的行为。“为他人谋取利益，应当解释为行为的意图，是一种心理态度，属于受贿罪的主观要件。主观要件说把“为他人谋取利益”理解为受贿人的主观意图，可能会有放纵犯罪的后果。如对先为行贿人谋取利益，后收取财物的犯罪行为，或者行贿人“放长线钓大鱼”进行感情投资，事实上没有为他人谋取利益，按主观要件说的解释，法律也不能进行处罚。

四是双重要件说。该学说认为“为他人谋取利益”既是主观要件，又是客观要件。该学说要求行为人主观上有“为他人谋取利益”的意识，客观上还必须具备“为他人谋取利益”的行为，主客观互为表里。此学说在逻辑上存在矛盾，也违背“一要素只有一重属性”的犯罪构成理论，司法上也很难行得通。

分析以上四种观点，我们可以看到根据不同的观点，司法对同一案件的处理可能会有不同的结果，从而影响了国家法律适用的统一性。笔者认为无论是将“为他人谋取利益”作为主观要件还是客观要件，或是主客观统一要件均不妥当。

二、“为他人谋取利益”要件取消的理论分析

“为他人谋取利益”要件的存在，既不能反映出受贿犯罪的本质危害性，也不利于司法机关惩治贿赂犯罪，导致了反腐防线的后移。

（一）从比较刑法学的视野来看“为他人谋取利益”要件

从国外刑法理论上探析，一般对受贿罪所侵害的法益有两种看法：一种是起源于罗马法的关于职务行为的不可收买性，即只要公务人员收受、索取与职务有关的不正当报酬，就构成受贿罪；另一种是起源于日耳曼法的关于职务行为的不可侵犯性，即只有当公务人员实施违法或不公正的职务行为，从而因此收受、索取贿赂

时，才构成受贿罪。职务行为的不可收买性与不可侵犯性有着密切联系，防止权力滥用、保障权力公正行使的最起码、最基本的措施，就是防止权力与其他利益的相互交换。职务行为的纯洁性、公正性首先取决于职务行为的不可收买性。否则，必然损害其他人的利益，进而导致公民丧失对职务行为公正性和国家机关本身的信赖。所以，为了保障职务行为的纯洁性、公正性，首先必须保证职务行为的不可收买性。

从世界大多数国家和地区刑法来看，大多数国家关于受贿的规定都将受贿的法益视为职务行为的不可收买性，如德国刑法典第331条规定："公务员或从事特别公务的人员，以现在或将来职务上的行为为对价而为自己或他人索要、让他人允诺或收受他人利益的，处3年以下自由刑或罚金"，日本刑法典第197条规定："公务员或仲裁员，关于其职务实施不正当行为或不实施应当实施的行为，收受、要求或约定贿赂，是受贿罪"。①

（二）从我国受贿罪犯罪客体来看"为他人谋取利益"要件

在我国，通说认为受贿罪的犯罪客体是指职务行为的廉洁性。收受贿赂行为是指利用职务之便，非法收受他人财物，为他人谋取利益，包括合法利益和不合法利益。对于受贿而言，职务行为的廉洁性应当囊括不可收买性和不可侵犯性。从我国现行1997年刑法及以前《关于惩治贪污罪贿赂罪的补充规定》来看，都没有规定受贿罪的构成只能是为他人谋取"不正当利益"，而是包括一切利益。由此可见，我国刑法也认为受贿罪的要点不在于国家工作人员利用职务上的便利"为他人谋取利益"，而在于国家工作人员利用职务上的便利非法收受他人财物行为本身，因为它侵犯了国家的廉政制度。因而，只要国家工作人员利用职务上的便利非法收受了他人财物，不管其是否"为他人谋取利益"，就已经构成了受贿罪，而不需要"为他人谋取利益"这一要件去进一步限定。"为他人谋取利益"要件从某种程度上说是割裂了受贿罪上述两性的联系，使刑罚惩治的视野从职务行为的不可收买性降到不可侵犯性上。尤其是作为通说的客观要件说所主张的行为人构成犯罪需具备为他人谋取利益的行为。当行为人利用职务之便收受了他人财物而未依其承诺为他人谋利的时候，行为人破坏了其所担负的职务行为的不可收买性，然而因其并无为他人谋利的行为或是没有证据证明其具有为他人谋利的行为，法官难以认定其构成受贿罪。

---

① 参见刘希龄：《浅析受贿罪中"为他人谋取利益"要件的规定》，载《甘肃行政学院学报》2007年第2期。

三、取消“为他人谋取利益”的实践分析

（一）有利于解决侦查取证难的问题

如果将“为他人谋取利益”作为受贿罪的必备要件，对受贿案件的侦查除了要查明行为人利用职务之便非法收受他人财物的事实外，还必须查清行为人是否为请托人谋取利益。受贿案件中，国家工作人员以权谋私、权钱交易的手段往往十分诡异和隐蔽，“为他人谋取利益”常常用迂回暗示、旁敲侧击来达到心照不宣、偷偷摸摸、掩人耳目，收集“为他人谋取利益”的证据难度较大。

如根据相对人给付行为人贿赂的目的兑现时间的长短，“为他人谋取利益”可分为直接兑现型和时空错开型。前者是指国家工作人员在非法收受他人财物的同一时间、同一空间就为他人谋取了利益，即收钱就办事，“为他人谋利益”的证据较易取得，这种案件只要双方供述一致，认定犯罪非常明确。后者是指非法收受他人财物和为他人谋取利益有一个过程，往往在时间和空间上错开进行。在司法实践中，大量存在行贿人“傍”国家工作人员的现象，行贿者平时利用各种隐蔽的办法为国家工作人员送上各种物质利益，最为普遍的情形是请客埋单以及利用逢年过节、婚丧喜白、子女上学等时机送上大笔礼金，进行感情投资，以备日后“不时之需”，他们在“送礼”的时候，往往没有具体请托事项。案发时能够证明国家工作人员为他人谋取利益的证据很难取得并得到固定，在很多情况下，国家工作人员为他人谋利的行为还尚未发生。上述情形拉长了证据收集时间，使得重要关联关系中断，如何证明“收钱”行为与先前为他人谋取利益行为二者之间因果关系困难；而且“办事”与“收钱”跨度越大，行为就越隐蔽，越与其他行为交叉，证据越难固定。这种“慢性”受贿因为证据难以取得或根本无法取得，司法实践中往往不认定为受贿犯罪。

（二）有利于法官正确适用法律

对于“为他人谋取利益”是客观要件还是主观要件，由于学理上观点不一，造成各办案人员接受的观点也不一致，导致具体办案中经常发生争议。存在同样性质的案情基本类似的案件，各地审判结果大相径庭的情况，有的法院认定犯罪，另外的法院认为无罪，例如对于逢年过节送领导的“红包”，有的地方法院认为可以认定为有具体的请托事项，领导收“红包”构成受贿，而有的地方法院认为请托事项不具体，领导收“红包”不认定为犯罪。此外，以“为他人谋取利益”为构成要件还造成罪数紊乱。①

---

① 参见高铭暄主编：《刑法专论》（下篇），高等教育出版社 2003 年版，第 846—847 页。

（三）有利于犯罪预防

刑法将“为他人谋取利益”作为受贿罪的必备条件，是一种反腐防线过于靠后的标志。① 由于法制的不断健全和反腐力度的不断加大，官员们不会明目张胆地收受贿赂，所以行贿者也只能想一些其他手法将钱送进去，比如在节日期间或一些特定的时机以送人情的形式输送利益。在中国当前的人情氛围下，官员们往往认为逢年过节收的这些并不是贿金，而是礼金。取消受贿罪“为他人谋取利益”这一要件，有利于促使政府官员自觉抵制“拉关系”，从而使反腐防线前移，这样就能更加有效地遏制权钱交易的发生，有利于净化社会不良风气。

四、完善建议

基于以上分析，笔者主张刑法应当明确对国家工作人员职务行为的不可收买性，修改《刑法》第385条第1款。将受贿罪罪状修改为：“国家工作人员利用职务上的便利，索取或者非法收受他人财物以及其他财产性利益，是受贿罪；违背职务之行为，索取或者收受他人财物以及其他财产性利益的，从重处罚。”这样改动的理由是：一是与《联合国反腐败公约》第15条第（2）项关于公职人员受贿的规定相衔接，强调国家工作人员职务行为的廉洁性；二是解决司法实践中打击受贿犯罪过程中反映出的问题；三是强化受贿罪刑事法网的严密性；四是将受贿枉法和受贿不枉法两种社会危害性不同的行为加以区分开来。同时对受贿罪量刑幅度及刑罚层次选择的情节在刑法上作进一步的明确，建立以情节为主的刑罚体系，将为他人谋取利益和不为他人谋取利益以及为他人谋取正当利益和为他人谋取不正当利益加以区分。

① 参见李文生：《腐败防治论》，中国检察出版社2004年版，第367页。

贿赂犯罪客观构成要件的重构

肖其斌*

一、贿赂犯罪客观构成要件的要素分解

从法律对贿赂犯罪客观构成要件的规定来看，不论是行贿犯罪、受贿犯罪还是介绍贿赂罪，其客观构成要件都包含“利用职权”，给予或者收受“贿赂”，“谋取利益”这三个共同的要素。

（一）“利用职权”

“利用职权”是贿赂犯罪作为职务犯罪的重要因素。“利用职权”要素可以继续被分解为两个方面：一是从权利属性来讲，该职权是公权力。如果该职权是个人私权，那么就不存在属于职务犯罪的问题了，例如私人企业经理的用人选择权，同样也可能被用来换取贿赂，但并不是刑法意义上的行贿和受贿，因为其职权的性质不同。二是受贿人在为行贿人为或者不为一定行为时使用了该权力，当然这种使用不一定就是直接的、直观的，可以是多种形式的，但若并不涉及该权力的使用，那么就不构成贿赂犯罪，如行贿人向掌握国有资金的国家工作人员行贿，请托办理国家资金扶持，但该国家机关工作人员转而让自己女婿将私人资金借给该行贿人，这里就不存在使用公权力的问题，因而不构成行贿受贿。“利用职权”要素的这两个方面是统一的，只有这两个方面同时具备才能够完整地构成“利用职权”要素，反之，如果缺少了其中一个方面，那么“利用职权”的要素在贿赂犯罪的客观构成要件中就是不成立的，从而贿赂犯罪也是不成立的。

（二）“贿赂”

“贿赂”是贿赂犯罪的犯罪对象，是贿赂犯罪客观构成要件的重要组成部分。从相关法律和司法解释来看，“贿赂”这一要素可以具体分为三类：一是“金钱”，即作为商品符号的货币，直接给付、收受货币或黄金金条是最为常见的行受贿犯罪

* 武汉市新洲区人民检察院反贪污贿赂局干警。

方式，但是随着行贿受贿行为越来越隐秘化，于是就产生了另一类贿赂。二是“实物”，即具有价值和交换价值的社会劳动产品，而这种实物有很多种类，大到房屋、小到戒指都有可能成为贿赂。三是“财产性利益”，如2008年11月28日，最高人民法院和最高人民检察院《关于办理商业贿赂刑事案件适用法律若干问题的意见》第7条规定“商业贿赂中的财物，既包括金钱和实物，也包括可以用金钱计算数额的财产性利益，如提供房屋装修、含有金额的会员卡、代币卡（券）、旅游费用等。”

（三）“谋取利益”

谋取利益与否是收受贿赂者构成犯罪的关键，谋取的利益正当与否是行贿者是否构成犯罪的关键。“谋取利益”要素包含了两个方面的内容：一方面是“谋取”的行为，这涉及在什么时间谋取、是否谋取并得到了该利益的问题；另一方面是“利益”的界定，即是关于谋取的利益是什么利益的问题。对于第一方面，不外乎有四种情形：已经许诺，尚未实际进行；已经着手，尚未谋取到利益；已经谋取到部分利益，尚未完全实现；谋取利益已经实现。对于第二方面，行贿罪和受贿罪在规范上有差别，行贿罪要求要以谋取不正当利益为目的，而受贿罪、单位受贿罪则只要求谋取了利益，不论利益正当与否，值得一提的是，利用影响力受贿罪对利益的要求又同于行贿罪的要求，必须是不正当的利益。

二、贿赂犯罪客观构成要件的缺陷

（一）“贿赂”范围的缺陷

我国刑法理论界关于贿赂的含义和范围有三种观点。第一种观点是财物说，其认为贿赂只能限定为财物，即金钱和以金钱来衡量价值的物品。第二种观点是物质利益说，即贿赂不应限于财物，还应包括其他物质性利益，如设定债权、免除债务、提供无偿劳务或担保、降低贷款利息、提供住房权等，以这些财产性利益作为权力交换的贿赂犯罪，其危害性与以财物作为贿赂的犯罪在本质上是相同的。第三种观点是不正当利益说，即贿赂不仅限于财物，贿赂的范围还包括非物质性利益和其他不正当利益，如职务升迁等。非物质性利益与物质性利益，在本质上都是一样的、在对受贿人的作用上也是一样的，同样侵害受贿罪所保护的法益，同样会侵害职务行为的不可收买性。

我国现行的法律及司法解释基本是持财物说的，而司法实践中，随着商品经济的不断发展，贿赂的表现形式也多种多样，并远远超过了财和物所能包括的范畴，如以“机会”来行贿，以“性”来行贿，以“劳务”来行贿，等等。财物说的观点显然对贿赂的理解过窄，不能满足规制新型贿赂行为的需要。应当认识到，不论是财，还是物，抑或是色，这种种不正当利益的收受就是对职务行为不可收买性的侵犯。

《联合国打击跨国有组织犯罪公约》和《联合国反腐败公约》中对“贿赂”的定义是“不应得的好处或不正当好处”，可见，不论“贿赂”最终在现实生活中表现为什么形式，只要其是用来交换了国家工作人员的职务便利，属于国家工作人员不应得的好处或不正当好处，就应当受到法律的规制。而我国刑法中过窄的贿赂范围明显不符合国际反腐败的趋势。

（二）“谋取利益”立法的不足

我国现行刑法中对贿赂犯罪客观方面“谋取利益”要素的规定，同样存在不足，主要表现在以下几个方面。一是规定被动收受型的受贿犯罪，只有实际为他人谋取了利益才能构成犯罪，这极其不利于打击犯罪。刑法规定受贿罪的本意是维护公职人员职务行为的廉洁性，受贿犯罪的本质是权力和利益的交易，只要利用职务之便，或在行使公共权力时收受财产利益，无论事实上或者承诺为他人谋取利益与否，不应当影响受贿罪成立。二是行贿罪中的“为谋取不正当利益”，也给司法实践设置了很大的障碍。实践中经常遇到这样的情形，即平时作长线感情“投资”，逢年过节送礼时无请托事宜，收受人也不承诺为其谋取利益，真正为其谋取利益时，可能并无明确对应的贿赂，司法实践中对这样的行为很难定罪。三是没有明确界定不正当利益的范围。非法利益属于不正当利益已经被社会公认，但行为人为得到自己合法利益而主动给予被请托人财物的，是否构成行贿罪，却难以定论。实践中，还会遇到这样的情况，即既不违法又尚不属于行为人合法拥有的利益，理论界称为期待利益，也有的称为不确定利益，如某国有项目的招投标，中标对行贿人来说，就属于期待利益，这种利益是否属于不正当利益，法律没有明确的规定。

三、贿赂犯罪客观构成要件的重构

（一）“贿赂”范围的重构

笔者认为，受贿罪中的财物应该界定为“各种不正当利益”——各种作为国家机关工作人员不应当得的好处和利益，包括金钱、物资和可以行使物质利益请求权的凭证，包括诸如债权的设定、债务的免除、提供劳务等一些可以用金钱计算的物质或非物质的利益。将受贿罪的贿赂范围规定为“不正当利益”，实质是将“财物”作了扩大解释，这既符合受贿罪的主客观要件特征，又顺应惩治贿赂犯罪的现实形势。主要理由在于：第一，以发展的眼光来看，与其他的词语一样，“贿赂”一词在词义上的实质含义不是固定不变的。在商品经济高度发达的今天，财物不仅仅包括金钱和物资，许多的利益都可以转化为财物，都可以增加财产。以财产性和非财产性的各种利益贿赂国家工作人员的现象大量存在，其危害性与以财物为贿赂对象并没有本质的区别。第二，《联合国反腐败公约》在世界上大部分国家的立法例的基础上，明文规定了贿赂的范围为“不正当好处”，我国作为缔约国之一，将贿赂的范围理解为“不正当利益”或“不正当好处”有法可依、于法有据。第三，将受贿罪的贿赂范围规定为“不正当利益”，符合打击新型贿赂犯罪的需要，随着社会和经济的不断发展，国家工作人员的受贿犯罪出现了许多新的特点，一些受贿人意识到直接收受他人财物极容易被发现，因此便规避法律，追求其他不正当利益，要规制种种新型贿赂犯罪行为，有必要对刑法做适当调整。

（二）“谋取利益”的重构

笔者认为，对行贿罪设定利益要件，目前仍可予以保留；但对于受贿，利益要件应予取消。对于行贿罪，1979 年刑法的规定是没有利益要件的，即只要有行贿行为，不论是否谋取利益都构成犯罪，1988 年全国人大常委会《关于惩治贿赂罪的补充规定》第 7 条将这一限制性条件改为“为谋取不正当利益”，缩小了行贿罪的范围，有学者认为缩小行贿罪的范围有充足的理由：任何正常的人都不会愿意在自己本应取得合法权益时还拿出钱财来行贿，而之所以要行贿，根源还是在于国家公职人员缺乏公正性，这种情形下发生的行贿社会危害性较小，可以不以犯罪论处。缩小行贿罪的范围，缩小了打击面，节约了刑罚成本，又体恤了为实现自己合法权益而不得不行贿的人，体现了刑法的人道性、谦抑性，同时有利于减少查处案件中的取证困难，有利于更好地打击受贿，因此，笔者比较认同这一观点。可见，在反腐斗争中，打击的重点应当是国家公职人员，为行贿罪设定利益要件，缩小行贿罪的范围，并不影响对受贿的打击，而是更有利于打击受贿。

对于受贿罪，司法解释及立法为受贿罪设立的利益要件，笔者认为，立法者的初衷同样也是为缩小受贿罪的范围，以便于重点打击严重受贿行为。根据相关司法解释，为他人谋利是否完成并不影响罪名成立，因此，只要有为他人谋利的主观意愿即可。这一规定实际上将一些无具体请托的受贿行为排除在受贿罪范围之外，也将那些拿了钱根本不准备为人办事的受贿行为排除在受贿罪范围之外。如有的人为了结识、巴结掌管实权的公职人员，以过年过节为名不惜重金送礼，当时可能并无具体请托，但天下没有免费的午餐，温情脉脉的送礼背后，其实还是权与钱的交换。对此，不应当以不具有为人谋利要件而排除在受贿范围之外，只要数额达到法定标准就构成受贿。可见，对受贿设定利益要件，除了能使一些受贿行为逃避打击外，我们看不到有任何存在的正面价值，看不到它有存在的必要，至于罪与非罪的划分，完全可以以数额及情节严重程度作为判断标准。

试论将非财产性利益纳入受贿罪

——犯罪对象的必要性

杨　鑫*

一、理论分歧

目前，社会上出现了大量的以非财产性利益为对象的受贿行为。它表现为国家工作人员利用其职务上的便利条件，非法收受或索取非财产性利益，① 而为请托人谋取利益的行为。受贿犯罪的对象是否含有非物质性利益，理论上存在两种观点。

（一）否定论

该观点认为，刑法将贿赂的内容限定为可以用金钱计量的，具有一定价值的可支配使用或管理的有形、无形物和财产性利益。由于财产性利益是可用金钱计算其价值的，因此属于财物的范畴。受贿罪是一种权钱交易，所以“财物”中不包括“非财产性利益”。根据我国采用的宽严相济的刑事政策，虽然非财产性利益在国外立法及司法实务中可能纳入贿赂范围之内，但受贿罪的认定是在适当的范围之内控制的。② 如果把非财产性利益列为贿赂的范畴之中，那么也就扩大了受贿罪的打击范围。作为受贿罪的犯罪对象，只能是财物。这是符合刑法规定的罪刑法定原则的，也是严格执法的要求。对以非财产性利益为犯罪对象的贿赂犯罪可按刑法规定的其他罪予以处罚和惩处，也不会因此而放纵了犯罪。

（二）肯定论

该观点认为，随着社会发展及人类欲望的无尽扩张，不少掌握要权的国家工作人员对金钱等物质性财物已无法满足其需求。因此非财产性利益的贿赂就成为当前

---

* 武汉市东西湖区人民检察院侦查监督科干警。

① 参见林亚刚主编：《贪污贿赂疑难问题研究》，中国人民公安大学出版社 2005 年版，第 190 页。

② 参见张明楷：《刑法学》（第 4 版），法律出版社 2011 年版，第 1066 页。

贿赂犯罪的一个新特点。如果放任其发展，将具有严重社会危害性的非物质利益贿赂拒于刑法之外，那么有悖于立法的初衷，也严重阻碍了法制进程建设。因此扩大现行贿赂罪中贿赂的范围，是遏制和打击腐败现象蔓延的有效途径。

二、"非财产性利益"的表现形式

（一）帮助贿赂

即采用帮助国家工作人员或其家属、近亲属、特定关系人等解决相应的问题和困难来换取以后为其谋取利益。实践中常表现为国家工作人员的近亲属解决提干、安排工作、考试、帮助劳务，等等。

（二）性贿赂

是指行贿人为满足国家工作人员的欲望而向其提供性服务，从而使国家工作人员利用其职权，为其谋取利益的一种特殊贿赂。西南政法大学教授朱建华认为，美人计满足了人们的生理欲望，其功能与金钱贿赂如出一辙，同样算贿赂。① 南京大学教授金卫东认为，性贿赂的社会危害性在某种程度上、在诱惑力上，已经远远超过了财物性贿赂。性贿赂行为已不仅仅是道德问题，更败坏了国家工作人员的形象。

此外还有信息贿赂、感情贿赂、业绩贿赂、替代行为贿赂等。

三、将"非财产性利益"纳入受贿罪犯罪对象的必要性

将"非财产性利益"归于受贿罪犯罪对象的范畴，符合社会的发展规律，顺应了国际刑事立法潮流，将有力地打击目前不断出现的手段各异的贿赂犯罪，更好地惩治和预防贿赂犯罪。

（一）非财产性利益贿赂日益猖獗，危害深重

一种行为是否构成犯罪，最重要的是要看其社会危害性。财物贿赂和财产性利益贿赂具有社会危害性这一点已毋庸置疑，而非财产性利益贿赂的危害性更为突出，却容易被人忽略。实际上非财产性利益贿赂具有隐蔽性，更难发觉，其危害是巨大的。又由于非财产性利益贿赂定性尚不明确，当事人缺乏罪恶感及法律惩罚的压力，贿赂更加无所顾忌。在当前的贿赂中，非财产性利益已发展成为主要的贿赂方式。如果收受一定的财物就受到了刑事制裁，而收受或享受了大量的非物质性利益反而不被刑事追究，这样只会放纵了犯罪，促使犯罪气焰越来越嚣张，败坏了社

---

① 参见《成都商报》（电子版），2005 年 11 月 10 日第 6 版。

会风气。目前贿赂的手段呈现出复杂多样、千变万化的趋势，一些贿赂手段尤其是性贿赂，在现实社会中逐渐成为贿赂的新宠，日益泛滥。非物质性利益贿赂行为对整个社会秩序造成了严重的破坏，冲击传统道德观念，在这种严峻的形势下仅仅用道德、纪律、民事、行政等手段来调整是远远不够的，也是无法遏制的，必须用刑法手段来制裁。"刑法不理会琐屑之事"。[①] 如果非物质性利益贿赂不构成犯罪，那么这种日益猖獗的行为将难以得到有力的打击和控制。

（二）符合罪刑相适应原则

受贿罪的本质是一种利与权的交易，侵害的是国家工作人员职务行为的廉洁性。非财产性利益贿赂与财产性利益贿赂都符合受贿罪的侵害客体，与其本质相同。我们不能将都具有社会危害性的贿赂行为，甚至危害性更大的行为，仅仅以其贿赂的内容不同而作出罪与非罪的法律评价，"打了老鼠，放了老虎"是不符合罪刑相适应原则的。

（三）符合社会的发展规律

社会不断地发展，贿赂的手段也在发展。目前一些无法用金钱来计量的财产性利益和非财产性利益贿赂已悄然成为一种严重腐蚀国家工作人员的手段。刑法应当与时俱进，紧跟社会生活的变化。在这些新式贿赂日渐普及和常规化的情况下，百姓要求严惩腐败的呼声也越来越强烈。"贿赂"一词的含义也不能停滞不前，对社会的发展变化熟视无睹，应随着社会的变化有所扩大和变化，而不应一直停留在"计赃论罪"的层面。

（四）符合国际贿赂立法趋势

从世界多数国家和地区的立法来看，"贿赂除了财物、财产性利益之外，还包括非财产性利益。"[②] 这已经成为国际贿赂立法的趋势。无论从《联合国反腐败公约》（以下简称《公约》），还是从各国的立法状况中，抑或是从我国港、澳特区和台湾地区的相关立法规定中，我们都明显感到了将非财产性利益纳入受贿罪的犯罪对象的范围之中，是符合国际贿赂立法趋势的。

国外贿赂的相关立法的规定。在日本法院判例中将男女间的性行为界定为贿赂罪的犯罪对象，也由此提出了"性贿赂"犯罪一词。美国《联邦贿赂法》规定为"任何有价之物"。丹麦则规定为"贿赂或其他不正当利益"。英国贿赂法规定为"好处"。德国刑法典规定为"财物和其他利益"。意大利规定为"财产或其他利

① 参见张明楷：《刑法格言的展开》，法律出版社2003年版，第99页。
② 参见张明楷：《外国刑法纲要》，清华大学出版社1999年版，第779页。

益”。加拿大将“金钱、对价物品、职务、住所或雇佣”规定为贿赂的目的物。

根据《公约》第8条第1款中有关行贿罪、受贿罪的规定，可见它将“贿赂”的内涵界定为公职人员“以在执行公务中作为或不作为为条件”，而得到的“不应有的好处”。“不应有的好处”包括财产性利益和非财产性利益在内的一切能够满足人的特定需求的利益。在《联合国打击跨国有组织犯罪公约》中也明确地规定贿赂为“不应有的好处”。将贿赂的内涵扩大化是得到国际社会认可的。

我国香港特别行政区的《防止贿赂条例》把贿赂规定为“利益”，而且将“礼物、报酬、贷款、职位、雇佣、提供、免除贷款或责任及免受刑罚、诉讼或控告等”理解为“利益”。我国澳门特别行政区和台湾地区的“刑法”也分别有相似的规定。

（五）履行国际公约义务的需要

我国是《公约》的签约国。在受贿犯罪对象的范围上，我国所规定的贿赂的范围应与《公约》的范围相一致。《公约》已明确规定贿赂为“不应有的好处”，而我国刑法中却规定为“财物”。“财物”明显小于“好处”的范围。根据缔约国“采取必要的立法和其他措施”使其国内法达到《公约》的基本要求的规定。因此，将我国刑法受贿罪的犯罪对象扩大到非财产性利益，不仅是《公约》的要求，也是我国与国际反腐败斗争保持一致的需要。

综上所述，目前我国应逐步将非物质性利益纳入受贿罪犯罪对象范围中，打破固有的以财产为基础的处罚体系，建立综合性的与国际接轨的具有本国特色的新的体系。

浅谈单纯受贿行为的刑法规制

侯　涛*

现实生活中行贿受贿的表现形式多种多样，除了常见的、典型的贿赂情形之外，还存在一些界限不清的受贿行为。例如，有些人为了将来获得某种利益，常常利用过节、祝寿、给压岁钱、婚丧嫁娶、探视病情等看似正常人际往来的机会，不惜重金收买拉拢某些握有实权的国家工作人员，在行送财物时，一般无明确的请托事项，其目的在于建立感情，为将来请求财物收受人为其谋利创造条件，公职人员收受财物后也不表明或立即利用职权为行贿人谋利，在司法机关追查时，便以“合法馈赠”而非受贿为理由，为其行为进行辩解。日本、韩国等外国刑法对此类行为作为“单纯受贿罪”予以惩办，而我国由于现行刑法对此没有专门性的明确规定，理论上和实践中存有很大的分歧，成为反腐败斗争中的一个漏洞。

一、单纯受贿行为的含义及其特征

（一）关系特殊性

单纯受贿行为，就身份而言，具有某种隶属制约关系，这既包括不同职位、不同级别的国家工作人员之间的关系，也包括有职权的国家工作人员与无职权的普通公民之间的关系。这种“感情”，是基于上下级之间职务隶属或有职权的国家工作人员在职务活动中与无职权的人交往中产生的，是完全建立在“权力”基础之上的。而且，“馈赠”礼物都是单向性的，受贿人除了可能利用职务之便为馈赠人谋取利益之外，并无实物的回馈。即使有“礼尚往来”的表现，也只能是行贿人授之以“西瓜”而受贿人报之以“芝麻”。这说明了在“权力”面前，当事人之间地位是不平等的。因此，这种关系是基于权力而产生的，他们的感情实质上是金钱与权力的默契。

（二）行为连续性

单纯受贿，社会上一般称为“感情投资”，我们知道，感情的培养是需要时间

---

* 武汉市洪山区人民检察院反贪污贿赂局助理检察员。

的。因此，行贿人为了培育好其与受贿人之间的“感情”，总是会频频地给受贿人“赠送”礼物。随着礼物增多，双方之间的“感情”也会不断加深，待到他们之间的“感情”根深蒂固之后，行贿人对受贿人所提之要求，受贿人就会尽力而为之。所以，单纯受贿行为多表现为连续多次地接受贿赂。

（三）数额不合理性

正常的馈赠由于是一种无偿赠与，因而所赠送之物的价值通常是有一定限制的，总是与当时当地人们的一般消费水平相适应的，而不会超出社会习惯和礼仪范围的界限，因而是合情合理的。而对于单纯受贿行为，贿赂数额则明显超出社会习惯和礼仪范围，明显暴露出对权力的收买而非正常的感情交往。

（四）行为秘密性

正常馈赠行为一般都是公开的，不担心为外人所知。而在单纯受贿行为中，尽管行贿人往往利用合乎情理的机会，如逢年过节、婚丧嫁娶、生病住院、子女入学、乔迁新居等时机，给当权者“赠送”礼品、礼金，但给付和接受财物的行为常常是秘密进行的，即使有偶尔的公开，但金额数量是完全保密的。这种行为给人的印象就是有一种不可告人的目的。

（五）严重的潜在社会危害性

单纯受贿人由于所收受的贿赂次数多、数额大，随着时间的推移，其与行贿人之间的感情也与日俱增，最终达到“情深似海”之程度。在深厚的感情基础上，一旦行贿人向受贿人提出请托事项时，受贿人便会“心甘情愿”地利用职权为行贿人谋取利益。

二、我国现行刑法对“单纯受贿行为”的规制

人们虽然看到了“单纯受贿行为”的社会危害性，但我国现行刑法中却没有规制此行为的明确法律规定，为了解决这一问题，刑法理论界和实务界进行了“找法”的探索。其中，比较典型的有两种途径：

（一）将单纯受贿行为解释为刑法第394条所规定的贪污罪

其理由有四：（1）单纯受贿行为兼具贿赂罪与贪污罪的根本特征；（2）从古今中外刑事法典来看，贪污罪与受贿罪的渊源关系非常紧密而深远；（3）我国刑法中，受贿罪与贪污罪的法定刑完全相同；（4）就实践意义而言，将公务活动中单纯受贿行为依贪污罪处理不仅有利于严密刑事法网，而且有利于减少司法工作人员的主观臆断性。对以上观点，笔者不敢苟同。若单纯行为可视作贪污罪处理的

话，那么，普通受贿罪也可视作贪污罪处理，因为单纯受贿行为与普通受贿行为在性质上都是相同的，这显然不行。所以，罪行的渊源、法定刑等不能成为认定行为性质的依据。此外，从《刑法》第 394 条所规定的内容看，单纯受贿行为不属于此类范围。从事“国内公务活动或者对外交往”的人员，是由单位、组织或国家派出的工作人员，其行为代表的是单位、组织或国家的整体行为，所以，因该行为所带来的收益应归单位、组织或国家所有。送礼人向这些公务人员赠送礼物，实质上是向其单位、组织或国家表示敬意或友情，公务人员接受礼物是代表其单位、组织或国家接受礼物，因而，所收礼物的所有权归属于“公家”，若收礼人不交公而据为己有，则属于贪污行为。而单纯受贿，本质上就是“权钱交易”的行为，受贿人接受礼物是无合理理由的，其收“礼”不是代表“公家”而是代表其个人，行贿人送“礼”也只是送给受贿者个人而不是“公家”，所以，不存在“应当交公而不交公”的情形。

（二）将单纯受贿行为解释为刑法第 385 条所规定的受贿罪

其理由为：尽管单纯受贿行为没有以“为他人谋取利益”的意思表示，仍然应构成受贿罪。因为，受贿罪的危害并不在于从事公务的人员在收受贿赂后是否为请托人谋取利益，其本质在于行为主体接受贿赂，“出卖”职务行为的意思表示，即受贿人与请托人双方的“权”与“利”的交易。至于公务人员是否为请托人谋取了利益，只是量刑情节，不影响受贿罪的成立。所以，不应该把“为他人谋取利益”看成是受贿罪的成立要件，要把“没有为他人谋取利益”的单纯受贿行为也吸纳进刑法领域加以惩治。因此，《刑法》第 385 条应作修改。不过，正如必要要件说所担心的一样，在“为他人谋取利益”作为构成要件的情况下，要正确区分单纯受贿行为与诈骗行为在实践中存在一种只有承诺而实际上并不想为他人谋取利益的情况。在这种情况下，一般是在双方口头商议时，受贿人仅仅是表面许诺为他人谋取利益，但实际上在收受了财物后并未实践诺言，即受贿人根本不想、实际上也未利用其职务之便为他人谋取利益，在这种情况下，受贿人不构成受贿罪。如果能够查证清楚，这实际上是受贿人一开始就是为了得到贿赂财物，而用虚构的事实或隐瞒真相的办法欺骗行贿人，答应为行贿人谋取利益。则其以非法占有他人财物为目的，骗得他人“自愿”地将财物交给受贿人的行为，实际上属于诈骗，情节严重的，应以诈骗罪论处。

三、对单纯受贿行为刑法规制的完善

上文所述，“为他人谋取利益”只影响量刑，而不影响定罪。一般来说，只收受他人财物而未为他人谋取利益的，刑罚应相对较轻，因为其只侵害职务行为的不可收买性，而收受他人财物并为他人谋取利益的，刑罚应相对加重，因为这不只侵害了职务行为的不可收买性，而收受他人财物并为他人谋取利益的，刑罚应相对加重，因为这不只侵害了职务行为的不可收买性，而且也侵害了职务行为的公正性。外国刑事立法就体现了这种立法思想。他们把前一种情况定为“单纯受贿罪”，是轻罪；把后一种情况定为“加重受贿罪”，是重罪。如匈牙利刑法典第 251 条规定：“（1）政府机构、经济组织、社会组织或者团体的雇员或者成员利用职务之便索取利益或接受利益，或者接受承诺而违反职责，或者同意参与索取利益或者接受利益，构成轻罪，处一年以下监禁、公益劳动或者罚金。（2）犯罪者为谋取利益而违反职责，构成重罪，处三年以下监禁，如在重大事务中违反职责或者参与共谋犯罪，或者以此为常业，处一年以上五年以下监禁。”此外，德国、意大利、瑞士、日本等国刑法都有诸如此类的规定。

借鉴外国立法，结合我国立法和司法现状，笔者建议对我国《刑法》第 385 条略作修改，修改内容为：（1）国家工作人员利用职务上的便利，索取、收受他人财物的，是受贿罪。（2）国家工作人员犯前款规定之罪，而为他人谋取利益的，从重处罚。这种修改既符合世界各国在贿赂犯罪方面的立法潮流，又考虑到了我国贿赂犯罪的特点，对于有效地打击和遏制贿赂犯罪、保障国家机关的廉洁制度，将起到一定的积极作用。

单位行贿罪立法问题浅析

霍　宁*　李红艳**

作为一种古老的犯罪，贿赂自人类社会产生以来就出现了，行贿作为贿赂犯罪的重要组成部分，也一直是各国法律打击的对象，并发展成为一种专门的罪名。通常，行贿罪（Crime Offering Bribes），主要指为谋取相关利益，给政府公务人员或相关权利人以财物和特定利益的非法行为，犯罪主体多为个人或团体。在我国，近年来，单位行贿犯罪的发展势头愈演愈烈，给国家政治、经济和法律秩序造成了严重危害，成为当今引人关注的法律和社会问题。

相对于普通行贿犯罪，单位行贿犯罪主要表现在社会活动中单位使用公款或公物对国家工作人员行贿，该行为不仅冲击正常的社会经济秩序，同时腐蚀意志薄弱的国家工作人员，破坏了国家工作人员职务活动的廉洁性，造成一系列严重的社会危害。为打击和惩处单位行贿犯罪，我国在 1997 年对刑法进行修正时，对行贿罪进行了修订，增加了单位行贿犯罪的内容。1997 年刑法第 393 条规定："单位为谋取不正当利益而行贿，或者违反国家规定，给予国家工作人员以回扣、手续费，情节严重的，对单位判处罚金，并对其直接负责的主管人员和其他直接责任人员，处五年以下有期徒刑或者拘役。因行贿取得的违法所得归个人所有的，依照本法第三百八十九条、第三百九十条的规定定罪处罚。"作为一个相对较新的罪名，单位行贿罪的设立对严密我国刑法体系，科学处理单位行贿犯罪具有积极的意义，然而在具体的司法实践中，该罪的犯罪主体、对象、罪与非罪、此罪与彼罪的界限等问题也有许多争议之处，需要我们认真思考和研究，并在立法上进一步完善。

一、单位行贿罪的立法概况

从世界各国的刑事立法看，单位行贿罪作为一种专门的罪名在各国刑法中并

* 武汉经济技术开发区人民检察院办公室主任。

** 武汉经济技术开发区人民检察院办公室干警。

不多见，但相关规定还是比较丰富的，一般体现在反贪污贿赂立法中。

英国是世界上比较早的制定反贪污贿赂法的国家。1889 年，英国颁布了《公共机构腐败行为法》，1906 年在该法的基础上制定和颁布了《防止腐败法》，并正式引入了“机构行贿”这一概念。在2003 年对《反腐败法》修订时期，英国将经济合作发展组织（OECD）成员 1999 年共同签订的《关于公共官员受贿的协议》纳入《反腐败法》中，而且还规定该法具有域外效力。① 美国也是一个对贿赂犯罪处罚较严、立法比较丰富的国家。由于联邦和地方的分权，美国联邦和各州均有立法权，因此关于贿赂罪的法律比较复杂，但总的来说立法精神和原则基本一致，即严厉禁止公务人员贿赂犯罪。在日本，《日本刑法》第 198 条规定：“提供、提议提供或约定提供从第 197 条到第 197 条之 4 为止的所规定的贿赂的，处 3 年以下有期徒刑或 50 万日元以下的罚金”。从该规定的内容来看，该罪在主体上没有限制。而根据日本相关刑事判例，无论是个人还是单位，都可以构成行贿罪的主体。② 在德国，《德国刑法典》第 331 条和第 332 条对贿赂犯罪进行了详细规定，将贿赂罪分为受贿罪（包括事前受贿罪）、索贿罪、保证行贿罪、行贿罪等。显然，无论是大陆法系国家还是英美法系国家，对行贿罪危害性的认识都比较深刻，并在具体的立法中将单位行贿的行为确定为贿赂罪的重要组成部分，认定它为刑法所要制裁的犯罪。

我国对于单位行贿罪的立法比较晚。在计划经济时代，社会经济活动相对简单，单位贿赂犯罪现象较少，我国 1979 年刑法有关贿赂的条款中就没有单位贿赂犯罪的规定，仅包含受贿、行贿、介绍贿赂三个罪名。改革开放后，随着社会经济活动的多元化和复杂化，一些单位为了谋取本单位和部门的利益，采取行贿或在经济活动中给国家机关及工作人员以回扣、礼金，甚至在过年、庆典等特定时间和活动中，给国家工作人员“送礼”成为一些单位常规性的“工作”。这种现象的出现，不仅严重干扰和破坏了社会主义市场经济秩序，而且腐蚀了国家公务人员，损害党和政府在人民群众心中的形象，必须予以惩处和制止。

鉴于单位行贿与传统的自然人行贿在犯罪构成上具有不同的特征，1985 年“两高”联合发布《关于当前办理经济犯罪案件中具体应用法律若干问题的解答（试行）》（以下简称《解答》）。该《解答》规定：国家机关、团体、企业、事业单位和集体经济组织为谋取非法利益而行贿，数额巨大，情节严重的，对其主

① 洪浩、夏红：《贿赂犯罪本质的嬗变、成因及法律对策》，载《现代法学》1998 年第 3 期。

② ［日］大塚仁：《刑法概说》（各论），冯军译，中国人民大学出版社 2003 年版，第 604 页。

管人员和直接责任人员应追究刑事责任。这种规定将单位明确纳入行贿罪的主体，为处理单位行贿的司法实践提供了法律依据，不过该《解答》将单位行贿行为作为个人行贿行为来处理，在法理上有所欠缺，对单位相关自然人也有失公平，因此该《解答》虽然对遏制单位行贿起了一定的作用，但存在的问题也较多。

为进一步完善单位行贿罪立法，1988 年全国人大常委会发布《关于惩治贪污罪贿赂罪的补充规定》(以下简称《补充规定》)，对单位犯行贿罪的刑事责任进行了补充。《补充规定》第 9 条规定："企事业单位、机关、团体为谋取不正当利益而行贿，或者违反国家规定，给予国家工作人员、集体经济组织人员或者其他从事公务的人员以回扣、手续费，情节严重的，判处罚金，并对直接负责的主管人员和其他责任人员，处 5 年以下有期徒刑或者拘役。因行贿取得的非法所得归私人所有的，依照本规定第 8 条的规定处罚。"

二、单位行贿罪主体、罪刑关系分析及立法完善

从 1979 年刑法到 1997 年刑法，我国刑法关于贿赂犯罪的相关规定日趋严密。经过修订，1997 年刑法将贿赂罪的犯罪主体区分为国家工作人员和非国家工作人员，非国家工作人员的贿赂犯罪被规定在破坏公司和企业管理秩序罪中，国家工作人员的贿赂罪及与国家工作人员、国家单位有关的贿赂犯罪，则被纳入刑法分则贪污贿赂罪中。在 1997 年刑法中，立法者根据贿赂罪的主体或对象是单位还是自然人的不同，将贿赂罪进一步划分为受贿罪与单位受贿罪、行贿罪与单位行贿罪，以及对单位行贿罪，由此建立了一套完整的贿赂犯罪的罪名体系。

解读 1997 年刑法和相关法规，通过对单位行贿罪与自然人行贿犯罪的比较，我们可以发现单位行贿罪在犯罪主体、罪刑关系等方面存在一些问题，需要进一步加强立法建设，予以完善。

第一，单位行贿犯罪主体比较复杂，难以一一列举，且国家机关不应成为单位行贿罪的主体。根据 1997 年刑法规定，所有公司、企业、事业单位、机关、团体都可以构成行贿罪的主体，但是只有国有公司、企业、事业单位和机关、团体才能构成受贿罪的主体。1999 年 6 月 25 日最高人民法院发布的《关于审理单位犯罪案件具体应用法律有关问题的解释》第 1 条规定："刑法第三十条规定的'公司、企业、事业单位'，既包括国有、集体所有的公司、企业、事业单位，也包括依法设立的合资经营、合作经营企业和具有法人资格的独资、私营等公司、企业、事业单位。"尽管列举比较全面，但仍有可能带来许多或然因素的存在。另外，在单位行贿罪的主体认定方面，由于国家机关自身职能的特殊性，事实上是不能成为单位行贿罪的主体的，应该予以排除。国

家机关依法设立，代表国家意志、行使国家权力、实现国家职能，其地位和特性决定了它只能由宪法体系进行规范和调整。如果用刑法对国家机关进行执法，势必造成逻辑与秩序上的混乱。从世界各国的关于贿赂罪的刑事立法来看，无论是英美法系还是大陆法系国家都没有将国家机关列入法人（单位）犯罪的主体范围中。把国家机关列入单位行贿犯罪的主体范围中，还带来了另外一个法律风险，即在国际经济裁判中，他国可能错误地认为我国已将国家机关列入刑事惩罚的范围，其直接后果就是侵犯我国主权完整，这是我们完全不能接受的，因此必须排除。

第二，从单位行贿罪的立案标准和自然人行贿罪的立案标准的比较看，二者的差别很大，造成了单位行贿罪与行贿罪之间刑罚的不协调，需要修订。根据1997年刑法第164条、第383条以及第385条、第386条和第393条的规定，并参照最高人民检察院和公安部联合发布的《关于经济犯罪案件追诉标准的规定》，一般情况下贿赂罪的定罪标准是：个人向个人行贿1万元，即构成行贿罪，但是单位向个人行贿，数额要达到20万元的，才构成行贿罪。从刑法罪刑关系协调的角度看，二者如此巨大的差别显然是不合理的，因为从刑法的一般理论看，犯罪客体是决定犯罪社会危害性程度的首要条件，单位行贿罪属于贪污贿赂罪中的一项罪名，其客体是侵犯了国家工作人员职务活动的不可收买性，无论是单位还是个人，对国家工作人员职务活动的不可收买性的侵犯应该都是一样的，仅仅会因为行贿的数额大小而有所不同，① 因此，1997年刑法第164条的有关单位犯罪的规定与第383条的规定不相协调。这一规定既不符合刑事立法的均衡性要求，也无法实现罪责刑相适应原则，需要重新修订和完善。

第三，单位行贿犯罪相关定罪标准与自然人行贿罪相比，标准偏低，需加大惩罚力度。在量刑标准方面，根据1997年刑法第390条的规定，个人向个人行贿的最高可处无期徒刑并没收财产，而单位向个人行贿的，按照刑法第393条的规定，直接负责的主管人员和其他直接责任人员，法定最高刑仅为5年有期徒刑。单位行贿罪侵犯的是国家工作人员的职务廉洁性，在犯罪结果上与个人行贿罪产生的结果是一样的，个人行贿罪的处罚最高可至无期徒刑，单位行贿的处罚显然过低。事实上，由于单位行贿罪量刑的过轻使得许多单位对于行贿犯罪无所畏惧，铤而走险，在一定程度上放纵了犯罪的发生。因此，笔者建议在立法上加大单位行贿罪惩罚力度，杜绝实施行贿行为的单位负责人或直接责任者的侥幸之念。

① 臧冬斌：《单位犯罪主体范围探讨》，载《法学评论》2001年第6期。

第四，单位行贿犯罪中有关“不正当利益”的表述不尽科学，且难以把握，应予取消。1997年刑法第393条中提出单位行贿罪的构成要件包括单位“谋取不正当利益”。如何准确界定不正当利益，不仅在学术界有颇多争议，在司法实践中也是一个难以把握的问题。1999年3月4日，“两高”针对理论研究和司法实践过程中大家“为谋取不正当利益”认识的争论颁发了《关于在办理受贿犯罪大要案的同时要严肃查处严重行贿犯罪分子的通知》（以下简称《通知》），其中第2条规定：对于为谋取不正当利益而行贿，构成行贿罪、向单位行贿罪、单位行贿罪的，必须依法追究刑事责任。“谋取不正当利益”是指谋取违反法律、法规、国家政策和国务院各部门规章规定的利益，以及要求国家工作人员或者有关单位提供违反法律、法规、国家政策和国务院各部门规章规定的帮助或者方便条件。这是目前司法解释对行贿罪“谋取不正当利益”所作出的最权威和明确的界定，也是法律实务中认定行贿罪“为谋取不正当利益”的重要依据。然而，此解释并没有完全解决单位行贿案件中谋取不正当利益与非法利益、正当利益之间的区分，使得实务部门在处理相关案件时，难以把握标准，影响案件的正确查处。同时，该规定还将那些为谋取正当利益而向国家工作人员行贿的犯罪行为排除出该罪行，造成司法“纵容腐败”，因此，笔者建议修订刑法，取消行贿罪的“谋取不正当利益”构成要件，将其改为“为谋取利益，给予国家工作人员以财物的是行贿罪”。